KB161809

안데르센(1805~1875)

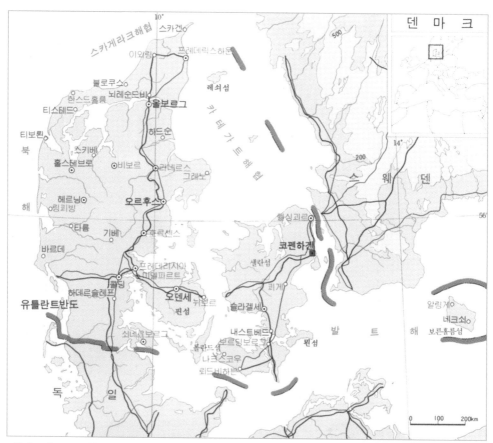

스카게라크해협 스카겐
이외링 프레데릭스하운
블로쿠스 레쇠섬
힌스드홀름 뇌레순드드비 올보르그
티스테드 하둔순
티보뢴 스키베 카
북 홀스테브로 비보르 라네르스
해 헤르닝 그래노
링쾨빙 오르후스
타름 기베 카
바르데 쿠로센스 코펜하겐
프레데리시아 샌란섬
하데르슬레프 쾰딩 미델파르트 쾨게
유틀란트반도 오덴세 뷔보르 슬라겔세
쇠너보르그 핀섬 네스트베드 뮌섬
보라드섬 보르딩보르그
나크스코우 알링게
뢰드비하븐 네크쇠
발 트 해 보른홀름섬

스 웨 덴
할싱괴르

독 일 발 트 해
0 100 200km

▲덴마크 지도

앞 페이지/덴마크
의 상징 풍차

▶프레데릭스베르
궁전 셸란섬의
코펜하겐 프레데
릭스베르 자치시
에 있는 궁전

핀섬의 오덴세에 있는 안데르센 생가(박물관)

안데르센이 유년시절(1808~1819) 살았던 집

성 크누드 대성당　안데르센이 14세 때 견진성사를 받은 교회(오덴세 시청사 근처)

▲오덴세 시청사

◀니보성
오덴세에 있는 성
으로 오늘날 박
물관으로 쓰이고
있다.

이에스코성 오덴세에 있는 성

▲프레덴스보 왕궁
셸란섬의 코펜하겐 북서쪽에 있는 왕실 별장

◀로스킬레 대성당
덴마크 왕·왕비의 무덤이 있으며, 1995년 유네스코 세계문화유산으로 등재되었다. 셸란섬의 로스킬레는 코펜하겐으로 수도를 옮기기 전까지 과거 1000여 년 동안 덴마크의 수도였다.

안데르센 동화 인어공주 조각상   코펜하겐 북동쪽 항구지역

니하운 항구 코펜하겐. 〈행운의 덧신〉 배경. 한때 안데르센이 살았던 곳.

원탑 코펜하겐. 〈부싯돌〉의 배경

크리스티안스보르 궁전 코펜하겐 중심부 슬로츠홀맨섬. 크리스티안 8세가 태어난 곳이기도 하며 세계 유일하게 행정·사법·입법 기관이 이 궁전에 집결되어 있다.

크리스티안 8세(1786~1848, 재위 1839~1848)

그라스텐성 유틀란트에 있는 성. 크리스티안 8세 국왕은 이 성에서 휴가를 보내는 일이 많았다. 안데르센은 자주 초대되어 동화 낭독을 했다. 〈성냥팔이 소녀〉는 여기서 썼다.

아우구스텐보르성 유틀란트에 있는 성. 안데르센은 1844년 9월, 아우구스텐보르 공작의 초대를 받아 2주간 머물렀다. 오늘날 이 성은 병원으로 사용되고 있다.

요나스 콜린(1776~1861)　연예인이 되고자 방황하는 안데르센에게 그보다 우선 공부하도록 길을 열어준 요나스 콜린 은 예술 애호가이자 정계의 실력자였다. 안데르센과의 친밀한 인연은 그의 딸 루이제와 아들 에드바르까지 이어졌다.

루이사 콜린(1813~1898)   안데르센의 두 번째 사랑. 안데르센의 후원자 요나스 콜린의 딸로, 자신의 사랑과 무관하게 다른 남자와 결혼해 떠나버리자 안데르센의 짝사랑으로 끝나고 말았다.

예니 린드(1820~1887) 안데르센의 세 번째 사랑. '스웨덴의 나이팅게일'로 알려진 오페라 가수로, 덴마크 왕립극장 공
연 때 만나 5년 동안 사랑이 이어졌지만 그녀 또한 안데르센을 떠났다.

▲멜키오 가문의 별장
안데르센은 1866년부
터 1875년 숨을 거둘
때까지 바다가 바라보
이는 이 로리헤스 별
장의 손님이었다.

◀모리츠 멜키오(1816
~1884)
1861년 요나스 콜린이
죽은 뒤 모리츠와 그
의 아내 도로테아 멜
키오가 안데르센의
후원자가 되었다.

도로테아 멜키오(1823~1885)   1875년 마지막 여행 준비를 하던 안데르센이 병으로 쓰러지자, 도로테아는 그를 별장으로 옮겨와 지성으로 간호하며 마지막 숨을 거둘 때까지 돌보았다.

장례식이 거행된 코펜하겐 성모교회 국장으로 치러진 교회 장례식장에는 왕족·귀족은 물론 여러 나라의 대사를 비롯해 노인부터 아이들까지 참석해 안데르센의 죽음을 안타까워했다.

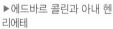
▲안데르센 무덤
코펜하겐 뇌레브로의 아시
스텐스 묘지. 묘비에는 안
데르센의 자작시가 새겨져
있다.

▶에드바르 콜린과 아내 헨
리에테
가족이 없는 안데르센은
은인인 요나스 콜린의 아
들 에드바르 콜린 부부에
게 모든 일을 의지했다. 죽
어서도 나란히 묻히고 싶
다는 그의 소원대로 세 사
람은 같은 묘지에 묻혔다.
그러나 몇 년 뒤 콜린의 후
손들이 에드바르 부부의
무덤을 이장해 가고 안데
르센 혼자만 남게 되었다.

▲ 코펜하겐 시청사

◀ 시청사 옆에 있는
안데르센 동상

로젠보르그성 정원(왕립공원)에 있는 안데르센 동상

제르멘 드 스탈(1766~1817) 프랑스 소설가. 보통 '마담 드 스탈'로 불린다.
안데르센은 스탈 부인의 소설 《코린 또는 이탈리아》에 깊은 감동을 받아 그의 여행담 《즉흥시인》을 쓰기 시작했다.

로마의 바르베리니 광장 루이지 로시니. 1848.
안토니오는 자신이 태어나 어린시절을 보낸 바르베리니 광장, 동네 성당의 십자가와 어머니, 신부님을 추억한다.

젠차노 꽃축제 안토니오는 꽃축제 현장에서 어린 시절 마차 사고로 어머니를 잃었던 아픈 과거를 회상하며 슬퍼한다.

▲로마, 보르게세 미술관

안토니오는 보르게세 미술관으로 아눈치아타를 초대하여 작품을 관람했다. 아눈치아타는 〈롯과 두 딸〉을 보며 화가의 채색과 표현력에 감탄하고 주제 선택에 대하여 비평을 가했다. 안토니오는 알바니의 〈사계〉 앞에 멈춰 자신의 어린시절을 회상하며 아눈치아타의 과거 이야기를 이끌어낸다.

▶프란체스코 알바니의 〈사계〉 가운데 '봄'

◀로마, 콜로세움

▼로마의 사육제(부분)
피넬리. 19세기

산타마리아 인 아라코엘리 대성당 세족례가 거행되는 성피에트로 대성당에서 안토니오는 아눈치아타를 만나게 된다. 어린 시절 아라코엘리 성당 크리스마스 기념설교에서 우승한 소년이 안토니오였음을 알게 된 아눈치아타는 감격해한다.

▲나폴리, 베수비
오 화산 폭발 하
케르트 그림

◀발굴된 폼페이
대극장

▲베네치아, 리알토
다리

베네치아를 찾은 안
토니오는 곤돌라 사
공의 세레나데를 듣
고 자신을 떠나 베르
나르도를 선택한 아
눈치아타를 원망
한다.
어느 날 소극장 산루
카스에 오페라 구경
을 갔다가 우연히 아
눈치아타를 발견하
게 된다. 그녀는 베르
나르도에게 버림받
고 오랜 병고 끝에
폭삭 시들어 있었다.

▶베네치아 운하의
곤돌라

《즉흥시인》(초판 1835) 표지   1880년대 발행된 책

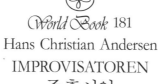

World Book 181
Hans Christian Andersen
IMPROVISATOREN
즉흥시인
한스 안데르센/박지은 옮김

동서문화사

디자인 : 동서랑 미술팀/표지그림 : Franz Richard Unterberger

즉흥시인

차례

한스 크리스티안 안데르센

제1부

01
바르베리니 광장의 추억

로마에 가 본 적이 있는 사람이라면 누구나 아름다운 바르베리니 광장을 알고 있으리라. 그 광장에는 소라고둥을 부는 바다의 신 트리톤이 서 있는 분수대가 있는데, 이 소라고둥에서 물줄기가 하늘 높이 뿜어져 나온다. 로마에 가 본 적 없는 사람이라도 동판화 같은 것을 통해 한 번쯤은 보았을 것이다. 하지만 그런 그림 속에는 유감스럽게도 펠리체 거리 모퉁이에 있는 집 한 채가 빠져 있다.

그 집 벽에 매달린 세 줄기 홈통에서는 비 오는 날이면 아래쪽 수반으로 물이 흘러내린다. 내가 이 홈통을 만들지는 않았지만 나에게는 이것이 더없이 자랑스럽고 소중하기만 하다. 이 집은 내가 태어난 곳이기 때문이다.

아아, 그리운 광장이여. 이곳에서 보낸 어린 시절을 돌이켜 보면 온갖 추억이 뒤엉켜 있어서 무엇부터 말해야 좋을지 모르겠다. 추억을 곱씹으니 그저 감개가 무량할 뿐이다. 얼마나 상상조차 할 수 없는 앞날이 나를 기다리고 있었는지! 그런 인생의 추억을 하나하나 거짓 없이 여기에 담아내고 싶다. 특히 청춘 시절에 겪은 일들은 언젠가 틀림없이 추억이라는 아름다운 보석이 되어 서글프리만치 찬란하고 아름다운 빛을 발할 것이다.

그럼 첫 번째 추억을 더듬어 보자. 아마 내가 여섯 살 때였을 것이다. 나는 동네 성당 앞에서 친구 두세 명과 함께 놀곤 했다. 성당 정문에는 작은 놋쇠 십자가가 못 박혀 있었는데, 그때 나는 아직 쥐방울만 해서 열심히 까치발을 해도 손이 그것에 닿을까 말까 했다. 어머니 손에 이끌려 이곳을 지날 때마다 나는 어머니 품에 안긴 채 그 십자가에 입을 맞추었다.

하루는 나보다 어린 친구가 투덜댔다. "왜 어린 예수님은 한 번도 이곳에 와서 우리랑 함께 놀아 주지 않을까?" 나는 우쭐거리면서, 예수님은 십자가에 못 박혀 있기 때문에 못 오시는 거라고 대답했다. 우리는 십자가가 달린 문 쪽으로 가 보았지만, 아니나 다를까 그곳에는 아무것도 없었다. 그래도 우리는 어머니가 늘 가르쳐 준 대로 그 십자가에 입을 맞추려고 했다. 하지만 너무 높아서 키가 닿지 않았기 때문에 큰 애가 작은 애를 안아 올려 주기로 했다. 그런데 안긴 아이가 십자가에 막 입을 맞추려는 순간, 안고 있던 아이의 팔에서 힘이 빠지는 바람에 땅바닥에 나뒹굴고 말았다. 그때 마침 그곳을 지나가던 어머니가 우리를 보고는 걸음을 멈추고 말했다. "너희들은 정말 천사로구나. 그리고 너는 내 천사야!" 그러고는 나한테 뽀뽀를 해주었다.

어머니가 이웃 사람들한테 내 마음이 얼마나 순결한가를 거듭거듭 이야기하는 것을 듣고 나는 속으로 얼마나 우쭐했는지 모른다. 하지만 그것은 나의 순수성을 바래게 했다. 그 순간 허영심이라는 씨앗이 내 마음에 스며들었던 것이다. 어머니는 나의 참된 장점과 어머니 혼자서 지레짐작한 장점을 뒤섞어서 설명했다. 눈이 마주치면 반드시 죽는다는 저 무시무시한 바실리스크와 마찬가지로 천진함이란 그것을 자각하는 순간 죽어버린다는 것을 어머니는 미처 생각하지 못한 것이다.

우리가 '해골성당'이라 부르던 동네 성당에는 마르티노 신부님이 있었는데, 어머니의 고해신부였다. 어머니는 그에게도 내가 얼마나 훌륭한 아이인지 모른다고 자랑했다. 나는 기도문을 뜻도 모르면서 줄줄 외울 수 있었기 때문에 마르티노 신부님에게 사랑을 받았다. 하루는 신부님이 그림 한 장을 선물로 주었는데, 성모 마리아가 눈물을 흘리며 울고 있는 그림이었다. 죽은 자들은 그 쏟아지는 눈물을 앞다투어 맞으려 하고 있었다.

마르티노 신부님은 나를 성당 안쪽에도 데려가 주었다. 그곳에는 둥근 기둥이 늘어선 네모난 회랑이 있었다. 회랑에 둘러싸인 작은 감자밭에는 노송나무 두 그루와 오렌지나무 한 그루가 서 있었다. 탁 트인 복도에는 세상을 떠난 사제들의 낡은 초상화가 줄지어 걸려 있었고, 또한 방문마다 전기에 나오는 순교자들의 그림이 붙어 있었다. 이런 그림들을 볼 때면 내 마음은, 뒷날 라파엘로의 걸작을 보았을 때처럼 경건한 감동으로 가득 찼다.

"너는 정말 착한 아이야. 그러니 이번에는 죽은 사람들을 보여 주마."

이렇게 말하면서 마르티노 신부님은 복도를 몇 계단 내려가 작은 문을 열었다. 나는 신부님 손에 이끌려 돌계단을 내려갔다. 사방이 해골로 가득 찬 회랑이 나타났다. 벽에는 수많은 해골들이 나란히 다닥다닥 붙어 있어서 마치 층층이 나뉜 장식장 같아 보였다. 커다란 감실(龕室)에는 머리뿐만 아니라 몸통과 손발이 다 갖추어진 온전한 해골이 모셔져 있었다. 이 지위 높은 사제들의 해골은 모두 살아 있을 때처럼 갈색 수도복을 걸치고, 허리에는 새끼줄을 두르고, 손에는 기도서나 시든 꽃다발을 들고 있었다. 제단과 촛대와 다른 장식도 모두 어깨뼈나 척추뼈로 되어 있었다. 처음 보는 사람으로선 기분 나빠서 눈을 돌리고 싶을 만큼 으스스한 광경이었다. 마르티노 신부님은 기도문을 외면서 걸음을 옮기셨고 나는 두려움에 떨면서 그 뒤에 꼭 붙어 갔다. 신부님은 기도문을 외고 나서 말했다.

"나도 언젠가는 여기에 잠들게 될 텐데, 그때는 나를 찾아와 주겠니?"

나는 아무 대답도 못하고 그저 놀란 눈으로 주위의 섬뜩한 모습을 둘러볼 뿐이었다. 그 뒤 신부님의 작은 방으로 돌아왔을 때에야 겨우 안도의 한숨을 내쉬었다. 신부님 방 창밖에는 노랗게 익은 오렌지가 주렁주렁 열려 있었다. 나는 또 그 방에서 성모 마리아의 그림을 보았다. 성모 마리아는 천사들에게 둘러싸인 채 꽃으로 뒤덮인 무덤에서 나와 하늘로 올라가고 있었다.

이곳을 방문했던 기억은 오랫동안 나의 공상을 자극했다. 지금도 그때 일이 눈앞에 생생히 떠오른다. 그때 마르티노 신부님은 평범한 사람들과는 전혀 다른 사람처럼 보였는데, 갈색 옷을 입은 죽은 자들과 삶을 함께하는 인물이었다. 더구나 그가 들려준 위대한 성자나 기적 이야기, 그리고 어머니가 신부님에게 보이는 존경이 함께 작용하여, 나도 언젠가는 그런 인물이 되고 싶다고 생각하게 되었다.

어머니는 미망인이었다. 그래서 우리가 전에 살던 큰방을 남에게 빌려주고, 삯바느질을 해서 어렵사리 생계를 꾸려 나가고 있었다. 우리는 지붕 밑 작은 다락방으로 거처를 옮겼고, 큰방에는 페데리고라는 젊은 화가가 살게 되었다. 그는 머나먼 덴마크에서 온 젊은이였다. 그때만 해도 나는 이 세상에 여러 언어가 있다는 것을 몰랐다. 그래서 페데리고가 내 말을 알아듣지 못하자 귀가 어두운 줄 알고 같은 말을 몇 번이고 큰 소리로 외쳤다. 그러나 페데리고는 그저 웃기만 했다. 그 대신 과일을 주기도 하고, 군인이나 말이나 집을 그려 주기도 했다. 우리는 금방 친구가 되었다. 어머니도 그가 참 좋은 사람이라고 이따금 말했다.

어느 날 저녁, 어머니와 마르티노 신부님이 나누는 이야기를 귓결에 듣고는 페데리고가 불쌍하다는 생각이 들어 슬퍼졌다. 어머니는 이렇게 말했다.

"그 외국인은 정말로 지옥에 떨어져서 영원히 저주를 받아야 하나요? 그 젊은이만이 아니라, 다른 외국인들 중에도 나쁜 짓이라곤 전혀 모르는 착한 사람들이 많아요. 가난한 사람들에게 친절하고, 돈을 빌려도 정해진 날짜에 꼬박꼬박 갚고…… 때로는 외국인들이 우리보다 훨씬 죄 없고 순결한 사람들이라는 생각까지 드는 걸요."

"맞습니다." 마르티노 신부님이 대답했다. "그 말씀이 옳습니다. 그들 대부분은 좋은 사람들이지요. 하지만 왜 그런지 아십니까? 제가 말씀드리지요. 온 세상을 돌아다니는 악마는 이교도가 어차피 언젠가는 자기 손아귀에 들어오리라는 것을 알고 있기 때문에 굳이 그들을 유혹하려 들지 않습니다. 그래서 그들은 쉽사리 선행을 하고 죄를 짓지 않을 수 있는 것이지요. 반면에 선한 가톨릭 신자들은 하느님의 자식입니다. 바로 그렇기 때문에 악마도 우리를 유혹하기 위해 온갖 수법을 쓰는 것입니다. 그래서 나약한 우리는 유혹에 지고 맙니다. 하지만 이교도는 악마에게 유혹당하는 일이 없답니다."

이 말을 들은 어머니는 그저 가엾은 젊은이의 신세를 생각하며 깊은 한숨을 내쉴 뿐이었다. 나는 그만 울음을 터뜨리고 말았다. 그렇게 착하고 그렇게 아름다운 그림을 그려 주는 사람이 언젠가 지옥에 떨어져 영원히 유황불에 태워지다니, 그것이야말로 잔인한 죄악 같았다.

어린 시절 나에게 깊은 인상을 심어 준 또 다른 인물은 페포 외삼촌이었다. 이분은 '악당 페포'나 '스페인 계단의 왕초'라고 불렸는데, 저 유명한 스페인 광장 계단에 날마다 진을 치고 있었기 때문이다. 페포 외삼촌은 태어날 때부터 두 다리가 시들어 몸통 밑에서 십자 모양으로 꼬여 있었다. 그렇지만 어릴 적부터 연습해서 놀랄 만큼 능숙하게 두 손을 이용하여 앞으로 나아갈 수가 있었다. 널빤지에 가죽끈을 묶고 거기에 두 손을 끼워서 땅을 짚으며 나아갔는데, 두 다리가 성한 건강한 사람들 못지않게 빠르게 전진할 수 있었다.

앞에서도 말했듯이 페포 외삼촌은 날마다 스페인 계단에 앉아 있었지만 구걸 따위는 절대로 하지 않았다. 그저 지나가는 사람들에게 일그러진 미소를 던지며 "안녕하세요!" 하고 말을 걸 뿐이었다. 해가 저물어 날이 어두워져도 계속 그렇게 말을 걸었다.

어머니는 외삼촌을 별로 좋아하지 않았다. 좋아하기는커녕, 친척 중에 그런 사람이 있다는 것을 부끄럽게 여기기까지 했다. 그럼에도 아직껏 그와 어울려 지내는 것은 오직 나를 위해서라고 자주 말씀했다. 외삼촌은 누구나가 탐낼 만한 것을 상자 속에 쌓아 두고 있었는데, 혹시 죽을 때 교회에 기증하지만 않는다면 그 재산을 물려받을 유일한 상속자는 나였다. 외삼촌은 나름대로 나에게 애정을 보여 주었지만, 나는 외삼촌 곁에 있어서 기쁘다고 생각한 적은 한 번도 없었다.

하루는 외삼촌을 보고 정말로 겁이 난 적이 있었다. 그것은 외삼촌의 마음보를 있는 그대로 드러내는 사건이었다. 그날 돌계단 아래에 늙고 눈먼 거지가 혼자 앉아서, 길을 가는 사람들한테 동전을 구걸하면서 작은 깡통을 딸랑딸랑 흔들고 있었다. 외삼촌은 능글맞은 미소를 지으며 모자를 흔들어 댔지만, 사람들은 못 본 체 그냥 지나쳐 버렸다. 눈먼 거지는 가만히 있어도 계속 돈이 들어왔다. 외삼촌이 지켜보는 동안 장님에게 동냥을 주고 가는 사람이 벌써 셋이나 있었다. 이윽고 네 번째 사람이 와서 또다시 동전 두어 닢을 던졌다. 그러자 외삼촌은 더는 참지 못하고 독사처럼 몸을 꿈틀거리며 계단을 내려가더니, 다짜고짜로 장님의 얼굴을 후려갈겼다. 순식간에 늙은 장님 거지는 돈도 지팡이도 빼앗겨 버렸다.

"이 도둑놈아!" 외삼촌은 버럭 소리를 질렀다. "내 동전을 가로챌 생각이냐? 어엿한 병신도 아닌 주제에. 그저 눈이 안 보이는 것뿐이잖아. 그런데 그걸 내세워 내 입에서 빵을 가로채려 하다니!"

나는 더 이상 듣지도 보지도 않고, 어머니가 심부름시킨 작은 술병을 안고 허겁지겁 집으로 돌아갔다.

명절 때면 어머니와 함께 외삼촌 집에 인사를 하러 가곤 했다. 그럴 때는 외삼촌이 좋아하는 커다란 포도송이나 사과 설탕절임 같은 선물을 가져갔다. 나는 "외삼촌!" 하고 부르며 그 손에 입을 맞추어야 했다. 그러면 외삼촌은 싱긋 웃으며 나에게 동전을 주었다. 그러면서 한마디 하는 것을 잊지 않았다.

"이 돈은 가지고 있으면서 가끔 구경하라고 주는 돈이지, 과자 같은 거나 사라고 주는 논이 아니야. 과사는 먹어 버리면 그뿐이지만, 동전은 언제까지나 간직할 수 있단다."

외삼촌네 집은 어두컴컴하고 답답했다. 방에는 변변한 창문 하나 없고, 다만 벽 위쪽에 깨진 유리창을 종이로 붙인 작은 창문이 하나 뚫려 있을 뿐이었다. 가구라고는 침대로 쓰고 있는 커다란 상자와 옷가지를 넣어 두는 통이 전부였으며, 그 밖에는 아무것도 없었다. 외삼촌 집에 가야 할 때면 나는 으레 울음을 터뜨렸다. 어머니는 외삼촌한테 상냥하게 굴라고 늘 타이르면서도, 나를 혼내 주고 싶을 때면 언제나 외삼촌을 내세워 겁을 주었다. 그럴 때 어머니는 이렇게 말했다.

"또 그런 짓을 했다가는 외삼촌한테 보내 버릴 거야. 둘이 함께 돌계단에 앉아 구걸이라도 하렴. 노래나 부르면서 동전 한 닢이라도 떨어지길 기다리든가."

그러나 나는 별로 겁먹지는 않았다. 어머니가 정말로 그럴 생각이 아니라는 것은 나도 잘 알고 있었다. 어쨌든 어머니한테는 내가 눈에 넣어도 아프지 않을 만큼 귀여운 아들이었으니까.

맞은편 집 벽에는 작은 단에 성모상이 모셔져 있었고, 그 앞에는 언제나 등불이 켜져 있었다. 저녁 종이 울리면 나는 이웃집 아이들과 함께 그 앞에 무릎을 꿇고, 리본이나 구슬로 장식된 아기 예수와 그 어머니를 찬송하는 노래를 불렀다. 흔들거리는 불빛에 성모와 아기 예수도 이따금 흔들려서 미소를 짓는 듯이 보였다.

나는 높고 또랑또랑한 소리로 노래했다. 내 노랫소리를 들은 사람들은 모두 입을 모아 잘한다고 칭찬해 주었다. 한번은 영국인 가족이 걸음을 멈추고 우리가 부르는 노래에 귀를 기울였다. 우리가 노래를 마치고 일어서자 영국 신사가 나에게 은화 한 닢을 주었다. 그 이야기를 듣고 어머니는 말했다. "그건 너의 아름다운 목소리 덕분이란다." 하지만 이 칭찬이 그때부터 내 기도를 얼마나 방해했는지 모른다. 성모상 앞에서 노래를 부를 때에도 성모 마리아를 생각하는 게 아니라, 또 누군가가 내 아름다운 목소리를 듣고 칭찬해 주지 않을까 하는 생각만 하게 되었던 것이다. 그렇지만 한편으로는 성모 마리아가 교만한 내 마음을 다 꿰뚫어 보실까 봐 두려워하면서, 부디 이 불쌍한 아이를 용서해 달라고 기도를 올리곤 했다.

내가 이웃집 아이들과 어울리는 것은 찬송가를 부르는 저녁때뿐이었다. 다른 때는 언제나 내가 만들어 낸 꿈의 세계 속에 틀어박혀 혼자 조용히 지냈다. 침대에 반듯이 누운 채, 활짝 열린 창문으로 아름다운 이탈리아의 푸른 하늘을 바라보거나, 해가 서녘으로 기울어 보랏빛 구름이 황금빛 대지를 뒤덮는 황홀한 광경을 시간 가는 줄도 모르고 바라보곤 했다. 때로는 저 멀리 교황님이 계시는 퀴리날레 언덕을 넘고 집집의 지붕을 넘어, 불타는 듯 새빨간 지평선 위에 검은 그림자처럼 서 있는 아름드리 소나무 쪽으로 훨훨 날아가고 싶었다.

반대편 창문으로는 전혀 다른 풍경이 보였다. 여기서는 우리집 안뜰과 옆집 안뜰이 보였는데, 둘 다 비좁고 높은 담장으로 둘러싸여 있었다. 또 위쪽은 커다란 목조 발코니로 마치 뚜껑이라도 덮어 놓은 듯했다. 안뜰 한복판에는 돌 우물이 있었고, 우물과 집 벽 사이에는 사람 하나 간신히 지나갈 틈밖에 없었다. 그래서 위에서 내려다보면 두 개의 깊은 우물 속을 들여다볼 수 있었다. 우물은 우리가 '베누스의 머리카락'이라고 부르는 초록 풀로 뒤덮여 있었다. 깊은 우물 속은 어두워서 보이지 않았지만 나는 깊은 땅속까지 들여다보는 기분을 느꼈다. 내 상상력은 온갖 수상쩍은 존재들의 모습을 지어냈다. 그런데 어머니가 커다란 나뭇가지로 창문을 가려 주었다. 내가 혹여나 창문으로 떨어져 우물에 빠지지 않게 하려고, 그리고 그 나뭇가지에 어떤 열매가 열리는지를 보여 주려고 말이다.

그럼 여기서 한 가지 사건을 털어놓겠다. 그것은 채 시작되지도 않은 내 인생에 마침표를 찍게 했을지도 모르는 사건이었다.

02
지하묘지와 성가대

젊은 화가 페데리고는 이따금 교외로 그림을 그리러 나갈 때 나를 데려가곤 했다. 그가 이것저것 그리는 동안 나는 절대로 그를 방해하지 않았다. 그 대신에 페데리고는 그림을 다 그리면 나의 재잘거림을 기꺼이 들어 주었다. 그때쯤에는 그도 이탈리아말을 알아듣게 되었다.

전에 나는 그와 함께 포로 로마노에 있는 동굴에 들어간 적이 있었다. 그 깊고 어두운 동굴은 먼 옛날 죄 없는 포로들을 먹이로 주면서 사나운 사자나 하이에나 같은 맹수를 길렀던 곳이다. 맹수들은 격투사와 싸울 그날이 오기까지 이 동굴 속에 갇혀 있었다고 한다. 어두컴컴한 동굴에서 우리를 안내해 준 수도승은 횃불을 치켜들고 발아래에 물이 있는지 없는지 신중히 살피면서 앞으로 나아갔다. 깊디깊은 물웅덩이가 맑은 거울처럼 주변 풍경을 비추고 있어서 때로는 앞에 아무것도 없는 것같이 보였기 때문이다. 그 모든 것이 내 공상을 자극했지만 겁이 나지는 않았다. 아직은 위험이 뭔지를 모르는 나이였으니까.

저 멀리 길이 끝나는 곳에 콜로세움이 보였을 때 내가 물었다.

"오늘도 그 동굴에 가나요?"

"아니. 오늘은 훨씬 큰 동굴에 갈 거야." 페데리고가 대답했다. "재미있는 걸 보여 줄게."

우리는 계속 걸어갔다. 포도밭 사이를 지나 고대 카라칼라 목욕탕 유적의 담벼락을 따라 로마 교외로 나갔다. 그날은 햇볕이 뜨겁게 내리쪼이고 있었다. 농부들은 나뭇가지로 수레에 차양을 만들어 놓고 그늘진 그 밑에서 낮잠을 자고 있었다. 말들은 근처를 어슬렁거리며, 수레 옆에 놓여 있는 여물을 우적우적 씹고 있었다.

이윽고 에게리아의 동굴에 도착했다. 우리는 그곳에서 아침을 먹고, 바위틈에서 흘러나오는 맑은 물을 포도주에 섞어 마셨다. 이곳은 신을 모시는 신전이었는데 벽도 천장도 온통 푸른 벨벳 같은 이끼로 뒤덮여 있었으며, 푸르고 싱싱한 덩굴이 한쪽에 풍성하게 늘어져 있었다.

그 시절에는 이 신전에서 얼마 떨어지지 않은 곳에 낡은 집 한 채가 고대 지하묘지(카타콤베)로 내려가는 입구 위에 서 있었다. 지금은 다 무너져서 폐허가 되어버렸지만. 이 지하묘지는 알다시피 옛날에는 로마와 주변 마을을 잇는 지하통로였는데, 세월이 흘러 일부는 무너져 내리고 일부는 도둑이나 밀수꾼들의 은신처가 되었기 때문에 입구가 폐쇄되었다. 그래서 내가 처음 찾아갔을 무렵에는 산 세바스티아노 성당의 봉안당에서 내려가는 입구와 방금 이야기한 낡은 집에서 내려가는 입구만 남아 있었다. 그러나 이 외딴집을 통해서 지하로 내려간 사람은 우리가 마지막이었을 것이다. 우리의 위험한 모험이 끝난 직후에 이 출입구도 폐쇄되어 버렸기 때문이다. 그 뒤 이 지하통로를 방문한 사람들은 수도사의 안내를 받아 성당 입구로 내려갈 수밖에 없었다.

지하로 깊이 내려가면 길이 몇 갈래나 뒤엉켜 있었다. 게다가 모양도 엇비슷하기 때문에 길을 대충 알고 있는 사람조차 때로는 길을 헤매곤 했다. 나는 아직 코흘리개라서 아예 아무 생각도 없었고, 페데리고는 나 같은 어린애를 데리고 가면서도 전혀 불안을 느끼지 않을 만큼 준비를 철저히 했다. 그는 양초 한 자루에 불을 붙이고, 또 한 자루는 주머니에 넣고, 실꾸리의 한쪽 끝을 입구에 단단히 잡아맨 다음 내 손을 잡고 지하로 내려갔다.

안으로 들어가자 나 혼자만 겨우 서서 걸을 수 있을 만큼 천장이 낮아지는가 싶더니, 다음 순간에는 길이 갈라지면서 높은 원형 천장을 머리에 인 널찍하고 네모난 장소가 나타났다. 우리는 한복판에 작은 돌 탁자가 마련되어 있는 방을 지나갔다. 이곳은 처음 그리스도교에 귀의한 사람들이 이교도의 박해를 피해 몰래 모여서 미사를 드리던 곳이다. 페데리고는 이곳 벽에 묻혀 있는 열네 명의 교황과 수천 명의 순교자 이야기를 들려주었다. 우리는 바위틈에 불빛을 비추어 그 안에 묻힌 백골을 보았다.

거기서 다시 몇 걸음 걸어갔을 때 우리는 멈춰 섰다. 실이 다 떨어졌기 때문이다. 페데리고는 실 끝을 단춧구멍에 묶고 양초를 돌무더기 틈에 꽂아 세운 다음, 그 자리에 앉아 지하통로를 스케치하기 시작했다. 나는 옆에 있는 바윗돌에 앉아서 두 손을 모으고 있었다. 양초는 벌써 거의 다 타버렸다. 페데리고는 준비해 온 다른 양초를 꺼내 그 옆에 놓아두었다. 불붙일 도구도 다 준비해 왔으므로 촛불이 갑자기 꺼져도 곧바로 불을 켤 수가 있었다.

나는 무시무시한 암흑으로 이어지는 통로 속에서 꿈틀대는 수많은 괴물을 마음속에 그려 보았다. 주위는 쥐 죽은 듯 고요하고, 바위 사이로 뚝뚝 떨어지는 물방울만이 단조로운 소리를 내고 있었다. 나는 공상에 푹 빠져서 한동안 현실을 잊고 있었다. 그러다 문득 페데리고 쪽을 보았는데, 그는 거친 숨을 내쉬면서 한곳에 납작 엎드려 이리저리 헤매고 있었다. 끊임없이 뭔가를 찾고 있는 눈치였다. 촛불이 꺼지려고 하자 새 양초에 불을 옮겨 붙이고는 다시 주위를 더듬더듬 뒤지고 다녔다. 나는 그 모습을 보고 심상치 않은 일이 터졌음을 직감했다. 순간 벌떡 일어나 와락 울음을 터뜨리고 말았다. 그러자 페데리고가 나를 달랬다.

"애야, 제발 얌전히 앉아 있어 다오. 착하지? 부탁이다!"

그러고서 그는 다시 심각한 얼굴로 땅바닥을 들여다보았다.

"이제 그만 나가요! 이런 곳에 더 있기 싫어요."

나는 보채면서 화가의 팔에 매달렸다.

"안토니오, 착하지, 응? 그림도 과자도 다 줄게. 이것 봐라. 돈도 줄게!"

화가는 주머니에서 지갑을 꺼내 안에 든 동전을 몽땅 내게 주었다. 이때 그의 손은 얼음처럼 차가웠고, 몸이 부들부들 떨리고 있는 것이 느껴졌다. 나는 정말로 불안해져서 큰 소리로 어머니를 부르며 울었다. 그러자 페데리고는 내 어깨를 움켜잡고 거칠게 흔들면서 말했다. "조용히 하지 않으면 때려 줄 거야!" 그러고는 갑자기 손수건을 꺼내 내 팔을 묶고는 옆으로 끌어당겼다. 다음 순간 그는 나에게 몸을 굽혀 몇 번이고 입을 맞추면서 말했다.

"귀여운 안토니오, 너도 성모님께 기도해 다오."

"실을 잃어버렸나요?"

"그래. 하지만 꼭 찾아낼 거야."

페데리고는 다시 바닥을 더듬으며 실을 찾기 시작했다. 그러는 동안 바닥에 놓아둔 작은 양초는 다 타 버렸다. 큰 양초도 계속 들고 돌아다녔기 때문에 조금만 있으면 손을 태울 정도로 짧아져 있었다. 페데리고는 매우 당황했다. 이 어두운 지하에서 실이 없으면 돌아가는 길을 찾지 못하고 무시무시한 지옥의 미궁으로 빠져들 터였다.

페데리고는 애써 기운을 내어 열심히 찾아보았다. 그러나 마침내 아무리 찾아도 소용없다는 것을 알자, 털썩 주저앉아 내 목을 끌어안고 한숨지으며 말했다.

"아아, 불쌍한 녀석!"

나도 이제는 집으로 돌아갈 수 없을 것 같은 기분이 들어 와락 울음을 터뜨렸다.

그런데 페데리고가 나를 힘껏 끌어안는 바람에 나는 그 자리에 쓰러졌다. 나도 모르는 사이에 내 손이 지하통로 바닥에 닿았다. 그 순간, 흙먼지 사이로 손가락 끝에 실이 걸렸다.

"찾았다!" 내가 소리를 지르자, 페데리고는 내 손을 붙잡고 미친 듯이 기뻐 날뛰었다. 우리 목숨은 바로 그 실 한 가닥에 달려 있었으니까. 우리는 살아난 것이다!

우리가 다시 바깥으로 나왔을 때, 햇살이 얼마나 따뜻하게 우리를 비추었던가. 하늘은 또 얼마나 푸르렀던가. 숲과 들판의 초록 물결은 얼마나 아름다웠던가. 이 세상 모든 것이 우리에게는 찬란하고 아름답게만 보였다.

페데리고는 다시 한 번 나에게 입을 맞추고는, 웃옷 주머니에서 아름다운 은시계를 꺼냈다.

"자. 이걸 너한테 주마."

나는 너무 기뻐서 동굴 속에서 겪은 끔찍한 일을 깨끗이 잊어버렸다.

그러나 이 이야기를 들은 어머니는 결코 잊지 않았다. 그 뒤로는 페데리고가 나를 데리고 나가는 것을 절대로 허락하지 않았기 때문이다. 마르티노 신부님은 말했다.

"그날 너희가 살아서 돌아온 것은 오로지 성모 마리아의 은총 덕분이란다. 성모 마리아는 이교도인 페데리고가 아니라 독실하고 착한 아이인 너에게 은

총을 내리셔서 그 실을 주셨으니, 결코 성모 마리아의 사랑과 은총을 잊어서
는 안 돼."

게다가 나를 아는 사람들은 누구나 이렇게 말했다. "안토니오는 희한하게도
제 엄마 빼고는 여자를 다 싫어하니까 아무래도 신부님이 될 운명인가 봐."

그래서 어머니는 결국 나를 성직자로 키우기로 결심했다. 나는 어머니만 빼
고 여자는 다 싫었다. 여자가 가까이 다가오기만 해도 기분이 나빴다. 어머니
를 찾아오는 여자들은 내가 싫어하는 게 재미있는지 일부러 나에게 키스를 퍼
붓곤 했다.

그중에서도 마리우차는 짓궂은 장난으로 나를 자주 울렸다. 마리우차는 명
랑한 아가씨인데, 농사꾼 자식이지만 양장점에서 모델 일을 하고 있어서 언제
보아도 아름다웠고, 화사한 옷차림에 머리에는 커다란 삼베를 두르고 있었다.
그녀는 이따금 페데리고의 모델이 되기도 하고, 어머니를 찾아와 말동무가 되
기도 했지만, 그때마다 나한테 말하곤 했다. "나는 네 각시이고, 너는 내 꼬마
신랑이야. 그러니까 나한테 키스해 줘."

그러면서 싫어하는 나한테서 억지로 입술을 빼앗곤 했다.

하루는 마리우차가 또 나를 울려 놓고서 말했다.

"넌 아직 아기라서 그런가 만날 울기만 하는구나. 옳지, 젖을 먹여 줘야겠다.
그래야 안 울지."

그러면서 나를 안으려고 했다. 나는 화들짝 놀라 달아났다. 하지만 금세 붙
잡혀 무릎 사이에 끼이고 말았다. 마리우차는 도리질 치는 내 얼굴을 붙잡고
는 제 가슴에다 꾹꾹 눌러 댔다. 나는 저항하다가 그녀의 뒷머리에 꽂혀 있던
은비녀를 잡아 뺐다. 그러자 그녀의 풍성한 머리채가 내 얼굴과 그녀의 드러난
어깨 위로 물결치며 흘러내렸다. 어머니는 방 한쪽에서 그저 웃으며 마리우차
를 보기만 하고, 페데리고는 몰래 우리를 스케치하고 있었다.

마리우차가 돌아간 뒤에 나는 어머니한테 말했다.

"각시 따위는 필요 없어. 나는 신부님이 될 거야. 마르티노 신부님처럼 성당
에서 살 거야."

내가 저녁마다 몇 시간 동안이나 말없이 골똘히 생각에 잠겨 있는 것을 보
고, 어머니는 내가 앞으로 성직자가 될 조짐인 게 틀림없다고 생각한 모양이었

다. 사실 나는 그렇게 가만히 앉아서, 만약에 내가 어른이 되어 돈을 많이 벌면 어떤 성당을 지을까, 또는 성의 주인이 되어 금빛으로 차려입은 시종들을 거느리고 붉은 마차를 타고서 당당히 행차하면 어떨까를 생각하고 있었다. 때로는 마르티노 신부님한테 들은 순교자 이야기를 바탕 삼아 나 자신이 순교자가 된 이야기를 꾸며 내기도 했다. 이야기 속에서 나는 뭇사람의 표적이 되어 끔찍한 고문을 당하면서도 성모 마리아의 도움으로 전혀 고통을 느끼지 않았다. 특히 내가 무엇보다도 간절히 바란 것은, 페데리고의 고국에 가서 그곳 사람들을 개종시켜 하느님과 성모 마리아의 은총을 받게 하는 것이었다.

드디어 그날이 왔다. 모르긴 몰라도 어머니는 분명 마르티노 신부님과 상담해서 일을 추진했을 것이다. 어느 날 아침 어머니는 나에게 짧은 옷을 입히고 그 위에 무릎까지 내려오는 깨끗한 비단 망토를 입힌 다음 거울을 보여 주었다. 거울에 비친 것은 성당에서 일하는 소년의 모습이었다. 이리하여 나는 마르티노 신부님이 있는 성당의 소년 성가대원이 되어, 다른 아이들과 함께 사슬 달린 향로를 들고 흔들면서 의식 행렬에 참가하거나 제단 앞에서 성가를 부르게 되었다.

마르티노 신부님은 우리가 지켜야 할 의무 사항에 대해서 전부 가르쳐 주었다. 아아, 나는 얼마나 행복했는지 모른다. 나는 금세 이 성당에 익숙해져서, 제단화에 그려져 있는 천사들의 얼굴은 물론이고 기둥에 새겨진 용틀임 무늬까지 죄다 외어 버렸다. 눈을 감고 있어도 흉측한 용과 싸우고 있는 성 미카엘의 용맹한 모습을 생생하게 떠올릴 수 있었다. 그리고 이마에 초록빛 담쟁이 관을 두른 해골을 보면서 이상한 공상에 잠길 때도 있었다.

03
아름다운 소녀와 첫 즉흥시

11월 1일 만성절(萬聖節)에는 마르티노 신부님의 성당에 갔다. 많은 사람들이 해골성당의 제단 앞에 모여 있었다. 전에 신부님이 나를 데려가 주었던 바로 그 예배당이었다. 여러 수도사들이 가톨릭 성경 구절을 외었고 나는 친구들과 함께 향로를 흔들고 있었다. 사람 뼈로 만든 촛대에서는 양초가 타오르고, 고위 성직자들의 온전한 유골들도 오늘은 이마에 새로운 화관을 이고 손에는 싱싱한 꽃다발을 들고 있었다.

이날 예배에도 여느 때처럼 많은 사람들이 밀물처럼 모여들었다. 성가대가 "주여, 우리를 긍휼히 여기소서" 하고 노래부르자 사람들이 모두 무릎을 꿇고 기도를 드렸다. 나는 눈앞에 줄지어 있는 해골들이 점점 부옇게 흐려지고, 뭉게뭉게 피어오르는 향연(香煙)이 어렴풋이 무슨 형태를 띠다가 흐트러지는 모습을 가만히 지켜보고 있었다. 한참 그러고 있노라니 갑자기 주변 사물들이 빙글빙글 팽이처럼 돌기 시작했다. 마치 커다란 무지개를 통해 온 세상을 바라보는 것 같았다. 귓가에서는 수백 개의 성당 종소리가 울리고 있는 듯했다. 조각배를 타고 빠른 물살에 쓸려 가는 듯한 기분이 들더니, 무어라 말할 수 없을 만큼 기분이 좋아졌다. 순간 현기증이 났다. 그 다음은 기억나지 않는다. 의식이 멀어지면서 그만 정신을 잃어버린 모양이다.

사람이 한꺼번에 너무 많이 모여서 흥분했는지도 모른다. 아니면 내 공상이 너무 강렬해져서 그만 졸도했는지도 모른다. 어쨌든 정신을 차렸을 때는 성당 뜰의 오렌지나무 밑에서 마르티노 신부님의 무릎을 베고 누워 있었다.

내가 꿈꾸는 동안에 보았던 이상한 광경을 이야기하자 마르티노를 비롯한 수도사들은, 그것이야말로 하늘의 계시가 틀림없다고 입을 모아 말했다.

그때부터 나는 이상한 꿈을 자주 꾸게 되었다. 개중에는 내가 지어낸 꿈도 있었지만. 어쨌든 꿈 이야기를 어머니한테 털어놓자 어머니는 다시 친구나 친지들에게 그 이야기를 퍼뜨렸기 때문에, 죄 많은 나는 점점 더 하느님의 아들로 여겨지게 되었다.

그러는 동안 크리스마스가 다가왔다. '피리부는 양치기'로 분장한 사람들이 짧은 망토를 걸치고, 리본을 잔뜩 두른 뾰족모자를 쓰고 다니면서 성모상이 있는 집마다 찾아가 피리를 불며 구세주의 탄생을 알리고 다녔다. 나는 아침마다 이 단조롭고 구슬픈 피리 소리에 눈을 떴다. 그리고 눈을 뜨자마자 항상 설교를 연습했다. 해마다 크리스마스 때부터 설날까지, 선발된 소년 소녀들이 산타 마리아 인 아라코엘리 성당의 그리스도상 앞에서 설교를 하는 관습이 있었는데, 올해는 나도 그중 한 사람으로 뽑혔기 때문이다.

아홉 살짜리 어린애가 그런 자리에서 설교를 한다는 것은, 나 자신은 물론이고 어머니와 마리우차뿐만 아니라 페데리고한테도 무척 뿌듯한 일이었다. 나는 집에서 페데리고를 앞에 두고 탁자 위에 올라가 설교를 한 적이 있었는데, 그때 그는 나더러 참 잘한다고 칭찬해 주었다.

드디어 설교하는 날이 되었다. 평소와 다른 점은 우리집 탁자가 아니라 카펫 깔린 단상에 올라가 설교를 한다는 것뿐이었다. 나는 다른 아이들과 마찬가지로 성당에 모인 사람들 앞에서 성모 마리아의 마음과 아기 예수의 존귀함에 대해 미리 외어 두었던 이야기를 지껄였다. 나는 무서운 것을 몰랐다. 단상에 올라선 나에게 사람들의 눈길이 일제히 쏠렸을 때 가슴이 두근거린 것은 무서워서가 아니라 기뻤기 때문이다. 지금까지 설교를 한 모든 아이들 가운데 내가 가장 뛰어나다는 것은 거의 결정된 사실처럼 보였다.

그때 내 뒤를 이어 한 소녀가 단상으로 올라왔다. 그 소녀의 더없이 우아한 모습과 놀랄 만큼 해맑은 얼굴, 그리고 마치 음악처럼 맑고 아름다운 목소리에 사람들은 감동하여, 이 아이야말로 하느님의 천사라고 찬탄했다. 우리 애가 최고라고 생각했을 우리 어머니마저도 흥분해서 저 소녀야말로 제단화에 그려진 천사와 똑같다고 하면서, 그 소녀의 크고 검은 눈망울, 새까만 머리카락, 자못 영리해 보이는 얼굴, 고사리같이 작고 예쁜 손을 침이 마르게 칭찬했다. 그래서 나는 그만 질투심에 사로잡혔다. 하기야 어머니는 나한테도 칭찬 한마디 하는 것을 잊지 않았다. 너도 하느님의 천사 같았다고……

"옛날에 한 나이팅게일이 있었습니다. 그는 아직 어려서 둥지에 틀어박혀 있기에 장미나무 가지의 푸른 잎을 쪼아 먹으면서도, 이제 막 움터 나는 봉오리는 미처 눈치채지 못했습니다. 그렇게 두세 달이 지나자 장미꽃이 활짝 피었습니다. 나이팅게일은 꽃 주위를 날아다니며 노래했습니다. 그리고 하얀 장미꽃을 자기 피로 붉게 물들이려고 마침내 날카로운 가시들 속으로 날아들었습니다. 가슴을 푹 찔리고도 나이팅게일은 계속 노래했습니다. 가슴에서 피를 뚝뚝 흘리며 장미꽃 옆에서 숨을 거두고 말았습니다."

나는 지금도 와일드가 지은 이 시를 종종 떠올린다. 그러나 산타 마리아 인 아라코엘리 성당에서 내 귀는 미처 그것을 듣지 못했다. 내 마음도 아직 장미꽃의 아름다움을 몰랐다.

그 뒤에도 어머니와 마리우차와 이웃 아주머니들은 성당에서 한 이야기를 다시 한 번 해 보라고 종종 요구했다. 나의 허영심은 적잖게 충족되었다. 그런데 내가 싫증을 내기도 전에 어른들이 벌써 흥미를 잃어버린 것 같았다. 그래서 나는 청중의 주의를 끌기 위해 새로운 이야기를 꾸며 내기로 작정했다. 그러나 그것은 크리스마스 설교라기보다는 오히려 성당 축제를 묘사한 것이 되어 버렸다. 그 이야기를 가장 먼저 들은 사람은 페데리고였다. 그는 낄낄 웃으면서도 이렇게 말해 주었다.

"네 이야기는 마르티노 신부님이 들려주는 이야기보다는 훨씬 재미있구나. 네 가슴속에는 아마 시인이 숨어 있는 모양이야."

나는 속으로 우쭐한 기분이 들었다. 그러나 가슴속에 숨어 있다는 '시인'이 대체 무엇인지 그 뜻을 잘 알 수가 없어서 곰곰이 생각해 보았다. 이것저것 생각한 끝에 나는 내 가슴속에 깃든 것이 설령 천사는 아닐지라도, 내가 잠들어 있는 동안 꿈에서 즐겁고 아름다운 것을 보여 주는 이야기의 요정 같은 것일지도 모른다고 막연히 공상했다.

어머니는 우리 동네에서 멀리 나가는 일이 별로 없었다. 그래서 어느 날 오후에 어머니가 트라스테베레(테베레 강 건너편 지역)에 사는 친구를 찾아가자고 말했을 때는 마치 축제날이 다가온 것처럼 설렜다. 나는 깨끗한 나들이옷을 차려입었다. 그리고 조끼 대신 그즈음 유행하던 화려한 비단 헝겊을 윗도리 아래 가슴에 옷핀으로 고정했다. 그 위에 폭넓은 스카프를 예쁘게 주름잡아 묶고, 수놓은 모자를 썼다. 이것으로 멋진 나들이 차림이 되었다.

방문을 마치고 귀로에 오른 것은 밤이 이슥해진 뒤였다. 맑은 달빛으로 하늘도 푸르고, 살랑대는 바람도 무척 상쾌했다. 늘 푸른 노송나무숲과 솔숲이 가까운 언덕 위에 하늘을 등지고 또렷한 윤곽을 보이며 서 있었다. 살다 보면 특별한 사건도 없었는데 신기하게도 기억에서 사라지지 않는 아름다운 밤이 하룻밤쯤 있게 마련이다. 이날 밤이야말로 바로 그런 밤이었다. 그 밤의 풍경은 내 영혼에 언제까지나 생생하고 선명하게 새겨져 있다. 로마를 떠난 뒤에도 테베레강을 생각할 때마다 그날 밤의 풍경이 생생하게 떠올랐다. 달빛을 받으며 유유히 흘러가는 누런 강물. 커다란 물레방아가 삐걱삐걱 돌아가는 강물에 검은 그림자를 떨구며 솟아 있는, 폐선의 낡은 돛대. 이 풍경을 떠올리면 종교와는 거리가 먼 유쾌한 아가씨들이 탬버린을 흔들면서 '살타렐로'를 춤추며 지나갔다 해도 전혀 이상하지 않을 정도다.

우리는 판테온 근처의 산타 마리아 델라 로톤다까지 갔다. 그곳은 꽤 혼잡하고 북적였다. 푸주한과 과일장수 아낙들이 가판대를 앞에 놓고 앉아 있었다. 가판대 위에는 월계수 바구니에 담긴 상품 옆에서 양초가 타오르고 있었다. 군밤 냄비 밑에서는 연기가 매캐하게 피어오르고 있었다. 상인들이 와자하게 이야기를 나누고 마구 소리를 질러대고 있어서, 말이 통하지 않는 나그네는 목숨을 건 싸움이라도 하는 모양이라고 생각할지 몰랐다.

어물전 앞에서 어머니는 옛 친구를 만났다. 여자들 수다는 끝이 없다지만, 이번 수다는 장사꾼이 가게를 닫고 어머니가 친구를 집에 바래다 줄 때까지 끊임없이 계속되었다. 그곳은 사람이 많은 동네였으나 이미 대부분 불을 끄고 잠들어서 코르소 대로조차 쥐 죽은 듯 조용해져 있었다. 그러나 모퉁이를 돌아 아름다운 트레비 분수 광장으로 나오자 다시금 활기찬 분위기가 우리를 에워쌌다.

그곳에는 오래된 궁전 같은 건물이 있었다. 그 옆에 아무렇게나 쌓아올린 듯이 보이는 주춧돌들 사이로 물이 흘러내려 냇물을 이루었다. 때마침 휘황한 달님이 지붕 위로 솟아올라 트레비 분수를 비추었다. 바다의 신 넵투누스의 석상이 무거운 옷자락을 펄럭이면서 이 폭포수를 굽어보고 있었고, 그 주위에는 소라고둥을 부는 트리톤 둘이 해마를 부리고 있었다. 이 군상 밑에는 커다란 수반이 펼쳐져 있고, 분수를 둘러싼 돌계단에는 많은 사람들이 길게 드러누워 달빛을 받으며 쉬고 있었다. 커다란 수박이 붉은 속살을 보이며 옆에 굴러다니고 있었다. 돌계단 한쪽에는 생기 넘치는 젊은이가 앉아 있었다. 그 젊은이는 무릎까지 올라오는 짧은 가죽 바지를 입고, 얇은 셔츠를 단추도 채우지 않고 헐렁하게 입은 채 기타를 치고 있었다. 그는 노래를 한 소절 부르다가 다시 기타를 치고, 또 노래를 한 소절 불렀다. 그를 둘러싼 사람들은 그때마다 손뼉을 치며 박자를 맞추었다.

어머니는 그 노래에 이끌려 걸음을 멈추었다. 나도 겨우 한 소절을 들었을 뿐인데 이상한 힘에 사로잡히고 말았다. 젊은이가 부르는 노래는 보통 노래가 아니었다. 젊은이는 방금 전에 보았거나 들은 것들을 노래하고 있었다.

어머니도 그 노래 속에 등장했다. 젊은이는 절묘한 가락에 맞춰 즉흥시를 짓고 있었다.

하얀 돌을 베개 삼고 푸른 하늘을 이불 삼아 자노라.

젊은이는 노래 한 소절을 부르고는 트리톤 석상을 가리켰다.
"자, 분수를 지키는 트리톤의 소라고둥 노래를 들어 주십쇼"
이어서 노래가 흘러나왔다.

피흘리는 수박을 먹는 이들은 모두 연인이 편안하길 기도하고 있네.
연인들은 이미 잠들어 수박을 먹는 이들을 꿈속에서 만나고 있겠지.
자, 연인들의 안녕을 빌며 건배하세.
이 세상 아가씨들 모두가 행복하길 빌며 한잔하세.
옳거니, 어머님의 행복도 빌어야지.
또 어린 아들이 자라서 데려올 각시의 행복도 빌어야지.

어머니는 감탄하여 외쳤다. "브라보!" 그러자 사람들도 모두 손뼉을 치며 소리쳤다.

"잘한다, 자코모! 브라보!"

그때 문득 작은 성당 돌계단 위에 있는 낯익은 얼굴이 눈에 띄었다. 페데리고였다. 그는 이 즐거운 달밤의 광경을 연필로 스케치하고 있었다. 집으로 돌아가는 길에 페데리고와 어머니는 유쾌한 노래를 부르던 그 젊은이에 대해 이야기하며 즐겁게 웃고 있었다. 그때 페데리고는 말했다.

"그 친구는 즉흥시인이야."

그리고 나에게 말을 걸었다.

"안토니오! 너도 즉흥시를 지으렴. 넌 타고난 시인이야. 네가 평소에 하는 이야기를 운문으로 짓는 연습만 하면 돼."

나는 그제야 시인이 무엇인지를 알았다. 시인이란 보고 느낀 것을 아름답게 노래할 줄 아는 사람이다. 만약 그렇다면 쉽고 재미있는 일이다. 기타 하나만 있으면 문제없다고 생각했다.

내 첫 번째 노래의 주제가 된 것은 우리집 맞은편에 있는 식료품 가게였다. 이 가게 물건들은 지나가는 사람의 눈길을 끌 만큼 야릇한 형태로 진열되어 있어서 일찍부터 내 상상력을 강하게 자극했다.

> 월계수 바구니 속에 무엇이 들었나.
> 타조알인가 했더니 하얀 치즈 덩어리구나.
> 파이프오르간처럼 생긴 금박지로 싼 양초와
> 주르르 늘어서서 반짝반짝 빛나는 통조림 위에
> 파르메산치즈가 떡하니 올라앉아 있네.
> 소시지와 훈제 돼지고기가 시야를 가리지만
> 이윽고 촛불이 켜지면
> 성모상 앞의 붉은 유리등 불빛 아래
> 환상적인 세계가 펼쳐진다.

실은 이게 전부가 아니다. 나는 가게 가판매대 위에 누워 있는 고양이도, 여주인을 붙잡고 오랫동안 물건 값을 깎는 아줌마와 젊은 수도사도 모두 시 속에 집어넣었다. 나는 이 시를 머릿속에서 몇 번이고 다듬은 다음 페데리고 앞에서 낭송했다. 다행히 페데리고의 갈채를 받은 이 시는 당장 동네에 퍼졌고, 결국에는 맞은편 가게 아주머니의 귀에까지 들어갔다. 아주머니는 박수를 치면서, 이 멋진 시야말로 새로운 단테의 《신곡》이라고 말했다.

그 후로는 모든 것이 나의 노래가 되었다. 이 세상은 꿈과 공상의 세계로 거듭났다. 성당에서 노래에 맞춰 향로를 흔들고 있을 때에도, 거리에서 덜컹거리며 달리는 마차나 큰 소리로 외치는 장사꾼들 틈에 있을 때에도, 성모상과 성수반 아래에 놓인 작은 침대에 누워 있을 때에도 언제나 시상에 젖어 있었다. 겨울 저녁이면 나는 몇 시간이고 창가에 앉아 길거리에서 활활 타오르는 불꽃을 바라보았다. 그 불로 대장장이는 쇠를 달구고 지나가던 사람들은 몸을 녹였다. 이 붉은 불꽃 속에서 나는 나 자신의 상상과 똑같이 활활 타오르는 또 하나의 세계를 보았다.

한겨울에 북쪽 설산에서 심한 눈바람이 불어와, 온 거리가 눈으로 덮이고 분수대의 트리톤 석상에 고드름이 열리게 되면 나는 기쁨의 환성을 질렀다. 다만 유감스럽게도 그런 추위는 매우 드물었다. 그렇게 고드름이 잔뜩 열리는 추위가 닥쳐오면 농부들은 풍년이 들 징조라면서 모두 기뻐했다. 그들은 양털 외투를 걸친 채 손뼉을 치며 트리톤 주위를 맴돌면서 춤을 추었다. 분수에서 높이 솟구쳐 오르는 물기둥 위에서는 무지개가 영롱하게 빛났다.

그리고 겨울은 어느새 끝을 고한다. 새봄이 코앞까지 성큼 다가왔다.

04
젠차노의 꽃축제

6월이 되자, 해마다 젠차노에서 성대하게 열리는 꽃축제 날이 다가왔다.

네미 호숫가에 있는 젠차노 마을은 알바노 산맥에 자리잡고 있는데 그 유명한 아피아 가도가 그 근처를 지났다. 이 마을에서는 어머니의 친구이자 마리우차의 친구이기도 한 여자가 남편과 함께 식당을 운영하고 있었다. 몇 해 전부터 어머니와 마리우차는 이 축제를 보러 가려고 생각했지만, 그때마다 일이 생겨서 못 가고 있었다. 그런데 올해는 드디어 그 꿈을 이루게 되었다. 길이 멀기 때문에 우리는 축제 전날 떠나기로 했다. 떠나기 전날 밤에 나는 너무 들뜬 나머지 밤새도록 한잠도 자지 못했다.

다음 날 해가 뜨기도 전에 전세 낸 마차가 왔다. 우리는 얼른 마차에 올라 탔다. 나는 지금껏 한 번도 산속으로 들어가 본 적이 없었다. 게다가 유명한 꽃축제를 보러 간다는 기대감에 부풀어 그저 내 가슴은 두근거릴 뿐이었다. 어른이 된 지금, 그때와 똑같이 주위의 자연과 삶을 생생하게 느끼고 그것을 언어로 표현할 수 있다면, 그것이야말로 불후의 시가 될 것이다. 새벽 길거리의 조용한 풍경, 장엄한 철제 성문, 끝없이 펼쳐져 있는 캄파니아 평야, 곳곳에 쓸쓸히 서 있는 고분들, 먼 산기슭에 자욱이 끼어 있는 새벽 안개. 이 모든 것들이 나에게는 이제 곧 보게 될 화려한 축제를 암시하는 신비로운 전조처럼 여겨졌다.

길가 곳곳에 서 있는 십자가에는 백골이 매달려 있었다. 선량한 사람을 죽인 흉악한 살인범들이 여기서 처형된 것이리라. 이 처참한 풍경은 나에게 강한 충격을 주었다. 산에서 로마 시내로 물을 끌어들이는 수로교의 아치 형태도 인상적이었다. 처음에는 그 아치를 열심히 구경했지만 곧 싫증이 나 버렸다. 그래서 이번에는 어머니와 마리우차를 붙들고 끈덕지게 이것저것 물어보았다. 고분돌 주변에서 양치기들이 모닥불을 피우고 있는 까닭을 캐묻거나, 양치기들이 철망을 둘러친 곳으로 양 떼를 몰아넣고 있는 이유를 캐묻기도 했다. 아마 어머니도 마리우차도 내 질문 세례에 질려 버렸을 것이다.

알바노에 이르자 우리는 잠시 마차에서 내려, 아리차 고개를 넘는 아름다운 산길을 걸어서 갔다. 길가에는 야생 꽃무와 온갖 잡초가 자라고, 무성한 올리브나무 잎새들이 서늘한 그늘을 만들고 있었다. 그늘 밑에서는 누가 잠시 쉬면서 누군가를 기다리고 있는 듯했다. 십자가가 서 있는 비탈길을 쾌활한 처녀들이 춤추는 듯한 걸음걸이로 지나갔다. 그들은 웃고 장난치면서도 거룩한 십자가에 입맞추는 것을 잊지 않았다. 올리브숲 사이로 보이는 아리차 성당의 둥근 지붕을 나는 산 피에트로 대성당의 지붕인 줄만 알았다. 그것을 천사들이 어느새 이 울창한 올리브숲에다 옮겨다 놓은 것만 같았다. 읍내로 들어가자 인간처럼 뒷다리로 서서 춤추는 곰 주위에 많은 사람들이 모여 있었다. 곰을 부리는 사람은 크리스마스 때 로마 사람들이 풍각쟁이가 되어 성모상 앞에서 불었던 바로 그 곡을 피리로 불고 있었다. 별명이 '하사'인 군복 차림의 귀여운 원숭이가 곰의 머리와 어깨 위에서 재주를 넘었다. 어찌나 재밌던지 나는 이 마을에 좀더 머물렀으면 싶었다. 젠차노의 축제는 내일부터니까 쉬었다 가도 될 텐데. 그러나 어머니는 빨리 가서 친구 안젤리나가 꽃장식 만드는 것을 도와주어야 한다면서 길을 재촉했다.

이윽고 우리는 젠차노에 도착했다. 안젤리나 아줌마네 집은 금방 찾을 수 있었다. 네미 호수를 끼고 있는 젠차노 변두리의 멋진 집이었다. 돌벽에서 물이 솟아나와 수반으로 떨어지고 있었고, 그 주위에 나귀들이 모여 물을 마시고 있었다.

식당으로 들어가 보니 소란스럽기 이를 데 없었다. 활활 타오르는 화덕에서는 요리가 부글부글 끓고 있고, 긴 탁자에는 마을 사람들과 시골 사람들이 모두 둘러앉아 포도주를 마시거나 고기를 먹고 있었다. 싱싱한 장미꽃을 꽂은 푸른 꽃병이 성모 그림 앞에 놓여 있었다. 그 옆에는 등불이 있었지만, 실내에 연기가 자욱해서 잘 타지 않았다. 고양이는 탁자에 놓인 치즈를 밟고 지나가고, 암탉은 우리한테 밟혀도 상관없다는 듯이 마루 위를 이리저리 돌아다니고 있었다.

안젤리나는 우리를 반갑게 맞아 주었다. 굴뚝 옆에 나 있는 가파른 계단을 올라가자, 거기에 우리가 묵을 작은 방이 마련되어 있었다. 이곳에서 우리는 왕도 부럽지 않을 진수성찬을 먹었다. 모든 것이 훌륭했다. 평범한 포도주 병까지도 근사하게 장식이 되어 있어서, 코르크 마개 대신 아름다운 붉은 장미꽃 봉오리가 꽂혀 있었다. 어른들은 서로 입맞춤을 나누었다. 나도 입맞춤을 한 번 받았다. 안젤리나는 나를 보더니 참 귀여운 아이라고 말했다. 어머니는 한 손으로 내 볼을 어루만지고 또 한 손으로는 짧은 소매를 손목까지 끌어내리거나 옷깃을 매만져 주면서 조금이라도 괜찮아 보이게 하려고 애썼다.

식사가 끝나자 재미있는 일이 우리를 기다리고 있었다. 화관을 만들기 위해 붉은 꽃과 푸른 나뭇잎을 모으러 가는 것이다. 우리는 다 같이 뜰로 나갔다. 가로세로 수 미터쯤 되는 뜰에는 조그만 정자가 있었고, 정자를 둘러싼 가는 울타리는 저절로 자라난 알로에의 굵고 튼튼한 잎으로 보강되어 있었다.

굽어보니 깊디깊은 네미 호수가 조용히 잠자고 있었다. 하지만 그 옛날 이곳은 분화구여서 한번은 하늘까지 불길을 뿜어 올렸다고 한다. 우리는 뜰을 나와 산비탈에 있는 커다란 포도밭과 무성한 플라타너스 사이를 지났다. 높이 솟은 나무에는 덩굴이 위쪽까지 감겨 있었다. 멀리 산기슭에 보이는 네미 읍내는 호수 바닥까지 그림자를 드리우고 있었다.

우리는 꽃을 따고 푸른 가지를 꺾어 화관을 만들었다. 자줏빛 스톡 꽃과 싱싱한 올리브 잎사귀를 엮기도 했다. 우거진 수풀 사이사이로 숨바꼭질하듯 나타났다 사라지는 높고 푸른 하늘과 깊고 푸른 호수는 마치 하나의 색으로 칠해진 것 같았다. 내게는 모든 것이 새롭고 신기해 보였다. 내 가슴은 영혼을 울리는 조용한 행복감으로 가득 찼다. 지금도 그 광경은 매몰되어 버린 고성의 아름다운 모자이크 그림처럼 기억 속에 떠오르곤 한다.

태양은 쨍쨍 내리쬐고 있었다. 호숫가까지 내려가니 포도덩굴이 얽힌 해묵은 플라타너스가 그늘을 드리우고 있었다. 그곳에서 우리는 겨우 한숨을 돌리고 정성들여 화관을 만들기 시작했다. 바로 곁에는 아름다운 물풀이 짙은 나무 그늘 속에서 꿈꾸듯 흔들리고 있었다. 그 물풀도 화관 속에 엮어 넣었다.

이윽고 햇살은 호수에서 물러나고 네미와 젠차노의 지붕만 비추게 되었다. 우리가 앉아 있는 곳 주변에는 어느덧 어둠이 밀려들고 있었다. 나는 다른 사람들과 떨어져 있었다. 그러나 기껏해야 두세 걸음 정도였다. 호수가 깊은 데다 둔덕이 가팔라서, 내가 혹시라도 물에 빠질까 봐 어머니가 걱정했기 때문이다. 옛날에 디아나 신전이 있었던 흔적인 돌무더기 사이에 커다란 무화과나무가 자라나 있었고, 덩굴풀이 그 나무를 빈틈없이 휘감고 있었다. 나는 그 나무에 올라가 화관을 엮으면서 유행하는 노래를 불렀다.

아아, 붉은 꽃 붉은 꽃
제비꽃을 그대에게.
사랑의 징표인 재스민 꽃!

그때 쉰 목소리가 들려와 내 노래를 받았다.

사랑하는 그대에게 바치리!

곧이어 노래의 주인공이 내 앞에 불쑥 나타났다. 나이는 들었지만 키가 놀랍도록 훤칠하고, 프라스카티의 시골 아낙 옷차림을 한 가무잡잡한 노파였다. 어쩌면 목에 두른 하얀 헝겊 때문에 얼굴과 목덜미가 실제보다 더 검게 보였는지도 모른다. 얼굴은 주름살 투성이라 쭈글쭈글한 그물 같았다. 검은 눈동자가 움푹 들어간 눈을 가득 채우고 있었다. 노파가 처음에는 미소를 띠었지만, 곧 진지한 표정을 지으며 나를 빤히 바라보았다. 그 딱딱한 모습은 마치 미라 같았다. 잠시 후 노파는 입을 열었다.

"꽃은 네 손안에서 더욱 아름다워지고, 네 눈에는 행운의 별이 반짝이고 있구나."

나는 엮고 있던 화관을 입술에 눌러 댄 채, 어안이 벙벙하여 노파를 바라보았다. 그러자 노파가 말했다.

"그 아름다운 월계수 잎에는 독이 있단다! 화관을 짜는 것은 좋지만, 입에다 대지는 마라."

"어머나, 프라스카티의 풀비아 할멈이잖아." 안젤리나가 숲속에서 나오면서 외쳤다. "할멈도 내일 축제에 쓸 화관을 짜고 있나요? 아니면 해가 진 다음에 묘한 약초 다발이라도 엮으려는 건가요?"

그러나 풀비아는 대꾸도 않고 여전히 나한테 눈길을 쏟은 채 말을 이었다.

"참으로 영리한 눈매야! 이 아이는 태양이 황소자리를 지날 때 태어난 게 분명해. 황소 뿔에는 황금과 영광이 걸려 있지."

그때 마리우차와 함께 다가온 어머니가 말했다.

"이 아이는 수도복을 입을 거예요. 그때 향로를 피우며 예배를 드리게 될지, 아니면 가시밭길을 걷게 될지는 이 아이의 운명에 맡겨야겠지요."

어머니가 나를 성직자로 키울 생각이라는 것은 풀비아 할멈도 알아차렸을 것이다. 그러나 이때 점쟁이 할멈이 남긴 말의 참뜻을 우리는 전혀 이해하지 못했다.

"아냐, 아냐. 이 아이가 사람들 앞에서 하는 소리는 수녀들의 노래보다도 아름답게, 알바노 산맥의 천둥소리보다도 힘차게 울려 퍼지겠지만, 이때 그 머리에 얹혀 있는 것은 커다란 수도사 모자는 아니야. 이 아이의 행복이 있는 자리는 산마루의 양떼들이 자욱한 흰 구름에 싸여 있는 카보 산보다도 높을 테니까."

"어머나, 정말로 그럴까요." 어머니는 이 멋진 예언을 기쁘게 들으면서도 한숨을 내쉬며 말했다. "하지만 이 아이는 가난하답니다. 앞으로 어떻게 될지는 성모님만이 아세요. 행운의 마차는 이 동네 농부의 달구지보다도 키가 높고, 그 바퀴는 쉬지 않고 빙글빙글 돌아가고 있는데, 우리 아이가 어떻게 그 높은 곳에 올라갈 수 있겠어요?"

"달구지 바퀴가 돌아가는 것을 보았을 텐데. 맨 아래쪽에 있는 바퀴살에 농부가 발을 걸면, 돌아가는 바퀴가 농부를 위로 올려 보내 주지. 그 순간 달구지에 뛰어오르지 않나. 아, 하지만 혹시 길바닥에 돌멩이가 박혀 있는지 잘 확인해야 해. 자칫하면 돌부리에 걸려 나동그라질 수도 있으니까."

"그 행운의 마차에 나도 함께 탈 수 있을까요?"

어머니는 농담조로 말하다가 느닷없이 "앗!" 하고 비명을 질렀다. 커다란 독수리 한 마리가 가까운 호수에 쏜살같이 내려와서 커다란 날개로 잔잔한 수면을 때려 우리 얼굴에 물보라를 튀겼기 때문이다. 이 새는 하늘 높이 날다가 수면 근처에서 헤엄치는 물고기를 발견했던 것이다. 새는 화살처럼 먹이에 덤벼들어 ᄀ 등줄기에 날카로운 발톱을 꽂아 넣고는 다시 날아오르려고 했다. 그런데 공격을 당한 물고기는 세차게 튀어 오르는 물보라만 봐도 알 만큼, 보기 드물게 크고 힘센 물고기였던 모양이다. 물고기는 그대로 버티면서 거꾸로 상대를 물속으로 끌어들이려고 했다. 새는 발톱을 물고기 등에 깊이 박아 넣었기 때문에 이제 와서는 먹이를 놓아줄 수도 없는 처지였다. 새와 물고기 사이에 격렬한 싸움이 벌어졌다. 잔잔했던 수면은 커다란 파문을 일으키며 소용돌이쳤다. 새의 거친 날갯짓은 점점 약해지는가 싶더니 또다시 거세지고, 반짝이는 물고기 비늘이 수면으로 떠오르는가 싶더니 다시 가라앉았다. 그렇게 몇 분이 지나자 날개는 조용히 수면을 뒤덮었고 새는 지쳐서 쉬려는 듯 보였다. 그러나 별안간 또 날개가 세차게 수면을 쳤고, 한쪽 날개가 부러지는 소리가 호숫가까지 선명하게 들려왔다. 새는 다른 날개로 두어 번 물을 내리쳤지만 결국 물속으로 가라앉아 모습을 감춰 버렸다. 물고기는 마지막 힘을 다했는지 적을 등에 업은 채 호수 바닥으로 가라앉았다. 그들은 그렇게 함께 수장(水葬)되었다.

우리는 숨을 죽인 채 그 광경을 지켜보고 있었다. 문득 정신을 차렸을 때는 점쟁이 노파는 이미 그곳에 없었다. 우리는 서둘러 귀로에 올랐다. 울창한 숲은 어둠을 토해 내듯 컴컴했지만, 불처럼 새빨간 저녁놀이 호수에 비쳐 주위를 어렴풋이 비춰 준 덕분에 길을 잃지는 않았다. 물레방아는 단조로운 소리를 내며 돌아가고 있었다. 모든 것이 무서운 마법에 걸려 있는 듯했다.

걸어가는 동안 안젤리나는 그 수상쩍은 할멈에 대해 이야기했다.

"풀비아 할멈은 약초를 잘 다뤄. 그걸로 사람을 죽이기도 하고 홀리기도 하지. 글쎄, 올레바노 마을에 테레사란 처녀가 있었는데, 주세페라는 청년을 무척 사랑했거든. 그런데 주세페는 산 너머 북쪽 동네로 가 버렸어. 테레사는 너무 슬퍼서 하루하루 여위어 갔지. 그때 풀비아 할멈이 나서서 그 청년을 돌아오게 해 주겠다며, 테레사랑 주세페의 머리카락을 묶어서 구리냄비에 넣고 약초랑 같이 펄펄 끓었단 말이야. 그랬더니 세상에, 주세페는 그날부터 밤낮으로 테레사 생각만 하다가 마침내 만사를 제쳐 놓고 고향으로 돌아왔다지 뭐니."

나는 이야기를 들으면서 아베마리아 기도를 중얼거렸지만 그래도 불안했다. 안젤리나네 집으로 돌아와서야 겨우 마음이 놓였다.

우리가 엮은 화관으로 장식된 램프에 불이 켜졌다. 이어서 새끼양을 토마토와 같이 삶은 요리가 포도주와 함께 나왔다. 농부들은 아랫방에서 술을 마시며 노래하고 있었다. 그 노래는 둘이서 번갈아 부르는 것인데, 후렴 부분에서는 모두가 입을 모아 함께 불렀다. 내가 다른 아이들과 함께 굴뚝 옆에 있는 성모상 앞에서 찬송가를 부르기 시작하자, 모두 조용히 귀를 기울이며 목소리가 참 좋다고 칭찬해 주었다. 그 때문에 기분이 좋아져서 어두운 숲도, 내 운명을 예언한 수상쩍은 할멈도 깨끗이 잊어버렸다. 나는 농부들 앞에서 즉흥시를 지어 노래하고 싶었지만 어머니는 나를 말리셨다. 성당에서 향로를 흔들고 있는 내가, 더구나 언젠가는 남들 앞에서 하느님의 말씀을 전해야 할 내가 그런 천박한 짓을 해서야 쓰겠냐고 타이르셨다. 그리고 아직 축제가 시작된 것도 아니니까 그런 짓은 허락할 수 없다고 하셨다. 그러나 밤이 이슥하여 침실에 들어가 커다란 침대에 올라가자 어머니는 나를 꼬옥 끌어안고, 너만이 나의 위안이며 기쁨이라고 말하면서 팔베개를 해 주었다. 이리하여 나는 아침 햇살이 창문으로 비쳐 들어오고, 즐거운 꽃축제를 알리는 소리가 들려와 나를 깨울 때까지 편안한 꿈길을 헤매고 다녔다.

그날 아침에 본 거리 풍경과 눈부시게 화려한 꽃무늬를 어찌 말로 표현할 수 있을까. 완만한 비탈을 이룬 긴 거리는 온통 꽃에 파묻혀 있었다. 땅바닥은 온통 푸른색이었다. 이렇게 거리 전체를 꽃으로 덮으려면 모든 밭과 모든 정원을 벌거숭이로 만들었을 게 틀림없다고 여겨질 정도였다. 거리 양쪽에는 커다란 초록빛 잎사귀와 빈틈없이 늘어선 장미꽃들이 기다란 줄무늬를 이루고 있었다. 그리고 조금 사이를 두고 똑같은 줄무늬가 나란히 있었다. 그것은 초록빛 테두리로 장식한 꽃 융단이었다. 가운데에는 수많은 노란색 꽃을 모아서 뾰족뾰족한 별과 큼직한 해를 모자이크로 만들어 놓았다. 게다가 놀랍게도 사람 이름의 머리글자까지 꽃으로 그려 놓았다. 꽃과 꽃, 잎사귀와 잎사귀를 하나하나 모아 글자를 만들어 놓은 것이다. 아름답게 수놓인 모든 그림은 그야말로 살아 있는 오색찬란한 꽃의 융단이었고, 알록달록한 돌을 깔아 만든 모자이크 같았다. 폼페이에 남아 있는 모자이크화가 아무리 아름답다지만 이보다 훌륭할 수는 없을 것이다.

축제날 아침은 바람 한 점 없었다. 꽃은 단단히 박힌 무거운 보석처럼 꼼짝하지 않았다. 거리의 모든 창문에는 꽃과 잎으로 짠 커다란 융단들이 내걸려 돌벽을 덮고 있었다. 거기에 새겨진 무늬들은 대개 성서에 나오는 이야기를 나타내고 있었다. 이쪽 융단에서는 성모 마리아가 아기 예수를 품에 안고 요셉이 끄는 나귀를 타고 있었다. 그 얼굴과 팔과 발은 장미꽃으로, 펄럭이는 옷은 스톡 꽃과 아네모네로 표현되었다. 그리고 저쪽 융단에서는 성 미카엘이 용과 싸우고 있고, 또 저쪽에서는 성녀 로살리아가 푸른 지구 위에 장미꽃을 뿌리고 있었다. 어디를 보아도 꽃이 나에게 성서 이야기를 들려주고 있었다. 그것을 바라보는 다른 이들도 모두 나처럼 기뻐하는 것 같았다. 발코니에는 멀리서 온 외국인들이 아름답게 차려입고 서 있었다. 각지에서 온 수많은 사람들이 제 고장 특유의 아름다운 옷차림을 뽐내며 거리를 걷고 있었다. 어머니는 길 모퉁이에 있는 커다란 분수대에 앉았고, 나는 목신의 석상 옆에 섰다.

태양은 타는 듯이 내리쬐고 있었다. 마을의 종들이 모두 울리는 가운데 축제 행렬이 눈부신 꽃 융단을 밟으며 다가왔다. 하느님을 찬미하는 아름다운 노랫소리가 행렬이 다가오고 있음을 알려 주었다. 소년들은 성체 현시대 앞에서 향로를 흔들고, 인근 마을의 아름다운 소녀들이 화관을 들고 그 뒤를 따랐다. 천사의 날개를 단 아이들은 제단 옆에 서서 찬미가를 부르며 행렬이 오기를 기다리고 있었다. 청년들은 하늘거리는 리본이 달린 고깔모자를 쓰고, 금과 은으로 만든 목걸이를 목에 걸고 있었다. 가슴팍에 비스듬히 두른 각양각색의 아름다운 장식띠는 까만 벨벳 재킷과 잘 어울렸다.

알바노와 프라스카티에서 온 처녀들은 머리를 땋아 은비녀를 꽂고 있었다. 한편 벨레트리에서 온 처녀들은 얇은 비단 베일을 머리 위에서 묶어 둥근 고리로 고정하고 아름다운 색깔의 목도리를 낮게 맸으며, 고운 어깨와 부드러운 가슴이 드러나는 얇은 블라우스를 입고 있었다. 그 밖에도 아브루치에서, 소택지에서, 이 지방 곳곳에서 수많은 사람들이 제각기 민족의상을 입고 모여들었다. 이토록 오색영롱한 축제는 젠차노 말고는 어디에서도 볼 수 없을 것이다.

추기경이 은실로 수놓은 예복을 입고, 꽃으로 장식한 차양 밑에서 걸어왔다. 여러 종파에 속하는 성직자들이 저마다 불타는 양초를 들고 그 뒤를 따랐다. 행렬이 성당에서 나오자 군중이 그 뒤를 우르르 따라갔다. 우리도 사람들에게 떠밀리면서 걷기 시작했다. 어머니는 나를 놓치지 않으려고 내 어깨를 단단히 붙잡고 있었다. 이렇게 군중 속에 섞여 걸어가는 어린 내 눈에는 머리 위에 있는 푸른 하늘 한 조각이 보일 뿐이었다. 그런데 갑자기 주위에서 격렬한 외침 소리가 들리더니, 사람들이 순식간에 혼란에 빠져 우왕좌왕하기 시작했다. 우리는 이리 쏠리고 저리 쏠렸다.

"큰일이다! 말이 날뛰고 있다!"

귀에 들어온 소리는 그것뿐이었다. 순간 나는 사람들에게 떠밀려 땅바닥에 쓰러졌다. 눈앞이 캄캄해졌다. 그리고 파도가 한꺼번에 덮쳐오는 듯한 기분이 들었다.

아아, 신이시여! 어찌하여 이런 슬픔을 주셨단 말입니까! 그때를 생각할 때마다 나는 온몸이 부들부들 떨린다. 정신을 차렸을 때 나는 마리우차의 무릎을 베고 누워 있었다. 마리우차는 울부짖고 있었다. 옆에는 어머니가 쓰러져 있고, 주위에는 온통 낯선 사람들이 둘러서 있었다. 무언가에 놀란 말이 날뛰며 우리를 덮쳤고, 마차 바퀴가 쓰러진 어머니의 가슴을 치었던 것이다. 어머니는 피를 토하며 숨졌다.

사람들은 어머니의 두 눈을 감기고, 조금 전까지만 해도 그토록 따스하게 내 어깨를 감싸 주었던 어머니의 싸늘한 두 손을 모아 주었다. 수도사들이 어머니를 성당으로 옮겼다. 나는 단지 한 손이 살짝 긁혔을 뿐이었으므로 마리우차에게 이끌려 식당으로 돌아갔다. 아아, 어제만 해도 여기서 그토록 신바람이 나서 화관을 엮고, 어머니 품에 안겨 잠들었는데! 나는 순식간에 변해 버린 현실을 깊이 한탄하며 슬퍼했다. 하지만 아직 철이 없어서 내가 고아가 되었다는 사실을 확실히 이해하지는 못했다.

사람들은 나에게 장난감과 과일과 과자를 주고, 나중에 어머니를 또 만나게 해 주마고 약속하거나, 어머니는 이제 성모님 곁으로 가서 매일 즐겁고 성스러운 꽃축제가 펼쳐지는 곳에 계신다고 말해주기도 했다. 사람들은 그렇게 나를 위로해 주었지만 뒤돌아서서는 서로 속닥거리며 얘기를 주고받기도

했다. 어제 끔찍한 최후를 맞이한 독수리 이야기, 수상쩍은 할멈 이야기, 어머니의 꿈 이야기를 하고, 심지어 어머니의 죽음이 예견된 것이었다고 말하는 사람도 있었다.

한편 축제 때 사납게 날뛰던 말은 시내를 벗어나 달리다가 나무에 부딪혀 겨우 멈춰 섰다. 마자 인에 미혼 살 남짓한 신사가 놀라 나머지 실신해 있는 것을 사람들이 구해 냈다. 소문에 따르면 이 신사는 보르게세 집안사람으로, 알바노와 프라스카티 사이에 있는 커다란 별장에서 살고 있으며 그곳 정원에서 갖가지 화초를 키우고 있다고 한다. 그뿐만 아니라 풀비아 할멈 못지않게 수상한 약초를 잘 다룬다는 것이다. 이 부유한 신사는 자기 때문에 어머니를 잃은 아이한테 주라면서 은화 스무 닢이 들어 있는 지갑을 하인을 통해 보내 왔다.

이튿날 저녁 아베마리아 종이 울리기 전에 나는 사람들 손에 이끌려 어머니에게 마지막 작별인사를 하러 성당으로 갔다. 어머니는 어제 꽃축제 때 입었던 나들이옷차림 그대로 좁은 관 속에 누워 있었다. 나는 어머니의 맞잡은 손에 입을 맞추었다. 사람들은 모두 눈물을 흘렸다.

성당 입구에는 벌써 상여꾼들이 서 있었다. 수도승들은 모두 흰옷을 입고 두건을 깊숙이 눌러쓰고 있었다. 사람들이 관을 어깨에 메고 들어 올리자 카푸친회 사제들이 양초에 불을 켜고 죽은 자를 애도하는 노래를 부르기 시작했다. 마리우차는 내 손을 잡고 상여 뒤를 따라갔다. 불타듯 새빨간 저녁놀이 뚜껑 없는 관 속에 누운 어머니의 얼굴을 비추었다. 어머니는 마치 살아 있는 것처럼 보였다. 아이들은 내 주위를 뛰어다니면서 수도사들의 양초에서 방울져 떨어지는 밀랍을 봉지에 모으고 있었다. 우리는 어제 축제 행렬이 지나간 거리를 걸어갔다. 꽃과 잎은 아직도 바닥에 좀 남아 있었지만, 축제를 빛냈던 꽃무늬들은 내 어린 시절의 행복처럼, 지난날의 기쁨처럼 흔적도 없이 사라져 버렸다.

성당 묘지에 다다랐다. 시체를 넣을 지하실의 커다란 돌뚜껑이 옆으로 치워졌다. 관이 지하실로 내려가는 것이 보였다. 아래쪽에서 다른 관에 부딪히는 둔탁한 소리가 들려왔다. 이윽고 사람들은 그곳을 떠났다. 뒤에 남은 마리우차는 나를 묘비 앞으로 데려가서 무릎을 꿇게 하고 기도를 되뇌게 했다.

달 밝은 밤에 우리는 젠차노를 떠났다. 낯선 사람 둘과 페데리고가 우리와 동행했다. 먹구름이 알바노 산맥 꼭대기에 자욱이 걸려 있었다. 달빛 쏟아지는 평야를 흘러가는 옅은 안개를 나는 물끄러미 바라보고 있었다. 모두들 아무 말 없이 길을 재촉했다. 얼마 후 나는 마차 안에서 잠이 들었다. 그리고 꿈 속에서 성모 마리아와 꽃장식과 어머니를 보았다. 어머니는 여전히 살아 계셔서 상냥하게 웃으며 나에게 말을 걸었다.

05
스페인 계단의 페포

이제 이 아이를 어찌할 것인가? 내가 어머니와 함께 살던 로마의 집으로 돌아오자마자 사람들은 이 문제에 부딪쳤다. 마르티노 신부님이 먼저 의견을 내놓았다.

"캄파니아 평야에서 양을 치며 살고 있는 마리우차네 부모님한테 보내면 어떨까. 은화 스무 닢이면 그 사람들한테는 큰 재산일 테니까, 아마 이 아이를 친자식처럼 보살펴 주겠지. 다만 이 애는 이미 절반은 성당사람이 되어 있는데, 캄파니아로 가 버리면 더 이상 성당에서 향로를 흔들 수는 없을 거야. 흠, 이걸 어쩐다?"

마르티노 신부님이 망설이자 페데리고도 맞장구를 쳤다.

"그래요, 이 애를 그런 시골로 보내서 양치기가 되게 할 수는 없어요. 그러기엔 이 애 재능이 너무 아까우니까요. 로마에서 적당한 가정을 찾아 입양시키는 게 낫지 않을까요."

신부님은 어찌할지 고민하다가 일단 성당으로 돌아가 의논해 보기로 했다.

그런데 그 뒤에 페포 외삼촌이 널빤지를 따각따각 울리며 찾아왔다. 어머니가 돌아가셨고 은화 스무 닢이 내 손에 떨어졌다는 말을 듣고는, 어머니를 애도하는 마음보다는 돈에 대한 관심 때문에 여기까지 찾아온 것이다. 외삼촌은 강하게 주장했다.

"나야말로 이 애의 하나밖에 없는 친척이니까 이 아이는 내가 데려가서 보살피겠소. 물론 이 집에 남아 있는 물건도 모두 내가 거둬야지. 그 은화 스무 닢도 내가 받아야겠소."

그러나 마리우차는 당찬 여자라서 쉽게 물러서지 않고 대꾸했다.

"이 일은 마르티노 신부님이랑 나랑 다른 사람들이 알아서 잘 처리할 거예요. 당신은 제 몸 하나 건사하지도 못하고 길거리에서 구걸이나 하는 사람이잖아요. 쓸데없는 참견 말고 그냥 집에나 가시죠."

페데리고는 조용히 자리를 피했다. 남은 두 사람은 엄청난 말다툼을 벌였다. 둘 다 좀처럼 은화를 포기하지 못하고 지저분한 싸움을 계속했다. 마침내 마리우차는 말했다.

"이 애를 그렇게 데려가고 싶어요? 그럼 썩 데리고 돌아가요! 갈비뼈나 두세 대 부러뜨려서 병신을 만들지 그래요? 길거리에서 사람들 붙잡고 구걸이나 하고 다니게! 네, 당신 맘대로 하세요. 대신 은화 스무 닢은 마르티노 신부님이 오실 때까지 내가 맡아 둘 거예요. 아무한테도 절대로 안 줄 거니까!"

그러자 페포 외삼촌은 불같이 화내며 소리질렀다.

"이 지독한 여편네가! 야, 이 나막신으로 네년 머리통에다가 확 포폴로 광장만 한 구멍을 내 줄까?"

나는 두 사람 사이에 서서 그저 울기만 했다. 마리우차가 나를 떠밀자, 외삼촌이 나를 끌어당기며 말했다.

"넌 나랑 함께 가야 돼. 네가 의지할 사람은 나밖에 없잖니. 너는 귀찮은 짐이지만, 그래도 널 데리고 있으면 로마 재판소가 알아서 공정한 판단을 내려 은화를 나한테 줄 거란 말이다."

이렇게 말하면서 페포 외삼촌은 싫어하는 나를 억지로 끌어냈다. 문 밖에는 누더기를 걸친 소년이 나귀 고삐를 붙들고 있었다. 외삼촌은 멀리 나갈 때나 급한 일이 있을 때는 널빤지를 짚고 기어 다니는 대신, 불편한 다리를 나귀 옆구리에 단단히 붙이고 나귀와 한 몸이 되어 돌아다니곤 했다. 이날도 그렇게 서둘러서 우리집에 온 모양이다. 외삼촌이 나를 안아서 자기 앞에 태우자 소년이 채찍을 내리쳤다. 이리하여 우리는 달리기 시작했다. 도중에 외삼촌은 나름대로 나를 달래려고 애썼다.

"어떠냐, 애야? 훌륭한 나귀가 아니냐. 코르소 거리의 경주마처럼 빠르단다. 그래, 우리집에 가면 아주 즐겁게 해 주마. 천사보다 더 나은 대접을 해 줄게. 어떠냐, 애야!"

그 다음에는 마리우차에 대한 저주와 험담이 끝없이 이어졌다.

우리집에서 멀어지자 외삼촌은 채찍질을 그만두었다. 나귀를 타고 천천히 가는 우리의 모습은 길가는 사람들의 눈길을 끌었다. 외삼촌 친구들이 그렇게 훌륭한 아이를 어디서 훔쳐 왔냐고 물을 때마다 외삼촌은 내 사정을 설명했고, 이런 일은 모퉁이를 돌 때마다 되풀이되었다. 레몬수를 파는 여자는 장황하게 설명해 준 사례로 우리에게 공짜로 레몬수 한 잔씩을 대접해 주었다. 나에게는 팔다 남은 파인애플도 하나 주었다.

외삼촌 집에 도착했을 무렵에는 해가 완전히 저물어 있었다. 나는 한마디도 하지 않고 얼굴을 감싼 채 울고만 있었다. 외삼촌은 나를 안아 내려서 큰방 옆에 딸린 작은 헛간으로 데려가더니, 한구석에 있는 옥수수 껍질을 깐 침대를 가리키면서 말했다.

"여기서 자거라. 그렇게 맛있는 레몬수를 마셨으니, 배고프지도 목마르지도 않겠지."

그러고는 불쾌한 웃음을 지으며 내 볼을 어루만졌다. 그 모습이 어찌나 징그럽던지! 외삼촌은 또 이것저것 캐묻기 시작했다. 그 지갑에는 은화가 몇 닢 들어 있느냐. 마리우차는 그 돈으로 마부에게 삯을 얼마나 주었느냐. 하인은 돈을 가지고 왔을 때 무슨 말을 하더냐. 나는 모른다고만 대답했다. 그리고 이곳에는 언제까지 있어야 하느냐, 내일은 집으로 돌아갈 수 있느냐고 울면서 물었다.

"그럼, 갈 수 있지. 그렇고말고." 외삼촌이 말했다. "이제 그만 자거라. 저기서 얌전히 자. 아 참, 아베마리아 기도는 잊지 마라. 사람이 자고 있을 때는 악마가 깨어 있을 때니까 말이다. 성호를 긋고 자라. 그거야말로 사납게 으르렁거리는 사자도 깨뜨리지 못하는 철벽이니까. 성모님께 열심히 기도해. 그 못된 마리우차가 독을 먹고 부스럼이 나게 해 달라고 부탁드려. 그년은 순진한 너를 속이고 우리한테서 행복을 빼앗아가려 하고 있잖니. 자, 이제 그만 얌전히 자거라. 저기 있는 작은 창문은 열어 두마. 신선한 공기는 몸에 좋다고 하잖니. 박쥐 따위는 무서워할 필요 없다. 집 안에는 들어오지 않으니까. 밖을 날아다 닐 뿐이야. 그럼 아기 예수님과 함께 편안히 자거라."

외삼촌은 문에 빗장을 지르고 가 버렸다. 외삼촌 방에서는 자꾸 부스럭대 는 소리가 났다. 이윽고 손님이 잔뜩 왔는지 여러 사람 목소리가 들리더니, 문 틈으로 불빛이 새어 들어왔다. 대체 그 방에서 무슨 일이 일어나고 있는지 궁 금했다. 하지만 마른 옥수수 잎이 바삭거리는 소리를 내서 혹시라도 외삼촌이 그 소리를 듣고 또 들어올까 봐 나는 살며시 일어났다. 문틈으로 보니까 옆방 에는 심지가 두 개인 등잔이 켜져 있고, 탁자 위에는 빵과 순무가 놓여 있었다. 그리고 포도주 병이 사람들 손에서 손으로 돌고 있었다.

좀더 유심히 살펴보니까 그들은 모두 몸이 성치 않은 거지들이었다. 다들 아는 얼굴이지만, 평소에 보던 표정과는 사뭇 달랐다. 병에 걸려 거의 죽어 가 고 있다던 로렌초는 활기찬 목소리로 무슨 말인가를 끊임없이 지껄이고 있었 다. 낮에는 언제나 핀초 언덕 풀밭에 나른하게 누워서 붕대 감은 머리를 나무 줄기에 기댄 채 다 죽어 가는 환자처럼 입술만 달싹이고 있던 바로 그 비렁뱅 이였다. 그 옆에는 항상 그를 간호해 주는 아내인지 누군지 하는 여자가 붙어 앉아서 행인에게 말을 걸었다. "다 죽어 가는 불쌍한 우리 남편 좀 봐 주세요." 한편 로렌초 옆에는 손가락이 없는 사람이 있었다. 그는 눈먼 카테리나의 어깨 를 두드리면서 유행가를 부르고 있었다. 그 밖에도 두세 명이 문간 근처에 앉 아 있었지만 얼굴에 그늘이 져서 누구인지 알아볼 수 없었다. 그들이 나에 관 한 이야기를 하고 있는 소리가 들려왔다. 나는 무서워서 가슴이 두근거렸다.

"그 아이는 무엇에다 써먹을 거야? 어디 한 군데가 병신이야?"

누군가가 묻자 외삼촌이 대답했다.

"아니. 성모님은 그놈을 생채기 하나 없이 미끈하게 키우셨어. 늘씬하고 기품 이 있는 게, 꼭 귀족 집 아들같이 생겼다니까."

"그것 참 곤란하군."

사람들이 입을 모아 말했다. 그러자 눈먼 카테리나가 한마디 했다.

"그 녀석을 우리처럼 병신으로 만들자고. 그렇게 하면 성모님이 천국에서 빵 을 주실 때까지 어떻게든 혼자 힘으로 이 세상의 빵을 벌 수 있게 될 거야."

"하긴 그래. 어미가 좀더 영리했다면 그놈도 벌써 운이 트였을 텐데 말이야. 그 녀석은 목소리가 끝내주게 좋거든. 꼭 천사 같아. 교황청 성가대에도 들어갈 수 있을 만큼 노래를 곧잘 하는 녀석이지."

다들 나에 대해 이러쿵저러쿵 지껄이면서 앞으로 나를 어떻게 할지 의논했다. 나를 실제로 어떻게 할 작정인지는 알 수 없지만, 어차피 좋은 일은 아니라는 것쯤은 눈치 챌 수 있었다. 나는 너무 무서워서 온몸이 떨렸다. 여기서 달아나야 한다. 하지만 어떻게 해야 달아날 수 있을까. 내 머리는 온통 그 생각뿐이었다. 도망쳐서 어디로 갈 것인가? 그런 것은 생각해 보지도 않았다. 나는 마룻바닥을 살금살금 기어서 열려 있는 창문까지 다가갔다. 그리고 마침 옆에 있는 나무토막을 발판 삼아 창밖을 내다보았다. 길거리에는 쥐새끼 한 마리도 보이지 않았다. 집들은 모두 문이 닫혀 있었다. 여기서 도망치려면 저 밑으로 뛰어내려야 한다. 하지만 무서웠다. 그럴 용기가 나지 않았다. 그때 누군가가 문에 손을 대는 듯한 소리가 났다. 누가 들어온다! 나는 깜짝 놀라서, 나도 모르게 창밖으로 몸을 날려 벽을 타고 주르르 미끄러졌다. 쿵! 세게 엉덩방아를 찧으며 떨어졌지만, 다행히 그곳은 푹신한 잔디밭이었다.

나는 얼른 일어나서 구불구불한 골목길을 무턱대고 내달렸다. 도중에 만난 것은 지팡이로 돌바닥을 두드리며 소리높여 노래를 부르고 있는 남자뿐이었다. 드디어 나는 넓은 광장으로 나갔다. 그곳은 낯이 익은 장소였다. 우리가 흔히 '우시장'이라고 부르는 포로 로마노였다.

06
달밤의 콜로세움

달은 카피톨리노 언덕을 비추고 있었다. 셉티미우스 세베루스 황제 개선문의 돌계단 위에는 부랑자가 큼직한 망토를 둘둘 감은 채 잠들어 있었다. 옛날 신전의 자취인 높은 돌기둥은 긴 그림자를 땅바닥에 드리우고 있었다.

해가 저문 뒤 이곳에 온 것은 처음이었다. 사방에 정체 모를 으스스한 분위기가 감돌고 있었다. 걸음을 옮길 때마다 뒤에 꼭 뭔가가 있는 것만 같았다. 나는 마냥 걷다가 무성하게 자란 풀숲에 누워 있는 대리석 기둥머리에 걸려 넘어지기도 했다. 폐허가 된 돌벽은 담쟁이로 뒤덮여 있어 자꾸만 섬뜩한 기분이 들었다. 그래도 쓰러진 원기둥과 부서진 대리석 조각들이 흩어져 있는 풀밭에는 방목하는 소와 노새가 어슬렁거리며 한가로이 풀을 뜯고 있어서 조금이나마 위안이 되었다.

푸른 밤하늘을 배경으로 곳곳에 시커먼 노송나무가 우뚝 서 있었다. 교교하게 빛나는 달빛으로 주위는 대낮 같았다. 모든 것이 또렷이 보였다. 멀리서 누가 다가오고 있었다. 나를 찾으러 왔을까? 나는 눈앞에 암벽처럼 솟아 있는 콜로세움 안으로 도망쳐 아치 아래로 숨어 들어갔다. 그 언저리는 마치 어제 갓 완공한 것처럼 완벽하고 당당했다. 그러나 캄캄하고 공기가 얼음처럼 차가웠다. 나는 기둥들 사이를 지나 밖으로 몇 걸음 나왔지만, 또박또박 울려 퍼지는 나 자신의 발소리에 더욱 불안해져 소리를 죽였다.

그때 저 앞에 모닥불이 보였다. 불을 둘러싸고 세 사람의 그림자가 떠올랐다. 한밤중에 인적 없는 캄파니아 평야를 가로지르기가 겁나서 여기서 하룻밤 묵으려는 농부들일까. 콜로세움을 지키는 경비병일까. 아니면 도둑일까. 기분 탓인지 칼이 부딪치는 소리까지 들리는 듯해서 나는 소리를 죽여 뒷걸음질 쳤다. 그리고 덩굴풀로 지붕을 인 듯한 높은 기둥들이 우뚝우뚝 서 있는 곳까 지 왔다. 기둥 위 마름돌이 이음매에서 비어져 나오고 거기에 덩굴풀이 뒤엉 켜 있었다. 마치 금방이라도 떨어지려는 돌멩이가 덩굴풀에 간신히 매달려 있 는 것처럼 보였다.

저 위쪽 주랑을 걸어가는 사람들의 그림자가 보였다. 이 놀라운 유적을 아 름다운 달빛 속에서 감상하려는 나그네들일까. 그중에는 하얀 옷을 입은 부인 도 있었다. 안내인의 붉은 햇불과 달빛을 받으며 그들이 돌기둥 사이로 숨바 꼭질하듯 나타났다 숨었다 하는 광경은 지금도 눈앞에 생생히 보이는 듯하다. 암청색 밤하늘은 천지를 뒤덮을 듯했다. 울창한 숲은 새까만 벨벳 같았고, 나 뭇잎 하나하나가 밤공기를 토해 내고 있었다. 내 눈은 나그네들의 그림자를 뒤쫓아 갔다. 그 뒷모습이 완전히 사라진 뒤에도 한동안 붉은 햇불 빛이 보였 지만, 그것도 이윽고 사라져 주위는 쥐 죽은 듯이 조용해졌다.

이 유적에는 그리스도교도가 세운 나무 제단이 몇 개나 늘어서 있었다. 나 는 그 제단 뒤로 돌아가서 풀숲에 뒹굴고 있는 대리석 기둥머리에 걸터앉았다. 대리석은 얼음처럼 차가운데 반대로 내 머리는 타는 듯이 뜨겁게 달아올라 있 었다. 나는 잠을 한숨도 자지 못했다. 가만히 앉아 있으려니까 콜로세움에 얽 힌 전설들이 차례차례 머리에 떠올랐다. 유대교를 신봉하는 포로들은 로마황 제의 엄명에 따라 커다란 돌덩이를 짊어져 날랐다고 했다. 그리고 콜로세움 지 상에서는 맹수들끼리 싸우고 또 사람과 맹수가 싸웠는데, 앞줄은 낮고 뒤로 갈수록 계단식으로 높아지는 관중석에서는 수많은 로마시민들이 그 광경을 보면서 함성을 질렀다고 했다.

이탈리아산 화성암으로 지어진 콜로세움은 위에서 내려다보면 타원형으로 생긴 4층 건물이었다. 층마다 모양새가 다르고 저마다 그리스 고대 건축양식 을 갖추었다. 서력 70년대 베스파시아누스 황제 시절에 이 위대한 사업이 시작 되었다. 이 공사에 동원된 유대교도는 1만 2천 명이나 되었다고 한다. 활모양으 로 둥글게 돌을 쌓은 아치는 80개. 둘레는 1641보. 지상 주변에는 8600석을 배치하고 꼭대기에는 또 2만 명이 서서 구경할 자리가 마련되어 있었다고 한다.

지금은 여기서 그리스도교 의식이 이루어지기도 한다. 영국 시인 바이런 경(卿)은 이렇게 노래했다.

이 콜로세움이 있는 한
로마는 영원하리.
이 콜로세움이 무너지면
로마 역사도 끝을 고하리.
로마가 무너지면
내가 이 세상에 무슨 미련이 있으랴.

머리 위에서 무슨 소리가 났다. 올려다보니 무언가가 움직이고 있는 듯했다. 거기에 돌을 쌓고 망치를 휘두르는 검은 그림자들이 보이는 듯했다. 검은 수염을 기른 비쩍 마른 유대인들이 돌덩이를 하나씩 쌓아 올리고 있다. 마침내 거대한 건축물이 완성되는 모습이 생생하게 보였다. 콜로세움은 어느새 옛 모습을 되찾았다. 순식간에 그곳을 메우는 수많은 사람들. 치렁치렁한 흰옷을 입은 불의 여신 베스타의 처녀들, 황제의 웅장한 옥좌, 피투성이가 된 벌거벗은 검투사들이 차례로 나타났다. 아래층 주랑에서 으르렁거리는 소리가 들려왔다. 동시에 사자와 표범들이 뛰쳐나와 내 눈앞을 지나갔다. 그 핏발 선 불꽃같은 눈을 보았다. 그 타는 듯한 숨결을 느꼈다. 나는 앉아 있던 돌기둥에 납작 달라붙어 성모님께 나를 구해 달라고 기도했다. 그러나 주위의 소란스러움은 점점 심해질 뿐이었다. 그때 문득 내 눈에 성스러운 십자가가 보였다. 그것은 내가 이곳을 지나갈 때마다 공손하게 입맞추었던 바로 그 십자가였다. 나는 죽어라 달려가서 있는 힘껏 두 팔로 십자가를 껴안았다. 그 순간 주위의 모든 것이, 돌덩이도 기둥도 인간도 맹수도 모두 와르르 무너졌다. 나는 의식을 잃고 말았다.

눈을 다시 떴을 때, 신열은 없었지만 너무 피곤해서 기진맥진한 상태였다. 나는 커다란 나무 십자가 아래 누워 있었다. 주위를 둘러보아도 무서운 것은 전혀 없었다. 밤은 무겁고 고요했다. 나이팅게일 한 마리가 높은 돌벽 위에서 울고 있었다. 나는 아기 예수를 떠올렸다. 아기 예수의 어머니를 떠올렸다. 그분이야말로 이제는 어머니를 잃은 나의 어머니였다. 나는 십자가를 안고 거기에 머리를 기댄 채 편안한 잠에 빠져들었다.

얼마나 오래 잤을까. 나는 노랫소리에 문득 눈을 떴다. 해는 벽 꼭대기를 비추고 있었다. 수도사들이 저마다 양초를 켜 들고 '주여 긍휼히 여기소서'를 부르며 이 제단에서 저 제단으로 돌아다니고 있었다. 이윽고 그들은 내가 누워 있는 십자가 옆으로 왔다. 나를 굽어보는 그 얼굴은 분명 마르티노 신부님이었다. 그는 내가 핼쑥한 얼굴로 이런 시각에 이런 곳에 있는 것을 보고 놀라서 어찌 된 일이냐고 물었다. 내가 어떻게 설명했는지는 기억나지 않지만, 페포 외삼촌에 대한 두려움과 의지할 곳 없는 내 신세를 신부님은 충분히 이해하셨던 것 같다. 나는 신부님의 수도복을 부여잡고, 제발 나를 구해 달라고 애원했다. 다른 수도사들도 내 불행한 처지에 동정하는 모습이었다. 그들은 모두 나를 알고 있었다. 내가 그들 방에 놀러 가서 함께 성가를 부른 적이 있었기 때문이다.

마르티노 신부님이 나를 성당으로 데려갔을 때 나는 얼마나 기뻤는지 모른다. 그의 방에 들어가서 벽에 걸린 목판화와 창가에까지 뻗어 온 오렌지나무 가지를 보았을 때는 이제까지의 고통도 모조리 잊어버렸다. 마르티노 신부님은 나를 다시는 페포한테 보내지 않겠다고 약속했다. 또 동료 수도사들에게도 '길거리에서 구걸이나 하는 거지한테는 이 아이를 넘겨줄 수 없다'고 선언했다.

낮이 되자 신부님은 빵과 포도주를 가지고 왔다. 그러고는 엄숙한 투로 말했다.

"가여운 녀석. 어머니가 살아 계셨다면 이렇게 슬픈 이별은 하지 않아도 될 것을! 하지만 지금은 어쩔 수가 없구나. 너는 거친 바다로 나가서 널빤지 하나에 몸을 맡기고 헤엄쳐 나가지 않으면 안 돼. 피를 흘리신 예수 그리스도와 눈물을 흘리신 거룩한 동정녀를 기억하렴. 그 두 분께 도움을 청하거라. 그분들 말고는 이 넓은 세상에서 네 진정한 가족이 되어 줄 사람이 아무도 없으니."

"그럼 저는 어디로 가는 거예요?"

내가 부들부들 떨면서 묻자 마르티노 신부님은 나더러 캄파니아에서 양을 치는 마리우차의 부모님한테 가라고 말했다. 그러고는 그 두 분을 부모님처럼 공경하고, 두 분 말씀 잘 듣고, 기도와 평소에 들었던 가르침을 잊지 말라고 누누이 당부했다.

저녁때 마리우차가 그녀의 아버지와 함께 나를 데리러 성당 정문까지 왔다. 마르티노 신부님은 그에게 나를 넘겨주었다. 차림새만 보면 양치기인 그보다 차라리 페포 외삼촌이 나은 편이었다. 먼지투성이 바지, 다 찢어진 가죽장화, 드러난 무릎, 히스꽃을 꽂은 모자—이것이 내 눈에 비친 첫인상이었다. 양치기는 무릎을 꿇고 신부님 손에 입을 맞추고 나서 나를 참 귀여운 아이라고 칭찬하고, 부부 둘이서 나를 기꺼이 거두어서 잘 키우겠노라고 말했다. 마리우차가 내 전 재산이 들어 있는 지갑을 아버지에게 건네주었다.

우리 네 사람은 조용히 기도하기 위해 성당 안으로 들어갔다. 나도 무릎을 꿇었지만, 기도할 수가 없었다. 내 눈은 친숙한 그림들을 하나씩 더듬었다. 성당 입구에 높이 걸려 있는 배를 탄 예수, 제단화 속 천사들, 용과 싸우는 성 미카엘! 초록 담쟁이 화관을 쓰고 있는 해골들에게도 작별을 고해야 했다. 헤어질 때 마르티노 신부님은 내 머리에 손을 얹고, '미사를 집전하는 법'이라는 목판화가 들어 있는 작은 책을 작별 선물로 주었다. 그렇게 우리는 헤어졌다.

바르베리니 광장을 지날 때 나는 어머니와 함께 살았던 집을 쳐다보지 않을 수 없었다. 창문은 모두 활짝 열려 있었고, 방들은 새 주인을 기다리고 있었다.

07
캄파니아 평야들

로마를 둘러싸고 있는 드넓은 황야가 이제는 내가 살 곳이 되었다. 고대 유적을 답사하고 예술을 맛보고 싶어서 테베레 강변의 고도(古都)로 처음 접근하는 외국인은 누구나 이 메마른 들판에 잠시 머물면서 세계사의 거대한 한 페이지를 볼 수 있을 것이다. 높은 언덕과 낮은 골짜기를 비롯한 모든 풍경이 역사가의 흥미를 끈다. 폐허가 된 고대 수로의 아치와 양 떼를 거느린 양치기는 화가들의 좋은 스케치 소재가 될 것이다. 또 화가들은 바싹 말라 버린 엉겅퀴를 화폭에 그려 넣을지도 모른다.

하지만 나는 전혀 다른 감정으로 황야를 바라보았다. 햇볕에 타서 누렇게 마른 풀, 이 고장 주민들에게 열병과 역병을 가져다주는 탁하고 뜨거운 여름 공기는 이곳에 오래 산 목자들의 사고방식에 어두운 그림자를 드리우고 있었다. 그러나 나에게는 모든 것이 새로웠다. 평야 저쪽에 자리하고 있는 푸르스레한 아름다운 산들도, 물소들도, 테베레 강의 누런 물줄기도, 그 강물을 거슬러 올라가는 배도, 강가를 따라 걷는 황소들도 모두 새로워서 마음에 들었다.

우리는 강물과는 반대 방향으로 가고 있었다. 주위에는 누렇게 마른 짤따란 풀과 말라 죽은 길쭉한 가시나무뿐이었다. 이윽고 십자가 곁을 지나쳤다. 그 십자가는 여기서 사람이 처형되었음을 나타내는 표지였다. 그 근처에는 난도질을 당한 강도의 시체가 버려져 있었다. 한쪽 손과 발은 여전히 형태가 남아 있어서 나는 오싹 소름이 끼쳤다. 내가 살 집이 여기서 그리 멀지 않다는 말을 듣고는 점점 더 무서워졌다. 그 집은 옛날부터 이 일대에 많이 남아 있는 오래된 고분 가운데 하나였다. 이 지방 양치기들은 대개 이런 곳에서 살고 있었다. 무덤 속에 살면 충분히 비바람을 피할 수 있고, 심지어 안락한 생활을 할 수 있다고 생각한 것이다. 쓸데없는 구덩이는 메우고 불필요한 틈을 막고 위에다 갈대 지붕을 얹으면, 그것으로 집 한 채가 완성되었다.

우리집은 언덕 위에 있는 이층집이었다. 좁은 입구 양쪽에 서 있는 코린트식 기둥은 먼 옛날 이름 모를 누군가가 이 무덤을 지을 때 세운 것이겠지만, 세 개의 커다란 보조 기둥은 후세에 수리해서 세운 것이리라. 한때는 아마 요새로 쓰였는지도 모른다. 입구 위에 구멍이 뚫려 있는데 그것은 창문 역할을 맡고 있었다. 지붕 절반은 갈대와 마른 풀로 이었고, 나머지 절반은 그 위로 뻗쳐 온 고목 가지를 그대로 지붕으로 쓰고 있었다. 그 가지에 감긴 인동덩굴은 부서진 벽 위로 주렁주렁 늘어져 있었다.

"자, 다 왔다!" 늙은 양치기 베네데토가 말했다. 이곳에 도착할 때까지 내내 침묵하던 그가 입 밖에 낸 첫마디였다.

"우리 여기서 살아요?" 나는 이렇게 물으면서 음침한 집을 둘러보고, 손발이 토막 난 강도의 시체 쪽을 돌아보았다.

노인은 내 질문에는 대답하지 않고 외쳤다. "도메니카! 도메니카!" 불려 나온 사람은 거친 삼베로 만든 속옷 하나만 걸쳤을 뿐, 팔다리를 훤히 드러내고 있는 머리털이 부스스한 노파였다. 그녀는 나를 껴안고 열렬하게 입을 맞추었다. 베네데토 노인이 과묵하다면, 도메니카 노파는 두 사람 몫을 하고도 남을 만큼 수다쟁이였다.

"너는 가시투성이 황야에서 우리 품으로 온 이스마엘이야. 하지만 이제는 아무 걱정 마라. 너를 부족함 없이 보살펴 줄 테니까. 이 할미가 천국에 계시는 어머니 대신 너를 잘 보살펴 주마. 잠자리도 마련해 두었고, 콩도 삶아 놓았단다. 베네데토 할아버지랑 함께 먹으렴. 아니 그런데, 마리우차는 함께 오지 않았수? 교황님은 뵈었나요? 훈제 돼지고기는 잊지 않고 사 왔어요? 아, 갈고리는요? 새 성모상도 사 왔수? 지금 있는 건 내가 하도 입을 맞춰서 완전히 닳아 버렸지 뭐예요. 아니, 그야 문제없겠죠. 영감, 당신은 기억력도 좋고 자상하니까."

이렇게 노파는 청산유수처럼 계속 지껄이면서 나를 거실이라고 부르는 곳으로 데려갔다. 그 작은 방이 나중에는 바티칸 궁전의 홀 못지않은 곳으로 보이게 되었다. 생각건대 이 집이야말로 내 시적 감성에 커다란 영향을 미쳤을 것이다. 어린 종려나무는 짓눌리면 짓눌릴수록 쑥쑥 자란다고 하여 일부러 거기에 무거운 추를 매달기도 한다. 내 상상력도 마찬가지로 이 비좁은 집 안에 갇혀서 오히려 쑥쑥 자란 게 아닐까.

옛 무덤을 개조한 만든 집들이 흔히 그렇듯이 이 집도 한가운데에 큰 방이 있고 그 주위에 조그만 방들이 여럿 배치되어 있었다. 이중으로 된 폭넓은 벽감도 있었다. 군데군데 색깔 있는 돌을 써서 멋지게 장식해 놓았는데, 그중 하나는 현재 식당으로 쓰이고 또 하나는 항아리나 단지를 놔두는 부엌으로 쓰이고 있었다. 불 위에선 콩이 삶아지고 있었다.

늙은 부부와 나는 기도를 올린 다음 식사를 했다. 배불리 먹고 나자 도메니카는 나를 데리고 사다리를 올라 2층으로 갔다. 그곳에는 옛날 무덤 자리였던 구덩이가 있었다. 여기에 누워서 잠을 자는 것이다. 가장 안쪽에 내 잠자리가 마련되어 있었다. 그 옆에는 막대기 두 개를 교차시키고 그 사이에 천을 펼쳐 놓았다. 그것은 요람이었다. 요람에는 아기가 조용히 잠들어 있었다. 마리우차의 아기일 거라고 짐작했다.

나는 내 잠자리에 누웠다. 도메니카가 나에게 '아베마리아' 기도를 외게 하였다. 그때 알록달록한 벽에는 도마뱀 하나가 벽을 타고 기어갔다. 도메니카는 네가 도마뱀을 무서워하는 것보다 도마뱀이 더 너를 무서워하니까 겁먹지 말라면서 나를 안심시켰다. 그러고는 아기가 누워 있는 요람을 다른 방으로 가져갔다.

벽에는 벽돌이 하나 빠져 있었다. 그 틈새로 하늘과, 마치 작은 새처럼 바람에 흔들리고 있는 담쟁이 잎새의 검은 그림자가 보였다. 나는 돌아가신 어머니와 성모님과 새 양부모, 그리고 처형당한 강도의 손발 따위를 생각했다. 이것들이 모두 묘하게 뒤엉켜 그날 밤 꿈속에 나타났다.

이튿날은 아침부터 비가 내렸다. 이 비는 한동안 계속되어 우리를 좁은 집 안에 가두어 놓았다. 문을 열어도 집 안은 저녁때처럼 어둑어둑했다. 나는 아기가 누워 있는 요람을 흔들어 주었다. 도메니카는 삼실을 뽑으면서 새로운 기도를 가르쳐 주거나, 이제껏 들어 본 적이 없는 성자 이야기를 들려주기도 했다. 그리고 이 부근에 출몰하는 도적들은 돈 있는 나그네들이나 노리지, 자기네 같은 양치기한테는 절대로 나쁜 짓을 하지 않는다고 했다.

날마다 먹는 것은 빵과 양파였다. 나는 그래도 꽤 맛있게 먹었지만, 좁은 집 안에 틀어박혀 지내는 데에는 진저리가 났다. 도메니카가 문 밖에다 조그만 도랑을 파 주었다. 비는 끊임없이 내렸고 이 꼬마 테베레 강에는 누런 흙탕물이 유유히 흘렀다. 나는 나무토막과 갈잎으로 돛단배를 만들어 꼬마 테베레 강물을 따라 내려가게 하면서 놀았다. 그러나 비바람이 세차게 들이칠 때는 입구를 닫아야 했다. 우리는 어둠 속에 가만히 앉아 있었다. 그동안 도메니카는 실을 잣고, 나는 로마의 성당을 생각하고 있었다.

장마가 끝나자 이번에는 한 달이 넘도록 하늘이 한결같은 파란색으로 빛났다. 나는 밖에 나가서 뛰어놀았다. 다만, 너무 멀리 가거나 테베레 강에 가까이 가는 것은 금지되었다. 흙이 부드러운 강가는 허물어지기 쉬워서 강물에 빠질 위험이 있다는 것이다. 그뿐만 아니라 강가에는 물소 떼가 풀을 뜯고 있는데, 이 짐승들이 화가 나면 엄청나게 사나워져서 위험하다는 것이다. 자칫하면 죽을 수도 있다고 할머니는 거듭거듭 말했다. 그런데 나는 그 물소들에 이상한 매력을 느꼈다. 그 붉은 눈동자에서 번득이는 위험한 불꽃, 그것을 보고 있노라면 작은 새가 큰 뱀의 입속으로 스스로 날아들 때와 같은 기분이 내 마음 속에 솟아났다. 빠르게 달리는 거친 모습, 힘과 힘이 부딪치는 물소들의 싸움은 내 마음을 사로잡았다. 나는 직접 본 광경을 모래톱 위에 그렸다. 또 시를 지어 자작곡에 맞춰 불렀다. 도메니카는 그 노래를 듣고 무척 기뻐하면서, 이 아이는 천사처럼 아름다운 목소리를 갖고 있다고 말했다.

태양은 나날이 뜨거워졌다. 황량한 캄파니아 평야는 그야말로 불바다처럼 타올랐다. 냄새 고약한 물웅덩이가 공기를 더럽혔다. 그래서 우리는 아침과 저녁때 말고는 밖에 나갈 수 없었다. 이곳은 참으로 무더웠다. 로마에서는 상상도 할 수 없을 만큼 무더웠다. 물론 로마에서도 거지들이 빵 대신 얼음물 한 잔을 사기 위해 구걸할 만큼 더울 때가 있었다. 그럴 때면 어느 가게에나 초록빛 수박이 두 쪽으로 쪼개져 까만 씨가 박힌 새빨간 속살을 드러내며 쌓여 있었다. 그것을 생각만 해도 침이 꼴깍 넘어갔다. 이 고장에서는 태양은 머리 위에서 쨍쨍 내리쬐고, 내 그림자는 발밑에 조그맣게 오그라들었다. 물소들은 햇볕에 그을린 풀밭 위에서 죽은 듯이 엎드려 있거나, 미친 듯이 벌떡 일어나 뛰어다니곤 했다. 이야기로만 들은 아프리카의 불타는 사막을 여행하는 사람들의 기분을 알 것도 같았다.

두 달 동안 우리는 도와주러 오는 이 하나 없는 드넓은 바다 한가운데에서 쪽배에 탄 채 표류하고 있는 것이나 마찬가지였다. 일은 조금이나마 시원한 밤이나 새벽에 해야 했다. 낮에는 한 발짝도 나가지 않았고 우리를 찾아오는 이도 없었다. 무겁고 탁한 공기와 타는 듯한 더위는 내 핏속에 불같은 열기를 불어넣었다. 모든 웅덩이는 바싹 말라 버렸고, 테베레 강바닥에 미지근한 흙탕물이 느릿느릿 흐르고 있을 뿐이었다. 수박도 뜨뜻해서 먹기 싫었다. 바위틈이나 모래 구덩이에 깊이 묻어 둔 포도주도 시큼해져서 반쯤 끓인 것처럼 변하고 말았다. 내 목을 축여 줄 한 방울 이슬조차 찾을 수 없었다. 구름 한 조각 지평선에 보이지 않았고, 밤이건 낮이건 변함없이 푸른 하늘만 펼쳐져 있었다. 우리는 아침저녁으로 비를 내려 달라고, 아니면 하다못해 시원한 바람이라도 보내 달라고 기도했다. 그러나 부는 바람이라고는 아프리카 대륙에서 불어오는 뜨거운 '시로코'뿐이었다. 도메니카는 아침저녁으로 산 쪽을 바라보며 구름이 피어오르고 있지는 않나 살펴봤지만 헛된 일이었다. 오로지 밤만이 우리에게 그늘을 드리워 줬다. 해가 뜨고 질 때에나 시원한 바람 한 줄기를 맛볼 수 있었다. 나는 이 불지옥 같은 고통과 끔찍하게 지루한 생활에 질려서 정말 죽을 것 같았다.

드디어 바람이 조금씩 불기 시작했다. 그러나 더위 때문에 전멸한 줄 알았던 등에와 독충이 갑절의 생명력을 가지고 되살아났다. 그놈들은 수백만 마리씩 무리 지어 독침을 휘두르며 우리를 공격해 왔다. 밖에 있는 물소들도 이 붕붕거리는 벌레 떼에 뒤덮여 침 세례를 받았다. 물소들은 고통스러운 나머지, 미친 듯이 테베레 강물 속으로 뛰어들어 누런 흙탕물 속에서 데굴데굴 굴렀다. 로마 사람들은 무더운 여름날 사람 왕래가 거의 끊어진 거리를 걸을 때면 더위에 허덕이며 가느다란 집 그림자를 찾아 이 집에서 저 집으로 기듯이 걸어가지만, 이렇게 불바다에서 괴로워하면서 유황을 머금은 불꽃 같은 공기를 들이마시고 또 끔찍한 벌레들에게 공격을 받는 캄파니아 사람들을 생각한다면, 로마는 차라리 천국이라고 해야 할 것이다.

9월이 되었다. 드디어 열기가 식고 다소 살기 편해졌다. 그러던 어느 날 저녁, 페데리고가 눌어붙은 들판을 스케치하러 찾아왔다. 그러고는 내가 새로 살게 된 집과 처형장, 무시무시한 야생 물소들을 스케치했다. 페데리고는 나더러 그림을 그리라고 종이와 연필을 주었다. 그리고 다음에는 나를 로마에 데려가서 마르티노 신부님과 마리우차와 옛 친구들을 만나게 해 주겠다고 약속했다. 그러나 유감스럽게도 이 약속은 오랫동안 현실로 이루어지지 못했다.

08
물소

어느새 11월이 되었다. 내가 이곳에서 맞이한 가장 아름다운 계절이었다. 산에서는 서늘한 바람이 불어오고, 날마다 저녁때가 되면 눈부시도록 다채로운 구름이 하늘에서 빛났다. 그 아름다움은 어떤 화가도 감히 그림으로 옮길 수 없을 만큼 신비로웠다. 마른 풀색 대지 위에 이루 형언할 수 없는 올리브색 구름이 떠 있는 것을 보면, 천국의 정원에 두둥실 떠오른 산이 아닌가 싶을 정도였다. 또한 저녁놀에 붉게 물든 구름 위로 청회색 구름이 점점이 흩어져 있는 하늘은 꼭 하늘나라에 있는 솔숲처럼 보였다. 상상력이 마냥 꿈틀거렸다. 저 골짜기 그늘 아래에서는 놀다 지친 천사들이 앉아서 하얀 날개를 부채처럼 펄럭여 시원한 바람을 일으키고 있지 않을까.

어느 해질녘이었다. 하늘을 올려다보다가 문득 좋은 생각이 떠올랐다. 바늘로 구멍을 뚫은 종이를 눈에 대고 태양을 보면 어떨까. 나는 당장 해 보았지만 도메니카는 눈이 상한다면서 그 장난을 못하게 문을 닫아 버렸다. 나는 너무 따분해서 밖으로 나가게 해 달라고 졸랐다. 결국 도메니카는 멀리 가지 않는다는 조건으로 겨우 외출을 허락해 주었다. 나는 너무나 기뻐서 쏜살같이 달려가 문을 열었다. 그 순간 웬 남자가 황급히 안으로 뛰어들었다. 나는 그에게 떠밀려 흙바닥에 나동그라지고 말았다. 그 사람은 얼른 문을 닫았다. 그의 창백한 얼굴이 내 눈에 비치고, 떨리는 입술로 성모 마리아를 부르는 소리가 들린 순간, 무언가가 굉장한 기세로 문에 쾅 부딪쳤다. 문짝이 우지끈 부서지면서 파편이 내 머리를 스치고 지나갔다. 그와 동시에 뻥 뚫린 구멍 사이로 물소가 머리를 불쑥 내밀었다. 그 눈은 분노로 활활 타오르고 있었다.

도메니카는 낮게 비명을 지르고는, 내 팔을 붙잡고 윗방으로 가는 사다리를 몇 걸음 뛰어 올라갔다. 도망쳐 들어온 남자는 시체처럼 창백해진 얼굴로 주위를 둘러보다가, 벽에 걸린 베네데토의 라이플을 보고는 재빨리 집어 들었다. 그는 거기 있던 총알을 장전하고 방아쇠를 당겼다. 탕! 날카로운 총성이 울려 퍼지고 자욱한 화약 연기가 방 안을 가득 채웠다. 물소는 꼼짝도 않고 서 있었다. 문의 좁은 구멍에 끼어 앞으로도 뒤로도 움직일 수 없는 상태였다.

"에구머니나!" 겨우 정신을 차린 도메니카가 소리를 질렀다. "대체 뭐죠? 당신 뭐하는 거예요?"

"성모님의 은총이오! 성모 마리아가 내 목숨을 구해 주셨소. 그리고 애야, 너야말로 나의 천사다! 네가 나를 위해 구원의 문을 열어 주었어!"

낯선 신사가 나를 와락 안으면서 말했다. 얼굴은 아직도 창백했고, 이마에는 식은땀이 배어나 있었다.

말투로 보아 외국인은 분명 아닌 듯했다. 겉보기에는 로마에서 온 귀족처럼 보였다. 그는 사정을 설명했다.

"나는 여러 가지 꽃이나 식물 채집이 취미라서, 오늘도 저기 저 다리에 마차를 대기시켜 놓고 테베레 강을 따라 걷고 있었소. 그런데 이 근처에서 물소 떼를 만났지 뭐요. 그중 한 마리가 느닷없이 덤벼들어서 도망쳤는데, 다행히 기적처럼 때맞춰 이 집 문이 열렸기 때문에 겨우 목숨을 구한 거요."

그러자 도메니카가 소리 높여 말했다.

"아아, 마리아 님! 정말로 성모님께서 나리를 구해 주셨어요. 여기 안토니오는 성모님께서 선택하신 아이로, 그분의 사랑을 받고 있지요. 그래서 성모님 대신 문을 열어 나리를 구한 거예요. 나리께서는 이 아이가 어떤 아이인지 모르시죠? 애는 손으로 쓴 것이든 인쇄된 것이든 뭐든지 다 읽을 수 있답니다! 그림도 잘 그려서 진짜와 똑같이 그리지요. 뭐가 그려져 있는지 척 보면 알 수 있답니다. 산 피에트로 성당 탑도, 물소도, 뚱뚱한 암브로시오 신부님도 그림으로 그렸지요. 그리고 이 아이 목소리는 정말이지……. 나리, 이 아이의 노래를 한번 들어봐 주세요. 교황청 성가대도 이 아이한테는 못 당할 거예요. 게다가 마음씨도 착하고, 정말 보기 드문 아이랍니다. 아이가 듣는 앞에서 애를 칭찬하면 버릇이 나빠진다고 하니 이 정도로만 해 두지요. 하지만 이 아이는 충분히 칭찬받을 자격이 있답니다."

"애가 참 어리군요. 댁의 아들은 아닌 것 같소만."

"저는 이렇게 늙어 빠진 할망구인걸요. 이처럼 귀여운 아이를 낳을 수야 없죠. 하지만 이 아이가 이 세상에서 부모라고 부를 만한 사람은 저와 남편밖에 없답니다. 이 무리 가난해서 먹고살기 힘들어도 이 아이는 끝까지 잘 키울 생각입니다. 아, 참, 이럴 때가 아니지! 정말 큰일 났군!"

도메니카는 갑자기 말을 끊고 물소 뿔을 움켜잡았다. 물소 머리에서 떨어진 핏물이 바닥에 흐르고 있었다.

"이 녀석을 어서 치워야지! 나갈 수도 들어올 수도 없으니 원. 아니, 구멍에 꽉 끼여 버렸잖아. 베네데토가 돌아올 때까지는 밖으로 나갈 수도 없겠어. 어휴, 이 녀석을 죽였다고 해서 우리가 성가신 꼴을 당하지나 않았으면 좋으련만!"

"그런 걱정은 하지 않아도 됩니다. 내가 모든 일을 책임지겠소. 나는 보르게세 집안사람이오."

"아아, 세상에, 공작님!"

도메니카는 소리를 지르며 그의 옷자락에 입을 맞추었다.

공작은 그 손을 잡고 내 손도 잡으면서 도메니카에게 말했다.

"내일 이 아이를 데리고 로마의 보르게세 궁전으로 와 주시오. 나는 그곳에 살고 있으니까."

늙은 양어머니는 이 터무니없는 은혜에 감격하여 눈물을 흘렸다. 도메니카는 평소에 내가 종잇조각에 그린 그림들을 소중히 간직해 두었는데, 그 그림을 죄다 가지고 왔다. 공작은 그것을 하나하나 살펴보고 내 볼을 어루만지면서 칭찬했다.

"넌 훌륭한 화가구나. 살바토르 로사만큼이나 잘 그리는데."

"그렇고말고요." 도메니카가 말했다. "어린아이 솜씨라고는 믿을 수 없을 정도예요. 진짜랑 똑같아서, 뭐가 그려져 있는지 한눈에 알 수 있다니까요. 자, 보세요, 공작님. 물소와 작은 배, 그리고 우리집이에요. 이것 좀 보세요. 이게 바로 저랍니다. 연필로 그린 거라 색깔은 없지만, 그래도 저랑 꼭 닮았지요?"

도메니카는 나를 돌아보면서 말했다. "애야, 공작님께 노래를 불러 드리렴.

네 기분을 노래해 봐. 이 아이는 이야기도 설교도 어떤 신부님 못지않게 잘한답니다. 멋진 시를 지어내서 노래하지요. 자, 어서."

손님은 도메니카의 이야기를 듣고 재미있어하면서 나에게 어서 불러 보라고 했다. 나는 평소처럼 즉흥시를 지어 노래를 불렀다. 늘 그러듯이 도메니카가 잘했다고 칭찬해 준 것은 확실하지만, 어떤 가사를 불렀는지는 기억나지 않는다. 다만 성모 마리아와 공작과 물소가 시의 주제였던 것은 지금도 기억하고 있다. 공작은 말없이 앉아 있었다. 도메니카는 이 침묵 속에서 내 재능에 대한 공작의 놀라움을 발견한 모양이었다.

"이 아이를 데려오시오." 노래가 끝난 뒤 공작은 한참 만에 천천히 입을 열었다. "내일 아침 일찍 기다리고 있겠소. 아니, 잠깐만! 저녁때가 좋겠군. 아베 마리아 종이 울리기 한 시간쯤 전에. 당신이 오면 나에게 곧장 안내하도록 하인한테 일러두겠소. 그건 그렇고, 이제는 슬슬 가야겠는데. 어디로 나간다지? 이 문 말고 다른 출입구는 없소? 그리고 물소한테 습격당할 염려 없이 내 마차까지 가려면 어떻게 가는 것이 좋겠소?"

"밖으로 나가고 싶어도 나리께서는 어려우실 거예요. 물론 저라면 나갈 수 있지만요. 저 위에 구멍이 뚫려 있는데, 거기로 기어 나가면 아래로 쉽게 미끄러져 내려갈 수 있지요. 별로 높지 않거든요. 그 정도는 저 같은 할망구도 할 수 있답니다. 하지만 나리처럼 지체 높은 분이 드나드실 만한 출입구는 아니라서……."

도메니카의 말이 끝나기도 전에 공작은 좁은 사다리를 올라가 벽에 뚫린 구멍으로 얼굴을 내밀고 밖을 살펴보더니 말했다.

"이거 참 좋은 출구인데. 물소들은 저기 강가로 멀리 가 버렸군. 농부들이 길을 따라 달구지를 몰고 있고. 저 사람들을 따라가면 될 것 같소. 그러면 물소한테 또 습격을 받아도 숨을 수 있겠지."

공작은 손을 내밀어 도메니카의 입맞춤을 받고 내 볼을 쓰다듬었다. 그리고 내일 꼭 찾아오라고 다짐을 받은 다음 무성한 담쟁이덩굴 사이를 미끄러져 내려갔다.

우리는 창 너머로 그의 뒷모습을 지켜보았다. 공작은 곧 달구지를 따라잡더니 농부들과 함께 사라져 갔다.

09
보르게세 궁전

베네토는 친구를 두어 명 불러와서 문짝에 박힌 물소 시체를 끌어내고 집 안을 정리했다. 그리고 이튿날 동이 트자 우리는 서둘러 일어나 저녁때까지 로마에 갈 준비를 했다. 나는 몇 달 동안 가방 속에서 잠자고 있던 나들이 옷을 꺼내 입고, 모자에는 아름다운 장미꽃을 꽂았다. 내 차림새 가운데 가장 허술한 것은 구두였다. 그건 구두라기보다는 마치 고대 로마시대의 샌들 같았다.

캄파니아 평야를 지나 로마로 가는 길은 어찌나 멀던지, 또 햇살은 얼마나 뜨겁던지! 나는 포폴로 광장까지 와서 기념탑 주위에 있는 사자 석상이 뿜어내는 시원한 물줄기로 겨우 목마름을 달랬다. 그 맛은 뒷날 어른이 되어서 마신 팔레르노 포도주나 키프로스섬의 유명한 포도주보다도 더 달콤했다. 나는 광장 사자의 입에다 뜨거워진 머리를 들이밀고 시원한 물을 뒤집어썼다. 깜짝 놀란 도메니카는 그러다 옷 젖는다, 머리 다 망가진다면서 어쩔 줄을 몰라 했다.

지도를 보면 포폴로 광장에서 세 줄기 길이 뻗어 나간다. 가운데가 코르소 대로이고 동쪽 길은 바뷔노 거리, 서쪽 길은 리페타 거리다. 가운데 길을 기준으로 똑같이 생긴 성당 둘이 대칭으로 자리잡고 있다. 우리는 테베레 강에 가까운 리페타 거리를 따라 내려갔다. 이윽고 눈앞에 보르게세 궁전이 나타났다. 그동안 이 궁전을 여러 번 스쳐 지나가긴 했지만 이렇게 발을 멈추고 똑바로 보기는 처음이었다. 그 자리에서 올려다보니 참으로 웅장하고 사치스럽기가 이루 말할 수 없었다. 특히 창문에 길게 드리운 비단 커튼이 너무 아름다워서 나는 입을 쩍 벌렸다. 이런 궁전에 사는 공작님이 우리랑 아는 사이라니! 그분이 캄파니아 평야에 있는 우리집을 찾아오셨듯이 이제 우리도 그분 댁을 찾아온 것이다. 모든 게 마치 꿈만 같았다. 궁전 안뜰과 수많은 방이 눈에 들어온 순간 그 화려함에 압도되어 온몸이 부르르 떨렸다. 공작님은 어제 나를 살갑게 대해 주셨다. 그분도 우리와 똑같은 사람이다. 하지만 사는 곳은 어쩜 이렇게 다른지. 이곳은 얼마나 훌륭하고 눈부신지! 성자와 보통 사람과의 차이도 이런 것일까 싶었다.

갖가지 전신상과 반신상이 늘어서 있는 네모난 회랑이 작은 정원을 둘러싸고 있었다. 정원에는 갈대숲이 무성하고, 선인장이 회랑 기둥을 타고 기어오르듯 자라고 있었다. 레몬나무에는 설익은 초록빛 레몬이 주렁주렁 열려 있었다. 두 사람의 그리스 무희 조각상이 받쳐 들고 있는 수반에서는 물이 넘쳐흘러 무희의 어깨를 적시며 흘러내렸다. 쑥쑥 자란 싱싱한 물풀은 물보라를 맞으면서 조각상을 푸르게 뒤덮고 있었다. 뜨거운 햇살을 받아 불같이 달아오르는 캄파니아의 황야에 비해 이 정원은 천국처럼 시원하고 향기로웠다.

우리는 넓은 대리석 계단을 올라갔다. 계단 난간에는 석상이 줄줄이 늘어서 있었다. 도메니카는 성모상처럼 보이는 석상 앞에 멈춰 서더니 살짝 무릎을 굽혀 인사했다. 알고 보니 그것은 불의 여신 베스타의 석상이었다.

멋진 제복을 입은 하인이 우리를 친절하게 맞이해 줘서 조금은 마음이 편안해졌다. 하지만 그가 안내해 준 방이 너무나 호화로워서 다시 가슴이 두근거렸다. 바닥은 거울처럼 반들반들한 대리석이었고 사방 벽에는 아름다운 그림이 걸려 있었다. 그림 사이사이에 설치된 거울 위에는 천사들의 그림이 있었다. 천사들은 꽃다발과 화관을 손에 들고 즐겁게 노닐고 있었다. 또 선명한 빛깔의 새가 날개를 활짝 펼치고서 붉고 노란 나무열매를 따 먹는 그림도 있었다. 이렇게 화려하고 아름다운 것을 보기는 난생 처음이었다.

그곳에서 우리는 잠시 기다렸다. 이윽고 공작이 하얀 드레스를 입은 아름다운 귀부인을 데리고 나타났다. 그녀는 내 이마에 흘러내린 머리칼을 상냥하게 쓸어 올리면서 부드러운 눈길로 내 얼굴을 가만히 들여다보았다.

"어머나, 정말로 천사의 구원을 받으셨군요. 이 옷 밑에는 날개가 감추어져 있을지도 몰라요."

"아니." 공작이 대답했다. "이 아이의 발그레한 볼을 보렴. 날개가 돋아나려면 앞으로도 테베레 강이 수많은 파도를 바다로 보내야 할 거야. 게다가 도메니카 아주머니도 이 아이가 날아가 버리는 건 원치 않을 게다. 안 그렇소? 이 아이를 잃으면 정말 슬프겠지요?"

"그야 물론이지요! 이 아이를 잃다니, 그건 마치 우리집에 있는 창문이랑 문들을 죄다 막아 버리는 것이나 마찬가지예요. 얼마나 어둡고 쓸쓸해지겠습니까? 이렇게 귀여운 아이랑 헤어질 수는 없어요. 당치도 않습니다."

"하지만 오늘밤 몇 시간만 우리가 이 애를 맡는 건 괜찮겠죠?" 귀부인이 말했다. "두어 시간 뒤에 데리러 오시면 돼요. 오늘은 달도 밝을 테니까 집에 늦게 돌아가서도 괜찮을 거예요."

"그래요. 이 아이를 이곳에 한두 시간만 맡겨 놓고, 그동안 아주머니는 거리 구경도 하시고 필요한 물건도 이것저것 사 오세요."

공작은 이렇게 말하면서 도메니카의 손에 작은 지갑을 쥐여 주었다. 그 이상은 아무 말도 듣지 못했다. 나는 귀부인에게 이끌려 안으로 들어가고, 공작과 도메니카 두 사람만 뒤에 남았기 때문이다. 그녀는 아마도 공작 영애인 것 같았다.

안에 들어가자 호화로운 장식과 지체 높은 손님들이 내 마음을 온통 사로잡았다. 나는 벽에 그려진 초록빛 나뭇잎 사이로 생글생글 웃으며 내다보는 어린 천사를 바라보거나, 자줏빛 양말을 신은 원로원 의원과 붉은 옷을 입은 추기경에게 눈길을 빼앗겼다. 그때까지 이들은 나한테 하느님 같은 존재였다. 지금 이런 곳에서 그들 틈에 끼어 있다고 생각하니 마치 꿈꾸는 듯한 기분이 들었다. 무엇보다도 내 눈길을 사로잡은 것은 홀 한가운데 있는 커다란 수반 위에서 용을 타고 있는 귀엽고 아름다운 사랑의 신이었다. 용의 입에서는 물기둥이 높이 솟아나와 수반으로 떨어지고 있었다.

공작 영애가 "아버님을 구해 준 천사"라고 나를 소개하자 지체 높은 분들, 추기경과 원로원 의원들까지도 모두 미소를 띠며 나를 환영해 주었다. 교황 근위대 장교복 차림의 한 잘생긴 청년이 나에게 손을 내밀었다. 그들은 나에게 온갖 질문을 퍼부었고, 나는 또박또박 대답했다. 그 때문에 웃음소리와 박수 갈채가 홀 안에 메아리쳤다.

공작이 홀로 들어와서는 나에게 노래를 불러 보라고 말했다. 나는 기뻐서 열심히 노래를 불렀다. 젊은 장교가 내 노래를 칭찬하면서 샴페인을 따라 주었다. 나는 기쁘게 마시려고 했지만 공작 영애는 내가 다 마시기 전에 재빨리 잔을 빼앗았다. 그러나 이미 목을 넘어간 약간의 술이 불꽃처럼 내 혈관 속을 뛰어다녔다. 장교는 내 곁에 꼭 붙어서 미소를 띠며 서 있는 공작 영애를 노래해 보라고 말했다. 나는 이 요구에도 기꺼이 따랐다. 도대체 무슨 말을 이어 붙여 노래했는지는 하느님만이 아시겠지만, 어쨌거나 사람들은 어휘력이 풍부하고 재능이 있다면서 나를 치켜세웠다. 그리고 내 대담함과 무모함을 보고 참 야무진 아이라고들 말했다. 젊은 장교는 사람들이 박수갈채를 보내는 동안 홀 한구석에 서 있는 석상에서 월계관을 벗겨다가 내 머리에 씌워 주었다. 물론 장난으로 그랬겠지만, 순진했던 나는 진지한 경의의 표시로 받아들였다. 나는 크나큰 영예를 누려 더없이 행복했다. 그래서 마리우차와 도메니카가 가르쳐 준 노래를 신나게 부르고, 물소의 무서운 눈빛과 황야의 무덤인 우리집 따위를 이야기했다.

아쉽게도 시간은 눈 깜짝할 사이에 지나가고, 다시 늙은 양어머니와 함께 집으로 돌아가야 했다. 과자와 과일, 번쩍거리는 은화 몇 닢을 선물로 받아들고 나는 행복에 젖어 도메니카를 따라갔다. 도메니카도 나만큼이나 행복했다. 옷가지와 부엌 살림, 게다가 포도주 두 병까지 포함하여 많은 것을 손에 넣었기 때문이다. 돌아가는 길에 나무와 덤불 위에는 밤이 잠들어 있었지만, 저 멀리 높은 하늘에는 보름달이 드넓은 암청색 바다에 아름다운 황금빛 조각배처럼 떠 있었다. 달님은 더위에 타서 눌어붙은 캄파니아 평야에 서늘한 바람을 보내고 있었다.

나는 집에 돌아오고 나서도 훌륭한 홀과 상냥한 귀부인과 요란한 박수갈채를 머리에 그리면서 밤낮으로 아름다운 꿈을 꾸고 있었다. 그런데 기쁘게도 그 꿈이 현실이 되어 또다시 보르게세 궁전에 불려 가게 되었다. 그 아름답고 상냥한 귀부인은 나에게 흥미를 느낀 듯, 내가 도메니카 할머니와 이야기할 때처럼 마음 푹 놓고 지껄여도 나무라기는커녕 오히려 기뻐했다. 그녀는 공작 앞에서도 나를 칭찬했다. 공작도 나를 존중하고 친절하게 대해 주었다. 특히 내 어머니의 죽음이—고의는 아니었지만—자기 탓이라는 것을 안 뒤로는 더욱 자상하게 마음을 써 주었다. 공교롭게도 그 사나운 말이 우리를 덮쳤을 때, 마차에 타고 있던 사람은 다름 아닌 공작이었던 것이다.

아름다운 귀부인의 이름은 프란체스카였다. 그녀는 나를 저택 안에 있는 화랑으로 자주 데려갔다. 프란체스카는 내가 온갖 훌륭한 그림을 보면서 유치한 질문을 하고 어리석은 비평을 할 때마다 미소를 지었다. 그리고 그것을 나중에 다른 사람들에게 말하면 다시 웃음바다가 되었다. 아침이면 이 화랑은 외국인들로 가득 찼다. 화가들도 와서 그림을 베끼고 있었다. 그러나 오후가 되면 다시 인적 없는 고요한 세계로 돌아갔다. 그러면 프란체스카는 나를 거기로 데려가서 그림을 설명해 주었다.

많은 그림들 가운데 특히 내 마음에 든 것은 프란체스코 알바니의 〈사계〉였다. 프란체스카는 이 그림에 나오는 천사들이 사랑의 신 큐피드라는 것을 가르쳐 주었다. 〈사계〉의 봄 장면에서 천사들은 열심히 일한다. 한 천사는 숫돌에다 화살을 갈고 있다. 하나는 커다란 숫돌을 돌리고 있고, 다른 둘은 그 위를 날면서 숫돌에 물을 붓고 있다. 여름 장면에서는 천사들이 나무 사이로 날면서 가지가 휘어지도록 매달린 열매를 따고 있다. 또 어떤 천사들은 시원한 강물 속에서 미역을 감고 있다. 가을 장면은 사냥 흉내를 내는 천사들의 그림인데, 손에 횃불을 든 천사가 다른 두 천사가 끄는 수레에 타고 있다. 사랑의 여신 비너스는 이 늠름한 사냥꾼더러 이리 와서 쉬라고 손짓하고 있다. 겨울에는 이 작은 천사들이 모두 잠들어 있다. 다들 여기저기 흩어져 곤히 잠들어 있다. 강물에서 나온 님프들이 천사들의 화살과 화살통을 몰래 빼앗아 불 속에 던져 넣고 있다.

이 사랑의 천사들이 왜 큐피드라고 불리는지, 왜 화살을 쏘면서 날아다니는지, 또 님프들은 왜 모처럼 손에 넣은 화살을 불태워 버리는지 궁금해서 더 자세한 설명을 듣고 싶었다.

그러나 프란체스카는 알려 주지 않았다.

"그런 건 책에 다 쓰여 있어. 스스로 책을 보고 알아내렴. 책을 읽으면 정말로 많은 지식을 얻을 수 있단다. 남한테 들어서 아는 것보다는 스스로 책을 읽어서 알아내는 것이 훨씬 유익하고 중요해. 알았니? 처음에는 힘들지도 모르지만, 그래도 하루 종일 책을 붙들고 앉아 있으려고 노력해 봐. 그러면 캄파니아 황야에서처럼 마음 편히 염소랑 놀거나 친구랑 같이 여기저기 돌아다닐 수는 없을 테지. 하지만 어쩔 수 없어. 그래, 너는 어떤 사람이 되고 싶니? 파비아니처럼 아름다운 군복 차림으로 깃털 달린 투구를 쓰고 긴 칼을 차고, 말 등에 올라 교황님의 마차 옆을 따라가고 싶지 않니? 아니면 방금 본 아름다운 그림들을 전부 이해하고, 이 세상 모든 것, 내가 말해 준 것보다 훨씬 더 흥미로운 것을 모조리 알고 싶지 않니?"

"하지만 그러면 이제는 이 성에 올 수 없게 될지도 모르잖아요? 도메니카 할머니 집에서 살 수도 없고요."

"너는 어머니를, 그리고 어머니와 함께 살았던 고향 집을 아직도 기억하고 있겠지? 그때만 해도 영원히 거기에 살 수 있을 줄 알았고, 도메니카나 나에 대해서는 전혀 몰랐잖니. 그런데 지금은 도메니카와 내가 너에게 가장 가까운 사람이 되어 버렸어. 하지만 시간이 지나면 또 바뀔지도 몰라. 인생이란 그런 거란다."

"하지만 아가씨는 설마 우리 어머니처럼 돌아가시지는 않겠지요?" 나는 눈물 어린 목소리로 물었다.

"죽어서 헤어지지 않는다면 살아서 헤어질 테지. 이별은 아무도 피할 수 없는 일이야. 언젠가는 우리도 헤어져야 하겠지. 그렇게 되어도 네가 건강하고 행복하게 지내기를 기도하겠어."

나는 대답 대신 폭포처럼 눈물을 흘릴 뿐이었다. 이유는 몰라도 나 자신이 너무나 불행한 인간처럼 여겨져서 견딜 수가 없었다. 프란체스카는 내 볼을 쓰다듬으면서, 그렇게 마음이 약해서야 앞으로 이 세상을 어떻게 혼자 살아가겠냐고 걱정스레 말했다. 그때 공작이 젊은 장교를 데리고 들어왔다. 전에 나한테 월계관을 씌워 준 바로 그 장교였다. 파비아니라는 이 장교 역시 나를 무척 귀여워해 주었다.

보르게세 별장에서 화려한 결혼식이 열린다는 소문이 그로부터 며칠 뒤 캄파니아에 있는 허름한 집에까지 전해졌다. 프란체스카는 파비아니의 신부가 되었다. 그리고 결혼하면 피렌체에 있는 파비아니 집안의 영지로 함께 옮겨 갈

예정이었다.

결혼식은 로마 교외에 있는 빌라 보르게세, 아름다운 계수나무와 노송나무와 떡갈나무 숲으로 둘러싸인 별장에서 열렸다. 그곳은 언제나 초록빛 하늘로 뒤덮여 있는 것 같았다. 이 숲은 그때도 지금과 마찬가지로 로마 사람과 외국인들의 휴식처였다. 눈부시게 화려한 마차가 울창한 떡갈나무 가로수 사이를 달리고, 새하얀 백조들이 조용한 호수를 헤엄치고 있었다. 호수에는 수양버들이 그늘을 만들고, 겹겹이 쌓인 바위에서는 인공폭포가 세차게 떨어지고 있었다. 가슴이 풍만한 로마의 귀부인들은 축하연에 참석하러 마차를 달리면서, 길가에서 탬버린을 치며 춤추는 쾌활한 시골 처녀들을 내려다보고 있었다.

도메니카 할머니는 이 경사스러운 결혼을 멀리서나마 축하하러 나를 데리고 캄파니아를 출발해 별장 근처까지 왔다. 우리는 그 정원 바깥에 서서, 불이 휘황찬란하게 켜진 수많은 창문을 올려다보고 있었다.

프란체스카와 파비아니는 이 저택에서 결혼했다. 홀에서 연주하는 음악 소리가 여기까지 울려왔다. 원형극장이 있는 잔디밭에서는 불꽃이 솟아올랐다. 그 불꽃은 바다처럼 드넓고 푸른 하늘에서 물고기처럼 뛰놀았다. 그때 높은 창문 하나에 귀부인과 신사의 그림자가 비쳤다.

"두 분이시다!" 도메니카가 말했다. 늙은 양어머니는 두 사람의 행복을 빌며 기도를 올렸다. 나도 어두운 노송나무 아래 무릎을 꿇고, 나에게 많은 은혜를 베풀어 준 아름답고 상냥한 부인을 위해 기도를 올렸다. 도메니카도 함께 무릎을 꿇었다.

"두 분께서 부디 행복하시기를!"

수많은 유성 같은 불꽃이 우리의 기도에 응답하듯 하늘에서 쏟아져 내려왔다. 그러나 도메니카는 울고 있었다. 나와 헤어져야 하는 것을 슬퍼하는 눈물이었다. 공작이 나를 위해 예수회 학교에 자리를 하나 마련해 두었던 것이다. 나는 캄파니아에 있는 양부모님 댁을 떠나 그곳에서 화려한 미래를 위해 교육을 받게 되었다.

"이게 마지막이로구나." 돌아가는 길에 늙은 양어머니가 말했다. "내가 살아 있는 동안 이렇게 너와 함께 캄파니아의 시골길을 걷는 것도 마지막이야! 앞으로 네 발은 이 할미가 본 적도 없는 번쩍거리는 마루와 화려한 카펫 위를 밟고 다니겠지. 애야, 넌 정말 착한 아이였어. 부디 앞으로도 착하게 살아야 한다. 알았지? 그리고 이 늙은 할머니 할아버지를 잊지 말아 다오……. 지금은 군밤 한 접시만 있으면 내가 너를 즐겁게 해 줄 수 있는데. 네가 피운 불이 활활 타올라 밤송이가 구워질 때 너의 눈 속에서는 하느님의 천사가 보였는데! 앞으로는 그런 일로 그처럼 기뻐하는 일은 없을 게다. 캄파니아 황야는 온통 엉겅퀴로 뒤덮여 있지만, 그 엉겅퀴에는 붉은 꽃이 핀단다. 그런데 부자들의 번쩍거리는 마루에는 풀 한 포기 자라지 않아. 그 마루가 참말로 미끄러워서 넘어지기 쉽다더구나. 안토니오, 가난한 어린 시절을 절대로 잊지 마라. 보고픈 것도 보지 못하고, 듣고픈 것도 듣지 못했던 시절을 잊으면 안 돼. 응? 그렇게 하면 이 세상을 그럭저럭 헤쳐 나갈 수 있어. 하느님이 언젠가는 나와 베네데토를 부르시겠지. 그때쯤 너는 아마 마차나 훌륭한 말을 타고 옛날에 살던 허름한 집을 찾아올지도 몰라. 그러면 네가 흔들어 주는 요람에서 잠자던 아이가 쑥쑥 커서, 이제는 낯선 사람들과 함께 너한테 공손히 절을 할지도 모르지. 하지만 안토니오, 거만하게 굴어서는 안 된다. 옛날을 생각하고, 이 할미를 생각해라. 네가 내 곁에서 밤을 굽고 요람을 흔들던 것을 기억해라. 알았지? 그러면 가난하지만 행복했던 어린 시절도 생각날 게다. 아아, 난 절대로 잊지 못할 거야. 넌 정말 착한 아이였어!"

말을 마치자 도메니카는 눈물을 흘리며 나에게 입을 맞추었다. 이날 느낀 슬픔은 이어지는 이별의 순간에 더욱 커져서 가슴이 꽉 막히고 심장이 너무 아팠다. 도메니카는 아무 말도 하지 않고 그저 울기만 했다. 우리가 밖으로 나가자, 도메니카는 집 안으로 도로 뛰어 들어가 문 위에 붙어 있는 낡아 빠진 성모 마리아 그림을 떼어서 나에게 주었다. 그것은 내가 지금까지 수없이 입을 맞춘 그림으로, 그때 도메니카가 나에게 줄 수 있었던 단 하나의 선물이었다.

10
단테의 《신곡》

　프란체스카는 남편과 함께 여행을 떠났다. 나는 예수회 학교 학생이 되어 새로운 생활을 하는 한편 새로운 친구들도 사귀었다. 이리하여 각본 없는 연극과 같은 내 생애의 극적인 막이 열리게 되었다. 시간은 눈 깜짝할 새에 흘러가고 주위 상황은 시시각각 바뀌었다. 그 시절의 추억들은 복잡한 퍼즐 조각처럼 눈앞에 흩어져 있지만, 지금 돌이켜 보면 그 모든 것이 하나로 녹아들어 '학교 생활'이라는 한 장의 커다란 그림을 이루는 듯하다.

　산에 오르는 여행자가 꼭대기를 향해 점점 높이 올라가면, 발아래 펼쳐진 구름과 안개의 바다가 갈라지면서 그 틈새로 다른 산봉우리가 얼굴을 내밀거나 햇살 받은 골짜기가 나타나기도 한다. 그와 마찬가지로 내 정신 세계도 점점 넓어지면서 성장해 갔다. 내가 꿈에도 본 적이 없는 나라와 도시들이 캄파니아 황야를 둘러싼 산줄기 너머에 하나둘 생겨났다. 역사는 나를 위해 어느 곳에나 인간을 살게 하고, 그 지방마다 전해 내려오는 독특한 이야기를 들려주었다. 나무 한 그루와 꽃 한 송이에도 제각기 의미가 있었다. 그러나 무엇보다도 아름답게 피어난 것은 나의 조국, 빛나는 이탈리아였다. 나는 로마에서 태어난 것을 자랑스럽게 생각했고, 내 고향인 이 도시의 모든 것에 넘치는 애정과 흥미를 느꼈다. 이제는 한낱 경계석일 뿐인 길가에 내려앉은 고대 기둥머리의 흔적도 나에게는 신성한 유물이었다. 테베레 강변의 갈대는 바람결에 바스락거리며 로마를 세운 로물루스와 레무스의 전설을 속삭이고, 개선문이며 기념비며 석상들은 내 마음에 조국의 역사를 깊이 새겨 넣었다. 내 마음은 언제나 고대 그리스와 로마 시대에 살고 있어서 영광스런 로마제국의 영예를 누릴 수 있었다.

정치 모임이든 종교 모임이든, 평범한 식당이든 돈이 오가는 도박판이든, 사람이 모이는 곳에는 반드시 어릿광대가 있게 마련이다. 학교도 물론 예외는 아니다. 우리 학생들의 눈은 재빨리 웃음을 자아내는 한 사람의 어릿광대를 찾아냈다. 우리의 어릿광대는 더없이 근엄하고 성질이 나쁜 데다 입이 험하고 설교를 좋아했다. 말하자면 숱한 교사들 가운데 특출나게 급수 높은 어릿광대였다. 그는 하바스 다다라는 신학자인데, 아랍 태생이지만 어릴 때 교황령으로 이주하여 자랐고, 이 무렵에는 예수회 학교만이 아니라 티베리나 대학원에서도 미학과 주임 노릇을 하고 있었다. 그는 우리의 취미를 지배하는 인물이었던 셈이다.

나는 종종 생각해 보았다. 신께서 내려 주시는 영감(靈感)이라고나 할까, 그런 신비로운 시적 감성은 대체 어떻게 우리에게 주어지는 것일까. 어쩌면 시란 깊은 산속에 숨어 있는 광맥이 아닐까. 우리 가정과 학교의 교육은 마치 거기서 귀금속을 캐내듯이 금광석을 캐낸 다음, 그것을 용광로에 녹여 순금을 추출하듯이 뛰어난 인재를 배출하려 한다. 일단 황금만 예로 들자면, 우리는 매우 드물게도 순금 덩어리를 캐내기도 한다. 그 금덩어리야말로 시인이 노래하는 즉흥 서정시가 아닐까. 세상에는 금광맥 이외에 은광맥도 있고 철광산도 있을 것이다. 하지만 어떤 금속이 나오든지 저마다 쓸모가 있을 테니, 그 품위와 격을 꼬치꼬치 따지는 것은 옳지 않으리라. 그것도 윤이 나게 닦아서 가공하면 금이나 은으로 보일 수도 있으니까. 그러니까 세상에는 금 시인, 은 시인, 동 시인, 철 시인 등 온갖 시인이 있는 것이다. 그런데 또 다른 무리의 시인이 있다. 이들은 진흙만 이겨서 시를 짓는 주제에 시인의 무리에 끼어들어 어엿한 시인인 체한다. 하바스 다다는 바로 이런 엉터리 시인이었다.

하바스 다다는 마치 시인처럼 진흙으로 희한한 시 비슷한 것을 만들어, 그보다 훨씬 뛰어난 감성과 재능을 지닌 시인 앞에 뻔뻔하게 내던지곤 했다. 시구가 가볍고 시의 구성도 운율도 매끄러운 것은 좋으나, 시라고는 할 수 없는 것을 가지고 남들의 갈채를 받는 것이었다. 그가 위대한 시인 페트라르카를 존경한 것도 아마 이 시인의 14행 정형시 소네트가 갖고 있는 독특한 가락 때문이었을 것이다. 아니, 어쩌면 시를 제대로 볼 줄 몰라서 그저 남들의 의견에 따른 것일지도 모르지만. 어쨌든 위대한 페트라르카와 엉터리 하바스 다다는 눈을 씻고 찾아봐도 비슷한 데라고는 티끌만큼도 없었다. 그런데도 그는 우리에게 페트라르카의 기나긴 서사시 〈아프리카〉를 4분의 1이나 암송하게 했으므로, 우리는 그를 얼마나 미워했는지 모른다.

우리는 날마다 페트라르카의 깊이를 배웠다. 하바스 다다는 종종 이렇게 말했다.

"얄팍한 시인들은 수채화밖에 그리지 못하는 공상의 자식이다. 세상 사람들에게 더없이 커다란 해를 끼치는 인간들이지. 이들 가운데 으뜸가는 저 단테는 《신곡》으로 이름을 날렸다지만 내가 보기에는 하찮은 인간이다. 참으로 하찮아! 그는 페트라르카가 단 한 편의 서사시로 얻은 불후의 명성에 도달하려고 천국과 인간 세상과 지옥까지 모조리 동원했단 말이다. 물론 단테도 운율에 맞춰 단어를 골라서 운문을 썼다. 그의 수상쩍은 바벨탑을 후세에 전한 것은 오로지 그 음률의 물결이다. 그가 만약에 라틴어로 썼다면 후세 사람들에게 그 학문의 깊이를 보여 줄 수 있었을 것이다. 그러나 그는 라틴어에 서툴렀다. 그래서 오늘날 우리가 사용하고 있는 비속한 국어로 썼던 것이다. 보카치오는 이 작품을 읽고 감동하여 '사자가 헤엄치고 새끼양이 뛰노는 강물'이라고 평했지만, 나는 그런 깊이도 순수함도 찾아내지 못했다. 이 시인에게는 기초가 전혀 없다. 그저 과거와 현재 사이에서 이리저리 방황할 뿐이다. 우리 진리의 사도인 페트라르카는 죽은 교황이나 황제를 지옥에 떨어뜨리고 우롱하는 짓은 하지 않았다. 그는 그리스 신화 속 예언자 카산드라가 남자로 환생하기라도 한 듯이 교황이나 왕족을 당당하게 훈계하고 예언했다. 카를 4세 앞에서도 주눅 든 기색이라고는 없이 '덕이 유전하지 않는다는 것은 폐하를 보면 알 수 있다'고 말하지 않았는가. 로마 원로원과 파리 대학이 월계관을 보내겠다고 제의했을 때 그는 겸허하게도 시인으로서 이 영광을 받을 자격이 있는지를 판단해 달라고 동시대인들에게 요구했다. 그리고 사흘 동안 일개 학생으로 시험을 치른 뒤에야 겨우 단상에 올라갔다. 그리고 나폴리 왕에게 자줏빛 망토를 받고 로마 원로원으로부터는 월계관을 받았다. 그러나 단테는 이런 영광을 결코 누리지 못했다."

하바스 다다의 강의는 언제나 이런 식이었다. 페트라르카를 찬양하고 단테를 깎아내리는 것만 능사로 삼았다. 이 두 시인을 향기로운 제비꽃과 화려한 장미꽃으로 나란히 놓아도 좋았을 텐데! 우리는 페트라르카의 소네트를 죄다 외어야 했지만, 단테의 글은 단 한 구절도 볼 기회가 없었다. 다만 하바스 다다의 비난 덕분에 단테의 대표작이 '지옥·연옥·천국'으로 이루어져 있다는 것을 알았을 뿐이다. 그런데 그렇게 세상을 세 가지로 나눴다는 것만으로도 내 공상은 부풀어 올라, 이 작품을 알고 싶은 욕망이 가슴속에 활활 타올랐다. 물론 이런 마음은 은밀히 감추어 둘 수밖에 없었다. 이 금단의 열매에 손대는 것을 하바스 다다가 허락할 리가 없었기 때문이다.

　하루는 장이 선 나보나 광장을 산책하며 산더미처럼 쌓인 오렌지와 땅바닥에 늘어놓은 철물과 헌옷 등 온갖 물건들 속을 걷고 있었다. 문득 나는 헌책과 낡은 그림을 파는 노점을 보았다. 가게에는 만화라든가 성모 마리아 그림처럼 서로 아무 관련도 없는 것들이 잡다하게 진열되어 있었다. 문득 이탈리아 시인 메타스타시오의 시집 한 권이 눈에 띄었다. 내 주머니에는 1파올로가 들어 있었다. 반년 전 보르게세 공작이 준 용돈 가운데 쓰고 남은 돈이었다. 그래도 나한테는 큰돈이었다. 가격이야 어떻든 도저히 놓칠 수 없는 귀한 시집이 눈앞에 있었지만 파올로 한 닢을 지불하기는 참으로 아까웠다. 조금이라도 값을 깎아 보려고 했으나 소용없었다. 나는 물러날 수밖에 없었다. 그런데 그때 표지에 '단테의 《신곡》'이라 쓰인 책이 눈에 띄었다. 아아, 이것이야말로 선악을 분별하는 지혜가 담긴 바로 그 금단의 열매였다. 나는 메타스타시오를 내동댕이치고 그 책을 집어들었다. 그런데 슬프게도 이 지혜의 열매는 손이 닿지 않는 높은 가지에 매달려 있었다. 무려 2파올리를 내지 않으면 손에 넣을 수 없었던 것이다. 장사꾼은 한 푼도 깎아 줄 수 없다고 했다. 나는 수중에 있는 1파올로짜리 은화가 불처럼 뜨거워질 때까지 꼭 쥐었지만, 그런다고 해서 그 돈이 두 배로 늘어날 리는 없었다. 장사꾼은 이 책이야말로 이탈리아 제일의 책, 아니 세계에서 가장 훌륭한 시라고 말했다. 그리고 하바스 다다가 그토록 깎아내린 단테의 명예를 드높이는 열렬한 찬사가 이 소박한 사람의 입을 통해 줄줄 흘러나왔다.

　"어느 책장을 펼쳐 보아도 훌륭한 설교가 눈에 들어온다네. 단테는 하느님의 예언자니까. 그 손의 인도를 받으면 지옥의 불길을 넘어 천국으로 들어갈 수 있지. 학생은 단테를 모르나 보군. 만약에 안다면 값은 따지지도 않고 당장 살 텐데. 이 나라에서 가장 훌륭한 책이 평생 자네 것이 되는 거야. 그것도 단돈 2파올리에!"

아아, 돈만 있다면 얼마를 내도 아깝지 않았을 것이다. 그러나 나에게는 그만한 돈이 없었다. 내 처지는 손에 넣을 수 없는 포도를 신 포도라고 욕하는 여우와 마찬가지였다. 나는 단테를 비난하는 하바스 다다의 강의 내용을 그대로 읊으며 페트라르카를 치켜세웠다.

책방 주인은 내 말을 듣고 반박했다.

"그래, 자네 말이 맞을지도 몰라. 나는 무식하니까 이런 위대한 시인을 제대로 변호할 수가 없어. 하지만 이런 대가를 비난하기에는 학생도 아직 젊지 않나. 학생은 단테를 읽어 본 적이 없나 본데, 대체 무엇을 근거로 좋다느니 나쁘다느니 비판하는 건가? 도무지 이해할 수가 없군. 읽어 보지도 않은 책을 그렇게 가혹하게 깎아내리다니."

나는 부끄러워져서 솔직히 고백했다.

"사실 저는 스승님이 하신 말씀을 그대로 읊은 것뿐입니다."

내가 순순히 사과하자 책방 주인은 기분이 좋아졌던 모양이다. 그는 단테의 책을 나에게 내밀었다.

"그래, 그럼 이 책은 자네에게 팔겠네. 딱 1파올로만 내. 그 대신 이 책을 꼭 읽고, 우리나라의 위대한 시인을 더는 욕하지 말게."

11
내 친구 베르나르도

아아, 얼마나 행복했는지! 《신곡》은 이제 나의 것, 영원히 나의 것이 되었다. 전부터 단테를 비난하는 하바스 다다의 이야기에는 의심을 품고 있었지만, 나 자신의 호기심과 책방 주인의 열렬한 태도는 나를 더욱 흥분시켰다. 나는 아무도 없는 곳에서 안심하고 이 책을 읽을 순간만을 애타게 기다렸다.

새로운 인생이 내 앞에 열렸다. 단테는 미지의 신대륙처럼 나에게 다가왔다. 경이로운 신세계가 눈앞에 펼쳐졌다. 나도 나름 상상력이 풍부하다고 자부하고 있었지만, 그래도 이토록 광대하고 풍요로운 세상천지를 머릿속에 그려 본 적은 한 번도 없었다.

그 웅대한 바위산과 찬란한 색채란! 나는 작가와 함께 괴로워하고 함께 기뻐하면서 그 시대의 삶을 온몸으로 느꼈다. 지옥으로 가는 문에 새겨진 글귀는 작품 전체에 걸쳐 끊임없이 내 귓가에 울려 퍼졌다. 마치 최후의 심판을 알리는 종소리처럼.

나를 지나 슬픔의 도시로 가네
나를 지나 끝없는 고통으로 가네
나를 지나 멸망한 무리 속으로 가네.
정의는 나의 높으신 창조주를 움직였고
전능한 힘과 지고의 지혜와

본연의 사랑이 나를 만드셨노라.

《신곡》 지옥편 제3곡

거센 바람에 소용돌이치는 사막의 모래처럼 무겁고 어두운 공간이 보였다. 죽은 자들의 영혼이 바람을 향해 울부짖는 가운데, 아담의 자손이 추풍낙엽처럼 떨어진다. 그들은 신께서 인간을 갓 창조하셨을 적에 스스로를 신으로 여기던 이들이었다. 말씀이 육체를 얻지 못하고 예수 그리스도가 아직 이 세상에 나시지 않아, 은총을 받지 못했기 때문에 이곳 지옥에서 살고 있는 고귀하고 위대한 옛사람들을 보고 내 눈은 눈물로 흐려졌다. 호메로스, 소크라테스, 브루투스, 베르길리우스, 그밖에도 고대에 가장 뛰어났던 수많은 인물들이 낙원에 들어가지 못하고 이곳에 있었다. 단테는 이들에게 지옥치고는 가장 편안하고 자유스러운 거처를 마련해 주었지만, 그래도 나는 마음이 아팠다. 그곳에 있는 것은 끝이 없는 슬픔이고, 희망이 없는 동경이었다. 이들은 저주받은 나라에 갇혀 있었다. 그 주위는 저주받은 자들의 한숨이 독기가 되어 부글부글 끓어오르는 지옥의 연못으로 둘러싸여 있었다. 겉보기에는 안락해도 벗어날 수 없는 이 거대한 감옥에 갇혀 있으니 그들도 결국 죄인과 다를 바 없었다. 나는 그 고통에 깊이 공감했다. 그리스도가 일찍이 이 지옥에 내려왔다가 다시 하느님 아버지 곁으로 승천했을 때, 도대체 왜 이 갈망의 골짜기에 살고 있는 사람들을 데려가지 않았을까. 같은 불행에 빠진 사람을 왜 가엾이 여기지 않았을까.

나는 이 모두가 사라는 것을 잊어버렸다. 부글부글 끓어오르는 열탕의 바다에서 들려오는 깊은 신음소리가 내 가슴을 강하게 때렸다. 성직 매매자들이 모습을 드러낸다. 그러나 악귀의 갈퀴에 걸려 다시 구덩이 속에 거꾸로 처박힌다. 다시 올라오고 또 처박히면서 산 채로 지옥의 불꽃에 불탄다. 단테가 생생하게 묘사해 놓은 그 비참한 장면은 내 가슴에 깊이 새겨져, 낮에는 생각 속으로 밤에는 꿈속으로 들어왔다. 이따금 나는 잠꼬대로 뜻 모를 말을 외쳤다. "파페, 사탄, 알레페, 사탄, 파페!" 그 헛소리를 듣고 친구들은 모두 내가 악마에게 시험당하고 있다고 생각했다. 그러나 사실 그것은 《신곡》에 나오는 주문이었다.

수업 시간에도 건성이었다. 도저히 수업에 집중할 수가 없었다. 선생님께 "안토니오, 또 무슨 딴생각을 하고 있느냐?" 하는 말을 들을 때마다 나는 복잡한 마음으로 입을 다물고 있을 수밖에 없었다. 그러나 이대로 단테를 버린다는 것은 생각할 수도 없는 일이었다.

낮은 길고 지루했다. 나는 단테의 지옥에서 위선자가 입어야 하는, 겉은 황금이고 속은 납으로 된 망토를 입은 듯 답답한 기분에 시달렸다. 그리고 밤에는 불안을 느끼면서도 또다시 금단의 열매에 남몰래 다가가, 내 가공의 죄를 벌하는 무서운 환상을 탐했다. 또한 사람을 물고 불꽃에 휩싸여 한 줄기 연기가 되었다가 이윽고 다시 불사조처럼 되살아나 독을 내뿜는 뱀의 독니를 느끼기까지 했다.

같은 방 친구들은 한밤중에 내 잠꼬대 때문에 몇 번이나 잠에서 깨어났고, 꿈결에 내가 지옥이나 저주받은 자들에 대해 횡설수설하는 것을 들었다. 하루는 아침에 사감이 우리 방을 찾아왔는데, 내가 자면서도 눈을 크게 뜨고 "이 마왕 자식!" 하면서 그에게 달려들어 격투를 벌인 끝에 녹초가 되어 쓰러졌다고 한다.

내가 밤마다 악마에 시달리고 있다는 소문이 퍼졌다. 내 침대에는 성수가 뿌려지고, 잠자기 전에는 수도승이 와서 기도를 정식으로 외우게 했다. 그러나 이런 조치는 아무 효과도 없었다. 나 자신은 내가 밤마다 헛소리를 하는 원인을 알고 있었고, 그것을 숨기고 남들을 속이는 데에 양심의 가책을 느껴 더한층 불안한 긴장에 시달렸다. 그러나 마침내 나는 변이점에 도달했고 거센 폭풍우에서 빠져나와 어느 정도 평온을 되찾을 수 있었다.

전교생 가운데 재능으로 보나 집안으로 보나 베르나르도를 따라갈 학생은 없었다. 성격은 쾌활하고 상당히 제멋대로였다. 하루하루 내키는 대로 즐겁게 생활했는데 도가 지나치다 싶을 때도 있었다. 그는 4층 지붕에 올라가 걸터앉거나, 창문과 창문 사이에 걸쳐 놓은 널빤지를 타고 건너가서 모두를 간 떨어지게 만들기도 했다. 우리 학교에서 일어나는 온갖 사건은 모두 베르나르도 탓으로 돌려졌고, 대개의 경우 실제로 그러했다. 교내가 수도원다운 조용하고 차분한 분위기를 유지한다면 좋으련만, 베르나르도는 늘 그것을 어지럽히는 장난꾸러기였다. 그래도 악의는 조금도 없었다. 하지만 하바스 다다는 학교 분위기를 어지럽히는 베르나르도의 행동을 몹시 싫어하여 이렇게 내뱉었다.

"안타깝도다, 행운의 여신은 곧바른 소나무를 돌아보지 아니하시고 늙은 고목에게 보배를 안겨 주셨구나."

베르나르도는 로마 원로원 의원의 조카이고 집안도 부유했던 것이다.

그는 무슨 일에나 뚜렷한 견해를 가지고 있었다. 누가 제 의견에 반대하기라도 하면 등짝을 후려쳐서 자기 생각을 상대에게 심어 주었다. 이리하여 그는 우리 사이에서 인기를 모으며 활개를 치고 다녔다. 나와는 성격이 전혀 달랐지만 이상하게도 우리 둘은 사이가 좋았다. 나는 언제나 다툼을 싫어하며 겸손하게 굴었는데, 그는 그것을 꼬투리 삼아 나를 놀리곤 했다. 하루는 그가 이런 말을 했다.

"안토니오! 너를 한번 화나게 해 봤으면 좋겠어. 너를 때려서 조금이라도 화나게 할 수만 있다면 그렇게 하고 싶어. 네가 한 번이라도 본마음을 보여 주면 얼마나 좋을까! 왜 내가 너를 놀려도 주먹으로 내 얼굴을 때리지 않는 건데? 한번 때려 봐. 그러면 네 진정한 친구가 될게. 하지만 지금 상태로는 그런 걸 기대해도 소용없겠지."

어느 날 아침이었다. 단테 때문에 흐트러진 내 마음은 겨우 조금씩 가라앉고 있었다. 그런데 내 앞 테이블에 앉아 있던 베르나르도가 묘하게 웃음 띤 얼굴로 내 얼굴을 들여다보며 말했다.

"너는 나보다 훨씬 뻔뻔하고 나쁜 놈이야. 정말 그럴듯하게 연극을 해서 모두를 속이고 있으니까 말이야. 침대에 성수를 뿌리고, 향을 피워 그 연기를 쐬고…… 나 참, 내가 모를 줄 알았냐? 너, 단테의 《신곡》을 읽고 있지?"

나는 얼굴이 새빨개져서, 내가 왜 그런 짓을 하겠냐고 되물었다.

"네가 어젯밤 잠꼬대하는 것을 들었는데, 《신곡》에 나오는 것과 똑같은 악마 이야기를 하더군. 내가 재미난 이야기 하나 들려줄까? 너는 공상가니까 아마 좋아할 거야. 지옥에 불바다와 독안개가 자욱한 연못이 있다는 건 너도 단테를 읽어서 알고 있겠지. 하지만 그것만이 아니야. 온통 얼음으로 뒤덮인 바다도 있어. 완전히 얼어붙은 바다 밑에 수많은 망령들이 영원히 갇혀 있는 거야. 가장 깊은 밑바닥으로 내려가 보면 그곳에는 배은망덕한 악당들이 모여 있어. 하느님을 배신한 마왕 루시퍼도 그 얼음에 갇혀 있지. 루시퍼는 얼음 속에 잠긴 채 커다란 입을 딱 벌리고 있어. 그리고 카이사르를 암살한 브루투스와 카시우스, 예수를 배신한 이스가리옷 유다가 그 입속에 떨어졌는데, 보기에도 무시무시한 루시퍼는 거대한 박쥐 날개를 퍼덕이면서 유다를 머리부터 아작아작 씹어 먹고 있지. 이 마왕의 모습을 한 번이라도 본 사람은 도저히 잊어버릴 수 없어. 나는 단테의 시를 보고 사탄에 대해 알았는데, 네가 어젯밤 잠꼬대하면서 나한테 들려준 마왕 이야기는 그것과 조금도 다르지 않아. 그래서 나는 네가 단테를 읽고 있는 줄 안 거야. 그런데 잠에 취한 너는 지금보다 정직했어. 나한테 다 털어놓고 잠자코 있으라는 신호를 하고, 우리의 친애하는 하바스 다다의 이름을 말했으니까 말이야. 그런데 잠에서 깨어났다고 이렇게 시치미를 떼기야? 자, 솔직히 털어놔 봐. 다른 사람한테는 절대로 말하지 않을 테니까. 이거 참, 네가 그런 금기를 범할 줄이야! 드디어 너한테도 장래성이 있다는 것을 알았어. 그래, 정말이야. 정말 잘했어. 훌륭해. 하지만 도대체 어디서 그걸 손에 넣었지? 내 책을 빌려 가서 읽으면 됐을 텐데. 말만 하면 당장 빌려 줬을 거야. 나는 하바스 다다가 단테를 하도 비난하니까 이건 꼭 읽어야 할 책이구나 생각해서 당장 구해서 읽었지. 나야 진득하게 독서하는 취미는 없어서 두꺼운 책이 두 권이나 되니 읽기도 전에 질려 버렸지만, 하바스 다다가 금지한 책이니까 꼭 읽어야겠다 싶어서 독파했어. 읽어 보니까 재미있더라고. 지금 세 번째 읽는 참이야. 지옥편은 정말 훌륭해. 너는 하바스 다다가 어디로 떨어질 거라고 생각하니? 불지옥에도, 얼음지옥에도 다 어울리는데!"

내 비밀은 완전히 들통 나고 말았다. 그러나 이것은 나와 베르나르도 두 사람만이 공유하는 비밀이었다. 우리는 더욱 친한 사이가 되었다. 둘만 있을 때는 언제나 《신곡》을 화제로 삼았다. 내 머릿속은 《신곡》으로 가득 찼다. 나는 《신곡》을 읽고서 새로이 느낀 감정과 생각을 베르나르도에게 전부 다 말해 주었다. 그리고 그것을 글로 옮겨, 종이에 쓴 것으로는 첫 번째 작품인 〈단테와 신곡〉이라는 시가 완성되었다.

내가 구입한 《신곡》에는 단테의 전기가 딸려 있었다. 약력에 지나지 않았지만, 그래도 단테의 삶을 이해하기에는 충분했다. 나는 그 전기를 토대로 단테와 베아트리체의 순수한 정신적 사랑을 노래하고, 정쟁에 휘말렸을 때의 고통과, 추방당한 신세가 되어 산 너머 라벤나로 건너가 결국 이국 땅에서 숨을 거둔 단테의 슬픈 운명을 노래했다. 육체를 떠난 단테의 영혼이 하늘로 올라가면서 지상의 지옥을 돌아보는 장면에는 특히 심혈을 기울였다. 나는 《신곡》의 내용을 간추려 담아냈다.

더러움을 태우는 연옥의 불꽃은 또다시 타오르고
낙원에 솟은 나무는 가지가 휘도록 열매를 늘어뜨린 채
영원히 쏟아지는 폭포의 물보라를 뒤집어쓰고 있네.
단테를 천국으로 인도하는 조각배는
하느님의 천사가 활짝 펼친 흰 날개를 돛으로 삼아
하늘 높이 더 높이 날아오르도다.
하계는 무시무시하게 흔들리고
하늘의 태양과 이를 둘러싼 천사들은
맑은 거울처럼 하느님의 광명을 비춘다.
이 아름다운 순간, 모든 사람은
지고의 행복을 맛보았으니.

이 시를 베르나르도에게 들려주자 그는 걸작이라고 칭찬해 주었다.

"안토니오! 그걸 이번 행사 때 꼭 낭독해 줘. 하바스 다다가 펄쩍 뛰겠지. 정말 훌륭한 작품이야. 그래, 바로 그거야. 너, 그 시를 꼭 낭독해야 돼."

나는 안 된다고 대답했다.

"왜?" 베르나르도가 소리를 질렀다. "하고 싶지 않아? 그렇다면 내가 할게. 불멸의 단테로 그놈을 놀려 주는 거야. 훌륭해, 안토니오! 나에게 그 시를 줘. 내가 낭독할 테니까. 하지만 난폭한 까마귀를 장식하기 위해 너의 아름다운 깃털을 내놓는 게 아깝지 않니? 하긴, 뭐든지 양보하는 게 너의 좋은 점이기는 하지만."

나도 이 시를 발표하면 얼마나 굉장한 일이 일어날지 궁금하기는 했다. 그래서 베르나르도가 더 이상 설득하기 전에 기꺼이 원고를 넘겨주었다.

지금도 스페인 광장의 프로파간다 학교에서는 해마다 1월 13일에 복음 전도 기념제가 개최되어 학생 대부분이 공개 석상에서 시를 낭독하는데, 그 무럽 예수회 학교에도 그런 관례가 있었다. 학생들은 저마다 고향 말로 시 한 편을 지어 낭독하도록 되어 있었다. 주제는 스스로 택할 수 있지만, 우선 선생에게 제출하여 승인을 받아야 했다.

드디어 주제를 제출할 날이 왔다. 하바스 다다가 베르나르도에게 말했다.

"베르나르도, 너는 시 주제를 내지 않았구나. 하기야 시를 지을 만한 재주도 없을 테니, 너그럽게 봐주마!"

"아닙니다, 선생님. 이번에는 마음먹고 해 보겠습니다. 이탈리아 시인에 대해서 노래할까 하는데요. 위대한 일류 시인을 노래할 자신은 없으니 그냥 엉터리 시인에 대해 노래하려고요. 바로 단테 말입니다!"

"아니, 그게 정말이냐? 시를 발표할 작정이라고? 단테를 내걸고? 이거 정말 걸작이겠군. 꼭 들어 보고 싶구나. 하지만 그날은 추기경들도 모두 오실 테고, 세계 각지에서 귀빈들이 오실 테니, 엄숙한 자리에 어울리지 않는 그런 즐거움은 사육제 때까지 미루는 게 좋지 않을까?"

그러나 베르나르도는 이만한 일로 물러설 사람이 아니었다. 승인은 다른 선생한테 받았다. 그리하여 학생들마다 주제가 정해졌다. 나는 아름다운 이탈리아를 주제로 새로운 시를 지었다.

교칙에 따르면 시는 모두 스스로 짓도록 되어 있었다. 그러나 하바스 다다의 흐린 얼굴에 조금이라도 햇빛이 비치길 바란다면 초고를 그에게 미리 보여주고 충고와 조언을 청하는 것이 상책이었다. 하지만 그럴 경우, 하바스 다다는 대개 전체를 뜯어고치기 때문에 작품은 누더기가 되지만 결과물은 처음에 비해 조금도 좋아지지 않는다. 다만 기법이 바뀔 뿐이다. 그 시가 어쩌다 남에게 칭찬이라도 받으면 하바스 다다는 자기가 첨삭을 해 주었다고 하면서 모든 공을 독차지했다. 이때도 대부분의 시는 하바스 다다의 손을 거쳤으나, 베르나르도가 자작시라고 자칭한 내 작품은 결국 하바스 다다의 검열을 거치지 않았다.

이윽고 그날이 왔다. 마차가 잇따라 교문으로 들어섰다. 진홍빛 옷을 걸친 나이든 추기경들이 긴 옷자락을 끌면서 식장으로 들어와 눈부시게 아름다운 의자에 자리를 잡았다. 우리의 이름과 낭독할 시의 제목 및 언어가 적힌 프로그램이 손님들에게 나누어졌다. 하바스 다다의 개회사가 끝나자 낭독이 차례로 이루어졌다. 시리아어, 칼데아어, 콥트어, 영어, 나아가서는 산스크리트어와 그밖에 온갖 희귀한 언어가 나왔다. 그런 언어들이 귀에 익숙지 않은 묘한 울림을 가질수록 칭찬하는 목소리에 웃음소리가 섞이고, 환호와 박수도 더욱 커졌다.

나는 가슴을 두근거리며 단 위로 올라가 〈이탈리아〉를 낭독했다. 낭송이 끝나자 박수갈채가 한동안 이어졌다. 추기경들도 박수를 아끼지 않았다. 하바스다다는 한껏 상냥한 미소를 띠며, 손에 들고 있던 월계관을 의미심장하게 흔들었다. 앞으로 남아 있는 이탈리아어 시는 베르나르도의 것뿐이었고, 그 다음 차례인 영어 시가 월계관을 받는다는 것은 생각할 수 없는 일이었기 때문이다.

드디어 베르나르도가 단 위로 올라갔다. 나는 초조한 마음을 누르며 눈과 귀로 그의 일거일동을 좇았다. 그는 대담하고 당당하게 내가 쓴 〈단테와 신곡〉을 낭독했다. 강당은 물을 끼얹은 듯 조용해졌다. 베르나르도가 그 시에 부여한 이상한 매력이 청중 한 사람 한 사람의 마음을 사로잡은 듯했다. 나는 물론 그 시를 처음부터 끝까지 모조리 기억하고 있었지만, 그때 내 귀에는 그 시가 노래의 날개를 단 시인의 노래처럼 새롭게 들렸다.

베르나르도가 낭독을 마치자 강당이 떠나갈 듯한 박수갈채가 터졌다. 추기경들이 자리에서 일어섰다. 이것으로 끝났다는 신호였다. 월계관은 베르나르도의 것으로 결정되었다. 순서에 따라 다음 영어 시 낭송이 이어졌지만, 그것이 끝나자마자 약간의 박수와 더불어 사람들의 감동은 단테를 찬양한 시의 아름다움으로 되돌아갔다.

내 볼은 불처럼 타오르고, 가슴은 크게 부풀어 올라 이루 말할 수 없는 행복감으로 가득 찼다. 나의 영혼은 사람들이 베르나르도에게 바친 향의 향기에 흠뻑 취했다. 나는 친구를 바라보았다. 그런데 베르나르도는 아까와는 전혀 다른 사람처럼 보였다. 창백해진 얼굴로 바닥을 내려다보며 서 있는 모습은 마치 죄인 같았다. 여느 때의 당당한 베르나르도는 어디로 가 버린 것일까. 하바스다다도 속이 편치 않은 모습이었다. 손에 들고 있는 월계관을 금방이라도 쥐어뜯을 것만 같았다. 그때 추기경 한 분이 그 월계관을 받아들고 베르나르도의 머리에 씌워 주었다. 내 친구는 무릎을 꿇고 두 손으로 얼굴을 가린 채 관을 받았다.

행사가 끝나고 나는 베르나르도를 찾았다. 그러나 베르나르도는 "내일 보자!"고 한마디 하더니 뿌리치듯 가 버렸다.

이튿날 나는 베르나르도가 나를 피하는 것을 깨달았다. 그는 나와 말도 하려고 하지 않았다. 나는 몹시 슬펐다. 나는 이상할 만큼 그에게 애착을 품고 있었기 때문이다. 이 세상에서 하나뿐인 영혼의 친구를 잃어버린 기분이었다.

이틀 밤이 지났다. 베르나르도는 내 목을 끌어안고 손을 잡으며 말했다.

"안토니오! 할 말이 있어. 이젠 더 이상 견딜 수가 없어. 다 털어놓을게. 월계관이 내 머리에 씌워졌을 때는 마치 천 개나 되는 가시에 찔린 것 같았어. 나를 칭찬하는 소리도 내 귀에는 비웃는 소리처럼 들렸어. 영예를 차지한 것은 내가 아니라 너야. 그때 나는 네 눈 속에서 기쁨을 보았어. 그런데 안토니오, 알겠어? 나는 너를 미워했단 말이야. 그래, 나는 이제는 예전처럼 너와 어울릴 수가 없어. 더 이상 여기 있을 수 없어. 나는 이곳을 떠날 생각이야. 생각해 봐, 내년에 또 행사가 열리면 나는 네 도움 없이는 사람들 앞에 도저히 설 수가 없을 거야. 그 비참함을 나는 견딜 자신이 없어. 우리 숙부님은 힘이 있는 분이셔. 그분한테 내가 갈 곳을 마련해 달라고 벌써 이야기해 두었어. 아니, 실은 고개 숙여 부탁도 했어. 이런 적은 처음이야. 그때 나는 너를 생각했어. 전부 내 잘못인데 마치 네 잘못인 것처럼 너를 원망했지. 점점 네가 미워지는 거야. 그래서 더욱 괴로워. 이대로는 도저히 너와 얼굴을 맞댈 수 없어. 나는 이 학교를 떠날 거야. 새로운 길을 찾아서 새로운 관계로 너와 다시 친구가 되고 싶어. 그래, 언젠가는 그렇게 되겠지. 안토니오! 부탁이니 그때까지 기다려 줄래!"

"정말 너무하는군. 관둬, 이제 그런 하찮은 시에 관한 이야기는 하지 말자. 베르나르도! 손을 줘. 그런 시시한 말로 나를 난처하게 만들지 마."

"우리는 언제까지나 친구야."

이렇게 말하고 베르나르도는 떠나갔다. 이튿날 아침, 베르나르도가 다른 생활을 시작하기 위해 학교를 그만두었다는 발표가 있었다.

"녀석은 마치 유성처럼 가 버렸군." 하바스 다다가 비웃는 투로 말했다. "반짝 빛났는가 했더니 갑자기 흔적도 없이 사라져 버렸으니 말이야. 한번 반짝하고는 그걸로 끝이야. 그 시도 그래. 나는 그 보물을 소중히 보관하고 있지만,

보면 볼수록 정말 어처구니가 없어! 그게 도대체 뭐야? 이 괴상한 것이 정말로 시라는 건가? 형식도 운율도 없이 그저 지리멸렬하기만 한 그것이 시야? 처음에는 꽃병인가 생각하고 있으면, 나중에는 포도주 잔으로 보이고, 또 칼로도 보이고. 이렇게 똑떨어지지 않고 귀에 걸면 귀걸이, 코에 걸면 코걸이인 시가 있을 수 있나! 정말 기가 막혀서, 원! 운(韻)이 어긋난 곳이 세 군데, 그리고 그 지긋지긋한 모음 중복! 이건 뭐 초보자나 하는 실수지. 또 하느님이라는 말을 무려 스물다섯 번이나 쓰고 있어. 이 말만 되풀이하면 쓰레기도 거룩해진다고 생각하는 모양이지. 이건 순전히 공상의 산물이야. 이렇게 망상을 부풀려서 휘갈겨 쓴들 대체 뭐가 나오겠어? 동에 번쩍 서에 번쩍, 어지러이 내달리는 아주 괴상한 재주를 뽐내고 있는데, 그래서 대체 뭐가 되겠냐고? 존경할 만한 진정한 시인은 마음을 가다듬고 심사숙고를 해야 해. 그래, 시인이 소재에 휘둘려서는 안 될 노릇이지! 마음을 얼음처럼 냉정하게 먹어야 해. 그게 중요하단 말이야. 그런 차분한 마음에서 우러나는 것을 우선 칼로 잘게 잘라서, 하나하나 꼼꼼히 살펴봐야 해. 그렇게 세심한 주의를 기울여서 단어를 이어 붙여야만 비로소 참된 예술작품이 탄생하는 거야. 격정? 흥! 뜨거운 격정 따위는 철저히 멀리해야지, 암, 그렇고말고. 그런데 대체 누가 그런 격정에 감동하여 시건방진 꼬마한테 월계관을 씌워 줬단 말인가! 그런 식으로 역사적 사실을 왜곡하고 귀에 거슬리는 사투리를 써서 시를 짓다니, 그놈의 죄는 사실대로 다스려야 마땅해. 아, 정말 화가 나서 견딜 수 없군. 그 희한한 시 때문에 내가 아주 몸져누울 지경이다. 아아, 지긋지긋한 베르나르도 녀석!" 하바스 다다의 찬사는 대충 이런 것이었다.

발랄하고 제멋대로인 베르나르도가 떠난 것은 이 학교 사람들 누구에게나 섭섭한 일이었지만, 나만큼 아쉬워한 사람은 없었을 것이다. 주위가 갑자기 텅 비어 버린 듯한 느낌이었다. 책을 읽어도 재미가 없고 한없이 우울했다. 견딜 수 없는 쓸쓸함이 나를 옭아맸다. 이 괴로운 마음에 음악만이 잠시나마 위안을 가져다주었다. 음악의 세계 속에서 비로소 나의 생활, 나의 소망은 공허함에서 벗어나 윤곽을 나타내기 시작했다. 시만 가지고는 부족했다. 단테의 훌륭한 시로도 텅 빈 내 마음을 채울 수는 없었다. 시도 내 영혼을 움직이기는 하나, 음악은 더 나아가 귀라는 감각기관을 통해 직접 내 영혼을 뒤흔들었다.

날마다 저녁때가 되면 나는 창문 아래 바깥벽에 걸려 있는 성모상 앞에서 아이들이 노래하는 소리를 들었다. 그 노래는 내 어린 시절을 생각나게 했다. 풍각쟁이들이 불던 그 자장가처럼 들렸다. 어느 날은 장례 행렬이 창밖으로 지나가고 고인을 애도하는 수녀의 만가가 들려왔다. 나는 어머니와 영영 헤어졌던 그날을 떠올렸다. 지나간 과거와 다가올 미래를 생각하니 가슴이 콱 막히는 기분이 들었다. 그 옛날의 가락이 허공에서 내 귓가에 들려왔다. 그 가락은 저절로 내 입술 사이로 노래가 되어 흘러나왔다.

그날도 나는 창틀에 머리를 대고 시내 쪽을 바라보고 있었다. 하지만 정신은 다른 곳에 가 있었다. 그때 바깥에서 외치는 소리가 들렸다.

"여, 안토니오, 좋은 밤!"

창문 아래에서 기운찬 말 한 마리가 뛰어나왔다. 말 등에 걸터앉은 기수는 손을 들어 나한테 경례하더니 계속 뒤돌아보면서 멀리 달려가 버렸다. 그는 교황 근위대 장교였다. 아아, 낯익은 얼굴이었다. 내 친구 베르나르도였다. 몇 달 사이에 우리 생활은 이렇게나 달라져 버렸구나! 내 머릿속은 온통 베르나르도 생각으로 가득 찼다.

나는 얼른 모자를 집어 들었다. 앞뒤를 가리지 않고 그를 좇아 교문 밖으로 뛰쳐나갔다. 예수회 학교나 프로파간다 학교, 그밖에 교황이 관할하는 학교에서는 학생이 외출할 때 선배나 동급생과 동행해야 하고, 혼자 외출할 때는 특별 허가를 받아야 한다. 그건 누구나 다 아는 기본 규칙이었다. 하지만 그때 나는 그런 교칙이 있다는 것조차 까맣게 잊어버리고 태연하게 밖으로 나갔다. 늙은 수위는 내가 나가는 것을 봤지만 아마 특별 허가를 받은 모양이라고 생각했는지 그냥 보내 줬다.

12
어린 수녀원장

코르소 대로는 마차로 가득 차 있었다. 로마 시민과 외국 관광객을 태운 마차가 잇따라 달려갔다. 요즘 유행에 따라 모두가 저녁 드라이브를 즐기러 나온 것이다. 동판화나 수공예품 등을 진열해 놓은 가게 앞에도 사람들이 모여 있었다. 거지가 한 푼 달라고 귀찮게 따라다니고 있었다. 마차와 마차 사이로 뛰어들 용기가 없으면 이 북새통 속에서 앞으로 나아가기가 쉽지 않았다. 간신히 마차 사이를 달려서 빠져나온 순간, 내 옷자락을 붙잡는 사람이 있었다. 그리고 귀에 익은 불쾌한 목소리가 들렸다.

"안녕, 안토니오!"

깜짝 놀라 내려다보니, 그 무서운 페포 외삼촌이 나막신을 손에 끼고 길바닥에 앉아 있었다. 이렇게 가까이에서 얼굴을 마주한 것이 벌써 몇 년 만인지 모른다. 그동안 외삼촌과 마주치지 않으려고 외삼촌이 지키고 앉아 있는 스페인 계단을 일부러 피해서 다녔다. 어쩌다 거리에서 마주치면 얼굴을 가리고, 친구들과 동행할 때는 그들 사이에 숨어서 외삼촌 눈에 띄지 않으려고 애썼다.

"안토니오! 내 피를 나누어 받은 안토니오!" 삼촌은 내 윗도리를 꽉 움켜잡은 채 말했다. "네 어머니의 오라비인 페포를 왜 모른 체하느냐? 성 주세페를 생각하면 내 이름을 잊어버릴 리 없을 텐데. 그래, 오랜만에 보니 너 정말 많이 컸구나."

"이거 놓으세요!" 주위 사람들이 보고 있었기 때문에 나는 무심코 큰 소리로 외쳤다. 그러나 페포 외삼촌은 옷자락을 놓으려 하지 않았다.

"안토니오! 우리가 나귀에 함께 탔던 일을 잊었니? 그때는 너도 착하고 귀여운 아이였지. 그래, 지금은 훨씬 큰 말을 탈 테니까 가난뱅이 외삼촌한테는 신경도 안 쓰는 게냐? 네 외삼촌이 스페인 계단에 멀쩡히 살고 있는데, 어째서 한 번도 찾아오려고 하지를 않는 거냐? 너는 내 손에 입을 맞춘 적도 있고, 우리집 짚더미 위에서 잠을 잔 적도 있잖니. 설마 옛정을 잊은 건 아니겠지, 안토니오?"

"이거 놓으라니까요!"

나는 외삼촌의 끈덕진 호소를 더는 듣고 싶지 않았다. 그의 손에서 옷자락을 억지로 잡아 빼고, 오가는 마차 사이를 지나 어느 골목으로 뛰어 들어갔다. 내 마음은 놀라움 때문에—아니, 부끄러움 때문일까—떨렸다. 그 자리에 있던 모든 사람들이 나를 깔보고 있는 것만 같았다. 그러나 이런 기분이 든 것도 잠시뿐, 이윽고 훨씬 더 괴로운 감정이 나를 사로잡았다. 페포 외삼촌의 말은 모두 사실이었다. 확실히 나는 그의 하나뿐인 조카였다. 외삼촌에 대한 나의 매정한 행동이 새삼 생각나서, 하느님께도 나 자신에게도 부끄러웠다. 가슴이 업화로 활활 불타는 것 같았다. 만약 사람들이 없는 데서 단둘이 만났다면 그 흉측한 손에 옛날처럼 입을 맞추었을지도 모른다. 아, 그러나 나는 하찮은 자존심 때문에 외삼촌의 손을 뿌리치고 도망쳐 버리지 않았는가.

그때 아고스티노 성당에서 아베마리아 종이 울렸다. 내 마음은 양심의 가책으로 무거웠기 때문에, 참회를 하려고 성당 안으로 들어갔다. 높은 천장 아래 어둡고 휑뎅그렁한 공간이 펼쳐져 있었다. 여기저기 제단에 켜진 등불은 어슴푸레 타오르고 있었다. 나는 성모상 앞에 무릎을 꿇고 기도했다. 오로지 용서를 빌고 위안을 받고 싶다는 마음뿐이었다.

그때 나를 부르는 목소리가 옆에서 들려왔다.

"안토니오 님 아니세요?"

목소리가 나는 쪽으로 고개를 돌렸다. 처음에는 어두워서 누군지 몰랐지만, 자세히 보니 그 사람은 보르게세 궁전 문지기의 아내인 페넬라 할멈이었다.

"파비아니 나리께서 피렌체에서 오셨어요. 아름다운 마님도 함께요. 귀여운 천사를 데리고 오셨답니다. 인사하러 오시지 않겠어요?"

나에게 은혜를 베풀어 준 귀족 부부가 자식과 함께 로마에 와 있다니! 오랫동안 만나지 못했던 그분들을 만나 보겠냐는 제안에 나는 기쁨으로 가슴을 설레며 급히 궁전으로 달려갔다.

파비아니는 느긋하고 다정하게, 프란체스카는 어머니 같은 애정으로 환영해 주었다. 그들이 데려온 어린 딸 플라미니아는 놀랄 만큼 눈매가 아름답고 사람을 잘 따르는 아이였다. 그 어린 소녀는 입술을 뾰족 내밀어 나에게 입을 맞추었다. 불과 몇 분 사이에 우리는 친한 친구가 되었다. 내가 소녀를 안고 홀을 빙글빙글 돌면서 경쾌한 노래를 부르자, 소녀는 즐거운 듯이 까르르 웃었다. 그러자 공작이 웃으면서 말했다.

"어린 수녀원장을 속세의 아이로 만들지 말아 주게. 그 아이의 고귀한 지위를 나타내는 표지가 보이지 않나?"

듣고 보니 소녀의 가슴에는 리본에 매달려 있는 작은 은제 십자가가 자리하고 있었다.

"교황님께 받은 거라네. 이 아이는 벌써 영혼의 신랑을 가슴에 간직하고 있지."

젊은 부부는 혼례를 치를 때 첫아이를 교회에 바치기로 맹세했고, 교황은 요람 속에 있는 젖먹이에게 성스러운 증표를 주었던 것이다. 이 아이한테는 부유한 보르게세 집안의 일원으로서 로마의 훌륭한 수녀원에서 가장 높은 지위가 약속되어 있었다. 그렇기 때문에 부모와 주위 사람들은 벌써부터 소녀를 '어린 수녀원장'이라고 부르고 있었던 것이다. 이 아이가 즐기는 재미있는 놀이도 모두 하나같이 하느님의 법에 따르는 것뿐이었다.

소녀는 장난감 상자에서 아기 예수 인형 하나와 수녀 인형 여럿을 꺼냈다. 그리고 수녀 인형들을 두 줄로 늘어놓고 걷게 하면서, 미사를 보러 가는 거라고 말했다. 또 수녀들은 모두 고운 목소리로 찬송가를 부르면서 어린 예수를 모신다고도 말했다. 전부 다 유모가 가르쳐 준 모양이었다. 나는 농부들이 긴 털 달린 저고리를 입고 트리톤 석상 주위에서 춤추고 있는 모습이며 광대들이 서로 목마를 태우고 있는 모습을 그림으로 그려 주었다. 소녀는 이 그림을 보고 이루 말할 수 없을 만큼 기뻐했다. 처음 얼마 동안은 수없이 그림에 입을 맞추었지만, 신이 나서 까불다가 그림을 찢어 버렸다. 그래서 그때마다 새로 그려 주어야 했다. 이윽고 유모가 잘 시간이 지났다면서 어린 수녀원장을 재우려고 데려갔기 때문에 우리는 헤어져야 했다.

파비아니와 프란체스카는 학교 생활과 내 안부에 대해 이것저것 물었다. 그리고 언제까지나 가까운 사이로 지내자면서, 항상 나를 돌봐 주겠다고 약속했다. 프란체스카가 덧붙였다.

"날마다 만날 수 있으면 좋겠어. 우리가 로마에 있는 동안 자주 놀러 오렴."

그들은 캄파니아에 사는 도메니카 할머니에 대해서도 물었다. 그래서 나는 신선한 봄이나 가을쯤에 좋은 날을 잡아 할머니 댁을 찾아가서, 어릴 때 내가 잠자던 곳과 할머니가 모아 둔 내 낙서들도 좀 보고, 또 화롯가에 앉아 밤을 구워 먹으면서 옛날 이야기도 할 생각이라고 말했다.

이윽고 작별할 때가 왔다. 내가 고개를 꾸벅하자 프란체스카가 남편을 돌아보면서 말했다.

"어머나, 애가 인사를 참 이상하게 하네요? 안토니오, 학교에서 예법은 안 가르쳐 주니? 공부도 중요하지만 행동거지도 소홀히 하면 안 돼. 세상에 나가면 그런 것 하나하나가 남의 눈에 띄거든. 하지만 신경 쓰면 금방 나아지겠지. 안그래. 안토니오?"

그녀는 미소를 지으면서 내 입맞춤을 받기 위해 손을 내밀었다.

내가 궁전에서 나와 학교로 돌아가려고 했을 때는 아직 초저녁이었지만 주위는 캄캄했다. 그 무렵 로마에는 아직 가로등이 없었다. 다들 알고 있다시피 가로등은 한참 뒤에야 설치됐다. 성모상 앞에 켜진 등불만이 좁고 울퉁불퉁한 길을 비추는 유일한 불빛이었다. 앞이 안 보일 만큼 어두워서 발이 걸려 넘어지지 않으려면 손으로 더듬거리며 걸을 수밖에 없었다. 나는 그날 오후에 있었던 여러 가지 일들을 생각하면서 불안한 걸음을 천천히 옮겼다.

갑자기 내 손이 무언가에 부딪쳤다. 나는 깜짝 놀라 숨을 멈추었다. 그때 누군가가 말했다.

"조심해!" 귀에 익은 목소리였다. "하마터면 내 눈을 찌를 뻔했잖아!"

"베르나르도!" 나는 너무 기뻐서 나도 모르게 소리를 질렀다. "또 만났구나!"

"안토니오! 나의 친애하는 안토니오!" 베르나르도도 외치며 내 팔을 잡았다. "이런 데서 만나다니. 정말 신기하고 유쾌한 일이군! 어디 가는 거야? 남들 눈을 피해서 몰래 갈 데라도 있어? 네가 그럴 줄은 몰랐는걸. 하지만 이젠 다 끝났어, 나한테 들켰으니까! 그런데 네 감시인은 어디 있어? 왜, 학교에서 누구랑 같이 왔을 거 아냐."

"아니, 오늘은 혼자 나왔어."

"혼자라고? 정말 여간내기가 아니군. 우리 교황님 근위대에나 들어오지그래. 넌 틀림없이 성공할 수 있어!"

나는 내 은인인 파비아니와 프란체스카가 로마에 와 있다고 말한 다음, 이 뜻밖의 재회로 얼마나 기쁜지 모르겠다고 말했다. 친구도 나 못지않게 기뻐했다. 우리는 캄캄한 어둠 속에서 발길 가는 대로 걸으면서 그동안 쌓아 뒀던 수많은 이야기를 나누었다.

13
유대인 거주구역

길을 가면서 베르나르도가 말했다.

"이봐, 안토니오! 나는 요즘에야 겨우 인생이라는 것을 알기 시작했어. 너도 인생을 안다고 생각할 테지. 하지만 너는 아직 아무것도 몰라. 우물 안 개구리지. 학교의 차가운 의자에 앉아서 하바스 다다의 케케묵은 설교나 듣고 있어서야 삶에 무슨 의미가 있겠어? 그러기에는 이 세상이 너무 즐거워. 난 학교를 나와 근위대에 들어갔어. 이제는 말도 능숙하게 탈 수 있게 됐어. 말을 타고 시내에 가면 미인들이 추파를 던지지. 불타는 듯한 추파를. 이래 봬도 난 군복이 잘 어울리는 미남자야. 어두운 게 안타깝군. 이렇게 어두워서야 내 멋진 모습을 보여 줄 수도 없잖아. 이게 다 새로 사귄 친구들이 나를 적절히 지도해 준 덕분이야. 그들은 너 같은 꽁생원이 아니야. 우리는 국가의 안녕을 빌면서 술잔을 비우기도 하고, 기회가 되면 조그만 모험도 즐기지. 어떤 모험인지 들으면 넌 아마 까무러칠걸? 안토니오, 넌 정말 바보야. 남자가 그렇게 살아서야 되겠냐? 지난 두세 달 동안 나는 10년 치 경험을 쌓았어. 나는 내 젊음을 느끼고 있지. 젊음이 핏속에서 끓어오르고, 가슴속에서 부풀어 올라. 나는 젊음을 즐기고 있어. 내 입술이 불타고 갈증을 느끼는 한, 나는 목마른 자가 물을 찾듯이 젊음을 마음껏 마실 거야!"

나는 조심스럽게 말했다.

"안 좋은 친구들을 사귀고 있나 보군, 베르나르도."

"안 좋은 친구? 설교는 그만둬. 내가 누구를 사귀든 네가 무슨 상관이야? 내 친구들은 로마 귀족 출신들이야. 우리는 교황님의 명예로운 근위대라고. 나도 학교를 그만둔 직후에는 너처럼 고지식한 사고방식을 갖고 있었지만, 그런 풋내기 같은 면을 친구들이 눈치채게 할 만큼 바보는 아니었어. 나는 모든 사람들이 하는 대로 했어. 나는 가장 강한 충동에 따랐을 뿐이야. 내 몸과 마음이 이끄는 대로 행동하기만 하면 만사가 순조로웠지. 하지만 그와 동시에 내 마음에서 불쾌하고 심술궂은 목소리도 들었어. 그 목소리는 수도원에서 교육을 받은 도련님 정신의 마지막 남은 흔적이었지. 그 목소리가 말하기를, 넌 순수한 몸을 더럽혔다는 거야! 나중에는 그 목소리가 뭐라고 하든 그냥 웃어넘기게 되었지만. 이제는 그런 과거의 흔적은 다 떨쳐 버렸어. 난 어엿한 남자가 되었거든. 학교에서 가르치는 대로 고지식하게 살아가는 것이 가장 이상적인 삶이라고 생각하니? 그렇다면 넌 아직도 어린애인 거야. 비겁한 놈이라고. 자기 의지를 억누르고 욕망을 눌러 죽이고 괴로워하면서 살아간다는 건 위선자들이나 하는 짓이야. 어, 그런데 여긴 어디지? 너무 열심히 떠드는 바람에 어디 가는 줄도 몰랐네. 아, 그래. '키야비카' 앞이군. 잘 됐어. 여긴 좋은 술집이야. 로마의 예술가들이 모이는 곳이지. 자, 같이 들어가자. 이렇게 모처럼 만났으니 축배를 들어야지. 자, 어서 가자. 아주 신나는 곳이야."

"무슨 소릴 하는 거야! 내가 교황 근위대 장교와 이런 곳에 있었다는 사실이 학교에 알려져 봐!"

"그야 큰일나겠지. 그래도 여기까지 와서 술 한잔 못 마신다면 너무 아깝잖아? 자, 그냥 한번 들어가 보자고. 외국 예술가들이 모국어로 노래하는 것을 들어 봐. 독일어도 있고, 프랑스어도 있고, 영어도 있고, 그밖에 진기한 언어도 많아. 아주 재미있어. 가자, 응?"

"아니, 너야 평소에도 술자리를 즐기겠지만 나는 안 그래. 그럴 수 없어. 그런 얘기는 그만둬. 그런데……."

말하다 말고 나는 입을 다물었다. 좁은 골목에서 웃음소리와 함께 와자하게 떠드는 소리가 들려왔기 때문이다. 나는 그것을 기회로 삼아 화제를 바꾸려고 친구의 팔을 잡아끌었다.

"도대체 무슨 일이지? 성모상 앞에서 무슨 공연을 하고 있는 모양이군. 가

볼래?"

우리는 그쪽으로 다가갔다. 골목을 메우고 있는 것은 하층계급 사람들이었다. 그들은 성모상 앞에서 유대인 노인 한 사람을 둘러싼 채 커다란 원을 그리고 있었다. 보니까 골목에서 나오려는 노인에게 한 덩치 큰 사내가 막대기를 수평으로 들이대면서 그 위로 뛰어넘으라고 억지를 부리고 있었다.

알다시피 그 시대 로마에서는 유대인은 자유롭게 살 수가 없었다. '게토'라고 불리는 유대인 거주구역이 따로 설정되어 있었는데, 유대인들은 그 불결하고 비좁은 지역에 갇혀 살았다. 그 구역의 문은 날마다 저녁때 닫히고, 아무도 드나들지 못하도록 경비병이 지키고 있었다. 그리고 1년에 한 번씩 이곳에 사는 가장 연로한 유대인이 관청에 가서 무릎을 꿇고, 앞으로 1년 동안 로마에서 사는 것을 허락해 달라고 청원해야만 했다. 게다가 그 대가로 사육제 때 열리는 경마 비용을 부담하고, 모든 유대인들이 1년에 한 번씩 정해진 날 가톨릭 교회에서 설교를 듣겠다고 맹세해야 했다.

지금 우리 눈앞에 있는 노인은 그날 저녁 사람들 눈을 피해서 조용히 길을 지나가려고 했다. 그런데 '모라(상대가 숨긴 손가락 수를 맞히는 놀이)'를 하려고 모여들었던 사람들 중 하나가 갑자기 소리를 질렀다.

"야, 저기 봐! 유대인 영감탱이다!"

노인은 조용히 얼른 지나가려고 했지만 사람들이 길을 막아 버렸다. 그들 가운데 어깨가 딱 벌어진 사내가 긴 막대기를 내밀면서 소리쳤다.

"이봐, 유대인! 한번 깡충 뛰어 봐! 그럼 보내 줄게. 게토 문이 닫히면 오늘 밤새도록 집에 돌아갈 수 없을 텐데? 그러니 다리가 튼튼하다는 걸 보여 봐."

"뛰어 봐, 유대인! 아브라함의 하느님이 도와주실 거야." 아이들도 입을 모아 소리쳤다.

"여러분, 저기 좀 보십시오. 여러분도 성모상 앞에서 무릎꿇고 자비를 구하시지 않습니까. 저는 저분 앞에서 아무 죄도 저지르지 않았습니다. 이렇게 머리가 허옇게 센 불쌍한 늙은이를 괴롭히지 마시고, 부디 집에 무사히 돌아가게 해 주시오."

그러자 막대기를 든 사내가 비웃었다.

"성모님이 유대인 개새끼 따위를 걱정하실 줄 알아? 자, 당장 뛰어!"

사내는 윽박지르면서 뛰라고 재촉했다. 사람들은 노인이 뛰는 꼴을 보려고 숨을 죽이면서 원을 더욱 좁혔다.

바로 그때였다. 베르나르도가 뛰어가더니, 옆에 있던 사람들을 밀쳐 내고 눈 깜짝할 사이에 덩치 큰 사내의 손에서 막대기를 빼앗았다. 그러고는 오른손으로 칼을 뽑아 들고 왼손에 든 막대기를 사내 앞으로 쑥 내밀면서 단호한 목소리로 말했다.

"자, 어디 한번 뛰어 봐라. 어서! 우물쭈물하지 말고 어서 뛰어 봐! 뛰지 않으면 네 대갈통을 쪼개 줄 테다!"

덩치 큰 사내는 놀라서 어쩔 줄 모르는 군중 한가운데에 얼빠진 얼굴로 우두커니 서 있었다. 노기를 띤 우레 같은 목소리, 빼어 든 칼, 교황 근위대 장교복—이런 것들이 전율처럼 사내를 꿰뚫었다. 사내는 아무 말도 못하고, 조금 전까지만 해도 자기가 유대인 앞에 내밀고 있던 막대기를 뛰어넘었다. 군중은 그야말로 간이 떨어질 만큼 놀라서, 그저 눈앞에서 벌어지고 있는 광경을 멍하니 바라보고만 있을 뿐이었다. 사내가 막대기를 뛰어넘자 베르나르도는 그 어깨를 움켜잡고는 칼등으로 볼을 가볍게 두드리며 말했다.

"잘했어! 개새끼야! 아주 잘했다고. 다시 한 번 똑같은 재주를 부려 봐. 잘 넘으면 용서해 줄게."

사내는 다시 한 번 막대기를 뛰어넘을 수밖에 없었다. 처음에는 놀라서 보고만 있던 사람들도 이제는 재미가 있는지, 소리를 지르고 박수를 보냈다.

"이봐, 유대인 영감! 어디 있지?" 베르나르도가 주위를 둘러보며 말했다. "이리 나와. 집까지 바래다줄 테니까."

그러나 대답이 없었다. 노인은 이미 줄행랑을 쳤는지 그곳에 없었다.

"가자!" 나는 베르나르도의 팔을 붙들고 사람들 틈을 빠져나오면서 말했다. "당장 술집에 가자. 들켜도 상관없어. 떠들고 싶은 놈은 멋대로 지껄이라지. 너와 함께 술을 마셔야겠어! 너를 위해 건배하자! 앞으로 무슨 일이 일어난다 해도 우린 영원한 친구야. 그런데 넌 예나 지금이나 무슨 일에든지 잘 나서는구나. 생판 모르는 유대인 노인을 위해 다른 사람하고 싸우다니, 이것도 잘 나서는 성격 때문인가?"

우리는 손님이 북적거리는 술집으로 들어갔다. 쾌활하게 떠들고 있는 사람들 가운데 우리에게 신경을 쓰는 사람은 아무도 없었다. 우리는 구석에 자리를 잡고 포도주를 주문했다. 그리고 이 우연한 만남을 축하하고 언제까지나 우정이 변치 않기를 기도하며 잔을 마주쳤다.

잠시 뒤에 우리는 헤어졌고, 나는 예수회 학교로 돌아왔다. 마음씨 좋은 늙은 수위는 아무것도 묻지 않고 나를 그냥 들여보내 주었다. 나는 참으로 굉장했던 하루를 돌아보며 술기운과 피로에 지쳐 곯아떨어졌다. 그리고 그날 있었던 온갖 모험을 꿈에서 다시 보았다.

14
유대인 아가씨

허락도 받지 않고 외출했을 뿐만 아니라 근위대 장교와 함께 술집에서 포도
주까지 마신 것은 보통 잘못이 아니었다. 그래서 조금은 걱정이 되었지만, 다
행히 아무도 눈치채지 못했다. 어쩌면 눈치를 채고서도 늙은 수위와 마찬가지
로 허가를 받았을 거라고 생각했는지도 모른다. 나는 가장 얌전하고 착실한
학생으로 여겨지고 있었으니까.

하루하루가 아무 일 없이 조용히 흘러갔다. 그동안 나는 열심히 공부하는
한편, 틈 나는 대로 은인인 젊은 부인을 찾아갔다. 이 방문은 나에게 무엇보다
도 즐겁고 소중했다. 어린 수녀원장은 날이 갈수록 점점 더 사랑스러워졌다.
내가 어릴 때 그린 그림을 가져가서 보여 주면, 얼마 동안은 그것을 갖고 놀지
만 금방 찢어 버린다. 나는 찢어진 조각을 주워 모아 소중히 보관해 두었다.

그 무렵 나는 로마 시대의 고전인 베르길리우스의 작품을 읽고 있었다. 아
이네이아스가 쿠마이의 시빌레에게 이끌려 저승으로 내려가는 제6권은 단테
의 《신곡》과 비슷해서 무척 흥미로웠다. 나아가서는 내가 쓴 시도 생각났고,
베르나르도가 못 견디게 그리워졌다. 마침 그날은 바티칸 미술관이 개방되는
날이었다. 나는 뛰어난 조각상과 아름다운 그림을 보러 가겠다고 말하여 외출
허락을 받았다. 사실은 그보다는 베르나르도를 만날 수 있기를 바란 것이지만.

그 유명한 라파엘로 흉상이 있는 널찍한 화랑에는 전에도 와 본 적이 있었
다. 이곳 천장은 이 거장이 밑그림을 그리고 제자들이 완성한 성서 이야기로

덮여 있다. 벽을 온통 뒤덮고 있는 천사들의 그림도, 다른 아름다운 그림들도 모두 훌륭했지만 나에게는 별로 새로울 게 없었다. 그러나 나는 그런 것들을 구경하는 척하면서 어슬렁거리고 있었다. 운 좋게도 베르나르도가 불쑥 나타나지나 않을까 하고 은근히 기다리고 있었던 것이다. 나는 난간에 기대어 캄파니아 저편의 물결치듯 뻗은 웅장한 산줄기를 바라보았다. 그러다 바티칸 정원의 돌바닥을 치는 박차 소리가 날 때면 혹시 베르나르도가 아닐까 하고 그쪽으로 눈길을 돌리곤 했다. 그러나 기다리는 사람은 좀처럼 나타나지 않았다. 나는 넓은 화랑의 모든 전시실을 다 돌아다녔다. 라오콘도 토르소도 안티노오스도 대충 다 돌아보았지만 소용이 없었다. 이럴 바에는 차라리 돌아가는 게 낫겠다는 생각이 들었다.

바로 그때, 투구에 달린 깃털 장식을 나부끼고 박차를 울리며 잰걸음으로 통로를 걸어가는 사람이 있었다. 뒤따라가 보니 아, 베르나르도였다! 친구의 기쁨도 나에 못지않았다. 그는 나를 마구 끌고 갔다. 할 이야기가 산더미처럼 쌓여 있다는 것이다.

"너랑 헤어지고 나서 내가 얼마나 괴로웠는지, 지금도 얼마나 괴로워하고 있는지 넌 모를 거야! 난 병에 걸렸어. 부탁이니 내 의사가 되어 줘. 마법의 약초로 나를 살려 줄 수 있는 사람은 너뿐이야."

그는 이렇게 말하면서, 스위스 근위병이 보초를 서고 있는 커다란 건물을 지나 당직 장교의 대기실로 나를 데려갔다.

"설마 정말로 병에 걸린 건 아니겠지?" 내가 물었다. "그런 것 같지는 않은데. 눈도 뺨도 생기 있게 불타고 있는 걸 보면."

"그래, 맞아! 나는 머리끝에서 발끝까지 불타고 있어. 너는 내 행운의 별이야. 그러니까 네 힘과 지혜를 좀 빌려 줘. 응? 자, 여기 앉아. 우리가 마지막으로 만난 그날 밤부터 내가 무슨 일을 겪었는지 넌 모를 거야. 하지만 너한테는 뭐든지 다 털어놓겠어. 내 얘길 들어 봐."

베르나르도는 나에게 말할 틈도 주지 않고 사연을 이야기했다.

"그 유대인 기억나겠지? 성모상 앞에서 깡패한테 시달리고 있다가 내가 구해 주었는데도 인사 한마디 없이 사라져 버린 그 유대인 영감 말이야. 나는 그후 영감도 사건도 까맣게 잊어버렸어. 며칠 뒤에 우연히 게토 입구를 지나가게 되었는데, 문간에서 경비를 서고 있던 군인한테 경례를 받고서야 거기가 게토라는 걸 깨달았지. 답례하면서 문득 문 안쪽을 보니 검은 눈을 가진 아름다운 유대인 처녀들이 모여 있었어. 뭐, 나야 아름다운 여자들을 좋아하니까, 그 비좁고 지저분한 거리를 지나가고 싶어졌던 거야. 그래서 말을 타고 안으로 들어갔지. 그곳 전체가 통째로 예배당인가 싶을 정도였어. 유대교 교의로 똘똘 뭉쳤다고 할까. 집들이 빽빽이 들어차 있고, 모든 창문에서는 '태초에 하느님이 천지를 창조하셨다'는 기도가 들려오더군. 거리에 있는 사람들은 모두들 달라붙어서 머리와 머리를 맞대고 있었지. 마치 지금도 모세를 따라 홍해를 건너려는 것 같았어. 주위에는 헌옷과 낡은 우산, 그 밖에도 온갖 잡동사니가 널려 있더군. 나는 낡은 쇠붙이와 그림, 쓰레기 같은 책들 사이에서 조심스럽게 땅을 골라 디뎌야 하는 형편이었지. 게다가 물건을 팔라느니 사라느니, 아우성치는 소리는 정말 굉장했어. 그래서 하마터면 가게 문간에서 미소짓는 귀여운 아가씨들을 못 보고 지나갈 뻔했지 뭐야. 뭐, 시끄럽긴 해도 밝고 유쾌한 장면이었지. 그런데 느닷없이 한 유대인 영감이 문간에서 뛰어나와 내 앞을 가로막더니, 마치 내가 교황님이라도 되는 것처럼 공손히 절을 하지 않겠어?

'나리! 제 목숨을 구해 주신 분! 이렇게 다시 뵙고 인사를 드릴 수 있게 되다니, 오늘은 얼마나 운이 좋은 날입니까? 부디 이 늙은 하노크를 은혜도 잊어버리는 배은망덕한 놈이라고 생각지는 말아 주십시오.'

그러고는 또 뭐라고 중얼거렸지만, 나는 알아듣지도 못했고 기억나지도 않아. 어쨌든 나는 그가 며칠 전에 막대기를 뛰어넘으라고 강요를 받고 있던 그 유대인 영감이라는 것을 알았지. 그는 내 제복 옷자락을 잡고 입을 맞추면서 말했어.

'여기가 저의 누추한 집인데, 문지방이 너무 낮아서 나리처럼 고귀하신 분을 모시기가 송구스럽습니다.'

그러고는 나한테 절을 하고, 또 똑같은 말을 늘어놓더군. 사람들이 우리를 둘러싸고 말똥말똥 쳐다보고 있었어. 그래서 그곳을 어서 빨리 떠나고 싶었지. 그때 문득 집 쪽을 보니, 2층 창문에서 지금까지 본 적도 없는 아름다운 얼굴이 내 눈에 비쳤어. 그야말로 아랍인의 피를 이어받아 눈가와 볼에 따뜻한 피가 말갛게 흐르고 있는 대리석 비너스 같은 소녀였어. 그래, 그래서 내가 유대인 영감을 따라 그 집 안으로 선뜻 들어갔다는 건 너도 짐작하겠지? 어쨌든 나는 초대를 받았으니까 말이야. 통로는 좁고 어두워서 마치 묘지로 내려가는 길 같았어. 목조 난간과 계단은 정말 조심하지 않으면 큰일 나겠다 싶을 만큼 위험해 보였고. 뭐, 방안에 들어가 보니 그럭저럭 살 만한 곳이었지만, 정작 중요한 그 아가씨가 없는 거야. 그 아가씨가 없다면 볼 게 뭐가 있겠어? 결국 허탕만 치고 노인의 장황한 감사 연설을 경청해야 하는 꼴이 되어 버렸지. 이야기 중에 걸핏하면 튀어나오는 동양식 비유는 시인인 너야 좋아했겠지만, 나는 단지 불편한 기분으로 그런 건 귓등으로 흘려듣고, 그 아가씨가 언제 나올까, 오직 그것만 생각하면서 초조하게 기다리고 있었어. 그런데 계속 나오질 않는 거야.

그러는 동안 유대인 영감이 무언가를 생각해 냈지. 그건 아주 고마운 제의였어. 글쎄, 그가 말하더군.

'나리처럼 귀하신 분들이 사교생활을 즐기려면 아무래도 돈이 많이 필요하실 테지요. 혹시 나리께서 급한 돈이 필요하시거든, 다른 데 가지 마시고 꼭 저한테 오십시오. 다른 데서는 이자를 2할이나 3할쯤 매기겠지만, 저는 이자는 한 푼도 받지 않겠습니다. 무이자로 얼마든지 빌려 드리지요. 가련한 유대인 한 사람을 지켜 주신 나리께 드리는 작은 보답입니다.'

어때, 대단하지? 하지만 나는 당장은 돈이 필요 없다고 대답했어. 그랬더니 이번에는 아주 맛있는 소중한 포도주를 꼭 한번 맛보아 달라는 거야. 내가 뭐라고 대답했는지는 잊어버렸지만, 그 미인이 문을 열고 들어온 것만은 똑똑히 기억하고 있어. 몸매도 늘씬하고, 얼굴에는 윤기가 자르르 흐르고, 머리카락은 흑단처럼 검게 반짝였어. 아가씨는 그 유대인 영감의 딸이었어. 그녀는 향기로운 키프로스 포도주를 내 잔에다 따라 주었지. 내가 아가씨의 행복을 축원하며 잔을 비우자 그녀의 볼에 솔로몬의 혈통을 이어받은 왕족의 피가 올라와 붉은 꽃을 피워 냈어. 그리고 새삼 그런 말을 할 필요는 없었지만, 그날 밤 자기 아버지를 구해 줘서 너무 고맙다고 거듭 인사하는 거야. 그 천사같이 아름다운 아가씨 목소리가 얼마나 고왔는지 알아? 내 귀에는 마치 천상에서 울리는 음악 같았어. 그녀는 이 세상 사람이 아닌 것 같았어. 이윽고 아가씨의 모습은 홀연히 사라지고 내 눈앞에는 노인만 남았지."

나는 꼭 시를 한 편 들은 것 같았다. 저절로 우러난 이 시를 운율에 맞춰 잘 다듬으면 얼마나 아름다울까?

15
무도회

베르나르도는 이야기를 계속했다.

"너는 모르겠지만, 그 후 나는 정말 괴로웠어. 사랑의 고통에 끊임없이 시달렸지. 머릿속으로 얼마나 많은 공중누각을 세웠다가 허물곤 했는지 몰라. 나는 그 유대인 처녀를 만나려고 갖은 노력을 다했어. 필요하지도 않은 돈을 빌리러 찾아가기도 했지. 일주일 기한으로 얼마를 빌리고 싶다고 하니 금세 마련해 주더군. 하지만 아가씨의 얼굴은 끝내 보지 못했어. 그 돈은 그대로 가지고 있다가 사흘째 되는 날 돌려주러 갔지. 영감은 나를 굳게 믿는다고 입으로는 말하고 있었지만 속으로는 별로 믿지 않았기 때문에, 내가 약속한 날짜보다 일찍 갚으러 가자 눈썹을 꿈틀거리며 기뻐하더군. 그래서 나는 슬쩍 전에 마신 키프로스 포도주를 칭찬했지. 하지만 그 술을 가져온 사람은 딸이 아니었어. 영감이 후들거리는 손으로 따라 주더군. 내 기대는 물거품이 되고 말았어. 아가씨는 끝내 모습을 보이지 않았어. 다만 내가 계단을 내려갈 때, 열려 있는 창문의 커튼이 살짝 움직인 것 같았어. 그 처녀인지도 모른다는 생각에, '잘 있어요, 아가씨!' 하고 불러 봤지. 하지만 대답은 전혀 없었고, 아무도 나오지 않았어. 그래, 그때부터 나는 온갖 수단을 다 써 봤지만 전부 실패해 버렸어. 하지만 난 도저히 그 아가씨를 단념할 수가 없어. 잊을 수가 없다고. 안토니오, 나는 어떡하면 좋을까? 멋진 생각을 쥐어짜 봐. 나를 좀 도와줘!"

"뭐? 아니, 잠깐만. 난 못해. 도대체 나더러 무엇을 하라는 거야? 그렇게 열렬

제1부 131

한 사랑을 내가 어떻게 도와줄 수 있을지 짐작도 가지 않는걸."

"아니야, 네가 마음만 먹으면 무엇이든 할 수 있어. 히브리어는 아름다운 언어야. 시적인 그림 같은 세계지. 네가 유대인 선생한테 그 언어를 배우는 거야. 응? 수업료는 내가 부담할게. 넌 그저 하노크 영감한테 히브리어를 배우기만 하면 돼. 그 영감은 게토에서는 제법 유식한 학자인가 봐. 네가 성실히게 공부해서 영감 마음에 들면 자연히 딸과도 가까워질 수 있을 거야. 그러면 나를 위해 발 벗고 나서서 좀 도와줘. 그래, 그러면 돼! 하지만 빨리, 가능한 한 빨리 해야 해. 내 핏줄 속에는 무시무시한 독이 흐르고 있어. 불타는 사랑의 독이. 오늘이라도 당장 그 유대인을 찾아가 줘!"

"그건 안 돼. 너는 내 입장을 전혀 생각해 주지 않는구나. 내 역할이 얼마나 잘못된 건지 생각해 봐. 그리고 베르나르도, 너 정말 그렇게 할 거야? 그건 잘못된 짓이야. 아무리 그 유대인 아가씨가 아름답다지만, 그래도 꼭 그렇게까지……."

"아아, 너는 몰라." 베르나르도는 내 말을 가로막았다. "나는 이미 그 유대인 아가씨에게 영혼을 빼앗기고 말았어. 알겠니? 다정한 내 친구, 나의 안토니오! 날 위해서 히브리어를 배워 줘! 우리 둘이서 시작하자. 물론 서로 방식은 다르지만…… 생각해 봐. 네가 도와준다면 내가 얼마나 행복해질지!"

"내가 얼마나 진심으로 너를 사랑하고 있는지는 너도 알잖아. 너의 강한 의지와 압도적인 행동력이 내 마음을 좌우하고 있다는 것도 알고 있을 거야. 네가 나쁜 인간이라면 나를 엉망으로 만들 수도 있겠지……. 좋든 싫든 나는 네 마법의 굴레 속으로 끌려 들어가 버려. 그러니까 내 가치관에 비추어 네 행동을 이러니저러니 비판할 생각은 전혀 없어. 누구나 자기 본성에 따를 수밖에 없으니까. 네가 행복을 잡으려는 방식도 죄가 된다고는 생각지 않아. 그것이 너의 타고난 천성이니까. 하지만 나는 거기에 동참할 수 없어. 설령 네 사랑이 이루어진다 해도, 네가 정말로 행복해질 것 같지는 않으니까."

"좋아, 알았어!" 베르나르도가 내 말을 끊었다. 이때 베르나르도의 차갑고 거만한 눈초리는 그가 학교에서 하바스 다다를 볼 때와 같은 눈초리였다. "좋아, 안토니오! 모두 농담이었어! 나 때문에 네가 죄를 고백하는 의자에 앉게 할 수는 없지. 하지만 네가 유대인 영감한테 히브리어를 배우는 게 뭐가 나쁘지? 도

대체 이해가 안 가는군. 아니 뭐, 됐어. 그 얘기는 그만두자! 와 줘서 고마워. 뭘 좀 먹을까? 아니면 마실까?"

베르나르도의 심사가 꼬였다는 것은 행동거지 하나하나에 드러났다. 그의 말투도 태도도 모두 비위에 거슬렸다. 나는 기분이 나빠져서 곧 친구 곁을 떠났다. 헤어질 때 나는 진심을 담아 따뜻한 손을 내밀었지만, 그는 정중한 격식을 갖춰 얼음처럼 차가운 손으로 내 손을 잡았다.

나는 내가 잘못했다고는 생각지 않았다. 베르나르도가 너무 무리한 부탁을 해서 거절했을 뿐이다. 그는 괜히 심통을 부리는 것이다. 그러나 한편으로는 내가 친구 노릇을 제대로 해 주지 못했다는 생각도 들었다. 그렇게 냉정하게 거절할 필요는 없지 않았을까. 생각할수록 기분이 우울해졌다. 그래서 하루는 사랑하는 베르나르도의 모험을 도와줄 행운의 별이 등장할지도 모른다는 기대를 품고 유대인 거리를 돌아다녀 보았다. 하지만 그 유대인 영감은 그림자도 보이지 않고, 낯선 얼굴들만 창문과 문간에서 나를 내다보고 있었다. 광장에서는 지저분한 아이들이 길바닥에 늘어놓은 고철이나 헌옷 나부랭이 속에서 뒹굴고 있었다. 팔라느니 사라느니, 끊임없이 외치는 소리로 귀가 먹먹했다. 젊은 아가씨 둘이 도로를 사이에 두고 이쪽 창문에서 저쪽 창문으로 공을 던지면서 놀고 있었다. 그중 하나는 대단한 미인이었다. 저 여자가 베르나르도의 연인은 아닐까? 나는 무심코 인사해야지 하고 모자를 벗었다. 그러나 곧 부끄러워져서, 모자를 벗은 것은 더위 때문이지 아가씨들 때문이 아니라는 듯 멋쩍게 손으로 이마를 문질렀다.

그로부터 1년이 흘렀다. 세월은 아무 일 없이 무심히 흘러갔다. 그동안 베르나르도와는 별로 만나지 못했다. 어쩌다 만나도 우리의 깨져 버린 우정은 좀처럼 되살아날 기미가 보이지 않았다. 베르나르도는 겉으로는 상냥한 태도를 보였지만, 차갑게 깔보는 듯한 눈빛이 우정의 가면 뒤에서 나를 내다보고 있었다. 그런 무정한 태도가 나를 우울하고 슬프게 했다. 유대인 소녀에 대한 그의 사랑이 어떻게 되었는지 물어볼 용기조차 나지 않았다.

보르게세 궁전에는 자주 찾아갔다. 친절한 공작과 파비아니와 프란체스카와 함께 있으면 내 집에 있는 듯한 기분이 들었다. 하지만 때로는 마음에 깊은 상처를 입을 때도 없지 않았다. 내가 그들한테 받고 있는 따뜻한 사랑과 친절에 감사하는 마음이 너무 강해서인지, 그들이 언짢은 얼굴을 보이면 나의 밝은 세상에 어두운 그림자가 비치곤 했다. 프란체스카는 내 장점을 칭찬해 주었지만, 내 결점도 전부 고쳐 주려고 내 태도와 말투를 일일이 간섭했다. 그것도 지나칠 정도로 엄격하게.

나이든 공작도 처음 만났을 때처럼 나를 상냥하게 대해 주었지만, 예의범절을 가르치는 일에서는 프란체스카의 교육 방침에 따랐다. 공작은 식물에 대단한 흥미를 갖고 있었지만, 나는 그런 것에 별로 관심이 없었다. 공작은 내가 자신의 일에만 지나치게 얽매여 있어서 식물을 세세히 구분할 줄도 모른다고, 실질적인 것에 너무 무관심한 게 아니냐고 비난했다. 내 정신 속에 갇혀서 지내기만 한다는 그 말씀은 내 마음을 괴롭혔다. 벌써 나이가 열여섯이나 되었는데도 이런 비난을 받을 때마다 눈물이 핑 돌았다.

공작은 내가 우울해하는 모습을 보고 이렇게 말했다.

"안토니오, 훌륭한 사람이 되려면 좀더 강해져야 해. 고운 꽃이 꾹 눌려서 아름다운 표본이 되듯이, 사람도 꾹 눌려야지만 훌륭하게 클 수 있단다. 그게 이 고달픈 세상의 법칙이야."

그러고는 내 볼을 다정하게 다독이며 위로의 말을 했다.

오직 파비아니만이 나를 비난하지 않았다. 그는 무슨 일이든 밝게 생각하는 경향이 있어서, 장인과 아내의 엄격한 훈계를 그저 웃으며 듣고 있었다. 그리고 나에 대해서는, 공작 같은 학자도 되지 않고 프란체스카처럼 똑 부러지는 사람도 되지 않겠지만, 이 세상에 필요한 또 다른 유형의 인간이 될 것이라고 말했다. 그런 다음, 어린 수녀원장이 부름을 받고 들어왔다. 순진한 소녀를 상대하고 있는 동안이면 어느새 마음의 직은 근심은 전부 날이가 버렸다.

보르게세 집안사람들은 다음 해를 이탈리아 북부에서 보낼 예정이었다. 무더운 여름은 제노바에서, 그리고 겨울은 밀라노에서 보내기로 되어 있었다. 한편 나는 중요한 시기를 맞아 공부에 열중하게 되었다. 시험을 쳐서 신학사(神學士) 학위를 따야 했기 때문이다.

그들이 북부로 떠나기 전에 보르게세 궁전에서는 성대한 무도회가 열렸다. 나도 이 파티에 초대를 받았다. 정문 앞에는 커다란 모닥불을 피우고, 손님들의 마차를 위해 길을 비추어 줄 횃불들이 벽의 쇠고리에 꽂혔다. 온 주위가 불꽃의 폭포를 이루었다. 교황 근위대가 말을 탄 채 문을 지키고 있었다. 문간의 작은 정원은 오색영롱한 초롱으로 장식되고, 대리석 계단은 무수한 촛불로 환히 밝혀져 있었다. 계단 벽에는 꽃과 레몬나무를 꽂은 꽃병들이 놓여 향기로운 냄새를 주위에 흩뿌리고 있었다. 계단 양쪽에는 군인들이 받들어총 자세로 서 있었다. 멋진 제복 차림의 하인들이 그 언저리를 돌아다니고 있었다. 프란체스카는 눈부실 만큼 아름다웠다. 값비싼 극락조 깃털 장식과 레이스로 풍성하게 장식된 하얀 공단 드레스는 정말 잘 어울렸다. 프란체스카가 나에게 손을 내밀었을 때, 나에게는 그녀가 이 세상에서 가장 아름다워 보였다.

홀에서는 오케스트라가 음악을 연주하고, 사람들이 즐겁게 춤을 추고 있었다. 그들 가운데 베르나르도가 있었다. 그는 빨간 바탕에 금실로 수놓은 군복과 몸에 착 달라붙은 바지를 입고 있었는데, 그 차림새가 정말로 잘 어울렸다. 함께 춤추고 있는 상대는 오늘 모인 아가씨들 중에서도 눈에 띄는 절세미인으로, 고운 손을 베르나르도의 어깨에 얹은 채 다정한 미소를 보내고 있었다. 나는 춤을 추지 못하는 것이 유감스러웠다. 나를 돌아보는 사람은 아무도 없었다. 나만이 유일한 불청객이 된 듯한 기분이 들었다.

그러나 베르나르도가 춤을 다 추고 나에게 다가와 손을 내밀었을 때는 불쾌감도 어디론가 사라져 버렸다. 길게 늘어진 빨간 커튼 뒤에서 우리는 샴페인을 마셨다. 베르나르도는 허물없는 태도로 잔을 마주쳤다. 우리는 지난 일들에 대해 이야기했다. 아름다운 가락이 귀에서 마음속으로 흘러들어, 우리 우정이 예전 같지 않다는 생각을 깨끗이 씻어 주었다. 나는 망설임 없이 그 아름다운 유대인 아가씨 이야기를 꺼냈다. 베르나르도는 그냥 웃어넘겼다. 아마 깊은 상처는 이제 다 나은 모양이었다.

"나는 아름답게 노래하는 다른 새를 잡았어. 이 작은 새가 내 사랑의 아픔을 노래로 달래 주었지. 그러니까 옛날의 작은 새는 날아가게 내버려 둘 거야. 뭐, 실제로도 그 소녀는 어딘가로 날아가서, 지금은 유대인 동네에 살지 않아. 아니, 사람들 얘기가 사실이라면 아예 로마를 떠난 모양이야."

우리는 다시 한 번 잔을 마주쳤다. 샴페인과 경쾌한 음악이 우리의 젊은 피를 들끓게 했다. 베르나르도는 다시 춤추는 사람들 속으로 들어가고 나는 혼자 남겨졌다. 그러나 내 마음속에는 크고도 넓은 행복이 잔잔하게 퍼지고 있었다. 바깥 거리를 내려다보니 가난한 아이들이 모닥불에서 흩어지는 불똥을 바라보며 소리를 지르고 있었다. 문득 어린 시절이 생각났다. 그 시절에는 나도 저 아이들처럼 장난치며 놀곤 했었다. 그런데 이제는 로마의 상류층 사람들 틈에 끼여 호화로운 무도회장에 서 있다. 아아, 이것은 하느님이 베푸신 은혜일까, 아니면 운명의 장난일까. 나는 기다란 커튼 뒤에서 무릎을 꿇고 기도를 드렸다.

16
사육제

그날 밤도 지나고 나는 기숙사로 돌아갔다. 이틀 뒤에 공작 가족은 로마를 떠났다. 하바스 다다는 매일 지치지도 않고 올해 내가 받기로 되어 있는 신학사 칭호와 그 품위에 대해 이야기했다. 나는 베르나르도도 그 밖에 아는 사람도 별로 만나지 않고 책상 앞에 붙어서 열심히 공부했다. 몇 주가 지나고 몇 달이 지나 시험도 끝나자 드디어 꿈에 그리던 검정 학사복과 비단 가운을 입을 날이 왔다.

온 세상이 나를 위해 승리의 기쁨을 노래해 주었다. 활짝 핀 아네모네도, 거리를 지나가는 장사꾼들도, 높다란 소나무 가지에서 날아올라 푸른 하늘을 흘러가는 아련한 구름도! 모든 것이 신학사 가운을 입은 나를 축하하는 것만 같았다.

게다가 그날 프란체스카는 필요한 물건도 사고 기분도 풀라면서 무려 100 스쿠도짜리 수표를 보내 주었다. 나는 기쁜 나머지 스페인 계단으로 달려가서 스쿠도 은화 한 닢을 페포 외삼촌에게 던져 주었다. 그러고는 "나리! 안토니오 나리!" 하고 부르는 소리를 못 들은 척하고 급히 그곳을 떠났다.

때는 2월 초, 살구나무에 꽃이 피고, 레몬도 날이 갈수록 노랗게 익어 가고 있었다. 때마침 나의 신학사 학위 취득을 축하하듯 즐거운 사육제가 다가왔다. 벌써 말을 탄 전령들이 벨벳 깃발을 들고 나팔을 불며 다가올 축제를 알리고 있었다. 올해는 그 모습이 유난히 흥겨워 보였다.

나는 지금까지 한 번도 이 축제의 즐거움을 충분히 맛본 적이 없었다. 어릴 적에는 인파에 떠밀려 다치기라도 하면 큰일 난다고 어머니가 걱정하셔서, 어머니랑 같이 안전한 길가에 서서 신나는 축제의 한 장면을 간신히 엿보았을 뿐이다. 예수회 학교에 들어간 뒤에도 다른 학생들과 함께 학교 근처의 궁전 발코니에 올라가, 웃고 떠드는 사람들을 멀리서 구경하는 것만 허락되었다. 혼자서 구경하거나, 거리 끝에서 끝까지 걸어가거나, 카피톨리노 언덕에 올라가거나, 테베레 강 동쪽 기슭으로 건너가거나, 요컨대 내 마음대로 행동하는 것은 생각할 수도 없는 일이었다. 따라서 그때 내가 축제에 강한 호기심을 보이면서 어린애처럼 들떠 있었던 것도 전혀 이상할 게 없었다. 그러나 설마 이 축제날 내 인생을 뒤바꿔 버릴 엄청난 모험이 시작될 줄 누가 알았으랴! 말하자면 지난날 뿌려 놓고서 오랫동안 잊고 지냈던 한 알의 씨앗이 어느새 초록빛 싹을 틔우고 향기로운 덩굴풀이 되어, 내 인생이라는 나무에 찰싹 달라붙게 되었던 것이다.

내 머릿속은 사육제로 가득 찼다. 아침 일찍 경마 준비를 보러 포폴로 광장으로 나갔고, 저녁때는 코르소 대로를 오가며 쇼윈도에 걸려 있는 화려한 가장 의상들을 보고 다녔다. 나는 유쾌한 인물로 변장하고 싶어서 변호사 의상을 빌렸다. 그날 밤에는 이 옷을 입고 무엇을 하고 다닐지 생각하느라 좀처럼 잠을 이룰 수가 없었다. 내일 있을 축제가 너무 기대돼서 어린애처럼 잔뜩 흥분했다.

드디어 날이 밝았다. 거리에는 콘페티(석고로 만든 구슬) 장수들이 장사판을 벌여 알록달록한 물건들을 펼쳐 놓고 있었다. 아침 일찍부터 코르소 대로는 깨끗이 청소되었고, 모든 창문에는 각양각색의 융단이 내걸렸다. 오후가 되자 나는 난생 처음으로 축제가 시작되는 것을 보러 카피톨리노 언덕으로 올라갔다.

정면 발코니는 지체 높은 외국인들로 가득 차 있었다. 진홍색 제복 차림의 원로원 의원들이 벨벳 의자에 앉아 있고, 교황의 근위병들이 정렬해 있는 왼쪽에는 귀여운 소년들이 벨벳 베레모를 쓰고 늘어서 있었다. 이윽고 허리가 굽은 유대인 노인들이 들어왔다. 그들은 모자를 벗고 원로원 의원들 앞에 무릎을 꿇었다. 그들 한가운데 낯익은 얼굴이 있었다. 그는 분명 아름다운 아가씨의 부친인 하노크였다. 그는 유대인 대표로서 옛날부터 내려오는 관습에 따라 연설을 했다.

"우리 신도들이 앞으로 1년 동안 이 신성한 로마의 한구석에서 살게 해 주십시오. 그 1년 동안 한 번은 반드시 가톨릭교회에 가서 귀한 말씀을 듣겠습니다. 그리고 옛날부터 내려오는 관습에 따르면 로마인 앞에서 코르소 대로를 달리도록 되어 있지만, 그것을 면제받는 대신 경마 비용과 상금 및 아름다운 벨벳 깃발을 제공하게 해 주십시오."

의원들은 의젓하게 고개를 끄덕였다. 그렇게 의식이 끝나자, 음악이 높이 울려 퍼지는 가운데 의원들은 행렬을 지어 계단을 내려가 훌륭한 마차에 올라탔다. 이리하여 사육제가 시작되었다. 로마 언덕의 커다란 종이 온 로마인에게 축제를 즐기라는 듯이 경쾌하게 울렸다.

나는 변호사로 가장하기 위해 급히 돌아왔다. 얼른 옷을 갈아입고 마치 딴 사람이 된 듯한 기분으로 우쭐거리며 거리로 내려가자, 벌써 가면을 쓴 수많은 사람들이 나에게 인사를 보내 왔다. 그들은 가난한 노동자들이지만, 사육제 기간에는 부유한 귀족들처럼 분장하고 행동했다. 그들의 옷은 참으로 기발하고, 기가 막히도록 싸구려였다. 우선 평상복 위에 레몬 껍질을 꿰매 붙인 뻣뻣한 셔츠를 걸친다. 레몬 껍질은 커다란 장식 단추 대신이다. 어깨와 구두에는 초록빛 푸성귀를 묶고 머리에는 회향풀로 만든 가발을 쓰고, 얼굴에는 오렌지 껍질을 도려낸 커다란 안경을 쓰고 있었다.

나는 그들을 고소하겠다고 위협하고, 그런 사치스러운 옷차림은 법률로 금지되어 있다고 말하면서 손에 든 법전을 펼쳐 그 법조문을 보여 주었다. 나는 우레 같은 박수갈채를 받으며 코르소 대로로 걸어갔다. 그곳은 이미 가장 무도회장으로 변한 지 오래였다. 모든 창문에 화려한 색깔의 융단이 내걸려서 하나의 난간처럼 이어지고 있었다. 집집마다 벽을 따라 의자가 끝없이 놓여 있었다. 장사꾼들은 큰 소리로 호객하면서 여기가 바로 '특등석'이라고 외쳐 댔다.

꼬리를 물고 이어지는 마차들은 대개 가장한 사람들로 가득 차 있었다. 그것이 길게 두 줄로 늘어서서, 한쪽은 코르소 대로를 올라가고 또 한쪽은 내려갔다. 그중에는 바퀴까지 월계수 가지로 장식한 마차도 있었는데, 마차가 아니라 움직이는 오두막집처럼 여겨질 정도였다. 건물과 마차 사이에서는 웃고 떠드는 사람들이 우글거리고 있었다. 창문마다 구경꾼으로 가득했다. 장교로 가장하고 입가에 수염을 붙인 아름다운 여인들이 창가에서 길거리에 있는 친구들에게 콘페티를 던지고 있었다. 나는 그 여인들을 향하여, 남의 얼굴에 콘페디를 던지는 것은 국법에 어긋나는 행위는 아니나, 남의 마음에 아름다운 눈길을 던진 혐의로 고발하겠다고 일장 연설을 늘어놓았다. 그 연설은 갈채와 꽃비로 보답을 받았다.

그때 남편 대신 치치스베오(공식적 애인)를 거느린 화려한 차림의 부인을 만났다. 마침 어릿광대들 사이에 싸움 놀이판이 벌어져 다들 발이 묶였기 때문에, 그동안 부인은 어쩔 수 없이 내 웅변을 들을 수밖에 없었다.

"부인! 그래도 당신은 맹세를 어기지 않았다고 말씀하시겠습니까? 아아, 타르퀴니우스 콜라티누스의 아내 루크레티아는 정절을 잃었다는 이유만으로 스스로 목숨을 끊었건만, 지금 이 도시에 그런 부인은 어디에 있단 말입니까? 당신은 다른 로마의 부인들처럼 사육제 동안 존경할 만한 남편을 수도원에 보내 놓고, 당신 자신은 집 안에서 조용히 하느님을 경배하는 생활을 하겠다고 맹세했습니다. 불쌍한 남편은 아내가 축제에 정신이 팔린 줄도 모르고, 사랑하는 아내도 열심히 기도하고 있으리라 믿으면서 욕망을 자제하고 밤낮으로 기도하는 생활을 보내고 있습니다. 그런데 당신은 어떻습니까? 이렇게 자유를 만끽하면서 애인과 함께 코르소 대로를 신나게 돌아다니고 있습니다. 따라서 부인! 형법 제16장 제27조에 따라 당신을 법정에 고발하겠습니다."

내 웅변이 끝나기도 전에 부인의 부채가 느닷없이 날아와 얼굴을 호되게 때렸다. 그 일격이 어쩌나 매섭던지, 나는 곧 내가 우연히 상대의 급소를 찔렀다는 것을 깨달았다.

"안토니오! 너 정신 나갔니?"

부인과 동행한 사내가 속삭이더니, 부인을 데리고 포졸과 그리스인과 양치기 처녀들 사이를 누비며 가 버렸다. 그 한마디로 나는 그 치치스베오가 베르나르도라는 것을 알아차렸다. 그런데 그 부인은 도대체 누구일까?

"자리 있습니다. 자리 있어요, 손님!"

관람석 장사꾼들이 끊임없이 떠들어 대고 있었다. 무슨 생각을 하고 있을 형편이 아니었다. 하지만 사육제 날 생각할 일이 뭐가 있겠는가! 구두와 어깨에 방울을 단 광대들이 나를 둘러싸고 춤을 추기 시작했다. 거기에 죽마를 탄 또 다른 변호사가 사람들을 헤치며 들어왔다. 그는 나를 보고 놀려 댔다.

"자네는 참 낮은 곳에 있구먼. 그래서야 악을 물리치고 정의를 실현할 수 있겠나? 나는 높은 곳에 있네, 어떤 사건에서든 정의는 높은 곳에 있거든."

그러면서 높은 하늘을 가리키고는 성큼성큼 가 버렸다. 한편 콜론나 광장에는 악대가 진을 치고 있었다. 경비병들이 짝을 지어 질서를 잡기 위해 군중 사이를 오락가락하고 있었지만, 그들도 당장 춤추는 학자와 양치기 여자들 속에 휩쓸리고 말았다. 여기서도 나는 연설을 시작했지만, 서기가 다가오는 바람에 다 망치고 말았다. 서기의 하인이 시끄럽게 종을 울려 대는 바람에 나 자신조차 내 말을 들을 수가 없었기 때문이다. 마침 그때 대포 소리가 울렸다. 그것은 축제가 끝났으니 모든 마차는 거리에서 나가라는 신호였다.

나는 길가에 마련된 단상 위에 올라갔다. 내려다보니 사람들이 물결을 이루며 오가고 있었다. 이제 곧 유명한 '코르소 경마'가 시작될 터였다. 그것은 보통 경마가 아니었다. 기수가 타지 않은 말들이 거리를 맹렬한 기세로 미친 듯이 달리는 것이다. 그래서 병사들은 위험하니까 제발 길을 열어 달라고 목이 쉬도록 외쳐 댔다.

코르소 대로의 북쪽 끝에 있는 포폴로 광장에서는 이미 경주마들이 출발선 뒤에 늘어서 있었다. 어느 말이나 흥분해서 거의 광란 상태에 빠져 있었다. 등에는 불붙은 해면을, 귀 뒤에는 작은 꽃불을 달고, 옆구리에는 박차가 달린 철판을 매달아 놓았기 때문이다. 마부들은 미쳐 날뛰는 말들을 간신히 붙잡고 있었다.

이윽고 출발을 알리는 대포 소리가 울렸다. 말들 앞에 쳐 놓은 밧줄이 끊어져 떨어졌다. 말들은 일제히 질풍처럼 눈앞을 지나 달려갔다. 황금빛 쇠붙이가 짤랑짤랑 울리고, 갈기와 화려한 리본이 바람에 나부끼고, 발치에서는 불꽃이 튀었다. 철판이 옆구리를 마구 때리면서 피가 나왔다. 군중은 함성을 지르면서 말이 지나가기가 무섭게, 배가 지나간 자리를 메우는 파도처럼 도로 한가운데로 우르르 몰려 나왔다.

이리하여 오늘의 축제가 끝났다.

17
오페라 여가수

나는 옷을 갈아입기 위해 서둘러 기숙사로 돌아갔다. 그런데 베르나르도가 그곳에서 기다리고 있었다.

"아니, 이게 누구야? 아까 그 부인은 어쩌고 여기까지 온 거야?"

"쉿!" 베르나르도는 손가락을 들어 위협하는 흉내를 냈다. "됐어, 그 얘긴 꺼내지 말자. 그런데 아까 그 정신 나간 짓은 대체 뭐야? 왜 하필 그런 소리를 한 건데? 아니 뭐, 이번만은 특별히 용서하기로 하지. 그 대신 오늘밤 나와 함께 오페라 극장에 가자. 카르타고의 여왕을 주제로 한 오페라 〈디도〉를 공연하고 있는데, 음악이 무척 아름답대. 미인들도 여러 명 나올 테고, 특히 주역을 맡은 여가수는 얼마 전에 나폴리를 온통 열광의 도가니로 몰아넣었대. 목소리며 표정이며 몸매도 그렇지만, 하여간 상상을 초월할 만큼 대단한 미인이라고 소문이 자자해. 연필이랑 종이는 꼭 챙겨. 소문이 절반만이라도 사실이라면, 그 여자한테 영감을 얻어 멋진 소네트를 지을 수 있을 테니까. 나는 감격하면 그 여자한테 주려고 제비꽃 다발을 하나 사 두었어. 사육제 때문에 동이 나서 이제는 구할 수도 없을걸."

나는 기꺼이 동행하기로 했다. 그리고 우리 두 사람에게는 결코 잊지 못할 특별한 밤이 찾아왔다. 내 일기에는 이날, 2월 3일에 이중으로 동그라미가 그려져 있다. 베르나르도도 혹시 일기를 쓴다면 똑같이 했을 것이다.

그날 우리가 간 곳은 로마 제일의 오페라 극장인 알리베르티 극장이었다.

뮤즈들이 춤추는 호화로운 천장도, 신들이 사는 올림포스 산의 전경이 그려진 막도, 귀빈석에 새겨진 금빛 무늬도 아주 훌륭했다. 객석은 관객들로 빽빽이 들어차 있었다. 관람석 칸막이의 벽걸이 등잔마다 모두 불이 들어와 있어서 장내는 마치 빛물결이 파도치는 바다 같았다. 베르나르도는 여자 손님이 들어올 때마다 미인이니 아니니 하면서 부지런히 품평을 했다.

서곡이 시작되었다. 그것은 극 전체를 제시하는 음악이었다. 무시무시한 폭풍이 불어 바다는 미친 듯이 날뛴다. 아이네아스는 리비아 해안으로 떠밀려 간다. 폭풍의 노호는 신을 찬양하는 장엄한 합창 속으로 사라지고, 점점 환호성으로 변해 갔다. 디도의 가슴에 눈뜬 사랑이 부드러운 플루트 가락에 실렸다. 그 아름다운 선율은 아직 사랑이 무엇인지도 모르는 내 가슴을 불타는 사랑으로 일렁이게 했다. 이윽고 뿔피리 소리가 울려 사냥을 알리는가 싶더니, 곧 폭풍이 다시 심해졌다. 아이네아스와 디도는 비바람을 피해 동굴로 들어갔다.

음악은 내 마음을 사로잡아 신비로운 동굴 속으로 인도했다. 동굴은 어느새 사랑하는 연인들이 맺어지는 잠자리로 바뀌었다. 숨막힐 듯이 뜨거운 사랑이 이루어지고, 찢어지는 비명이 불협화음으로 폭발한 순간 드디어 막이 올랐다.

아이네아스는 떠나려고 한다. 아들 아스카니우스를 위해 헤스페리아 왕국(현재의 이탈리아)을 정복하러 가려고 디도를 버릴 작정인 것이다. 가련한 디도는 자신의 명예와 영혼을 무정한 임에게 다 바치고 여전히 단꿈에 젖어 있다. 그런 그녀에게 아이네아스가 말한다.

"하지만 그 꿈도 이제 곧 깨어질 거요. 이탈리아를 정복하려는 트로이 왕의 군대가 검은 개미 떼처럼 무기를 들고 해안으로 몰려오는 것을 본다면."

드디어 디도가 등장한다. 그 모습이 무대에 나타나자 장내는 물을 끼얹은 듯 깊은 침묵에 휩싸였다. 디도는 여왕으로서 위엄을 갖추고 있으면서도 경쾌하고 우아한 몸놀림으로 모든 관객의 마음을 사로잡았다. 그녀는 내가 상상하고 있던 디도와는 달랐지만, 예상치 못한 여가수의 모습은 나를 실망시키기는 커녕 강하게 사로잡았다. 그것은 라파엘로가 그린 성모 마리아와도 같았다. 상냥하고 기품이 넘치고 끝없이 순결하고 아름다우며 정신적인 디도였다. 흑단처럼 검은 머리카락이 아름다운 이마를 감싸고, 깊고 검은 눈에는 표정이 넘처흘렀다. 장내를 뒤흔드는 박수갈채가 일었다. 그것은 외모의 아름다움에, 오직 아름다운 그녀의 존재 자체에 보내는 박수였다. 노래는 아직 한 소절도 부르지 않았기 때문이다. 나는 디도의 얼굴이 살짝 붉어지는 것을 보았다. 그녀는 관객들에게 고개를 숙였다. 드디어 사람들은 마른침을 삼키며, 타고난 아름다운 목소리를 고운 신율에 실은 그녀의 노래에 귀를 기울였다.

"안토니오!" 베르나르도가 갑자기 흥분한 소리로 부르면서 내 팔을 잡았다. "바로 그 여자야. 그녀라고. 날아가 버린 그 작은 새 말이야. 그래, 틀림없어. 저 아가씨. 목소리도 똑같아. 어떻게 잊을 수가 있겠어? 내가 미치지 않았다면 저건 분명히 그 여자야."

"누구를 말하는 거야?" 내가 물었다.

"나한테 술을 따라 줬던 그 유대인 아가씨! 하지만 이런 일도 있을까. 그 아가씨가 여가수가 되었다고? 정말 이상해! 믿을 수가 없어."

베르나르도는 입을 다물고 다시 무대를 뚫어지게 바라보았다. 디도는 사랑의 행복을 노래하고 있었다. 순수한 감정에서 우러나 가슴속 깊은 곳에서 흘러나오는 목소리가 노래의 날개를 타고 울려 퍼졌다. 문득 내 마음은 이상하게 일렁거렸다. 가슴속 깊은 곳에 묻혀 있던 추억이 그 목소리에 되살아난 것일까. 나도 모르게 베르나르도처럼 "그 여자다!" 하고 외칠 뻔했다. 그렇다. 벌써 몇 년 동안이나 생각한 적도, 꿈에 본 적도 없는 광경이 별안간 눈앞에 생생하게 떠올랐다. 어릴 적에 내가 산타 마리아 인 아라코엘리 성당에서 크리스마스 설교를 했을 때, 눈이 번쩍 뜨일 만큼 아름답고 고상한 소녀가 고운 목소리로 나보다 더 멋지게 설교해서 칭찬을 독차지한 적이 있었다. 그런데 지금 저 목소리는 바로 그 소녀의 목소리가 아닌가. 저 모습은 그 소녀의 모습이 아닌가. 내 영혼이 외치고 있었다. 그 여자라고, 바로 그 여자라고!

무대에서는 아이네아스가 무정한 소리를 내뱉고 있었다.

"그대도 언젠가 꿈에서 깨어나리라. 나는 이곳을 떠날 것이다. 나는 그대를 아내로 맞이한 적이 없다. 누구도 혼례의 횃불을 보지 못하지 않았는가?"

이 냉정한 말이 가져다준 심경의 변화를 디도는 매우 절묘하게 얼굴에 드러냈다. 뜻밖의 상황에 당황하고, 이루 표현할 수 없는 아픔에 사로잡히고, 뻔뻔한 남자에게 미칠 듯한 분노를 느끼는 그녀의 심정이 관객에게 절절히 전해졌다. 이어서 디도는 아리아를 불렀다. 그 목소리는 천 길 바다 속에서 부글부글 끓어오르는 파도를 일으키고 거세게 소용돌이쳐서 창공마저 삼킬 듯한 기세로 높이 울려 퍼졌다. 대체 그 당당하고 굉장한 아리아를 어떻게 묘사할 수 있을까. 사람이 내는 소리라고는 도저히 생각할 수 없을 정도였다.

극장을 뒤흔드는 박수갈채가 일제히 일어났다. 막이 내려도 관객들의 함성은 그칠 줄 몰랐다.

"아눈치아타! 아눈치아타!"

외치는 함성에 그녀는 몇 번이나 열광한 관객 앞에 다시 나타나 인사를 했다.

그러나 이 아리아도 제2막의 이중창과는 비교가 되지 않았다. 디도는 아이네아스에게 그처럼 황급히 떠나지 말라고 애원하며 노래를 부른다.

"저는 당신을 위해 리비아의 왕통도, 순결과 명예까지도 더럽혔습니다. 당신때문에 아프리카 왕들의 구혼도 뿌리치고, 수치조차 잊고서 먼저 간 남편에 대한 의리를 저버렸습니다. 저는 한 척의 배도 트로이에 보낸 적이 없고, 당신 아버지인 안키세스의 영혼과 유골을 어지럽힌 적도 없습니다. 그러니 부디, 부디 하루라도 더 이곳에 머물러 주실 수는 없나요?"

이 말에는 절절함이 담겨 있었다. 내 눈에 눈물이 고였다. 주위의 깊은 침묵은 다들 나와 같은 심정임을 말해 주고 있었다.

아이네아스는 결국 디도를 버리고 떠난다. 디도는 순간 자식을 잃은 니오베처럼 창백해지고 대리석처럼 그 자리에서 딱딱하게 굳어 버린다. 하지만 그것도 잠시뿐, 당장 혈관에 피가 용솟음친다. 따뜻한 연인 디도, 버림받은 아내 디도는 이제 어디에서도 찾아볼 수 없다. 그녀는 한 맺힌 복수의 화신이었다. 그 아름다운 얼굴에서는 독과 죽음이 숨쉬고 있었다. 아눈치아타의 표정은 강한 마력으로 보는 이를 사로잡아, 방금 전까지 함께 괴로워하던 모든 관객의 마음에 분노를 전해 주고 얼음 같은 공포를 불러일으켰다.

피렌체 미술관에는 레오나르도 다빈치가 그린 메두사의 얼굴이 있다. 상대를 돌로 만들어 버리는 이 마녀의 얼굴을 본 사람은 이상한 매력에 사로잡혀 그 앞을 떠나지 못한다. 비너스가 태어난 바다 거품이 독기를 내뿜으며 바다 밑바닥에서 부글부글 끓어 올라온다. 그 눈빛, 그 입매는 죽음을 토해 내고 있다. 디도도 바로 그런 모습으로 우리 앞에 서 있었다.

아이네아스의 배는 파도를 가르며 바다 저편으로 달려가 버린다. 디도는 아이네아스가 잊고 간 무기를 들고 꼿꼿하게 섰다. 그녀의 노랫소리는 깊고 무겁게 울리더니, 또다시 격렬하고 비장하게 높이 올라간다. 디도는 여동생 안나에게 부탁해서 장작더미를 쌓아 두었다. 아이네아스가 두고 간 모든 것들을 불태워 버리려고. 그 장작더미의 제단에서 이제 불이 활활 타오른다. 이어서 심장이 터질 듯한 디도의 노래.

폭풍 같은 박수갈채 속에서 막이 내렸다. 우리는 모두 이 뛰어난 여가수의 미모와 아름다운 목소리에 넋을 잃고 감격했다. 막은 이미 내렸지만, 디도는 분명 분노와 원망으로 절규하면서 아이네아스의 검으로 자기 가슴을 찌르고 불 속에 몸을 던졌을 것이다.

"아눈치아타! 아눈치아타!"

여가수를 부르는 소리가 극장 전체에서 끊임없이 터져나왔다. 막이 다시 오르고 사랑스러운 여가수가 등장했다. 꽃다발이 빗발처럼 쏟아졌다. 부인들은 손수건을 흔들고, 남자들은 정신없이 아눈치아타의 이름을 외쳐 댔다. 막이 다시 내렸지만 환호와 갈채는 점점 더 격렬해질 뿐이었다. 여가수는 아이네아스 역을 맡은 남자 가수와 함께 다시 나타났다. 아눈치아타를 연호하는 외침소리는 막이 내린 뒤에도 수없이 되풀이되었다. 이번에는 모든 출연자와 함께 나타났다. 네 번째로 막이 내렸지만 그녀를 부르는 소리는 그칠 줄을 몰랐다. 그래서 그녀는 혼자 나와서 관객들의 성원에 진심으로 감사했다.

나는 감격을 즉흥시 몇 줄로 표현했다. 그리고 그 종잇조각을 그녀에게 던졌다. 시를 적은 쪽지는 꽃다발에 섞여 여가수의 발치로 날아갔다. 막은 더 이상 오르지 않았다. 그러나 사람들은 계속 그녀의 이름을 불렀다. 그녀는 막 뒤쪽에서 빠져나와 무대 옆에 설치된 각광 앞을 가로지르며, 환호하는 관객에게 고개 숙여 인사를 했다. 그 눈은 기쁨으로 반짝이고, 그 얼굴에는 행복이 넘쳐흐르고 있었다. 하지만 더없는 행복을 맛보고 있는 사람은 그녀 혼자만이 아니었다. 나도 마찬가지였다. 내 생애에 지금처럼 행복했던 순간이 있었을까. 오늘은 내 인생 최고의 날이었다. 내 눈도 영혼도 오직 그녀만을 탐욕스럽게 빨아들일 뿐이었다. 나는 아눈치아타만 지켜보고, 아눈치아타만 생각했다.

이윽고 관객들은 극장을 나왔다. 하지만 집으로 돌아가지는 않고 극장 뒷문으로 몰려갔다. 나도 그 인파에 부대끼며 어느새 여가수의 마차가 기다리고 있는 길모퉁이까지 떠밀려 갔다. 사람들이 나를 건물 벽에 밀어붙여서 제대로 움직일 수도 없었다. 여가수가 뒷문에서 나타나자 다들 모자를 벗어 들고 그 이름을 불렀다. 나도 그중 한 사람이었지만, 가슴이 이상하게 부풀어 오르는 것을 느꼈다. 베르나르도는 사람들을 헤치고 재빨리 마차 쪽으로 다가가서, 그녀를 위해 마차 문을 열어 주었다. 그 순간, 눈 깜짝할 사이에 말이 마차에서 풀려났다. 열광한 청년들이 직접 마차를 끌기 위해 말을 마차에서 풀어 버린 것이다. 아눈치아타는 제발 그런 짓은 하지 말아 달라고 떨리는 목소리로 애원했다. 그러나 그 목소리는 그녀의 이름을 목이 터져라 외치는 군중들의 소리에 묻혀 버렸다. 베르나르도는 여가수를 마차에 태우고 자기도 마차 발판으로 뛰어올라, 여가수에게 안심하라고 말했다. 나도 마차를 끌며 다른 이들과 마찬가지로 행복에 잠겼다. 그러나 아쉽게도 이 즐거운 시간은 순식간에 흘러갔다. 모든 것은 아름다운 꿈처럼 너무나 덧없이 끝나고 말았다.

극장에서 돌아가는 길에 베르나르도와 함께 카페에 들렀다. 나는 그가 몹시 부러웠다. 그는 여가수 가까이 있었을 뿐만 아니라, 그녀와 말까지 나누었으니까.

"그런데 어때, 안토니오? 가슴이 두근거리지 않아? 그 여자를 보고도 골수까지 뜨거워지지 않는다면 너는 남자도 아냐. 내가 전에 그 소녀한테 접근하려고 했을 때, 넌 나를 막았지. 안 그래? 왜 넌 그때 히브리어를 배우지 않은 거야? 그랬으면 그런 미인과 나란히 앉을 수 있었을 텐데. 아, 안토니오, 넌 아직도 아눈치아타가 그 유대인 아가씨라는 걸 믿지 못하겠니? 아냐, 그건 틀림없이 그 아가씨야. 그런 여자가 세상에 둘이나 있을 리 없어. 아눈치아타는 1년 전 하노크 영감의 집에서 내가 본 여자가 틀림없어. 키프로스 포도주를 따라 주고는 금방 모습을 감춰 버린 그 아가씨야. 그녀는 빛나는 불사조처럼 그 둥지에서, 그 더러운 게토에서 날아오른 거야."

"그건 있을 수 없는 일이야, 베르나르도! 나도 옛날에 그녀를 한 번 만났단 말이야. 그때 그 소녀가 틀림없다면, 그녀는 절대로 유대인일 리가 없어. 우리 가톨릭교회의 일원이 분명해. 너도 그 여자를 자세히 살펴봤으니까 알 거 아냐? 그녀에게서 불행한 유대교도의 그림자는 전혀 찾아볼 수가 없어. 신의 저주를 받은 민족다운 면모가 조금도 없잖아? 그 말투도 목소리도 도무지 유대인의 입에서는 나올 수 없다고 생각되는데. 안 그래, 베르나르도? 내 마음은 아눈치아타의 아름다운 음악세계에 사로잡혀 이제는 돌아갈 수 없는 신세가 되어 버렸어. 아! 그나저나 넌 정말 대단해. 그녀한테 다가가서 이야기까지 나누다니! 어떻게 그런 용기를 낸 거야?"

"몹시 감격했나 보군, 안토니오! 이런 모습은 처음 보는데. 예수회 학교의 얼음도 드디어 녹은 모양이지? 그래, 아눈치아타는 난폭한 젊은이들이 자기를 마차에 태워 끌고 가는 것에 놀랐지만, 상당히 즐거워하기도 했어. 베일로 얼굴을 가리고 마차 한구석에 바싹 붙어 있었지. 나는 그 아름다운 소녀를 진정시키고 기분 좋게 해 주려고 갖은 애를 다 썼어. 그런데 내가 마차에서 내려 주려고 했을 때도 내 손을 잡으려 하지 않더군."

"하지만 그렇게 할 수 있다니, 정말 대단해. 너랑 그녀는 아는 사이도 아니잖아. 나 같으면 도저히 그런 대담한 짓은 못해."

"그래, 너는 세상 물정을 모르고, 여자에 대해서도 전혀 모르니까. 뭐, 아직 그녀는 나에게 마음을 열지는 않았지만, 그래도 그녀는 나를 똑바로 쳐다보았어. 그것만으로도 대단한 거야!"

나는 아눈치아타에게 바친 즉흥시를 베르나르도에게 읽어 주었다. 베르나르도는 훌륭하다면서 칭찬했다. 우리는 아눈치아타를 위해 건배했다. 주위 사람들도 누구나 아눈치아타 이야기를 하면서 오늘밤 무대를 열심히 칭찬하고 있었다.

베르나르도와 헤어진 것은 밤이 이슥해진 뒤였다. 기숙사로 돌아와서 잠자리에 누워도 도무지 잠이 오지 않았다. 나는 그 오페라를 속으로 다시 한 번 처음부터 끝까지 되새기면서 무대를 마음속에 그려 보았다. 디도의 첫 등장, 아리아, 이중창, 마지막 장면⋯⋯. 나는 모든 장면을 하나하나 되새기면서 한 구절 한 구절을 모조리 머릿속에 담았다. 그리고 내가 심혈을 기울여 지은 시를 떠올렸다. 나는 벌떡 일어나 시를 종이에 옮겨 적고는 몇 번이나 읽어 보았다. 읽을수록 잘 쓴 시 같았다. 왠지 뿌듯해서 스스로 갈채를 보내며 자화자찬했다. 솔직히 그 시에는 그녀에 대한 열렬한 애정이 과장되게 드러나 있었지만,

그때는 부끄러운 줄도 몰랐다. 나는 꿈에 부풀어 상상의 나래를 폈다. 아눈치아타는 틀림없이 내가 던진 쪽지를 집어 들었을 것이다. 그리고 지금쯤은 내가 쪽지에 적어 보낸 시를 읽고 있을 것이다.

　　나 그대를 우러러보며 그대 노래를 가슴 깊이 빨아들일 적에
　　육신은 현실에 묶여 있건만
　　영혼은 저 그윽하고도 오묘한 《신곡》의 세계로 날아갑니다.
　　내 마음은 하늘 높이 날아올라 바다 깊이 가라앉아
　　끝없는 세계를 두둥실 떠갑니다.

　　오늘 이 시간, 이 무대에서
　　그대가 부른 노래와 지은 표정과 보인 몸짓은
　　시성(詩聖) 단테가 문자로 지은 《신곡》을
　　노래로 내 마음에 새겨 주었습니다.

　나는 일찍이 단테의 시가 세상에서 가장 풍부하고 훌륭한 줄로만 알았다. 그런데 이제는 그보다 더 깊고 절실하게 내 가슴에 와 닿는 것이 있었으니, 바로 아눈치아타의 노래와 눈빛과 몸짓이었다. 그녀가 사랑을 노래하고, 고통을 노래하고, 절망을 노래하는 것을 듣자 《신곡》의 모든 것이 거기에 담겨 있다는 생각이 들었다. 아아, 얼마나 변화무쌍하고 풍요로운 세계인지!
　아눈치아타는 틀림없이 내 시를 아름답다고 생각할 거야. 그녀는 내 마음을 깨닫고, 그 시를 쓴 사람이 누군지 궁금해할 거야. 나는 멋대로 그녀의 마음을 상상하다가 어느새 잠이 들었다.

18
별난 오페라

이튿날 나는 베르나르도를 찾아다녔지만 그의 모습을 보지 못했다. 결국 찾기를 그만두고 콜론나 광장을 몇 번이나 가로질렀다. 그것은 이 광장에 있는 안토니우스 기념비를 보기 위해서가 아니라, 하다못해 아눈치아타의 옷자락이라도 볼 수 없을까 싶어서였다.

아눈치아타는 이곳에 살고 있었다. 그 집에는 손님들이 와 있었다. 그들은 얼마나 행복할까! 피아노 소리가 들려왔다. 귀를 기울였지만 아눈치아타의 노랫소리는 들리지 않고 낮은 베이스 소리가 두세 번 들려올 뿐이었다. 아마 오페라단 악단장이거나, 아니면 극단에 있는 가수일 것이다. 나는 그녀와 함께 무대에 오르는 가수들이 부러웠다. 특히 아이네아스를 연기한 가수가. 아, 내가 그 사람을 대신할 수 있다면! 그래서 그녀의 눈을 바라보고, 뜨거운 사랑의 눈빛을 빨아들이고, 전 세계를 돌아다니며 찬사와 명성을 함께 누릴 수 있다면! 나는 그런 행복을 그리면서 묘한 질투심에 사로잡혔다. 어느새 주위에는 모자에 방울을 단 어릿광대 아를레키노나 마법사로 분장한 남자들이 몇 명 나타나서 빙글빙글 돌며 춤을 추고 있었다. 오늘도 사육제 날이라 벌써 오후의 축제가 시작된 것이다. 나는 딴 데 정신이 팔려서 그런 줄도 몰랐다.

춤추는 사람들은 화려한 옷을 입고 신이 나서 시끄럽게 떠들어 댔다. 그러나 나는 반대로 점점 불쾌하고 우울한 기분에 잠겨 들었다. 마차가 몇 대나 지나갔다. 마부들은 다들 귀부인으로 가장하고 있었는데 정말 괴상망측했다. 부인용 모자 아래로는 시커먼 구레나룻이 비어져 나왔지, 몸놀림은 거칠지, 실제로 저런 여자를 만난다면 무서워서 줄행랑을 치고 말 정도였다. 왠지 기분이 나빠져서 어제처럼 그들과 신나게 어울릴 마음은 도저히 나지 않았다. 나는 광장을 떠나려고 마음먹었다. 마지막으로 한 번 더 아눈치아타의 집을 바라보았다. 그때 그 집에서 누가 달려 나오더니 웃으면서 외쳤다. 세상에, 그건 베르나르도였다!

"어이, 이리 와! 그런 곳에 멍하니 서 있지 말고. 아눈치아타한테 소개해 줄게. 널 눈이 빠지게 기다리고 있어."

"뭐? 그, 그 여가수가?" 나는 말을 더듬거렸다. 귓속에서 피가 부글부글 끓어오르는 것 같았다. "놀리지 마. 날 어디로 데려가려는 거야?"

"네가 시를 바친 사람한테. 너와 나뿐 아니라 모든 사람의 마음을 사로잡은 그 여자, 아눈치아타한테."

이렇게 말하면서 베르나르도는 나를 문 쪽으로 끌어들였다.

"아니 잠깐, 어찌 된 영문인지 그것부터 말해 줘. 넌 어떻게 여기 있지? 어떻게 나를 소개하게 된 거야?"

"나중에, 나중에 다 말해 줄게! 자, 좀더 밝은 표정을 지어 봐!"

"하지만 이런 차림으로? 너무 무례해 보이지 않을까?"

나는 망설이면서 황급히 옷맵시를 다듬었다.

"뭐, 괜찮아. 매력 만점이야!"

이러쿵저러쿵하는 사이에 어느새 문 앞까지 와 버렸다. 문이 열리고, 나는 아눈치아타 앞에 섰다. 그녀는 검은 비단옷을 입고, 빨간색과 푸른색으로 물들인 실크 스카프를 어깨에서 가슴 위로 늘어뜨리고 있었다. 수려한 이마가 드러나도록 빗어 올린 까만 머리카락을 묶은 리본에서는 희귀한 고대 보석으로 보이는 장식이 빛나고 있었다. 그리고 그녀 옆에는 수수한 갈색 옷차림의 노파가 앉아 있었다. 눈동자 색과 얼굴 모양을 보니 유대인 여자라는 생각이 들기는 했다. 아눈치아타와 게토의 미인이 동일인이라는 베르나르도의 이야기가 떠올랐다. 그러나 아눈치아타를 보았을 때, 그건 절대로 있을 수 없는 일이라고 나는 다시 한 번 속으로 중얼거렸다. 그 밖에 내가 모르는 신사가 그 방에 있었다. 내가 들어가자 신사가 일어났다. 아눈치아타도 일어나서 생긋이 웃으며 나를 맞이했다. 베르나르도는 과장스럽게 나를 소개했다.

"친애하는 부인! 내 친구이자 위대한 시인이며, 보르게세 집안의 총아인 안토니오 신학사를 소개합니다."

"실례가 많았어요." 아눈치아티가 말했다. "이렇게 당신을 억지로 초대할 마음은 없었어요. 몇 번이나 말렸는데 이분이 기어코 나가셔서……. 물론 저는 당신을 가까이서 뵙기를 얼마나 원했는지 몰라요. 시를 주신 것을 큰 영광으로 생각합니다. 여기 친구분께서 당신이 지은 시라고 하시면서, 저자를 소개해 주겠다고 약속했답니다. 마침 그때 뜻밖에도 당신께서 거리에 서 계신 것을 창 너머로 보고는 금방 만날 수 있다고 하시면서, 제가 말리는 것도 듣지 않고 나가 버리는 바람에 그만 이런 실례를……. 하지만 친구분에 대해서는 저보다 당신께서 잘 아시겠지요."

베르나르도는 능숙하게 농담으로 얼버무렸지만, 나는 이렇게 뵙게 되어서 얼마나 기쁘고 행복한지 모르겠다고 두세 마디 어눌하게 중얼거릴 뿐이었다. 내 볼은 활활 타는 듯했다. 그녀가 내민 손에 입을 맞출 때는 제정신이 아니었다. 그녀는 방에 있던 낯선 신사를 소개했다. 그는 악단장이었다. 그리고 노파는 그녀의 양어머니라고 했다. 그 노부인은 나와 베르나르도를 엄격한 눈으로 마치 노려보듯 바라보고 있었다. 하지만 아눈치아타의 친절하고 쾌활한 대접 때문에 우리는 마음 편히 그 만남을 즐길 수 있었다.

악단장은 내 시를 칭찬하면서 손을 내밀었다. 그러고는 그 놀라운 재능으로 오페라 대본을 써 달라고, 이왕이면 빨리 써서 자기 극단한테 주었으면 좋겠다고 말했다. 그러자 아눈치아타가 악단장의 말을 가로막았다.

"이분 말씀을 곧이곧대로 들으시면 안 돼요. 그랬다가는 심한 꼴을 당하게 될지도 몰라요. 작곡가들은 작가가 얼마나 고생하는지 생각도 안 해요. 관객은 더 말할 것도 없고요. 오늘밤에는 〈어느 오페라 리허설〉이라는 작품을 공연하는데, 그걸 보시면 불쌍한 작가의 실상을 알게 될 거예요. 실은 그보다 더 심하지만요."

작곡가가 뭐라고 반박하려고 했지만, 아눈치아타는 내 쪽으로 몸을 기울이며 계속 말했다.

"가령 당신이 가슴속에 있는 것을 아름다운 시로 노래했다고 해요. 그 장면의 상황과 등장인물의 성격 등, 모든 것에 마음을 써서 말이에요. 그런데 이작품이 작곡가에게 넘어가면, 그는 이런저런 대사를 넣자면서 자기 생각을 불어넣으려고 해요. 그러면 당신이 지은 글귀는 손상될 수밖에 없어요. 작곡가가피리를 넣으라느니 큰북을 넣으라느니 주문하면, 당신은 그 부분을 뜯어고치지 않으면 안 돼요. 자, 다음에는 프리마돈나가 와서, 마지막 장면이 돋보이도록 아리아를 넣지 않으면 노래를 부르지 않겠다고 고집을 부리죠. 그러니까 프리마돈나는 그 장면에 맞든 안 맞든 무조건 화려하고 인상적인 곡을 넣어 달라는 거예요. 작품 전체에 대해서는 생각하지도 않고. 그것은 결국 작가의 책임이 되어 버리죠. 그리고 제1테너도 똑같은 억지를 부려요. 이렇게 되면 당신은 남자 가수 여자 가수를 다 만나고 다니면서 머리를 숙이고, 안색을 살피고, 모든 사람의 변덕을 참아 내지 않으면 안 돼요. 그것도 웬만한 정도가 아니랍니다."

악단장이 끼어들려고 했지만, 아눈치아타는 아랑곳하지 않고 말을 이었다.

"이번에는 또 단장이 와서 이러쿵저러쿵 비판하고 트집을 잡지요. 그가 아무리 어처구니없는 소리를 해도 무조건 순종하지 않으면 안 돼요. 또 도구 담당자가 우리 능력으로는 이런 무대장치나 장식을 마련할 수 없다고 버티죠. 그래서 원작을 여기저기 뜯어고치지 않으면 안 돼요. 그러는 것을 연극인들은 '굽힌다'고 해요. 배경을 그리는 화가는 이런 밭이나 이런 건초더미는 그릴 수없다고 말하죠. 결국 화가의 주장대로 작품 배경은 굽혀지고 말아요. 마지막으로 프리마돈나가 또다시 나서서, 이 음절로 끝나면 멋지게 노래하기 힘드니까 반드시 '아' 음으로 끝나게 해 달라고 말하죠. 그 때문에 작가가 고르고 고른 단어를 버리고 '아'로 끝나는 단어를 억지로 찾아 넣어야 한들, 그녀로선 알바 아니라는 거예요. 이처럼 작가는 자신을 굽히고, 대본을 굽히지 않으면 안돼요. 그래서 대본은 원작과 동떨어진 것이 되어 버리죠. 그걸 무대에 올리면어떻게 될까요? 혹시 관객들이 야유라도 하면 악단장은 화를 내면서 딱 잘라말할 거예요. 대본이 워낙 형편없어서 그렇다, 내가 음악으로 어떻게든 부족함을 덮어 보려고 노력했지만 결국 헛수고였다, 너무 질 낮은 대본이라서 추락하는 것을 막을 수 없었다, 그렇게 호통을 치겠지요."

그때 바깥 거리에서 경쾌한 음악과 노랫소리가 들려왔다. 가면을 쓴 사람들이 온 거리를 가득 메우고 왁자하게 떠들면서 광장을 가로질러 나아가고 있었다. 요란한 환성과 박수 소리에 이끌려 우리는 창가로 다가갔다. 덕분에 나는 아눈치아타 바로 곁에서 축제를 지켜보게 되었다. 아까는 그렇게도 싫었던 요란한 축제 분위기가 지금은 마냥 흥겨워 보였다. 나는 말할 수 없이 행복했다. 오늘의 사육제도 내가 한몫 담당한 어제의 사육제만큼 즐거워졌다.

창 밑에서는 어릿광대가 쉰 명쯤 모여 자신들 가운데 임금을 뽑고 있었다. 왕으로 뽑힌 사람은 오색찬란한 깃발로 장식되고 월계수 가지와 레몬 껍질이 리본처럼 늘어져 있는 작은 마차 위로 올라갔다. 마차에 타자 왕은 금색 바탕에다 온갖 색깔로 칠한 달걀 왕관을 머리에 쓰고, 왕의 권위를 나타내는 홀(笏) 대신 마카로니로 장식한 대형 장난감 딸랑이를 손에 쥐었다. 사람들이 그 주위를 춤추면서 맴돌자 왕은 사방팔방을 향해 위엄 있게 고개를 끄덕였다. 이제 사람들은 마차를 거리로 끌고 가려고 했다.

그때 창가에 서 있는 아눈치아타의 모습이 왕의 눈에 띄었다. 왕은 그녀에게 허물없이 눈인사를 하고, 굴러가는 마차 위에서 소리쳤다.

"어제는 그대, 오늘은 나! 순수한 로마의 자식들이 끄는 마차를 타고 가노라!"

아눈치아타는 얼굴이 발개져서 뒤로 한 걸음 물러났지만, 곧 발코니에서 몸을 내밀고는 큰 소리로 대답했다.

"폐하의 행복을 축하드립니다. 폐하께도 저한테도 분에 넘치는 행운을!"

어젯밤 로마를 열광하게 했던 여가수의 모습을 보고 폐하와 그녀의 문답까지 듣자, 사람들의 환호성은 하늘에 메아리쳤다. 꽃다발이 그녀 주위에 비처럼 쏟아졌다. 그중 하나가 아눈치아타의 어깨에 스쳐 내 앞에 떨어졌다. 나는 그것을 얼른 주워서 꼭 끌어안았다. 그 무엇과도 바꿀 수 없는 보물이었다.

베르나르도는 광대들의 임금이 너무나 무례하고 뻔뻔스러운 것에 분개하여, 당장 아래로 내려가 그 사내를 혼내 주려고 했다. 그러나 악단장을 비롯한 다른 사람들이 그를 말렸다. 그때 하인이 와서 테너 가수가 찾아왔다고 말했다. 이 가수는 신학사와 외국인 예술가를 아눈치아타에게 소개하고 싶다면서 데려왔다. 그 직후에 다시 새로운 손님이 아눈치아타를 만나러 왔다. 이 사람도 외국인 예술가인데, 자신을 소개한 뒤 아눈치아타에게 경의를 표했다. 이리하여 방 안에는 갑자기 꽤 많은 사람이 모이게 되었다. 이야기는 활기를 띠어 어젯밤 아르헨티나 극장에서 상연한 〈가장무도회〉로 시작하여, 유명한 고대 조각품—예를 들면 예술의 신 아폴론, 고대 로마 검투사, 원반던지기 따위—을 흉내낸 다양한 예술적 가면으로 이어졌다. 이런 대화에 끼어들지 않은 이는 유대인처럼 보이는 노파 한 사람뿐이었다. 그녀는 입을 꼭 다문 채, 아눈치아타가 이야기하는 틈틈이 자신을 돌아볼 때마다 고개를 가볍게 끄덕일 뿐이었다.

어젯밤 오페라 극장에서 보았던 아눈치아타와 오늘 직접 만난 아눈치아타는 너무나 달랐다. 집 안에서 그녀는 의외로 쾌활하고 털털한 보통 아가씨처럼 보였다. 하지만 그녀에 대한 내 애정은 조금도 변하지 않았다. 오히려 그런 솔직한 모습이 이상하게도 내 마음을 더욱 끌어당기고 있었다. 그녀는 가벼운 농담과 적절한 재치로 즐거운 분위기를 자아냈다. 그러다가 문득 시계를 보더니 서둘러 일어났다.

"벌써 준비할 시간이 다 되었네요. 오늘밤에는 〈어느 오페라 리허설〉에 프리마돈나로 출연하거든요. 죄송하지만 가 봐야겠어요."

그리고 그녀는 옆방으로 모습을 감추었다.

나는 밖으로 나오기가 무섭게 큰 소리로 외쳤다.

"베르나르도, 너는 나를 너무나 행복하게 해 주었어! 생각지도 못한 행운이었어! 그녀의 무대를 보는 것만큼이나 행복한 경험이었어. 그런데 도대체 어떻게 그녀한테 접근했지? 그리고 어떻게 나까지 소개하게 된 거야? 나는 뭐가 뭔지 모르겠어. 그저 꿈을 꾸는 것 같아."

"어떻게 접근했냐고? 별로 대단한 건 아니었어. 단지 로마의 귀족 청년으로서, 교황 근위대 장교로서, 그리고 아름다움의 숭배자로서 경의를 표하러 찾아갔을 뿐이야. 뭐, 사랑 앞에서는 이런 이치의 절반도 필요하지 않지만 말이야. 그래서 나는 그녀를 찾아갔어. 너도 아까 봤잖아? 그렇게 아무런 예고도 없이, 소개해 줄 사람도 없이 불쑥 찾아오는 사람들이 있지. 나도 그런 식으로 나 자신을 소개했던 거야. 그게 뭐가 이상해? 사랑을 하면 자연히 사교적인 사람이 되지. 상대를 자연스럽게 배려하고, 또 말도 잘하게 돼. 만나서 30분도 지나기 전에 우리는 서로를 상당히 이해하게 됐어. 그래서 네가 나타나자 그렇게 소개할 수도 있었던 거야."

"그녀를 사랑해? 정말 진심으로 사랑하냐고."

"그래. 지금은 전보다 훨씬 더 사랑해. 그리고 전에도 말했지만, 언젠가 유대인 영감네 집에서 나한테 포도주를 따라 준 아가씨가 바로 그녀라는 건 의심할 여지가 없어. 그녀 앞에 똑바로 섰을 때, 그녀도 나를 알아보았거든. 내 눈으로 똑똑히 보았어. 말없이 양말만 뜨고 있던 그 유대인 노파도 내 짐작이 옳다는 것을 증명해 주고 있어. 하지만 아눈치아타는 유대인이 아니야. 그 검은 머리와 검은 눈, 그리고 처음 만난 장소와 환경 때문에 내가 잘못 생각했을 뿐이야. 네 생각이 옳았어. 그녀는 우리와 똑같은 신앙을 갖고 있고, 똑같은 천국에 가야 할 사람이야."

그날 저녁에 우리는 극장에서 만나기로 약속했다. 그런데 장내가 너무 혼잡해서 베르나르도가 어디에 있는지 짐작도 가지 않았다. 겨우 자리 하나를 찾아낼 수 있었지만, 주위는 어디나 사람들로 가득 차 있었다. 그들이 내뿜는 열기와 후텁지근한 공기 때문에 숨이 막힐 것만 같았다. 오페라는 아직 시작하지도 않았는데 내 피는 벌써 이상하리만큼 뜨겁게 끓어오르고 있었다. 어제오늘 일어난 일들이 모두 꿈처럼 여겨졌다. 이 흥분을 가라앉히는 데에는 오늘 상연하는 오페라만큼 적당한 것이 없었다.

희가극 〈어느 오페라 리허설〉은 누구나 알고 있듯이 익살스럽고 변덕스런 공상의 산물로서, 전체를 아우르는 줄거리 따위는 없다. 그저 관객을 웃기고 가수들에게 꽃다발을 줄 기회를 만드는 것이 시인과 작곡가의 유일한 목표였다. 이 별난 오페라의 주인공은 열정적이고 제멋대로인 두 남녀로 바로 프리마돈나와 작곡가이다. 이들을 중심으로 역시나 변덕스러운, 어떻게 쓰느냐에 따라 약이 될 수도 독이 될 수도 있는 여러 배우들이 어우러진다. 대본을 맡은 가련한 시인은 이런 괴짜 단원들 틈바구니에 낀 보잘것없는 희생양이다.

아눈치아타가 무대에 나타나자 갈채와 꽃다발이 쏟아졌다. 변덕스럽고 쾌활하고 털털하게 우스꽝스러운 행동을 하는 그녀의 모습을 보고 관객들은 정말 훌륭한 연기라고 칭찬했지만, 내가 보기에 그것은 그녀의 천성이었다. 집에 있을 때와 똑같았다. 그녀의 노랫소리는 마치 무수한 은방울이 울리는 것처럼 아름답고 다양한 소리를 냈다. 그 소리를 듣는 이들은 모두 고개를 번쩍 들고 여가수의 넘쳐흐르는 기쁨과 즐거움을 가슴속 가득히 받아들였다.

그녀와 극중 작곡가가 이중창을 부를 때는 역할을 바꾸어, 그녀가 남성 성부를 맡고 작곡가가 여성 성부를 맡았는데, 이들 두 사람의 뛰어난 기예는 대성공을 거두어 폭풍 같은 갈채를 받았다. 특히 그녀가 가장 낮은 알토에서 가장 높은 소프라노로 옮아갈 때는 누구나 미친 듯이 박수를 치며 감탄을 금치 못했다. 또한 그녀의 경쾌하고 우아한 춤은 에트루리아의 항아리에 그려진 무용의 여신과도 흡사했다. 그 하나하나의 움직임은 화가나 조각가의 소재가 될 만했다. 그 모든 노래와 몸짓에는 그날 내가 알게 된 그녀의 인격이 나타나 있는 것처럼 여겨졌다. 디도 연기는 기예를 갈고닦은 수련의 결과였지만, 이날 밤 프리마돈나 연기는 완전히 그녀가 타고난 개성의 표출이었다.

이 오페라에는 다른 오페라에 나오는 장면이 뜬금없이 등장하기도 했다. 그런데 그녀가 워낙 장난스럽게 노래했기 때문에 그것이 조금도 부자연스럽게 보이지 않았다. 이렇게 훌륭한 연기를 할 수 있었던 것은 그녀가 실제로 제멋대로인 데다 장난기가 많았기 때문이다.

극이 거의 끝나 갈 무렵, 극중 작곡가가 나타나 만사가 잘 풀렸으니 다시 한번 서곡을 시작해 달라면서 진짜 오케스트라에게 악보를 건네주고, 프리마돈나도 이것을 거든다. 지휘봉이 움직이자 귀가 찢어질 듯한 불협화음이 울렸다. 그러나 두 사람은 천연덕스럽게 진지한 얼굴로 "브라보! 브라보!" 하며 박수를 쳤다. 그러자 관객들은 자기도 모르게 거기에 화답하며 박수를 치고 환호했다. 웃음소리 때문에 음악도 거의 들리지 않을 정도였다.

나는 진심으로 감동하고 열에 들떠서 어쩔 줄 몰랐다. 아눈치아타는 이 작품에서 경박하고 제멋대로이면서도 사랑스러운 아가씨가 되어 있었다. 그 기쁨에 넘치는 제멋대로인 태도는 정신적이며, 아름답고 위대했다. 그 모습을 보니 바르베리니 궁전 천장화 〈오로라〉가 저절로 떠올랐다. 그림 속 여신들은 미친 듯이 유쾌하게 춤을 추고 있다. 그중 하나가 아눈치아타의 얼굴과 겹친다. 아, 정말 완벽한 기쁨이다.

오케스트라의 난폭한 불협화음은 점점 높아지고, 작곡가와 프리마돈나도 거기에 맞춰 노래를 불렀다. 이윽고 두 사람은 "좋아! 서곡은 끝났어! 막을 올려!" 하고 외쳤다. 그와 동시에 막이 내리고 이 희가극은 끝났다. 아눈치아타는 전날 밤처럼 몇 번이나 다시 무대로 불려 나왔고, 화환과 꽃다발과 시를 적은 종이가 형형색색의 리본을 펄럭이면서 그녀의 발치로 날아갔다.

19
즉흥시

그날 밤 내 또래의 젊은이들—그중에는 내가 아는 사람도 몇 있었다—이 모여서 아눈치아타를 찾아가 세레나데를 바치겠다고 말했다. 나도 큰맘 먹고 거기에 끼었다. 내가 남들 앞에서 노래를 부르는 것도 무척 오랜만이었다.

오페라가 끝나고 한 시간쯤 지나 아눈치아타가 집에 도착했을 무렵, 우리는 콜론나 광장으로 가서 그녀의 집 발코니 밑에 늘어섰다. 창문 너머에는 불이 켜져 있었다. 그녀를 위해 노래를 부른다고 생각하니 가슴이 터질 것만 같았다. 그러나 나는 생각보다 침착하게 입을 떼었다. 내 노랫소리는 다른 사람들의 노래 속에 부드럽게 녹아들었다. 나는 짤막한 솔로(독창)도 맡았는데, 막상 노래를 부르기 시작하자 내 마음은 온통 아눈치아타로 가득 차고 이 세상 모든 것이 눈앞에서 사라져 버렸다. 나는 숨을 깊이 들이마시고 정성을 다해 노래했다. 내 목소리가 전에는 생각조차 못했던 힘과 부드러움을 띠었다. 주위 사람들도 작은 소리로 "브라보!"를 외칠 정도였다. 그 소리는 작았지만 내 귀에는 똑똑히 들렸다. 이상한 기쁨이 가슴에 스며들었다. 하느님이 나를 도우시는 것 같았다. 그래서 아눈치아타가 발코니에 나타나 고개를 숙이며 고맙다고 말했을 때, 나는 그것이 나 혼자만을 위한 인사처럼 느껴졌다. 나는 감격에 휩싸인 채 몽유병자처럼 기숙사로 돌아갔다. 그날 밤 나는 잠자리에 들어서도 아눈치아타가 내 노래를 듣고 기뻐하는 모습만 상상하고 있었다.

이튿날 아눈치아타를 찾아가자 어젯밤 나와 함께 노래했던 친구들 몇몇과 베르나르도가 먼저 와 있었다. 아눈치아타는 어젯밤 세레나데를 듣다가 아름다운 테너 목소리에 감탄했다고 말했다. 나는 얼굴이 빨개졌다. 친구들 가운데 하나가 그 목소리의 주인공은 바로 안토니오라고 말했다. 아눈치아타는 당장 나를 피아노 앞으로 데려가더니, 함께 이중창을 부르자고 말했다. 나는 법정에 선 피고인처럼 딱딱하게 굳어서, 도저히 그럴 수 없다고 사양했다. 그러나 사람들은 계속 권했고, 베르나르도도 쓸데없는 고집으로 모처럼 여가수의 노래를 듣는 기쁨을 우리한테서 앗아갈 작정이냐고 큰 소리로 나무랐다. 아눈치아타가 내 손을 잡았다. 이렇게 되면 사로잡힌 새나 마찬가지였다. 나는 체념하고 노래를 부를 수밖에 없었다.

그 이중창은 내가 아는 곡이었다. 아눈치아타가 우선 피아노 건반을 두드리면서 노래했다. 나는 떨리는 목소리로 내 파트를 부르기 시작했다. 그녀는 나를 뚫어지게 바라보고 있었다. 그 눈빛은 "용기를 내세요! 나를 따라서 음악의 세계로 들어오세요!" 하고 말하는 듯했다. 아눈치아타에 대한 생각이 꿈처럼 머리에 떠올랐다. 이윽고 불안은 사라지고, 내 노랫소리는 밝고 당당하게 울려 퍼졌다. 우리 두 사람은 우레 같은 박수갈채에 둘러싸였다. 언제나 잠자코 있는 유대인 노파까지도 상냥하게 고개를 끄덕여 보였다.

"넌 대단한 친구야. 정말 놀랐어."

베르나르도가 속삭였다. 그러고는 다른 사람들을 향해 말했다.

"이 친구한테는 또 다른 재주가 있습니다. 바로 즉흥시를 짓는 재주지요. 다들 듣고 싶지 않습니까? 어디, 여기서 한번 지어 보라고 할까요?"

나는 사람들의 박수갈채에 취했고 즉흥시에도 자신이 있었으므로, 아눈치아타가 권하자마자 기꺼이 하겠다고 했다. 어른이 되고 나서는 즉흥시를 지어서 부른 적이 한 번도 없었는데 어디서 그런 용기가 났을까. 나는 용감하게 아눈치아타의 기타를 집어 들었다.

아눈치아타는 '불멸'이라는 시제(詩題)를 제시했다. 나는 잠시 생각을 가다듬은 다음, 기타 줄을 두세 번 퉁겨 보고 곧바로 마음속 깊은 곳에서 흘러나오는 시구를 입에 올렸다.

나의 뮤즈는 넓고 푸른 지중해를 건너
그리스 골짜기로 들어간다.
영광스런 아테네는 잡초로 뒤덮이고, 기념비는 바닥에 쓰러지고
야생 무화과나무는 무너진 돌기둥을 휘감았으니
나의 뮤즈가 구슬피 흐느끼는 소리가 들린다.
아아, 아테네의 황금기를 구가한 페리클레스 시대에는
우뚝 선 아치 밑으로 수많은 사람들이 지나다녔으리라.
엄숙한 아름다움의 제전이 열려
라이스처럼 아름다운 미인들이 화관을 쓰고 춤추는가 하면
시인들은 선함과 아름다움의 불멸성을 소리 높여 노래했으리라.
그러나 한세상 살다 간 미인들은 이제 흙으로 돌아가고
그 아리따운 모습을 기억하는 이 하나 없구나.

나의 뮤즈가 폐허 속에 쓰러져 한탄할 적에
사람들은 땅속에서 아름다운 석상을 캐낸다.
보라, 대리석 옷자락을 몸에 두른 저 여신을.
나의 뮤즈는 그 석상에서 라이스의 모습을 보았다.
아아, 뛰어난 거장이 그 미인의 모습을 여신에 빗대어
눈처럼 하얀 돌에 새겨 후세까지 남긴 것이다.
보라, 이 세상 권세는 사라질지언정
아름다움은 결코 사라지지 않는다.

나의 뮤즈는 바다 건너 이탈리아로 날아와
위대한 황궁의 폐허에 서서
로마 시내를 굽어보았다.
테베레 강은 여전히 누렇게 굽이치건만
먼 옛날 기원전 6세기에
에트루리아 군대가 로마를 습격했을 때
호라티우스 코클레스가 사수했던 테베레 강의 다리 아래로

이제는 목재와 기름을 실은 뗏목이 떠내려간다.
그 옛날 포로 로마노의 연못에 몸을 던졌던 쿠르티우스의 전설도
이제는 잡초 아래 고요히 잠들어 있도다.
로마 황제 아우구스투스여, 개선문을 세운 티투스 황제여!
그 위대한 이름도 지금은 무너진 신전의 낡은 문에 새겨져 있을 뿐.
로마의 독수리, 주피터의 용맹한 독수리도
이미 보금자리 속에서 숨을 거두었다.

로마여! 그대의 불멸은 어디로 갔는가.
독수리의 눈은 이윽고 형형하게 빛나고 그 빛이 온 유럽을 비춘다.
쓰러졌던 황제의 옥좌가 다시 일어나 교황의 옥좌가 되고
천하의 왕들이 순례자가 되어 그 발아래 찾아와 엎드린다.

무릇 만져지는 것과 보이는 것은 모두
언젠가 때가 오면 사멸하는 법.
그러나 교황의 힘이 약해지는 날이 올까.
신앙의 전당에 그림자가 드리우는 날이 올까.
설령 있을 수 없는 일이 일어나는 세상이 오더라도
로마는 변함없이 고대 신들의 석상과
그 무궁한 미술과 더불어
세상 사람들의 영원한 동경의 대상이 되리라.
동쪽에서 서쪽에서, 또 추운 북쪽에서
아름다움을 숭배하는 자들이 끊임없이 이곳으로 흘러와
로마, 그대의 불멸성을 찬양하리라.

이렇게 첫째 이야기가 끝났다. 요란한 박수가 터졌다. 그러나 아눈치아타만
은 말없이 꼼짝도 하지 않은 채, 비너스상처럼 아름답게 앉아서 따스한 신뢰
를 담은 눈빛을 조용히 보내고 있었다. 순간 가슴에 넘쳐흐르는 감정은 시상
과 영감에서 태어난 경쾌한 시가 되어 내 입술을 통해 흘러나왔다. 나의 시는

거대한 세계에서 작은 무대로 옮아갔다.

　　여기 훌륭한 가수가 있다.
　　그 연기와 노래로 만인의 마음을 사로잡은 가수가.

　그 시를 듣는 순간 아눈치아타는 얼른 눈을 내리깔았다. 내가 자기에 대해서 노래하고 있다는 사실을 알아챘기에. 어쩌면 그 자리에 있던 다른 사람들도 모두 내 시에서 그녀를 발견했는지도 모른다. 시는 계속 이어졌다.

　　노래가 끝나 막이 내리고 박수갈채가 사라질 즈음이면
　　훌륭한 가수의 무대도 끝나고 말아
　　그 아름다운 잔상만이 청중의 가슴에 남는다.
　　그러나 시인의 가슴은 성모 마리아의 무덤이 되어
　　그곳에 묻힌 모든 것을 꽃으로 바꾸고 향기로 바꾸니.
　　죽은 자는 아름답게 되살아나며
　　이미 사라졌던 예술이 시의 날개를 타고
　　불멸의 꽃으로 피어난다.

　나는 내 가슴속에서 흘러넘치는 모든 마음을 시에 담아냈다. 나는 노래를 마치고 인사를 했다. 사람들은 나를 둘러싸고 멋진 시라면서 열렬한 찬사를 보냈다. 아눈치아타는 그윽한 눈길로 나를 바라보았다.
　"당신은 나를 진심으로 생각해 주시는군요. 정말 고마워요."
　나는 용기를 내어 그녀의 따뜻한 손에 살짝 입을 맞추었다.
　본디 무대예술이란 무지개와도 같다. 무지개도 오페라도 하늘과 땅 사이에 곱게 걸린 다리이다. 사람들은 모두 그것을 우러러보며 오색영롱한 광채를 찬미한다. 그러나 그 빛은 이윽고 흔적도 없이 사라진다. 아눈치아타와 그 예술의 운명도 그러했다. 하지만 이때 아눈치아타는 내 마음을 이해했던 것 같다. 이 무지개를 불멸의 꽃으로 만들고 싶어하는 내 마음을. 그러나 나는 그녀가 내 시를 얼마나 깊이 이해하고 받아들였는지 미처 몰랐다. 뒷날 깨달음의 순간이 오기 전까지는.

나는 날마다 아눈치아타를 찾아갔다. 사육제는 꿈처럼 지나갔다. 그러나 그 며칠 동안 나는 충분히 즐거웠다. 아눈치아타의 집에서 이제껏 알지 못했던 삶의 기쁨을 만끽했기 때문이다.

어느 날 베르나르도가 말했다.

"너도 마침내 어엿한 남자가 되기 시작했구나. 우리 같은 진정한 사내가 되기 시작했어. 하지만 아직은 겨우 술잔 테두리에 입술을 댔을 뿐이야. 감히 맹세해도 좋아. 너는 아직 여자한테 키스한 적도 없고, 여자의 어깨에 머리를 기대 본 적도 없을 거야. 그런데 넌 대체 어쩔 셈이지? 만약 아눈치아타가 너를 사랑한다면……?"

"무슨 소리를 하는 거야!" 나는 발끈해서 대꾸했다. 얼굴이 활활 타오르는 듯했다. "아눈치아타가? 말도 안 돼! 그녀는 나 같은 건 발뒤꿈치에도 따라가지 못하는 높은 곳에 있어. 그렇게 훌륭한 사람이 나를 사랑한다고?"

"암, 그럴 수도 있지. 높든 낮든 그녀는 여자고, 너는 시인이야. 시인은 헤아릴 수 없는 재주를 가지고 있어. 그래서 일단 여자의 마음속에 교두보를 마련하면, 깊숙한 저 안쪽으로 이어지는 문을 열 열쇠도 가질 수 있지."

"내 마음을 가득 채우고 있는 것은 그녀에 대한 감탄뿐이야. 나는 그녀의 친절함, 똑똑함, 그리고 그녀의 예술에 순수한 경의를 표하고 있어. 그녀를 사랑한다고? 그런 생각은 꿈에도 해 본 적이 없어."

"아니, 왜 그렇게 심각해?" 베르나르도는 웃으면서 말했다. "그래, 알았어. 너는 사랑에 빠진 게 아니라 이거지. 좋아, 네 말을 믿을게. 하기야 너는 현실의 인간인지 꿈속의 인간인지 구별할 수 없는 정신적 양서류니까. 요컨대 너는 사랑에 빠진 게 아니다, 적어도 나처럼 그녀를 사랑하고 있는 건 아니라는 거지? 하지만 네가 정말로 그녀를 사랑하지 않는다면, 겉으로 분명히 표현하지 않으면 안 돼. 그녀를 보면서 얼굴을 붉히거나 뜨거운 눈빛을 보내는 짓은 그만둬. 그녀를 위해서 충고하는 거야. 네가 그러는 것을 다른 사람들이 보면 어떻게 받아들일 것 같아? 뭐, 어차피 한동안은 그녀를 만날 수도 없겠지만 말이야. 넌 어떻게 생각해? 그녀가 과연 약속대로 부활절이 끝나면 돌아올까?"

나는 가슴이 덜컹했다. 그랬다. 아눈치아타는 한 달 이상 우리 곁을 떠나 있을 예정이었다. 피렌체 극장과 계약을 맺어 사순절 첫날 로마를 떠나기로 되어 있었다.

"그쪽에 가면 새로운 숭배자가 많이 생길걸." 베르나르도가 말을 이었다. "그녀도 옛 숭배자들은 곧 잊어버리겠지. 너의 그 아름다운 즉흥시도 그럴 거야. 처음 들을 때는 그녀가 홀딱 반한 눈치여서 사람들을 놀라게 했지만 말이야. 피렌체에서는 전혀 떠올리지도 않을 테지. 하지만 한 여자만 생각하는 남자는 바보야! 여자는 로마 어디에나 있어. 들판에 꽃들이 널려 있듯이. 어디서나 딸 수가 있어."

그날 밤 나는 베르나르도와 함께 오페라를 보러 갔다. 아눈치아타가 떠나기 전에 마지막으로 출연하는 무대였다. 우리는 다시 그녀의 디도를 보았다. 노래도 연기도 전과 다름없이 완벽했다. 그것은 예술의 극치였다. 완성품을 다시 한 번 완성하는 경지에 이르러 있었다. 그녀는 한층 더 범접할 수 없는 존재가 되었다. 희가극이나 실생활에서 보여 준 쾌활하고 변덕스러운 모습은 그녀가 몸에 걸치고 있는 현란한 속세의 의상처럼 여겨졌다. 그 의상도 그녀에게 잘 어울리기는 했지만, 본디 천상의 선녀인 그녀의 참된 자아와 영혼이 가장 잘 나타나 있는 것은 디도 역할이었다.

극장을 온통 메운 관객들의 감격과 환호가 그녀를 둘러쌌다. 먼 옛날 카이사르와 티투스를 맞이했던 로마 시민들의 감격도 그 정도는 아니었을 것이다. 아눈치아타는 무대를 마치고 감동을 솔직하게 고마움으로 표현하며 관객에게 작별인사를 했다. 그리고 머지않아 다시 돌아오겠다고 약속했다. 환호하는 소리가 극장을 뒤흔들었다. 사람들의 끊임없는 박수갈채에 답하여 그녀는 몇 번이나 다시 무대에 나타났다. 또 사람들은 그냥 돌아가지 않고 지난번처럼 그녀의 마차를 끌면서 시내를 누볐다. 나도 선두에 끼었고, 베르나르도도 환성을 지르고 있었다. 우리가 끌고 가는 마차 속에서 아눈치아타는 행복감에 젖은 채 고운 미소를 짓고 있었다.

20
사육제 마지막 날

이튿날은 사육제 마지막 날이자 아눈치아타가 로마에서 보내는 마지막 날이기도 했다. 나는 작별인사를 하러 갔다. 그녀는 오페라에 대한 로마 시민들의 열광과 경의에 깊이 감동하여, 피렌체는 그 아름다운 자연과 훌륭한 미술관 때문에 무척 좋아하는 곳이기는 하지만, 부활절이 끝난 뒤 다시 이곳으로 돌아올 것을 생각하면 벌써부터 그날이 기다려진다고 말했다. 그리고 피렌체 풍경을 간단하면서도 생생하게 묘사해 주었다. 메디치 궁전, 꽃의 성모 마리아 성당, 지오토 종탑, 베키오 다리, 아르노 강, 그 밖에 수많은 아름다운 건물들……. 특히 피렌체 시청 앞 광장 이야기가 인상적이었다.

"다시 한 번 그곳에 있는 미술관에 가고 싶어요. 저는 그 훌륭한 미술관에서 비로소 조각이라는 걸 이해하고 좋아하게 되었어요. 프로메테우스가 인간에게 불과 더불어 지혜를 주고 죽은 것에 생명을 주었듯이, 그 조각들은 예술가의 정신이 얼마나 위대한가를 나에게 가르쳐 주었어요. 지금 당장이라도 그 미술관으로 당신을 데려갈 수 있다면 얼마나 좋을까! 제가 특히 좋아하는 팔각형 방은 미술관에서도 가장 작은 방이지만, 저에게는 가장 그리운 곳이에요! 당신도 그곳에 가면 틀림없이 행복해질 거예요. 제가 그랬듯이. 그 작은 방에는 특별히 엄선한 작품들만 모여 있지만, 생명이 넘쳐흐르는 대리석 조각품 〈메디치의 비너스〉에 비하면 다른 석상들은 아무것도 아니에요. 그토록 생생한 생명력이 느껴지는 작품은 아직까지 본 적이 없어요. 그 조각의 대리석 눈은 살아 있어요. 햇살이 비치는 각도에 따라서는 마치 우리의 영혼까지 꿰뚫어 보는 것 같아요. 이 비너스상의 뒷벽에는 형언할 수 없이 아름다운 티치아노의 비너스가 두 점 걸려 있답니다. 그 생생한 색채를 보면 과연 미의 여신이라고 할 만해요. 하지만 그건 지상의 아름다움에 불과해요. 대리석 여신은 천상의 아름다움이에요! 라파엘로의 〈포르나리나〉와 수많은 마돈나 그림도 제 마음을 움직이기는 하지만, 비너스상의 강한 생명력이 어느새 다시 내 영혼을 사로잡고 말아요. 그것은 단순한 석상이 아니라 생명 그 자체예요. 세상에 훌륭한 조각상이 많다지만 그 무엇이 이 비너스와 어깨를 견줄 수 있을까요. 라오콘 군상도 훌륭해서 돌이 고통에 몸부림치고 있는 듯이 보이지만, 역시 비너스상에는 미치지 못해요. 이것과 견줄 수 있는 것은 당신도 아시는 바티칸 궁전의 아폴론밖에 없어요. 시의 신 아폴론을 묘사한 그 뛰어난 능력이라면 이 놀라운 미의 여신을 조각할 수 있을 것 같아요."

"그 아름다운 조각은 석고 복제품을 보아서 알고 있습니다."

"아니, 석고 복제품은 아무 의미가 없어요. 죽은 석고는 표정을 죽여 버리니까요. 하지만 대리석은 생명과 영혼을 주지요. 돌이 부드러운 살이 되고, 그 밑에는 피가 흐르는 것처럼 여겨질 정도예요. 저와 함께 피렌체에 가시지 않겠어요? 그러면 제가 안내할게요."

나는 아눈치아타의 고마운 제안에 행복을 느끼면서 정중하게 고개를 숙였다.

"우리는 부활절이 지난 뒤에야 다시 만날 수 있을 겁니다."

"그래요. 산 피에트로 대성당이 조명으로 장식되고 불꽃놀이가 열리면 다시 보게 되겠죠. 그때까지 저를 잊지 마세요. 저도 피렌체 미술관에서 당신을 생각하고, 오늘 일을 생각하고, 이런 보물을 당신과 함께 볼 수 있다면 얼마나 좋을까 생각할 테니까요. 저는 무언가 흥미로운 것을 볼 때마다 당신을 그리워하고, 기쁨을 함께 나눌 수 있으면 좋겠다고 아쉬워할 거예요. 그게 제 방식의 향수병인지도 몰라요."

나는 아눈치아타가 내민 손에 입을 맞추고 용기를 내어 농담조로 말했다.

"이 키스를 메디치의 비너스에게 전해 주십시오."

"아니, 저한테 주신 게 아닌가요? 좋아요. 말씀하신 대로 혼자 독차지하지 않고 비너스에게 전해 드릴게요."

아눈치아타는 상냥하게 고개를 끄덕이면서, 내 노래와 즉흥시 덕분에 즐거 웠다면서 고맙다고 말했다. 그러고는 덧붙였다.

"그럼 또 만나요."

그녀와 헤어지고 나는 꿈꾸는 듯한 기분으로 방을 나왔다. 문밖에서 나는 유대인 노파를 만났다. 평소와는 달리 들떠 있던 나는 노파의 손에 입을 맞추 었다. 노파는 작게 중얼거렸다.

"좋은 청년이구먼."

거리로 나온 뒤에도 나는 아눈치아타의 애정에 행복을 느끼고 감동에 젖어 있었다. 이대로 사육제 마지막 날을 신나게 즐기고 싶었다. 아눈치아타가 떠난 다는 사실 따위는 생각하지도 않았다. 우리의 이별이 너무나 쉽게 이루어졌기 때문에, 내일이 되면 또다시 만날 수 있을 것 같은 기분이 들었다.

나는 가면도 쓰지 않고, 콘페티를 서로 던져대는 사람들 속으로 기꺼이 뛰어들었다. 길가의 의자들은 다 차서 빈자리가 없었다. 발코니도 창문도 구경하는 사람들로 가득 메워져 있었다. 마차들이 딱 붙어서 느릿느릿 오가고 있었고, 그 사이를 한껏 들뜬 사람들이 한 덩어리가 되어 파도치는 강물처럼 움직이고 있었다. 몸을 움직이려면 대담하게 마차 사이로 뛰어들 수밖에 없었다. 마차와 마차 사이의 비좁은 틈이 그나마 몸을 움직일 수 있는 유일한 공간이었다.

음악이 사방에서 울리고, 쾌활한 가면들이 노래를 부르고 있었다. 뒤따라오는 마차에서도 누가 흥겹게 노래를 하고 있었다. 또 담요를 씌운 목마를 타고 그 덮개 속에서 머리와 엉덩이만 드러낸 개구쟁이들이 두 발을 마치 말 다리처럼 내디디면서 마차와 마차 사이로 끼어들어 혼잡을 더욱 부채질하고 있었다. 나는 마차들 틈에 쐐기처럼 꽉 끼어서 앞으로도 뒤로도 움직일 수가 없었다. 바로 뒤에서 마차를 끄는 말이 뿜어내는 콧김이 내 귓가를 스쳤다. 난처해진 나는 가까이 있는 마차에 무작정 올라탔다. 그 마차에는 변장한 두 사람이 타고 있었다. 그중 꽃 파는 처녀는 내가 하도 난처해서 어쩔 수 없이 마차에 뛰어오른 것을 금방 알아차리고, 내 손을 가볍게 찰싹 때리고는 콘페티를 두어 개 던지는 시늉을 했다. 그러나 그 옆에 있는 노신사는 바구니에 가득 든 콘페티를 내 얼굴에 냅다 끼얹었다. 그때 내 뒤쪽이 약간 빈 것을 보고 아가씨도 신나게 공격을 시작했기 때문에, 나는 당장 머리부터 발끝까지 새하얗게 된 채 마차에서 뛰어내려 허둥지둥 달아날 수밖에 없었다. 그러자 광대가 웃으면서 다가와 손에 들고 있던 빗자루로 콘페티 가루를 털어 주었다.

나는 잠시 혼잡한 도로에서 빠져나와 쉬고 있었다. 그런데 아까 그 마차가 다시 다가와 똑같은 공격을 퍼부었다. 그래서 나도 똑같이 콘페티로 반격하기로 결심했다. 마침 그때 대포 소리가 천둥처럼 울려 퍼졌다. 마차들은 이제 곧 시작될 경마의 경주로를 열어 주기 위해 일제히 옆골목으로 들어갔다. 그러는 동안 나를 공격했던 두 사람도 어딘가로 사라져 버렸다.

그 두 사람은 아무래도 나를 알고 있는 눈치였다. 도대체 누구였을까? 그러고 보니 오늘은 베르나르도를 하루 종일 만나지 못했다. 어쩌면 그 노신사가 베르나르도이고 꽃 파는 처녀는 이른바 그의 '작은 새'가 아닐까 하는 생각이 들었다. 나는 그런 상상을 하면서 길모퉁이 의자에 자리를 잡았다. 곧 출발을 알리는 대포가 울리고, 말들은 베네치아 광장을 향해 코르소 대로를 미친 듯이 질주했다. 말들이 지나간 자리는 금방 인파로 메워졌다. 그런데 내가 의자에서 막 내려가려고 할 때, 무서운 외침소리가 들렸다.

"말이다!"

아까 지나갔던 말 한 마리가 눈 깜짝할 사이에 방향을 바꾸어, 방금 지나간 길을 되돌아오고 있었다. 이미 말들은 다 지나갔다고 안심하고 있었던 군중은 당장 공황 상태에 빠졌다. 그야말로 아비규환이었다. 어머니의 죽음이 번개처럼 내 머리를 스치고, 미쳐 날뛰던 말이 우리 모자를 짓밟고 지나간 그 끔찍한 순간이 생생하게 되살아났다. 나는 꼼짝도 못하고 앞을 바라볼 뿐이었다. 군중은 마법에라도 걸린 것처럼 순식간에 좌우로 갈라졌다. 마치 사람들이 눈 깜짝할 사이에 조그맣게 오그라들어 버린 것 같았다. 그 사이로 입에서 거품을 내뿜고 옆구리가 온통 피투성이가 된 말이 갈기를 흩날리고 발굽에서 불꽃을 튀기며 달려왔다. 그러나 내 앞을 지나치려는 순간, 말은 총이라도 맞은 것처럼 털썩 쓰러지더니 그대로 죽어 버렸다. 겨우 정신을 차린 사람들은 다친 사람은 없는지 서로 안부를 물으며 부산을 떨었다. 그러나 이번에는 성모 마리아가 자비의 손길을 베풀어 주셨기 때문에 모두 무사했다. 위기를 무사히 넘겼다는 기쁨이 사람들을 아까보다 더욱 쾌활하고 들뜨게 만들었다.

신호용 불꽃이 터지고, 빽빽이 늘어서 있던 마차 행렬이 느슨해졌다. 드디어 사육제의 피날레라고 할 수 있는 촛불제가 시작되었다. 마차들은 행렬에서 벗어나 뒤섞이고, 혼잡과 소동은 점점 더 심해졌다. 하늘이 어두워지자 사람들은 손에 들고 있는 양초에 불을 붙였다. 개중에는 양초를 한 다발이나 들고 있는 이들도 있었다. 길거리에도 마차 안에도, 모든 창문에도 빛나는 양초를 든 사람들이 가득 찼다. 이 아름다운 저녁에 집도 마차도 반짝반짝 빛나고 있었다. 마치 땅 위에 별을 흩뿌려 놓은 것 같았다. 집에 있는 사람들은 제 불빛을 자랑하듯이 초롱이나 양초를 긴 막대기 끝에 매달아 창문에서 거리 위로 내밀었다.

이제 사람들은 제 양초를 지키고 남의 촛불을 끄려고 했다. "양초가 없는 놈은 죽어라!" 이렇게 외치는 소리가 사방에서 터졌다. 나는 내 촛불을 꺼뜨리지 않으려고 애썼지만 소용이 없었다. 불을 붙이면 옆에서 바로 꺼 버렸다. 마침내 나는 자포자기한 심정으로 양초를 내던지며 소리쳤다. "에이, 정녕 지혜로운 자라면 멍청한 짓은 그만둬야지!" 그리고 다른 사람들 양초를 뺏으려고 했는데, 길가에 서 있던 여자가 양초를 지하실 창문에 꽂아 놓고 외쳤다. "이러면 아무도 못 끌걸!" 그녀는 나를 손가락질하면서 "양초도 없는 놈!"이라고 놀리며 웃었다. 아마 자기 양초는 안전하다고 생각했겠지만, 그 집 아이들이 재빨리 지하실로 내려가 촛불을 꺼 버렸다. 그때 양초를 켠 초롱이 위쪽 창문에서 내려왔다. 그 높은 창문에서 사람들이 불을 켠 양초를 막대기 끝에 잔뜩 매달아 거리 위로 내밀면서 우쭐거리고 있었다. 그때 다른 사람이 지붕으로 기어 올라가더니 긴 지팡이 끝에 매단 손수건으로 그 촛불을 모조리 꺼 버렸다. 그러고는 제 양초를 높이 치켜들고 "양초도 없는 놈!" 하고 외쳤다.

이 축제를 본 적이 없는 외국인들은 귀가 먹먹해지는 이 소란과 혼잡을 상상조차 할 수 없을 것이다. 와글와글 모여 있는 사람들의 숨결과 촛불의 불꽃으로 공기는 답답하고 무더웠다. 마차 몇 대가 모퉁이를 돌아 어두운 옆골목으로 들어갔을 때, 뜻밖에도 아까 나를 공격했던 가면 쓴 처녀와 노신사가 바로 눈앞에 있는 것을 깨달았다. 실내복을 입은 신사의 촛불은 꺼져 있었지만,

꽃 파는 처녀의 촛불은 기다란 등나무 장대 끝에 높이 매달려 환하게 빛나고 있었다. 지팡이 끝에 매단 손수건 정도로는 닿을 것 같지도 않았고, 게다가 옆에 있는 노신사는 다가오려는 사람이 있으면 콘페티로 사정없이 격퇴하고 있었다. 아가씨는 난공불락의 요새 같은 제 촛불을 보고 즐거운 듯이 웃고 있었다. 나는 틈을 노려 다짜고짜 마차 뒤로 뛰어 올라가, 그녀가 "어머나! 안돼요" 하고 애원하는 것을 들은 척도 하지 않고 그 등나무를 붙잡았다. 노신사는 나에게 콘페티를 우박처럼 퍼부었다. 그래도 나는 굴하지 않고 촛불을 끄려고 등나무를 휘었다. 그 순간 등나무가 반으로 뚝 부러지더니 빛의 다발이 땅 위로 떨어졌다. 군중들이 박수갈채를 보냈다.

"너무해요, 안토니오!" 꽃 파는 처녀가 외쳤다.

그 목소리에 나는 벼락이라도 맞은 듯 화들짝 놀랐다. 아눈치아타의 목소리였다. 그녀는 갖고 있던 콘페티를 모조리 던지고도 모자라서 바구니까지 내 얼굴에 던졌다. 나는 놀라서 마차에서 뛰어내렸다. 그 틈에 마차는 쏜살같이 달려가 버렸지만, 그때 마차 뒤에서 화해의 표시처럼 꽃다발 하나가 내 쪽으로 날아왔다. 나는 그것을 받아들고 곧바로 뒤따라가려고 했다. 그러나 도저히 사람들을 헤치고 빠져나갈 수가 없었다. 길이 너무 혼잡해서 뒤쫓기를 포기하고 옆골목으로 피신할 수밖에 없었다. 그런데 혼잡에서 벗어나 조금 마음이 가라앉자 문득 답답한 기분이 내 가슴을 짓눌렀다.

아눈치아타와 함께 있던 사람은 누구일까? 그 실내복 차림의 노신사는? 아아, 역시 내가 처음에 상상한 것이 옳았어. 그건 틀림없이 베르나르도야. 생각이 여기까지 미치자 사실을 확인하지 않을 수 없었다. 황급히 사람이 적은 골목을 빠져나가 아눈치아타가 살고 있는 콜론나 광장으로 갔다. 그리고 문간 옆에 서서 그녀가 돌아오기를 기다렸다. 곧이어 마차가 왔다. 나는 이 집 하인이라도 된 것처럼 마차 쪽으로 달려가 손을 내밀었다. 그러나 아눈치아타는 내 손을 외면하고 마차에서 훌쩍 뛰어내렸다. 나는 얼른 노신사를 보았다. 다음에는 그가 내릴 차례였다. 그런데 베르나르도라고 하기에는 일어나서 내리는 동작이 굼떴다. 마차에서 내릴 때 실내복 밑으로 언뜻 보인 갈색 옷과 발 모양을 보고, 나는 내 상상이 얼마나 빗나갔는지를 깨달았다. 그것은 아눈치아타를 돌봐 주는 유대인 노파였다.

"행복한 밤을 보내십시오, 부인!" 나는 기쁨을 감추지 못하고 외쳤다.

아눈치아타는 웃으면서 다가왔다. 그리고 당신은 나쁜 사람이니까 당장 피렌체로 가 버리겠다고 농담을 했다. 그러나 그녀의 손은 악수를 청한 내 손을 꽉 움켜쥐고 있었다.

크나큰 행복감에 젖어 그녀와 헤어진 나는 "양초가 없는 놈은 죽어라!" 하고 마구 소리를 지르며 돌아다녔다. 그런 주제에 나 자신은 양초를 하나도 갖고 있지 않았지만. 그렇게 뛰어다니는 동안 나는 줄곧 아눈치아타와 그 마음 착한 노파를 생각하고 있었다. 노파는 아마 이런 시끌벅적한 사육제를 좋아하지 않을 터였다. 그런데도 아눈치아타를 즐겁게 해 주려고 남자용 실내복을 걸친 채 사육제 길동무 역할을 맡은 것이 분명했다. 그리고 아눈치아타가 사육제의 마지막 밤을 즐기면서도 베르나르도나 악단장조차 동승시키지 않고 노파를 데려간 것은 정말 그녀다운 일이라고 생각되었다. 그녀는 그렇게 순수하고 천진한 여자였던 것이다. 다만 내가 아눈치아타와 동승한 사람이 베르나르도일지도 모른다고 생각한 순간 강한 질투심을 느낀 것은, 나로서는 인정하고 싶지 않지만 인정할 수밖에 없는 사실이었다. 그것은 참으로 부끄러운 일이었다.

어쨌든 나는 행복하고 유쾌했다. 그리고 꿈처럼 지나가는 사육제의 마지막 몇 시간을 마음껏 즐기려고 가장무도회장에 가 보았다. 극장은 촛불을 켠 초롱으로 장식되고, 관람석은 가면을 쓴 로마 사람들과 가면을 쓰지 않은 외국인들로 가득 차 있었다. 1층 관람석에서 무대까지 폭넓은 사다리가 걸려 있고, 그 아래 오케스트라석이 있었다. 무대는 화려한 리본과 화환으로 장식하여 손님들이 마음껏 춤출 수 있는 무도회장으로 꾸며져 있었다.

두 오케스트라가 번갈아 음악을 연주했다. 마부로 변장한 사람들이 술의 신 바쿠스와 그의 신부 아리아드네를 둘러싸고 쾌활하게 춤추며 빙글빙글 돌았다. 나도 사다리를 밟고 무대로 건너가서 그 틈에 끼어들었다. 이렇게 나는 기쁨의 힘을 빌려 난생 처음으로 춤을 춰 보았다. 해 보니 정말 재미있어서, 한 번으로 그만둘 수가 없었다. 날아갈 듯 가벼운 몸과 마음으로 두 번이나 춤을 추고 나서 밤늦게 겨우 기숙사로 돌아갔다.

그날 밤에는 제대로 잠을 잘 시간도 없었다. 이튿날 아침에도 날씨는 맑았다. 나는 멍하니 생각했다. 아눈치아타는 지금쯤 로마를 떠났을 것이다. 내게 새로운 인생을 열어 준 활기차고 즐거웠던 사육제도 이제는 사라져 버렸다. 그 순간 엄청난 외로움이 밀려왔다. 나는 가만히 앉아 있을 수가 없어서 상쾌한 아침 공기 속으로 나가 보았다.

시내의 모습은 어제와는 완전히 달라져 있었다. 집들은 모두 문이 닫혀 있고, 거리에는 인적마저 뜸했다. 어제는 쾌활한 군중의 물결로 가득 찼던 코르소 대로에서는 한 무리의 죄수들이 푸른 줄무늬가 나 있는 하얀 옷을 입고, 싸라기눈처럼 거리에 흩어져 있는 콘페티를 쓸어모으고 있었다. 그 옆에서는 초라한 말 한 마리가 옆구리에 매단 건초 다발을 우적우적 씹으면서 쓰레기 마차를 끌고 있었다.

어느 집 앞에 마차 한 대가 멈춰 서 있었다. 마부는 크고 작은 상자를 마차 위에 높이 쌓아 올린 다음 그 위에 커다란 덮개를 씌우고, 꽁무니에 매달린 수많은 트렁크까지 함께 사슬로 단단히 묶었다. 그때 옆골목에서 역시 그런 식으로 짐을 실은 마차가 나왔다. 마차는 둘 다 어딘가로 가 버렸다. 나폴리로 가는 것일까. 피렌체로 가는 것일까. 그 순간부터 로마는 부활절까지 40일 동안 기나긴 잠에 빠졌다.

21
사랑의 가시밭길

아무런 굴곡 없이 죽음처럼 나른한 날들이 느릿느릿 지나갔다. 내 머릿속에서는 사육제 동안 일어난, 아눈치아타를 주역으로 하는 내 생애의 큰 사건들이 끊임없이 차례로 재현되었다. 주위의 단조로움과 무덤 같은 정적은 날이 갈수록 심해져, 책으로는 도저히 채울 수 없는 심한 공허감을 느꼈다.

전에는 베르나르도가 나의 전부였다. 그는 나의 둘도 없는 친구였다. 그러나 어찌 된 영문일까, 이제는 우리 사이에 깊은 골이 생겼는지 그와 함께 있으면 왠지 모르게 어색해지곤 했다. 아아, 우리 사이에는 아눈치아타가 있었다. 내 마음은 온통 아눈치아타에 대한 생각뿐이었다. 그녀를 위해서라면 소중한 친구를 잃는 아픔도 감수할 수 있을 것 같았다. 그러나 때로는 나보다 먼저 아눈치아타를 사랑한 베르나르도가 떠오르곤 했다. 베르나르도야말로 나를 아눈치아타에게 소개해 준 사람이 아닌가. 나는 그에게 아눈치아타를 훌륭한 예술가로서 존경할 뿐 사랑하지는 않는다고 맹세하지 않았던가. 단 하나뿐인 친구에게 충실하겠다고 몇 번이나 나짐했던가. 그런데 이제 나는 그를 기만하고 우정을 저버리려 하고 있다. 아, 날카로운 회한의 가시에 찔려 내 마음은 피투성이가 된다. 그러나 아무리 애를 써도 아눈치아타를 잊을 수가 없었다. 그녀와의 추억, 그녀와 함께 보낸 행복했던 시간, 그 즐거웠던 나날이 나에게 서글픈 미소를 보내고 있었다. 그것은 이미 죽은 사람이 초상화 속에서 마치 살아 있는 듯 미소짓는 모습과 비슷했다. 그 따뜻한 미소 때문에 내 마음은 점점 더 깊은 슬픔에 잠긴다.

살아가는 일이 얼마나 힘든지는 학교에서 자주 들었다. 그 무렵에는 공부의 어려움이나 교사의 못된 처사 따위를 곱씹으면서, 이미 인생의 쓴맛을 보았다고 생각하기도 했다. 그러나 그것은 커다란 착각이었다. 나는 이제야 겨우 진정한 삶의 고통이 무엇인지 알게 되었다. 내 마음속에서 눈뜬 새로운 정열, 그것을 이겨 낸다면 예전의 평화를 되찾을 수 있을까? 나는 이 사랑의 앞길이 대체 어떻게 될지 생각해 보았다. 아눈치아타는 보통 가수가 아니라 예술 세계에서는 높은 곳에 서 있는 탁월한 인물이었다. 하지만 그래도 만약 내가 욕망에 사로잡혀 내 사명을 저버리고 그 뒤를 따른다면 세상의 비난을 면치 못할 것이다. 베르나르도도 결코 나를 용서하지 않을 것이다. 뿐만 아니라 성모 마리아도 화를 낼 것이다. 나는 성모 마리아를 찬양하기 위해 태어나고 자라나지 않았는가. 아니, 애당초 이 사랑은 이루어질 수 있을까? 과연 아눈치아타는 나를 사랑하고 있을까? 그것은 내게 가장 고통스러운 의문이었다.

나는 성당에 가서 성모 마리아 앞에 넙죽 엎드려, 부디 내 마음을 이겨 낼 수 있는 힘을 달라고 기도했다. 그러나 소용이 없었다. 고개를 들어 보니, 성모 마리아가 아눈치아타로 보였던 것이다. 나는 순간 기뻐했지만 곧 죄책감에 시달렸다. 괴로워서 견딜 수 없었다.

이런 감정은 단연코 씻어 내지 않으면 안 돼. 이제 두 번 다시 그녀를 만나지 않겠어. 나는 속으로 굳게 맹세했다. 옛날에는 신도들이 왜 자신의 육체를 학대하는지, 왜 육체에 고통을 주면서 기도하여 영혼의 싸움에서 이기려고 하는지, 그 이유를 몰랐다. 그러나 이제는 가슴으로 이해할 수 있었다. 내 불타는 입술은 성모 마리아의 차가운 대리석 발등에 입을 맞추었다. 그때만은 내 마음에 평화가 돌아왔다. 그리고 어머니가 살아 계셨던 어린 시절의 일이 생각났다. 그 무렵에는 나도 정말 편안하고 행복했다. 사육제가 끝나고 부활절이 오기까지, 이 죽음 같은 때조차 나는 얼마나 많은 기쁨을 누렸던가.

그때 보았던 광경은 지금도 어제 일처럼 생생하게 떠오른다. 모퉁이와 사거리에는 금별과 은별로 장식된 오두막들이 세워지고, 주위에는 아름다운 간판들이 내걸려 있었다. 간판에는 사순절 동안에 이러이러한 요리를 내놓는다는 문구가 적혀 있었다. 저녁에는 초록빛 나뭇가지에 매달린 오색 초롱에 불이 켜졌다. 식료품 가게는 사순절 동안 마치 동화 속 세상처럼 황홀하게 꾸며졌다. 가게 앞에는 치즈로 만든 천사가 조그만 성당 안에서 춤을 추고 있었다.

기둥은 은박지를 감은 소시지였고, 둥근 지붕은 파르메산 치즈였다. 나는 이 아름다운 광경을 노래한 생애 최초의 시를 지어서, 식료품 가게 아주머니한테 '단테의 신곡' 같다는 과찬을 들었다. 그 무렵 나는 이 위대한 시인을 알지 못했다. 아눈치아타 같은 여가수도 몰랐고, 그녀가 내 마음을 이렇게 뒤흔들 줄도 몰랐다. 아아, 아눈치아타를 잊을 수민 있다면!

나는 로마의 일곱 성당을 순례하는 행렬에 끼어 순례자들과 함께 성가를 불렀다. 나는 매우 진지하고 심각했다. 그러던 어느 날 베르나르도가 고행하는 나를 보고 차갑게 비웃었다.

"아니, 코르소의 유쾌한 변호사, 아눈치아타네 집에서 활약하시던 즉흥시인께서 요즘 웬일이지? 눈에는 참회의 빛을 띠고 거룩한 순례자들 틈에 끼어 있다. 거참, 정말이지 어떤 역이든 능숙하게 해내는군. 나는 도저히 흉내조차 낼 수 없어, 안토니오!"

분명 비웃는 소리였다. 그러나 그 말은 더도 덜도 아닌 사실이었기 때문에 내 마음은 깊은 상처를 받았다. 하지만 그때 내 가슴을 열어 보일 수 있었더라면, 그런 사실보다 더 간절하고 진실된 내 마음을 보여 줄 수 있었을 텐데.

사순절도 어느덧 마지막 주로 접어들었다. 외국인들은 잇따라 로마로 돌아왔다. 포폴로 문이나 산 조반니 문으로 마차가 꼬리를 물고 들어왔다. 수요일 오후, 바티칸의 시스티나 성당에서 성가가 연주되었다. 나는 음악의 세계로 돌아가 공감과 위안을 얻고자 그곳으로 갔다.

수많은 사람들이 성당으로 몰려와 안팎을 꽉 채웠다. 앞쪽 좌석은 이미 부인들로 가득 차 있었다. 외국 귀빈들을 위해 벨벳을 깐 훌륭한 관람석이 한 단 높게 마련되어 있었다. 훌륭한 조각이 새겨진 난간이 부인석과 예배당 내부를 갈라 놓고 있었는데, 귀빈 관람석에서는 그 난간 너머 안쪽까지 내려다볼 수 있었다. 교황의 스위스인 근위대가 화려한 정장 차림으로 늘어서 있었다. 반짝반짝 빛나는 갑옷을 입은 장교들의 투구에서는 깃털 장식이 흔들리고 있었다. 베르나르도에게는 그 차림이 유난히 잘 어울렸다. 그는 젊고 아름다운 여인들에게 인사를 보내고 있었다.

내 자리는 안쪽에 있었다. 그곳은 교황 성가대가 늘어서 있는 발코니에서 그리 멀지 않았다. 내 뒤에는 영국인 여럿이 앉아 있었는데, 우습게도 사육제 때 현란한 가장을 하고 길거리를 돌아다녔던 그들은 여기서도 그때와 다름없이 요란한 차림을 하고 있었다. 그들은 모두 장교처럼 보이고 싶은 모양이었다. 고작 열 살쯤 된 소년까지도 마찬가지였다. 누가 보아도 어울리지 않았지만 사치스러운 옷차림이었다. 그중 한 사람은 연푸른빛 바탕에 은실로 수놓은 코트를 입고, 금장식을 단 장화를 신고, 진주와 깃털 장식으로 치장한 모자를 쓰고 있었다. 그들은 화려한 군복을 입으면 좋은 자리를 얻을 수 있다는 사실을 알고서 이렇게 차려입은 것이 분명했다.

추기경들이 아름다운 보랏빛 벨벳에 하얀 담비 모피를 덧댄 겉옷을 두르고 입장하여 커다란 반원을 그리며 앉았다. 추기경들의 옷자락을 받들고 온 젊은 사제들은 그 발치에 자리를 잡았다. 제단 옆 작은 문에서 진홍빛 망토에 은백색 관을 쓴 교황이 나타났다. 교황이 옥좌에 앉자 주교들이 그 주위에서 향로를 흔들고, 붉은 옷을 입은 젊은 사제들이 횃불을 들고 교황과 제단 앞에 무릎을 꿇었다.

성서 낭독이 시작되었다. 그러나 나는 그런 죽은 글자에 집중할 수가 없었다. 내 영혼은 어느새 천재 화가 미켈란젤로가 천장과 벽에 창조한 구약성서의 대우주를 거닐고 있었다. 생기 넘치는 위대한 예언자들은 모두 방대한 예술론의 주제가 될 수 있었다. 내 눈은 그 당당한 풍모와 그들 주위를 둘러싼 화려한 천사들의 무리를 탐욕스럽게 바라보았다. 내게 그것은 그림으로 그려진 존재가 아니라 생생하게 살아 있는 성스러운 생명체였다. 이브가 아담에게 줄 금단의 열매를 땄던 지혜의 나무도, 물 위를 날아가는 전능하신 신도 모두 살아 있었다. 그 신은 옛날 화가가 그렸듯이 천사들에게 떠받들려 있는 것이 아니라, 반대로 천사들을 제 몸과 바람에 나부끼는 옷 위에 올려놓고 있었다. 이 위대한 벽화는 전에도 여러 번 보았지만 이때만큼 강하게 내 마음을 움직인 적은 없었다. 그날 많은 사람들이 성당에 모였기 때문일까, 아니면 내 감정이 한껏 고양되었기 때문일까. 그때 나는 그림 속에서 한없이 넓은 시의 세계를 발견했다. 어쩌면 내 감정을 그림에 지나치게 투영해서 그랬는지도 모르지만, 아마 나뿐만 아니라 나보다 먼저 살아간 수많은 시인들도 이 그림에서 시적 감동을 느꼈을 것이다.

애당초 이 그림은 평평한 화면이 아니라, 둥근 천장처럼 그리기 어려운 곳에다 그린 것이다. 대담한 원근법을 사용하여 인체의 비율을 왜곡해 놓아서, 때로는 그림 속 인물이 벽에서 튀어나올 것만 같은 기분도 든다. 예수 그리스도의 '산상수훈'도 이 명장의 색채와 형태를 빌려 실감나게 표현되었다. 나는 이런 걸작을 남긴 미켈란젤로 앞에 엎드려 머리를 조아린다. 그림에 그려진 예언자들은 모두 미켈란젤로가 내리식에 새긴 모세에 못지않다. 모세는 노에 취급을 받던 히브리 민족을 이끌고 이집트에서 탈출할 때 홍해 바다를 갈라 길을 내었다고 한다. 그 얼마나 당당한 거인의 풍모인가! 이곳에 들어오면 맨 먼저 우리의 눈을 빼앗고 마음을 사로잡는 것은 다름 아닌 그 광경이다. 그러나 이윽고 눈은 저절로 성당 안쪽으로 끌려간다. 그곳 정면에 있는 제단 위 벽에는 모두를 압도하는 거대한 벽화가 펼쳐져 있다. 우리는 거기에서 〈최후의 심판〉을 본다.

재판관 그리스도는 구름 위에서 굽어보며 심판을 내리고, 성모 마리아와 사도들은 손을 내밀어 불쌍한 인류를 위해 자비를 호소하고 있다. 죽은 자들은 최후의 심판을 받기 위해 무덤에서 나온다. 축복받은 영혼들은 천국으로 올라가지만, 지옥의 심연은 희생자들을 삼키고 있다. 독을 뿜는 지옥의 사악한 용에게 휘감겨 있는 저주받은 형제들을 구하려고 애쓰는 승천하는 영혼들. 죄인들은 이제 와서 후회하며 주먹으로 자신의 이마를 치면서 지옥 밑바닥으로 깊이 가라앉고 있다. 천국과 지옥 사이에는 떠오르거나 가라앉는 수많은 영혼들—용맹한 장군이나 투사들도 섞여 있다—이 대담한 원근법으로 표현되어 있다. 천사들의 친절, 사랑하는 사람을 다시 만난 기쁨, 어머니 가슴에 매달려 잠든 아이들—이 모든 것이 자연스럽고 아름답기 그지없다. 보는 사람도 심판을 기다리는 무리 속에 끼여 있는 기분이 들 정도다. 귀를 기울이면 심판의 소리가 들린다.

때마침 높은 창을 통해 마지막 햇살이 스며 들어왔다. 그리스도와 그를 에워싼 축복받은 이들이 햇빛 속에 환히 떠올랐다. 그리고 저주받은 죽은 자들을 태운 작은 배를 악마가 강가에서 밀어내고 있는 아랫부분은 거의 어둠 속에 잠겨 버렸다. 해가 저무는 것과 동시에 성서 낭독이 끝나고, 남아 있던 불빛도 꺼졌다. 화면 전체가 암흑에 뒤덮이자 음악과 노래가 터져 나왔다. 색채와 형태가 보여 준 이 세상 최후의 희로애락이 이제는 소리가 되어 파도처럼 거세게 솟아올라 우리 머리 위에 울려 퍼졌다.

교황은 호화로운 예복을 벗고 제단 앞으로 나와 십자가를 우러르며 축원했다. 심판을 알리는 나팔 소리의 힘찬 날개를 타고 웅장한 성가의 합창이 들려왔다. 고운 천사들의 음성은 장엄한 노랫소리 위에서 흔들리고 있었다. 그것은 남자의 목소리도 여자의 목소리도 아닌, 도무지 인간의 가슴에서 나오는 소리가 아니었다. 하늘나라에서 울려오는 그 목소리는 가락에 녹아든 천사들의 탄식 같았다.

이 화음의 세계에서 나는 샘솟는 힘과 넘쳐흐르는 기쁨을 가슴 가득히 느꼈다. 아눈치아타와 베르나르도, 사랑하는 이들의 모습이 마음속에 떠올랐다. 나는 그들 모두를 사랑한다. 그 순간 끓어오른 사랑은 저 축복받은 천상의 영혼들의 사랑과 조금도 다르지 않을 것이다. 기도로 얻지 못한 평화가 이제 음악과 함께 내 가슴으로 흘러 들어왔다.

22
친구와 사랑

사순절 마지막 날 시스티나 성당에서 이루어지는 합창 의식이 끝났다. 나는 당장 베르나르도를 찾아갔다. 나는 진심으로 그의 손을 잡고, 감동에 휩싸여 모든 것을 털어놓았다. 조금 전에 들은 알레그리가 지은 성가, 우리 두 사람의 우정, 내 인생에 일어난 이상한 사건들이 잇달아 화제에 올랐다. 나는 오늘 들은 음악이 내 마음을 얼마나 깨끗하게 씻어 주었는지, 그때까지 내 마음이 얼마나 무거웠는지, 사순절 내내 어떤 괴로움과 불안과 우울이 나를 괴롭혔는지 모조리 털어놓았다. 다만 베르나르도와 아눈치아타가 내 고통과 깊은 관계가 있다는 것은 말하지 않았다. 그것은 내가 친구에게 솔직히 드러내지 않은 단 하나의 작은 응어리였다.

베르나르도는 웃으면서 말했다.

"넌 정말 한심하고 까다로운 녀석이야. 캄파니아의 양치기네 집에서도, 또 보르게세 궁전에서도 내내 치마폭에 싸여 있어서 그래. 아 참, 예수회 학교에서 교육도 받았지. 그래서 그렇게 나약해진 거야. 하늘이 내려 주신 이탈리아 남자의 뜨거운 피가 염소젖으로 묽어지고, 트라피스트회 수도사 같은 금욕적인 생활이 네 몸을 병들게 한 거야. 그렇지, 지금 너한테는 길들인 작은 새 한 마리가 필요해. 고운 목소리로 노래해서 자네를 깨워 주고, 꿈속에서 현실로 끌어내 줄 새가 말이야. 우선은 평범한 인간이 되자고. 그래야 몸도 마음도 건강해질 수 있어."

"우리는 성격이 아주 달라." 내가 말했다. "그런데도 나는 이상하게 너를 좋아하고 있어. 때로는 언제나 함께 지낼 수 있다면 좋겠다고 생각할 정도야."

"그건 우정을 깨뜨리는 짓이야. 항상 함께 지내다 보면, 어느새 우정은 사라져 버려. 우정도 사랑도 마찬가지야. 헤어져 있을수록 강해지지. 이따금 나는 결혼하면 얼마나 따분할까 하는 생각이 들어. 언제나 얼굴을 맞댄 채 상대의 속마음까지 남김없이 알게 된다니, 얼마나 끔찍한 일이야? 정말 진저리가 날 테지. 실제로 결혼한 부부는 대개 서로에게 금세 질려 버려. 그런데도 그럭저럭 함께 살고 있는 건 체면 때문이거나, 마음이 너무 약한 탓이야. 내 생각에는 말이지, 설령 내 마음이 뜨겁게 타오르고 그만큼 내가 사랑하는 여자의 마음도 불타고 있다 해도, 만약 두 개의 불꽃이 만나면 그 순간 불꽃은 틀림없이 꺼져 버릴 거야. 사랑은 동경이야. 상대를 손에 넣고 싶어하는 감정이지. 동경하던 대상을 손에 넣으면 동경은 그만 죽어 버려."

"하지만 만약 네 아내가 그 여자처럼 아름답고 현명하다면……."

"그 여자라니, 아눈치아타? 이봐, 안토니오. 물론 장미꽃이 아름답고 싱싱할 때는 나도 그 꽃을 계속 사랑할 거야. 하지만 꽃잎이 시들고 향기도 사라지면……. 그때 내 마음이 어떻게 될지는 나도 몰라. 그건 그렇고, 안토니오, 내가 지금 무슨 생각하는지 알아? 아주 이상한 기분이 드는데. 너는 내 친구야. 둘도 없는 내 진정한 친구야. 그러니까 설령 우리 두 사람이 한 여자를 놓고 싸우게 된다 해도 결투는 딱 질색이야."

베르나르도는 큰 소리로 웃었다. 내 얼굴은 비밀을 들켜 버린 사람처럼 부끄러움으로 붉어졌다. 그러자 베르나르도는 나를 가슴에 꽉 끌어안고 농담조로 말했다.

"내가 길들인 작은 새를 너한테 넘겨줄까? 요즘 약간 감상적이 되어 있어서 다루기 힘들기는 하지만, 너한테는 오히려 그게 마음에 들 거야. 오늘밤에 함께 가지 않을래? 친구끼리는 아무것도 감출 필요가 없잖아? 유쾌하게 하룻밤 놀아 보자고. 어차피 일요일에는 우리 모두 교황 폐하의 축복을 받고 죄를 사면받을 테니까."

"아니, 난 가지 않겠어."

"넌 겁쟁이야. 네 핏줄 속에 뜨거운 피 대신 염소젖만 흐르게 할 거야? 네 눈은 나와 똑같이 타오를 수도 있어. 타오를 수 있고말고. 내가 봤거든. 사순절 동안 네가 느낀 괴로움과 불안, 참회……. 그 원인을 탁 까놓고 말해 볼까? 그건 붉은 입술과 부드러운 살결에 대한 욕망이야. 원하는데 가질 수 없으니까 괴로운 거야. 나는 다 알고 있어. 감춰 봤자 소용없어. 자, 가자. 가서 미인을 품에 안아 봐. 싫어? 그럴 용기가 없어? 넌 겁쟁이야."

"베르나르도, 너무 심하군. 그건 나를 모욕하는 말이야."

"하지만 결국 내 말이 옳잖아?"

피가 얼굴로 확 올라오고 눈에 눈물이 넘치는 것을 막을 도리가 없었다. 나는 소리를 질렀다.

"왜 너는 그렇게 무정하고 차가운 거야? 나는 진심으로 너를 사랑하는데, 왜 넌 나를 놀리고 농락하기만 하는 거야? 내가 너와 아눈치아타 사이에 끼어들 줄 알아? 설마 그녀가 너보다 나를 더 뜨거운 눈으로 바라봤다고 상상하는 건 아니겠지?"

"아니, 그건 아니야. 내가 공상가가 아니라는 건 너도 알잖아. 하여튼 그 여자 얘기는 이제 그만두자. 그런데 넌 항상 진심이니 사랑이니 하지만, 난 도통 이해를 못하겠어. 우리는 서로 손을 잡고 악수하잖아? 그렇게 우정을 확인하잖아? 그거면 됐지 무슨 말이 더 필요해. 뭐든지 과장하지 말고, 나를 있는 그대로 받아들여 줘."

우리는 대충 이런 대화를 나눴다. 베르나르도가 쏘아붙인 독화살은 내 가슴에 깊은 상처를 냈다. 하지만 우리가 헤어질 때 맞잡은 손에서는 여전히 굳은 우정이 느껴졌다.

23
아라코엘리 성당

이튿날은 성(聖) 목요일이었다. 이날은 최후의 만찬에서 그리스도가 사도의 발을 씻어 주었다는 이야기를 바탕으로 '세족례'가 이루어졌다. 나는 종소리에 이끌려 산 피에트로 대성당으로 갔다. 처음 온 사람에게는 성당 전체로 여겨질 만큼 거대한 현관 홀에서는 이미 길거리와 산탄젤로 다리에서 본 혼잡이 되풀이되고 있었다. 마치 모든 로마 시민들이 이곳에 모여 있고, 외국인들도 이 대성당의 웅장함에 새삼 놀라서 눈이 휘둥그레진 것 같았다. 군중이 늘어날수록 대성당은 점점 더 커지는 듯한 느낌이 들었다.

노랫소리가 머리 위를 흘러갔다. 대규모 성가대가 좌우에 위치한 높은 합창석에 서서, 서로 화답하며 노래를 부르고 있었다. 지금 막 시작되려는 세족례를 보려고 사람들이 몰려들었다. 이날 교황은 사제들 열세 명의 발을 씻어 주었고, 사제들은 저마다 교황의 손에 입을 맞추고 꽃다발을 받았다. 그런데 귀부인들이 앉아 있는 좌석에서 나에게 목례를 보내는 사람이 있었다. 아눈치아타였다. 그녀는 벌써 돌아와서 지금 이 성당에 있는 것이다. 내 가슴은 심하게 고동쳤다. 다행히 나는 그녀와 가까이 서 있었기 때문에 말을 건넬 수 있었다.

그녀는 어제 돌아왔다고 말했다. 하지만 알레그리의 성가를 듣기에는 시간이 너무 늦었기 때문에, 그 대신 아베마리아 종이 울릴 때 이 대성당에 왔다고 한다.

"지금은 모든 것이 찬란하고 밝지만, 어제 저녁에는 이상한 어둠이…… 대낮보다도 모든 것을 훨씬 장엄하게 보이게 했어요. 양초 한 자루도 켜져 있지 않고, 다만 성 베드로의 무덤 앞에 등불이 켜져 있을 뿐이었어요. 그 등불도 가장 가까이 있는 기둥조차 온전히 비추지 못할 만큼 어슴푸레했어요. 주위 사람들은 어둠 속에서 모두 말없이 무릎을 꿇고 기도하고 있었죠. 저도 무릎을 꿇었어요. 그리고 침묵 속에는 얼마나 많은 것이 포함되어 있는지, 얼마나 신비로운 힘이 담겨 있는지를 절실히 느꼈어요."

아눈치아타 옆에는 누가 있었다. 긴 베일을 뒤집어쓰고 있어서 처음에는 누구인지 몰랐지만, 알고 보니 그 유대인 노파였다. 노파도 나한테 친절한 인사를 보내왔다.

장엄한 의식이 끝났다. 두 사람은 하인을 찾았지만 보이지 않았다. 그러는 동안 청년들이 아눈치아타를 알아보고 수군거리기 시작했다. 그녀는 불안해져서 서둘러 나가려고 했다. 나는 용기를 내어 마차까지 안내하겠다고 말했다. 노파는 당장 내 팔에 매달렸지만 아눈치아타는 그냥 나와 나란히 걸어갔다. 나는 그녀에게 내 팔을 잡으라고 말할 용기가 나지 않았다. 그런데 출구로 다가가 북적대는 사람들 틈에 섞였을 때 나는 그녀가 내 팔에 손을 얹는 것을 느꼈다. 불덩이가 혈관 속을 뛰어다니는 듯한 기분이었다.

마차는 금방 찾아냈다. 두 사람이 올라타자 나는 작별인사를 하려고 했다. 그때 아눈치아타가 말했다.

"괜찮으시다면 함께 점심식사를 하지 않으시겠어요? 사순절이라서 차릴 건 아무것도 없지만……."

나는 행복했다. 귀가 어두운 노파는 눈치껏 아눈치아타가 나를 초대하고 있다는 것을 알아차렸다. 그런데 더 나아가 마차에 함께 타자고 권하는 것으로 지레짐작한 듯, 얼른 맞은편 좌석에 있는 망토와 숄을 치우고는 내 손을 잡으며 말했다.

"자, 어서 타세요. 자리는 충분해요."

아눈치아타는 그럴 작정이 아니었는지 뺨을 붉혔다. 그래도 나는 망설이지 않고 얼른 올라타서 그녀와 마주 앉았다. 마차가 움직이기 시작했다.

간단하면서도 정성스럽게 준비된 맛있는 식사가 우리를 기다리고 있었다. 아눈치아타는 피렌체에서 있었던 일과 오늘 행사에 대해 이야기한 뒤, 나에게 로마의 사순절은 어땠느냐, 요즘에는 어떻게 지냈느냐고 물었다. 하지만 나는 이 질문에 있는 그대로 솔직히 대답할 수 없었다. 그래서 서둘러 화제를 바꿨다.

"저기, 이번 토요일날 유대인 세례식을 보러 가실 건가요?" 이렇게 말한 순간 나는 아차 싶어서, 까맣게 잊고 있던 노파 쪽을 힐끔 바라보았다.

"걱정 마세요, 못 들으셨을 거예요. 혹시 들으셨어도 화내시지는 않을 테고요. 저는 이분과 함께 있을 수 없는 곳에는 절대로 가지 않아요. 이분이 콘스탄티누스 황제의 성당에 가는 것은 별로 좋지 않을 거예요. 그곳은 바람직한 곳이 아닌걸요."

나는 고개를 끄덕였다. 그 성당에서는 해마다 부활절 하루 전에 세례식이 거행된다. 유대교도나 이슬람교도를 가톨릭으로 개종시켜 세례를 주는 것이다. 사제는 가톨릭의 위대한 은총 덕분에 이교도의 개종 행위가 이루어진다고 자랑하지만, 사실 이교도들이 진심으로 개종하는 일은 거의 없었다. 나도 어릴 때 세례식을 한 번 보았는데, 그 불쾌한 장면은 지금도 잊을 수가 없다. 어른들 손에 이끌려 세례를 받으러 온 것은 예닐곱 살쯤 된 유대인 소년이었다. 머리에는 온통 까치집을 지었고 더럽기 짝이 없는 양말과 구두를 신고 있으면서도, 옷만큼은 안 어울리게도 교회에서 선물한 깨끗한 비단옷을 입고 있었다. 부모들도 역시 더러운 옷을 입고 아이와 함께 왔다. 그들은 스스로 믿지도 않는 축복을 받기 위해 자식을 판 것이다.

"당신도 어릴 때 로마에서 그 개종 의식을 보셨나요?"

내 질문에 아눈치아타는 얼굴을 붉히며 대답했다.

"그래요. 하지만 나는 로마에서 태어나진 않았어요."

"당신을 처음 무대에서 보고 노래를 들었을 때, 전에도 어디선가 본 듯한 기분이 들었습니다. 이유는 몰라도 지금도 그 생각은 변함이 없어요. 혹시 윤회라는 것을 믿을 수 있다면, 우리는 전생에 작은 새였고, 같은 가지에 앉아서 서로 사귀었던 게 아닐까요. 당신은 그런 생각이 들지 않습니까? 우리가 어디선가 만난 적이 있다는 기억은 없나요?"

"아뇨, 없어요." 아눈치아타는 내 눈을 가만히 들여다보며 대답했다.

"나는 당신이 어린 시절을 줄곧 스페인에서 보낸 줄만 알았어요. 그런데 로마에도 계셨나 보군요. 그게 정말이라면, 혹시 어릴 때 이 동네 아이들과 함께 산타 마리아 인 아라코엘리 성당에서 크리스마스 기념 설교를 하신 적이 없습니까?"

"아, 맞아요. 그랬어요. 그러면 그때 모든 사람에게 칭찬을 받은 소년이 당신이었나요?"

"네, 저였어요. 하지만 당신이 저를 누르고 우승을 차지했죠."

"아, 당신이었군요, 안토니오!"

아눈치아타는 내 두 손을 잡고 이루 말할 수 없이 다정한 표정으로 내 얼굴을 바라보았다. 분위기가 묘하게 변하자 노파도 의자를 돌려 우리 두 사람을 진지한 표정으로 쳐다보았다. 아눈치아타가 자초지종을 이야기해주자 노파는 우리의 신기한 재회에 미소를 지으며 귀를 기울였다.

"우리 어머니도 당신을 얼마나 칭찬했는지 몰라요. 다른 사람들도 다 그랬고요. 당신의 그 고상한 모습과 부드러운 목소리! 정말이지 나는 어린 마음에도 질투심이 날 정도였어요. 나는 자존심이 세서 아무한테도 지고 싶지 않았거든요."

"저도 잘 기억하고 있어요. 당신은 번쩍이는 금색 단추가 달린 짧은 재킷을 입고 있었죠. 보기 드문 옷이라 인상적이었어요."

"당신은 가슴 위에 빨간 리본을 달고 있었지요. 하지만 내 마음을 사로잡은 것은 그게 아니라 당신의 검은 눈망울과 까만 머리카락이었습니다. 극장에서 디도로 분장한 당신을 처음 보았을 때 나는 당신이 그 소녀라는 것을 당장 알아보았지요. 얼굴이 좀 어른스러워지기는 했어도 어릴 때 모습이 그대로 남아 있었으니까요. 그래서 그 이야기를 바로 베르나르도에게 말했지만, 베르나르도는 아니라면서 전혀 다른……."

"베르나르도가요?" 아눈치아타의 목소리는 어쩐지 떨리고 있는 것 같았다.

"그렇습니다." 나는 약간 당황하여 대답했다. "베르나르도도 당신을 만난 적이 있다고 하더군요. 그것도 좀 뜻밖의 장소에서 말이죠. 그때의 사정을 들어보니, 내 추측은 아무래도 성립되지 않는 거예요. 당신의 까만 머리와 까만 눈이……. 아니, 기분 나쁘게 생각지는 마세요. 베르나르도도 금방 자기 착각이었음을 깨달았으니까요. 다만, 처음에 베르나르도는 당신이……. 저기, 당신이 가

톨릭교도가 아니고, 따라서 아라코엘리 성당에서 설교했을 리가 없다고 하더
군요."

"아마 저분과 같은 종교라고 말씀하셨겠지요?"

아눈치아타는 노파를 가리키며 말했다. 나는 어쩔 수 없이 고개를 끄덕인
다음, 얼른 그 손을 잡고 사과했다.

"괜히 실례되는 말을 해서 화가 나신 게 아닙니까?"

"당신 친구가 나를 유대인 여자로 생각했다고 해서 말인가요?" 그녀는 미소
를 지으면서 말했다. "제가 왜 화를 내겠어요. 정말 이상한 분이셔!"

어린 시절 이야기는 우리를 더한층 허물없는 사이로 만들어 주었다. 나를
끊임없이 괴롭히던 고민도 깨끗이 잊어버렸다. 그녀를 두 번 다시 만나지 않고
절대로 사랑하지 않겠다는 결심도 흔적 없이 사라져 버렸다.

로마의 미술관들은 부활절을 앞두고 모두 문을 닫았다. 아눈치아타는 이럴
때 느긋하게 미술품을 보고 다닐 수 있다면 얼마나 좋을까 하고 지나가는 말
처럼 중얼거렸다. 그런데 보르게세 궁전의 관리인과 문지기를 비롯하여 그곳
에서 일하고 있는 사람들은 모두 나와 아는 사이였다. 이곳에는 로마에서도
가장 흥미로운 소장품이 전시되어 있었다. 또한 이곳은 내가 어린 시절 프란
체스카와 함께 돌아다니며, 프란체스코 알바니의 〈사계〉에 그려진 천사들을
보았던 추억의 장소이기도 했다. 그래서 나는 내일 그곳으로 두 사람을 안내
하고 싶다고 말했다. 그녀는 고마워했고, 나도 무척 기뻤다.

내 방으로 돌아와 혼자가 되자 베르나르도가 생각났다. 베르나르도는 아눈
치아타를 정말로 사랑하는 게 아니라고, 그의 사랑은 관능적인 욕망일 뿐 내
사랑처럼 순수하고 위대한 사랑은 아니라고 나 자신을 달랬다. 우리가 어제
나눈 대화가 이제 와서 생각하니 허무하고 불쾌하게 여겨졌다. 그는 남을 깔보
면서 늘 자기 멋대로 군다. 잔인한 말로 내 마음에도 상처를 주었다. 어떻게 그
럴 수 있을까? 아눈치아타가 나에게 상냥하게 구는 것을 보고 베르나르도는
자존심에 상처를 입어 나를 질투하고 괴롭히고 있는지도 몰랐다.

물론 나를 아눈치아타에게 소개해 준 것은 베르나르도였다. 하지만 돌이켜
보면 그것은 나를 위한 게 아니라는 생각이 들었다. 그래, 그의 속셈은 어수룩
한 나를 그녀에게 소개하여 웃음거리로 만들려는 것이었다. 따라서 내가 노래

를 부르고 즉흥시를 읊어 아눈치아타의 마음을 사로잡자, 속으로는 어지간히 놀랐을지도 모른다. 나 같은 샌님이 미남에다 자유분방하고 대담한 그와 어깨를 나란히 할 수 있다고는 꿈에도 생각지 않았을 것이다. 스스로 돋보이려고 나를 불러다 들러리로 세웠는데, 뜻밖에도 내가 돋보이게 되어서 그는 아마도 화가 났으리라. 그래서 내가 아눈치아타를 너무 자주 찾아가지 못하게 하려고 했을 것이다. 하지만 행운의 천사는 나에게 친절했다. 덕분에 아눈치아타와 나는 점점 더 친해졌다. 나는 그녀가 나에게 호감 이상의 감정을 가지고 있다는 것을 알았고, 내가 그녀를 사랑하고 있다는 것도 알았다.

나는 너무 기뻐서 베개에다 뜨거운 입맞춤을 했다. 그러나 동시에 베르나르도에 대한 불쾌감이 솟아났다. 나는 왜 이렇게 마음이 약하고 어수룩할까. 어제 그토록 모욕적인 취급을 당하고도 왜 한마디도 쏘아붙이지 못했을까. 나는 이제 와서 그렇게 말했더라면 좋았을걸, 이렇게 말했더라면 좋았을걸 하고 후회했다. 분노와 후회를 곱씹다 보니 난생 처음으로 피가 끓어오르는 것을 느꼈다. 이리하여 더없는 기쁨과 꺼림칙한 불쾌감이 마구 뒤섞여 거센 소용돌이를 일으켜 내 잠을 완전히 앗아가 버렸다.

새벽녘이 다 되어서야 겨우 잠이 들었는데, 의외로 편하게 잘 잤는지 눈을 뜨니 기분이 상쾌했다. 나는 일어나자마자 미술관 관리인한테 가서 외국인 여자를 화랑으로 안내하고 싶다고 미리 허락을 받아 놓은 다음 급히 아눈치아타를 데리러 갔다. 잠시 후 우리 세 사람은 보르게세 궁전으로 마차를 달렸다.

24
아눈치아타의 과거

이 화랑은 어릴 적에 프란체스카가 자주 나를 데리고 왔던 그리운 곳이다. 그녀는 여러 가지 그림을 보여 주면서 나의 천진난만한 의견과 감상을 듣고 웃음을 터뜨리곤 했다. 이제 아눈치아타를 이곳으로 안내하는 내 가슴은 뿌듯하고도 야릇한 생각으로 떨리고 있었다. 어느 그림을 보아도 옛 친구를 다시 만난 것처럼 친숙한 기분이 들었다. 그러나 그림에 대해서는 아눈치아타가 나보다 더 잘 알고 있었다. 그녀는 눈이 높고 훌륭한 심미안을 지니고 있어서 모든 작품을 감탄스러울 만큼 적절하게 비평했다. 나는 그녀의 남다른 감성에 입을 딱 벌릴 수밖에 없었다.

우리는 지오반니 프란체스코 구에리에리의 유명한 그림 〈롯과 두 딸〉 앞에 멈춰 섰다. 나는 롯의 억센 얼굴과 그에게 포도주를 권하고 있는 딸들, 그리고 어두운 나무 틈새로 붉게 빛나는 저녁놀이 참으로 멋지다고 칭찬했다. 그러자 아눈치아타가 내 말을 가로막으며 말했다.

"그래요, 화가의 재주는 참 뛰어나요. 이건 정열을 다 바쳐서 그린 그림이에요! 이 화가의 채색과 표현에는 저도 감탄했어요. 하지만 이런 주제를 택한 것은 유감이에요.《구약성서》에 나오는 롯은 두 딸과 정을 통해서 아이를 낳았다고 하잖아요? 어째서 그런 이야기를 주제로 삼았는지……. 저는 그림 주제를 고를 때에도 법도에 맞는 고상한 것을 골라야 한다고 생각해요. 그래서 코레조의 〈다나에〉도 별로 좋아하지 않아요. 당신도 알고 계시겠지만, 아르고스

왕은 다나에 공주가 후사를 낳기를 바랐죠. 하지만 신탁이 있었어요. 다나에가 낳은 아들이 왕을 죽이리라는 것이었어요. 그래서 왕은 딸을 탑에다 가둬 버렸죠. 아무 사내도 만나지 못하게 하려고요. 그러나 주피터 신이 그녀를 발견하고, 황금 빗방울로 변해서 탑으로 숨어들어 그녀와 관계를 맺었어요. 다나에는 신의 아들 페르세우스를 낳았고, 왕은 그들 모자를 궤짝에다 집어넣어 바다에 내다 버렸습니다. 그래요, 그게 그 그림의 주제예요. 물론 다나에는 아름다워요. 침대 위에서 떨어지는 황금을 모으고 있는 아이들도 귀엽고요. 하지만 그림 주제가 추잡해서 도무지 즐길 수가 없어요. 거기에 비하면 라파엘로의 위대함은 과연 대단하다고 생각해요. 제가 알고 있는 바로는 그의 그림은 모두 이 화가가 순결하고 고상한 인물이라는 것을 보여 주고 있어요. 바로 그렇기 때문에 그처럼 뛰어난 성모상들을 남길 수 있었던 거예요.”

“당신 말이 맞습니다. 하지만 예술품으로서 아름답다면, 주제가 좀 불쾌하더라도 너그럽게 봐주어야 하지 않을까요?”

“아뇨, 그렇지 않아요. 예술은 가지에서 나뭇잎 하나하나에 이르기까지 고상하고 신성한 거예요. 고결한 정신은 아름다운 형태보다 더 사람의 마음을 감동시키죠. 그래서 옛 거장들이 그린 성모상은 거칠지만, 그 꾸밈없는 표현이 오히려 우리에게 깊은 감명을 줘요. 예술품을 만드는 사람들은 고결함과 고상함을 잃어서는 안 돼요. 그건 작곡가도 마찬가지고요. 때로는 정말 뛰어난 작품에서도 탈선이 군데군데 눈에 띄곤 하죠. 그 정도는 작가가 순간적으로 도를 넘었구나 하고 이해할 수도 있어요. 하지만 그것은 감출 수 없는 흠이요, 결점이에요. 그걸 어떻게 못 본 척할 수 있겠어요? 저는 흠 없이 완벽한 작품이 아니면 진심으로 감탄할 수가 없어요.”

“그러면 작가가 다양한 주제 변화를 추구하는 것이 싫다는 말씀이신가요? 아무리 훌륭한 대가나 거장이라도 똑같은 주제로만 그린다면 사람들은 질려 버릴 거예요. 그래서야 재미가 없죠. 안 그런가요?”

“제 말을 오해하고 계시군요. 화가가 언제나 성모상만 그려야 한다는 건 아니에요. 저도 아름다운 풍경화나 활기찬 풍속화, 폭풍우를 가르는 배, 살바토르 로사의 산적 그림 같은 건 아주 좋아해요. 하지만 예술 세계에서 부도덕성은 용납하고 싶지 않아요. 그래서 저 시아라 궁전에 있는 시도니의 그림도 잘 그리긴 했지만 저로서는 탐탁지 않아요. 어떤 그림인지 기억하세요? 나귀를 탄 두 목동이 돌담 옆을 지나가고 있는데, 돌담 위에는 해골이 하나 놓여 있고 거기에 쥐와 지렁이와 파리가 모여들어 있어요. 그리고 돌담에는 라틴어로 '나도 아르카디아에 있었다'는 말이 새겨져 있지요."

"알고 있습니다. 그건 라파엘로가 그린 바이올린 연주자와 나란히 걸려 있지요."

"그래요. 저는 라파엘로의 서명이 그 불쾌한 그림 가까이에 있다는 게 마음에 안 들어요."

우리는 프란체스코 알바니의 〈사계〉 앞에 멈춰 섰다. 나는 어린 시절 이 화랑을 돌아다니며 놀 때 이 그림 속의 날개 달린 천사들을 보고 감명받은 일을 아눈치아타에게 말했다.

"어릴 때 정말 행복한 나날을 보내셨군요!"

아눈치아타가 어두운 얼굴로 부럽다는 듯이 말했다. 자신의 어린 시절을 떠올리고 우울해진 모양이었다.

"당신도 행복하지 않았습니까? 내가 처음 만났을 때 당신은 모든 사람에게 칭찬을 받는 행복한 소녀였지요. 다음에 만났을 때는 로마 시내를 온통 열광시키고…… 행복한 것처럼 보였는데, 진심으로 행복하지는 않았던가요?"

나는 고개 숙인 그녀의 얼굴을 들여다보았다. 아눈치아타는 형언하기 어려운 슬픈 눈으로 내 눈을 바라보면서 말했다.

"모든 사람에게 칭찬받던 행복한 소녀는 이윽고 아버지를 잃고, 어머니도 잃고 서글픈 신세가 되었답니다. 잎사귀가 다 떨어진 앙상한 가지에 앉은 외톨박이 작은 새에 불과했어요. 어쩌면 그대로 굶어 죽었을지도 몰라요. 그런 나에게 보금자리와 먹을 것을 준 사람은 세상에서 경멸당하는 유대인이었어요. 그분 덕에 나는 이처럼 날개를 펴고 세상의 거친 파도 위를 날아다닐 수 있게 된 거예요."

아눈치아타는 갑자기 입을 다물고 고개를 흔들며 말했다.

"제가 쓸데없는 말을 했군요. 남에게는 아무래도 상관없는 일인데…… 재미없는 얘기였지요? 죄송해요."

나는 그녀의 손을 잡고 말했다.

"내가 당신한테 아무래도 상관없는 남인가요?"

그녀는 말없이 허공을 바라보고 있다가, 이윽고 슬픈 표정을 지우고 미소를 띠며 말했다.

"저한테도 즐거운 날이 없었던 건 아니에요. 그리고……." 그녀는 쾌활함을 되찾아 말을 이었다. "그 즐거웠던 날들만 기억할래요. 당신을 처음 만난 어린 시절 일들을! 아이 참, 당신이 옛날 이야기를 하시니까 그만 나까지 거기에 휘말려 버렸네요. 이렇게 훌륭한 그림도 보지 않고 제 가슴속 그림에만 열중해 버리다니!"

그녀는 말을 마치고 나를 앞질러 걸어갔다.

우리가 화랑을 나와서 아눈치아타가 머물고 있는 호텔로 돌아가자, 우리가 없는 동안 베르나르도가 찾아왔다는 소식을 호텔 수위가 전해 주었다. 베르나르도는 수위한테서 아눈치아타가 나와 함께 나갔다는 말을 들었다. 기분이 나빴을 거라고 짐작했지만, 전처럼 미안한 마음은 들지 않았다. 예전 같았으면 그가 불쾌한 오해를 하지 않도록 신경을 썼겠지만, 이제는 아눈치아타에 대한 애정이 베르나르도에 대한 반감과 미움을 불러일으키기까지 했다. 베르나르도는 자주 나에게 개성과 의지가 없는 양서류 같은 놈이라고 야유를 보내곤 했는데, 지금이야말로 내 개성과 의지를 확실히 보여 주고 싶을 정도였다.

세상 사람들에게 경멸당하는 유대인이 외톨이 작은 새를 날개 밑에 거두어 길렀다는 아눈치아타의 말은 내 귀에 달라붙어 떠나지 않았다. 베르나르도가 유대인 노인 하노크의 집에서 보았다는 아가씨는 역시 아눈치아타였을까. 정말로 궁금하기는 하지만, 이에 관한 이야기를 그녀 입에서 굳이 끌어내야 할까.

이튿날 찾아가자 아눈치아타는 자기 방에서 새로운 역을 연습하고 있었다. 그래서 나는 그녀 대신 노파와 이야기를 나누었다. 노파는 생각보다 훨씬 더 귀가 어두웠다. 문득 예전에 이 노파가 내 즉흥시를 즐겁게 듣고 나에게 호의를 보였던 일이 떠올랐다. 어떻게 된 일일까. 내가 까닭을 묻자 노파는 고개를 끄덕이며 대답했다.

"신기한가요? 네, 저는 당신의 즉흥시를 들었습니다. 당신의 표정과 귀에 들어온 몇 마디 말로 전체를 알았지요. 그 시는 정말 아름다웠어요. 평소에 아눈치아타의 노래도 그런 식으로 이해한답니다. 얼굴 표정을 보고 소리를 알아듣는 거지요. 귀가 어두워지자 그만큼 눈이 밝아졌어요."

노파는 베르나르도에 대해서 물었다. 어제 베르나르도와 함께 화랑에 가지 못한 것을 그녀는 무척 유감스럽게 여겼다. 그리고 베르나르도에게 이상할 정도의 호의와 관심을 보였다.

"그분은 고귀한 분이에요. 그 증거는 나도 보아서 알고 있답니다. 하느님이 보시기에는 유대인도 가톨릭교도도 다 같은 인간이니, 부디 하느님이 그분을 지켜 주시기를!"

노파의 입이 차츰 열리기 시작했다. 아눈치아타에 대한 그녀의 애정은 눈물 겨울 만큼 깊었다. 그녀의 토막난 이야기를 듣다 보니 아눈치아타가 어떤 삶을 살아왔는지 대충 짐작할 수 있었다.

아눈치아타는 스페인에서 어느 스페인인 부부의 딸로 태어나서 어릴 때 로마로 왔다. 그런데 로마에서 부모가 갑자기 돌아가셨다. 고아가 된 아눈치아타를 돌봐 줄 사람은 유대인인 하노크 노인밖에 없었다. 젊은 시절 잠시 스페인에서 살았던 이 노인은 아눈치아타의 부모와 아는 사이여서 그녀를 거두어 준 것이다. 그 후 스페인의 어느 귀부인이 소녀의 처지를 불쌍히 여겨 그녀를 자기 집으로 데려가서 길렀다. 소녀는 성악과 연극을 배우게 되었다. 그런데 어느 귀공자가 이 아름다운 소녀에게 반했다. 하지만 소녀의 태도가 쌀쌀했기 때문에 결국 앙심을 품고 그녀를 노리게 되었다. 노파는 이 무서운 사건에 대해서는 자세히 말하기 싫은 듯했다. 어쨌든 아눈치아타는 목숨이 위태로워졌기 때문에 몰래 로마로 도망쳐 와서, 유대인 거리에 살고 있는 양아버지에게 몸을 맡겼다. 그곳에서 조용히 숨어 지내기 시작한 것이 1년 반 전이라니까, 그녀가 베르나르도를 만난 것은 그 무렵이었을 것이다. 그런데 얼마 지나지 않아서 그 사악한 남자가 죽었다는 소식이 들려왔다. 아눈치아타는 이제 예술의 신에게 몸과 마음을 바치기로 결심하여 세상 위로 날아올랐다. 그리고 예술과 미모로 사람들을 열광시키게 되었다. 그녀는 나폴리에서 영광스러운 최초의 월계관을 받았다. 그리고 그때 동행했던 노파는 이후 줄곧 아눈치아타 곁에 남아 있었다.

"그래요. 그 아이는 정말 하느님의 천사예요. 재주도 많고 똑똑하고, 신앙심도 더없이 깊답니다."

　노파는 이렇게 기나긴 이야기를 끝맺었다.

　호텔을 나오자 때마침 축포가 울렸다. 집집의 현관과 발코니와 창문에서는 소총이나 권총 따위를 요란하게 쏘아 대고 있었다. 사순절이 드디어 끝났다는 신호였다. 동시에 성당이나 예배낭의 그림에 씌워져 있던 검은 장마도 벗겨졌다. 가는 곳마다 부활절의 기쁨이 넘쳐흐르고 있었다. 슬픔의 시간은 가고, 내일이면 기쁨의 부활절이 온다. 나에게는 이중으로 기쁜 날이었다. 아눈치아타와 노파와 함께 부활절 축제를 구경하러 가기로 약속했기 때문이다.

25
부활절

축제를 알리는 종소리가 신나게 울려 퍼졌다. 추기경들이 아름다운 마차를 타고 산 피에트로 대성당으로 달려갔다. 마차 발판에는 제복을 차려입은 시종이 서 있었다. 부유한 외국인들의 호화로운 마차와 끊임없이 이어지는 인파가 좁은 길거리를 가득 메웠다. 산탄젤로 성 위에는 교황의 문장과 성모 마리아의 성상을 그린 커다란 깃발이 나부끼고 있었다. 산 피에트로 광장에서는 악단이 음악을 연주하고, 축복을 내리는 교황의 목판화와 묵주 따위를 파는 노점상들이 들끓고 있었다. 분수는 햇살에 반짝이는 은색 물기둥을 높이 뿜어 올리고, 석조 아치 밑에 설치된 관람석과 벤치는 로마인과 외국 손님으로 거의 채워져 있었다.

곧이어 대성당 안에서 수많은 사람들이 몰려나왔다. 성당에서 공양 의식과 성가 합창에 동참하고, 십자가에 박힌 못과 그리스도를 찌른 창과 같은 성유물을 구경하고 나온 이들이었다. 그토록 드넓은 광장도 지금은 사람의 바다였다. 머리와 머리가 부딪치고, 마차가 빽빽이 늘어섰다. 농부와 아이들은 예의범절 따위는 벗어던지고 성인상의 받침대 위로 기어 올라갔다.

이윽고 교황 행렬이 대성당에서 나왔다. 교황은 남색 옷을 입은 여섯 사제가 어깨에 높이 짊어진 화려한 가마에 앉아 있었다. 그 옆에서는 두 젊은 사제가 긴 손잡이가 달린 거대한 공작 깃털 부채를 부치고 있었다. 앞에서는 소년들이 나란히 서서 향로를 흔들고, 추기경들이 그 뒤를 따랐다.

행렬이 현관으로 나오자 성가대의 노랫소리가 울려 퍼졌다. 행렬은 가마를 모시고 높은 대리석 계단을 올라갔다. 마침내 단상에 오른 교황이 추기경들을 거느리고 정면 발코니에 나타났다. 광장에 모인 사람들은 무릎을 꿇었다. 대열을 지은 병사들도, 노인과 어린들도 모두 일제히 무릎을 꿇었다. 다른 종교를 믿는 외국인들만은 우뚝 선 채, 고개를 숙이려 하지 않았다. 아눈치아타는 멈춰 선 마차 안에서 무릎을 꿇고 아름다운 눈으로 교황을 바라보고 있었다. 깊은 정적이 주위를 지배하고, 하느님의 은혜가 교황을 통해 비처럼 쏟아져 내리는 느낌이 들었다.

그때 교황이 서 있는 발코니에서 두 장의 종이가 팔랑팔랑 춤을 추며 내려왔다. 한 장은 죄를 용서하는 종이고, 또 한 장은 교회의 적들을 물리치는 종이였다. 군중은 그 종잇조각을 얻으려고 서로 밀치락달치락했다. 모든 성당의 종이 다시금 울리고, 성가를 연주하는 소리가 환호성과 함께 들려왔다. 우리 마차가 움직이기 시작했을 때 베르나르도가 말을 타고 우리 곁을 지나갔다. 그는 두 여인에게는 인사를 했지만 나한테는 눈길조차 주지 않았다. 아눈치아타가 나에게 속삭였다.

"어머나, 얼굴이 왜 저렇게 창백하실까! 병이 나신 게 아닐까요?"

"그렇지는 않을 겁니다."

나는 짤막하게 대답했다. 하지만 실은 베르나르도의 얼굴에서 핏기가 사라진 까닭이 무엇인지 잘 알고 있었다.

나는 마침내 마지막 결심을 굳혔다. 나는 아눈치아타를 내 목숨처럼 사랑하고 있었다. 아눈치아타가 내 사랑을 받아 주기만 한다면 그녀를 위해 모든 것을 바칠 각오였다. 그녀가 가는 곳이라면 세상 끝까지라도 따라가겠다고 마음먹었다. 내가 연극에 재능이 있다는 것은 의심할 여지가 없었다. 또한 내 노래가 박수갈채를 받기에 부족함이 없다는 사실도 알고 있었다. 눈 딱 감고 그녀가 있는 세계에 뛰어들기만 하면, 무대에서 훌륭하게 해 나갈 자신이 있었다. 내가 그런다고 해서 베르나르도가 무슨 말을 할 수 있겠는가. 그는 그 나름대로 그녀의 사랑을 구하면 된다. 만약 그의 사랑이 내 사랑 못지않게 깊다면,

내가 어찌 그를 방해할 수 있겠는가. 선택은 아눈치아타의 몫이다. 그녀가 나를 사랑한다면 베르나르도는 물러나야 할 것이다. 반대로 그녀가 그를 사랑한다면, 그때는 나도 깨끗이 물러설 것이다.

나는 그날로 베르나르도에게 편지를 써서 내 뜻을 전했다. 감히 말하건대, 그 편지에는 나의 따뜻하고 진정한 마음이 담겨 있었다. 우리의 오랜 우정을 떠올리니 저도 모르게 눈물이 편지지 위로 떨어질 정도였다. 편지를 보내고 나자 마음은 훨씬 차분해졌지만, 어쩌면 아눈치아타를 잃을지도 모른다는 생각이 프로메테우스의 간을 쪼아 대는 독수리처럼 날카로운 부리로 내 가슴을 찢었다. 그러나 한편으로는 언제까지나 아눈치아타 곁에서 예술가로서 명예와 기쁨을 나누어 갖는 나의 모습을 꿈꾸며 흐뭇한 미소를 짓고 있었다. 이리하여 가수로서, 즉흥시인으로서 내 인생의 드라마가 시작되었다.

26
결투

해가 저물어 저녁 6시를 알리는 아베마리아 종이 울릴 무렵, 나는 두 여인과 함께 마차를 타고 대성당의 조명을 구경하러 나갔다. 중앙의 둥글고 큰 지붕을 비롯하여 좌우의 작은 지붕에서 정면에 이르기까지 대성당 전체가 등롱으로 아름답게 장식되어 있었다. 그 조명이 절묘하게 배치된 덕분에 거대한 건물의 빛으로 이루어진 윤곽이 하늘에 또렷이 떠올라 있었다. 주위의 혼잡은 오전보다 더 심해진 것 같았다. 우리가 탄 마차도 기어가는 것처럼 느릿느릿 굴러갔다. 산탄젤로 다리에서 우리는 거대한 건물 전체의 조명을 감상했다. 그 불빛이 누런 테베레 강물에 비쳐 있었다. 강에는 조명을 구경하는 사람들로 가득 찬 조각배들이 불빛을 받으며 무리 지어 떠 있었다. 그 또한 장엄한 광경에 멋을 더했다. 산 피에트로 광장에 이르자 음악과 환호성으로 귀가 먹먹해질 정도였다.

마침 그때 조명을 바꾸는 신호가 있었다. 그때까지 대성당의 둥근 지붕 위에 흩어져서 대기하고 있던 수백 명이, 송진이 들어 있는 쇠냄비에 일제히 불을 붙였다. 조그만 등롱이 모조리 타오르는 것처럼 커다란 불꽃이 일었다. 이리하여 불꽃 신전이 된 대성당 건물은 먼 옛날 베들레헴의 요람 위를 비춘 별처럼 온 로마를 비추며 밤하늘에서 찬란하게 빛났다. 사람들의 환호성이 점점 높아졌다. 아눈치아타는 이 광경에 넋을 잃고 홀린 듯이 바라보고 있었다. 그러다가 나에게 말을 걸었다.

"정말 대단하군요. 저 거대한 지붕에 올라가서 십자가에 불을 붙이는 사람은 참 안됐어요. 생각만 해도 아찔해지는 것 같아요."

"저 지붕은 이집트 피라미드만큼이나 높다고 하더군요. 목숨 걸고 저기까지 올라가려면 대단한 용기가 필요하지요. 그래서 올라가기 전에 무사하기를 바라면서 특별히 교황님한테 영성체를 받는답니다."

그러자 아눈치아타가 한숨을 내쉬며 말했다.

"한순간의 기쁨과 아름다움을 위해 목숨까지 거는 건가요?"

"하지만 이것은 위대하신 하느님을 찬미하기 위해섭니다. 이 세상에는 그보다 훨씬 하잘것없는 일에 목숨을 거는 경우도 있지 않습니까."

그러는 동안 핀초 언덕으로 가는 사람들이 우리 곁을 지나갔다. 핀초 언덕으로 가서 산 피에트로 대성당의 조명과 그 빛 속에 떠오르는 로마 시내를 멀리서 보려는 것이다.

"멋진 생각이 아닙니까?" 내가 말했다. "대성당에 불을 밝혀서 온 시가지를 아름답게 비출 생각을 해내다니. 촛불빛이 빛나는 야경을 묘사한 저 코레조의 불멸의 작품 〈밤〉도 어쩌면 여기서 착상을 얻은 게 아닐까요?"

"실례지만 시대를 착각하신 것 같네요." 아눈치아타가 내 말을 가로막았다. "그 그림은 대성당보다 먼저 완성되었다는 걸 잊으셨나요? 그건 순전히 화가의 머릿속에서 나온 착상일 거예요. 게다가 뭔가를 따라한 것보다는 그편이 더 예술적이어서 좋지 않나요? 어쨌든, 우리도 구경하러 가요. 조금 멀지만 마리오 언덕으로 갈까요? 그곳은 핀초 언덕만큼 북적거리지는 않을 거예요. 성문도 여기서 그리 멀지 않고."

우리는 주랑 뒤를 돌아 성문 밖으로 나왔다. 마차는 언덕 중턱에 있는 작은 주막 앞에 멈춰 섰다. 여기서 바라본 둥그런 성당 지붕은 그야말로 장관이었다. 정면은 가려져서 보이지 않았지만, 그것이 오히려 독특한 효과를 낳고 있었다. 별들처럼 빛나는 지붕은 마치 불바다에 떠 있는 것처럼 보였다. 그러나 주위는 여느 때보다 훨씬 어두운 것처럼 여겨졌다. 저 멀리 검푸른 밤하늘의 별들도 부활절을 축하하는 로마의 환한 불빛에 떠밀려 그 빛을 잃은 듯했다.

나는 마실 거라도 사려고 마차에서 내려 주막으로 들어갔다. 그곳을 나와 등불이 켜져 있는 성모상 앞을 지나치려는 순간, 느닷없이 베르나르도가 나타나 내 앞을 가로막았다. 그의 얼굴은 일찍이 예수회 학교에서 월계관을 받았을 때처럼 창백해져 있었다. 그의 눈은 열병에 걸린 것처럼 타오르고 있었다. 베르나르도는 내 팔을 미친 사람처럼 난폭하게 움켜잡았다.

"안토니오! 나는 비겁한 살인자가 아니야!" 그는 묘하게 억눌린 목소리로 말했다. "그렇지만 않다면 너의 그 거짓된 가슴에 이 칼을 꽂아 버렸을 거야. 자, 나하고 결투해! 넌 비겁한 겁쟁이니까 당연히 싫어하겠지. 하지만 다 소용없어, 지금 당장 나하고 당당하게 결투해! 자, 어서 따라와!"

"베르나르도, 너 미쳤어?" 나는 그의 손을 뿌리치려고 했다.

"소리를 지를 테면 질러 봐!" 그는 이를 갈면서 쥐어짜듯이 말했다. "그래, 남자답게 맞서 싸울 용기가 없다면 누군가에게 도움을 청하는 게 좋을 거야! 하지만 내 손이 묶이기 전에 너는 시체가 되어 있을 거야!"

그는 내 손에 권총을 쥐여 주더니 팔을 거칠게 잡아끌었다.

"자, 이거 받아. 난 살인죄 따위는 저지르고 싶지 않아. 알겠어? 그러니 어서 따라와. 우물쭈물하면 죽여 버리겠어!"

나는 내 몸을 지키기 위해 권총을 손에 쥐었다. 그리고 그의 손아귀에서 도망치려고 몸부림쳤다.

"그 어리석은 여자는 너를 좋아해. 그걸 너는 모든 로마 시민에게, 아니 나한테까지도 과시하고 싶어하지. 그래, 네가 나를 이겼어. 그건 상관없어. 하지만 넌 한술 더 떠서 거짓과 아첨으로 점철된 편지를 나한테 보내 모욕을 줬어. 왜 내가 그런 꼴을 당해야 하지?"

"베르나르도, 잠깐만, 아니, 이거 좀 놓고 말해!"

나는 확 그를 떠밀었다. 그때 문득 총소리가 나더니, 내 오른손이 부르르 떨렸다. 주위에 연기가 자욱이 피어오르면서 묘한 신음소리가 들렸다. 그 소리가 내 귀를, 아니 내 가슴을 때렸다.

내 손에 들린 권총이 발사된 것이다. 내 친구 베르나르도는 피투성이가 되어 바닥에 쓰러져 있었다.

나는 덜덜 떨리는 손으로 권총을 꼭 쥔 채 몽유병자처럼 우두커니 서 있었다. 주막 사람들이 소리를 지르면서 달려왔다. 그리고 아눈치아타의 목소리가 들리더니, 그녀와 노파의 모습이 눈앞에 나타났다. 그제야 나는 뜻밖의 불상사가 일어났음을 실감했다.

"베르나르도!" 나는 절망의 비명을 지르며 그에게 몸을 던지려고 했다. 그러나 한발 먼저 아눈치아타가 그 옆에 무릎을 꿇고 피가 솟구치는 상처 부위를 누르면서 출혈을 막으려 했다.

그때 나를 힐끔 올려다본 아눈치아타의 창백한 얼굴은 지금도 눈에 선하다. 나는 그 자리에 못 박힌 것처럼 꼼짝할 수가 없었다.

"도망쳐요! 어서요!" 노파가 내 팔을 잡아 흔들며 말했다.

"나는 죄가 없어요! 하느님께 맹세코, 이건 뜻밖의 사고였어요! 베르나르도가 나를 죽이려고 했어요. 권총을 억지로 내 손에 쥐어 주었는데, 내가 몸부림치던 와중에 그게 어쩌다 발사되고 만 거예요!"

나는 가슴이 찢어질 듯한 슬픔에 짓눌려 외쳤다. 그리고 절망한 나머지, 평소라면 도저히 입 밖에 낼 수 없는 말을 해 버렸다.

"아눈치아타! 우리는 목숨을 걸고 당신을 사랑했어요! 당신을 위해서라면 나도 베르나르도처럼 피를 흘리고 싶습니다. 우리 두 사람 가운데 누가 더 당신한테 소중했지요? 부디 말해 주세요. 당신이 나를 사랑했는지 아니면 베르나르도를 사랑했는지, 그 대답을 듣기 전에는 도망칠 수 없습니다!"

"어서 떠나세요!" 아눈치아타가 작은 소리로 말하면서 손을 흔들었다. 그러는 동안에도 죽어 가는 내 친구를 돌보느라 여념이 없었다.

"달아나세요! 어서요!" 노파가 다시 외쳤다.

"아눈치아타! 우리 두 사람 가운데 누가 더 당신한테 소중했습니까?" 나는 괴로움에 몸부림치면서 계속 소리를 질렀다.

그 순간 아눈치아타는 쓰러진 친구 위로 얼굴을 숙였다. 흐느끼는 소리가 들렸다. 그리고 나는 그녀의 입술이 베르나르도의 이마에 닿는 것을 보았다.

"경찰이다! 도망쳐, 도망쳐!" 사람들이 점점 모여드는 가운데 그리 멀지 않은 곳에서 다급하게 외치는 소리가 들려왔다. 눈에 보이지 않는 손이 나를 잡아당기는 듯했다. 나는 비겁하게도 그 자리에서 정신없이 도망쳤다.

27
절망의 도주

아눈치아타는 베르나르도를 사랑하고 있었다.

이 생각이 내 머릿속에서 끊임없이 울리고 있었다. 그것은 내 핏속에 독약을 부어 넣는 절망과 죽음의 독화살이었다. 그 무시무시한 화살은 형제나 다름없는 친구를 죽였다는 후회의 마음조차 지워 버릴 정도였다.

나는 작은 나무와 무성한 잡초를 마구 밟으면서 가시나무숲과 덤불을 헤치며 앞으로 나아갔다. 가시에 찔려 상처가 나고, 나뭇가지에 걸려 옷소매가 찢어졌다. 하지만 그런 것에는 아랑곳하지 않고, 포도밭을 둘러싼 돌담을 넘고 또 넘어 정신없이 마리오 언덕을 달려 내려갔다. 멀리 산 피에트로 대성당의 불빛이 내 앞길을 비춰 주었다. 마치 성서에 나오는 카인(아담의 맏아들)이 동생 아벨을 죽이고 도망칠 적에, 동생의 시체가 놓인 제단의 불꽃이 그의 앞길을 밝혀 주었듯이.

얼마나 달렸을까. 아무 생각 없이 숨 가쁘게 달리다가 겨우 발걸음을 멈추었다. 탁한 테베레 강물이 내 앞을 가로막았기 때문이다. 로마 아래쪽에서 파도치는 지중해에 이르기까지는 강을 건널 다리가 설치되어 있지 않았다. 또

한 나를 강 건너편으로 건네줄 조각배 한 척 보이지 않았다. 이 뜻밖의 장애는 내 가슴을 물어뜯는 벌레를 둘로 쪼개 버리는 듯했다. 그러나 그것도 잠시뿐, 벌레는 다시 되살아났다. 나는 전보다 두 배나 더 비참해졌다. 어떻게 도주하면 좋은지 생각해 보았으나 아무 생각도 떠오르지 않았다.

문득 정신을 차리고 보니 불과 몇 발짝 떨어진 곳에 폐허가 된 고분이 있었다. 어릴 적에 도메니카 할머니와 함께 살았던 무덤보다 곱절은 컸지만, 훨씬 더 황폐해져 있었다. 무너져 내린 돌벽 옆에는 말 세 마리가 묶인 채, 목에 매단 건초 다발을 우적우적 씹고 있었다.

넓은 입구에서 두세 단 내려간 곳에 있는 구덩이에는 모닥불이 피워져 있었다. 아까는 왜 알아채지 못했을까. 정말 어지간히 정신이 없었던 모양이다. 가만히 보니 농부처럼 보이는 건장한 두 사내가 양가죽 외투로 몸을 감싸고, 큼직한 장화를 신고, 성모상을 수놓은 모자를 쓰고, 짧은 파이프를 피우면서 모닥불 곁에 마주 앉아 있었다. 땅딸막한 사내가 또 하나 있었는데, 그는 잿빛 외투를 온몸에 두르고 모자를 깊이 눌러쓴 채 벽에 기대어 술을 마시고 있었다. 내가 그들을 알아본 순간 그들도 나를 눈치챘다. 세 사내는 깜짝 놀란 듯, 곁에 있던 무기를 집어 들고 벌떡 일어나 내 쪽으로 성큼성큼 다가왔다.

"당신 뭐야?" 세 사내가 거의 동시에 말했다.

"강 너머로 건네줄 배를 찾고 있는데요."

세 사람은 서로 눈빛을 교환했다.

"찾기 힘들걸. 직접 배를 갖고 오지 않으면, 이 근처에서는 배는커녕 뗏목도 찾을 수 없어." 첫 번째 사내가 말했다.

"길을 잃으셨나 보군." 두 번째 사내가 나를 머리부터 발끝까지 훑어보면서 말했다. "밤중에 이 근처를 나돌아다니는 건 위험하지. 유명한 도적 체사리에 대해서 들어 본 적 없나? 그 일당이 아주 멀리까지 뿌리를 뻗치고 있으니까 말이야. 이 일대에는 농사꾼도 거의 없어. 교황님은 부지런히 쟁기로 갈아엎으시지만, 결국은 당신 속만 상하실 뿐이지."

"당신은 무기도 없나 보군. 어리석기도 하지." 세 번째 사내가 이어 말했다. "자, 봐. 이건 3연발총인데, 이게 불발일 때는 여기 허리에 찬 권총을 쓰지."

"그럼. 그리고 나는 단검도 갖고 있지." 첫 번째 사내가 말하면서 허리춤에서 위협적으로 번뜩이는 칼을 빼내어 만지작거렸다.

"이봐. 당장 집어넣어." 두 번째 사내가 말했다. "나리께서 겁에 질려 있잖아. 아직 새파랗게 어리서서, 그렇게 뾰족한 무기를 보는 건 견디기 힘드실 거야. 하여튼 우리를 만나서 다행이오, 나리. 혹시 악당이라도 만났으면 아주 홀딱 벗겨졌을 테니까. 아, 그래그래. 나리, 우리한테 돈을 맡기시오. 그러면 안전할 거요."

"좋아요. 몽땅 드릴게요. 많지는 않지만……."

나는 그들이 어떤 놈들인지 깨달았기에 모든 것을 포기하는 기분으로 말했다. 내 마음은 절망과 슬픔 때문에, 살아 있다는 것 자체가 귀찮을 만큼 흔들리고 있었다. 나는 서슴없이 주머니를 뒤졌다. 주머니에는 아직 2스쿠도쯤 남아 있을 것이다. 그런데 놀랍게도 손에 닿은 것은 묵직한 지갑이었다. 꺼내 보니 그것은 손으로 짠 여자용 지갑이었다. 전에 아눈치아타네 집에서 노파가 갖고 있는 것을 본 적이 있었다. 도피하는 데 필요할 거라고 생각해서 노파가 내 주머니에 급히 넣어 준 것이 분명했다. 그 마음이 너무 고마워서 왠지 가슴이 뭉클했다. 세 사내는 두툼한 지갑을 보자 내게 덤벼들었다. 나는 지갑을 거꾸로 들어 탈탈 털었다. 모닥불 옆의 평평한 돌 위에 반짝이는 금화와 은화가 땡그랑거리며 떨어졌다.

"우와, 진짜 금화랑 은화다!" 셋이 동시에 외치면서 돈을 주워 모았다. "이렇게 훌륭한 보물이 도둑놈들 손에 들어간다면 그거야말로 죄악이지."

"자, 드릴 수 있는 것은 그게 전부요. 이제 죽일 테면 죽여요." 내가 말했다. "어차피 살아 봤자 의미도 없으니, 굳이 살려고 아등바등하지 않겠소."

"당치도 않은 소리!" 첫 번째 사내가 외쳤다. "우리를 뭘로 아는 거야. 우리는 로카 델 파파의 정직한 농부들이야. 그리스도교 형제를 죽이는 짓은 절대로 안 해. 자, 술이 좀 남았으니 한 모금 드시고, 어째서 이런 여행을 떠났는지 이유라도 말해 주시지."

"그건 비밀이에요." 나는 이렇게 말하면서도 사내가 내민 술병을 받아 바싹 마른 목구멍을 축였다.

그들은 서로 무언가 귓속말을 나누었다. 이윽고 땅딸막한 사내가 다가오더니 비웃음을 띠고 내 얼굴을 들여다보면서 말했다.

"저녁에는 따뜻했겠지만, 밤에는 추울 거야."

그러고는 무덤 밖으로 나갔다. 곧이어 들판을 달리는 말발굽 소리가 들려 왔다.

"테베레 강을 건너고 싶다고?" 한 사내가 물었다. "배를 기다려 봤자 소용없 어. 우리랑 함께 가지 않으면 언제 건널 수 있을지 몰라. 하지만 말 꼬리를 붙 잡고 헤엄치기는 싫을 테지? 내 말 엉덩이를 빌려 줄 테니까, 우리랑 함께 가 자고."

지금으로서는 오히려 이런 무법자들과 함께 있는 것이 안전할 것 같았다. 사내는 튼튼하고 억세 보이는 말 엉덩이 위에 나를 거꾸로 태우고는 내 앞에 올라탔다. 그리고 혹시라도 강에 떨어지면 큰일이니까 밧줄로 몸을 묶어야 하 겠다면서 내 가슴과 팔을 묶고, 남은 끈을 자기 몸에 묶었다. 그리하여 우리는 등을 맞댄 상태가 되었다. 나는 손을 움직일 수도 없었다.

말은 슬금슬금 물속으로 들어가, 발 디딜 곳을 찾으면서 조심스럽게 나아 갔다. 곧이어 강물은 말의 옆구리까지 올라왔다. 말은 강물에 휩쓸리지 않으 려고 힘을 다하여 버티면서 능숙하게 헤엄을 쳤다. 건너편 강가에 이르자마자 사내는 너털웃음을 터뜨렸다. 그리고 내 몸에 묶었던 밧줄을 풀어 주었지만, 그것은 나를 말 옆구리에 단단히 동여매기 위해서였다.

"떨어져서 목뼈가 부러지면 안 되니까 단단히 묶었어." 사내가 말했다. "지금 부터 캄파니아를 곧장 가로지를 거야."

그는 두 발로 말 옆구리를 걷어찼다. 또 한 사내도 그 뒤를 따랐다. 말 두 마 리와 사람 셋이 쏜살같이 황량한 들판을 달려갔다. 나는 손과 발로 말을 꽉 붙잡고 매달렸다. 앞에 앉은 사내의 긴 머리카락이 바람에 어지러이 날려 내 볼을 때렸다. 우리는 무너진 무덤 곁을 지났다. 물이 말라 버린 고대의 수로와 지평선에 떠오른 피같이 붉은 달이 꿈결처럼 보였다. 그동안 하얀 안개가 우리 를 휘감으며 흐르고 있었다.

<h1 style="text-align:center">28</h1>
<h2 style="text-align:center">산적 소굴</h2>

　베르나르도를 죽이고, 아눈치아타와 헤어지고, 고향을 떠나 이렇게 산적의 말 등에 묶여 캄파니아를 달려가다니! 생각하면 모든 게 꿈만 같았다. 그러나 그 무서운 사건도, 내 끔찍한 처지도 모두 현실이었다. 그래도 나는 악몽에서 깨어나길 바라며 기도하는 심정으로 눈을 감았다. 산에서 내려오는 바람이 내 볼을 차갑게 스치는 것이 느껴졌다.

　"이제 곧 할머니의 치마 밑이야. 거기까지만 가면 안전해." 산길에 접어들자 사내가 뒤를 돌아보며 말했다. "그나저나 이 말 어때? 아주 좋은 말이지? 실은 얼마 전 성 안토니우스의 날에 축복을 받았어. 꼬마가 비단 리본으로 장식해 주고, 수도승이 성서도 읽어 주고 성수도 뿌려 줬지. 그래서 올해는 악마도 이 말을 해칠 도리가 없어."

　좁은 절벽 사잇길로 접어들 무렵, 동쪽 하늘이 어슴푸레하게 밝아지기 시작했다.

　"동이 트는군." 동행한 사내가 말을 몰아 가까이 다가오면서 말했다. "나리께서 눈이 부셔서 눈을 다치면 안 되니까 눈가리개를 해 드려야지."

　그러더니 느닷없이 커다란 두건을 내 머리에 뒤집어씌우고 목둘레를 단단히 묶어 버렸다. 이제 내가 어디로 가는지 알 수도 없었다. 두 손도 꽁꽁 묶인 채였다. 그야말로 사로잡힌 사냥감 신세였다. 그러나 나는 크나큰 슬픔에 짓눌려 있어서, 어떤 것에도 거역할 기운이 나지 않았다. 그냥 이렇게 끌려가는 것이 차라리 속 편했다.

오르막길이 잠시 계속되었지만, 곧이어 다시 내리막길이 되었다. 우거진 나뭇가지와 나뭇잎이 따갑게 얼굴을 스쳤다. 길이 전혀 없는 곳을 가고 있는 듯했다.

그렇게 한동안 편치 않은 길을 가다가, 드디어 나는 말에서 내려졌다. 두 사내는 한마디 말도 없이 나를 끌고 갔다. 나는 좁은 입구를 지나 계단을 내려갔다. 내 마음은 나 자신의 일로 가득 차 있어서 정상이 아니었다. 대체 어느 방향으로 어디를 거쳐서 여기까지 왔는지 전혀 알 수가 없었다. 그러나 산속으로 그렇게 깊이 들어온 것 같지는 않았다. 그곳이 어떤 곳인지를 안 것은 그로부터 몇 년 뒤의 일이었다. 그곳은 오늘날 많은 외국인 관광객들이 찾아오고, 많은 화가들이 화폭에 담는 고대 유적 투스쿨룸 근처였다. 프라스카티 마을 뒤쪽, 밤나무숲과 높이 솟은 월계수로 덮인 산중턱에 이 고대의 폐허가 있다. 산사나무와 들장미가 원형극장 돌계단 위에 무성하게 자라 있다. 여기저기에는 가까이 가서 살펴봐야 겨우 알아볼 수 있는 깊은 동굴과 석조 건물이 풀이나 덤불에 파묻혀 있다. 산기슭에는 폰티네 습지가 펼쳐져 있고, 골짜기 저 건너편에는 아브루치 산이 우뚝 솟아서 이 지방 경치에 특별한 맛을 더해 주고 있다. 나는 나중에야 이곳의 자연경관이 얼마나 훌륭한지 깨달았다. 참고로 고대 유적 투스쿨룸에서 그 산을 바라보면 한층 잊을 수 없는 광경을 눈에 담을 수 있다.

그들은 어느 동굴로 나를 끌고 갔다. 동굴 입구는 담쟁이덩굴과 덩굴풀로 덮여 있었다. 그 앞에서 발을 멈추더니 한 사내가 낮게 휘파람을 불었다. 그러자 문이 열리는 소리가 났다. 돌계단을 내려가니 몇 사람이 두런두런 이야기하는 소리가 들렸다. 그제야 겨우 내 눈을 가렸던 두건이 벗겨졌다. 나는 커다란 둥근 천장 밑에 서 있었다. 나를 데려온 사내들과 똑같이 양가죽 외투를 걸친 건장한 사내들이 가운데 놓인 커다란 나무탁자에 둘러앉아서 트럼프를 치고 있었다. 탁자 위에는 놋쇠 등잔 두 개가 타오르면서 투박하고 수수한 사내들의 얼굴을 환히 비추고 있었다. 낯선 손님인 내가 나타났는데도 그들은 전혀 이상하게 여기는 기색도 없이 나를 앉히고, 술을 권하고, 소시지를 한 조각

주었다. 그러는 동안에도 알아들을 수 없는 사투리로 자기들끼리 무언가 이야기를 나누고 있었지만, 나와는 상관없는 이야기인 것 같았다.

나는 식욕은 조금도 없었지만, 타는 듯한 갈증을 느끼고 있었기 때문에 그들이 내준 포도주를 마셨다. 마시면서 내 눈은 자연히 주위를 둘러보았다. 벽 구석구석에는 무기와 옷가지가 걸려 있었다. 한쪽 구석에 움푹 들어간 곳이 있고, 그 천장에는 반쯤 가죽을 벗긴 토끼가 매달려 있었다. 처음에는 눈치채지 못했지만, 자세히 보니 그 밑에 한 노파가 앉아 있었다. 노파는 비쩍 말랐는데도 묘하게 정정하고 젊어 보였다. 노파는 무심한 태도로 꼿꼿하게 앉아 물레로 실을 뽑고 있었다. 은빛 흰머리가 한쪽 볼에서 갈색 목덜미로 늘어져 있었다. 검은 눈은 삼실 다발을 뚫어지게 바라보고 있었다. 그 모습은 마치 실을 잣는 운명의 여신 같았다. 발치에 흩어져서 불그스름하게 불타고 있는 검은 숯덩이는 노파를 이 세상에서 갈라놓는 신비한 표지처럼 보였다.

사내들은 나를 언제까지나 그냥 내버려 두지는 않았다. 그들은 나의 직업과 재산, 가족관계 등을 꼬치꼬치 캐묻기 시작했다. 나는 조용히 대답했다.

"갖고 있던 돈은 이미 몽땅 당신들한테 줬어요. 그러니 나는 이제 값어치가 없습니다. 몸값을 요구해 봤자 로마에는 한 푼도 내줄 사람이 없으며, 특별한 생계수단도 없어요. 그래서 나폴리에 가서 손님한테 시제를 받아 즉흥시를 짓는 것으로 먹고살아 볼 생각이었습니다."

그런데 이야기하다 보니 로마에서 도망쳐야 했던 사정과 실수로 권총을 쏜 일도 털어놓고 말았다. 그러나 아눈치아타와 관련된 자세한 속사정에 대해서는 입을 다물었다. 이야기 끝에 나는 이렇게 덧붙였다.

"당신들이 받을 수 있는 몸값은 나를 경찰에 넘겨주고, 관청에서 받는 포상금 정도예요. 제발 그렇게 하세요. 나는 이제 아무 희망도 없는 인간이니까."

"그거 참 희한한 소망이군." 사내들 가운데 하나가 말했다. "아마 로마에는 당신을 위해서라면 금귀고리라도 내놓을 아가씨가 하나쯤은 있겠지. 즉흥시를 지으러 나폴리에 가는 것은 나중으로 미뤄도 괜찮지 않겠나? 뭐, 꼭 나폴리로 가야겠다면 그것도 불가능한 일은 아니야. 당신을 국경 너머로 보내 주는 것쯤이야 우리한테는 식은 죽 먹기지. 하지만 그냥 여기 머물러도 상관없어. 여긴 천국이고, 우리 형제들도 다 좋은 녀석들이야. 같이 어울려 지내다 보면 알

겠지만. 뭐, 당장 정하라는 건 아니고, 우선 잠을 자면서 잘 생각해 봐. 잠자리
는 여기야. 저기 저 외투를 이불로 빌려 주지. 좀 낡기는 했어도, 겨울 폭풍우
에도 여름 장맛비에도 끄떡없이 견뎌 온 거야."

　　그는 벽의 갈고리에 걸려 있는 갈색 외투를 가져다주고 맨바닥에 깔려 있는
거적을 가리키더니 다른 사내들에게 몇 마디 하고 〈내려오라, 나의 연인이여!〉
를 흥얼거리며 밖으로 나갔다.

29
나폴리로

　나는 시키는 대로 잠자리에 몸을 눕혔지만 잠이 오지 않았다. 지금까지 겪은 온갖 일들이 끔찍한 그림으로 눈앞에 떠올랐다. 그러나 몸도 마음도 너무 피곤해서 어느새 내 눈은 감겨 있었다. 그대로 나는 깊이 잠들어서 그날은 하루 종일 곤히 잤다.

　다시 눈을 떴을 때는 이상하게도 기운이 샘솟았다. 내 마음을 그토록 뒤흔들었던 일들이 한순간 모두 꿈처럼 여겨졌다. 그러나 실제로 내가 있는 곳과 주위 사람들의 어두운 얼굴은 내 악몽이 엄연한 현실이었다는 것을 말해 주고 있었다.

　허리춤에 권총을 꽂은 낯선 사내가 찾아왔다. 잿빛 망토를 한쪽 어깨에 걸친 그는 벤치에 말 타듯 걸터앉아 다른 도둑들과 열심히 지껄이고 있었다. 움푹 들어간 구석에는 피부가 갈색인 노파가 어제와 똑같이 꼼짝도 않고 앉아서 물레로 실을 잣고 있었다. 그것은 마치 검은 배경 위에 그린 한 폭의 그림 같았다. 발치에는 새로운 숯불이 피워져 주위를 따뜻하게 해 주고 있었다. 그때 낯선 사내가 말하는 소리가 들렸다.

　"총알이 옆구리를 스쳤대. 피를 흘려서 기절하기는 했지만, 한 달만 지나면 다 나을 거라는군."

　"어이, 나리!" 내가 눈을 뜬 것을 보고 나를 말에 태워 데려온 사내가 말했다. "이제 일어났나? 열두 시간이나 잤으니 기운도 좀 차렸겠지. 여기 그레고리 오라는 친구가 로마서 당신이 기뻐할 만한 소식을 가져왔어. 어떤 작가가 지체 높은 의원님 조카의 옷자락을 짓밟았대. 분명 당신이야. 이야기가 딱 들어맞아. 요컨대 당신이 위대하신 의원님 조카의 살가죽에 상처를 냈다는 거지. 정말 겁도 없이 총질을 했군."

거기까지 듣고서 나는 목소리를 쥐어짰다.

"살아 있나요?"

"걱정 말게." 낯선 사내가 대답했다. "생명에 지장은 없어. 적어도 의사는 그렇게 말했대. 나이팅게일처럼 목소리가 고운 미인이 밤새도록 그 남자 곁에 달라붙어 있었다는군. 의사한테서 이제 위험하지 않으니까 안심하라는 말을 들을 때까지."

"그러니까 당신은 남자의 심장과 여자의 심장을 둘 다 빗맞힌 셈이군." 다른 사내가 말했다. "그들은 한 쌍이 되어 나란히 날아가겠지. 그냥 그러도록 내버려 둬. 당신은 우리와 함께 있으면 돼. 우리 생활은 자유롭고 재미있어. 임금님처럼 살 수도 있어. 게다가 진짜 임금님만큼 자리가 위태롭지도 않지. 포도주도 마음껏 마실 수 있고, 모험도 충분히 즐길 수 있고. 자네를 저버리고 떠나간 아가씨 대신 아름다운 여자도 얼마든지 손에 넣을 수 있어. 알겠나? 이게 바로 인생이야. 생명의 술을 찔끔찔끔 마시든, 유쾌하게 벌컥벌컥 마시든, 다 자네 하기 나름이야."

베르나르도는 살아 있다. 나는 살인범이 아니다. 이 소식을 듣자 나는 죽다 살아난 기분이었다. 아눈치아타를 잃은 것은 슬프지만, 그녀는 처음부터 내 여자가 아니었다고 포기할 수밖에 없었다. 나는 차분하고도 단호하게 그 사내에게 말했다.

"나를 어떻게 하든 그것은 당신들 마음대로입니다. 하지만 지금까지 내가 받은 교육과 내 성격과 내 인생관에 따르자면 나는 당신들의 동료가 될 수 없습니다. 물론 이곳에 붙들려 있을 수도 없고요.

"6백 스쿠도가 당신을 풀어 주는 최소한의 몸값이야." 사내는 이상할 만큼 진지한 표정으로 말했다. "엿새 안에 돈이 들어오면 기꺼이 풀어 주지. 하지만 그렇지 않으면 당신은 우리 거야. 살리든 죽이든 우리 마음이지. 그렇게 되면 당신의 그 잘생긴 얼굴도 내 진심 어린 친절도 다 소용없어질 거야. 6백 스쿠도가 없으면 우리와 한패가 되든가, 아니면 저기 우물 밑바닥에서 서로 껴안은 채 영원히 잠들어 있는 놈들과 합류하든가, 둘 중 하나야. 당신 친구나 미인 여가수한테 몸값을 달라고 편지를 써. 그들도 당신 덕분에 흉금을 털어놓고 맺어질 수 있게 되었으니까 조금은 고맙게 생각하겠지. 당신을 위해서라면 그만한 돈쯤은 내놓을 거야." 그는 껄껄 웃으며 말을 이었다. "이렇게 푼돈을 받고 잠자리를 내준 건 처음이야. 한번 생각해 봐. 여기까지 말을 타고 오는 데 공짜. 게다가 엿새 동안 먹고 자고. 아무도 비싸다고는 말하지 못할걸."

나는 조용히 대답했다.

"내 대답은 변함없습니다. 나는 편지를 쓰지도 않을 거고, 당신들과 한패가 되지도 않을 겁니다."

"고집 센 놈이군. 하지만 그런 점이 마음에 들어. 뭐, 그런 식으로 뻗대면 결국 내 총알이 자네 가슴을 뚫어놓을 테지만 말이야. 이봐, 목숨 아까운 줄 모르는 젊은 양반, 인생에도 여러 종류가 있지 않나? 꼭 한 가지만 고집할 이유가 없잖아. 젊은이라면 감수성도 강하고 꿈도 있을 텐데, 자네는 우리의 자유롭고 신나는 삶을 보고도 부럽다는 생각이 들지 않는가? 응? 게다가 자네는 시인이지. 즉흥시를 지어서 먹고살 생각을 했다면서? 그런데 우리의 자유로운 생활을 보고도 뭔가 느끼는 게 없나? 어디 한번 이 별세계를 노래해 봐. '바위산 사나이들의 불굴의 영혼', 뭐 이런 거라도 노래해 보라고. 어때? 노래하다 보면 자네도 우리 생활을 찬양하고, 삶의 기쁨을 한껏 누려야 한다고 외치게 될 테지? 자, 그 잔을 쭉 들이켜고 노래를 들려주게. 잘 부르면 생각할 시간을 하루 더 줄 테니까."

그는 벽에 걸려 있는 기타를 집어서 나에게 건네주었다. 도둑놈들이 내 주위에 모여들었다.

나는 기타를 든 채 잠시 생각했다. 울창한 숲과 바위산을 노래해야 하는데, 사실 나는 그런 곳에 가 본 적이 없었다. 전날 밤 이곳에 올 때는 눈가리개를 당했고, 로마에 있을 때는 겨우 보르게세 저택의 솔숲을 찾아갔을 뿐이다. 어릴 때 도메니카 할머니의 오두막에서 아득히 바라다보이던 산이 그나마 내가 아는 산의 전부이다. 하기야 딱 한 번 산속에 들어가 본 적도 있었다. 그것은 젠차노의 꽃축제를 구경하러 갔던 때였다. 네미 호숫가의 산길을 걸을 적에 어둡고 고요한 숲 속을 걸었던 기억이 난다. 그 축제는 나에게는 너무 슬픈 기억이라서 그동안 어둠 속에 묻어 두고 있었는데, 그날 저녁 호숫가에서 화환을 짜던 일이 불현듯 뚜렷이 떠올랐다. 내 마음속에 시상이 솟아나고 생생한 풍경이 펼쳐졌다. 이런 환상 속 풍경은 순식간에 시적인 감정을 낳았다.

나는 기타 줄을 퉁겼다. 생각은 당장 말이 되고, 말은 파도치는 시구가 되었다. 나는 마음속에 떠오른 풍경을 노래했다.

어두운 숲에 둘러싸인 깊은 호수가 있었다.
호숫가에 우뚝 솟은 바위산은 날카롭게 하늘을 찔렀는데
그곳에 독수리의 둥지가 있었다.
어미새는 새끼들에게 힘찬 날갯짓을 가르치고
눈부신 태양을 바라보게 하여 날카로운 시력을 길러 주었다.
그러고서 하는 말이,
너희는 새들의 왕이니라.
눈은 날카롭고 발톱은 강력하니
자, 날아가라. 어미 곁을 떠나서 훨훨 날아가라.
내 눈은 떠나는 너희를 지켜보고
내 가슴은 이별 노래를 부르리라.
그래, '불굴의 영혼'을 노래하리라.

새끼들은 둥지를 떠난다.
한 마리는 바위산 꼭대기로 날아올라 날개를 접더니
하늘을 노려보며 햇살을 한껏 빨아들이려 한다.
또 한 마리는 높은 허공으로 날아올라 커다란 원을 그리면서
무성한 나뭇가지 사이로 호수를 굽어본다.
바위산 아래 펼쳐진 수면에는 푸른 숲이 거꾸로 비치고
호수 한가운데에는 푸른 하늘이 비친다.

그때 커다란 물고기가 수면으로 떠올랐다. 둥글게 흰 등을 보이며.
어린 독수리는 순식간에 벼락처럼 내리 덮쳐
창살같이 날카로운 발톱을 물고기 등에 푹 꽂았다.
어미새는 그 광경에 반색을 한다.
그러나 새와 물고기는 힘이 서로 비슷해서
새는 물고기를 공중으로 낚아 올리지 못하고
물고기는 새를 물속으로 끌어 들이지 못했다.
새의 발톱은 물고기 등에 너무나 깊이 박혀서
뽑으려야 뽑을 수도 없었다.
그리하여 목숨을 건 사투가 벌어졌다.
잔잔했던 호수가 크게 출렁이고
파도가 원을 그리면서 호숫가로 철썩철썩 밀려왔다.

파도 위의 새와 파도 아래의 물고기는 드디어 싸움을 멈추었다.
독수리 날개는 연잎처럼 조용히 수면을 덮고 있다가
갑자기 세차게 펄럭인다. 날카로운 파열음이 난다.
그 순간 한쪽 날개는 힘없이 물속으로 가라앉고
다른 날개는 격렬하게 수면을 때리며 물보라를 일으키더니
마침내 새도 물고기도 수면 아래로 모습을 감추었다.

어미새는 슬픈 비명을 지른다. 갑자기 고개를 돌려 바위산을 본다.
그곳에 있던 새끼의 모습도 보이지 않았다.
고개를 꺾어 먼 하늘을 바라보니
새까만 점 하나가 태양을 향해 날아오르고 있었다.
어미새의 슬픔은 기쁨으로 바뀌고 가슴은 한없이 부풀어 오른다.
그 입에서 힘찬 노래가 터져 나온다.
'불굴의 영혼'을 찬양하는 노래가.

노래가 끝났다. 요란한 박수가 터졌지만, 내 눈은 한쪽 구석에 있는 노파에

게 쏠려 있었다. 내가 노래하는 동안 물레를 돌리는 노파의 손이 점점 느려지더니 마침내 멈추고, 그 검고 날카로운 눈이 나를 뚫어지게 바라보았기 때문이다. 아마 내가 어릴 때 보았던 광경을 이토록 생생하게 되살려서 노래할 수 있었던 것도 그 노파 덕분인 것만 같았다. 노파는 일어나서 야무진 걸음으로 나에게 다가오더니 커다란 목소리로 말했다.

"아주 훌륭한 노래였다. 이것으로 너는 몸값을 치른 셈이다! 네 노래의 울림은 황금의 울림이다. 나는 새와 물고기가 깊은 호수 바닥에 가라앉을 때 네 눈 속에서 행운의 별을 보았다. 나의 어린 독수리야, 떠나거라. 태양을 향해 날아가거라. 이 늙은이는 둥지에 남아서 힘차게 날아가는 너를 기꺼이 전송할 테니. 아무도 네 날개를 묶지는 못할 것이다."

나에게 즉흥시를 노래하게 한 도둑은 노파에게 공손히 고개를 숙이며 말했다.

"풀비아 할머니. 이 젊은이를 아세요? 전에 이 젊은이의 즉흥시를 들은 적이 있나요?"

"너야 모르겠지만, 나는 이 아이의 눈에서 행운의 별을 본 적이 있다. 행운의 아이를 둘러싼, 눈에 보이지 않는 빛을 보았어. 이 아이는 화환을 짜고 있었지. 앞으로도 훨씬 더 아름다운 화환을 짤 거야. 그 손을 묶어 놓아서는 안 되느니라. 이 어린 독수리가 여기서 엿새쯤 묵는다 해도, 물고기 등에 발톱을 박아 넣은 것은 아니야. 이 아이는 자유의 몸이다. 알겠지? 엿새 동안 이 아이를 둥지에서 쉬게 해 줘라. 그런 다음에는 태양을 향해 높이 날아가게 해 주는 거야."

노파는 벽에 매단 찬장을 열고 종이와 펜을 꺼내어 무언가를 쓰려고 했다.

"이런, 잉크가 굳어 버렸군. 바위처럼 굳어 버렸어. 코스모, 네 팔뚝에 담긴 피를 좀 나눠 주지 않겠니? 이 풀비아 할멈이 네 행복도 생각해 두마."

코스모라고 불린 도둑은 말없이 칼을 뽑더니 팔을 조금 베어 거기서 흘러나온 피로 펜을 적셨다. 노파는 펜을 나에게 건네주고는, '나는 나폴리로 갑니다'라고 쓰게 했다.

"그 밑에 이름을 적어라. 이건 교황의 통행증이나 마찬가지야."

"그깟 종잇조각이?" 한 젊은 도둑이 불만스러운 듯 투덜거렸다. 그러자 노파가 말했다.

"어떤 버러지 같은 놈이 지껄이는 게야? 발에 짓밟히지 않도록 몸조심하는 게 좋을 거야."

"아닙니다, 할머니. 우리는 할머니의 지혜에 의지하고 있습니다. 할머니 말씀은 신의 말씀과도 같습니다." 좀더 나이가 있는 도둑이 말했다.

더 이상은 아무도 입을 열지 않았다. 탁자에 둘러앉은 사람들은 쾌활한 기분으로 돌아가, 포도주를 열심히 돌리면서 잔치를 벌였다. 개중에는 허물없이 내 어깨를 두드리고, 맛있는 고기를 권하는 사람도 있었다. 다시 방구석으로 돌아간 노파만은 여전히 꼼짝도 않고 물레로 실을 잣고 있었다. 도둑 한 사람이 "할머니, 추우시죠" 하면서 발치에 새 숯을 놓아 주었다.

노파의 이야기와 이름을 듣고, 옛날 어머니와 마리우차를 따라 네미 호숫가에 가서 화환을 짤 때 내 운명을 예언한 사람이 바로 이 노파라는 것을 알았다. 나는 내 운명이 이 노파의 손안에 있다는 사실을 새삼 절실하게 느꼈다. 노파는 '나는 나폴리로 갑니다'라고 쓰게 했다. 이것은 물론 내가 바라는 바였지만, 여권도 없이 어떻게 국경을 넘어 나폴리로 갈 수 있을까. 그리고 설령 무사히 나폴리까지 가더라도, 아는 사람이라곤 아무도 없는 타국 땅에서 어떻게 살아가야 할까. 이웃 도시에서 온 도망자 신세로 즉흥시인으로 데뷔한다는 건 가당찮은 일로만 여겨졌다. 그러나 내 말의 힘과 성모 마리아에 대한 믿음이 내 마음에 평화를 가져다주었다. 아눈치아타를 잃은 것조차 이제는 내 가슴에 묘한 차분함을 안겨 주기까지 했다. 사람의 마음이란 이다지도 신비로운 것이다.

30
집보기와 기도문

하루하루가 지나갔다. 사내들은 계속 들락거렸다. 어느 날 풀비아도 외출하더니 하루 종일 집을 비웠다. 그날 나는 도둑 한 사람과 동굴에 남아 집을 보았다.

그는 나이가 스무 살쯤 되는 젊은이인데, 얼굴 생김새는 천박했지만 눈동자는 이상하게 우수에 차 있었다. 그러나 때로는 그 눈이 야수처럼 무섭게 빛나기도 했다. 그리고 어깨 위로는 긴 머리가 늘어져 있었다.

우리는 말없이 마주 앉아 있었다. 젊은이는 팔로 머리를 받친 채 생각에 잠겨 있는 듯했다. 그러다 문득 고개를 들어 나를 바라보며 말했다.

"당신은 글을 읽을 수 있지? 이 책에 있는 기도문을 읽어 줘." 그는 품속에서 작은 기도서를 꺼냈다.

내가 기도문을 읽어 주자 그의 커다란 눈은 진심에서 우러나오는 신앙심으로 빛났다. 잠시 후 그는 내 손을 부여잡고 말했다.

"왜 우리 곁을 떠나려 하지? 위선과 거짓이 많은 것은 도시나 숲이나 다를 바가 없어. 다만 숲은 공기가 깨끗하고 사람이 적지. 그만큼 살기 좋은 곳이잖아?"

우리 사이에는 친밀감이 싹텄다. 나는 그의 격렬한 성품을 두려워했지만, 그의 불행한 신세를 동정하지 않을 수 없었다.

"사벨리 후작의 전설을 알고 있나?" 젊은이가 말했다. "아리차 마을에서 비천한 농부와 가난한 시골 처녀가 결혼식을 올리게 됐지. 하지만 아가씨는 미인이었어. 드디어 결혼식 날이 왔어. 결혼을 축하하는 자리에서 사벨리 후작은 신부에게 춤을 신청하고, 그날 밤 자기네 집 뜰에서 만나자고 유혹했지. 신부는 그것을 신랑한테 털어놓았어. 그러자 신랑은 신부 옷을 입고 면사포를 쓰고 후작을 만나러 갔지. 후작이 잘 왔다면서 끌어안으려고 하자, 신랑은 단도를 꺼내 그 가슴에 꽂아 넣었대. 그런데 실은 이것과 비슷한 일이 또 있었어. 이번에는 후작이 아니라 백작이었지만. 이 백작도 결혼식 날 밤에 뜰로 나오라고 신부를 유혹했지. 그런데 이 신부는 솔직한 성격이 아니었던 거야. 그래서 가난한 신랑은 즐거운 첫날밤을 백작에게 빼앗기고 결국은 신부의 장례식을 치르게 되었지. 번쩍이는 칼날이 꽂힌 부정한 신부의 가슴은 눈처럼 희었어." 나는 말없이 젊은이의 눈을 들여다보았다. 두려움과 동정심으로 가슴이 꽉 차서 말문이 막혔다. 그는 조용히 말을 이었다.

"뭐, 세상일이 다 그런 거야. 당신은 내가 사랑을 모른다고 생각하겠지. 향기로운 여인의 육체를 어루만진 적이 한 번도 없다고 생각하겠지. 언젠가 지체 높은 영국 부인이 나폴리로 여행을 왔는데, 젊은 남자와 예쁜 하녀를 데리고 있었어. 뺨은 싱그럽고 눈매가 시원했지. 우리 패거리는 그들을 마차에서 끌어내려 땅바닥에 가만히 앉아 있게 했어. 그렇게 해 놓고는 가진 것을 몽땅 빼앗아 버렸어. 우리는 세 사람을 산속으로 끌고 갔어. 남자는 젊은 아가씨의 남편이었던 모양이야. 우리는 그를 나무에 꽁꽁 묶어 버렸지. 젊은 아가씨는 미인이었으니까. 나도 사벨리 후작이 될 수 있었어. 나중에 세 사람의 몸값이 도착했을 때, 아가씨의 발그레한 뺨은 칙칙하게 어두워지고 눈빛도 흐려져 있었어. 산에는 그늘이 많기 때문이겠지."

나는 참지 못하고 고개를 돌렸다. 젊은이는 변명하듯 덧붙였다.

"그 여자는 프로테스탄트니까, 진정한 그리스도교도라고 할 수 없어. 사탄의 딸이었어."

우리는 한동안 말없이 서로를 바라보고만 있었다. 잠시 후 그가 말했다.

"하나 더 읽어 줘."

나는 기도서를 다시 펼쳐 들었다.

31
테라치나를 향해

저녁때 풀비아가 돌아오더니 나에게 편지 한 다발을 건네주었다.

"산들이 하얗고 두툼한 외투를 걸치고 있구나. 어린 독수리가 둥지를 떠나기에는 안성맞춤이야. 배를 든든히 채워 둬야 해. 긴 여행길이 될 테니까. 벌거벗은 바위산에 빵이 열리는 나무 따위는 자라지 않아."

젊은이가 부지런히 식사를 차려 주었다. 시키는 대로 배를 든든히 채우고 나자 풀비아가 남은 외투를 걸치고는, 내 손을 잡고 어두운 동굴 복도를 걸으면서 말했다.

"그 편지 속에는 높으신 신의 은총이 깃들어 있다. 국경의 경비병도 네 앞길을 막지는 못할 거다, 나의 어린 독수리야. 도깨비 방망이처럼 네 소원을 이루어 줄 힘이 그 속에 들어 있단다. 네가 성공할 때까지는 금과 은이 거기서 나올 게다."

노파는 동굴 입구에 장막처럼 드리워져 있는 담쟁이덩굴을 여윈 팔로 젖혔다. 밖은 캄캄한 밤이었고, 축축한 안개가 산들을 온통 감싸고 있었다. 나는 노파의 외투 자락을 단단히 움켜잡은 채, 길도 보이지 않는 어둠 속에서 노파의 빠른 걸음을 겨우겨우 따라갔다. 그녀는 마치 숲에 사는 마술사 같아서,

나무와 덤불도 두려움에 떨며 좌우로 길을 열어 주는 듯했다.

이렇게 두세 시간이나 계속 걸은 끝에 우리는 좁은 골짜기로 나왔다. 그곳에 늪지대에서 흔히 볼 수 있는 오두막집이 한 채 서 있었다. 갈대와 짚으로 엮은 지붕이 땅까지 닿아 있는 움막집이었다. 낮은 문틈으로 불빛이 새어 나오고 있었다. 노파를 따라 안으로 들어가 보니 커다란 벌집 속 같다. 입구가 하나뿐이라 연기가 빠져나갈 곳이 없기 때문에 모든 것이 새까맣게 그을어 있었다. 기둥도 대들보도 짚까지도 검댕으로 뒤덮여 반들반들 윤이 났다. 방 한가운데에 벽돌로 만든 커다란 화덕이 있고, 재와 숯이 근처에 흩어져 있었다. 아마 여기다 불을 피워서 요리도 하고 난방도 하는 것 같았다. 저 안쪽에는 지붕이자 벽에 구멍이 하나 뚫려 있어서 작은 오두막으로 통해 있었다. 그것이 큰 오두막에 붙어 있는 모습은 마치 줄줄이 새끼 친 감자 같았다. 그곳에는 한 여자가 두세 명의 아이와 함께 잠들어 있었다. 구석에 서 있던 나귀 한 마리가 고개를 돌려 우리를 쳐다보았다. 그리고 웃통은 거의 벌거벗은 채 너덜너덜한 양가죽 바지만 입고 있는 나이든 남자가 우리를 돌아보았다. 그 노인은 다가와서 풀비아의 손에 입을 맞추고는, 한마디 말도 없이 양가죽을 어깨에 걸치더니 나귀를 끌고 왔다. 그러고는 나에게 타라고 손짓을 했다.

"캄파니아의 말보다도 더 잘 달리는 나귀다. 자, 행운을 잡으러 가거라." 풀비아가 말했다.

농부는 내가 탄 나귀를 끌고 오두막에서 나갔다. 나는 내 행운을 빌어 주는 노파가 너무 고마워서 그녀의 손에 입을 맞추려고 몸을 굽혔지만, 노파는 손을 저으며 내 이마에 늘어져 있는 머리카락을 쓸어 올려 주었다. 그리고 내 이마에 차가운 입술을 살짝 대었다. 농부는 나귀를 채찍으로 때리면서 나와 함께 산길을 달리기 시작했다. 마지막으로 다시 한 번 노파가 손을 흔드는 것이 보였지만, 나뭇가지와 덤불이 우리를 금방 갈라놓고 말았다.

나는 쓸쓸해져서 노인에게 말을 걸어 보았다. 노인은 알아들을 수 없는 묘한 소리를 내면서 손가락을 입술에 댔다. 아, 벙어리구나. 나는 입을 다물고 풀비아가 준 편지 다발을 꺼내어 펴 보았다. 여러 가지 서류가 들어 있는 것 같은데, 주위가 캄캄해서 아무리 눈을 부릅떠도 한 자도 읽을 수 없었다.

날이 어슴푸레 밝아 올 무렵 우리는 산등성이를 걷고 있었다. 이 언저리는 온통 벌거벗은 돌밭이고, 군데군데 덩굴풀과 쑥이 돋아나 있을 뿐이었다. 잿빛을 띤 초록색 쑥은 새벽 바람에 향기를 실어 보내고 있었다. 하늘에는 아직도 별이 반짝였다. 발아래에는 하얀 구름바다가 펼쳐져 있었다. 이 구름 밑에, 알바노의 산들을 기점으로 하는 벨레트리와 테라치나 사이의 거대한 늪지대가 펼쳐져 있었다. 노인이 잠시 나귀를 세웠다. 발밑에서 파도치던 안개가 갑자기 반짝반짝 빛나기 시작했다. 위를 쳐다보니 푸른 하늘이 순식간에 보랏빛으로 변하고, 이어서 아름다운 장밋빛으로 변해 갔다. 산들도 푸른색 벨벳으로 변했다. 저 멀리 불빛 한 점이 산허리에서 타오르고 있었다. 그것은 밝은 하늘을 배경으로 노란 별처럼 빛났다. 이 자연의 대성당에서 나는 두 손을 모아 조용히 기도를 올렸다.

편지를 읽을 수 있을 만큼 날이 밝아졌다. 살펴보니 그중 하나는 로마 경찰이 발행한 여권으로, 여행자 성명으로는 내 이름이 적혀 있고 나폴리 대사의 사증까지 찍혀 있었다. 그 밖에 나폴리의 팔코네트 은행 앞으로 발행된 5백 스쿠도짜리 어음과 작은 쪽지 한 장이 들어 있었다. 그 쪽지에는 여자 글씨로 다만 이렇게 적혀 있을 뿐이었다.

"베르나르도는 무사합니다. 머잖아 완쾌될 거라니 걱정 마십시오. 그러나 당분간은 로마에 돌아오지 마세요."

풀비아가 말한 대로였다. 이보다 더한 신의 은총은 없었다. 고마움이 저절로 가슴에서 우러나왔다.

우리는 겨우 길다운 곳으로 나왔다. 길가에 양치기 몇 사람이 주저앉아 아침을 먹고 있었다. 내 안내인은 그 앞에 멈춰 섰다. 양치기들은 노인을 알고 있는 듯, 노인이 손짓을 하자 아침밥을 나누어 줄 테니 같이 먹자고 했다. 아침밥은 빵과 모차렐라 치즈, 마실 것은 당나귀젖이었다. 덕분에 나는 아침밥을 맛있게 먹었다.

식사를 마친 뒤 양치기가 길을 알려 주었다.

"늪지대로 통하는 이 길을 곧바로 내려가면 돼. 그냥 산을 왼쪽에 두고 쭉 가다 보면 수로가 나올 텐데, 그건 산에서 국도로 흐르는 물이거든. 안개가 걷히면 저 멀리까지 길게 뻗은 가로수가 보일 거야. 수로를 따라 가로수 방향으로 가면, 국도 근처에 있는 낡은 성당 뒤쪽으로 나가게 될 거야. 그 성당은 지금은 주막으로 쓰이고 있지. 뭐, 아무튼 날이 저물기 전에 테라치나에 도착할 수 있을 거야."

여기까지 나를 태워다 주었던 안내인은 손짓으로 작별 인사를 했다. 나는 그에게 뭔가 사례를 하고 싶었다. 하지만 나폴리 은행의 어음 말고는 가진 것이 아무것도 없었다. 유대인 노파가 내 주머니에 넣어 준 지갑은 이미 산직에게 빼앗긴 지 오래였다. 그래도 주머니 속에 동전이 남아 있을까 싶어서 뒤져 봤지만 먼지만 나왔다. 할 수 없이 나는 목에 두르고 있던 비단 손수건을 풀어 안내인에게 주고, 양치기들과는 악수를 나누고, 홀로 늪지대로 내려가는 산길을 따라 걸어갔다.

제2부

01
폰티네를 지나 테라치나에

많은 사람들은 폰티네 늪지대를 여행하려면, 흙탕물이 고인 끝없는 황야를 쓸쓸히 걸어가야 한다고 생각할지 모른다. 하지만 사실은 그렇지 않다. 이 고장은 오히려 북부 이탈리아 포 강 유역에 있는 비옥한 롬바르디아 평야와 비슷한 데가 있다. 아니, 그보다 훨씬 더 비옥하고 풍요롭기까지 하다. 이곳에 자라는 풀의 싱싱하고 무성한 모습은 북부 이탈리아와는 비교가 되지 않는다.

이 거대한 늪지대를 지나는 길도 넓고 훌륭하다. 기원전 312년 아피우스 클라우디우스가 건설했던 그 유명한 '아피아 가도'다. 길가에 늘어선 보리수와 소나무는 울창한 나뭇가지로 뜨거운 햇빛을 가리면서 시원한 그림자를 드리우고 있다. 길 양쪽에는 높이 자란 풀과 싱싱한 초록빛 습지식물이 우거진 평야가 끝없이 펼쳐져 있다. 사방으로 나 있는 수로는 길쭉한 갈대와 납작한 수련으로 덮인 크고 작은 연못과 호수의 물을 빨아들이고 있다.

로마에서 오다 보면 왼쪽에 산들이 늘어서 있고, 산등성이 여기저기 작은 마을들이 자리하고 있다. 잿빛 바위틈에서 마을의 하얀 벽들이 반짝이는 모습은 마치 산성처럼 보인다. 오른쪽은 초록빛 들판이 멀리 바다까지 이어져 있고, 그 끝에 치르체오 곶이 불쑥 튀어나와 있다. 이 곳은 지금은 육지와 이어져 있지만, 전설에 따르면 먼 옛날 오디세우스가 상륙한 키르케의 섬이 바로 여기였다고 한다. 그리스 서사시에 나오는 영웅이자 이타카의 왕인 오디세우스는 트로이 전쟁이 끝난 뒤 고향으로 돌아가다가 이 섬에 표류했다. 그때 마녀 키르케가 그의 부하들을 모조리 돼지로 만들어 버렸지만, 오디세우스는 마법약을 써서 부하들을 구해 냈다고 한다.

늪지대를 얇은 비단처럼 덮고 있던 안개가 어느새 조용히 걷히기 시작했다. 나는 점점 환해지는 초록빛 들판을 걸어갔다. 아직 2월 말인데도 태양은 마치 여름처럼 내리쬐고 있었다. 물소 떼가 풀숲 속을 걷고 있었다. 어린 놈이 기운차게 뛰어다니며 뒷다리로 물을 차올리는 바람에 물보라가 사방으로 솟구쳤다. 왼쪽에 펼쳐진 초원에서는 검은 연기 기둥이 한 줄기 피어오르는 것이 보였다. 그것은 양치기들이 이 지방 풍습에 따라 오두막 주위의 풀을 태워서 소독하려고 피워 놓은 모닥불 연기였다.

가는 길에 농부 한 사람을 만났는데, 비쩍 마른 몸과 누렇게 뜬 안색은 늪지대가 보여 주는 풍요로움과는 너무도 어울리지 않았다. 그 농부는 무덤에서 나온 시체처럼 보였다. 그는 나귀를 타고, 창 같은 것을 손에 들고, 진흙탕 속을 돌아다니는 물소들을 모으고 있었다. 주변에 물소들이 어찌나 많은지 일일이 헤아릴 수 없을 정도였다. 때로는 수렁 속에 몸을 담그고 시커먼 머리통만 밖으로 내놓은 채 눈을 번득이고 있는 놈을 발견하고 흠칫 놀라는 일도 있었다.

길을 따라 군데군데 세워진 3층이나 4층짜리 역참 건물들도 보였다. 말라리아 같은 질병을 막으려고 일부러 높게 지은 것이다. 회반죽을 바른 벽은 온통 녹색 곰팡이로 뒤덮여 있었다. 여기서는 건물도 사람과 마찬가지로 독기를 쐬어 부패해 있어서, 신선한 초록빛과 따뜻한 햇살로 이루어진 주위의 풍요로운 자연과는 묘한 대조를 이루고 있었다.

여섯 시를 알리는 아베마리아 종이 울리기 한 시간쯤 전에 나는 늪지대를 빠져나왔다. 누런 바위를 드러낸 산들이 차츰 가까워졌다. 바로 눈앞에는 테라치나 마을이 남쪽 나라의 풍요로운 자연 속에 길게 드러누워 있었다. 탐스러운 열매가 늘어져 있는 길쭉한 종려나무 세 그루가 길가에 서 있었다. 산허리에 펼쳐진 넓은 과수원은 황금별을 무수히 박아놓은 초록빛 융단 같았다. 그 별은 나뭇가지가 휠 만큼 주렁주렁 매달린 레몬과 오렌지였다. 길가의 작은 농가 앞에는 엄청나게 많은 레몬이 흔들어 떨어뜨린 밤처럼 높이 쌓여 있었다. 바위틈에는 초록빛 로즈메리와 붉은 스톡꽃이 무성하게 자라나 있었다. 그리고 바위산 꼭대기에는 웅장한 성채의 폐허가 읍내와 그 주위를 한눈에 내려다보고 있었다.

그림처럼 아름다운 경치에 나는 감동하여 황홀한 기분에 젖었다. 꿈꾸는 듯한 기분으로 테라치나 읍내로 들어갔다. 내 앞에는 바다가 펼쳐져 있었다. 난생 처음 보는 바다—아름다운 지중해였다. 푸른 바다는 하늘과 맞닿아 사파이어처럼 반짝였다. 저 멀리 난바다에 섬 몇 개가 하늘에 떠다니는 구름처럼 아름답게 누워 있었다. 저쪽 지평선 위에는 검은 연기 기둥이 솟아오르는 베수비오 화산이 보였다. 먼바다는 거울처럼 잔잔했지만, 내가 서 있는 해안에는 투명한 파란 파도가 밀려와서 바위에 부딪쳐 부서지면서 천둥처럼 굉음을 내고 있었다. 나는 그 광경에 홀려서 발을 멈추고 하염없이 바라보았다. 가슴 가득히 환희가 넘쳐흘렀다. 온몸의 피가 끓어올라 수증기가 되어, 이 광활한 하늘과 바다에 뒤섞여서 사라져 버릴 것만 같았다. 눈물이 두 뺨을 타고 주르르 흘러내렸다. 나는 그 자리에서 어린애처럼 엉엉 울었다.

읍내에는 커다란 하얀색 건물이 있었다. 파도가 그 건물 토대에 닿아 부서지고 있었다. 건물 1층은 도로에 면한 회랑으로 되어 있고, 그 안쪽에는 마차 몇 대가 세워져 있었다. 이 건물은 로마와 나폴리 사이에 있는 가장 크고 멋진 테라치나 여관이었다.

채찍 소리가 주위 바위산에 부딪쳐 메아리치더니, 말 네 마리가 끄는 마차 한 대가 여관에 도착했다. 무장한 호위병 몇 명이 마차 꽁무니에 타고 있었다. 마차 안에는 얼룩덜룩한 실내복을 걸친 창백하고 여윈 신사가 누워 있었다. 마부는 서둘러 마차에서 내려, 말을 바꿔 매는 동안 초조하게 채찍을 몇 번이나 울렸다. 마차에 탄 신사는 길을 서두르고 있었지만, 악명 높은 도적이었던 프라 디아볼로와 체사리 일당의 후계자가 버티고 있는 산을 넘으려면 호위병이 필요했기 때문에, 여기서 호위병을 구하는 동안 15분쯤 기다려야 했다. 신사는 "이 나라 사람들은 느려 터졌어! 여행 한번 하려다가 늙어 죽겠네!" 하면서 영어와 이탈리아어로 욕설과 불평을 늘어놓았다. 한참 그러다가 손수건으로 나이트캡을 만들어 머리에 뒤집어쓰더니, 마차 한구석에 몸을 내던지고는 눈을 감아 버렸다. 될 대로 되라고 포기한 모양이다.

마부의 이야기에 따르면 그는 영국인이었다. 열흘 동안 이탈리아 북부와 중부 지방을 돌아다니고 하루 동안 로마 관광을 마치고서 이제는 나폴리로 갈 참이라고 했다. 그리고 베수비오 화산에 올라간 다음, 기선을 타고 마르세유로 건너가서 프랑스 남부를 관광할 생각이라는 것이다. 참 숨 가쁜 일정이었다. 이윽고 무장한 남자 여덟 명이 말을 타고 다가왔다. 마부가 채찍을 울렸다. 마차는 호위병을 대동하고 누런 절벽 사이의 커다란 바위문을 빠져나가 금세 시야에서 사라졌다.

02
이트리, 가에타

"아무리 호위병이 붙고 무장을 잔뜩 했어도 내 마차에 탄 손님만큼 안전하지는 않아." 몸집이 작지만 다부진 사내가 채찍을 허공에 대고 치면서 말했다. "영국인들은 어지간히 바쁜 여행을 좋아하나 봐. 언제나 정신없이 뛰어다니니 말이야. 정말 성질 급한 괴짜들이지."

말을 마치고 껄껄 웃는 그에게 내가 물었다.

"당신 마차는 벌써 만원인가요?"

그러자 사내는 대답했다. "네 구석에 한 사람씩 앉았어요. 보시다시피 4인승이지요. 하지만 바깥쪽에는 한 사람 더 탈 수 있습니다. 어때요, 타시겠어요? 나리께서 나폴리로 가신다면, 내일모레 해가 나폴리 언덕의 산텔모 성 위로 떠오르기 전에 도착할 수 있어요."

거래는 금세 성립되었다. 어음은 있어도 현금은 한 푼도 없는 나로서는 참 반가운 제안이었다. 이곳 나폴리에서는 마부가 선금을 받지 않고 손님을 모신다. 더구나 여행길에 들르는 여관 숙박비는 물론이고 용돈까지도 빌려 준다. 손님은 무사히 목적지에 도착했을 때 그 돈을 한꺼번에 치르면 된다.

"나리도 용돈이 필요하신가요?"

마부는 그렇게 말하면서 5파올리짜리 은화를 내밀었다.

"아, 식사가 제공되는 호텔 방도 하나 부탁해요." 내가 대답했다. "그러면 내일 아침에 떠나는 거지요?"

"그럼요. 성 안토니오와 내 말만 승낙한다면, 새벽 세 시에는 떠날 겁니다. 하지만 내일 여행은 꽤 번거로울 거예요. 두 번이나 세관을 통과하고, 세 번이나 여권 검사를 받아야 하니까요. 자, 그럼 편히 쉬십시오."

마부는 모자챙에 손을 대고 고개를 약간 숙이면서 가 버렸다.

나는 바다가 바라보이는 방으로 안내되었다. 시원한 바람이 불어오고, 창문 아래에는 큰 파도가 넘실대고 있었다. 캄파니아와는 전혀 다른 풍광이었다. 그런데도 그 광활한 풍경을 보고 있자니 내 마음은 캄파니아의 오두막으로, 그리고 도메니카 할머니 곁으로 날아갔다. 나는 근처에 살면서도 할머니를 좀더 자주 찾아가지 않은 것이 새삼 후회가 되었다. 할머니는 진심으로 나를 사랑하고 있었다. 그 점에서는 분명 이 세상에 둘도 없는 분이었다. 물론 공작도 프란체스카도 나에게 애정을 갖고 있었지만, 그 애정은 일방적인 것이었다. 은혜를 베푸는 사람과 받는 사람 사이에는 절대로 메울 수 없는 골이 있다. 이것은 공경과 애정이라는 덩굴풀로 뒤덮일 수는 있어도 완전히 사라질 수는 없다. 마지막으로 나는 베르나르도와 아눈치아타를 생각했다. 내 입술은 찝찔한 물방울을 맛보았다. 저 아래 바위에 부딪쳐서 산산이 부서지는 파도가 물보라를 튀겨 내 뺨을 적시었다.

이튿날 아침, 아직 동이 트기 전에 나는 다른 여행자들과 함께 마차를 타고 테라치나를 떠났다. 그 무렵에 나폴리와 로마는 한 나라에 속한 도시가 아니었다. 그래서 동이 틀 즈음 국경에 도착한 우리는 여권을 검사하는 동안 마차에서 내려서 기다렸다. 그때에야 비로소 동행자들을 자세히 볼 수 있었다. 그들 가운데 나이가 서른 살쯤 되고 금발에 푸른 눈을 가진 남자가 있었다. 나는 이상하게도 그가 신경쓰였다. 전에 어디선가 만난 것 같은데, 어디서 만났는지 도무지 기억이 나지 않았다. 다만 귀에 들어온 몇 마디 말로 그가 외국인이라는 것을 알 수 있었다.

우리는 여권 조사 때문에 상당히 오랫동안 붙잡혀 있었다. 여권은 대부분 외국어로 쓰여 있었는데, 이곳 병사들은 국어조차 잘 모르는 형편이라 여권을 조사하는 데 시간이 걸렸던 것이다. 그동안 그 푸른 눈의 외국인은 스케치북을 꺼내어 주변 풍경을 사생하기 시작했다. 국도가 지나는 관문 위에 높이 솟아 있는 두 개의 탑, 바로 옆에 있는 천연 동굴, 저 멀리 보이는 산들……. 전부 훌륭한 그림 소재였다.

내가 곁으로 다가가자 그는 큰 동굴 속에서 무리를 이루고 있는 산양을 손가락으로 가리켰다. 바로 그 순간 산양이 밖으로 뛰어나왔다. 산양은 동굴 입구를 막고 있는 섶나무 다발을 밀어젖히더니 두 마리씩 짝을 지어 팔딱팔딱 뛰어나와 산으로 갔다. 마지막으로 나온 것은 작은 소년이었다. 끈을 친친 감은 뾰족모자, 더러운 양말과 짚신, 몸에 걸친 갈색 망토 등, 소년의 모습은 그림에서 튀어나온 듯했다. 소년은 동굴 위로 불쑥 튀어나와 있는 바위 위에 서서 우리를 내려다보았다.

"제기랄!" 하는 외침소리가 들려 돌아보니, 마부가 전속력으로 달려오고 있었다. 그는 우리에게 말했다.

"여권 하나에 문제가 있나 봐요!"

틀림없이 내 여권일 거라고 생각하자, 볼이 화끈 달아올랐다. 화가는 여권이 잘못되었을 리 없다면서, 글자를 읽을 줄 모르는 병사들이 문제라고 웃으며 말했다. 어쨌든 우리 일행은 마부를 따라 탑 안으로 들어갔다. 그곳에서는 너덧 명이 탁자 위로 몸을 내밀고 펼쳐진 여권의 글씨를 더듬고 있는 중이었다.

"프레데리크가 누구요?" 그들 가운데 가장 상관인 듯한 사내가 고개를 들고 물었다.

"전데요." 화가가 나서서 대답했다. "제가 프레데리크입니다. 이탈리아어로는 페데리고지요."

"그러니까 당신이 프레데리크 6세로군요."

"천만에요. 그건 여권 맨 위에 적혀 있는 우리나라 국왕의 이름입니다."

"아, 그렇군요." 그 남자는 헛기침을 한 다음 소리를 내어 천천히 여권을 읽었다. "덴마크인과 반달족과 고트족의 임금인 프레데리크 6세는……. 아니, 뭐? 당신, 반달족이오? 반달족이면 야만인이잖아."

"그렇습니다." 화가는 웃으면서 대답했다. "나는 야만인입니다. 그래서 문명인이 되려고 이탈리아에 온 겁니다. 아래쪽에 내 이름이 적혀 있는데, 국왕과 같은 이름인 프레데리크입니다. 프레데리크, 즉 페데리고지요."

페데리고, 덴마크―그 단어들이 번개처럼 내 가슴을 때렸다. 그리운 추억들이 잠에서 깨어나 홍수같이 밀려왔다. 덴마크에서 온 화가 페데리고! 그는 우리 어머니 집에서 하숙했던 내 어릴 적 친구가 아닌가. 함께 지하묘지에 갔던 사람, 아름다운 은시계를 준 사람, 나를 위해 그림을 그려 준 사람이 아닌가.

잠시 후 국경 경비병들은 결론을 내렸다.

"여권에는 잘못된 것이 없소. 지나가시오."

이렇게 일이 빨리 해결된 것은 페데리고가 슬쩍 파올로 은화 한 닢을 그들에게 쥐여 주었기 때문인지도 몰랐다.

밖으로 나오자마자 나는 그에게 내 이름을 밝혔다. 그는 역시 내 짐작대로 우리집에서 하숙을 했던 덴마크인 페데리고였다. 그는 재회의 기쁨을 얼굴 가득 나타내며 내 손을 잡았다. 그리고 나를 여전히 '귀여운 안토니오'라고 불렀다. 서로 할 이야기가 산더미처럼 많았다. 그는 내 옆사람과 자리를 바꿔 앉았다. 우리는 나란히 앉아서 웃고 떠들었다.

나는 헤어지고 나서 있었던 일들을 이야기했다. 도메니카의 오두막에서 살다가 로마로 돌아와 학교를 졸업하고, 신학사가 되었다는 것을 말해 주었지만, 그 후의 사건에 대해서는 단숨에 건너뛰어, "지금은 나폴리로 가는 중이에요" 하고 이야기를 짧게 줄여 버렸다.

그는 캄파니아에서 마지막으로 만났을 때 나를 조만간 로마로 데려가겠다고 약속했던 일을 잘 기억하고 있었다. 그는 그 약속을 지키지 못해서 미안하다고 사과했다.

"그때 너랑 헤어지고 나서 로마로 돌아와 보니 덴마크에서 편지가 와 있었어. 그래서 얼른 돌아가야 했지. 그 뒤 몇 년은 고향에 머물렀는데, 이탈리아가 너무 그리워서 결국 다시 돌아오게 된 거야. 이 나라야말로 내 영혼의 고향이야. 이탈리아는 색채도 모양도 한결같이 아름다운 은총의 나라야. 이런 곳은 이 세상에 둘도 없을 거야. 그래서 이곳으로 다시 돌아온 거지. 내가 지금 얼마나 행복하고 기쁜지 너도 알겠니?"

페데리고와 이야기를 나누는 동안 시간도 거리도 눈 깜짝할 사이에 지나갔다. 폰디 세관에 붙잡혀 있는 시간도 나에게는 전혀 지루하지 않았다. 페데리고는 여행길에 마주치는 모든 것에서 시적인 아름다움과 재미를 찾아냈다. 그는 전보다 훨씬 친하고 소중한 사람이 되었다. 이번 여행을 그와 함께하게 된 것은 정말 뜻밖의 행운이었다. 그는 내 마음을 달래 주는 천사였다.

"저쪽에 그리운 이트리 마을이 보이는군." 그는 이렇게 외치면서 앞쪽에 있는 마을을 가리켰다. "저곳은 지저분하고 복잡하지만 나한테는 그리운 마을이야. 너는 내 고향 풍경이 어떤지 모르지? 북유럽 도시는 말이지, 구획정리가 잘되어 있어서 기하학 도형처럼 규칙적인 모양새를 띠고 있어. 지붕도 고만고만하고 계단 높이도 다 비슷해. 집들이 줄줄이 늘어서 있는 모습은 꼭 군대 행렬처럼 질서 정연하지. 정말 차분하고 청결한 곳이야. 그래, 그건 좋아. 하지만 개성이 없다는 게 문제야. 이트리에 가면 너도 보게 될 거야. 벽이 온통 회색으로 변한 지저분한 집들. 하나는 위에 하나는 아래에, 하나는 크고 하나는 작아서 서로 어긋나 있는 창문. 어떤 집은 4~5미터나 되는 계단을 올라가야 문이 나오는데, 그 안쪽에 물레를 돌리며 앉아 있는 할머니, 게다가 노랗게 잘 익은 열매가 매달린 레몬나무가 돌담 위로 가지를 내밀고…… 이건 그대로 한 폭의 그림이야. 정말이지 모든 게 뒤죽박죽이지만, 이렇게 모양도 색채도 제각각인 개성 있는 마을이 또 어디 있겠니. 응?"

"프라 디아볼로의 고향이다!"

마차에 탄 누군가가 외쳤다. 마차는 페데리고가 그리워하던 지저분한 이트리 마을로 들어갔다. 마을은 깊은 골짜기가 내려다보이는 높은 바위산 위에 서 있었다. 큰길조차도 마차 한 대가 간신히 지나갈 수 있을 만큼 좁았다. 대부분의 집에는 아래층에 창문이 없고, 그 대신 커다란 문이 하나 뚫려 있었다. 안쪽은 마치 어두운 동굴 속 같았다. 가는 곳마다 누더기를 입은 아이와 여자들이 모여들어 한 푼 달라고 손을 내밀었다. 아낙들은 키득키득 웃고, 아이들은 쇳소리를 지르며 울어 댔다. 빠르게 달리는 마차에서 창밖으로 고개를 내미는 사람은 아무도 없었다. 그런 짓을 했다가는 마차와 돌담 사이에 끼여 얼굴이 뭉개질지도 몰랐기 때문이다. 석조 발코니 아래를 지날 때에는 꼭 터널 속을 달리고 있는 듯했다. 양쪽 집들의 벽은 새까맸다. 시커먼 연기가 활짝 열린 문에서 나와 벽을 따라서 위로 올라가기 때문이었다.

마차가 마을을 빠져나오자 페데리고가 손뼉을 치면서 말했다.

"정말 멋진 마을이야!"

그러자 마부가 휙 돌아보며 대꾸했다.

"저건 도둑 소굴이에요! 경찰도 속수무책이죠. 마을 사람의 절반을 산 너머 저쪽 마을로 쫓아내고 그 대신 다른 마을 사람들을 들여보냈지만, 아무 소용이 없었어요. 이곳에는 뭘 심어도 모두 잡초가 돼 버려요. 결국 경찰도 두 손 들었죠, 뭐. 가난이 문제예요, 가난이. 가난뱅이도 살아가야 하지 않겠어요?"

로마에서 나폴리로 가는 국도 주변은 확실히 도적질하기 좋은 장소였다. 깊고 울창한 올리브숲, 천연 동굴, 먼 옛날 외눈박이 거인이 지었다는 산성의 폐허……. 사방 곳곳에 알맞은 은신처가 널려 있었다.

페데리고는 덩굴풀에 휘감긴 채 외따로 서 있는 돌탑을 가리켜 보였다. 그것은 키케로의 무덤으로 알려진 곳이었다. 자객의 단검이 로마 시대 최고의 웅변가의 입을 막아 버린 곳이 바로 여기였다.

"마부는 우리를 몰라 디 가에타에 있는 별장으로 데려갈 거야." 페데리고가 말했다. "그곳은 이제 호텔이 되어 있는데, 전망이 좋아서 상당히 유명해진 모양이야."

03
나폴리의 귀부인

산들은 너무나 아름다웠고, 초목은 싱그러운 초록빛으로 우거져 있었다. 얼마 후 우리는 월계수 가로수길을 지나 호텔에 도착했다. 급사장은 벌써 냅킨을 팔에 걸고, 꽃과 흉상으로 장식된 넓은 계단 앞에서 우리를 기다리고 있었다.

"아니, 마님께서 오셨군요."

급사장은 이렇게 말하면서 좀 뚱뚱한 부인을 마차에서 내려 주었다. 나는 그녀를 바라보았다. 더없이 아름다운 얼굴이었다. 검은 눈은 그녀가 나폴리 여자라는 것을 말해 주고 있었다.

우리는 다 같이 입구 근처에 있는 식당으로 향했다. 안으로 들어설 때 부인이 급사장에게 말했다.

"이번에는 하녀와 함께 왔답니다. 일행은 이게 다예요. 남자 하인은 하나도 없어요. 이런 식으로 로마에서 나폴리까지 여행하는 여자는 나 말고는 없겠지요. 안 그래요?"

그녀는 피로한 듯 식당 소파에 몸을 내던지고, 작고 통통한 손으로 턱을 괸 채 메뉴를 읽기 시작했다.

"고기 수프, 양파 수프, 콩 수프……. 내가 수프를 싫어하는 건 아시죠? 더는 살찌고 싶지 않다고요. 송아지고기 요리에다 회향풀을 조금 곁들여 주시면 돼요. 산타가타에서 또 식사를 할 테니까. 아아, 이제야 겨우 숨을 돌리겠군요! 나폴리 냄새가 바람에 실려 오네요. 아아, 아름다운 나폴리!"

부인은 망토를 벗으며 외치더니, 정원으로 나 있는 발코니 문을 활짝 열어젖히고 맑은 공기를 잔뜩 들이마셨다.

"벌써 나폴리가 보이나요?"

내가 묻자 페데리고는 웃으면서 말했다.

"아니, 아직은 안 보여. 다만 아름다운 정원의 여왕 아르미다는 보이는데? 하지만 이 미인은 타소의 시에 나오듯이 이상한 화원으로 사람을 유혹해서 술을 먹이고 마법을 걸어 버리니까 조심해야 해."

우리는 정원이 보이는 복도로 나가 보았다. 그곳에 펼쳐진 풍경은 상상을 뛰어넘는 기막힌 장관이었다. 발아래는 온통 레몬과 오렌지의 숲이었는데, 황금색으로 익은 열매들이 어찌나 무거운지 나뭇가지가 거의 땅에 닿을 만큼 휘어져 있었다. 정원을 둘러싼 사이프러스는 북부 이탈리아의 포플러처럼 키가 컸다. 그 뒤에 펼쳐져 있는 찬란한 쪽빛 바다 때문에 그 사이프러스 나무들은 새카만 덩어리처럼 보였다. 바다에서 넘실거리는 파도는 정원 돌담 밖에 있는 고대 목욕장과 신전 유적에 부딪쳐 물보라를 일으키고 있었다. 흰 돛을 단 크고 작은 배들은 높은 건물들이 솟아 있는 가에타 안으로 미끄러지듯이 들어오고 있었다. 가에타 마을 뒤쪽에는 산 하나가 우뚝 솟아 있고, 그 꼭대기에 성채 같은 것이 보였다. 갑자기 페데리고가 왼쪽을 가리키며 저기 좀 보라고 말했다. 그곳에는 푸르고 아름다운 바다 위를 가볍게 떠가는 구름처럼, 해안의 화산이 희미하게 가물거렸다.

나는 어린애처럼 들뜬 기분으로 이 풍요로운 광경을 마음껏 즐겼다. 페데리고도 나처럼 행복한 표정이었다. 우리는 신이 나서 과수원으로 내려갔다. 가지에 주렁주렁 매달려 있는 황금빛 열매에 입을 맞추고, 땅에 떨어져 있는 열매를 주워 공처럼 던지면서 놀았다.

"아름다운 이탈리아여!" 페데리고는 기쁨에 넘쳐 소리를 질렀다. "저 멀리 북쪽 나라에 있으면서도 내 마음속에는 언제나 그대 모습이 떠올랐다. 꿈에 그리던 이 향긋한 공기를 이제야 실제로 들이마시는구나. 고국의 목장을 볼 때마다 그대의 올리브숲을 생각하고, 고국의 사과를 볼 때마다 이 풍요로운 레몬을 떠올렸다. 그러나 초록빛 발트해는 결코 아름다운 지중해처럼 푸르지 않다. 북국의 하늘은 밝고 따뜻한 남국의 하늘처럼 높고 선명하지 않다."

그의 기쁨은 영감이었고, 그의 말은 시였다.

"고향에 있으면서도 나는 이 나라를 얼마나 그리워했던가. 그 그리움이 얼마나 절실했던가. 낙원을 본 적이 없는 사람은, 낙원을 떠나 두 번 다시 돌아가지 못하는 사람보다 행복하다. 내 고향 덴마크는 아름답다. 너도밤나무숲이 울창하여 하늘을 뒤덮고 있고, 넓은 바다가 하늘과 맞닿아 있다. 그러나 이는 모두 지상의 아름다움이다. 천상의 아름다움에 비하면 지상의 아름다움은 아무것도 아니다. 이탈리아는 아름다움이 넘치는 천국이다. 이 나라에 다시 찾아와 경의를 표할 수 있다니, 이 얼마나 행복한가!"

그는 이렇게 말하면서 가지에 매달린 노란 오렌지에 입을 맞췄다. 기쁨의 눈물로 뺨을 적시면서 내 목을 끌어안았다. 그의 뜨거운 입술이 내 뺨에 닿았다. 이때 그의 열렬한 애정에 감동하여 내 마음도 그를 향해 활짝 열렸다. 그는 이제 나에게 남이 아니었다. 나는 평생 가슴속에 묻어 두려고 했던 과오를 털어놓았다. 아눈치아타와의 만남, 내 친구 베르나르도, 뜻밖에도 그에게 상처를 입히고 로마에서 도망친 일, 산적 동굴에서 겪은 위험과 고난, 풀비아 할멈의 도움으로 구출된 일, 베르나르도의 회복을 알게 된 사정 등을 전부 다 이야기했다. 나의 고백을 들은 페데리고는 내 손을 굳게 잡았다. 그 맑고 푸른 눈은 동정의 빛을 띠며 내 눈을 들여다보았다.

그때 갑자기 저 뒤쪽 목욕장 근처에서 억누르지 못한 흐느낌 소리가 들려왔다. 그러나 잎이 무성한 월계수와 자몽나무 그늘에 가려 아무것도 보이지 않았다. 나는 꿈에도 몰랐는데 누군가가 그곳에서 내 이야기를 들은 모양이었다. 우리가 나뭇가지를 헤쳐 보니, 목욕장 입구에 나폴리 부인이 앉아 흐느껴 울고 있었다. 그녀는 눈물 젖은 얼굴로 나를 쳐다보며 사과했다.

"아아, 정말 미안해요. 나를 나무라지는 마세요. 나는 당신이 친구분과 함께 내려오기 전부터 이곳에 있었답니다. 이곳은 정말 서늘해서 기분이 상쾌해지니까요. 애당초 엿들을 생각은 없었는데, 당신 목소리가 높아서 저절로 듣게 된 거예요. 한참 듣다가 겨우 비밀 이야기라는 걸 알았지만 어쩔 수 없었답니다. 하지만 그 슬픈 이야기를 듣고 나는 너무 감동했어요. 당신 이야기를 들었다고 해서 절대로 폐를 끼치지는 않을 거예요. 아무한테도 말하지 않을게요.”

이리하여 내 비밀을 알게 된 낯선 부인 앞에서 나는 당황하며 고개를 숙였다. 그리고 페데리고와 함께 그 자리를 떠났다. 페데리고는 이 일이 앞으로 어떻게 될지는 아무도 모른다면서 나를 위로하려고 했다.

“있지, 네 이야기에는 국가기밀 같은 건 나오지도 않았어. 또 누구나 마음속에 슬픈 과거를 감추고 있는 법이지. 아마 그 부인은 네 이야기 속에서 자신의 젊은 날의 슬픔을 발견해서 울었을 거야. 남의 술잔을 빌려서 자기 마음속 응어리에 술을 부은 거지. 인간이란 남과 똑같은 슬픔을 느끼지 않는 한 남의 슬픔에 눈물을 흘리는 일은 별로 없으니까.”

우리는 다시 마차를 타고 여행을 계속했다. 온 사방이 녹음의 풍요로움으로 가득했다. 마차가 지나는 길가에는 사람 키만 한 알로에가 무성하여 울타리 역할을 하고 있었다. 군데군데 커다란 버드나무가 바닥에 닿을 만큼 긴 가지를 드리우고 있었다.

해가 저물 무렵 가릴리아노 강을 건넜다. 옛날 이 강가에는 로마 식민지였던 민투르나이가 있었다고 한다. 내 눈에는 먼 옛날 리리스 강이 보이는 듯했다. 우거진 갈대와 억새 사이로 누런 탁류가 흘렀다. 기원전 88년 술라가 정권을 잡았을 때 마리우스는 그와 대립하여 병권을 쥐려고 했다. 이는 귀족 술라와 평민 마리우스의 싸움이었다. 술라에게 패배한 마리우스는 이 강가에 숨어서 난을 피하고 아프리카로 도주했으나, 이듬해에 권토중래하여 로마를 정복하고 병사를 풀어 대학살을 단행했다고 한다.

아직 산타가타까지 가려면 멀었는데 벌써 어둠이 내려와 우리 마차를 뒤덮으려 했다. 마부는 욕설을 뱉으면서 정신없이 채찍을 휘둘렀다. 나폴리 부인은 불안한지 자꾸 창밖을 내다보았다. 도적이 나타나서 마차에다 연결해 놓은 짐의 밧줄을 끊어 버릴까 봐 걱정하는 모양이었다.

얼마나 달렸을까. 마침내 저만치 앞쪽에 불빛이 보이기 시작했다. 산타가타에 도착한 것이다. 우리는 다들 안도의 한숨을 내쉬며 기뻐했다.

저녁 식탁에서 부인은 이상하게도 말수가 적었다. 그러나 그녀의 눈길이 줄곧 나에게 쏠려 있어서 의아한 생각이 들었다. 이튿날 아침 떠나기 전에 커피를 마시러 식당으로 내려가자 부인이 혼자 있었다. 부인은 붙임성 있게 나에게

다가와서 손을 내밀고 쾌활하게 말했다.

"나한테 화가 난 건 아니겠죠? 정말 미안해요. 하지만 악의는 전혀 없었어요."

"걱정 마세요. 화나지 않았습니다. 부인처럼 훌륭하신 분께서 남의 비밀을 퍼뜨리실 리 없으니까요."

"그렇게 생각하세요? 당신은 나에 대해서 아무것도 몰라요. 하지만 언젠가는 알게 될 날이 오겠죠. 그래요, 한동안 나폴리에서 지낼 거라고 하셨지요? 우리집에 한번 놀러 오시지 않겠어요? 우리 남편을 만나면 그 낯선 대도시에서 지내시는 데 도움이 될지도 몰라요. 그쪽에 아는 사람도 없으시잖아요. 사람 사귀는 것은 중요하죠. 첫 단추를 잘못 끼우면 나중에 후회하게 되니까요."

나는 그 친절한 배려에 진심으로 감사했다. 어디에나 친절한 사람은 있는 법이다.

"알고 계실지 모르겠지만, 젊은 사람한테 나폴리는 위험한 도시예요."

부인이 다시 말문을 열었다. 하지만 그때 페데리고가 들어왔기 때문에 이야기는 중단되었다.

우리는 다시 마차에 올라탔다. 한 마차에 탄 손님들도 이제는 서로 허물없는 사이가 되어 화기애애하게 이야기를 나누면서 나폴리로 향했다. 페데리고는 도중에 마주치는 사람들을 스케치하느라 여념이 없었다. 빨간 헝겊을 머리에 뒤집어쓰고 나귀를 탄 아낙의 모습, 젖먹이가 아낙의 가슴에 매달려 있는 모습, 조금 큰 아이가 아낙의 허리 근처에 매달린 광주리 속에서 잠들어 있는 모습, 온 가족이 나귀 한 마리를 타고 가는 모습도 보였다. 가운데에 남편이 타고 아내는 남편 뒤에 탔는데, 팔과 머리를 남편 어깨에 기대고 잠들어 있는 듯했다. 사내아이는 아버지 무릎 사이에 앉아서 채찍을 장난감 삼아 놀고 있었다. 그야말로 풍속화에서 그대로 걸어나온 듯한 사람들이었다.

하늘이 흐려지더니 빗방울이 떨어지기 시작했다. 베수비오 산도 카프리 섬도 보이지 않게 되었다. 포도덩굴에 휘감긴 포플러와 과일나무 사이사이에는 밀이 싱그러운 초록빛으로 자라 있었다. 부인이 나를 돌아보며 말했다.

"어때요? 이 들판은 꼭 빵과 포도주와 과일을 한꺼번에 늘어놓은 식탁 같지 않나요? 이제 곧 우리의 유쾌한 도시와 드넓은 바다도 보게 될 거예요."

저녁 무렵 우리는 나폴리에 도착했다. 처음 보는 톨레도 대로는 참으로 아름답고 멋졌다. 오렌지와 무화과를 산더미처럼 쌓아 올리고 환한 유리 등잔과 각양각색의 아름다운 등롱을 매달아 놓은 노점들. 길가에는 촛불이 잔뜩 켜져 있어서 거리 전체가 마치 불꽃의 바다처럼 보였다. 거리 양쪽에는 높은 집들이 이어져 있고, 창문마다 발코니가 딸려 있었나. 남자와 여자들이 무리 지어 끊임없이 거리에 나타나는 것을 보니 여기서는 아직도 즐거운 사육제가 계속되고 있는 게 아닐까 하고 여겨질 정도였다.

수많은 마차들이 화산암으로 된 길을 바쁘게 돌아다녔다. 어떤 말은 반반한 현무암 판석에 말발굽이 미끄러졌다. 작은 이륜마차가 다가왔다. 좁은 마차 안에는 대여섯 명이 들어차 있고, 꽁무니에는 누더기를 걸친 아이가 서 있었다. 마차 밑에 매달려 흔들리고 있는 그물 속에는 웃통을 벗은 부랑자가 드러누워서 꾸벅꾸벅 졸고 있었다. 이렇게 많은 사람을 말 한 마리가 끌고 있는 것이다. 어느 길모퉁이 집 앞에는 모닥불이 피워져 있고, 그 앞에서는 수영복 바지와 단추 하나만 채운 셔츠 차림의 두 사내가 카드 놀이를 하고 있었다. 손풍금과 아코디언이 울리고, 여자들이 거기에 맞춰 노래를 부르고 있었다. 여기저기서 사람들이 쇳소리를 지르고, 어지럽게 뒤섞여 뛰어다니고 있었다. 병사도, 그리스인도, 터키인도, 그 밖에 온갖 외국인들도 거기에 가담했다. 마치 별천지에 발을 디딘 듯한 기분이 들었다. 그곳에는 상상했던 것보다 훨씬 더 떠들썩하고 정신없는 진정한 남국의 풍경이 펼쳐져 있었다. 웃음소리와 외침소리로 가득 찬 이 세계에 비하면 로마는 고요한 무덤에 지나지 않았다. 부인은 쾌활한 나폴리를 보고 손뼉을 치며 기뻐했다.

우리 마차는 라르고 델 카스텔로 광장으로 들어갔다. 이 광장에서 우리를 맞아 준 것도 역시 소음과 혼잡이었다. 광장 주위에는 처마에 등롱을 달아 놓은 소극장들이 늘어서 있고, 그림 간판들이 내걸려 있었다. 또 서커스장도 있었다. 높다란 발판 위에서 광대 일가족이 떠들어 대고 있었다. 아내는 소리소리 지르며 손님을 부르고, 남편은 나팔을 불고, 그 뒤에서 아들은 채찍으로 부모를 때리는 척하고 있었다. 그러는 동안 밑에서는 작은 말이 뒷발로 일어서서 앞에 펼쳐 둔 책을 읽는 재주를 부리고 있었다. 그렇게 광대들이 손님을 끌려고 애쓰는 가운데, 이쪽에서는 한 사내가 둥그렇게 앉아 있는 뱃사람들 한

가운데에 서서 두 팔을 휘저으며 노래를 부르고 있었다. 그는 즉흥시인이었다. 한 노인이 소리 높여 책을 읽고 있었다. 《광란의 오를란도》였다. 청중은 노인에게 박수를 보내고 있었다. 그때 부인이 외쳤다.

"베수비오 산이에요!"

돌아보니 광장 변두리 쪽에 그 유명한 베수비오 화산이 하늘 높이 솟아 있었다. 새빨간 용암이 피처럼 산허리를 흘러내리고 있었다. 분화구 위에는 용암의 반사광을 받아 붉게 빛나는 어두운 조각구름이 떠 있었다. 그러나 그 멋진 모습 전체가 보인 것도 잠시뿐이었다. 마차는 어느새 광장을 가로질러 지나가버리더니, 카사 테데스카 여관 앞에 멈춰 섰다. 여관 옆에는 작은 인형극 극장이 있었다. 그 앞에 인형 조종사가 서서 광대 인형을 부리고 있었다. 인형은 경쾌하게 재주를 넘거나 웃거나 울거나 우스꽝스러운 연설을 했다. 그 주위는 와글와글 소란스러웠다. 반대편 집 앞 돌계단에서 설교하고 있는 수도사에게 주의를 기울이는 사람은 거의 없었다. 어깨가 떡 벌어지고 언뜻 보기에 뱃사람 같은 사내가 십자가를 높이 받쳐들고 있었다. 수도사는 소리 높여 설교를 했지만 귀를 기울이는 사람은 별로 없었다. 그는 인형 조종사를 불타는 듯한 눈으로 노려보면서 외쳤다.

"이게 사순절입니까? 이것이 하느님을 받드는 기간이라고 말할 수 있습니까? 우리는 육식을 삼가고, 고행을 하면서 참회하지 않으면 안 됩니다. 그런데 이래서는 사육제나 다를 바가 없지 않습니까? 이 도시에서는 사육제 같은 소동이 사계절 내내 계속되고 있습니다. 그렇게 매일 미친 듯이 춤추면서 웃고 떠드는 와중에 당신들은 한 발 한 발 지옥으로 다가가고 있는 것입니다. 그래도 좋습니까? 그럼 당장 지옥 밑바닥에 떨어져서 실컷 웃고 떠드십시오!"

그의 목소리는 점점 높아졌다. 나폴리 사투리가 섞인 말이 내 귀에는 마치 한 편의 시처럼 기분 좋게 울렸다. 그런데 수도사의 목소리가 높아질수록 인형도 점점 더 놀라운 재주를 부려 댔다. 군중은 여전히 인형에 정신이 팔려 설교는 들은 체도 안 했다. 그러자 거룩한 분노에 불탄 수도사는 돌계단에서 펄쩍 뛰어내려 동료의 손에서 십자가를 빼앗아 들고 군중 속으로 달려가더니, 성상이 조각된 십자가를 높이 들고 외쳤다.

"보시오! 이것이야말로 성스러운 인형이오. 이분이야말로 당신들이 우러러봐야 할 대상이오. 이분이야말로 당신들이 귀를 기울여야 할 대상이오. 당신들의 눈과 귀는 그러라고 있는 거요. 주여, 불쌍히 여기소서!"

눈앞에 높이 들린 십자가를 보자 군중도 경외심을 품지 않을 수 없었다. 그들은 당장 무릎을 꿇고 일제히 외쳤다.

"주여, 불쌍히 여기소서!"

인형을 놀리는 사람조차도 인형을 내려놓고 단상에서 내려와 무릎을 꿇었다. 우리는 이 광경에서 이상한 감동을 받고 마차 옆에 멍하니 서 있었다. 하느님의 은혜와 사람들의 바른 마음이 우리 가슴을 친 것이다.

페데리고가 부인을 위해 마차 한 대를 불러왔다. 부인은 그에게 고맙다는 악수를 하고 내 목을 와락 끌어안았다. 나는 그녀의 부드러운 두 팔과 타는 듯한 입맞춤을 느끼는 동시에, "나폴리에 오신 걸 환영해요!"라는 말을 들었다.

04
위대한 자연

　페데리고가 잠자리에 들어간 뒤에도 나는 발코니에서 바깥 풍경을 바라보며 오랫동안 말없이 앉아 있었다. 이곳은 전망이 좋아서 광장이 훤히 보이는 데다 베수비오 산도 정면으로 보였다. 마치 꿈나라처럼 환상적인 그 풍경이 나를 잠들지 못하게 했다. 어느새 아래 거리는 차츰 조용해지고 불빛도 꺼졌다. 한밤중이 지난 걸까. 그러나 내 눈은 여전히 베수비오 산을 바라보고 있었다. 그 산은 마치 불과 불꽃으로 이루어진 거대한 떡갈나무 또는 소나무처럼 보였다. 똑바로 치솟은 불기둥은 나무 줄기요, 용암 빛을 받은 핏빛 구름은 무성한 나뭇가지요, 용암의 흐름은 거목을 둘러싸는 뿌리였다.

　이 장엄한 광경에 내가 얼마나 감동했는지 어떻게 말로 표현할 수 있을까. 나는 화산 속에서 들려오는 신의 목소리를 들었다. 이것이야말로 영혼이 하느님과 얼굴을 마주하는 순간이었다. 나는 하느님의 전지전능과 지혜, 그리고 그분의 사랑을 가슴 깊이 깨달았다. 무시무시한 하느님의 손길은 결코 한 마리 참새도 허투루 땅에 떨어뜨리지 않는다. 지금까지의 내 삶이 순간 머릿속에 떠올랐다. 그 안에서 나를 도우시고 이끌어 주시는 하느님의 손길이 뚜렷이 보였다. 그래, 내 슬픈 운명을 한탄할 이유가 어디 있겠는가. 하느님께서 내 불행을 행복으로 바꿔 주신 흔적은 분명히 남아 있었다. 지울 수도 없고, 지울 필요도 없다. 처음에 나는 불의의 사고로 어머니를 여의었다. 하지만 그 죄를 갚으려고 보르게세 공작은 나를 학교에 보내 주시지 않았는가. 내가 어머니를 잃고 고아가 된 것은 확실히 불행한 일이었다. 하지만 마리우차와 페포 외삼촌이 싸운 끝에 나를 캄파니아 황야로 보내지 않았더라면, 내가 어떻게 보르게세 공작을 만났겠는가. 이런 식으로 인과의 사슬을 하나하나 더듬으면서 나는 지금까지 하느님의 가호 아래 살아왔음을 저절로 깨닫게 되었다.

그러나 사슬의 마지막 고리에 이르자 나는 멈칫했다. 아눈치아타. 그녀와의 만남과 헤어짐은 범인으로서는 도저히 헤아릴 수 없는 사건이었다.

내 생각에 베르나르도는 단지 '고상하지 못한 관능적 욕구' 때문에 아눈치아타를 손에 넣으려 했을 뿐이다. 설령 그녀를 잃고 괴로워하더라도, 얼마 지나지 않아서 그는 기운을 차리고 다른 일에 몰두했을 것이다. 그에 비해 내가 아눈치아타에게 바친 사랑은 그보다 훨씬 고결하고 깊었다. 만일 내가 아눈치아타와 맺어졌더라면 이 세상에 더 바랄 일이 없을 만큼 행복했을 것이다. 그러나 아눈치아타는 나를 버리고 베르나르도를 선택했다. 내 꿈은 하룻밤 새에 물거품이 되었다. 이것마저 하느님의 은총일까? 대체 어떻게 해석하면 그렇게 될까? 어쩌면 몸과 마음은 따로따로 독자적인 생각을 할 수 있는지도 모른다. 두 가지 생각이 충돌한다. 나는 혼란에 빠져 괴로워했다.

그때 발코니 밑에서 기타 소리가 들려왔다. 내려다보니 망토를 대충 걸친 한 사내가 기타를 치고 있었다. 흐느끼는 듯한 가락은 사랑 노래였다. 곧이어 맞은편 집 문이 조용히 열리더니, 사내는 그 안으로 사라졌다. 따뜻한 키스와 포옹이 기다리고 있는 행복한 연인이여!

나는 별이 빛나는 밤하늘을 쳐다보았다. 그리고 용암이 반사되어 군데군데 붉게 빛나는 검푸른 바다를 보았다.

"위대한 자연이여!" 내 마음은 외치지 않을 수 없었다. "그대야말로 나의 연인이다. 그래, 나에게는 이미 연인이 있다. 그대는 부드러운 산들바람을 보내어 내 입술과 이마에 입을 맞춘다. 나는 그대를 노래하겠다. 그대의 아름다움을, 그대의 성스러운 위대함을 노래하겠다. 내 영혼을 뒤흔든 그대의 노래를 사람들에게 들려주겠다. 어떤 사람은 말할지도 모른다. 그렇게 스스로를 위로해 봤자 내 가슴의 상처에서는 여전히 피가 흐르지 않느냐고. 하지만 그게 무슨 문제이랴? 바늘에 찔려 몸부림치는 나비는 훨씬 더 아름다운 반짝임을 보인다지 않는가. 힘차게 떨어져서 물거품으로 흩어져 부서지는 폭포수야말로 더욱 아름답지 않은가. 이것이 시인의 운명이다. 인생은 백일몽에 불과하다. 저세상에서 아눈치아타와 나는 깨끗한 영혼이 되어 서로를 사랑할 것이다. 축복 받은 영혼은 손에 손을 잡고 신의 품으로 날아갈 것이다.”

상처 입은 가슴에서 다시 희망과 용기가 샘솟는다. 즉흥시인으로 출세하는 것은 보람차고 즐거운 일일 것이다. 힘찬 환희가 내 마음을 가득 채웠다. 그런데 단 하나, 마음을 무겁게 짓누르는 것이 있었다. 내 은인이신 보르게세 공작과 프란체스카가 이 일을 어떻게 생각할까 하는 것이었다. 그들은 내가 여전히 로마에서 열심히 책을 읽으며 조용히 지내리라 믿고 있을 것이다. 그런데 내가 로마에서 도망친 사연과 내 새로운 삶에 대한 소문이 그들 귀에 들어간다면, 그들은 과연 어떻게 반응할까.

이렇게 생각하자 나는 초조해져서 당장 편지를 쓰기로 했다. 내 미래의 꿈을 그들이 인정해 주길 바랐다. 나는 어머니랑 마주 앉은 어린애처럼, 지금까지 있었던 일을 모두 사실대로 털어놓았다. 아눈치아타를 사모하는 마음도, 절망의 구렁텅이에 빠졌다가 자연과 예술 속에서 찾아낸 단 하나의 위안도 모두 자세히 밝혔다. 그리고 끝으로, 내가 즉흥시인이 되는 것을 부디 허락해 달라, 답장을 주실 때까지는 아무 일도 하지 않겠다, 세상에도 나가지 않겠다는 말로 편지를 맺었다. 나는 마음속으로 한 달 안에 답장이 오기를 기도했다.

편지를 쓰면서 나는 그 위에 눈물을 뚝뚝 떨구었다. 그러나 그 덕분에 마음이 한결 가벼워졌다. 편지를 다 쓰고 잠자리에 들어가 오랜만에 깊은 잠이 들었다.

이튿날 페데리고와 나는 제각기 볼일을 보았다. 그는 어느 골목의 하숙집으로 거처를 옮겼다. 나는 베수비오 산과 바다를 마음껏 구경할 수 있는 이 독일식 여관에 남았다. 그리고 박물관과 극장과 공원을 부지런히 돌아다녔는데, 그 덕분에 이 도시에 대해서 상당히 많은 것을 알게 되었다.

05
고고학자 부인

어느 날 페데리고와 내 앞으로 마레티 교수와 그의 아내인 산타가 보낸 초대장이 왔다. 둘 다 모르는 사람이어서, 처음에는 무슨 착오일 거라고 생각했다. 그런데 초대장에는 페데리고도 함께 데려오라고 쓰여 있었다. 호텔 사람한테 물어보니 마레티라는 사람은 고고학에 밝은 유명한 학자인데, 그의 부인 산타가 얼마 전에 로마 여행에서 돌아왔다는 것이다. 역시 이 초대장은 나한테 온 것이었다. 산타는 나폴리로 오는 여행길에 만나 친해진 바로 그 부인이었다.

늦은 오후에 나는 페데리고와 함께 그 저택으로 갔다. 휘황찬란하게 불이 켜져 있는 넓은 객실에는 많은 손님들이 모여 있었다. 윤이 나게 닦은 대리석 바닥은 번쩍거리고, 철망으로 둘러싸인 난로는 방을 따뜻하게 해 주고 있었다.

부인은 두 팔을 벌려 우리를 맞아 주었다. 연푸른색 비단옷은 그녀에게 잘 어울렸다. 페데리고와 나는 부인이 조금만 더 날씬했더라면 정말 대단한 미인이었을 거라고 속닥거렸다. 그녀는 우리를 다른 사람들에게 소개한 뒤, 우리가 편히 지낼 수 있도록 마음을 써 주었다.

우리는 부인이 안내해 준 자리에 앉았다. 그때 한 아가씨가 피아노 앞에 앉아서 노래를 불렀다. 그것은 아눈치아타가 디도로 분장하여 불렀던 아리아였다. 그러나 그 노래에는 사람들의 마음을 강하게 사로잡는 또 다른 울림이 있었다. 우리가 감탄하여 박수를 치자 이번에는 경쾌한 춤곡을 치기 시작했다. 신사들은 가까이 있던 부인의 손을 잡고 춤을 추기 시작했다. 나는 얼른 숨을 곳을 찾았다. 마침 창가에 적당한 장소가 있었다. 그곳으로 가서 조용히 앉아 있었다. 그런데 안경을 쓴 여윈 남자가 나를 발견하고 가까이 다가와서 정중하게 인사를 했다. 그는 내가 처음 이 객실에 들어왔을 때부터 사람들 사이를 바쁘게 돌아다니고 있었다. 대체 누구일까. 어쩌다 보니 우리는 이야기를 나누게 되었다.

"베수비오 화산이 분화해서 용암이 흐르는 모습은 정말 멋지네요. 처음 보는 광경이라 깜짝 놀랐습니다."

내 말에 그가 대꾸했다.

"그건 아무것도 아닙니다. 그 정도로는 분화 축에도 끼지 못해요. 로마의 문인 플리니우스가 폼페이 최후의 날이라고 하여 편지에서 묘사한 79년 8월 24일의 대폭발에 비하면 말입니다. 그때는 콘스탄티노플까지 화산재가 날아갔다니까요. 하기야 비교적 최근에도 화산이 크게 분화한 적이 있기는 합니다. 화산재 때문에 나폴리 사람들이 우산을 쓰고 다닌 적이 있었지요. 하지만 나폴리와 콘스탄티노플은 큰 차이가 있어요. 고대 그리스·로마 시대는 모든 것이 오늘날보다 나았지요. 지금은 말세입니다, 말세. 이런 경박한 세상을 과거로 되돌리기는 불가능하겠지요."

그는 산타의 남편이자 고고학자인 마레티 교수였다. 내가 연극 이야기를 꺼내자, 그는 기원전 540년 무렵에 살았던 아테네인 테스피스의 이야기까지 거슬러 올라가 비극과 희극에 대해 한바탕 강의를 늘어놓았다. 그는 테스피스가 처음으로 마차 위에 무대를 만들어 연극을 했다는 이야기에서 시작하여, 그리스 배우가 썼던 비극 가면과 희극 가면을 주르르 열거했다. 또 내가 근위병 열병식에 관한 소문을 들었다고 하자, 그는 그리스 병역제도를 논하더니 이어 방진(方陣)을 펼치면서 진격하는 마케도니아 보병 훈련에 대해 열심히 이야기했다. 어찌나 자세히 묘사하던지 마치 눈앞에 그 훈련 광경이 펼쳐지는 듯했다. 이야기 중간에 그는 나에게 물었다.

"고고학이나 미술사에는 흥미가 있소?"

"전문적인 지식은 없지만 흥미는 있습니다. 무릇 이 세상에 존재하는 모든 것이 저에게는 흥미로운 연구대상입니다. 시인이 되는 것이 제 사명이니까요."

그는 손뼉을 치며 기뻐했다. 그리고 나의 기타를 주피터의 리라에 빗대면서 호라티우스의 시를 낭송했다. 그때 산타 부인이 다가왔다.

"결국 붙잡히고 마셨군요. 틀림없이 까마득한 세소스트리스 시대까지 거슬러 올라갔겠지요? 하지만 현대가 당신을 원하는군요. 저쪽에 외롭게 홀로 있는 부인들이 보이시죠? 가서 춤상대 좀 해 주세요."

나는 당황하여 꽁무니를 뺐다.

"하지만 저는 춤을 못 추는데요. 한 번도 추어 본 적이 없어서요."

그러나 산타는 쉽게 물러나지 않았다.

"하지만 이 집 안주인인 내가 부탁드리면 설마 싫다고는 하지 않으시겠죠."

"글쎄요. 제가 실수해서 저랑 부인이랑 둘 다 바닥에 넘어지기라도 하면……."

그러자 부인은 웃음을 터뜨렸다. 볼 만하겠다는 말을 남기고서 그녀는 발걸음도 가볍게 페데리고 쪽으로 가 버렸다. 곧이어 두 사람은 다른 사람들과 뒤섞여 미끄러지듯 춤추기 시작했다.

"쾌활한 여자요." 그녀의 남편이 말하고 나서 덧붙였다. "게다가 아름답고……. 정말 아름답지 않소?"

"예, 아름다운 분입니다."

나는 공손하게 대답했다. 그러고 나서 이야기가 어떻게 흘러갔는지는 모르지만, 이윽고 우리는 에트루리아의 항아리에 관해 이야기하기 시작했다. 주인은 나폴리 박물관에 소장되어 있는 술병이나 항아리에 그림을 그린 화공들이 얼마나 위대한지 이야기했다.

"그들은 정말로 솜씨가 좋았소. 얼마나 굉장한지 한번 눈으로 직접 봐야 하오. 그들은 도자기를 굽기 전에, 그러니까 도자기 흙이 젖어 있을 때 그림이나 무늬를 그려 넣어야 했소. 지우고 다시 그릴 수도 없지. 그래서 점 하나, 선 하나도 온힘을 기울여 정성스레 그려야 했소."

그는 자세히 설명하고 나서 다음에 박물관을 안내해 주겠다고 했다.

"또 역사 논문을 쓰고 계시는군요. 나머지는 다음에 계속하세요!"

산타가 다시 다가와서 내 손을 덥석 잡더니 한쪽으로 끌고 갔다. 그러고는 작은 소리로 속삭였다.

"이봐요, 사람이 너무 좋은 거 아닌가요? 우리 남편은 늘 저렇게 일장 연설을 한답니다. 그게 버릇이에요. 그러니까 듣기 싫을 때는 억지로 듣지 말고 도망치세요. 저기, 당신은 자주 생각에 잠기고 쉽게 우울해지는 편이지요? 그러면 안 돼요. 남들이랑 어울려서 즐겁게 지내세요. 원하신다면 내가 상대해 드릴 테니 뭐든지 편하게 말씀하세요. 아 참, 나폴리에서 지내보니 어떤가요? 무엇을 보고 들으셨나요? 뭐가 가장 인상적이었죠?"

"나폴리는 부인이 말씀하신 대로 정말 멋진 도시입니다. 오늘 점심때 혼자 포실리포 언덕으로 산책을 갔는데, 울창한 포도밭 안에 폐허가 된 작은 교회당이 있더군요. 거기에 가난한 가족이 살고 있었습니다. 사랑스러운 자식을 둔 아름다운 부인이 저에게 포도주를 따라 주었죠. 저는 거기 앉아서 잠시 쉬었습니다. 그때의 분위기와 주변 풍경은 정말 한 편의 시와도 같았어요."

"벌써 친구를 만드셨군요. 의외로 풍류를 즐길줄 아시나 봐요?" 산타가 웃으면서 말했다. 그러고는 집게손가락을 들어올려 보이며 말을 이었다. "아니, 그렇게 얼굴을 붉힐 필요는 없어요. 당신 나이 때는 사순절 설교를 듣는다고 마음이 진정될 리가 없으니까요."

산타 부인과 그녀의 남편에 대해 그날 밤 내가 알아낸 것은 많지 않았다. 다만 내가 느끼기에 그녀의 말투에는 나폴리 여자의 특징인 소탈한 자연스러움과 사람의 마음을 이상하게 끌어당기는 따뜻함이 있었다. 남편은 상당히 박식한 사람이었다. 박물관에 갈 때는 더없이 좋은 안내인일 것이다. 그리고 실제로도 그는 안내인 역할을 맡아 주었다.

나는 그 집을 자주 찾아갔고 산타와 점점 더 친해졌다. 이 상냥한 부인에게 나는 금세 마음을 열고 흉금을 터놓게 되었다. 이제 와서 돌이켜 보면 그때 나는 세상 물정 모르는 풋내기였고, 특히 남녀관계에 대해서는 어린애만큼이나 무지했기 때문에 산타 부인을 여자로 인식하지 못했다. 그때는 여자와 가까워지는 일이 얼마나 위험한지 전혀 몰랐다. 한편 산타의 남편은 말만 번지르르한 허풍쟁이가 아니라 정말로 학식 있는 인물이었다. 그와 사귈수록 나는 그의 학식에 감탄하게 되었다.

하루는 아눈치아타와 헤어지던 날의 이야기를 산타 부인에게 털어놓았다. 부인은 나를 따뜻하게 위로하고 베르나르도를 비난했으며, 심지어 아눈치아타의 결점까지 지적했다. 나는 베르나르도에 대한 비난에서 어느 정도 위안을 찾았으나, 아눈치아타에 대한 비난은 도무지 받아들일 수가 없었다.

산타 부인이 말했다.

"나도 그 여자를 본 적이 있어요. 그런데 무대에 서는 여가수치고는 키가 좀 작고 너무 말랐더군요. 안 그래요? 이곳 나폴리의 젊은 신사들도 그 여자를 사모하고 있죠. 그건 나도 잘 알고 있어요. 하지만 그들을 사로잡은 것은 그녀의 목소리였어요. 비할 데 없이 아름다운 그 목소리 때문이었죠. 그 목소리는 듣는 이를 공상의 세계로 끌어들이는 힘이 있어요. 그리고 그 작고 가냘픈 몸도 공상의 세계에 속하는 것만 같아요. 당신은 그럴 리 없다고 할지도 모르지만, 내가 남자라면 그런 여자는 절대로 사랑하지 않을 거예요. 껴안는 순간 허리가 똑 하고 부러져 버리지나 않을까 걱정이 되는걸요."

나는 웃음을 터뜨렸다. 아마 그것이 그녀의 목적이었을 것이다. 그녀는 딱딱한 이야기를 싫어하니까, 나를 웃기려고 일부러 아눈치아타를 깎아내린 것이다. 실제로 그녀는 아눈치아타의 고상한 품성과 탁월한 재능은 순순히 인정했다.

나는 나폴리에 와서 〈사로잡힌 타소〉와 〈탁발승〉 같은 시를 두세 편 지었다. 그 밖에 제목이 없는 시도 있었다. 바티칸 조명 축제가 열리던 날 밤에 두 사나이가 목숨을 걸고 한 여자를 사랑하다가 피의 축제를 벌이고 말았으며, 마침내 소중한 우정을 잃어버렸다는 비극적인 시였다. 나는 이 시들을 적은 원고를 들고 가서 산타 부인에게 읽어 주었다. 그런데 첫 번째 시를 절반쯤 읽다가 감정이 복받친 나머지 목이 메고 눈물을 흘리고 말았다. 그녀는 내 손을 잡고 함께 울어주었다. 이 눈물로 나는 영원히 그녀의 포로가 되어 버렸다.

산타의 집은 내 집이 되었다. 나는 매일 그 집을 찾아갔다. 한시라도 빨리 그녀를 만나고 싶어서 언제나 애가 탔다. 그녀의 유머와 기발한 농담과 익살스러운 착상에 나는 자주 웃음을 터뜨렸다. 물론 그녀와 비교하여 아눈치아타의 재치와 유머가 얼마나 고상했는가를 느끼지 않을 수는 없었다. 그러나 아눈치아타는 이제 환상 속으로 사라져서 나에게는 이 세상에 없는 사람이나 마찬가지였다. 나는 눈앞에 있는 산타에게 감사와 신뢰를 바쳤다.

하루는 산타가 나에게 물었다.

"요즘도 포실리포의 미인을 찾아가시나요?"

"아니요. 그 후 딱 한 번 찾아갔습니다."

"그래요? 그 여자는 이미 당신에게 푹 빠져 있을지도 몰라요. 아이들은 관광객을 안내하러 나가 있고, 남편은 바다에 나가 있지 않던가요? 조심해야 돼요. 나폴리의 그쪽에는 저승으로 가는 입구가 있대요."

나는 발끈해서, 포실리포에 마음이 끌린 것은 오로지 낭만적인 풍경 때문이라고 주장했다. 거기 사는 부인이 아무리 아름다워도 나를 유혹할 수는 없을 거라고 딱 잘라 말했다.

"이봐요!" 산타가 허물없는 투로 말했다. "당신 마음은 나도 잘 알고 있어요. 당신의 마음은 사랑으로, 그 여자에 대한 강렬한 첫사랑으로 가득 차 있었어요. 빈틈이라고는 전혀 없었죠. 아, 나는 당신의 첫사랑에 대해서 이러쿵저러쿵 말하고 싶은 생각은 없어요. 하지만 당신은 진실했어도, 그 여자는 당신만큼 진실하지는 않았어요. 아니, 아무 말도 하지 마세요. 그건 사실이니까. 당신 마음은 그 여자에 대한 생각으로 가득 차 있었어요. 하지만 그 사랑은 갈기갈기 찢겨 버렸죠. 그래서 당신 마음에 빈자리가 생겨 버린 거예요. 빈자리는 채우지 않으면 안 돼요. 과거의 당신이라면 책을 읽거나 공상의 나래를 펴서 그 공허함을 메울 수 있었겠지요. 그러나 그 여가수가 당신을 인간 세계로 데려왔어요. 이제는 당신도 우리와 똑같이 피와 살을 가진 인간이 된 거예요. 그 피와 살이 권리를 주장하고 있어요. 당연한 일이 아닐까요? 청춘은 영원하지 않아요. 그러니 젊은이가 해서는 안 될 일이 뭐가 있겠어요? 나는 젊은 분들에게는 절대로 엄격한 말을 하지 않아요. 그러니까 나한테 뭘 숨기려고 할 필요는 없어요."

"아니, 아닙니다. 그 말씀에는 찬성할 수 없어요. 하지만 빈자리에 관한 말씀은…… 맞습니다. 아눈치아타를 잃고 나서 내 마음에는 구멍이 뚫렸습니다. 하지만 그것을 무엇으로 채울 수 있을까요? 아직 끝까지 말씀하신 건 아니지요?"

"내 의견을 좀더 듣고 싶으세요? 그럼 말씀드리지요. 당신은 다른 사람들과 달라요. 신기하게도 공상의 세계를 떠났으면서도 다시 공상의 인물이 되고 싶어하는 것처럼 보여요. 아눈치아타는 당신이 꿈에 그리던 이상적인 여성이었죠. 고상한 여인이었어요. 하지만 그런 그녀조차 시와 공상을 사랑하는 당신을 버리고, 정신적으로 훨씬 뒤떨어지는 베르나르도를 선택했어요. 아눈치아타도 현실의 남자를 원했던 거예요."

여기까지 말하고 산타는 까르르 웃음을 터뜨렸다.

"어머, 나 좀 봐. 여사가 이런 말 하면 안 되는데! 당신이 세상 물정 모르는 도련님처럼 너무 순수하다 보니까 나도 모르게 솔직하게 말해 버렸네요. 어휴, 얄미워라."

산타는 웃으면서 내 볼을 가볍게 쿡 찔렀다.

여관으로 돌아와서 부인이 한 말을 곰곰이 생각해 보았다. 그러고 보면 옛날에 베르나르도도 똑같은 소리를 했던 것 같다. 또 페데리고의 이야기도 들을 수 있었는데, 그는 로마에 있을 때 가슴이 두근거리는 행복한 일을 경험했다고 한다. 그 일에는 마리우차도 한몫 끼었던 모양이다. 꿈에도 생각지 못했던 일이다.

세상 사람들은 내가 무서워하는 것을 마음껏 즐기고 있는 걸까. 확실히 나는 다른 사람들과 다른 모양이다. 그렇다면 산타의 말이 옳은 것일까. 나는 시와 공상의 세계에 살고 있는 인간에 불과할까. 아눈치아타가 나를 버리고 베르나르도를 선택했다는 것이 무엇보다 분명한 증거가 아닐까. 그녀는 내 정신을 사랑했지만, 내 의지는 사랑하지 않았는지도 모른다. 아니, 정확히 말하자면 내 의지 부족을 사랑하지 않았는지도 모른다. 내가 좋다고 생각하는 것을 남들은 싫다고 한다. 이 세상은 너무나 복잡해서 나로선 도저히 헤아릴 수가 없다. 삶이란 얼마나 불안하고 어려운가.

06
절망의 편지

나폴리에 온 지도 어언 한 달이 지났지만, 아눈치아타의 소식도 베르나르도의 소식도 들을 수가 없었다. 그러던 어느 날 저녁, 나에게 편지 한 통이 날아왔다. 누가 무슨 편지를 보낸 걸까 궁금해하면서 우선 겉봉을 보았다. 거기에는 보르게세 가문의 문장이 찍혀 있고, 글씨는 공작의 필적이었다. 나는 속으로 성모 마리아에게 간절한 기도를 올리면서 겉봉을 뜯어 편지를 읽었다.

편지는 잘 읽었네. 애당초 내가 자네한테 기회를 제공한 까닭은 자네가 좋은 교육을 받아 사회의 동량이 되기를 바랐기 때문일세. 그러나 자네는 내 희망과는 상반된 길로 나가고 있네. 정말 유감스러운 일이지만 이미 엎질러진 물이겠지. 불의의 사고이긴 해도 자네의 모친이 당한 불행에 책임이 있는 나는 자네를 훌륭하게 키우려고 했어. 그러나 일이 이렇게 되었으니 어쩔 도리가 없네. 나로서는 자네를 위해 해야 할 도리를 다했고, 이것으로 우리 관계는 청산된 것으로 믿네.

자네가 즉흥시인이 되든 무엇이 되든, 자네의 희망대로 세상에 나가는 것은 물론 자네의 자유일세. 나에게 무슨 이견이 있겠는가. 다만 자네가 평소에 늘 말했듯이 나에게 진심으로 고마움을 느낀다면, 그 증거로서 앞으로는 우리 가문과 자네의 관계를 입에 올리지 말기 바라네. 자네가 내 은혜를 보답하고 살았다면 응당 면학이라는 최대의 봉사를 해야 했을 텐데, 자네가 그것을 헛되이 포기한 이상, 나를 자네의 은인이라고 부르는 최소의 봉사는 이제 나에게 더없이 불쾌한 일일세. 일이 이렇게 되어 탄식을 금할 수 없군.

나는 심장이 멎어 버릴 것만 같았다. 손이 맥없이 무릎 위로 떨어졌다. 울면 마음이 약간은 가벼워지겠지만 울음조차 나오지 않았다. 기도하면 기운이 조금은 나겠지만 기도조차 할 수 없었다. 나는 숨통이 막힌 사람처럼 그대로 탁자 위에 푹 엎드렸다. 더 이상 생각할 힘도 없고 고통조차 느낄 수가 없었다. 나는 그저 멍하니 의자에 앉은 채 꼼짝도 않고 엎드려 있었다. 기도를 올리는 말 한마디도 떠오르지 않았다. 그저 한없는 절망과 외로움에 잠겨 든 채, 이제는 성모 마리아조차 세상 사람들과 똑같이 나를 버린 듯한 기분이 들었다. 그때 페데리고가 찾아왔다.

"왜 그래, 안토니오? 어디 아파?" 그는 이렇게 말하며 내 손을 잡았다. "그렇게 혼자서 끙끙거리면 안 돼. 아눈치아타와 헤어진 것은 물론 슬픈 일이지. 하지만 네가 그녀와 결합해야만 행복해질 수 있는지 아닌지는 아무도 몰라. 내 경험에 비추어 보자면 인생은 참으로 오묘한 것이거든. 살면서 겪는 일들은 나중에 돌이켜보면 모두 다 최선의 길이었다는 생각이 들어. 그야 때로는 운명이 사람을 거칠게 다루기는 해. 그래서 사람들은 괴로워하면서 자기는 불행하다고 생각하지."

나는 대답할 수 없었다. 그저 탁자에 놓인 편지를 말없이 가리켰다. 페데리고가 편지를 읽는 동안, 비로소 눈물이 넘쳐 하염없이 흘러내렸다. 나는 우는 얼굴을 보이기가 부끄러워 등을 돌렸다. 페데리고는 내 어깨를 토닥이면서 말했다.

"그래, 실컷 울어. 가슴속에 있는 슬픔을 다 토해 버려. 그러면 기분이 나아질 거야."

약간 마음이 가라앉았을 때, 페데리고가 무슨 결심이 섰느냐고 물었다. 그 순간 어떤 생각이 머리에 떠올랐다. 나는 입을 열었다.

"성모 마리아에게 용서를 빌겠어요. 수도승이 되어 하느님을 섬기고 싶어요. 나는 어릴 때부터 이미 성모님을 섬기는 몸이었으니까요. 생각해 보면 이것도 다 하늘의 뜻인가 봐요. 성모님의 자비는 한없이 크고 넓으니, 한 번은 저를 버리셨어도 내가 참회하고 자비를 구한다면 분명히 받아 주실 거예요. 그래요, 이게 다 운명이에요. 나는 당신들과는 달리 공상과 시의 세계에 사는 사람이에요. 현실 세계에 더 이상 발붙이고 있을 이유가 없어요. 이렇게 절망에 빠지고서야 비로소 깨달았어요. 교회야말로 내 평화와 영혼의 고향이에요."

"정신 차려, 안토니오!" 페데리고가 말했다. "오만한 로마 귀족한테도, 세상 사람들에게도 네 힘을 보여 줘. 네가 얼마나 위대한 시인인지 보여 줘! 역경은 오히려 너를 강하게 해 줄 거야! 비운에도 굴하지 않는 것이 진정한 인생길 아니겠니? 시인은 결코 비천한 직업이 아니야. 너는 지혜도 있고 재능도 있기 때문에 시인이 되기로 마음먹은 거잖아. 네 앞날은 눈부신 희망으로 가득 차 있어. 아니, 이런 얘기는 그만두자. 다 소용없으니까. 너는 지금 자포자기해서 수도승이 되려고 할 뿐이야. 그런 순간적인 마음은 오늘밤만 지나면 사라져 버릴 거야. 아무렴, 내일 아침에 태양이 네 마음을 밝게 비추면 그런 생각은 깨끗이 사라져 버릴 거야. 그래, 이렇게 방구석에 틀어박혀 있으면 우울해지는 것도 당연하지. 내일은 마차를 한 대 빌려서 헤르쿨라네움과 폼페이를 구경하고, 베수비오 산에도 올라가 보자. 가서 기분전환을 하고, 그 다음에 네 장래를 냉정하게 의논해 보자. 자, 일단 오늘은 시내에 가서 신나게 놀아 볼까? 인생은 쏜살같이 지나가는데 우리는 모두 달팽이처럼 등에 무거운 짐을 짊어지고 있어. 네 불행을 너무 심각하게 생각하지 마. 그것이 납덩이든 장난감이든 무거운 건 결국 마찬가지야."

페데리고는 나를 위로하고 밖으로 데리고 나가려 했다. 아, 나를 지지해 줄 친구가 아직 한 사람은 남아 있었다. 이 얼마나 기쁜 일인가. 나는 말없이 모자를 집어 들었다. 그러고는 페데리고를 따라 밖으로 나갔다.

07
희망의 내일

　시내로 가자 작은 극장에서 경쾌한 음악 소리가 들려왔다. 우리는 사람들에게 떠밀리며 그 앞에 서 있었다. 극단 단원 모두가 극장 정면의 발판 위에 늘어서 있었다. 현란한 의상을 입은 부부가 쉰 목소리로 열심히 손님을 부르고 있었다. 하얀 얼굴에 음울한 표정을 띤 소년이 피에로 의상을 입고 바이올린을 켜자, 두 자매가 활기차게 공중제비를 넘었다.

　이 모든 것이 나에게는 몹시 비극적으로 보였다. 불쌍한 사람들이라는 생각이 들었다. 그러나 내 운명도 그들과 다를 게 없었다. 나는 가슴에서 새어 나오는 한숨을 애써 억누르면서 친구의 어깨에 기대었다. 페데리고는 나를 위로해 주었다.

　"자, 진정해. 너무 깊이 생각하지 마. 머리를 비우고 조금 산책하면서 너의 붉어진 눈에 시원한 바람을 쏘여 봐. 그러고 나서 산타 부인을 찾아가자. 그 사람이라면 웃음으로 네 기분을 풀어 주든가, 아니면 함께 울어 주든가, 둘 중 하나일 거야. 그런 식으로 남을 위로하는 데에는 나보다 훨씬 능숙하니까."

　우리는 큰길을 잠시 어슬렁거린 뒤 마레티의 집으로 갔다.

　"어머나, 반가운 손님이네요. 이 밤중에 오시다니 웬일이세요?"

　산타가 우리를 보자 반가워하며 물었다.

　"안토니오가 우울증에 빠져 있습니다. 기분을 좀 달래 주어야 하는데, 그러려면 이 댁밖에는 데려올 곳이 없어요. 내일은 헤르쿨라네움과 폼페이에 가고, 베수비오 화산에도 올라갈 생각입니다. 운좋게 화산이 불을 내뿜어주면 좋을 텐데. 그러면 우울증도 싹 날아가 버릴 테니까요."

"오, 그거 좋은데! 아주 좋은 산책 코스군." 마레티 교수가 외쳤다. "나도 시간이 나면 당신들과 함께 가고 싶소. 베수비오 산에 올라가는 건 사양하고 싶지만, 폼페이 발굴 작업이 얼마나 진척됐는지 보러 가는 건 재미있을 거요. 요전에도 거기서 색유리 장식품을 몇 점 구했는데, 그걸 시대별로 분류해서 논문을 하나 쓰고 있어요. 당신한테 그 보물을 보여 드리고 싶군요. 페데리고 씨, 우리 저쪽 방으로 갑시다. 색에 대해서 몇 가지 묻고 싶은 게 있어요. 그리고 안토니오, 자네는 우리 집사람이랑 이야기나 하면서 기분 풀게나. 이따가 다 같이 팔레르노라도 마시면서 호라티우스의 시를 노래하세."

교수는 페데리고를 데리고 다른 방으로 갔다. 나는 산타와 단둘이 그곳에 남았다.

"요즘 새 작품을 쓰고 있나요?" 그녀가 물었다. "당신 얼굴을 보니 고심한 흔적이 보이는데요. 얼마 전에 당신이 〈타소〉를 들려주셨잖아요? 그 시가 지금도 자주 떠올라요. 그리고 그때마다 마음이 슬퍼져서 눈물을 흘리기도 해요. 아니, 내가 감상적이라서 그런 게 아니에요. 당신의 시가 슬퍼서 그래요. 있잖아요, 좀 밝고 명랑한 기분으로 나를 즐겁게 해 주지 않을래요? 아무 말씀이나 해 보세요. 정 하실 말씀이 없거든 내 새 옷이라도 칭찬해 주세요. 어때요, 몸에 딱 붙는 옷을 입으니까 좀 날씬해 보이지 않나요? 시인이라면 당연히 관찰력이 있어야지요. 작은 변화도 놓치면 안 돼요. 자, 오늘은 내가 꼭 미루나무처럼 늘씬해 보이지요? 아닌가요?"

"예. 첫눈에 알아보았습니다."

"어머나, 말씀도 잘하셔! 실은 평소와 마찬가지예요. 자, 보세요. 커다란 스카프처럼 헐렁한 옷을 입고 있잖아요. 아니, 왜 얼굴을 붉히세요? 당신은 젊은 남자잖아요? 여자들한테 좀 익숙해지세요. 아, 그래요. 내가 교육 좀 시켜야겠군요. 남편과 페데리고 씨는 저기서 행복한 고대에 열중해 있지만, 우리는 현대에 살기로 해요. 자, 우리끼리 팔레르노를 마셔요. 한잔 드세요. 어서요. 나중에 저 두 사람과 함께 다시 한 번 마셔도 되잖아요?"

나는 술을 거절하고, 일상적인 화제를 꺼내려고 했다. 그러나 내 기분이 몹시 우울해서 모든 것이 괴로울 뿐이었다.

"죄송합니다. 아무래도 기분이 좋지 않아서 지금은 도저히 무슨 얘기를 할 수가 없군요. 이러고 있어 봤자 당신까지 불쾌해지실 겁니다."

나는 자리에서 일어나 모자를 집어 들려고 했다.

"아, 안 돼요. 가시면 안 돼요." 그녀는 나를 의자에 도로 끌어 앉히면서, 걱정이 담긴 따뜻한 눈으로 내 얼굴을 들여다보았다. "무슨 일이 있었군요? 그게 뭐죠? 말해 주세요. 당신을 이대로 돌려보낼 수는 없어요! 혹시 내가 멋대로 군다고 불쾌하신가요? 기분 나쁘게 생각지 마세요. 성격이 원래 그런걸요. 난 지금 진심으로 당신을 걱정하고 있다고요. 그러니 가슴속에 담아 두지 말고 뭐든지 다 말해 주세요. 무슨 일이 있었죠? 고향에서 편지가 왔나요? 베르나르도 씨가 상처가 덧나서 죽기라도 했나요?"

나는 공작의 편지에 대해 이야기할 생각은 없었다. 그러나 그녀의 따뜻한 말을 듣자 감정의 둑이 무너져 모두 다 솔직하게 말해 버렸다. 그리고 마지막에는 엉엉 울면서 하소연했다.

"나는 세상에서 버림을 받았습니다. 모두 나를 버렸어요. 아무도, 정말로 단한 사람도 나를 사랑해 주는 사람이 없습니다."

"그렇지 않아요, 안토니오!"

산타가 외쳤다. 그녀의 따뜻한 손이 내 이마에 닿았다. 이어서 이마에 불타는 듯한 입술이 닿았다.

"가엾은 분! 사랑스럽고 착한 분! 난 당신을 좋아해요. 당신을 사랑해요! 안토니오!"

열정에 사로잡힌 산타의 두 손이 내 머리를 감쌌다. 뺨과 뺨이 맞닿았다. 내 피는 불처럼 타오르고, 온몸이 와들와들 떨리고, 숨은 금방이라도 멎을 것 같았다. 그때 문간에서 인기척이 나더니, 문이 열리고 페데리고와 마레티가 들어왔다.

"아, 마침 잘 왔어요." 산타는 태연하게 페데리고를 보면서 가벼운 말투로 말했다. "안토니오가 열이 나나 봐요. 얼마나 놀랐는지 몰라요. 갑자기 기분이 나쁘다고 하면서 얼굴이 창백해지더니, 또 금방 새빨개지잖아요. 내 품속에서 정신을 잃지나 않을까 걱정했다고요. 아, 하지만 이제는 좀 괜찮은가 봐요. 정신을 차린 것 같은데. 그렇지 않은가요, 안토니오?"

산타는 아무 일도 없었던 것처럼 시치미를 뚝 떼고 있었다. 순간 뭐라고 표현할 수 없는 부끄러움과 분노가 마음속에서 부글부글 끓어올랐다. 나는 그녀한테서, 아름다운 죄악의 딸에게서 얼굴을 돌렸다. 마레티 교수는 고전 시구를 인용하면서 나에게 말을 걸었다.

"당신 가슴과 머리는 어떻소. 언제나 불타는 숫돌로 화살을 갈고 있는 사랑의 천사가 무슨 짓을 하지는 않았소?"

그는 나에게 포도주를 권했다. 팔레르노 포도주가 술잔에서 거품을 일으켰다. 산타는 나와 술잔을 마주치면서 야릇한 눈빛으로 나를 보며 말했다.

"보다 나은 시간을 위하여!"

"보다 나은 시간을 위하여!" 페데리고가 고개를 끄덕였다. "그래. 그 시간은 틀림없이 올 거야. 절대로 좌절하면 안 돼. 사나이라면 묵묵히 기다릴 줄 알아야지."

마레티 교수도 "보다 나은 시간을 위하여!" 하고 함께 건배했다.

산타는 깔깔 웃으면서 내 볼을 가볍게 토닥였다.

08
헤르쿨라네움과 폼페이

이튿날 아침, 페데리고가 마레티 교수와 함께 나를 데리러 왔다. 우리는 다같이 마차에 올라탔다. 상쾌한 아침 바람이 바다에서 불어왔다. 마차는 만을 따라 나폴리에서 헤르쿨라네움으로 달렸다.

"연기가 굉장하군요." 페데리고가 베수비오 산을 가리키며 말했다. "오늘밤에는 분명 장관이 연출될 겁니다."

마레티는 고개를 저으면서 대꾸했다.

"저 정도 연기는 아무것도 아닐세. 예수 그리스도가 탄생한 지 79년째 되는 해에 비하면 말이야. 그때는 엄청난 대분화가 일어났지. 연기가 먹구름처럼 이지역 전체를 뒤덮었어."

나폴리 교외를 벗어나자 산조반니, 포르티치, 레시나 같은 도시들이 연달아 나왔다. 이들은 하나의 도시로 보일 만큼 바싹 붙어 있었다. 우리는 레시나에 도착하여 마차를 세웠다. 이 도시 밑에 헤르쿨라네움이 묻혀 있었다. 대분화가 일어나자 불과 몇 시간 사이에 도시 전체가 용암과 화산재로 뒤덮여 버렸다. 그리고 그 위에 레시나라는 새로운 도시가 세워졌던 것이다.

우리는 교수의 안내를 받아 어느 집으로 들어갔다. 안뜰에는 큼직한 마른 우물이 있고, 그 아래로 내려가는 층층대가 나선형으로 뻗어 있었다.

"이보게들, 이것 좀 보게나." 마레티 교수가 말했다. "1720년에 엘뵈프 공이 이 우물을 파게 했다네. 그런데 몇 미터 내려갔을 때 조각상들이 나왔고, 공사는 당장 중단되었지. 그리고 그로부터 30년 동안이나 여기에 손댄 사람이 없었어. 그런데 스페인의 카를로스 왕이 와서 더 깊이 파라고 명령한 거야. 그때, 지금 우리가 보고 있는 이 커다란 돌계단이 발견된 것일세."

우리는 우물 안을 들여다보았다. 이곳에는 햇빛이 조금밖에 비쳐 들지 않았다. 이 층층대는 먼 옛날 헤르쿨라네움의 대극장 좌석이었다. 안내인은 양초를 각자 하나씩 들게 했다. 우리는 우물 밑바닥으로 내려갔다. 이윽고 우리는 1700년 전의 로마 시민들이 앉았던 좌석 위에 섰다. 이 자리에 서서 감동에 사로잡히지 않는 자가 있을까. 망각에 묻힌 추억이 되살아났다. 관객들은 이 무대에서 상연되는 생의 갖가지 모습을 보고, 다 함께 웃고 울며 갈채를 보냈으리라.

바로 옆에 있는 작고 낮은 문을 빠져나가자 널찍한 통로가 나왔다. 우리는 그곳을 지나 오케스트라 자리로 내려가 보았다. 그리고 연주자들의 대기실과 탈의실 및 무대를 구경하며 돌아다녔다. 그 규모는 정말 압도적이었다. 촛불빛으로는 겨우 몇 걸음 떨어진 곳까지밖에 비출 수 없었지만, 그래도 나에게는 나폴리의 산 카를로 극장보다 훨씬 커 보였다. 주위는 쥐 죽은 듯 고요하고 어둡고 황량했다. 우리는 죽은 사람들이 망령이 되어 우리 생활 속에 섞여 든다고 상상했었지만, 여기서는 반대로 우리 자신이 저 위의 혼잡한 세상을 빠져나와 유령이 되어 먼 고대를 헤매고 있는 듯한 기분이 들었다. 나는 문득 햇살이 그리워졌다. 그만 나가자고 재촉을 했다. 얼마 후 우리는 다시 이 세상으로 올라왔다.

길거리를 오른쪽으로 돌자, 도시 유적이 발굴된 장소가 또 하나 나왔다. 크기는 첫 번째 것보다 작았다. 이 두 군데가 햇빛 아래 드러난 헤르쿨라네움의 전부였다. 여기서 우리는 몇 줄기 도로와, 빨갛고 파랗게 채색된 벽에 작은 창문이 많이 달린 집들을 구경했다. 그러나 이것들은 폼페이에서 우리를 기다리고 있는 것에 비하면 아무것도 아니었다.

우리는 마차에 올라타 레시나를 뒤로하고 평지 한가운데로 나왔다. 평지라 해도 온통 새까만 거품이 이는 바다가 갑자기 굳어 철판이 된 듯한 곳이었다.

길가에는 교회당 하나가 이 죽음의 땅에 반쯤 파묻힌 채 쓸쓸히 서 있었다. 또 군데군데 새 건물과 밭도 보였다.

"이곳이 파괴되던 순간을 나는 어릴 때 이 눈으로 직접 보았다네." 마레티가 말했다. "지금 우리가 마차를 달리고 있는 이 검은 땅은 그때 활활 타오르는 불바다였네. 나는 그 불타는 상물이 산 위에서 토레 델 그레코 쪽으로 흘러가는 것을 보았지. 포도밭은 거의 다 용암으로 뒤덮였고, 우리 아버지와 내가 서 있던 곳 근처의 바위는 그 빛을 받아서 어두운 붉은빛을 띠고 있었어. 그리고 저 교회당 안에서는 촛불이 파랗게 타오르고 있었네. 교회당은 활활 타오르는 불바다에 떠오른 노아의 방주 같았다네. 나는 그날을 평생 잊지 못할 거야. 아버지가 타고 남은 포도알을 따서 내 입에 넣어 주셨던 일이 지금도 생생하게 떠오르는군."

포도덩굴이 포도송이를 달고 이 나무에서 저 나무로 뻗어가듯이, 나폴리 만에 있는 도시들은 서로 하나로 이어져 있었다. 토레 델 그레코 다음에는 토레 아눈치아타가 나왔다. 도시와 도시를 잇는 길은 앞서 언급한 황폐해진 지역을 제외하면 톨레도의 거리만큼이나 변화했다. 사람을 가득 태운 이륜마차, 말이나 나귀를 탄 사람들이 연이어 지나갔다. 신사 숙녀로 이루어진 관광객들은 이 풍경에 한층 화려한 빛깔을 더해 주었다.

지금까지 나는 폼페이도 헤르쿨라네움처럼 깊은 지하에 있는 줄만 알고 있었다. 그런데 실제로는 그렇지 않았다. 폼페이는 산기슭에 세워진 도시였다. 포도밭 너머로 푸른 지중해까지 바라보이는 곳이었다. 우리는 완만한 비탈길을 한 걸음씩 올라가서 화산재 벽에 뚫린 동굴 입구에 도착했다. 동굴은 깊고 어두웠지만, 드문드문한 초록빛 관목과 잡초 덕분에 주위가 조금이나마 생생하고 부드러운 모습을 띠고 있었다. 감시병 앞을 지나 우리는 폼페이 교외로 들어갔다.

"자네들은 플리니우스가 타키투스에게 보낸 편지를 읽었겠지? 79년 대분화를 상세히 묘사한 편지 말이야." 마레티가 말했다. "이제부터 볼 것은 바로 그의 문장을 더없이 훌륭하게 해석한 주석일세."

우리가 서 있는 거리는 이른바 무덤 거리였다. 이 길거리에는 갖가지 묘석이 잇따라 늘어서 있었다. 그중 두 개의 묘석 앞에는 아름다운 장식을 새긴 돌 의자가 놓여 있었다. 이것은 먼 옛날 폼페이의 젊은 남녀들이 교외로 산책을 나왔다가 앉아서 쉬던 곳이다. 그들은 여기 앉아서 울창한 숲과 교외의 들판을 구경하고, 저 먼 길과 그 너머의 잔잔한 바다도 바라보았을 것이다. 지금은 창문이 뚫린 석조 건물이 군데군데 남아 있는 게 보일 뿐이지만, 그 집들은 눈이 뻥 뚫린 해골처럼 우리를 멍하니 바라보고 있었다. 폼페이가 무참히 파괴되기 전에 이 도시를 덮쳤던 지진의 흔적은 곳곳에서 찾아볼 수 있었다. 화산재에 묻히기 전에 한창 건축 중이던 집들도 몇 채 있었다. 깎다가 만 대리석 덩어리와 초벌구이용 형틀이 그 옆에 굴러다니고 있었다.

우리는 드디어 도시 바깥쪽 성벽에 도달했다. 성벽 위로 원형극장의 객석처럼 보이는 넓은 계단이 이어져 있었다. 그리고 우리 앞에는 한 줄기 도로가 뻗어 있었다. 나폴리와 마찬가지로 도로에는 용암 판석이 깔려 있었다. 이런 돌은 서력 79년에 헤르쿨라네움과 폼페이를 파괴한 분화보다 훨씬 오래전에 있었던 분화의 유물이다. 돌에 수레바퀴 자국이 깊게 새겨져 있었다. 주위를 둘러보니 집집마다 벽에 새겨 둔 집주인 이름들이 아직도 또렷이 남아 있었다. 간판이 걸려 있는 집도 두세 곳 있었는데, 그중 하나는 모자이크 제작자의 간판이었다.

집 안에 있는 방들은 모두 작았고, 빛은 천장이나 출입구 위의 구멍으로 들어오도록 되어 있었다. 주랑으로 사방이 둘러싸인 안뜰은 작은 화단이나 분수를 겨우 만들 수 있을 정도로 작았다. 벽과 마루는 동그라미나 네모를 교묘하게 짜맞춘 아름다운 모자이크 무늬로 장식되어 있었다. 벽을 보니 무희나 요정의 형상이 그려져 있었는데, 흰색과 푸른색, 붉은색 안료로 채색되어 마치 어제 그린 것처럼 생생한 빛깔을 내뿜고 있었다. 페데리고와 마레티는 세월의 풍상을 믿을 수 없을 만큼 잘 견뎌 온 그 그림들에 쓰인 안료 성분에 대해 토론을 벌였다. 그러다가 어느새 약 130년 전에 출판된 바야르디의 책을 비평하는 데 열중해, 자기들이 지금 어디 있는지도 잊어버리고 말았다.

그들은 다른 많은 사람들이 그러는 것처럼 그들 앞에 펼쳐진 시적인 실체는 외면한 채 학술적인 토론만 벌이고 있었다. 나는 평소에 책을 별로 읽지 않기 때문에 그들의 논의에 휩쓸릴 일도 없었다. 나는 아무에게도 방해받지 않고, 주위의 시적인 풍경을 마음껏 내 가슴속으로 빨아들일 수 있었다. 그러자 일상에서 느꼈던 모든 근심이 사라지고 평화와 영감이 마음속에서 절로 우러났다.

우리는 로마의 역사가 살루스티우스가 살던 집 앞에 섰다.

"살루스티우스여!" 마레티 교수가 모자를 벗으며 말했다. "설령 영혼은 사라졌다 할지라도, 그대의 죽은 육신에 경의를 표하노라."

디아나와 악타이온을 그린 커다란 그림이 정면 벽을 차지하고 있었다. 악타이온은 여신 디아나가 목욕하는 장면을 보았다가 저주를 받아 사슴으로 변했고, 결국 자기 사냥개에게 물려 죽었다고 한다. 한편 저쪽에는 스핑크스 두 마리가 떠받치고 있는 커다란 대리석 탁자가 발굴되어 햇빛을 받고 있었다. 듣기로는 이 훌륭한 탁자를 발굴했을 때 인부들은 너무 기뻐서 환호성을 질렀다고 한다. 그러나 무엇보다도 내 마음을 사로잡은 것은 누렇게 변한 뼈와 화산재에 또렷이 새겨진 여인의 젖가슴의 흔적이었다.

우리는 중앙 광장을 가로질러 주피터 신전으로 갔다. 태양은 대리석 기둥에 닿아 반짝이고, 저 멀리에는 베수비오 산이 바라보였다. 시커먼 구름이 분화구에서 뭉게뭉게 피어오르고, 산허리를 내려오는 용암류 위에는 수증기가 뿌옇게 서려 있었다.

우리는 극장에 가서 계단식 좌석에 앉았다. 무대에는 돌로 된 출입문과 벽이 옛날 그대로 남아 있어서, 마치 어제도 이곳에서 연극이 상연된 것처럼 보였다. 그러나 음악은 이제 울리지 않는다. 박수갈채를 받는 가수들의 노랫소리도 들리지 않는다. 다만 우리 앞에 펼쳐진 자연의 커다란 무대만이 살아 숨쉬고 있었다. 싱그러운 초록빛 포도밭, 사람들이 끊임없이 오가는 살레르노 번화가, 그리고 그 뒤에는 하늘을 등지고 또렷이 윤곽을 드러낸 검푸른 산들— 죽음의 천사가 지닌 엄청난 힘을 노래하는 비극의 합창대가 된 폼페이는 바로 그 무대에 서 있었다. 내가 본 것은 바로 죽음의 천사였다. 그 천사의 날개는 시커먼 화산재였고, 흘러나온 용암이었다. 그가 날개를 펼럭이면 연기와 용암이 하늘로 치솟아 올라 도시와 시골을 온통 뒤덮을 것이었다.

09
베수비오

　우리는 저녁에 베수비오 산에 올라가기로 했다. 밤이 되면 불타는 용암과 달빛이 어우러져 장관을 이루기 때문이다. 우리는 레시나에서 나귀를 빌려 타고 산을 올라가기 시작했다. 길은 포도밭과 황량한 들판 사이로 나 있었지만, 푸른 초목은 곧 사라지고, 조그맣게 오그라든 가시나무와 바싹 말라 버린 잡초 따위만이 보일 뿐이었다. 아름다운 저녁이 다가오자 차가운 바람이 세차게 일었다. 태양은 가라앉으면서 활활 타오르는 불덩이처럼 빛났다. 석양을 받아 하늘은 황금빛으로 반짝이고, 바다는 쪽빛, 섬들은 연푸른빛 구름 같았다. 만의 물굽이를 따라 뻗어 있는 나폴리 시가지는 점점 어둠에 휩싸여 희미해졌다. 고개를 돌려 먼 곳을 바라보니 산마루에 눈이 쌓여 있는 알프스 산맥도 서서히 흐려지고 있었다. 온 세상이 마치 환상의 세계처럼 보였다.

　붉게 흐르는 용암은 어느새 우리 코앞까지 다가와 있었다. 우리는 길다운 길도 없고 온통 검은 용암으로 뒤덮인 평지로 나갔다. 나귀는 한 걸음씩 조심스럽게 발 디딜 곳을 찾으며 나아갔다. 그래서 딱딱한 돌로 변한 죽음의 바다에 외딴섬처럼 불쑥 솟아올라 있는 산마루에 도착할 때까지는 많은 시간이 걸렸다.

　우리는 키 작은 잡초만 드문드문 나 있는 곳을 지나 오두막으로 다가갔다. 병사들이 모닥불 곁에 둘러앉아 포도주를 병째로 마시고 있었다. 이 병사들은 등산객들을 산적의 위협으로부터 보호하는 역할을 맡고 있었다. 우리가 다가가자 병사 하나가 일어나서 길을 안내해 주겠다고 했다. 그가 든 횃불이 세찬

바람에 휘날려 금방이라도 꺼질 듯이 가물거렸다.

박사는 하루 종일 돌아다니느라 지쳤다면서 오두막에 남기로 했다. 나와 페데리코는 나귀를 타고 안내인을 따라 좁은 바윗길을 천천히 나아갔다. 나귀 발굽에 용암 덩어리가 수시로 채였다. 때로는 까마득한 절벽 위를 지나기도 했다. 잠시 후 앞길에 시커먼 화산재 봉우리가 산처럼 우뚝 솟아 있었다. 더 이상은 나귀를 타고 올라갈 수가 없었다. 그래서 따라온 소년들에게 나귀를 맡겨 두고 걸어 올라가기로 했다. 안내인이 햇불을 들고 비스듬히 올라가자 우리는 그 뒤를 따랐다. 무릎까지 파묻힐 듯 부드러운 화산재가 가파른 비탈을 이루고 있었다. 우리는 일렬로 똑바로 걷지 못하고 지그재그 식으로 천천히 전진했다. 걸음을 내디딜 때마다 발이 화산재에 푹푹 빠져들고 돌멩이나 용암 덩어리가 발에 채여 굴러떨어졌기 때문이다. 두 걸음 나아가면 한 걸음 물러서면서, 검은 화산재 속에 끊임없이 나뒹구는 형편이었다. 마치 납덩어리를 발에 매달고 있는 듯했다.

"힘내세요, 다 왔어요! 이제 곧 정상입니다!"

안내인이 우리를 격려하면서 외쳤다. 말은 그렇게 했지만, 아무리 올라가도 정상은 여전히 까마득하게만 보였다. 그렇게 악전고투한 끝에 마침내 한 시간 만에 정상에 도달했다.

크고 작은 용암 덩어리가 어지럽게 널려 있는 넓은 평지가 눈앞에 펼쳐졌다. 그 한가운데에 다시 화산재 언덕이 우뚝 솟아 있었다. 그것은 깊은 분화구 속에 생긴 화구구(火口丘)였다. 그 언덕 위에 불구슬 같은 달이 걸려 있었다. 달은 어느새 그렇게 높이 떠올라 있었지만, 지금까지는 산등성이에 가려 보이지 않았던 것이다. 그러나 달이 보인 것도 잠시뿐이었다. 눈 깜짝할 사이에 분화구에서 시커먼 연기가 뿜어져 나와 주위는 어둠으로 뒤덮여 버렸다. 그와 동시에 산속 깊은 곳에서 천둥 같은 소리가 울리더니, 발밑의 땅이 흔들거렸다. 우리는 넘어지지 않으려고 서로 부둥켜안았다. 그 순간, 백 문의 대포를 한꺼번에 쏜 것처럼 요란한 굉음이 울리더니 엄청난 불기둥이 하늘로 치솟았다. 불에 그을려 진홍빛 보석처럼 반짝이는 돌멩이들이 뜨거운 불꽃 속에서 사방으로 튀었다. 불타는 돌멩이들은 다행히 우리 머리 위로 떨어지지는 않고, 수직으로 곧장 내려와 분화구로 떨어지거나 불똥을 튀기며 화구구의 화산재 위를 굴러

내려갔다.

"영원한 신이시여!" 나는 속으로 기도하면서 숨을 죽인 채 그 광경을 지켜보았다.

"베수비오가 오늘은 기분이 좋은가 보네요." 안내인이 말하면서 우리더러 어서 가자고 재촉했다. 어디로 가자는 것인지 알 수 없었다. 등산은 이것으로 끝난 줄 알았는데, 불을 뿜고 있는 분화구에 다가갈 수도 없을 텐데 어쩌려는 걸까. 안내인은 우리를 데리고 화산재 언덕을 끼고 오른쪽으로 돌아갔다. 우리 눈앞에는 시뻘건 불바다가 펼쳐져 있었고, 그 앞에 키가 몇 미터나 되는 것처럼 보이는 검은 실루엣이 움직이고 있었다. 그것은 우리보다 먼저 올라와서 용암류를 구경하고 있는 등산객들이었다.

우리는 손발을 열심히 놀려 용암 덩어리 위를 기어갔다. 흐려진 달빛과 희미한 횃불빛을 받은 바위틈에는 짙은 그림자가 져서 마치 심연처럼 보였다. 그곳에서는 새까만 어둠밖에 보이지 않았다.

다시 발밑에서 커다란 천둥소리가 들리더니 불기둥이 치솟아 눈앞을 환히 비추었다. 우리는 손으로 천천히 더듬으며 계속 기어 올라갔다. 손에 닿는 돌들은 점점 뜨거워졌다. 딱딱하게 굳은 용암 바위 사이에서는 뜨거운 수증기가 하얗게 뿜어져 나오고 있었다. 이윽고 우리 앞에 평탄한 땅이 펼쳐졌다. 이것은 생긴 지 이틀밖에 안 된 용암류인데, 표면은 차가운 공기에 닿아서 이미 시꺼멓게 굳었지만, 그 아래에는 아직도 붉게 타오르는 용암이 고여 있었다. 호수를 뒤덮은 얼음처럼, 불바다 위에도 겉껍질이 단단하게 뒤덮여 있었다.

이 평원 건너편은 다시 울퉁불퉁한 바위밭인데, 다른 등산객들은 그 위에 서 있었다. 우리는 안내인을 선두로 이 불바다를 뒤덮고 있는 껍질 위를 걸어갔다. 구두 밑창을 통하여 열기가 느껴졌다. 그 껍질은 군데군데 거북이 등처럼 금이 가 있었는데, 그 틈으로 시뻘건 불길이 보였다. 만약 이 겉껍질이 갈라지면 불바다 속으로 떨어질 수밖에 없다. 우리는 숨을 죽이고 조심조심 걸으면서도, 발밑이 타서 눌어붙을 것만 같았기 때문에 되도록 걸음을 서둘렀다. 마치 눈 덮인 다리 위에 검은 발자국이 남듯이, 우리가 지나간 검은 껍질에 빨간 발자국이 남았다. 그때 한 영국인이 안내인과 함께 돌아오면서 우리 곁을 지나갔다. 그가 물었다.

"당신들 중에 혹시 영국인이 있습니까?"

"아뇨, 없습니다."

내가 대답하자 그는 혀를 차고 그냥 지나쳤다.

우리는 몇몇 관광객들이 서 있는 커다란 바위에 도착했다. 바위 위로 올라가 보니 눈앞의 산허리를 새로운 용암류가 전전히 흘러 내려오고 있었다. 용광로에서 흘러나오는 걸쭉한 쇳물 같은 용암류가 저 멀리 아래쪽까지 넓게 퍼져 갔다. 웅장하게 흐르는 용암류 위에는 짙은 수증기가 검붉은 빛으로 떠돌고 있었다. 주위는 캄캄했고 공기 중에는 유황 가스가 가득했다.

땅을 뒤흔드는 천둥소리, 하늘을 가르며 치솟는 불기둥, 눈앞에서 유유히 흐르는 용암류. 나는 이때만큼 신을 가까이 느낀 적이 없었다. 신의 전능함과 위대함으로 내 가슴은 가득 찼다. 내 마음속 허약함이 죄다 어딘가로 날아가 버린 것 같았다. 내 불멸의 영혼은 힘과 용기를 얻어 날개를 폈다. 나는 두 손을 모으고 기도를 드렸다.

"전능하신 주여, 저는 시인이 되어 당신의 사도가 되겠나이다. 세상 사람들 앞에서 당신의 말씀과 은혜를 노래하고, 당신의 권능과 영광을 찬미하겠나이다. 저는 시인입니다. 저에게 힘을 주십시오. 당신과 대자연의 사제가 되려는 제 영혼을 부디 맑고 깨끗하게 지켜 주십시오."

우리는 귀로에 올랐다. 그 순간 가까이 있는 용암류에서 요란한 소리가 나더니, 갑자기 커다란 구멍이 뻥 뚫렸다. 그 사이로 불꽃이 솟구쳐 하늘 높이 치솟았다. 그러나 나는 두려움에 떨지 않았다. 신이 가까이 있다는 것을 느꼈기 때문이다. 우리 주위의 작은 분화구에서는 불꽃이 사방으로 흩날리고, 큰 분화구에서는 새로운 폭발이 연달아 일어나고 있었다.

우리는 장엄한 풍경에 도취되어 황홀한 기분으로 산허리의 부드러운 화산재 속을 미끄러져 내려갔다. 허공을 날아서 내려가는 기분이었다. 미끄러지고, 달리고, 화산재 속에 파묻혔다. 화산재는 갓 내린 눈처럼 부드럽게 쌓여 있었다. 올라갈 때는 한 시간이 걸렸지만, 내려올 때는 고작 10분밖에 걸리지 않았다. 우리는 조금도 힘든 줄을 몰랐다. 이렇게 분화구까지 와서 운 좋게 엄청난 장관을 보게 되다니! 나도 페데리고도 하늘을 나는 기분이었다. 나귀들은 산자락 밑에서 우리를 기다리고 있었다. 나귀를 타고 오두막까지 가니 마레티 교수가 우리를 맞아 주었다.

다 같이 오두막을 나와 왔던 길을 돌아가게 되었다. 나는 계속 뒤를 돌아보았다. 바람은 어느새 그쳐 있었다. 용암은 무겁게 가로누워 있고, 달빛은 대낮처럼 밝게 비치고 있었다. 우리는 나폴리 만을 따라 마차를 달렸다. 저 멀리 거울 같은 바다에 용암의 붉은 빛과 달님의 푸른빛이 두 줄기 기다란 띠를 이루어 수면에서 흔들리고 있었다.

나는 감동에 사로잡혀 생각에 잠겼다. 전설에 의하면 위대한 작가 보카치오는 옛날에 아버지 뜻을 따라 상업을 배우려고 나폴리에 왔다가, 베르길리우스의 무덤을 참배하고 나서 고전문학을 연구하기로 결심했다고 한다. 그는 베르길리우스의 무덤에 눈물방울을 떨어뜨린 뒤에 세상으로 나가 시인으로서 영광스러운 이름을 천하에 떨쳤다. 나처럼 보잘것없는 사람을 그렇게 위대한 시인과 감히 비교할 수는 없겠지만, 그래도 오늘 베수비오 산에서 내가 하늘의 계시를 받아 시인의 영혼을 깨우친 것은, 그 옛날 시인의 무덤이 보카치오 같은 천재를 낳은 것과 비슷하다고 할 수 있지 않을까.

마레티 교수는 우리를 집으로 초대했다. 나는 산타 부인과 전날 그런 일이 있었던 터라, 처음에는 어떻게 얼굴을 마주해야 할지 몰랐다. 그러나 그녀는 평소와 전혀 다를 바 없이 상냥하고 쾌활하게 나를 대해 주었다. 그래서 나는 그녀를 오해한 것을 미안하게 여기고, 자책감마저 느꼈다. 불순한 것은 그녀가 아니라 바로 나다. 그녀는 남쪽 사람답게 동정심을 강하게 표현했을 뿐인데 나는 그것을 추잡한 정열로 오해한 것이다. 그래서 나는 그녀를 평소처럼 친밀하게 대하기로 했다.

산타 부인과 남편은 아직 한 번도 내 즉흥시를 들은 적이 없었다. 그녀는 꼭 한 번 듣고 싶다고 청했다. 나는 베수비오 등산을 노래했다. 노래를 끝내자 나를 맞이한 것은 박수갈채였다. 산타는 온갖 표현을 다 동원해서 나의 시적 재능을 열렬하게 칭찬하고 찬양해 주었다.

10
도박장

드디어 나는 즉흥시인으로서 무대에 서기로 결심했다. 마레티 교수의 집과 거기서 사귄 이들의 집에서도 나는 즉흥시를 지어 사람들을 즐겁게 해 주고, 진심에서 우러나오는 칭찬과 격려를 받았다. 그것은 내 병적인 정신 상태에는 일종의 청량제였다. 나는 큰 기쁨을 느끼고 신에게 감사했다. 그러나 칭찬을 들을 때마다 왠지 불안하기도 했다. 내가 과연 그런 칭찬을 받을 만한가, 언제까지 그런 칭찬을 받을 수 있을까 걱정이 되었다.

마레티 교수는 나를 위해 여러 가지로 마음을 써 주었다. 내 앞날에 도움이 될 만한 사람들도 여럿 소개해 주었다. 산타도 예나 지금이나 더없이 상냥하고 친절했다. 그러나 어쩐지 그녀를 단둘이 만나기가 꺼려졌다. 나는 언제나 페데리고와 동행하거나 모임이 있을 때에만 그녀를 찾아갔다. 전과 같은 일이 또다시 있어서는 안 된다고 생각했기 때문이다.

그런데 사람 마음이라는 것은 참으로 오묘하고 종잡을 수 없는 것이다. 남에게서, 전혀 생각지도 않았던 사람을 내가 사랑하는 게 아니냐는 소리를 듣는 경우가 있다. 그러면 그 사람이 어떤 사람인지, 하필이면 왜 그 사람이 입에 올랐는지 알고 싶은 마음이 생겨나는 법이다. 처음에는 호기심에 불과했던 것이 관심으로 변하고, 관심을 가지고 지켜보면 상대가 점점 아름다워 보이게 되어 마침내 사랑에 빠지기도 한다. 그와 비슷한 경우가 아닐까. 나는 옛날과는 다른 시선으로 산타의 매끄러운 살결과 의미심장한 눈빛을 바라보게 되었다. 그녀와 함께 있으면 가슴이 두근거리고 불안이 강해졌다. 그러니까 나와 부인 사이가 미묘해진 것은 비단 부인의 탓만은 아니었던 셈이다.

나폴리에 온 지도 어느덧 두 달이 지났다. 돌아오는 일요일에 나는 산 카를로 극장에서 즉흥시인으로 데뷔할 예정이었다. 그날 공연하는 작품은 〈세비야의 이발사〉였다. 오페라 공연이 끝나면 내가 무대에 나가서 관객들이 제시한 주제로 즉흥시를 노래하게 되어 있었다. 나는 첸치라는 예명을 쓰기로 했다. 포스터에 본명을 밝힐 용기가 없었기 때문이다.

운명의 날을 손꼽아 기다리는 동안 내 마음은 때때로 불안에 사로잡혔다. 과연 데뷔 무대가 성공할지 어떨지 걱정이 되어서 열병 환자처럼 끙끙 앓기도 했다. 그날도 마레티 교수의 집을 방문했는데 도통 기운이 나지 않아서 입을 꾹 다물고 한구석에 숨어 있었다. 페데리고는 우울증에 빠진 나를 달래려고 말했다.

"왜 그래, 안토니오? 기분이 안 좋아? 실은 나도 그래. 아마 베수비오 화산 때문에 공기가 나빠져서 그런지도 몰라. 요즘 들어서 분화가 점점 심해지고 있잖아? 용암류도 빠르게 흘러내리는 모양이고. 벌써 기슭까지 내려와서 토레 델 아눈치아타 쪽으로 흘러가고 있다던데. 화산재 때문에 공기가 많이 탁해졌지. 산이랑 가까운 곳에 난 수풀들은 온통 재를 뒤집어써서 잿빛으로 변했고. 두꺼운 먹구름이 산꼭대기를 뒤덮고 있는데, 폭발이 일어날 때마다 푸른 불꽃이 구름을 가르면서 번쩍거린다더라. 응, 그래. 오늘 저녁에도 또 엄청난 굉음이 들릴지도 몰라."

산타도 몸이 안 좋은 것 같았다. 눈동자는 형형하게 빛이 났지만 얼굴은 창백했다. 페데리고가 괜찮냐고 묻자 그녀가 대답했다.

"병에 걸렸나 봐요. 열이 나는 것 같아요. 하지만 일요일에는 열이 나도 꼭 극장에 갈 거예요. 이튿날 열이 더 심해져서 쓰러져도 상관없어요. 당신 친구는 어떻게 생각할지 모르지만."

나는 매일 공원을 어슬렁거리거나 극장을 들락거리며 마음을 달래려고 애썼다. 그런데도 마음이 좀처럼 차분해지지 않아서 나는 교회로, 성모 마리아의 발치로 달려가 무릎을 꿇고 엎드렸다. 나는 거기서 죄많은 생각을 참회했다. 유혹하는 듯한 산타 부인의 태도가 떠오르자 너무 괴로웠다. 즉흥시인으로서 첫 무대에 오를 생각에 마음이 복잡하기도 했다. 나는 성모 마리아에게 간절한 기도를 올렸다. 내 마음은 육체와 치열하게 싸웠다. 내 앞날을 결정지을 중요한 첫 무대가 이제 곧 시작된다. 모든 것은 그 무대가 성공하느냐 마느냐에 달려 있다. 아, 하지만 결국은 내 힘으로 해결해야 할 일이다. 교회에 매달려 애걸복걸해 봤자 소용없지 않은가. 그래서 나는 하릴없이 성모님 발치를 떠났다.

전에 페데리고가 나한테 도박장에 가자고 말했었다. 시인은 뭐든지 알아야 한다면서. 하지만 그는 아직 나를 도박장에 데려간 적이 없고, 나도 혼자서 가 볼 마음은 나지 않았다. 호기심이 없다기보다는 단순히 겁이 많아서 그랬는지도 모른다. 옛날에 베르나르도가 그런 말을 했다. 내가 상냥한 도메니카 할머니 슬하에서 자란 데다 규율이 엄한 예수회 학교에 다녔기 때문에 내 핏속에는 산양 젖이 섞여 있고, 그래서 겁쟁이가 되어 버렸다고. 그때는 무례하기 짝이 없다고 화를 냈지만, 지금 생각해 보면 그 말도 완전히 틀린 것은 아니었다.

그래, 나에게는 결단력이 필요해. 시인이 되어 이 세상을 묘사할 작정이라면, 겁내지 말고 세상을 좀더 많이 겪어 보지 않으면 안 돼. 저녁 늦게 유명한 도박장 앞을 지나갈 때, 문득 이런 생각이 내 머리를 스쳤다.

"들어가자! 이건 내 용기를 시험할 좋은 기회야. 용감하게 들어가자." 나는 자신을 타일렀다. "도박을 할 필요는 없어. 그냥 구경만 하면 돼. 나중에 페데리고나 다른 친구들한테 말해 줘도, 다들 잘했다고 칭찬해 줄 거야."

나는 자문자답을 하면서 두근거리는 마음으로 도박장에 들어갔다.

입구에는 옷을 잘 차려입은 병사가 서 있고, 층계 양쪽에는 환히 불이 밝혀져 있었다. 현관에는 종업원들이 대기하고 있다가 앞다투어 달려와서 내 모자와 지팡이를 받아들고 문을 열어 주었다. 문 안쪽에는 불이 환하게 켜진 방들이 줄지어 있었다. 방마다 커다란 탁자가 있는데 그 주위에 수많은 신사 숙녀들이 모여 있었다. 나는 용기를 내어 첫 번째 방으로 성큼성큼 들어갔다. 그러나 나를 쳐다보는 사람은 아무도 없었다. 그들이 둘러싼 탁자 위에는 금화가 높이 쌓여 있었다.

꽤 나이가 들었지만 10년 전만 해도 틀림없이 아름다웠을 한 부인이 짙은 화장에 화려한 옷차림으로 앉아 있었다. 그녀는 여윈 손에 카드를 쥐고 매처럼 날카로운 눈길로 수북이 쌓인 금화를 바라보고 있었다. 아마 젊을 때에는 남자들의 마음을 훔쳤겠지만, 지금은 트럼프의 하트에 온통 마음을 빼앗기고 있는 듯했다. 그녀 주위에 서 있는 젊고 예쁜 아가씨들은 신사들과 어울려 은밀한 대화를 나누고 있었다.

다른 한 작은 방에는 빨간색과 초록색 체크무늬가 새겨진 탁자가 있었다. 사람들은 자기가 좋아하는 색깔 위에 은화를 원하는 만큼 놓았다. 구슬이 둥근 탁자 위를 구르기 시작했다. 그것이 어느 색깔 위에서 멎으면 그 색깔에 건 돈은 갑절이 되어 돌아오는 것이다. 물론 다른 색에 건 돈은 모조리 몰수된다. 구슬은 눈앞에서 정신없이 빠르게 굴러다녔다. 금화와 은화가 탁자 위를 끊임없이 이동했다. 나도 무심코 주머니에서 은화 한 닢을 꺼내어 탁자 위로 던졌다. 그것은 빨간색 위에 떨어졌다. 내 맞은편에 서 있는 남자가 그대로 놓아두어도 좋으냐는 눈으로 나를 바라보았다. 나는 고개를 끄덕였다. 구슬이 굴렀다. 내 돈은 두 배가 되었다. 나는 완전히 당황했다. 그걸 냉큼 챙기기는 부끄러워서 그대로 놔두었다. 구슬은 몇 번이나 굴렀다. 돈은 점점 더 불어났다. 나에게는 운이 따르고 있었다. 내 피가 끓어오르기 시작했다. 눈앞에는 순식간에 은화가 산더미처럼 쌓였다. 반짝이는 금화까지도 몇 닢 섞여 조화를 이루었다. 입안이 바싹 말랐기 때문에 포도주를 한 잔 마셨다. 수북이 쌓인 은화와 금화의 산은 점점 높아졌다. 구슬이 다시 굴렀다. 그 순간, 구슬은 나를 배신했다. 딜러는 내 은화와 금화를 몽땅 쓸어가 버렸다. 내 아름다운 황금의 꿈은 그렇게 끝났다. 정신이 번쩍 들었다. 나는 더 이상 도박을 하지 않았다. 처음에 건 은화 한 닢만 손해를 보았을 뿐이라고 스스로를 위로하면서 다음 방으로 들어갔다.

그곳에는 젊은 아가씨들이 모여 있었다. 그 가운데 하나가 아눈치아타와 너무나 닮아서 내 눈길을 끌었다. 다만 이 여자는 키가 크고 몸집이 실팍했다. 내가 계속 쳐다보자 그녀는 시선을 느끼고 내 쪽으로 다가왔다. 그러고는 작은 탁자를 가리키며 한 판 하겠느냐고 물었다. 나는 사양하겠다고 말하고 옆방으로 들어갔다. 그녀의 묘한 눈길이 내 뒤를 쫓아왔다.

안쪽에 있는 방에서는 젊은 신사들이 당구를 치고 있었다. 부인들도 함께 어울려 있었다. 어떤 신사들은 웃옷까지 벗고 게임에 열중했다. 문 앞에 풍채 좋은 청년이 큐로 공을 노리면서 내 쪽으로 등을 돌리고 서 있었다. 청년이 멋지게 공을 치자 사람들이 박수를 쳤다. 아까 카드게임이나 한 판 하겠냐고 나에게 물었던 부인이 그에게 다가가서, 애교 있게 그의 얼굴을 들여다보고 웃으면서 무언가 재미난 말을 속삭였다. 청년이 돌아보며 그녀의 볼에 입을 맞추었다. 부인은 키득거리면서 짐짓 화내는 척하며 청년의 어깨를 때렸다. 나는 멀리서 그의 옆얼굴을 보고 깜짝 놀랐다. 베르나르도랑 꼭 닮은 얼굴이었으니까.

가까이 다가갈 용기는 없었지만, 그가 정말로 베르나르도인지 확인하고 싶었다. 그래서 나는 벽을 따라 열려 있는 문으로 살며시 다가가서 어두컴컴한 옆방으로 들어갔다. 거기서는 내 모습을 감춘 채 청년을 더욱 자세히 관찰할 수 있었다. 그 방 천장에는 빨간색과 하얀색 등잔이 매달린 채 어슴푸레한 빛을 던지고 있었다. 그곳에는 모형 정원이 꾸며져 있고, 정자도 있었다. 정자를 휘감은 덩굴풀 나뭇잎은 양철을 오려 색을 칠한 것이었다. 또한 그 사이에는 정교하게 만든 오렌지나무를 심은 화분이 놓여 있었다. 정원 앞쪽에 있는 나무에는 빛깔도 선명한 박제 앵무새가 앉아 있었다. 자동 오르간이 낮은 소리로 부드러운 가락을 연주하고 있었다. 서늘한 산들바람이 창문을 통해 들어왔다.

내가 정원을 대충 한 바퀴 훑어보았을 때 베르나르도랑 닮은 청년이 가벼운 걸음으로 내 쪽으로 다가왔다. 나는 무의식중에 가까운 정자로 몸을 숨겼다. 그는 발을 멈추고 내가 있는 정자를 들여다보더니, 나를 동료로 생각했는지 미소와 함께 고개를 끄덕였다. 정면에서 본 그 얼굴은 틀림없이 베르나르도의 얼굴이었다. 어두워서인지 그는 나를 알아보지 못하고 옆에 있는 정자로 들어갔다. 그리고 소파에 몸을 내던지더니, 작은 소리로 노래를 흥얼거리기 시작했다.

내 마음은 온갖 생각으로 가득 찼다. 베르나르도가 여기 있다니? 게다가 이처럼 가까이? 나는 온몸이 떨려 서 있을 수가 없어서 힘없이 소파에 쓰러지고 말았다. 꽃향기, 흐느끼는 듯한 음악, 희미한 불빛, 푹신하고 부드러운 소파— 이 모든 것이 꿈의 세계를 이루고 있었다. 사실 이런 세계에서가 아니면 옛 친구를 이렇게 가까이서 볼 수 있을 리가 없다는 생각마저 들었다. 한동안 그러고 있는데 누가 방에 들어왔다. 아까 본 아눈치아타와 닮은 아가씨였다. 그녀는 내가 숨어 있는 정자로 들어오려고 했다. 내 온몸의 피가 놀라움과 두려움으로 타올랐다. 그때 베르나르도가 노랫소리를 높였기 때문에 그녀는 그 소리를 길잡이 삼아 그쪽으로 갔다. 이어서 옷자락이 스치는 소리가 나고, 입맞추는 소리가 들려왔다. 내 가슴은 분노로 부글부글 끓어오르는 듯했다.

아눈치아타의 선택을 받은 자가 저렇게 불성실하고 경박한 베르나르도라니! 그는 아눈치아타를 손에 넣은 지 얼마 되지도 않았는데, 벌써 그 사랑을 잊어버리고 다른 천박한 여자의 몸에 입을 맞추고 있는 것이다! 나는 그 방에서, 그 건물에서 뛰쳐나왔다. 분노와 슬픔으로 가슴이 찢어질 것만 같았다. 그날 밤에는 새벽까지 한숨도 잠을 이루지 못했다.

드디어 산 카를로 극장 무대에 처음 서는 날이 내일로 다가왔다. 내일에 대한 두려움과 베르나르도와의 만남이 가져다준 충격은 내 마음을 온통 뒤흔들어 놓았다. 이때만큼 성모와 모든 성자에게 진심으로 기도한 적은 없었다. 나는 교회로 가서 성스러운 빵을 받았다. 그 성체의 힘으로 나를 강하고 깨끗하게 해 달라고 간절히 기도했다. 그러자 몸속에서 이상한 힘이 솟아나는 것이 느껴졌다. 그러나 내 마음을 어지럽히는 생각이 아주 사라진 것은 아니었다. 혹시나 아눈치아타가 베르나르도와 함께 이곳에 와 있는 것은 아닐까? 그 점이 너무나 신경 쓰여서 안정을 찾을 수가 없었다. 그러나 페데리고가 나를 위해 탐정처럼 멋지게 활약해 주었다. 그는 나폴리에 찾아온 손님들을 기록한 명부를 조사해서, 베르나르도가 나를 전에 혼자 이곳에 왔으며 아눈치아타는 오지 않았다는 사실을 알아냈다.

산타 부인은 여전히 열이 있었다. 하지만 내일 공연은 무슨 일이 있어도 보러 가겠다고 고집을 부렸다. 베수비오 산은 변함없이 세차게 불을 뿜었다. 화산재가 비처럼 쏟아져 내렸다. 그리고 내 예명이 실린 포스터가 벌써부터 거리 곳곳에 나붙었다.

11
첫 무대

저녁 무렵 나를 태운 마차가 극장에 도착했을 때는 오페라가 벌써 시작되어 있었다. 안 그래도 초조하던 참에 한층 더 초조해져서 도무지 진정할 수가 없었다. 안절부절못하면서 거듭 기도를 올릴 뿐이었다.

배우 휴게실에는 연예인과 문예가들이 모여 있었다. 그중에는 나와 같은 즉흥시인도 있었다. 산티니라는 그 시인은 프랑스어 교수였다. 마레티가 사람들에게 나를 소개해 주었다. 다들 유쾌하게 대화하고 서로 농담을 주고받으며 웃고 있었다. 〈세비야의 이발사〉에 출연하는 가수들이 마치 춤이라도 추는 것처럼 경쾌하게 들락거렸다. 그 모습은 더없이 편안하고 자연스러워 보였다. 이들에게 무대는 오랫동안 살아 정든 집이었다.

"우리도 당신에게 시제(詩題)를 줄 작정이오." 산티니 교수가 말했다. "마치 단단한 껍질에 싸인 호두처럼 다루기 어려운 주제이긴 하겠지만, 당신이라면 아마 잘 깨뜨려서 사람들에게 맛난 열매를 제공할 수 있을 거요. 지금도 잊을 수가 없지만, 나도 처음 무대에 섰을 때는 무척 떨렸답니다. 하지만 머지않아 잘 해내게 되었지요. 한 가지 비결을 알아냈거든요. 그러니까 이탈리아의 아름다움, 고대, 시와 예술, 사랑, 뭐 이런 주제들에 얼마든지 응용해서 써먹을 수 있는 시구를 미리 준비해 놓는 거예요. 또 사람들이 좋아할 만한 시구도 지어서 외어 두고요, 그게 비결입니다."

나는 그런 준비를 전혀 하지 않았다고 말했다. 그러자 산티니는 고개를 저으며 속닥였다.

"그렇군요. 누구나 그렇게 말하지요. 하여튼 좋습니다, 좋아요! 당신은 젊고 똑똑한 사람이니까, 이런 비결도 쉽게 터득할 거요."

오페라가 끝났다. 나는 텅 빈 무대에 혼자 섰다. "교수대 준비 완료!" 무대감독이 내 얼굴을 보며 웃으면서 말하고는 도구 담당자에게 신호를 보냈다. 막이 올라갔다.

나에게는 깊고 어두운 심연이 보일 뿐이었다. 오케스트라 자리 맨 앞줄과 높은 칸막이 관람석에 앉아 있는 사람들의 머리만 겨우 알아볼 수 있을 정도였다. 극장에 가득 고여 있는 후텁지근한 공기가 내 쪽으로 물밀듯이 밀려왔다. 나는 스스로도 이상할 만큼 침착해지는 것을 느꼈다. 물론 내 가슴은 두근거리고 있었지만, 뜻밖의 일이 생겨도 적절하게 대처할 수 있는 유연한 감각은 지금까지 꾸준히 길러 왔다고 자부할 수 있었다. 겨울에 혹독한 추위가 속속들이 스며들 때 공기가 맑아지듯, 나는 긴장하는 동시에 머리가 맑아지는 것을 느꼈다. 나의 지성과 이성을 동원해서 잘 해낼 수 있으리라는 자신이 생겼다.

관객들은 즉흥시 주제를 종이쪽지에 써서 제출한다. 그러면 우선 경찰관이 법률에 저촉되는 점이 없는지를 조사한다. 그런 다음, 나는 그중에서 마음에 드는 시제를 선택할 수 있었다.

첫 번째 쪽지에는 '봉사 기사'라고 적혀 있었다. 지금껏 생각해 본 적도 없는 역할이다. 물론 중세에는 귀부인을 위해 시합을 벌이던 그 기사가 오늘날에는 '치치스베오'가 되어, 남편 대신 귀부인을 따라다니며 봉사하고 있다는 것쯤은 나도 알고 있었다. 나는 이 풍습과 관련된 유명한 소네트를 생각해 냈다. 그러나 즉석에서 그것을 토대로 생각을 정리할 수는 없었다.

나는 조마조마한 기분으로 두 번째 쪽지를 펼쳤다. '카프리'라고 적혀 있었다. 이것도 어려웠다. 나폴리에서 그 섬의 자태를 바라보기는 했지만 아직 가 보지는 않았기 때문이다. 모르는 것을 노래할 수는 없었다. 이것보다는 차라리 첫 번째 주제가 나았다.

세 번째 쪽지를 펼치자 '나폴리의 지하묘지'라고 적혀 있었다. 이것도 아직 가 본 적이 없는 곳이었다. 그러나 지하묘지라는 말과 함께 지난날의 한 장면이 눈앞에 떠올랐다. 어릴 적에 로마에서 페데리고를 따라 지하묘지에 들어갔다가 길을 잃어 몹시 당황했던 그 사건이 어제 일처럼 또렷이 생각난 것이다. 나는 바로 현을 두세 번 붕기고 노래를 부르기 시작했다. 시구가 저절로 솟아나왔다. 나는 어릴 때 내가 느끼고 경험한 것을 이야기했다. 다만 무대를 로마가 아니라 나폴리의 지하묘지로 바꾸었을 뿐이다. 잃어버렸던 실을 다시 찾아내 기뻐하는 장면을 묘사하면서 내 첫 번째 즉흥시는 끝났다. 그러자 폭풍 같은 박수갈채가 몇 번이나 나를 휘감더니, 샴페인처럼 내 핏속을 흘렀다.

다음에 나온 시제는 '신기루'였다. 나폴리와 시칠리아 특유의 이 아름다운 현상을 나는 아직 본 적이 없었다. 그러나 허공에 떠오르는 이 환상의 누각 속에는 아름다운 요정 판타지아가 산다고 어릴 때부터 믿고 있었다. 나는 그 환상을 고스란히 노래로 옮기기만 하면 되었다. 하늘나라 요정의 궁전과 정원을 떠올리면서 생각을 가다듬는 동안 새로운 착상도 떠올랐다. 먼저 황폐한 교회당 하나가 눈앞에 그려졌다. 그것은 포실리포에서 본 풍경이었지만, 나는 굳이 그 지명을 꺼내지는 않았다.

쓰러져 가는 황폐한 교회당이 있었다.
지금은 어부 가족의 따뜻한 보금자리.
그곳에 낡은 성상으로 장식된 창문이 있고
그 아래 침대에는 소년이 잠들어 있었다.
달 밝은 어느 날 밤
이루 말할 수 없이 아름다운 소녀가 창문 밖에 찾아왔다.
어깨에는 선명한 빛깔의 날개가 달려 있고
몸은 산들바람처럼 가벼웠다.

두 아이는 오랜 친구처럼 사이가 좋아졌다.
소녀는 소년의 손을 잡더니
초록빛 포도밭과 가까운 산으로 데려다 주었다.

소년의 눈앞에는 지금까지 본 적도 없는 놀라운 풍경들이 펼쳐졌다.
산비탈에 눈부신 교회가 불쑥 나타나더니
성스러운 벽화와 제단을 펼쳐 보였다.

그들은 배를 타고 푸른 바다를 건너
연기가 피어오르는 베수비오로 다가갔다.
수정처럼 맑고 투명한 바위 밑바닥에 있는 거대한 용광로에서
연기가 소용돌이치고 불꽃이 타오르는 모습이 훤히 들여다보였다.
그들은 지하도시에도 찾아갔다.
사방팔방으로 뻗은 길을 수많은 마차들이 오가고 있었다.
살아 숨쉬는 지하도시는 후세의 역사서나 전설이 전하는 것보다도
몇 배나 더 생생하고 활기찼다.

어느 날 소녀는 자기 날개를 떼어 소년의 등에 묶어 주었다.
산들바람처럼 가벼운 소녀와 날개를 단 소년은 하늘로 날아올라
오렌지나무와 레몬나무가 우거진 숲을 굽어보며
높은 산꼭대기에 걸린 구름을 밟고
낮은 호수의 풍성한 수풀 위를 날아
마침내 광막한 평원 한가운데에 드러누운 로마에도 찾아갔다.
발아래 거울 같은 바다가 보이고
저 멀리 카프리 섬이 보였다.
석양에 붉게 빛나는 구름 속으로 들어갔을 때
아름답게 조각한 성벽으로 둘러싸인
새하얀 궁전이 눈앞에 나타났다.
아니, 이게 무슨 궁전일까. 소녀에게 물어보니
어머니의 궁전이라고 대답했다.
두 사람은 몇 번이나 그 궁전에 가서 행복한 시간을 보냈다.

그러나 소년이 나이가 들수록

소녀가 찾아오는 날은 줄어들었다.
소녀는 이따금 포도나무나 오렌지나무 잎사귀 사이로
아름다운 눈을 빛내며 몰래 지켜보기만 하게 되었다.
소년의 마음은 그리움과 슬픔으로 가득 찼다.
사랑의 아픔이 가슴을 할퀴었다.
어부는 그런 아들을 데리고 바다에 나가
노를 젓고 돛을 펴고, 폭풍우나 성난 파도를 가르는 법을 가르쳤다.

세월이 흘러 소년은 청년이 되었다.
그리운 소녀는 이제 그림자조차 보이지 않았지만
소녀에 대한 사랑은 더욱 깊어만 갔다.
달이 환히 빛나는 밤, 잔잔한 바다에 홀로 배를 띄운 그는
문득 노 젓는 손을 멈추고 바다를 뚫어져라 보았다.
맑은 바다 속 깊은 곳에서 해초들이 한들한들 흔들리고 있었다.
그 해초들 사이에서 소녀는 또렷한 눈동자로 이쪽을 보고
고개를 끄덕이며 어서 내려오라고 하는 듯했다.

어느 날 아침. 어부들이 해변에 모여 있었다.
아침 해가 파도 위로 솟아오르는 가운데
낯선 섬나라 하나가 카프리 섬 근처에 불쑥 나타난 것이다.
섬에는 우뚝 솟은 탑과 궁전이 늘어서 있고
보랏빛 구름이 길게 드리워 있었다.
이 한 폭의 그림은 마치 일곱 빛깔 무지개로 만든 것 같았다.

어부들은 신기루다, 신기루다 하고 소리 높여 외쳤다.
그러나 어부의 아들만은 홀로 침묵을 지키고 있었다.
아무도 모르지만 그는 알았던 것이다.
저 궁전은 그가 소녀와 함께 찾아가서 놀았던 그리운 장소였다.
추억에 사로잡혀 그리움에 목이 메어

두 눈에 눈물이 흘러넘쳤다.

부옇게 흐려진 시야 속에서 섬나라는 순식간에 사라져 버렸다.

달 밝은 밤이 찾아오자

섬나라가 또다시 바다에서 솟아올랐다.

그때 어부들이 서 있는 곳에서

조각배 한 척이 튀어나와 잔잔한 바다를 쏜살같이 가로질렀다.

배 그림자는 신비로운 섬 너머로 사라졌다.

그 순간 먹구름이 하늘을 뒤덮고 바다는 거칠게 춤추고

집채만 한 파도가 일어 커다란 물기둥을 이루었다.

잠시 후 구름은 흩어졌다.

바다도 달빛 아래 고요히 잠들었다.

그러나 조각배의 모습은 보이지 않고

어부의 아들도 보이지 않았다.

그는 마침내 신기루와 함께 사라지고 말았다.

노래가 끝나자 사람들은 아까보다도 더 크게 환호하며 박수를 보냈다. 나는 진심으로 안도했다. 용기가 나고 영감이 샘솟았다.

세 번째 주제는 '타소'였다. 나는 한때 타소였다. 나의 레오노라는 아눈치아타였다. 그들은 페라라 궁전에서 만났다. 그는 감옥에 갇혀 고통을 당했는데, 마침내 가슴에 죽음을 품고 자유의 몸이 되었다. 그는 파도가 넘실거리는 바다 건너 소렌토에서 나폴리를 바라보고, 나아가 로마 교외의 떡갈나무 아래에 앉아서 종소리를 들었다. 월계관 수여식의 종이 카피톨리노 언덕에서 울리고 있었다. 그러나 이미 죽음은 코앞까지 다가왔다. 죽음이 영예로운 시인의 월계관을 타소의 머리에 씌웠다. 불멸의 월계관을······.

나는 밀려오는 생각과 감정의 급류에 휘말려 표류했다. 시인의 영혼이 하늘 높이 날아올랐다. 마지막 시제는 '사포의 죽음'이었다. 이 기원전 7세기의 그리스 여류시인은 질투에 사로잡혀 죽음을 맞이했다. 질투의 고통은 나도 처절하게 맛본 적이 있었다. 사포의 고통은 바로 나 자신의 고통처럼 느껴졌다. 피 흘리는 베르나르도의 이마에 닿은 아눈치아타의 입술은 내 영혼을 불화살처럼 꿰뚫었다. 사포의 아름다움은 아눈치아타의 아름다움이었지만, 사포가 맛본 사랑의 고통은 나의 고통이었다. 고통에 몸부림치던 사포는 바다에 뛰어들어, 거친 파도에 휩쓸려 사라져 버렸다.

내 시는 사람들의 눈물을 자아냈다. 힘찬 박수가 사방에서 끊임없이 터져나왔다. 막이 내린 뒤에도 나는 두 번이나 불려 나갔다. 행복감과 이루 말할 수 없는 기쁨이 온몸을 가득 채웠다. 내 심장은 금방이라도 터질 것만 같았다. 내가 무대에서 내려오자 사람들은 얼른 다가와서 나를 얼싸안고 축하인사를 퍼부었다. 나는 감동한 나머지 흐느껴 울었다.

그날 밤에는 산티니와 페데리고, 두세 명의 가수들과 어울려 떠들썩하게 보냈다. 사람들은 나를 위해 건배했고, 나는 더없이 행복했다. 그러나 내 입술은 굳게 닫힌 듯 좀처럼 열리지 않았다.

"이 친구는 보석 같은 시인이에요." 페데리고가 유쾌하게 말했다. "다만 옥에 티가 있다면, 이 친구가 요셉이라는 시실입니다. 너무나 도덕적이에요. 이봐, 안토니오! 인생을 즐겨. 장미꽃은 시들기 전에 따야지. 안 그래?"

밤이 이슥해진 뒤에야 나는 숙소로 돌아왔다. 나를 버리지 않은 성모 마리아와 예수 그리스도에게 감사 기도를 드린 뒤, 나는 곧 깊고 편안한 잠 속으로 빠져들었다.

12
베수비오 산에 솟구치는 사랑의 불꽃

이튿날 아침, 나는 다시 태어난 사람 같았다. 나는 상쾌한 기분으로 내 엄청난 기쁨을 페데리고에게 털어놓았다. 주위 사람들과 온갖 사소한 일들이 모두 나를 이해하고 축복해 주는 것 같았다. 마치 하룻밤 새에 어른이 된 기분이었다.

나는 만사 제쳐 놓고 산타 부인을 찾아갔다. 그녀는 어젯밤 내 즉흥시를 들으러 왔다. 그에 대한 감사 인사를 전하고, 부인의 칭찬도 꼭 듣고 싶었다. 칭찬하지 않을지도 모른다는 생각은 아예 하지도 않았다. 마레티 교수는 기쁜 얼굴로 나를 맞아 주었다. 그런데 부인은 극장에서 돌아온 뒤 밤새도록 몸살에 시달렸다는 것이다. 내가 도착했을 때 부인은 마침 잠들어 있었다. 한숨 자고 나면 기운을 차릴 테니 저녁에 다시 오라고 마레티는 말했다. 나는 할 수 없이 그 집을 나왔다.

점심때는 페데리고와 새로 사귄 친구들과 함께 술집에 가서 식사를 했다. 우리는 몇 번씩 건배를 거듭했다. '그리스도의 눈물'이라는 포도주가 몇 차례나 술잔에 채워졌다. 이어 칼라브리아 포도주도 등장했다. 이제 더는 마실 수 없었다. 끓어오르는 내 피는 샴페인으로 식히지 않으면 안 되었다.

우리는 즐겁게 떠들다가 더없이 유쾌한 기분으로 헤어졌다. 밖으로 나오자,

한층 심해진 베수비오 산의 분화와 무시무시한 용암류 때문에 하늘이 새빨갰다. 용암류는 넓게 퍼지면서 흘러내리고 있었다. 이 무섭고도 아름다운 자연의 장관을 보러 가려고 벌써 배를 모는 사람들도 있었다.

아베마리아 종이 울렸다. 그 종소리가 그칠 즈음에 나는 다시 마레티의 집을 찾아갔다. 문간에서 하녀를 만나 물어보니, 그녀는 부인 혼자 계시는데 많이 좋아지셨다고 말했다. 잠을 잔 덕분에 기운을 차린 모양이다.

"실은 아무 손님도 만나고 싶지 않다고 하셨지만, 당신이라면 반갑게 맞아주실 거예요."

하녀는 그렇게 말하고 나를 어느 방으로 안내하더니 곧장 돌아가 버렸다.

아늑하고 분위기 좋은 방이었다. 창문에는 두꺼운 커튼이 바닥까지 드리워 있었다. 화살촉을 갈고 있는 사랑의 천사의 대리석상과, 이를 아름답게 비추는 환한 램프 따위가 먼저 내 눈에 들어왔다. 뒤이어 가벼운 실내복 차림으로 비단 소파에 누워 있는 산타 부인의 모습이 보였다. 내가 들어가자 그녀는 몸을 반쯤 일으켜 담요를 왼손으로 누르면서 오른손을 내밀었다.

"안토니오! 정말 훌륭했어요! 어제는 마음껏 시의 날개를 펼치더군요. 행복한 사람! 당신은 모든 사람의 마음을 사로잡았어요. 네, 그럼요! 아아, 내가 얼마나 걱정했는지 당신은 모를 거예요. 처음에는 이 가슴이 얼마나 두근거렸는지! 하지만 점점 당신이 성공했다는 확신이 들자, 정말 기쁘고 안심했어요."

내가 고개를 숙이며 안부를 묻자 그녀는 대답했다.

"많이 좋아졌어요. 당신은 마치 다시 태어난 사람 같군요. 어젯밤 무대에서 당신은 멋있었어요. 정말 멋있었어요. 당신이 영감에 사로잡혀 시를 읊을 때는 정말 이 세상 사람이 아닌 것 같았어요. 어떤 시에서도 당신 자신의 모습이 보였어요. 지하묘지에서 길을 잃은 소년과 화가는 당신과 페데리고라는 것도 금방 알았어요."

"그렇습니다. 제가 노래한 것은 모두 제가 직접 경험한 것입니다."

"그렇겠지요. 당신은 모두 다 직접 경험했어요. 사랑의 기쁨도, 사랑의 슬픔도. 당신은 기쁨과 행복을 누릴 만한 사람이에요. 부디 행복해졌으면 좋겠어요. 그게 당신한테 어울리는걸요."

나는 완전히 딴사람이 된 듯한 기분이며, 온 세상이 나를 축복하는 것 같다고 말했다. 그녀는 내 손을 꽉 움켜쥐고, 그 검은 눈으로 영혼까지 꿰뚫어 보듯 내 눈을 바라보았다. 그녀는 아름다웠다. 여느 때보다 더욱 아름답게 느껴졌다. 볼에는 발그레한 핏기가 돌고, 풍성한 까만 머리는 단정한 이마를 드러내며 곱게 매만져져 등 뒤에서 파도치고 있었다. 그 풍만한 몸매는 기원전 5세기에 활약한 그리스 조각가 피디아스의 솜씨가 아니면 새길 수 없는 아름다운 유노 여신상을 연상시켰다.

"그럼요. 당신은 이 세상을 위해서 살아야 해요." 그녀가 말했다. "당신은 이 세상의 보배예요. 당신은 수백만 명을 즐겁게 하고 열광시킬 수 있으니까요. 그러니까 오직 한 사람만 생각하느라 소중한 당신 자신의 행복을 방해해서는 안 돼요. 세상 사람들은 당신을 사랑할 거예요. 당신은 사람의 영혼을 사로잡는 분이니까요. 당신의 그 마음으로, 당신의 그 재능으로……."

산타는 잠깐 말을 멈추더니 나를 소파에 끌어 앉혔다.

"진지하게 할 이야기가 있어요. 예전에 당신이 크나큰 슬픔에 잠긴 날이 있었잖아요? 그때 나는 어떻게든 당신을 위로하고 싶었어요. 그런데 그때 이후로 지금까지 느긋하게 대화를 나눌 틈이 없었지요. 저기, 혹시 말이죠, 그때 당신은……. 뭐랄까, 내 마음을 오해했던 게 아닐까요?"

아, 나는 허를 찔린 기분이었다. 실로 그랬다. 나도 부인의 정다운 말이나 살가운 태도를 오해하고 있는 게 아닌가 하고 얼마나 나 자신을 꾸짖었는지 모른다.

"저는 부인의 호의를 받을 자격이 없는 인간입니다."

나는 그녀의 손에 입을 맞추었다. 그리고 맑고 깨끗한 마음과 눈으로 그녀의 아름다운 검은 눈을 바라보았다. 부인의 눈은 진지하게, 아니 찌르는 듯이 나를 바라보고 있었다. 만약 모르는 사람이 우리 두 사람을 보았다면 오해를 했을지도 모른다. 그러나 성모님의 이름을 걸고 나는 당당하게 말할 수 있다. 그때 내 마음에는 한 점 그림자도 없었다고. 누나와 남동생이 서로 마음을 터놓고 이야기하듯이 상대를 바라보고 있었다고.

그러나 산타의 눈은 평소와 다른 빛을 띠었다. 가슴이 격렬하게 오르내리는 것이 보였다. 나 역시 정체를 알 수 없는 감동에 휩싸여 있었다. 그녀는 편안하게 숨을 쉬려고 스카프를 풀었다.

"당신은 나에게 소중한 분이에요! 호의를 받을 자격은 충분해요! 그 재능도 마음씨도, 아름다운 용모도. 여자에게 사랑받아 마땅한 분이에요!"

그녀는 이렇게 말하면서 내 어깨에 팔을 두르고, 다시 내 눈을 들여다보았다. 그리고 끝없는 생각이 담긴 미소를 띠며 말을 이었다.

"처음에는 당신을 잘 몰랐어요. 그래서 현실에서 벗어나 공상의 세계에서만 살고 있는 좀 이상한 분이라고 생각했어요. 하지만 이제는 알았어요. 당신은 사람의 섬세한 마음을 잘 아는 여리고 착한 분이에요. 그렇게 미묘한 마음의 움직임을 파악할 줄 알면, 반드시 남의 마음을 움직일 수 있어요. 있죠, 내 피가 불같이 뜨겁게 타오르는 이유가 뭔지 아세요? 내가 눈을 뜨면 무엇을 생각하고, 눈 감으면 무엇을 꿈꾸는지 아세요? 바로 당신의 사랑, 당신의 키스예요. 오직 그뿐이에요. 안토니오, 제발, 내 맘을 알아줘요. 내 목숨은 오로지 당신한테 달려 있어요!"

그녀가 나를 힘껏 끌어당겼다. 그녀의 입술에서 나오는 맹렬한 불길이 내 영혼 속으로 흘러들었다. 그런데 그 순간, 아아! 한없이 은혜로운 신의 어머니여! 그때 벽에서 조그만 성모 마리아의 성상이 떨어져 내 머리를 때렸다. 그것은 결코 우연이 아니었다. 내가 하마터면 정열의 소용돌이에 빠질 뻔했던 순간, 성모 마리아는 일부러 손을 내밀어 나를 지켜 주었던 것이다.

"안 됩니다, 안 돼요!"

나는 벌떡 일어났다. 내 피는 부글부글 끓어오르는 용암 같았다.

"안토니오! 나를 죽여 줘요! 제발 떠나지 말아요!"

부인은 처절하게 애원했다. 그녀의 뺨도, 눈빛도, 표정도 모두 정염 그 자체였다. 그래도 역시 아름다웠다. 그녀는 정열의 불꽃으로 물든 아름다움의 조각상이었다. 나는 온몸의 신경이 구석구석까지 떨리는 것을 느꼈다. 그대로 대답도 하지 않고 몸을 돌려 방을 나왔다. 악령에 쫓기듯 계단을 뛰어 내려갔다.

밖으로 나오자 불꽃이 세상을 온통 휩싸고 있었다. 마치 내 몸속을 태우는 불꽃처럼! 대기 속에는 열기가 파도치고, 베수비오에서 활활 타오르는 불길이 하늘을 태우고 있었다. 화산이 분출할 때마다 주위는 환하게 밝아졌다. 공기를! 공기를 줘! 타는 듯한 내 가슴은 헐떡이며 신선한 공기를 요구했다. 나는 방파제로 급히 걸어가서, 큰 파도가 부서지며 물보라를 일으키고 있는 곳에 주저앉았다. 나는 손수건을 바닷물에 적셔 이마를 식히고 윗도리를 벗었다. 조금이라도 더 바람을 받아들여 열을 식히려고 했다. 그러나 모든 것이 불길이었다. 바다까지도 산에서 흘러내리는 붉은 용암 때문에 불바다처럼 벌겋게 빛나고 있었다. 바다를 뚫어져라 바라보니 그곳에 그녀가 있었다. 산타가 불꽃에 물든 채 불바다 위에 우뚝 서서, 불타는 눈으로 내 마음속을 들여다보고 있었다. "죽여 줘요! 제발 떠나지 말아요!" 하고 호소하던 목소리가 귓전에 맴돌았다.

  나는 눈을 감고 귀를 막았다. 내 생각을 성모 마리아와 하느님 쪽으로 옮겼다. 그러나 죄책감이 나를 붙들고 놓아주지 않았다. 눈을 감고 환상의 세계를 그려 보아도, 그곳에는 여전히 산타 부인이 있었다. 그녀는 금방이라도 쓰러질 듯이 비틀거리고 있었다. 아름다운 옷이 불꽃에 휩싸여 활활 타오른다. 슬며시 눈을 떠서 베수비오 산을 바라보았다. 나는 저 불타는 베수비오 산의 분화구에 부인을 홀로 남겨 두고, 화산재를 풀풀 날리면서 정신없이 미끄러져 내려왔는지도 모른다. 괴로운 환상을 보면서 그 죄를 떠올릴수록 두려움이 엄습했다.

13
젊은 장교

"나리, 토레 델 아눈치아타로 가는 배가 있는뎁쇼."

바로 옆에서 속삭이듯 건네는 목소리가 들렸다. 아눈치아타라는 이름이 죽어 가던 내 마음에 다시 생기를 불어넣었다.

"용암을 가까이서 보고 싶으시죠? 자, 어서 타십쇼." 사내는 작은 배를 해안에 대면서 말했다. "30분이면 갈 수 있습니다."

그래. 바다가 내 열기를 식혀 줄지도 몰라. 그래서 나는 펄쩍 뛰어 조각배에 올라탔다. 사공은 배를 해안에서 밀어내고 돛을 올렸다. 배는 바람을 타고 피처럼 붉게 빛나는 물 위를 나는 듯이 달렸다. 서늘한 바람이 두 뺨을 때린다. 그러는 동안 서서히 숨쉬기도 편해지고 마음도 한결 차분해졌다. 얼마 후 배는 맞은편 해안에 도착했다.

다시는 산타 부인을 만나지 않겠어. 절대로! 나는 굳게 결심했다. 산타 부인은 《창세기》에 나오는 유혹적인 뱀과 같았다. 뱀은 아담과 이브에게 금단의 과실을 가르쳐 줬고, 그들은 유혹에 빠져 그 열매를 먹고 말았다. 생명의 나무 열매를 깨문 그 순간부터 아담과 이브는 인간의 죄를 짊어지게 되었다. 그런데 내가 그 사실을 알면서도 위험한 뱀에게 접근한다면 세상 사람들은 나를 비웃을 것이다. 하지만 그것도 내 양심의 가책보다 괴롭지는 않으리라. 고통스럽게 피를 흘리는 내 마음의 비명보다는. 그런데 성모님은 위험한 순간에 내가 죄악에 빠지지 않도록 벽에서 성모상을 떨어뜨리심으로써 그 성스러운 모습을 내게 보이셨다. 나는 나를 지켜 준 그분의 은혜를 뼈저리게 느꼈다.

이상한 기쁨이 온몸에 넘쳐흘렀다. 내 마음속에서 고귀하고 선량한 모든 것이 승리의 찬가를 불렀다. 그리하여 내 영혼과 생각은 다시 순진무구한 어린아이로 돌아왔다.

"하느님 아버지, 저를 위해 모든 것을 최선의 길로 인도하소서."

나는 마치 영원한 행복을 얻은 사람처럼 충만한 기쁨을 느끼면서, 가벼운 발걸음으로 작은 읍내를 가로질러 국도로 나갔다.

모든 것이 바쁘게 움직이고 있었다. 사람들을 가득 태운 마차가 끊임없이 지나갔다. 큰 소리로 떠드는 사람, 웃음을 터뜨리는 사람, 노래하는 사람으로 온 동네가 시끌벅적했다. 주위의 모든 것이 불길의 반사광을 받아 환히 빛나고 있었다. 용암류가 벌써 산 기슭의 작은 마을에 도착했기 때문에, 그곳 주민들은 피난하느라 법석이었다. 아기를 품에 안고 작은 보따리를 겨드랑이에 낀 채 울면서 달려오는 가여운 아낙들도 있었다.

나는 산으로 가는 감시병들 틈에 끼어, 하얀 담벼락으로 둘러싸인 포도밭 사이를 지나 용암이 흘러오는 쪽으로 올라갔다. 용암이 이제 막 마을을 덮치는 장면을 보려고 사람들은 앞다투어 달려갔다. 나는 큰 포도밭 저 너머에서 흐르는 용암을 보았다. 깊이가 몇 길이나 되는 뜨거운 진창이 집과 벽을 뭉개면서 전진하고 있었다. 피해 달아나는 사람들의 비명소리, 그 엄청난 광경에 압도된 외국인들의 탄성, 마부와 장사꾼들이 손님을 부르고 흥정하는 소리가 뒤섞여 소란한 가운데, 브랜디 장수 주위에 모여 있는 취한 농부들, 마차를 타고 온 사람들, 말을 탄 사람들—이 모든 것들이 새빨간 불빛을 받아서 이루 형언할 수 없는 한 폭의 그림을 이루고 있었다.

용암류는 일정한 방향으로 흐르기 때문에 바로 옆까지 다가갈 수도 있었다. 지팡이 끝에 동전을 끼워 용암 속에 집어넣었다가 용암 덩어리가 달라붙으면 다시 꺼내는 사람들도 있었다. 그 동전을 기념으로 삼으려는 것이었다. 흐르는 불덩어리가 너무 커서 그 일부분이 무너져 내리기도 했는데, 마치 큰 파도가 부서지는 것처럼 무섭고도 아름다웠다. 춤추며 내려오는 불꽃은 빛나는 별처럼 용암류 바깥쪽에 흩뿌려지고 있었다. 그 용암 조각이 공기에 닿으면 우선 튀어나온 부분이 식어서 검어졌다. 그러면 전체가 검은 그물에 둘러싸인 빛나는 황금처럼 보였다.

용암이 흐르는 방향에 서 있는 포도나무 한 그루에 성모상이 걸려 있었다. 그것은 성상 앞에서 불길이 멈추기를 바라는 마음으로 설어 둔 것이었다. 그러나 용암류는 여전히 정확한 방향과 속도로 다가왔다. 뜨거운 열기는 성모상이 걸린 나무의 나뭇잎을 서서히 태웠다. 나무는 동정을 바라듯 우듬지를 불쪽으로 숙였다. 기대에 찬 수많은 눈들이 성모상을 뚫어지게 바라보고 있었다. 그러나 나무는 성상과 함께 시뻘건 용암류 앞에 깊이 고개를 숙였다. 이제 용암류는 2m 앞까지 다가와 있었다. 그때 바로 옆에서 프란체스코회 수도사가 두 손을 높이 쳐들더니 힘차게 외쳤다.

"성모상에 불이 붙었다! 어서 성모님을 구하라! 성모님은 그대들을 영원한 불바다에서 지켜 주시는 분이다!"

그러나 모두 부들부들 떨면서 뒷걸음질하며 그쪽을 바라만 보고 있을 뿐이었다. 그때 한 여자가 군중 속에서 뛰쳐나오더니, 성모의 이름을 부르면서 죽음을 각오하고 불길을 향해 달려가기 시작했다. 그 순간, 말을 탄 젊은 장교가 칼을 번쩍 쳐들고 뛰쳐나와, 바싹 다가오는 거대한 불의 강물은 아랑곳하지도 않고 여자를 쫓아갔다.

"당신 미쳤소?" 장교가 외쳤다. "성모님은 당신의 도움을 바라지 않아요. 죄 많은 자들의 손으로 더럽혀진 우상 따위는 불에 타서 재가 되는 게 마땅하오!"

그 장교는 베르나르도였다. 목소리를 듣고 금세 알았다. 그의 재빠른 결단과 행동은 한 사람의 목숨을 구했다. 그는 속된 수도사의 위선적인 행동을 비난했다. 나는 그런 옛 친구를 새삼 존경하지 않을 수 없었다. 그동안 서운했던 감정은 눈 녹듯 사라져 버렸다. 운명이 우리를 갈라놓은 것이 지금은 진심으로 아쉬웠다. 그러나 가슴이 두근거릴 뿐, 그를 만나고 싶은 마음도 그럴 용기도 없었다. 그것은 아직은 이룰 수 없는 소망이었다.

14
은인과의 재회

불의 강물은 나무도 성모상도 한입에 삼켜 버렸다. 그때 누가 나한테 다가오더니, 손을 덥석 잡으면서 반갑게 외쳤다.

"아니, 안토니오 아닌가!"

나는 순간 베르나르도인 줄 알고 화들짝 놀랐는데, 알고 보니 내 평생의 은인 보르게세 공작의 사위이며 프란체스카의 남편인 파비아니였다. 그는 옛날부터 나를 살갑게 대해 주었지만, 지난번 공작이 보낸 편지로 판단하건대 그역시 보르게세 집안의 다른 이들과 마찬가지로 기대를 저버린 나에게 화를 내고 나와 인연을 끊었다고 믿지 않을 수 없었다.

"이런 데서 만나다니! 프란체스카도 자넬 만나면 무척 기뻐할 걸세. 그런데왜 우리를 찾아오지 않은 건가? 우리는 벌써 일주일 전부터 카스텔람마레에와 있었는데."

"그런 줄은 꿈에도 몰랐습니다. 게다가······. 알았어도 제가 무슨 염치로 찾아뵐 수 있겠습니까?"

"그래, 자네는 느닷없이 딴사람이 되었지. 사랑을 하고, 또 결투까지 했다더군. 그러고는 부리나케 줄행랑을 쳤다던데. 별로 잘한 짓은 아니야. 우리는 공작한테서 대충 이야기를 들었네만, 정말 깜짝 놀랐다네. 공작께서 자네한테 답장을 썼을 텐데, 그렇게 따뜻한 말씀은 아니었겠지? 불쌍하게도."

내 가슴은 심하게 고동쳤다. 과거의 고마운 인연이 다시 나를 사로잡는 것을 느꼈다. 나는 평생의 은인에게 버림받은 고통을 털어놓았다.

"그렇지 않아, 안토니오!" 파비아니가 말했다. "그건 오해야. 공작님이 정말로 자네를 버리실 리가 없잖아? 자, 내 마차로 함께 가세. 프란체스카도 오늘밤 자네가 나타나면 깜짝 놀라겠지. 카스텔람마레는 여기서 금방이야. 호텔 방을 하나 잡아 줄 테니, 그동안 어떻게 지냈는지 들려주게. 그렇게 자포자기해서는 안 되네. 공작이 원래 성마른 분이라는 건 자네도 잘 알고 있잖은가. 하지만 모든 게 다시 좋아질 걸세."

"아뇨, 아마 그럴 수는 없을 거예요." 나는 고개를 푹 숙이고 낮은 소리로 대답했다.

"아니, 그렇게 될 거야. 되고말고."

파비아니는 잘라 말하고 나를 끌고 가서 마차에 태웠다. 가는 길에 그는 나에게 모든 것을 털어놓으라고 했다. 내가 로마에서 도망친 이야기며 산적 소굴에 붙들려 갔다가 풀비아를 만난 이야기를 듣고, 그가 웃으면서 말했다.

"설마 지금 즉흥시를 짓고 있는 건 아니겠지? 자네 말투가 하도 시적이어서 말이야. 기억이 아니라 공상을 이야기하는 것 같은데."

내가 또 공작한테서 받은 편지 내용을 이야기하자 파비아니는 표정을 바꾸며 말했다.

"그랬군. 그건 좀 심했는걸. 너무 엄격해! 하지만 그분이 그처럼 엄격한 편지를 보낸 건 그만큼 자네를 좋게 생각했기 때문이야. 자네가 죄를 뉘우치고 다시 일어서기를 바라신 거지. 그분이 자네를 얼마나 아끼는지는 자네도 알고 있을 걸세. 그래, 그만큼 비난을 받았으니 결국 무대에 오르지는 못했으려나?"

"아뇨, 실은 어젯밤에."

"아, 그래? 자네 정말 용감하군! 그래서 어떻게 됐지?"

"성공이었습니다. 운이 좋았지요. 요란한 박수갈채에다, 앙코르를 여러 번 받았어요."

"그게 정말인가? 자네가 성공했다고?"

이 말투에는 믿기지 않는다는 기색이 역력했고, 그것이 내 가슴에 상처를 주었다. 그러나 그들이 베풀어 준 은혜가 내 입술을 닫아 버렸다.

프란체스카를 만나는 것은 좀 망설여졌다. 그녀는 엄격하고 진지한 사람이니까. 그러나 파비아니는 내 걱정을 웃어넘겼다.

"그야 설교를 늘어놓기는 하겠지. 하지만 설교 좀 들으면 어떤가. 결코 자네한테 해가 되지는 않을 걸세."

그러는 동안 어느새 마차가 호텔에 도착했다.

"아, 파비아니 씨!" 머리를 잘 매만지고 단정하게 차려입은 젊은 신사가 현관에서 뛰어나와 우리를 맞이했다. "무사히 돌아와서 다행이군요. 부인께서 얼마나 애를 태웠는지 몰라요. ……아니!" 그는 나를 보고 소리를 질렀다. "신예 즉흥시인과 함께 오셨군요! 첸치 씨, 맞죠?"

"첸치라니?" 파비아니가 그 이름을 되풀이하면서 이상하다는 듯이 나를 돌아보았다.

"포스터에 실린 제 예명입니다."

"그것도 좋겠지. 현명한 방법이야."

"파비아니 씨, 이분은 제대로 사랑을 노래할 줄 알아요." 젊은 신사가 말했다. "당신도 어젯밤 산 카를로 극장에 갔어야 하는 건데. 그 무대는 정말 감동적이었어요. 이분은 천재예요."

젊은 신사는 정중하게 악수를 청하고, 만나서 영광이라고 했다. 그러고는 신이 나서 파비아니를 향해 말했다. "오늘밤에는 당신이 대접하세요. 설마 이렇게 뛰어난 시인을 두 분이 독점하실 생각을 아니겠지요. 제가 만찬에 참석하는 걸 거부하진 않겠죠?"

"물론이지, 언제든지 환영일세."

"그런데 이 시인께 저를 소개해 주지 않을 건가요?"

"여기선 그런 격식을 차릴 필요 없네. 우린 잘 아는 사이니까. 그러니 이 친구한테 군이 정식으로 소개해야 할 이유는 없어. 자네를 만난 것만 해도 이 친구한테는 큰 명예가 되겠지."

나는 말을 할 틈도 없었다. 그러나 파비아니의 말투에는 불만을 느꼈다.

"그렇다면 할 수 없지요. 내가 나를 소개할 수밖에." 젊은 신사가 나를 돌아보며 말했다. "젠나로라고 합니다. 페르디난도 국왕 폐하의 근위 장교이고, 나폴리의 명문 출신이지요. 나폴리에서 제일가는 집안이라고 말하는 사람도 있는데, 어쩌면 그럴지도 모릅니다. 하여튼 당신 같은 젊은 천재와 사귈 수 있게 돼서 기쁨이자 영광입니다. 당신의……."

"그만하게!" 파비아니가 말을 끊었다. "이 친구는 그런 과장스러운 말에 익숙지 않아. 어쨌든 이제 인사는 끝났지? 자, 가세. 프란체스카가 기다리고 있네. 이제부터 내 아내와 자네의 즉흥시인은 험난한 화해 과정을 거칠 텐데, 어쩌면 그때 자네의 웅변 솜씨를 발휘할 기회가 생길지도 몰라."

굳이 그런 말까지 할 필요가 있나 싶었다. 처음 만난 사람 앞에서 나의 사적인 중대사를 이야기하다니! 그러나 두 사람은 친구이고, 파비아니가 어떻게 내 괴로운 처지를 이해할 수 있겠는가. 파비아니는 우리를 프란체스카에게 데려갔다. 나는 무의식중에 두세 걸음 뒤떨어져서 걸었다.

"이제야 돌아오셨군요, 나의 파비아니 님!"

방에 들어가자 부인이 다소 허풍스럽게 말했다. 그리운 프란체스카의 목소리였다.

"이제야 돌아왔소." 파비아니가 부인의 말을 받았다. "그리고 반가운 손님을 두 분 데려왔다오."

"어머나, 안토니오!" 그녀는 이렇게 외쳤지만, 다시 목소리를 낮추어 "안토니오 씨!" 하고 고쳐 말했다. 그러고는 나와 파비아니를 날카롭고 진지한 눈으로 번갈아 바라보았다. 나는 허리를 굽혀 부인의 손에 입을 맞추려고 했지만, 그녀는 나를 외면하고 젠나로에게 손을 내밀며 저녁식사를 함께 할 수 있어서 기쁘다고 말했다. 그러고는 일부러 화제를 바꾸려는 듯 남편을 돌아보며 물었다.

"베수비오 분화는 어땠나요? 용암이 어디로 흘러갔죠?"

파비아니는 자기가 본 장면을 간단히 묘사하고 나서, 나를 우연히 만난 상황을 설명했다. 그리고 자기가 초대한 손님이니까, 지난 일을 너무 나무라지 말고 상냥하게 대해 주라고 말했다.

"그렇고말고요!" 젠나로가 말장구를 쳤다. "이분이 무슨 죄를 지었는지는 모르지만, 천재는 웬만한 일은 용서받아도 좋지 않을까요?"

그녀는 비로소 표정을 좀 풀었다. 그러고는 애초에 이분은 죄를 짓지 않았으니 용서할 일은 전혀 없다고 젠나로에게 설명하면서, 나에게 상냥하게 고개를 끄덕여 보였다. 그런 다음 젠나로에게 물었다.

"오늘은 또 어떤 소식을 가져오셨나요? 프랑스 신문에 무슨 재밌는 기사가 났던가요? 어젯밤에는 어떻게 지내셨어요?"

젠나로는 첫 번째 질문은 얼른 넘기고 두 번째 질문에 열성적으로 대답했다.

"간밤에는 극장에 가서 〈세비야의 이발사〉를 봤습니다. 종막에서 조제핀의 노래는 정말이지 천사 같더군요. 하지만 아눈치아타의 노래를 들은 뒤로는 어림없어요. 하기야 그래도 상관없었죠. 제가 극장에 간 것은 즉흥시인의 낭송을 듣는 게 주목적이었으니까요."

"마음에 들던가요?" 부인이 물었다.

"저의 기대, 아니 모든 사람의 기대를 훨씬 뛰어넘는 솜씨였답니다. 이건 절대로 인사치레가 아닙니다. 아첨은 질색이거든요. 그리고 저의 시시한 비평 따위가 무슨 문제가 되겠습니까. 하지만 부인께 감히 말씀드리건대, 그것은 진정한 즉흥시였어요. 그에겐 관객을 끌어당기는 마력이 있어요. 감정도 풍부하고 상상력도 대단하더군요. 그는 타소를 노래하고 사포를 노래하고 지하묘지를 노래했는데, 모두 다 글로 써서 후세에 길이길이 전할 만한 훌륭한 시였습니다."

"대단한 천재로군요. 그 말대로라면 그 어떤 찬사로도 부족하겠어요. 나도 갈걸 그랬네요."

"그런데 그 시인이 바로 여기 있잖습니까." 젠나로가 말하면서 나를 가리켰다.

"안토니오가?" 부인이 의아한 얼굴로 외쳤다. "이 사람이 무대에 서서 즉흥시를 노래했다는 거예요?"

"그렇습니다. 정말 대단했어요. 좀처럼 볼 수 없는 훌륭한 무대였지요. 하지만 부인께서는 전부터 아는 사이니까, 들으신 적이 있을 텐데요."

"그야 자주 들었지요." 그녀가 웃으면서 말했다. "이 사람이 어릴 때부터 말이죠. 우리는 들을 때마다 감탄하곤 했답니다."

"나는 처음 들었을 때 이 친구 머리에 월계관을 씌워 주었다네." 파비아니도 농담조로 말했다. "그때 이 친구는 내 아내를 노래했었지. 우리는 아직 결혼하기 전이었어. 그래서 나는 어린 가수의 입을 빌려, 내 연인 프란체스카에게 경의를 표했다네. 벌써 시간이 이렇게 됐군. 자, 식사나 하러 가세. 젠나로, 자네는 프란체스카를 에스코트해 주게. 다른 부인이 없으니까 나는 즉흥시인을 데려가지. 자, 안토니오 씨! 손을 주실까요."

파비아니는 유쾌한 태도로 나를 이끌고 식당으로 들어갔다. 식탁에 앉자 젠나로가 파비아니를 건너다보면서 물었다. "그런데 당신은 왜 지금까지 한 번도 첸치 씨에 대해서 이야기해 주지 않은 거죠?"

"우리는 이 친구를 안토니오라고 부른다네. 안토니오가 즉흥시인으로 데뷔한 줄은 꿈에도 몰랐어. 사실은 그래서 우리 사이에 오해가 좀 일어난 거지. 이 친구는 우리한테 양자나 마찬가지라네. 안 그런가, 안토니오?"

나는 고마워하는 표정을 지으며 고개를 숙였다.

"어쨌든 보통 사람은 아니지. 훌륭한 친구야. 다만 아쉽게도 무언가를 배우려는 마음이 좀 부족할 뿐이야."

그러자 젠나로가 웃으면서 대꾸했다.

"하지만 시인은 이 세상 만물을 스승으로 모시는 걸요. 그러니 책을 붙잡고 공부할 마음이 날 리가 없지요."

"너무 칭찬해서 응석받이로 만들지는 말아 주세요." 프란체스카도 농담을 했다. "우리는 이 사람이 책상 앞에 붙어서 고전이나 물리학이나 수학을 열심히 공부하는 줄만 알고 있었어요. 그런데 알고 보니 공부는 내팽개치고, 나폴리에서 온 젊은 여가수한테 빠져 있었다니까요."

"그건 감수성이 풍부하다는 좋은 증거예요. 시인이라면 그럴 만하죠." 젠나로가 말했다. "그런데 그 여가수는 미인이었나요? 이름이 뭐지요?"

"아눈치아타라고, 보기 드문 재능을 타고난 훌륭한 여자였지." 파비아니가 대신 대답했다.

"그 여자라면 나도 홀딱 반해 있지요. 그런 여자를 좋아하다니, 좋은 취미를 가지셨군요. 자, 우리 건배합시다, 아눈치아타를 위하여!"

젠나로가 건배를 들었다. 나도 그와 잔을 마주쳤지만, 너무 괴로워서 한마디도 할 수가 없었다. 파비아니가 내 상처를 남 앞에서 이처럼 가볍게 파헤치는 것은 정말 견딜 수 없는 일이었다. 그는 또 말을 이었다.

"그냥 반하기만 한 것도 아니야. 그 여자한테 푹 빠진 나머지 원로원 의원 조카와 결투까지 해서, 상대의 옆구리를 쏘아 버렸다네. 요컨대 두 사람은 연적이었던 거야. 그 때문에 로마를 떠날 수밖에 없게 되었지만, 어떻게 국경을 넘었는지 참 신기할 따름이지. 어쨌든 어찌어찌 이곳 나폴리까지 와서 산 카를로 극장 무대에 오른 거야. 이거 참! 이 친구하고는 오래전부터 알고 지냈지만, 이렇게 대담할 줄은 미처 몰랐어."

"의원 조카라고요?" 젠나로가 말했다. "혹시 얼마 전 이곳에 와서 근위대에 들어온 친구 아닙니까? 그 사람이라면 저도 만나 봤는데, 미남에다 재미난 친구더군요. 아, 그래요, 아마 부인 될 사람도 이제 곧 따라올 겁니다. 틀림없어요. 남자가 먼저 와서 자리를 잡은 거예요. 내 생각이 맞다면 이제 곧 여가수의 마지막 은퇴 공연을 알리는 포스터가 나붙을 겁니다. 결혼식도 아마 나폴리에서 올리겠지요!"

"아니, 근위 장교가 여가수와 결혼할 거라고 생각하세요?" 프란체스카가 물었다. "하지만 그렇게 되면 남자의 가문에 먹칠을 하게 될 텐데."

"그런 사례는 전에도 있었어요." 나는 떨리는 소리로 말했다. "어떤 귀족이 여배우와 결혼하여 명예와 행복을 얻은 경우가 있었답니다."

"행복은 아마 얻었겠지!" 부인이 내 말을 가로막았다. "하지만 절대로 명예로운 일은 아니에요."

"아니, 부인, 말씀 도중에 실례지만……." 젠나로가 끼어들었다. "만약에 아눈치아타 같은 사람과 결혼할 수 있다면, 저는 명예롭게 생각할 겁니다. 다른 사람들도 마찬가지일 거구요."

이런 식으로 아눈치아타와 베르나르도가 한동안 화제에 올랐다. 그런 말들이 내 가슴을 얼마나 무겁게 짓누르는지 그들은 전혀 모르고 있었다.

"그건 그렇고……." 젠나로가 나를 돌아보면서 말했다. "이젠 즉흥시인께서 우리를 즐겁게 해 주셔야지요. 시제는 부인께서 정하세요."

"글쎄요." 프란체스카가 웃으면서 말했다. "따로 정하고 자시고 할 게 있나요. 이미 정해져 있는 것 같은데. 안토니오, '사랑'을 노래해 줄래요? 사랑이라면 젠나로 씨도 흥미가 있을 테고, 당신도 경험이 있으니까."

"그래요, 그거 좋군요. 사랑과 아눈치아타!" 젠나로가 외쳤다.

"다음에는 뭐든지 주문하시는 대로 하겠지만……." 내가 말했다. "오늘밤만은 용서해 주십시오. 망토도 없이 바람을 맞으면서 바다를 건넜기 때문에 몸 상태도 별로 좋지 않고……. 용암 근처는 뜨거웠지만, 그 후 서늘한 밤길을 마차를 타고 달려온 탓일 겁니다."

젠나로는 그래도 끈질기게 부탁했다. 하지만 나로서는 지금 이 자리에서 그런 제목으로는 도저히 노래할 수 없었다.

"벌써 예술가 기질이 몸에 배었나 보군." 파비아니가 말했다. "그래, 오늘밤에는 즉흥시를 짓지 않아도 괜찮네. 그 대신 내일 우리와 함께 파에스툼에 가지 않겠나? 그곳에는 시의 소재들이 널려 있을 테니까 말일세. 자네도 조금은 무게를 잡고 거드름을 피워야 돼. 굳이 나폴리에 매달릴 이유는 없잖은가?"

나는 거절할 도리가 없어서 같이 가겠다는 뜻으로 고개를 끄덕였다.

"그래요! 물론 우리와 함께 가야죠." 젠나로가 외쳤다. "그 위대한 그리스 신전 안에 서면 시의 정령이 당장 강림하여, 핀다로스처럼 노래할 수 있게 될 겁니다."

"내일 아침에 떠나세." 파비아니가 말을 이었다. "일정은 나흘이고, 돌아올 때는 아말피와 카프리 섬에 들를 거야."

"자, 이야기는 내일 다시 해요." 식사를 마치고 자리에서 일어나면서 프란체스카가 말했다. 우리는 이만 헤어지기로 했다. 프란체스카는 나에게 손을 내밀어 입맞춤을 허락했다.

"오늘밤 공작한테 편지를 쓰겠네." 파비아니가 말했다. "화해의 제1막을 준비해 두어야지."

"그리고 저는 아눈치아타의 꿈이라도 꾸겠습니다." 젠나로가 말했다. "꿈을 꾸었다고 해서 결투를 신청하지는 않겠죠?" 그가 덧붙이고는, 웃으면서 내 손을 잡았다.

나중에야 알았지만, 내가 이 여행에 동행하지 않았더라면 아마 내 운명도 완전히 달라졌을 것이다. 돌이켜 보면 그 나흘간의 짧은 여행은 나한테서 6년의 청춘을 앗아가 버렸다. 그런데도 인간은 자유롭다고 말할 수 있을까? 물론 우리는 눈앞에 어지러이 뒤얽혀 있는 운명의 실 가운데 하나를 골라서 붙잡을 자유는 있다. 그러나 그 실이 어디로 연결되어 있는지는 아무도 알 수가 없다. 나는 은인의 제안을 거절하지 못하고 "예"라고 말했다. 그리하여 나도 모르게 내 미래의 무대에 막을 내려 버릴 실가닥을 붙잡고 만 것이다.

나는 페데리고에게 짧은 편지를 써서, 은인들을 만났다는 것, 그들과 함께 며칠 동안 여행을 떠난다는 것을 알렸다. 편지를 다 썼을 때 내 가슴속에서는 온갖 상념이 소용돌이치고 있었다. 고작 하룻밤 사이에 얼마나 많은 일들이 일어났는가. 산타 부인을 방문했던 일이며 베르나르도를 보고도 차마 아는 척할 수 없었던 일, 그리고 은인들을 다시 만나서 겪었던 좀전의 일들이 주마등처럼 머릿속에 떠올랐다. 나는 마치 바람에 휩쓸려 이리저리 굴러다니는 가랑잎이 된 기분이었다. 어제는 수많은 사람들한테서 예상을 뛰어넘는 박수갈채와 존경을 받았고, 오늘 저녁에는 매력이 넘치는 아름다운 부인에게 사랑의 말을 요구받더니, 그로부터 몇 시간 뒤에는 옛 은인을 만나, 은혜에 감사하는 것을 첫 번째 의무로 삼는 가난한 캄파니아의 고아로 돌아갔다.

그러나 파비아니와 프란체스카는 나를 따뜻한 마음으로 맞아 주었다. 내 잘못을 용서하고 자기네 식탁에 앉혔을 뿐만 아니라, 내일 관광여행에 초대해 주기까지 했다. 보르게세 집안은 여전히 나를 버리지 않고 자애롭게 받아들여 준 것이다. 그러나 그들은 은혜를 받는 사람이 얼마나 복잡한 기분을 느끼는지 상상조차 못 할 것이다. 부자가 가벼운 손으로 내민 선물은 가난뱅이의 마음을 무겁게 짓누르는 법이다!

15
충고

　이탈리아의 아름다움이 잘 드러나는 곳이 어디냐고 물으면 사람들은 보통 로마나 캄파니아 평야를 꼽는다. 하지만 내 마음에 남아 있는 것은 먼 옛날에 뛰놀았던 네미 호숫가와 최근에 본 나폴리의 풍경뿐이다. 이번에 내가 은인들과 함께 방문한 경승지는 그야말로 요정이 사는 나라였다. 내 마음은 황홀한 감동으로 가득 찼다. 혹시 외국인이라면 이곳을 방문해도 이보다 더 멋진 무릉도원이 있다고 할지도 모른다. 하지만 날 때부터 지금까지 이탈리아에서만 살아온 나는 이곳의 신비로운 모습과 독특한 정경에 넋을 잃을 수밖에 없었다. 그 감동적인 풍경을 어떻게 필설로 형용할 수 있을까.

　자연은 하나의 전체로서 우리 시선을 사로잡는다. 이 전체를 말이나 글로 표현하려면 단어를 이어 붙여 문장을 만들고, 문장을 모아 단락을 구성해야 한다. 이 부분도 저 부분도 한꺼번에 묘사해야 한다. 이는 조각조각을 붙여서 큰 모자이크를 만드는 작업과 비슷하다. 그런데 모든 조각 하나하나에 의미가 있는 모자이크를 글로 설명하려면 얼마나 힘들겠는가? 아무리 표현력이 좋은 사람이라도 빠짐없이 완벽하게 묘사할 수는 없을 것이다. 또 어찌어찌 묘사에 성공하더라도, 그렇게 나열된 수많은 조각들은 적절한 위치에 배치되어 하나의 그림을 이루어야 한다. 하지만 그 배치방법은 순전히 독자의 상상에 달려 있다. 그러므로 '필설로 형용할 수 없는' 유일무이한 전체 풍경은 사람들 마음 속에 천태만상으로 떠오를 수밖에 없다. 백이면 백 다른 풍경을 상상하는 것이다.

우리가 누구 얼굴을 설명할 때도 그렇다. 수사관이 목격자의 구구절절한 설명을 들으면서 몽타주를 작성하는 것을 떠올려 보라. 눈은 이렇고 코는 저렇고 입은 이러하다고 열심히 설명해 봤자, 결국 그 인물의 실제 얼굴을 고스란히 재현할 수는 없다. 보는 사람은 그저 '내가 아는 XX라는 사람하고 닮았다'는 식으로 대충 상상할 뿐이다.

자연을 묘사하는 일도 마찬가지다. 사람들이 이탈리아의 멋진 풍경에 대해 즉흥시를 지어 보라고 한다면, 나는 여기서 내 눈으로 본 것을 있는 그대로 정확히 묘사할 것이다. 하지만 그 시를 들은 사람이 아무리 상상력을 발휘한들, 나와 똑같은 풍경을 마음속에 그릴 수는 없을 것이다. 자연의 세계는 인간의 상상력을 훨씬 능가하기 때문이다.

화창하게 맑은 아침, 우리는 카스텔람마레를 떠났다. 내 눈에는 아직도 연기를 내뿜고 있는 베수비오 화산과 초록빛 덩굴에 휘감긴 산골짜기의 포도밭, 이끼로 뒤덮인 바위산이나 울창한 올리브숲에 반쯤 가려 있는 하얀 산성들이 보였다. 대리석 기둥과 둥근 지붕이 있고, 지금은 성모님을 모시는 성당이지만 옛날에는 베스타 신전이었던 건물도 보였다. 고대를 사랑하는 사람이라면 누구나 이 유적에 마음을 빼앗기리라. 벽은 드문드문 허물어져 있고, 그 드러난 곳에는 해골과 뼈가 드러나 있었다. 그런데 그 위로 초록빛 포도덩굴이 제멋대로 무성하게 뻗어와, 마치 그 싱싱한 잎으로 이 비참한 모습을 덮어 감추려는 것 같았다.

다시 내 눈에는 거친 산들과 쓸쓸히 서 있는 탑들이 보였다. 탑들 주위에는 새를 잡기 위한 그물이 쳐져 있었다. 저 멀리 아래쪽에 쪽빛 바다를 낀 살레르노 시내가 보였다. 집들은 비석처럼 줄줄이 늘어서 있었다. 그때 우리는 하나의 행렬과 마주쳤다. 그 때문에 그곳 경치가 내 마음에 특별히 강한 인상을 남겼다. 긴 뿔을 가진 소 두 마리가 한 대의 수레를 끌고 있고, 수레 위에는 네 명의 도둑이 쇠사슬에 묶인 채 누워 있었다. 그들은 모두 맹수처럼 눈빛이 사나왔다. 검은 눈을 가진 잘생긴 칼라브리아인이 총을 어깨에 메고 말을 탄 채 수레 곁을 따라가고 있었다.

중세의 학문도시 살레르노가 우리 여행의 첫 목적지였다. 젠나로가 외쳤다.

"비단도 오래되면 누렇게 빛이 바래는 법이로다! 그래, 살레르노의 학문은 이제 빛을 잃었지만, 자연이라는 위대한 책은 해마다 새로운 판을 찍어 내고 있지요. 우리의 진정한 스승은 책이 아니라 자연이에요."

"자연은 물론 최고의 스승이지요. 하지만 책도 소중합니다. 양쪽 모두에서 배워야 하지 않을까요?"

내가 그렇게 말하자 프란체스카는 내 말이 옳다고 말했다.

"말이야 잘하지." 파비아니가 말했다. "하지만 실천은 어떨까 안토니오, 로마에 돌아가거든 그 말을 실증해 봐."

로마! 내가 로마에 돌아간다고? 나는 말문이 막혔다. 그런 생각은 한 번도 해 본 적이 없었다. 내 마음속 깊은 곳의 목소리는 내게, 다시는 로마를 볼 수 없을 거라고, 다시는 그곳으로, 과거의 세계로 돌아가지 않겠다고 말하고 있었다.

파비아니와 다른 두 사람이 주거니 받거니 대화를 이어가는 동안 어느새 우리는 살레르노에 도착해 있었다. 맨 먼저 찾아간 곳은 교회였다. 젠나로가 앞으로 나섰다.

"여기라면 내가 안내할 수 있어요. 이 예배당에는 1085년에 살레르노에서 돌아가신 교황 그레고리우스 7세의 무덤이 있는데, 정면 제단에 있는 것이 그분의 대리석상입니다. 그리고 저기에는 알렉산드로스 대왕의 유해가 누워 있지요." 커다란 석관을 가리켜 보이며 그가 말했다.

"알렉산드로스 대왕이라고?" 파비아니가 놀라서 되물었다.

"네, 그렇다고 들었습니다. 안 그런가?" 젠나로가 문지기에게 물었다.

"나리 말씀이 옳습니다." 문지기가 대답했다.

"아뇨, 실례지만 그건 아닌 것 같은데요." 석관을 자세히 살펴보고서 내가 말했다. "저기 입구 근처에도 비슷한 석관이 있는데, 거기에는 바쿠스를 앞세운 무녀 행렬이 새겨져 있어요. 그 석관은 본디 파에스툼 신전에 있던 것을 여기로 가져온 거예요. 어느 살레르노 귀족의 영원한 쉼터로 쓰려고요. 이렇게 쓰이는 석관이 생각보다 많이 있어요. 자, 보세요. 여기 알렉산드로스 대왕의 그림이 그려져 있죠? 그래서 알렉산드로스 대왕의 관이라고 하는 모양인데, 그렇다고 그의 유해가 여기 들어 있다고 단정할 수는 없어요. 그렇게 내 자신의 통찰력에 스스로 뿌듯함을 느끼며 나는 고분에 대한 일장 연설을 늘어놓았다."

젠나로의 반응은 차가웠다.

"뭐, 어쩌면 그럴지도 모르지요!"

그러자 프란체스카가 귓속말로, 자기가 남보다 똑똑하다는 걸 드러내 보이려는 건 좋지 않다고 내게 속삭였다.

나는 고개를 숙이고 잠자코 물러섰다.

오후 6시를 알리는 아베마리아 종이 울릴 무렵, 나는 프란체스카와 둘이서 호텔의 커다란 발코니에 앉았다. 파비아니와 젠나로는 산책하러 나가 버렸다.

"정말 멋진 색채의 향연이군요!" 나는 바다를 가리키며 말했다. 우윳빛 바다가 용암이 깔린 해안 도로에서 장밋빛으로 빛나는 수평선까지 넓게 펼쳐져 있고, 파도가 부서지는 해안선은 쪽빛으로 물들어 반짝이고 있었다. 이렇게 화려한 색채는 로마에서는 본 적이 없었다.

"저기 봐, 구름이 벌써 밤인사를 하고 있어." 프란체스카가 말하면서 산 쪽을 가리켰다. 산허리에는 구름 한 덩어리가 별장과 올리브숲보다는 훨씬 높게, 그러나 고성의 우뚝 솟은 두 개의 탑보다는 낮게 걸려 있었다.

"저런 구름 속에 싸여 살아 보고 싶군요. 끊임없이 변하는 바다를 내려다보면서……."

"그리고 즉흥시도 지으면서?" 그녀가 웃으면서 말했다. "하지만 안타깝게도 듣는 사람이 아무도 없을걸."

"아, 그렇군요." 나도 농담조로 말했다. "그건 정말로 안타까운 일이에요. 시인에게 박수갈채가 없다는 것은 나무가 햇빛을 받지 못하는 거나 마찬가지죠. 감옥에 갇힌 타소가 점점 죽어 갔던 것은 물론 불행한 사랑 때문이었지만, 역시 그 시를 들어줄 사람이 없었던 탓도 있었을 거예요."

"안토니오! 나는 지금 너에 대해 말한 거지, 타소 얘기를 한 게 아니야. 여기서 타소가 왜 나오니?"

"그저 한 가지 예를 든 것뿐이에요. 타소는 시인이었고, 저도……."

"똑같은 시인이라고? 하지만 안토니오, 자기 얘기를 할 때 불후의 이름을 함부로 언급하면 안 돼. 네가 감성이 남다르게 예민하고 그 느낌을 괜찮게 표현할 수 있다는 건 나도 알아. 그래서 너는 너 자신을 시인이라고 믿고 있겠지. 하지만 그렇게 헛된 꿈을 꾸는 사람이 너말고도 수천 명이나 돼. 제발 헛된 길에 빠져서 너 자신을 불행하게 만들지 마."

"하지만 수천 명이나 되는 관객들이 제 시에 박수를 보냈는걸요." 내가 말했다. 얼굴이 화끈 달아올랐다.

"그러니 제가 스스로를 시인이라고 믿는 것도 지극히 당연한 일이지 않을까요. 당신이라면 제 행복을, 제 성공을 함께 기뻐해 주실 줄 알았어요."

"그야 기뻐하고 있어. 너에게는 좋은 친구가 많이 있겠지만, 그래도 나만큼 진심으로 함께 기뻐해 줄 수 있는 친구는 없을걸. 너의 다정한 마음씨와 고결한 성품은 우리 가족 모두가 잘 알고 있단다. 그래서 너와 아버님이 화해하기를 바라는 거고. 아버님도 분명 너를 용서하실 거야. 안토니오, 너는 훌륭한 소질을 갖고 있고, 그 재능을 더욱 키울 수도 있어. 공부를 열심히 하면 정말 큰 인물이 될 수 있을 거야. 하지만 지금으로선 너의 재능은 겉만 번드르르할 뿐이야. 그걸로 관객들을 즐겁게 해 줄 수는 있겠지. 하지만 넓은 세상에서 큰 뜻을 펼치기에는 아직 충분하다고는 말할 수 없어."

"그래요, 저는 아직 공부가 부족하죠. 그건 당신 말씀이 맞아요. 하지만 저는 세상에서 성공을 거두었어요. 세상 사람들이 저를 인정해 줬어요. 저를 전혀 몰랐던 젠나로 씨까지도 제 첫 무대에 완전히 빠져들었다고요."

"젠나로? 나도 그분을 존경하지만, 그의 예술비평은 별로 존중하지 않아. 세상 사람들이 갈채를 보냈다고? 하지만 어쩌다 극장에 모인 어중이떠중이들의 평가는 더더욱 신뢰할 수 없단다. 예술가들의 평판이 때에 따라 얼마나 크게 달라지는지 나는 잘 알아. 네가 그날 밤 야유를 당하지 않은 것은 정말 다행이야. 만약 그런 일이 있었다면 나도 몹시 슬프고 화가 났을 거야. 어쨌든 공연은 끝났어. 그래, 그거면 됐어. 언젠가는 전부 다 잊히고 말겠지. 너도, 너의 즉흥시도……. 게다가 너는 딱 한 번, 가명으로 무대에 올랐을 뿐이잖아. 우리는 앞으로 사흘만 지나면 나폴리로 돌아갔다가, 그 이튿날 로마로 떠날 거야. 그러니까 모든 것을 하룻밤의 꿈이라고 생각해. 실제로도 꿈이나 마찬가지였잖아. 그만 꿈에서 깨어나렴. 로마로 돌아가자. 가서 열심히 공부해서, 네가 정신을 차렸다는 것을 보여 줘. 아니, 아무 말도 하지 마! 너를 위해서 말하는 거니까. 너한테 사실을 말해 주는 건 나 한 사람뿐이야."

　이렇게 말하면서 그녀는 손을 내밀어 내 입맞춤을 허락했다.

16
파에스툼의 소녀

다음날 이른 아침, 아직 어둠이 채 가시지도 않은 시간에 우리는 마차를 타고 출발했다. 파에스툼에 가서 몇 시간을 보내고 그날로 살레르노로 돌아오려면 일찍 떠나야 했다. 파에스툼에는 숙박시설도 없고 길도 안전하지 못했기 때문이다. 도적이 출몰한다는 소문도 있어서, 기마 헌병이 우리를 호위해 주었다.

숲이라 해도 좋을 오렌지 과수원이 길 양쪽에 늘어서 있었다. 우리는 수양버들과 월계수가 맑은 강물에 그림자를 떨구고 있는 셀라 강을 건넜다. 언덕들 사이에 비옥한 경작지가 있고, 길가에는 야생 알로에와 선인장이 무성하게 자라고 있었다. 눈에 보이는 모든 것이 풍요로움으로 넘쳐났다.

이윽고 눈앞에 2천 년이 넘은 오래된 신전들이 나타났다. 아테네의 파르테논 신전과 마찬가지로 그리스 건축 양식으로 지어진 것들이었다. 풀숲에 위치한 이 신전들과 초라한 주막 하나, 몇 채의 민가와 낡은 초가집이 이 유명한 고대 도시의 전부였다. 먼 옛날에 이 도시는 장미가 아름답기로 유명하여 도시가 온통 붉은 안개로 뒤덮인 듯했다고 하지만, 지금은 장미 한 송이 찾아볼 수 없었다. 그저 풀밭이 먼 산맥까지 파랗게, 끝없이 파랗게 펼쳐져 있을 뿐이었다. 그리고 수많은 엉겅퀴와 가시나무와 온갖 잡초가 광야를 가득 뒤덮고 있었다. 곳곳이 생명으로 가득 찬 야생의 모습이었다. 알로에, 무화과, 들국화 따위가 무성하게 자라 서로 뒤얽혀 있었다.

이곳에서 우리는 시칠리아의 자연을 볼 수 있었다. 야성적인 자연의 풍요로움, 그리고 시칠리아의 고대 신전과 가난을 보았다. 한 떼의 거지가 우리를 둘러쌌다. 남자들은 털이 밖으로 드러난 양가죽 옷을 걸치고, 햇볕에 탄 다갈색 맨발을 드러내고, 아무렇게나 기른 검정 머리를 얼굴 주위에 늘어뜨리고 있었다. 놀랄 만큼 순박하게 자란 아가씨들은 반라의 몸에 무릎 근처에서 싹둑 잘린 짤막한 누더기 치마를 입고, 더러운 갈색 망토를 드러난 어깨에 살짝 걸치고 있었다. 기다란 검은 머리는 목덜미 근처에서 둘둘 감아서 묶었다. 커다란 눈은 불꽃처럼 반짝이고 있었다.

그 가운데 한 소녀가 있었다. 나이는 열한 살쯤 되어 보였는데, 미의 여신처럼 예쁜 소녀였다. 아눈치아타와도 산타와도 닮지 않은 그 소녀를 바라보면서, 나는 언젠가 아눈치아타가 말해 준 메디치의 비너스를 떠올렸다. 그녀는 우리가 사랑할 수 있을 만큼 친근한 존재는 아니었다. 다만 우리는 그 아름다운 모습 앞에서 깊이 고개 숙여 찬미할 뿐이었다.

그녀는 다른 거지들한테서 조금 떨어진 곳에 서 있었다. 네모난 갈색 천이 한쪽 어깨에 느슨하게 걸려 있고, 또 한쪽 어깨와 팔은 두 발과 마찬가지로 맨살이 드러나 있었다. 단정하게 빗어 넘긴 머리카락에는 제비꽃이 꽂혀 있어 아름다운 이마에 그늘을 드리우고 있었다. 그 얼굴에는 수줍음과 조심스러움과 형언할 수 없는 깊은 슬픔이 나타나 있었다. 남들과 눈이 마주칠까 봐 두려워하는 걸까, 두 눈은 아래를 향하고 있었다.

일행 가운데 그녀를 맨 먼저 주목한 사람은 젠나로였다. 한 푼 달라고 떠들어 대는 다른 아이들과는 달리, 이 소녀는 한마디도 하지 않았다. 그러나 젠나로는 그녀에게 다가가 돈을 주고 턱을 어루만지면서, 이곳 사람들과 함께 두기에는 아까울 만큼 아름답다고 말했다. 프란체스카와 파비아니도 같은 의견이었다. 나는 소녀의 다갈색 뺨이 발그레해지는 것을 보았다. 소녀가 고개를 들었을 때, 나는 그녀가 장님이라는 것을 알았다.

나도 돈을 주고 싶었지만, 어쩐지 부끄러워서 그럴 수가 없었다. 다른 사람들이 주막 안으로 들어가고 거지들이 슬금슬금 그 뒤를 따라갈 때, 나는 급히 되돌아가서 소녀의 손에 은화 한 닢을 쥐여 주었다. 손으로 더듬어 돈의 액수를 안 듯, 소녀는 뺨을 붉히며 허리를 굽혔다. 순간 소녀의 싱그럽고 부드러운 입술이 내 손에 닿았다. 그 감촉은 내 핏속에 스며들었다. 나는 당황해서 손을 뿌리치고 서둘러 일행을 뒤따라갔다.

주막에 들어가 보니 실내를 거의 가득 채우고 있는 커다란 난로에서 산더미처럼 쌓인 나뭇가지가 타고 있었다. 난로에서 구름 같은 연기가 뿜어져 나와 검댕으로 그을린 천장에 부딪쳐 소용돌이치고 있었기 때문에 우리는 도로 밖으로 뛰쳐나올 수밖에 없었다. 주인이 키 큰 수양버들 그늘에 아침식사를 차리고 있었지만, 우리는 신전을 보러 가기로 했다. 신전까지는 길도 제대로 나지 않은 가시밭이었기 때문에 파비아니와 젠나로가 프란체스카를 위해 두 팔로 가마를 만들었다.

"대단한 산책길이군요." 그녀가 가마에 탄 채 웃으면서 말했다.

"마님, 지금은 그나마 나아진 겁니다." 안내인이 대답했다. "3년 전까지만 해도 가시나무가 빽빽이 들어차서 지나다닐 수도 없었지요. 제가 어릴 적에는 저 둥근 기둥도 흙과 모래 속에 거의 꼭대기까지 파묻혀 있었답니다."

실제로 흙모래가 쌓여 있는 풍경이 안내인의 말을 뒷받침했다. 우리는 말없이 우리의 얼굴만 쳐다보는 거지들을 뒤로 한 채 걸음을 옮겼다. 우리와 시선이 마주치면 그들은 당장에 기계적으로 손을 내밀면서, 자비를 베풀어달라고 말했다. 눈먼 소녀의 모습은 보이지 않았다. 혼자 길가에 웅크리고 있는 걸까. 왠지 자꾸만 신경이 쓰였다.

우리는 극장과 평화의 신전 유적을 돌아다녔다.

"평화의 신전과 극장이라……." 젠나로가 말했다. "이 두 건물이 무엇 때문에 이렇게 바싹 붙어 있을까요?"

넵투누스 신전이 우리 앞에 나타났다. 이것과 속칭 바실리카와 케레스 신전은 폼페이와 마찬가지로 기나긴 망각과 암흑 속에서 되살아나 오늘날 모습을 다시 드러낸 유적이다.

이 신전은 수백 년 동안 흙모래와 잡초에 덮여 있었다. 그런데 그림 소재를 찾으러 왔던 한 외국인 화가가 우연히 이곳에서 기둥머리를 발견하고 그 아름다움에 끌려 그것을 스케치했고, 그 그림으로 인해 비로소 세상에 알려지게 된 것이다. 흙모래와 가시나무를 제거하자, 이 웅장한 신전이 마치 어제 지어진 것처럼 모습을 드러냈다. 둥근 기둥은 이탈리아에서 나는 노란 응회암으로 만들어져 있는데, 야생 포도덩굴이 기둥 전체를 휘감고 무화과나무가 그 주위에 가지를 뻗치고 있었다. 갈라진 틈에는 제비꽃과 진홍빛 향나무 꽃이 피어 있었다.

우리는 어느 부서진 원기둥 받침대 위에 앉았다. 젠나로가 거지들을 쫓아 버렸기 때문에 우리는 조용히 주변 풍경을 감상할 수 있었다. 푸른 산들도, 푸른 바다도, 우리가 앉아 있는 이 신전 유적도 모두 내 마음을 강하게 사로잡았다.

"우리한테 즉흥시를 들려주지 않겠나." 파비아니가 말했다. 프란체스카도 고개를 끄덕이며 듣고 싶다는 표정을 지었다. 나는 가까운 기둥에 몸을 기대고, 어릴 때 배운 가락에 맞춰 지금 눈앞에 보이는 자연과 신화의 세계를 노래하기 시작했다.

눈앞에 우뚝 선 넵투누스가 노하여 소리친다.
내 깊은 잠을 방해하는 자 누구냐.
어서 나를 바다로 돌려보내라.

그 분노의 외침에 귀 기울이라 하는
이야기꾼의 나지막한 목소리.
신기하고 신비로운 신들의 이야기.

누구나 귀로 들어서 알고 있지만
아무도 눈으로 보지 못한 신화의 세계.
무서운 신들의 모습도 마음으로만 볼 수 있으니

가련한 소녀여, 세상은 곧 이야기란다.

이것이 내 즉흥시의 주요 부분이었다. 나는 이 아름다운 풍경을 보지 못하는 눈먼 소녀가 불쌍해서 나도 모르게 눈물지었다. 젠나로는 굉장하다면서 손뼉을 쳤고, 파비아니와 프란체스카도 훌륭한 시라고 인정해 주었다.

우리는 신전 계단을 내려갔다. 나는 맨 뒤에서 천천히 따라갔다. 문득 뒤를 돌아보니, 아까 내가 서 있던 곳 근처의 기둥 뒤쪽 풀밭에 한 사람이 얼굴을 무릎 사이에 묻고 깍지 낀 손으로 다리를 꼭 붙잡은 채 웅크리고 앉아 있었다. 그 눈먼 소녀였다. 그녀는 내 노래를 들었던 것이다. 앞을 못 보는 자신의 슬픔에 대한 노래를. 이런 생각을 하자 가슴이 찢어질 듯 아팠다. 내가 다가가 허리를 굽히자, 소녀는 풀잎이 바스락거리는 소리를 듣고서 고개를 번쩍 들었다. 낯빛은 아까보다 훨씬 창백해 보였다. 그녀가 놀랄까 봐 나는 꼼짝도 할 수가 없었다. 소녀는 잠시 귀를 기울이고 있다가, 이윽고 "안젤로?" 하고 낮은 소리로 불렀다.

나는 무의식중에 숨을 죽였다. 소녀는 다시 고개를 숙였다. 그 모습은 미의 여신 그 자체였다. 언젠가 아눈치아타가 말해 준 메디치의 비너스처럼 시력이 없는 눈, 그러나 영혼까지 꿰뚫어 보는 눈을 가진 여신의 모습이었다. 소녀는 야생 무화과나무 그늘 아래 앉아 있었다. 문득 소녀가 손에 든 무언가를 입술에 가져다 대더니 생긋 미소지었다. 그것은 아까 내가 준 은화였다. 나는 감동하여, 나도 모르게 몸을 숙여 소녀의 이마에 입술을 댔다.

소녀가 비명을 질렀다. 그 날카로운 소리에 나는 벼락을 맞은 듯 놀라서 딱딱하게 굳어 버렸다. 소녀는 놀란 암사슴처럼 벌떡 일어나더니 바람같이 달려가 사라졌다. 그 순간 기둥도 수풀도 나무도, 이 세상 모든 것이 내 주위를 빙글빙글 돌기 시작했다. 나는 곧 가시나무 덤불을 헤치며 도망치듯 그곳을 빠져나와 달리기 시작했다.

"안토니오! 안토니오!"

파비아니가 부르는 소리가 뒤쪽에서 아득히 들려왔다. 나는 비로소 정신을 차렸다.

"왜 그래? 토끼라도 발견했나?"

"아니, 이 사람은……." 젠나로가 말했다. "우리가 걸어서 가야 하는 길을 자기는 날아서 갈 수 있다는 걸 보여 주고 싶은 거예요. 하지만 나도 질 수 없죠!"

그는 이렇게 말하면서 내가 달리는 쪽을 향하더니, 금방이라도 달려갈 태세를 취했다.

"그럼 나와 프란체스카는 어떡하고?"

파비아니가 외쳤다. 젠나로는 그 자리에 멈춰 섰다.

주막에 돌아온 뒤에 눈먼 소녀를 찾아 두리번거렸지만 어디에도 보이지 않았다. 나는 죄를 지은 기분이 들어서 견딜 수가 없었다. 악의는 없었을망정 소녀의 불행을 노래하여 새삼 그것이 얼마나 큰 불행인지 그녀에게 일깨워 줬을 뿐만 아니라, 그녀의 이마에 키스를 해서 깜짝 놀라게 만든 것이다. 내가 여자에게 키스한 것은 이번이 처음이었다. 만약 그녀가 앞을 볼 수 있었다면 그런 짓은 절대로 하지 않았을 것이다. 그녀의 불행이, 그 가련한 모습이 나에게 순간적인 충동을 불러일으킨 것이다. 그런 내가 베르나르도를 경박하다고 비난하다니! 나도 그와 마찬가지로, 모든 사람과 마찬가지로, 죄 많은 세상에 태어나 죄를 짓고 살아가는 인간이 아닌가. 내가 어리석었다. 남들 눈의 티끌만 보고, 내 눈의 들보는 보지 못했던 것이다. 가능하다면 소녀 앞에 무릎을 꿇고 용서를 빌고 싶었지만, 그녀는 어디에도 보이지 않았다.

살레르노로 돌아가려고 우리는 마차에 올랐다. 나는 떠나기 전에 소녀를 다시 한 번 만나 보고 싶었지만, 그녀가 어디에 있는지 남에게 물어볼 용기가 나지 않았다. 그때 젠나로가 안내인에게 불쑥 물었다.

"장님 소녀는 어디 갔지?"

"라라 말씀인가요?" 안내인이 말했다. "아마 넵투누스 신전에 있을 겁니다. 대개는 그곳에 있으니까요."

"성스러운 미인이여!" 젠나로가 외치고는 신전 쪽에 손키스를 보냈다. 이윽고 마차가 달리기 시작했다.

그 소녀의 이름은 라라였다. 나는 마부와 등을 맞대고 앉아서 신전 기둥이 차츰 멀어지는 것을 바라보고 있었다. 그러나 내 귓전에는 아직도 겁에 질린 소녀의 비명이 울려 퍼지면서 내 마음을 끊임없이 괴롭히고 있었다. 길가에 집시들이 모여 앉아서 불을 피워 밥을 짓고 있었다. 나이 든 여자가 탬버린을 치며 운세를 점쳐 보라고 말했지만 우리는 그냥 길을 재촉했다. 검은 눈을 가진 두 아가씨가 날듯이 달려서 잠시 우리 뒤를 따라왔다. 젠나로는 저 아가씨들도 미인이라고 칭찬했지만, 고귀한 아름다움이라는 점에서는 도저히 라라와 비교가 되지 않았다.

저녁때 우리는 살레르노에 도착했다. 이튿날 아침에는 우선 아말피로 가서 관광을 하고, 이어서 카프리에 들렀다가 귀로에 오를 예정이었다.

"나폴리로 돌아가면 하루만 머물고 로마로 떠나기로 하세." 파비아니가 말했다. "안토니오, 자네 짐은 금방 꾸릴 수 있겠지?"

나는 로마에 돌아가고 싶지 않았다. 그러나 지금까지 많은 은혜를 베풀어 준 은인의 제안을 감히 거절하기가 어려워서 내 생각을 솔직하게 털어놓을 수가 없었다. 비굴하고 소심한 나는 그런 짓을 저지른 주제에 뻔뻔스럽게 로마로 돌아가면 틀림없이 공작의 분노를 살 거라고 머뭇머뭇 말하는 것이 고작이었다. 그러나 파비아니는 더 들을 필요도 없다는 듯이 시원하게 말했다.

"걱정 말게. 우리가 모든 일이 잘되도록 처리해 주겠네."

"아, 아뇨. 용서해 주십시오. 저는 도저히 그럴 수 없습니다." 나는 우물거리면서 프란체스카에게 말했다. "베풀어 주신 은혜에는 깊은 고마움을 느끼고 있지만……."

"그런 말은 하지 마, 안토니오." 프란체스카가 말하고는 내 입을 막았다.

마침 그때 손님이 찾아왔다. 우리 대화는 중단되었다. 나는 말없이 물러나 답답한 심정으로 생각에 잠겼다.

불과 이틀 전까지만 해도 나는 새처럼 자유롭고 독립적인 처지였다. 그리고 참새 한 마리조차 함부로 땅에 떨어뜨리시지 않는 하느님은 내게도 그만한 은혜는 베풀어 주셨을 것이다. 그런데도 나는 내 발목에 휘감긴 가느다란 실을 닻줄처럼 굵게 만들어 버렸다. 내 스스로 다시 불행해지는 길을 택하고 말았다.

로마에는 진실한 친구들이 있었다. 나는 이제 두 번 다시 만나고 싶지 않은 산타, 나폴리에 있으면 언젠가는 마주칠 게 뻔한 베르나르도, 이제 곧 나폴리에 온다는 아눈치아타, 그리고 두 사람의 행복한 사랑을 생각했다. 그래, 로마로 가자! 그게 좋겠어! 내 마음은 이렇게 속삭였지만, 반면 내 영혼은 자유와 독립을 갈구하고 있었다.

17
아말피에서의 모험

　화창하고 감미로운 아침, 살레르노 항구에서 떠나는 배를 타고 바다에서 바라본 살레르노 시가지는 더없이 아름다웠다. 우리는 여섯 명의 건장한 뱃사람이 노를 젓는 배에 타고 있었다. 저 멀리 마요리와 미노리라는 두 마을이 보이더니, 곧이어 짙은 초록빛 포도밭 사이로 아말피가 언뜻언뜻 보이기 시작했다. 유명한 관광지인 이곳은 역사적인 위인들의 고향이기도 했다. 옛날에 스페인이 이 지역을 지배했을 때 과중한 세금에 반대하여 저항운동을 벌였던 마사니엘로도, 또 나침반을 발명한 플라비오 조야도 이곳 사람이었다.

　잔잔한 바닷물은 초록빛 유리처럼 맑고 투명했다. 오른쪽에 보이는 해안 전체는 마치 물 위에 떠 있는 커다란 정원 같았다. 전설 속 바빌론의 여왕 세미라미스가 건설했다던 공중정원이 바로 저기인가 싶었다. 파도가 부서지는 해안 절벽에는 수많은 동굴들이 입을 벌리고 있었다. 아케이드 모양의 동굴 사이로 파도가 밀려들어 춤을 추듯 넘실거렸다. 툭 튀어나온 바위 끝에 걸터앉은 성채는 조각구름을 머리에 이고 있었다.

　나는 그 아름다운 풍경에 감탄했다. 이탈리아에 아무리 멋진 곳이 많다지만, 아말피와 어깨를 겨룰 만한 곳은 별로 없으리라. 세상 사람들 모두가 이곳을 볼 수 있으면 좋으련만. 진심으로 아쉬운 생각이 들었다. 이 지방은 1년 내내 따뜻하고 풍요로운 봄의 정원 같았다. 이곳에는 차가운 북풍도 서풍도 없었다. 오직 종려와 오렌지 향기를 머금은 부드러운 동풍과 남풍이 불어올 뿐이었다.

해안에서 산허리까지 겹겹이 쌓여 있는 집들을 보니 원형극장의 계단식 좌석이 절로 떠올랐다. 하얀 집들은 모두 동양풍의 납작한 지붕을 이고 있었다. 그 위로는 포도밭이 펼쳐져 있다. 산꼭대기에는 성벽에 둘러싸인 고성(古城)이 우뚝 서서 구름을 떠받치고 있었으며, 그 옆에는 소나무 한 그루가 푸른 하늘을 향해 팔을 벌리고 있었다.

배는 얕은 여울에 도착했다. 우리는 뱃사람에게 업혀 해안으로 올라갔다. 해안 절벽에 뚫려 있는 수많은 동굴들은 아말피 시내 기슭까지 뻗어 있었다. 어떤 동굴에는 바닷물이 들락거리고, 어떤 동굴은 바싹 말라 있었다. 해안에는 보트 서너 척이 끌어올려져 있었는데, 그 안에서 아이들이 즐겁게 놀고 있었다. 그중 몇몇은 조끼를 걸치고 있었지만, 대부분의 아이들은 셔츠 하나만 입고 있었다. 헐벗은 거지가 늘 쓰고 다니는 듯한 갈색 두건을 귀까지 푹 눌러쓴 채, 따뜻한 모래톱 위에 몸을 길게 뻗고 잠들어 있었다.

온 시내의 교회종이 울렸다. 이윽고 보라색 옷을 입은 젊은 사제들이 줄지어 찬송가를 부르며 우리 곁을 지나갔다. 싱싱한 화환이 십자가에 매달린 그리스도상 주위에 걸려 있었다.

산으로 올라가는 길 왼쪽에는 깊은 동굴이 있고, 그 옆에는 한때 성당이었던 건물이 우뚝 서 있었다. 이 건물은 외지 사람들을 위한 숙소였다. 프란체스카는 가마를 타고, 우리는 그 뒤를 따라 바위를 깎아 만든 길을 올라갔다. 저 멀리 아래쪽에 푸른 바다가 반짝이고 있었다.

이윽고 우리는 성당 정문에 도착했다. 바로 옆에 어둡고 깊은 동굴이 우리를 향해 커다란 입을 벌리고 있었다. 그 안에는 구세주와 두 도둑이 매달린 십자가 세 개가 서 있고, 커다란 날개를 단 천사들이 그 위의 바위에 무릎을 꿇고 있었다. 모두 나무로 만들어 채색한 것일 뿐 예술작품이라고 할 수는 없었다. 그러나 깊은 신앙심이 그 조잡한 목상으로부터 오묘한 신의 은혜를 이끌어 내고 있었다.

우리는 곧 좁은 안마당을 지나 배정된 방으로 올라갔다. 내 방 창문에서는 저 멀리 시칠리아까지 끝없이 펼쳐진 바다를 바라볼 수 있었다. 아득한 수평선 위에 몇 척의 배가 은색 점처럼 떠 있었다.

"즉흥시인 선생!" 젠나로가 나를 찾아와서 말했다. "하계로 내려가서, 여기저기 구경 좀 하고 오시지 않겠습니까? 그곳에 가면 적어도 여성의 아름다움은 만끽할 수 있을 겁니다. 여기는 글렀어요. 우리 옆방에 있는 영국인 부인을 보세요. 창백하고 쌀쌀하기 이를 데 없죠! 아 참, 당신도 여자는 좋아하시지요? 아니, 이거 죄송합니다. 괜한 질문이었군요. 당신은 여자를 사랑했기 때문에 험한 세상 속으로 쫓겨났고, 그 덕분에 난 당신 같은 친구를 얻게 되었는데 말입니다."

젠나로는 농담을 던지면서 나를 끌고 나갔다. 우리 두 사람은 바위 사이의 오솔길을 내려갔다.

"파에스툼의 눈먼 소녀는 정말 아름다웠어요!" 도중에 젠나로가 말했다. "다음에 칼라브리아 포도주를 주문할 때는 그 소녀도 함께 나폴리로 데려오게 할 생각이에요. 술도 소녀도 모두 내 피를 끓어오르게 할 겁니다."

시내로 내려가 보니, 거리의 모습은 꼭꼭 싼 짐을 어수선하게 겹쳐서 쌓아 놓은 듯했다. 여기에 비하면 로마의 비좁은 유대인 거리조차 널찍한 대로라고 할 수 있을 정도였다. 거리라고 해도 집들 사이나 집 속을 통과하는 비좁은 골목에 불과했다. 어느 길에 들어서면 길고 좁은 복도가 뻗어 있고, 그 양쪽에 어두운 방으로 들어가는 작은 입구가 늘어서 있는 식이었다. 그런가 하면 또 어디서는 돌담과 해안 절벽 사이에 긴 좁은 길이 가파른 계단을 이루고, 어두운 골목이 미로처럼 꾸불꾸불 이어져 있었다. 때로는 지금 우리가 헤매고 있는 곳이 도대체 실내인지 길거리인지 짐작조차 가지 않을 때도 많았다. 거리 곳곳에 등잔이 켜져 있었는데, 그렇지 않았으면 대낮에도 한밤중처럼 캄캄했을 것이다.

우리는 골목길을 헤매다가 겨우 탁 트인 곳으로 나왔다. 그곳은 두 개의 바위를 잇는 커다란 돌다리 위였다. 다리 아래의 작은 네거리가 이 도시에서 가장 큰 광장이었다. 두 아가씨가 그곳에서 춤을 추고 있었다. 햇볕에 그을린 귀여운 사내아이가 발가벗은 채 그 옆에 서서 춤추는 아가씨들을 바라보고 있었다. 마치 사랑의 천사 같았다. 듣자니까 이 도시는 전혀 추위를 몰라서, 최근 몇 년 동안 가장 추울 때의 기온이 겨우 10도였다는 것이다.

바다 쪽으로 불쑥 튀어나온 바위 위에 작은 탑이 서 있었다. 거기서는 아름다운 만을 사이에 두고 저 멀리 있는 크고 작은 두 섬을 바라볼 수 있었다. 탑 바로 옆에는 가느다란 산길이 구불구불 뻗어 있었다. 그 길을 따라가자 아치를 이룬 포도덩굴 그늘이 우리를 맞아 주었다. 우리는 갈증을 느꼈기 때문에, 짙푸른 포도밭 너머에 있는 하얀 집 쪽으로 서둘러 걸어갔다. 부드럽고 따뜻한 공기는 싱그러운 초목 향기로 가득 차 있었다. 주위에서 등껍질이 아름다운 곤충들이 붕붕 소리를 내고 있었다.

가까이 가 보니 그 집은 그림처럼 아름다웠다. 외벽은 어느 유적지에서 가져온 듯한, 대문자와 사람의 머리, 팔 등을 새긴 아름다운 대리석 조각들로 장식되어 있었다. 지붕 위에는 올리브나무와 푸른 덩굴풀로 꾸며진 아름다운 정원이 있어서, 초록빛 융단을 집 벽에 드리우고 있었다. 집 앞에는 장미꽃이 심하다 싶을 만큼 흐드러지게 피어 있었다. 예닐곱 살쯤 된 귀여운 소녀 둘이 화환을 만들며 놀고 있었다. 그러나 이 아름다운 풍경 속에서도 가장 아름다운 것은 하얀 아마천을 머리에 쓰고 문간에서 우리를 맞아 준 젊은 여자였다. 그 다정한 눈매, 길고 검은 속눈썹, 몸 전체에 흘러넘치는 기품……. 그 사람 자체가 미의 화신이었다. 우리는 그 아름다움에 감탄한 나머지 정중하게 모자를 벗었다.

"이 고장에서 제일가는 미인인 아가씨께서 이 집 주인이신가요?" 젠나로가 물었다. "지친 두 나그네에게 시원한 음료를 대접해 주시지 않겠습니까?"

"여주인으로서 기꺼이 대접해 드리죠. 하지만 포도주는 한 종류밖에 없는데, 괜찮을까요?" 그녀가 웃으면서 말했다. 새하얀 이가 붉고 싱그러운 입술을 더욱 돋보이게 해 주었다. 젠나로는 신이 나서 말했다.

"무슨 포도주든 상관없습니다. 아름다운 아가씨가 따라 주신다면 뭐든지 맛있을 게 틀림없으니까요."

"유부녀에게 이렇게 친절하게 말씀해 주시는 걸 보니 좋은 분이시군요."

"아니, 결혼하셨습니까? 이렇게 젊은데!" 젠나로가 웃으면서 말했다.

"천만에요. 저도 나이를 먹을 만큼 먹었어요." 그녀도 웃었다.

"실례지만 나이가 어떻게 되는데요?"

나는 그때까지 묵묵히 듣고 있다가 무심코 질문해 버렸다. 그녀는 내가 왜 그런 걸 묻는지 미심쩍게 여겼을지도 모른다. 그녀는 내 눈을 살피듯 들여다보며 대답했다.

"스물하고도 여덟이에요."

그녀는 기껏해야 열다섯 정도로밖에 보이지 않았지만, 몸매는 완전히 성숙해 있었다. 청춘의 여신 헤베도 이만큼 아름답지는 않을 것이다.

"스물여덟이라고요?" 젠나로가 말했다. "정말 당신한테 딱 어울리는 아름다운 나이군요. 결혼한 지 오래되셨습니까?"

"10년 됐어요. 정말이에요. 제 딸들한테 물어보시면 알아요."

좀전에 집 앞에서 놀고 있던 두 소녀가 이쪽으로 다가왔다.

"이분이 너희 어머니시냐?"

나는 그렇지 않다는 것을 알면서도 물었다. 두 소녀는 웃으면서 여자를 바라보고는, 우리 엄마라고 하면서 어리광부리듯 그녀에게 매달렸다.

여자가 포도주를 가져왔다. 아주 괜찮은 포도주였다. 우리는 그녀의 건강을 위하여 건배했다.

"이 친구는 시인이랍니다. 즉흥시인." 젠나로가 나를 가리키면서 말했다. "무대에서 즉흥시를 지어 나폴리의 모든 여성들을 열광시킨 장본인이죠. 그런데 이 친구는 목석에다 괴짜예요. 여자를 하도 싫어해서, 아직 한 번도 여자한테 키스한 적이 없다니까요."

"세상에, 그럴 수도 있나요? 하기야 세상은 넓고 별별 사람이 다 있다지만" 여자가 웃으면서 말했다. 그러자 젠나로가 말을 이었다.

"그와는 반대로, 나는 전혀 다른 족속입니다. 모든 아름다운 여인을 사랑하고, 모든 아름다운 입술에 키스하고, 그 충실한 하인이 되어, 이렇게 어딜 가든 여인의 마음을 녹여 주죠. 나는 그 아름다움을 경배하며 키스하는 것을 모든 미인에 대한 나의 권리로 해석하고, 또한 마땅히 바쳐야 할 공물이라고 생각합니다. 그래서 여기서도 그런 공물을 바칠 수 있기를 기대하고 있습니다."

이렇게 말하면서 그는 여자의 손을 덥석 잡았다.

"당신이 제 마음을 녹여 주신다고요? 그러실 필요 없어요. 그러니까 공물을 받는 일은 나하고는 상관없는 일이에요. 그 일은 남편이 하고 있으니까요."

"남편은 어디 가셨습니까?"

"그렇게 멀리 가지는 않았어요."

"이렇게 아름다운 손은 나폴리에서도 아직 본 적이 없습니다." 젠나로는 여자의 손을 붙잡은 채 말했다. "여기에 키스 한 번 하려면 얼마를 내야 합니까?"

"1스쿠도는 내셔야죠."

"그럼 입맞춤은 2스쿠도인가요?"

"그건 안 돼요. 천금을 줘도 허락할 수 없어요. 내 입술은 남편 거니까요."

이런 대화를 나누면서 여자는 독한 포도주를 우리에게 따라 주었다. 그리고 젠나로의 뻔뻔하고 능글맞은 태도에도 화를 내지 않고 웃으며 그와 농담을 주고받았다. 그새 나는 소녀들과 이야기를 나누어 많은 것을 알아냈다. 즉 그녀가 실은 열네 살이고, 작년에 이 마을 미남 청년과 결혼했다는 것, 남편은 지금 나폴리에 가 있는데 내일쯤 돌아온다는 것 등이었다. 어린 소녀들은 여동생인데, 남편이 돌아올 때까지 놀러 와 있었다. 젠나로가 아이들에게 용돈을 줄 테니 장미꽃 다발을 만들어 달라고 부탁하자, 두 소녀는 당장 꽃을 꺾으러 달려갔다.

아이들이 사라지자 젠나로는 키스를 애원했지만, 여자는 말을 듣지 않았다. 처음에는 온갖 달콤한 아첨을 늘어놓았으나 효과가 없었다. 그래서 이번에는 여자의 허리를 끌어안았지만, 여자는 재빨리 몸을 빼어 달아나면서 무례함을 나무랐다. 마침내 젠나로는 루이 금화 한 닢을 꺼내 여자 눈앞에서 흔들어 보였다. 그리고 이 돈이 있으면 얼마나 예쁜 리본을 많이 살 수 있는지, 그것이 그녀의 까만 머리에 얼마나 잘 어울릴지를 이야기하고, 자기와 딱 한 번만 키스하면 이 금화를 선물로 주겠다고 끈질기게 설득했다.

"저분이 훨씬 좋은 분이군요." 여자가 나를 가리키면서 말했다. 내 피가 끓어 올랐다. 나는 여자의 손을 잡고 말했다.

"저 사람 말을 들어서는 안 됩니다. 저 남자는 나쁜 사람이니까요. 그런 금화 따위에 현혹되지 말고, 차라리 저 남자 앞에서 나에게 키스하여 앙갚음하세요. 금화 따위로는 당신 마음을 가질 수 없다는 것을 보여 주세요."

여자가 나를 쳐다보았다.

"저 사람이 말한 것 가운데 한 가지만은 사실입니다. 내가 아직 한 번도 여자 입술에 키스한 적이 없다는 것 말입니다. 가장 아름다운 사람을 만날 때까지 내 입술을 어린애처럼 깨끗이 보존해 두었지요. 이 올바른 품행에 대해 당신의 포상이 있기를 기대합니다."

내가 이렇게 말하자, 젠나로가 질 수 없다는 듯 끼어들었다.

"정말 대단한 유혹의 명수로군! 그 방면에서는 내가 한 수 위인 줄 알았는데, 이제 보니 이 친구 선수로구먼!"

"당신은 돈이 있어도 나쁜 분이에요. 나는 돈 따위는 필요 없어요. 돈으로 내 입술을 살 수 없다는 증거로, 시인 님께 키스해 드릴게요."

여자는 이 말과 함께 내 볼을 두 손으로 감쌌다. 입술과 입술이 맞닿았다. 그런 다음 여자는 집 안으로 쏙 들어가 버렸다.

날이 저문 뒤, 나는 산마루에 있는 숙소의 작은 방에 홀로 앉아 창으로 바다를 바라보고 있었다. 바다는 석양을 받아 장밋빛으로 물들고, 커다란 파도가 자연의 리듬에 맞춰 해변으로 밀려오고 있었다. 어부들이 배를 모래톱으로 끌어올리고 있었다. 해가 바다에 가라앉아 주위가 어두워지자 불빛은 점점 더 밝아지고 파도는 유황불처럼 파랗게 빛났다. 한순간 모든 것이 끝없는 고요 속에 잠겼다. 그 정적 속에서 어부들이 여자와 아이들 틈에 섞여 해변에서 찬송가를 부르는 소리가 들려왔다. 아이들의 소프라노가 베이스와 어우러졌다. 내 가슴은 우수 어린 감정으로 가득 찼다. 그때 별똥별 하나가 꼬리를 끌며 떨어졌다. 부싯돌에서 튀는 불똥처럼 한순간 반짝하면서, 저 멀리 포도밭 너머로 순식간에 사라졌다. 저 숲 속에는 오늘 나에게 키스해 준 쾌활한 신부가 살고 있다. 나는 그 여인의 아름다움을 생각하고, 넵투누스 신전에 있던 그 아름다운 장님 소녀를 떠올렸다. 그러나 그 모든 것 뒤에는 정신과 육체가 모두 아름다운 아눈치아타가 서 있었다. 내 영혼은 잃어버린 것에 대한 사랑과 그리움으로 불타올랐다. 아눈치아타는 내 가슴에 불을 질러 놓고 떠나가 버렸다. 불은 이제 활활 타오르며 내 온몸을 태우고 있었다. 나는 미칠 것 같은 심정으로 외쳤다.

"영원하신 성모 마리아여! 내 가슴은 사랑으로 충만해 있습니다. 그리움과 슬픔으로 찢어질 것만 같습니다."

나는 꽃병에 꽂혀 있던 장미꽃 한 송이를 빼내어 입술에 댄 채 아눈치아타를 그리워했다.

나는 더는 견디지 못하고 숙소를 나와 해변으로 내려갔다. 별이 빛나고 파도가 부서지는 물가에서는 어부들이 노래를 부르고 시원한 바람이 불어왔다. 나는 낮에 잠시 멈춰 섰던 돌다리 위로 가 보았다. 그때 망토를 두른 사람이 내 옆을 성큼성큼 지나갔다. 언뜻 보니 젠나로였다. 그는 오솔길을 따라 낮에 머물렀던 하얀 집 쪽으로 가고 있었다. 나는 무의식중에 그 뒤를 따라갔다. 그는 불빛이 새어 나오는 창 아래를 재빨리 지나갔다. 나는 포도나무 그늘에 몸을 숨겼다. 그곳에 있는 돌더미 위에 앉아서 지켜보니 집 안팎이 손에 잡힐 듯이 훤히 보였다. 집 뒤쪽에는 창문이 있고, 다른 방으로 통하는 계단이 있었다.

두 소녀가 옷을 거의 다 벗고 속옷만 입은 채 작은 책상 앞에 앉아 찬송가를 부르고 있었다. 책상 위에는 십자가 상과 타오르는 램프가 놓여 있었다. 이 집의 안주인인 언니가 두 소녀 사이에 무릎을 꿇고 있었다. 내 눈에 비친 한 폭의 그림은 그야말로 라파엘로가 그린 〈성모와 두 천사〉였다. 그녀의 검은 눈은 하늘을 바라보고 있고, 풍성한 머리카락은 하얀 어깨에 늘어져 있고, 두 손은 봉긋이 솟은 아름다운 가슴 위에 모아져 있었다.

내 가슴의 고동이 빨라졌다. 숨도 거의 쉴 수 없을 정도였다. 이윽고 세 사람이 일어났다. 언니는 두 동생을 계단 위에 있는 방으로 데려가 눕혔다. 잠시 후 그녀는 조용히 문을 닫고 홀로 내려와 창문 앞에서 왔다 갔다 하며 이것저것 허드렛일을 하기 시작했다. 가만히 지켜보고 있으려니까, 갑자기 서랍에서 빨간 수첩을 꺼내어 몇 번이나 앞뒤를 살펴보며 혼자 미소짓고 있었다. 그러다가 막 수첩을 펼치려는 순간, 문득 깜짝 놀란 듯 고개를 흔들더니 다시 원래의 서랍에 얼른 집어넣었다. 마치 무슨 짓을 몰래 하다가 부모에게 들킨 어린애 같았다.

그때, 저 뒤쪽 창을 가볍게 두드리는 소리가 났다. 그녀는 놀라서 그쪽을 돌아보며 귀를 기울였다. 다시 두드리는 소리가 나고 사람 목소리까지 들렸다. 그러나 한마디도 알아들을 수는 없었다.

"나리시군요!" 그녀가 큰 소리로 외쳤다. "무슨 일이세요? 이런 밤중에 무엇하러 오셨어요? 깜짝 놀랐잖아요. 너무 무례한 게 아닌가요? 전 화났어요. 정말이에요."

다시 집 밖에서 남자의 목소리가 났지만, 뭐라고 말하는지는 알아들을 수 없었다. 이어서 여자의 목소리가 들렸다.

"맞아요. 수첩을 잊고 가셨더군요. 돌려 드리려고 동생을 산기슭에 있는 여관까지 보냈어요. 그런데 나리께선 그곳에 안 계신다고 하더군요. 그럼 산마루의 여관에 묵고 계시겠구나 하고 짐작했어요. 내일 아침 일찍 동생 편에 보내 드리려고 했는데. 자, 수첩은 여기 있어요."

여자가 아까 서랍에 넣었던 수첩을 꺼냈다. 남자는 다시 뭐라고 말했지만 여자는 고개를 흔들었다.

"안 돼요. 무슨 생각을 하고 계시는 거예요? 문은 열지 않겠어요. 들어오시면 안 돼요."

여자는 이렇게 말하면서 창가로 다가가 창문을 열고 수첩을 건네주려고 했다. 그런데 남자가 갑자기 그 손을 잡았기 때문에 수첩은 여자 손에서 미끄러져 창밖으로 떨어졌다. 수첩이 떨어지는 동시에 창문으로 고개를 들이민 사람은 젠나로였다. 젊은 아낙은 내가 숨어 있는 창문 쪽으로 도망쳐 왔다. 이번에는 젠나로의 말도 똑똑히 알아들을 수 있었다.

"그럼 그 아름다운 손에 고맙다는 키스도 하게 해 주지 않겠다는 건가요? 잃어버린 물건을 찾아 준 사람에게 감사의 뜻을 표하는 것은 당연한 일이잖소? 아니, 게다가 단 한 잔의 포도주도 안 된단 말이오? 나는 여기까지 뛰어오느라 목이 바싹 말랐어요. 한 잔 대접한다고 해서 나쁠 건 조금도 없잖소. 왜 나를 들여보내 주지 않는 거요?"

"안 돼요. 이렇게 늦은 시간에 당신하고 이야기를 나누는 것 자체가 불쾌하네요. 잊은 물건이나 어서 가져가세요! 창문을 닫게 해 주세요."

"나는 가지 않겠소. 당신이 손을 내밀어 줄 때까지는. 나를 제쳐 놓고 그 머저리한테 해 준 키스를 나한테도 해 주기 전에는 가지 않겠소."

"안 돼요." 여자는 당황하여 화를 내면서도 무심코 웃음을 터뜨렸다. "기가 막히네요. 당신은 싫다는 걸 억지로 받아내려 하고 있어요. 그러니까 절대로 드리지 않겠어요. 드리고 싶지 않다고요."

"이번이 마지막이오." 젠나로가 애처롭게 말했다. "우리가 만나는 건 이게 마지막이오. 이제 떠나면 다시 돌아오지 못할 텐데, 그래도 나한테 손을 안 줄 거요? 그냥 악수라도 합시다. 그 이상은 바라시 않겠소. 하고 싶은 말이 잔뜩 있지만…… 성모님도 우리 인간은 서로 형제자매처럼 사랑하라고 말씀하셨소. 나는 형제로서 당신한테 돈을 나누어 주려는 거요. 그 돈으로 예쁘게 차려입으면, 당신은 지금보다 몇 배나 더 아름다워질 수 있어요. 친구들이 모두 부러워할 거요. 나랑 당신 사이에 무슨 일이 있었는지는 아무도 모를 거요!"

젠나로는 이렇게 말하면서 창문을 훌쩍 뛰어넘어 방으로 들어갔다.

여자는 놀라서 "하느님, 성모님!" 하고 외쳤다. 나는 당장 달려가서 눈앞의 창문을 마구 흔들었다. 유리창이 덜컹덜컹 울렸다. 눈에 보이지 않는 힘에 쫓기듯, 나는 포도나무 가지를 받치고 있던 막대기를 뽑아 들고 열려 있는 뒤쪽 창문으로 달려갔다.

"당신이에요? 니콜로!" 여자가 큰 소리로 외쳤다.

"나요." 나는 낮은 소리로 대답했다. 그 순간, 젠나로가 망토를 휘날리며 창문으로 뛰쳐나가 도망치는 것이 보였다. 그 서슬에 촛불이 꺼져 방 안이 캄캄해졌다.

"니콜로!" 여자가 창가로 달려오면서 외쳤다. 목소리가 떨리고 있었다. "돌아오셨군요. 성모님, 고맙습니다."

"저, 저기 죄송합니다!" 나는 머뭇거리면서 말했다.

"어머나!" 상대가 남편이 아니라는 것을 알자 그녀는 깜짝 놀라 비명을 질렀다. 그 순간 창문이 쾅 하고 닫혔다.

나는 그 자리에 못 박힌 듯 우두커니 서 있었다. 잠시 후 여자가 방 안을 조용히 돌아다니는 소리가 들렸다. 이윽고 문이 열렸다가 다시 닫혔다. 그리고 자물쇠를 잠그는 소리가 들렸다. 그제야 나는 안심할 수 있었다. 이젠 괜찮을 것이다. 나는 살며시 그곳을 떠났다. 왠지 기분이 좋았다. 이상하게 가슴이 들떴다. 이것으로 오늘 키스를 받은 보답을 한 셈이다. 그녀를 지켜 준 나 자신이 자랑스러웠다.

성당 여관으로 돌아갔을 때, 마침 밤참을 먹으라는 연락이 왔다. 나의 외출을 눈치챈 사람은 아무도 없었다. 그런데 아무리 기다려도 젠나로는 식당에 얼굴을 보이지 않았다. 프란체스카는 몹시 걱정했고, 파비아니는 몇 번이나 사람을 보내 그가 아직도 돌아오지 않았는지 확인해 보았다. 한참 뒤에 드디어 젠나로가 나타났다. 그의 말로는, 산책하러 갔다가 길을 잃고 헤맸지만 다행히 농부를 만나 옳은 길을 안내받았다는 것이다.

　"망토가 왜 그래요?"

　프란체스카가 너덜너덜해진 옷을 가리키자, 젠나로는 찢어진 옷자락을 잡으면서 말했다.

　"가시나무에 걸리는 바람에 이렇게 됐어요. 어쩌다 그런 길로 들어갔는지 영문을 모르겠어요. 이 동네에서 한심하게도 미아가 될 줄은 몰랐는데 말이죠! 아름다운 저녁 풍경에 취해 있었는데 어둠이 생각보다 빨리 찾아와서, 지름길로 오려다가 그만 길을 잘못 든 겁니다."

　우리는 젠나로의 모험담을 들으며 웃었다. 사정을 아는 사람은 나뿐이었다. 우리는 이 미아의 무사 귀환을 축하하며 건배했다. 우리는 좋은 포도주를 마시면서 더없이 즐거운 시간을 보냈다. 식사가 끝나고 각자 방으로 돌아갔을 때, 옆방에 묵은 젠나로가 실내복 차림으로 내 방에 들어왔다. 그는 웃으면서 내 어깨에 손을 올려놓고는, 오늘 만난 미인에 대해 너무 달콤한 꿈을 꾸지는 말라고 충고했다.

　"하지만 나는 키스를 받는걸요." 나는 농담으로 말했다.

　"그야 그렇지요." 그가 웃으면서 말했다. "하지만 내가 언제까지나 여자한테 외면을 당하고 있을 줄 알아요?"

　"글쎄요, 모르긴 몰라도 아마 그럴 것 같은데요."

　"나는 여자한테 외면 당한 적이 한 번도 없어요." 그가 차가운 어조로 말했다. 그 말투에서는 고통스러운 기분까지 느껴졌다. 그러나 그는 다시 미소를 띠며 속삭였다. "당신이 비밀만 지켜 준다면 할 이야기가 있는데⋯⋯."

　"하세요. 아무한테도 말하지 않을 테니까." 나는 그가 실패로 끝난 모험을 하소연할 모양이라고 생각했다.

　"그래요, 그럼 솔직히 말하죠. 나는 낮에 일부러 그 집에다 수첩을 놓고 왔어요. 밤에 찾아가기 위한 구실이었지요. 열 번 찍어 안 넘어가는 나무는 없는 법. 여자는 남자랑 단둘이 있으면 그 유혹을 거부할 수 없거든요. 그래서 나는 다시 찾아갔지요. 망토는 울타리를 빠져나갈 때 찢어진 겁니다."

"그런데 그 미인은 어땠습니까?"

"낮에 보았을 때보다 갑절은 더 아름다웠어요. 게다가 나랑 단둘이 있게 되자 그토록 부드러울 수가 없었어요. 내가 생각했던 대로예요. 당신한테는 그저 키스나 한 번 해 줬을 뿐이지만, 나한테는 모든 것을 다 주었지요. 우리는 더없이 행복한 한때를 보냈어요. 오늘밤에는 밤새도록 이 행복을 꿈꿀 겁니다. 안토니오 씨, 정말 안됐어요."

젠나로는 나에게 키스를 던지고 자기 방으로 돌아갔다.

18
회오리바람

이튿날 아침, 우리 일행이 성당 여관을 떠날 무렵에는 하늘이 잿빛 베일로 덮인 듯 흐렸다. 해변에는 건장한 사공들이 기다리고 있다가 다시 우리를 업어서 배에 태워 주었다. 배는 카프리 섬을 향해 출발했다. 어느새 하늘의 베일은 찢어져 가벼운 구름 조각이 되었다. 하늘은 맑게 개어 갑절이나 높아졌다. 바다는 파도 하나 없이 잔잔하게 펼쳐져 있었다. 아름다운 아말피는 절벽 뒤로 사라졌다. 젠나로는 그쪽을 가리키며 나에게 말했다.

"저기서 나는 장미꽃을 땄지요."

아니, 당신은 장미 가시에 찔렸을 뿐이잖아. 나는 속으로 반박을 하면서도 겉으로는 고개를 끄덕여 보였다.

배는 끝없이 푸른 바다 위를 미끄러져 간다. 저 멀리 시칠리아 섬이 보인다. 아니, 정확히는 아프리카 해안일까. 왼쪽에는 이탈리아 서쪽 해안 절벽이 보인다. 절벽에는 군데군데 커다란 동굴이 뚫려 있는데, 그 앞에 위치한 조그만 마을들은 마치 동굴에서 기어 나와 일광욕을 하고 있는 생물처럼 보였다. 파도가 부서지는 동굴 가장자리에서는 어부들이 불을 피워 밥을 짓거나 조각배에 타르를 칠하고 있었다.

발아래 펼쳐진 바다는 꼭 푸른 물감을 풀어 놓은 듯했다. 손을 담그면 파란 물이 들 것만 같았다. 배가 수면에 떨어뜨리는 그림자는 군청색이었고, 노 그림자는 얼룩덜룩한 푸른색 뱀이 꿈틀거리는 모습을 연상시켰다.

"빛나는 바다여!" 나는 너무나 기쁜 나머지 소리를 질렀다. "모든 사언 가운데 위대한 하늘을 제외하면 너만큼 아름다운 것은 없다."

어린 시절, 들판에 드러누워 끝없는 하늘을 쳐다보며 저 끝없는 창공으로 올라가는 나 자신을 꿈꾸었던 일이 생각났다. 지금 눈앞에 있는 바다는 그때 본 하늘 같았다. 내 꿈이 이제 실현된 것만 같았다.

우리는 세 개의 바위로 이루어진 작은 섬 이갈리 옆을 지나갔다. 그 섬은 거대한 돌탑이 바다 밑에서 솟아오르고, 그 위에 또 돌무더기가 쌓인 것 같았다. 푸른 파도가 이 녹색 바위 더미에 부딪치고 있었다. 태풍이 불 때면 마치 울부짖는 개들을 거느린 바다괴물 스킬라처럼 보일 게 틀림없다.

돌이 많고 물고기가 적은 캄파넬라 곶은 잔잔한 바다에 둘러싸여 있었다. 옛날에는 마녀 세이렌들이 이곳에 살면서 아름다운 목소리로 뱃사람들을 유혹해 배를 침몰시켰다고 한다. 그곳을 지나자 우리 앞에 우아하고 낭만적인 카프리 섬이 나타났다. 먼 옛날 환락에 빠졌던 티베리우스 황제(제2대 로마 황제)는 이 섬에서 저 멀리 있는 나폴리 해안을 바라보았다고 한다.

돛이 펼쳐졌다. 우리는 바람과 파도에 실려 카프리 섬으로 다가갔다. 이렇게 푸르고 맑은 바닷물은 처음이었다. 뱃전에 기대어 바다를 내려다보니 깊은 물속에 있는 돌멩이 하나, 수초 한 포기도 손에 잡힐 듯 또렷이 보였다. 맑은 날의 공기도 이렇게 투명할 수는 없을 것이다.

카프리 섬에는 배를 댈 곳이 한 군데밖에 없었다. 그곳 말고는 모든 해안이 깎아지른 절벽으로 되어 있었다. 다만 나폴리 쪽을 향해 포도밭과 오렌지 과수원과 올리브숲이 원형극장처럼 가파른 계단 모양으로 펼쳐져 있을 뿐이었다. 아래쪽 해변에는 어부들이 사는 두세 채의 오두막과 초소가 있고, 위쪽의 초록빛 숲 사이로는 훌륭한 건물들이 늘어선 아나카프리 마을이 보였다. 시내로 들어가니 고급 상점과 여관들이 줄지어 있었다. 우리는 파가니 여관에 들어가 아침을 먹으면서 잠시 쉬었다.

우리는 점심을 먹은 다음 나귀를 타고 티베리우스 황제의 별장 유적까지 올라가기로 일정을 짰다. 그때까지 프란체스카와 파비아니는 좀 쉬겠다고 했다. 젠나로와 나는 굳이 쉴 필요를 느끼지 않았다. 이 섬은 별로 커 보이지 않았다. 아마 점심때까지는 섬을 한 바퀴 돌 수 있고 남쪽 앞바다에 외따로 솟아 있는 커다란 돌문까지도 구경할 수 있을 것 같았다.

그래서 나와 젠나로는 보트 한 척과 선원 두 사람을 세냈다. 바람이 조금 불었기 때문에, 반 바퀴를 도는 동안은 돛을 사용할 수 있었다. 해안 근처의 바위와 바위 사이에는 고기 잡는 그물이 쳐져 있기 때문에 멀리 돌아서 가야 했다. 우리 눈앞에는 금세 놀라운 풍경이 나타났다. 바다 속에서 하늘로 수직으로 솟아 있는 절벽이 보였다. 이 거대한 잿빛 바위의 바위틈 곳곳에는 알로에와 향나무가 자라고 있었다. 푸른 불꽃처럼 피어오르는 파도 아래 피처럼 붉은 바다나리가 바위에 뿌리를 내리고 있었다. 파도에 씻길 때마다 그 붉은빛은 점점 더 선명해졌다. 마치 바위가 파도에 부딪칠 때마다 피를 흘리는 것 같았다.

배는 이제 섬을 왼쪽에 두고 오른쪽으로 드넓게 펼쳐진 바다로 나아가고 있었다. 절벽에는 바닷물을 삼켰다 토해 내는 크고 작은 동굴들이 여기저기 뚫려 있었는데, 개중에는 파도 사이로 보였다 사라졌다 하는 것도 있었다. 그래, 어쩌면 저 안에 세이렌들이 살고 있고, 우리가 보았던 카프리 섬은 이 바위 요새의 지붕에 불과한 건지도 모른다.

"그렇습니다. 이곳에는 악마가 살고 있지요." 백발의 늙은 선원이 말했다. "이 문 안쪽으로는 절대 들어가면 안 돼요. 그랬다가는 십중팔구 빠져나오지 못합니다. 어쩌다 운 좋게 빠져나오는 사람이 있어도 정신이 나가 있어요. 왜, 저기 앞쪽에 꽤 큰 동굴이 있죠? 하지만 배를 타고 저기를 통과할 수는 없어요. 신기하게도 돛을 내리고 바닥에 납작 엎드려도 들어갈 수가 없어요."

"저기가 바로 마녀의 소굴이에요." 키를 잡고 있던 젊은 선원이 말했다. "저 안에는 황금과 보물이 산더미처럼 쌓여 있다지만, 욕심에 눈이 멀어 저기에 들어간 사람은 모두 불에 타서 죽어 버린답니다. 산타 루치아, 우리를 지켜 주소서."

"이 배에도 세이렌이 하나쯤 찾아와 주면 좋을 텐데." 젠나로가 말했다.

"세이렌은 절세미녀라고 하잖아요?"

"그래요, 그래요. 당신이라면 그녀의 마음을 훔칠 수 있을 거예요. 전설의 괴물이라도 여자는 여자니까요." 내가 웃으면서 대꾸했다.

"애초에 파도는 키스하고 포옹하는 존재잖아요. 파도에 떠 있는 자라면 당연히 그 은혜를 받아야지요. 파도는 저렇게 노닥거리는데……. 아아! 그 아말피의 아름다운 여인이 여기 함께 있으면 얼마나 좋을까! 그런 여자는 흔치 않아요. 정말 아름답고 매력적이죠. 왜, 당신도 한 번은 그 입술을 맛보았잖아요? 그런데도 시치미를 뚝 떼고 있으니 원. 음흉하기 이를 데 없군요. 그나저나 참 아쉬워요. 어젯밤의 그 여자를 당신도 봤어야 하는데! 그녀는 나만큼이나 격렬하게 불타올랐거든요."

젠나로의 너무나 뻔뻔스러운 허풍에 나는 그만 발끈해서 차갑게 쏘아붙였다.

"글쎄요, 내가 본 바로는 전혀 그렇지 않던데요."

젠나로는 깜짝 놀라서 잠시 말을 잃고 내 얼굴을 바라보았다. 그러다 겨우 질문을 했다.

"그게 무슨 뜻이오?"

"아니, 나도 물론 당신이 여자한테 인기 있을 거라고 믿어요. 하지만 어젯밤에는 우연히 당신이랑 같은 곳에 있어서, 당신이 무슨 일을 겪었는지 목격해 버렸거든요. 그래요, 그러니까 당신은 날 놀리려고 자꾸만 농담을 하는 거죠?"

그는 입을 다문 채 미심쩍은 눈초리로 나를 바라보고만 있었다. 나는 웃으면서 젠나로의 말투를 흉내내어 말했다.

"나는 가지 않겠소. 당신이 그 머저리한테 해 준 키스를 나한테도 해 주기 전에는 가지 않겠소."

젠나로의 얼굴이 새파랗게 질렸다.

"내 말을 엿들었군! 감히 나를 모욕하다니. 당신한테 결투를 신청하겠소. 자, 당장 나하고 결투합시다!"

그는 매우 차갑고 난폭하게 외쳤다. 나는 크게 당황했다. 그저 진실을 밝혔을 뿐인데, 내 말이 이런 결과를 초래할 줄은 생각지도 못했다.

"젠나로 씨! 설마 진정으로 그런 말을 하는 건 아니겠지요?"

나는 침착하게 말해 봤지만, 그는 내 말에는 대답도 하지 않고 고개를 홱 돌리더니 선원에게 배를 해안에 대라고 말했다.

"그러려면 섬을 한 바퀴 돌아야 합니다." 늙은 선원이 말했다. "아까 떠나온 곳밖에는 배를 댈 곳이 없습니다."

두 선원은 부지런히 배를 저었다. 파랗게 일렁이는 바다에 둘러싸여 우뚝 솟아 있는 높은 바위문이 다가왔다. 그러나 나는 분노와 슬픔 때문에 경치를 감상하고 있을 처지가 아니었다. 나는 젠나로의 옆얼굴을 하염없이 쳐다봤다. 젠나로는 손에 든 지팡이로 계속 물을 때리고 있었다. 그때 젊은 선원이 느닷없이 외쳤다.

"회오리다!"

얼른 그쪽을 보니, 캄파넬라 곶 근처에서 바다를 건너 새까만 구름기둥이 하늘을 향해 비스듬히 곤두선 채 다가오고 있었다. 그 주위의 바닷물은 부글부글 끓어오르고 있었다. 선원들은 허둥지둥 돛을 내렸다.

"어디로 도망치려는 건가?" 젠나로가 물었다.

"뒤로요, 뒤!" 젊은 선원이 대답했다.

"또 섬을 돌 건가요?" 이번에는 내가 물었다. 그러자 그가 대꾸했다.

"바위 밑으로 들어가야 합니다. 절벽에 바싹 붙어야 돼요! 회오리바람은 앞바다를 휙 지나갈 테니까요."

"배가 바위에 충돌하겠어!" 노인이 말하면서 노를 움켜잡았다.

말이 끝나기가 무섭게 회오리바람은 방향을 바꾸어 질풍처럼 쏜살같이 다가왔다. 아무래도 우리가 피신해 있는 절벽으로 다가오는 것 같았다. 이 태풍에 휩쓸렸다가는 배가 통째로 공중으로 휘말려 올라가거나 아니면 천 길 물속으로 깊이 가라앉거나, 둘 중 하나였다. 나는 늙은 선원의 노에 매달렸고, 젠나로는 젊은 선원을 도왔다. 그러나 벌써 울부짖는 바람 소리가 들리고, 거친 파도가 미친 듯이 일어나 우리 배를 마구 흔들었다.

"산타 루치아여, 도와주소서!" 두 선원은 외치더니, 노를 내던지고 무릎을 꿇었다.

"노를 놓지 마!" 젠나로가 외쳤다. 하지만 두 사람은 정신이 나갔는지 창백해진 얼굴로 그저 하늘을 우러러보고 있었다.

그때 폭풍이 요란한 소리를 내며 우리를 덮쳤다. 조각배는 가랑잎처럼 바람에 휩쓸려 정신없이 흔들렸다. 왼쪽에서 새카만 어둠이 밀려오고, 성난 파도가 우리를 하늘 높이 밀어올렸는가 싶더니 하얀 물거품을 일으키며 폭포수처럼 보트로 쏟아져 내렸다. 지독한 기압차 때문에 두 눈에서 피가 솟구쳐 나올 것만 같았다. 그 순간, 주위는 죽음처럼 캄캄한 밤이 되었다. 나는 모든 감각을 잃고 말았다. 간신히 남아 있는 실낱같은 의식 속에서 나는 생각했다. '이렇게 죽는구나.' 그러고 나서 나는 의식을 잃어버렸다.

19
환상의 동굴

　내가 다시 눈을 떴을 때 눈에 보인 광경은 지금도 그 격렬한 화산 폭발이나 아눈치아타와의 슬픈 이별만큼 생생하게 떠오른다. 푸른빛 신비스런 기운이 내 주위 사방팔방에 가득 차 있었다. 어디를 보아도 푸른 반짝임이 있었다. 팔을 움직이자 전기 불꽃처럼 수많은 유성이 주위에서 반짝였다. 나는 내가 죽어서 환상적인 죽음의 바다에 떠 있는 모양이라고 생각했다. 그래, 나는 분명히 죽었다. 그리고 이제는 신비로운 기운을 타고 부모님이 계시는 천국으로 올라가는 중이었다. 그러나 무거운 추가 나를 방해했다. 그것은 내가 이 세상에서 지은 죄이고, 그 죄가 내 몸을 밑으로 끌어내리고 있었다. 머리 위를 지나가는 공기의 흐름이 마치 차가운 바다처럼 여겨지기도 했다. 나는 무의식중에 손을 뻗었다. 무언가 단단한 것이 손에 닿았다. 나는 그것을 있는 힘껏 붙잡았다. 온몸이 축 늘어져, 내 몸에는 피도 없고 뼈도 없는 듯한 느낌이었다. 내 시체는 아마 바다 밑바닥에 누워 있고, 영혼만 하늘의 법정으로 올라가는 것이리라.

　"아눈치아타!"

그녀를 부르는 한숨 같은 소리가 내 입에서 새어 나왔다. 나는 다시 눈을 감았다. 그렇게 얼마나 오랫동안 의식을 잃고 있었을까. 어느 순간, 내 눈이 다시 뜨였다. 놀랍게도 나는 숨을 쉬고 있었다. 이제는 약간 기운이 나고, 의식도 또렷해지는 게 느껴졌다. 나는 커다란 바위 같은 차갑고 단단한 덩어리 위에 누워 있었다. 그 바위는 하늘을 향해 우뚝 서 있는 것 같았다. 주위는 여전히 온통 푸른 기운으로 뒤덮여 반짝이고 있었다. 머리 위에는 밤하늘이 둥글게 덮여 있고 그 하늘에는 원뿔 모양의 이상한 구름이 떠 있었다. 그 구름도 하늘과 마찬가지로 어두운 푸른빛을 띠고 있었다. 사방이 고요하여 마치 무덤 속에 누워 있는 것 같았다. 문득 뼛속까지 파고드는 얼음 같은 추위에 오싹 소름이 돋았다. 나는 천천히 고개를 들어 보았다. 내 옷은 파란 불꽃이었다. 손은 은처럼 빛나고 있었다. 그래도 내 몸은 투명하지도 않고 뚜렷한 형태를 갖추고 있었다.

나는 지친 머리를 억지로 굴려 보았다. 도대체 나는 죽은 것일까, 산 것일까. 내 머리는 그것을 알아내려고 애썼다. 주위에서 기묘하게 번쩍이는 푸른 기운을 향해 손을 뻗어 보았다. 내 손이 붙잡은 것은 차가운 물이었다. 그것이 불타는 알코올처럼 파란 불꽃을 내고 있었다. 그리고 바로 옆에는 조금 전에 본 회오리바람과 비슷하지만 크기가 조금 작고 파랗게 반짝이는 원기둥이 이상한 모양으로 서 있었다. 왜 이런 풍경이 보이는 걸까. 내 두려움이 환상을 빚어낸 걸까, 아니면 끔찍한 내 기억이 현실로 나타난 걸까. 나는 잠시 망설인 뒤, 마음을 굳게 먹고 그것을 살짝 만져 보았다. 그것은 돌처럼 단단하고 차가웠다. 이번에는 뒤쪽의 어두컴컴한 곳으로 손을 뻗어 보았다. 손에 닿은 것은 딱딱하고 매끄러운, 밤하늘처럼 검푸른 벽이었다.

이곳은 어디일까. 공기라고 생각했던 것은 유황처럼 파랗게 불타고는 있지만 뜨겁지 않은 물이었다. 이 물이 주위의 모든 것을 희미하게 비추고 있는 것일까. 아니면 주위의 암벽과 둥근 천장이 스스로 빛을 내고 있는 것일까. 이곳은 죽은 자가 사는 곳일까. 내 불멸의 영혼을 위한 무덤일까. 설마 현실에 존재하는 장소일 리는 없겠지. 모든 것이 푸르게 반짝이고 있었다. 나 자신도 그것들이 내뿜는 빛에 감싸여 있었다.

내 바로 옆에 커다란 돌계단이 있었다. 그 계단 하나하나는 반짝이는 보석

덩어리 같았다. 나는 계단을 올라가 보았다. 그러나 암벽이 앞을 가로막는 바람에 더 이상 앞으로 갈 수는 없었다. 이것은 천국의 계단일까. 그래, 나는 천국에 들어갈 가치가 없는 인간이었을 것이다. 나는 한 사람의 분노를 짊어진 채 세상을 떠났으니, 이렇게 저승과 이승 사이에서 헤맬 수밖에 없는 것이다.

젠나로는 어떻게 되었을까. 두 선원은 어디로 갔을까. 나는 혼자였다. 나는 신비한 빛에 둘러싸여 어머니를, 도메니카를, 프란체스카를, 그 밖의 모든 사람들을 생각했다. 그리고 내 기억이 틀림없으며 정신도 말짱하다는 것을 느꼈다. 그렇다면 눈앞에 있는 이 광경도 환상일 리 없었다. 나는 여전히 나였다. 다만 이곳이 저승인지 현실인지 좀처럼 분간을 못할 뿐이었다.

문득 뒤에 있는 벽 바위틈에 무언가 놓여 있는 것이 보였다. 더듬어 보니 그것은 크고 묵직한 구리 항아리였다. 항아리 속에는 금화와 은화가 가득 들어 있었다. 그 한 닢 한 닢을 만져 보는 동안 나는 점점 더 이상한 기분이 들었다. 정말 신비한 별세계에 와 버린 것만 같았다. 내가 있는 곳에서 그리 멀지 않은 수면 근처에 파란 별 하나가 빛나고 있었다. 그 푸르고 맑은 빛은 한 줄기 기다란 빛그림자를 거울 같은 수면에 던지고 있었다.

계속 보고 있으려니, 해나 달이 구름에 가리듯 무언가 검은 것이 나타나 그 빛을 가렸다. 그것은 한 척의 작은 배였다. 마치 바다 밑바닥에서 솟아오른 것 같았다. 배는 파랗게 불타는 수면을 소리도 없이 미끄러져 다가왔다. 천천히 노를 젓고 있는 것은 노인이었다. 노가 움직일 때마다 물이 장밋빛으로 붉게 빛났다. 작은 배에는 또 한 사람이 웅크리고 있었다. 그것이 소녀라는 것은 한눈에 알 수 있었다. 두 사람은 석상처럼 말없이 꼼짝도 하지 않았다. 노인의 손만이 노와 함께 움직이고 있을 뿐이었다. 그때 문득 이상한 한숨소리가 들렸다. 조각배는 크게 원을 그리며 내가 멍하니 서 있는 곳으로 다가왔다. 노인이 노를 배 안으로 끌어올리자 소녀는 두 손을 높이 쳐들고 깊은 슬픔이 담긴 목소리로 외쳤다.

"신의 어머니시여! 저를 버리지 마소서. 계시하신 대로 저는 이곳에 왔습니다."

"라라!" 나는 나도 모르게 큰 소리로 외쳤다. 나는 그 목소리를 기억하고 있었다. 분명 라라였다. 파에스툼의 신전 폐허에서 만났던 그 눈먼 소녀였다. 신의 계시를 받아 그녀가 이곳에 찾아온 것이다. 그녀는 이쪽을 보면서 소리 높여 기도했다.

"저에게 빛을 주소서. 주님의 아름다운 세계를 저도 보게 하소서."

그 목소리는 이 세상 사람의 목소리가 아니라, 마치 죽은 사람이 말하고 있는 것 같았다. 순간 전율이 흘렀다. 나는 얼마 전에 즉흥시를 지어 보이지 않는 신의 세계의 아름다움을 노래했다. 라라는 우연히 그 시를 들었고, 내 노래는 이 세상의 아름다움에 대한 동경을 그녀의 가슴에 불어넣었다. 거기에 자극을 받아, 라라는 이제 내 앞에 나타나 그 아름다움을 보여 달라고 나에게 요구하고 있는 것이다. 적어도 나는 그렇게 느꼈다. 소녀의 목소리는 내 영혼을 날카롭게 꿰뚫었고, 내 입술은 굳게 닫혀 버렸다. 나는 말없이 두 팔을 벌렸다. 라라는 다시 한 번 몸을 일으켰다.

"저에게 빛을 주소서……"

라라의 입술이 중얼거렸다. 그러고는 긴장이 탁 풀렸는지, 그녀는 힘없이 무너지더니 작은 배 안으로 쓰러졌다. 주위의 물이 푸른 불꽃처럼 튀었다.

노인은 잠시 몸을 구부리고 그녀를 살펴보다가, 배에서 내려 내가 서 있는 곳으로 올라왔다. 그는 나를 한 번 쳐다보더니 허공에 성호를 긋고, 그 무거운 구리 항아리를 배에 실은 다음 올라탔다. 나도 본능적으로 그 뒤를 따라 배에 올라탔다. 노인은 아무 말 없이 의심쩍은 눈길로 나를 볼 뿐이었다.

이윽고 노인은 노를 집어들고, 그 빛나는 푸른 별을 향해 노를 젓기 시작했다. 차가운 바람이 우리 쪽으로 불어왔다. 배는 별처럼 보였던 작은 동굴 입구를 지나간다. 천장에 머리가 닿을 듯하다. 고개를 숙이라는 노인의 손짓에 따라 나는 라라 위에 엎드렸다. 그렇게 동굴 입구를 통과하자 우리 앞에는 끝없이 넓고 푸른 바다가 나타났다. 뒤에는 깎아지른 절벽이 하늘을 향해 우뚝 솟아 있었다. 우리가 나온 곳은 험준한 절벽 아래의 좁고 어두운 바위틈이었다. 그 동굴 옆에는 가시나무와 진홍빛 꽃들이 드문드문 자라고 있는 완만한 비탈이 있었다. 달빛은 이상할 만큼 선명하고 밝았다.

물가에 돛단배 한 척이 있었다. 노인은 조각배를 그 옆에 바싹 대어 세웠다. 그때 라라가 몸을 일으켰다. 그녀가 나를 본다. 나는 그 손을 잡을 용기가 나지 않았다. 저 여자는 망령이다. 아니, 모든 것이 다 망령이다. 이건 꿈도 환상도 아니지만, 그렇다고 현실 세계도 아니다. 나는 그렇게 생각했다.

"약초를 주세요."

라라가 말하면서 오른손을 내밀었다. 이 영혼의 목소리에는 거역할 수 없는 힘이 깃들어 있었다. 높은 절벽 밑 완만한 비탈에 자라나 있는 빨간 꽃이 눈에 띄었다. 나는 배에서 내려 그 향기로운 꽃을 따서 꽃다발을 만들어 라라에게 내밀었다. 그러자 갑자기 엄청난 피로가 몰려왔다. 손발이 죽은 듯이 축 늘어져, 나도 모르게 그 자리에 쓰러지고 말았다. 노인이 성호를 긋고, 내 손에서 꽃다발을 받아든 다음, 라라를 부축하여 옆에 있던 커다란 돛단배로 옮겨 태우는 것이 보였다. 조각배는 큰 배의 고물에 연결되고, 돛이 펼쳐졌다. 두 사람이 탄 배는 넓은 바다로 미끄러져 나갔다.

나는 몸을 일으킬 수 없었다. 목소리도 나오지 않았다. 간신히 손을 들어 흔드는 게 고작이었다. 죽음이 무겁게 나를 덮쳐 금방이라도 가슴이 터질 것만 같았다.

20
조난

"이젠 걱정할 필요 없어요."

이것이 내 귀에 다시 들려온 최초의 말이었다. 눈을 뜨자 파비아니와 프란체스카의 모습이 보였다. 그리고 또 하나 낯선 사람이 내 옆에 있었다. 걱정할 필요 없다고 한 사람은 이 남자인 모양이었다. 그는 내 손을 잡고, 깊은 생각에 잠긴 얼굴로 내 얼굴을 들여다보고 있었다. 나는 햇빛이 환하게 비치는 커다란 방에 누워 있었다. 아무래도 대낮인가 보다. 그런데 나는 어디에 있는 것일까? 열이 내 핏속에서 불타고 있었다. 한참 뒤에야 나는 내가 어떻게 이곳에 왔으며, 어떻게 구조되었는지 조금씩 알게 되었다.

어제 젠나로와 내가 좀처럼 돌아오지 않자 사람들은 몹시 걱정했다. 파비아니와 프란체스카는 우리를 찾아다녔다. 어부들한테 우리를 보지 못했느냐고 물어봐도 전혀 모른다는 대답이었다. 그때 섬의 남쪽 해안에 회오리바람이 발생했다는 사실을 알게 되었다. 우리의 운명은 이미 결정된 것이나 마찬가지였다. 당장 어선 두 척을 보내어, 서로 다른 방향으로 돌면서 해안을 샅샅이 뒤지도록 했다. 그러나 우리와 우리가 타고 간 보트는 흔적도 없었다. 단서가 될 만한 것도 전혀 발견하지 못했다. 프란체스카는 그저 울기만 했다. 나 때문에 울고, 젠나로와 뱃사람들 때문에 울었다. 그러나 파비아니는 쉽게 포기하지 않았다.

"이 정도로 포기하면 안 돼. 하는 데까지 해 봐야지! 아직 죽었다고 단정할 수는 없어. 어쩌면 스스로 헤엄치거나 파도에 떠밀려서 운 좋게 어디 바위틈 같은 곳에 들어갔을지도 몰라. 그래서 아무한테도 발견되지 못한 채 굶주림과 목마름에 허덕이고 있는지도 몰라. 안 되겠어, 내가 직접 찾으러 가야지!"

파비아니는 이튿날 아침 일찍 네 명의 건장한 뱃사람을 데리고 배를 띄웠다. 그리고 온갖 동굴과 바위틈을 하나하나 뒤지고 다녔다. 뱃사람들은 마녀의 소굴이라 불리는 동굴에는 가까이 가고 싶어하지 않았지만, 파비아니는 그곳의 작은 초록빛 비탈에 배를 대라고 명령했다. 그곳에 다가가자, 비탈에 축 늘어져 있는 사람이 보였다. 그것이 바로 나였다. 나는 죽은 사람처럼 초록빛 가시나무 속에 누워 있었다. 옷은 바닷바람 때문에 반쯤 말라 있었다. 파비아니는 내가 살아 있다는 것을 확인하자 얼른 선원들에게 명령해서 나를 배로 옮겼다. 그는 자기 망토를 덮어 주고, 내 가슴과 손을 문질러 따뜻하게 해 주었다. 그리고 섬으로 돌아와 의사의 치료를 받게 한 것이다. 이렇게 나는 구조되어 다시금 살아 있는 사람들 속으로 돌아왔다. 그러나 젠나로와 두 선원은 끝내 발견되지 않았다.

사람들은 나에게 기억나는 것을 모조리 이야기하라고 했다. 그래서 나는 정신을 차렸을 때 보았던 그 이상한 푸른빛을 내는 동굴, 늙은 어부와 눈먼 소녀를 태운 작은 배에 대해 이야기했다. 사람들은 모두 웃으면서 그건 환상이라고 했다. 차가운 밤바람 속에서 열에 들떠 꿈을 꾼 게 틀림없다는 것이다. 하기야 그렇게 생각하는 것이 당연했다. 그 동굴은 너무나 신비로워서 나 자신도 환상이 아닐까 하고 의심했을 정도니까. 하지만 아무래도 환상은 아닌 것 같았다. 꿈이라고 하기에는 너무나 선명하게 내 가슴에 새겨져 있었기 때문이다.

"이 사람이 마녀의 동굴 근처에서 발견되었다고요?" 내 이야기를 들은 의사가 고개를 갸웃거리며 파비아니에게 물었다.

"그렇소. 그런데 설마 그곳에 정말로 강한 마력이 깃들어 있다고는 생각지 않으시겠죠?" 파비아니가 되물었다.

"글쎄요, 쉽게 대답할 수 없는 문제인데요. 자연은 수수께끼의 연속입니다.

우리는 그중에서 가장 쉬운 문제 몇 개를 풀었을 뿐이지요." 의사가 말했다.

내 마음은 다시 햇살을 받아 대낮처럼 환해졌다. 내가 본 환상적인 동굴은 대체 무엇이었을까. 그러고 보면 뱃사람들이 그랬었다. 저 돌문 안쪽 깊숙한 곳에는 엄청난 보물이 숨겨져 있는 마녀의 동굴이 있다고. 혹시 내가 파도에 실려 도착한 별천지가 그곳이었을까. 정체를 알 수 없는 노인의 조각배가 아주 좁은 동굴 입구를 빠져나가던 순간을 나는 똑똑히 기억하고 있다. 그래, 그건 결코 꿈이나 환상이 아니다. 그렇다면 그 동굴은 영혼의 세계일까? 나는 저승에 한 번 들어갔다가 자비로우신 성모님의 도움으로 현세에 되돌아온 걸까? 나는 그 신비로운 세계와, 조각배를 타고 온 라라를 생각했다. 라라는 그곳에서 나를 구해 준 수호천사였다.

세월이 흘러 내가 경험한 것은 모두 사실이었음이 밝혀졌다. 그것은 꿈도 환각도 아니었다. 내가 본 환상의 동굴은 몇 년 뒤에 발견되어 이제는 카프리 섬에서 제일가는, 아니 이탈리아 전체에서도 가장 아름다운 경승지가 되었다. 그곳은 현재 '푸른 동굴'이라고 불린다. 그리고 그곳에서 내가 본 소녀도 틀림없이 파에스툼의 눈먼 소녀 라라였다.

21
다시 로마로

프란체스카와 파비아니는 카프리 섬에 이틀을 더 머물렀다. 나와 함께 나폴리로 돌아가기 위해서였다. 그들이 내가 회복될 때까지 기다려 주겠다고 하자, 처음에는 좀 꺼림칙한 기분도 들었다. 하지만 그들은 나를 진심으로 걱정하면서 정성스레 간호해 줬다. 피를 나눈 가족이라도 과연 이렇게까지 상냥하게 보살펴 줄 수 있을까 싶었다. 나는 그 따뜻한 애정에 감동하여, 로마로 같이 가자는 그들의 제안을 감사히 여기게 되었다.

그 환상적인 동굴에서 겪었던 신기한 일과, 죽을 뻔했다가 기적적으로 살아난 일은 내 마음을 크게 자극했다. 나는 어떤 보이지 않는 손길이 나를 언제나 최선의 방향으로 이끌어주고 있다고 믿게 되었고, 내게 찾아오는 모든 가능성들을 신의 섭리에 따른 것으로 여기게 되었다. 그래서 프란체스카와 파비아니가 로마로 같이 가자고 권했을 때, 나는 그 말을 신의 말씀처럼 순순히 받아들일 수 있었다.

내 건강이 겨우 회복될 무렵, 그들은 내 머리맡에 찾아와서 이런저런 이야기를 했다. 프란체스카는 내 손을 꼭 잡으며 말했다.

"안토니오! 너를 잃어버렸을 때 우리는 너 때문에 눈물을 흘렸어. 넌 우리의 착한 아들인걸. 그런데 성모님이 구원의 손길을 내미셔서 널 기적적으로 구해 주셨어. 아, 정말 다행이야! 자, 얼른 나아서 우리랑 같이 로마로 가자. 너도 굳이 나폴리에 남아서 베르나르도와 마주치고 싶지는 않겠지?"

그러자 파비아니가 말을 받았다.

"아무렴, 그럴 테지. 우리와 함께 돌아가자. 공작님께는 이렇게 밀씀드리기로 하지. 잘못을 저지른 안토니오는 지중해에 빠져 죽었다고, 우리가 데리고 돌아온 것은 옛날의 훌륭하고 착한 안토니오라고."

"그런데 젠나로는 정말 안됐어요." 프란체스카가 한숨을 쉬었다. "사람도 좋고 활기차고 재치 있는 분이었는데. 어째서 하느님은 앞날이 창창한 그 사람을 구해 주시지 않았을까요? 정말 안타까운 일이에요."

의사는 자주 찾아와서 몇 시간 동안이나 내 곁에 붙어 있었다. 그는 나폴리 사람인데, 볼일을 보러 잠깐 카프리 섬을 방문했던 참이었다. 사흘이 지나자 그는 내가 건강을 회복했다고 말했다. 우리는 의사와 함께 섬을 떠나 나폴리로 돌아가게 되었다. 하지만 내가 건강해졌다는 의사의 진단은 표면적인 것에 지나지 않았다. 정신적으로 보자면, 내 마음은 아직 건강을 되찾지 못했음을 나 스스로 느낄 수 있었다. 그도 그럴 것이, 나는 생사의 경계를 헤매다가 겨우 이승으로 돌아온 것이다. 그때 죽음의 천사에게서 받은 입맞춤의 흔적은 여전히 내 이마에 뚜렷이 남아 있었다. 내 활기찬 청춘은 미모사처럼 그 잎을 닫아 버렸다.

우리 일행과 의사는 나폴리로 돌아가는 배에 탔다. 바다로 나와 맑고 깊은 바닷물을 보았을 때 온갖 생각이 떠오르면서 내 가슴은 심하게 고동쳤다. 내가 살아난 것이 얼마나 엄청난 기적이었는가를 새삼 깨닫게 되었다. 태양이 아름답고 푸른 바다 위에 쨍쨍 내리쬐고 있었다. 나는 저 바다 밑바닥에 영영 가라앉을 수도 있었다. 그런데 이렇게 태양 아래 서 있는 것이다. 그 위대한 기적을 생각하니 눈물이 넘쳐흘렀다. 다들 나만 걱정하고 있었다. 프란체스카가 나의 훌륭한 재능을 칭찬하며, 나를 시인이라고 부르기까지 했다. 그리고 의사는 내가 산 카를로 극장에서 즉흥시를 노래했다는 것을 알자 깜짝 놀라면서 말했다.

"아니, 그 즉흥시인이 당신이라고요? 놀랍군요. 놀라워요. 그날 극장에 모인 모든 사람들을 열광시킨 천재 시인이 당신이었군요! 앞으로도 공연을 계속한다면, 즉흥시인으로서 큰 명성을 얻으실 겁니다. 아무렴요."

배는 순풍을 타고 빠르게 미끄러졌다. 처음에는 소렌토에서 육지에 오를 생각이었지만, 항로를 바꿔 이대로 나폴리까지 가기로 했다.

나폴리에 돌아와 보니 내가 없는 동안 숙소에는 세 통의 편지가 배달되어 있었다. 한 통은 페데리고가 보낸 것인데, 어제부터 이스키아 섬으로 여행을 떠나 사흘 뒤에야 돌아온다는 내용이었다. 나는 이 둘도 없는 친구에게 작별인사를 하지 못하는 것이 섭섭했다. 우리는 이튿날 정오에 떠나기로 결정되어 있었기 때문이다. 또 한 통은 급사의 말에 따르면 내가 떠난 다음 날 배달된 편지였다. 나는 봉함을 뜯고 편지를 읽었다.

'당신을 진심으로 사모하는 사람이 당신이 오시기를 기다리고 있겠습니다.'

그 밑에 만날 장소가 적혀 있었지만, 보낸 사람 이름은 없고 다만 '옛 친구로부터'라고 씌어 있을 뿐이었다.

세 번째 편지는 필적으로 보아 같은 사람이 보낸 것인데, 급사는 이 편지가 어제 배달되었다고 말했다. 내용은 다음과 같았다.

'안토니오, 제발 오해하지 말고 와 주세요. 부탁입니다. 당신을 계속 기다리겠습니다. 이렇게 헤어질 수는 없어요. 우리는 너무 갑작스럽게 헤어지고 말았어요. 그때는 당황한 나머지 가슴이 슬픔으로 찢어지고 영혼이 공포에 사로잡혀 하고픈 말도 할 수가 없었어요. 하지만 이제는 당신도 마음이 가라앉으셨을 거라고 믿습니다. 당신은 아마 저를 오해하고 계실 거예요. 상황이 그랬으니까요. 하지만 그건 오해예요. 자세한 이야기는 직접 만나서 해요. 전부 다 터놓고 이야기해요. 그러면 모든 일이 잘될 거예요. 제발 부탁이에요, 한시라도 빨리 와 주세요!'

그리고 또 '옛 친구로부터'라는 서명과 만날 장소가 적혀 있었다. 산타 부인의 편지인 게 분명했다. 약속 장소가 부인의 집이 아닌 것은 이상했지만, 그녀 말고는 이런 편지를 보낼 사람이 없었다. 나는 그녀와 이제 더 이상 만나지 않기로 결심했기 때문에, 급사를 불러서 그녀의 남편에게 짧지만 정중한 작별인사를 전하도록 했다. 이번에 갑자기 나폴리를 떠나게 되었다, 준비에 바빠서 찾아뵐 틈이 없지만 고마우신 두 분의 호의는 절대로 잊지 않겠다, 그럼 몸

건강히 잘 계시라는 내용이었다.

페데리고에게도 짧은 편지를 썼다. 이제 곧 로마로 떠나야 해서 지금은 천천히 편지를 쓰고 있을 겨를이 없지만, 로마에 가면 긴 편지를 보내겠다고 약속했다. 그리고 직접 인사도 못하고 떠나서 미안하다고 했다. 나는 베르나르도와 마주치고 싶지 않기 때문에, 이 도시에서 새로 사귄 친구들에게 인사를 하러 가지도 않고 방에 틀어박혀 있었다. 그런데 파비아니가 찾아와서 함께 마차를 타고 나를 돌봐 준 의사한테 인사하러 가자고 했다. 나는 그와 함께 의사의 집으로 갔다. 친근감을 주는 편안한 집이었다. 의사의 누나인 노처녀가 집안일을 돌봐 주고 있었다. 척 보기에도 상냥하고 진실한 사람이어서, 나는 곧 그 노파가 좋아졌다. 그녀는 캄파니아의 도메니카 할머니와 비슷했다. 다만 이 노파는 교양과 재능을 갖추었으므로 도메니카보다는 사실 훨씬 잘난 사람이었다.

이튿날 아침이 밝았다. 나는 이별의 아쉬움을 담아 마지막으로 베수비오 산을 뚫어지게 쳐다보았다. 그러나 꼭대기는 두꺼운 구름에 휩싸여 있었다. 마치 작별인사를 하고 싶지 않다는 듯이. 바다는 잔잔하게 가라앉아 있었다. 나는 꿈에 본 모습을, 빛나는 동굴에서 만난 라라를 생각했다. 나폴리에서 있었던 일들도 이제는 한바탕 꿈처럼 여겨졌다.

나는 급사가 가져온 〈나폴리 일보〉를 무심코 집어 들었다. 거기에는 예명과 내 첫 무대에 대한 비평이 실려 있었다. 나는 집어삼킬 것처럼 그 기사를 열심히 읽었다. 비평가는 내 풍부한 시상(詩想)과 아름다운 시구를 칭찬한 뒤, 이 시인은 판제티 유파에 속해 있는 모양이지만 그 스승을 좀 지나치게 흉내내는 것이 흠이라고 말했다. 나는 판제티라는 사람을 전혀 알지 못했다. 따라서 본보기로 삼으려야 삼을 수도 없었다. 나는 오로지 내 마음에서 우러나는 감정을 토대로 노래했을 뿐이다. 그러나 이 평론가는 스스로 남의 글을 흉내내어 비평을 쓰기 때문에, 비평 대상도 자기처럼 남을 모방했으리라고 믿는 모양이었다. 하지만 마지막에는 으레 그러듯이 찬사와 격려의 말을 덧붙였다. 내가 남다른 재능을 보여 주었으며, 풍부한 상상력과 감정과 영감을 갖추고 있으므로 앞으로 시간이 흐르면 큰 명성을 얻을 수 있으리라는 것이었다.

나쁘지 않은 비평이었다. 그날 대중이 나에게 보냈던 뜨거운 박수갈채에 비할 바는 아니었지만. 나는 그 신문을 잘 접어서 트렁크에 넣었다. 언젠가는 이곳에서 경험한 일이 전부 다 꿈만은 아니었다는 것을 이 신문이 증명해 줄 날도 있으리라. 나는 나폴리를 보고, 나폴리를 헤매고, 나폴리에서 많은 것을 얻고, 많은 것을 잃었다. 풀비아의 예언도 이것으로 다 실현된 게 아닐까.

우리는 나폴리를 떠났다. 포도밭으로 뒤덮인 푸른 언덕은 구름 너머로 사라져 버렸다. 로마로 가는 귀향길은 나흘이 걸렸다. 두 달 전, 페데리고와 산타와 함께 지나온 그 길이었다. 나는 다시 몰라 디 가에타와 그 오렌지숲을 보았다. 지금은 오렌지나무가 한창 꽃을 피워 향긋한 냄새를 풍기고 있었다. 나는 산타 부인이 나무 그늘에서 내 비밀스런 고백을 엿들었던 곳으로 가 보았다. 그로부터 얼마 지나지도 않았는데 그동안 너무나 많은 사건이 일어났고, 이제 내 곁에는 전혀 다른 사람들이 있었다. 마차는 이트리 마을의 좁은 길을 지나갔다. 페데리고가 생각났다. 여권을 검사하는 국경에는 페데리고가 스케치한 적 있는 커다란 동굴이 있었다. 그가 그린 산양은 오늘도 있었지만, 양치기 소년은 보이지 않았다. 그날 밤 우리는 테라치나에서 묵었다.

이튿날 아침에는 하늘이 더없이 맑았다. 나는 아름다운 바다에 작별인사를 보냈다. 이 바다야말로 나를 가슴에 품어 안고 자장가를 불러 주며, 성스러운 꿈의 세계로 나를 데려가 아름다움의 화신인 라라를 보여 주었다. 하지만 이제는 이 바다와도 헤어져야 한다. 저 멀리 하늘과 바다가 맞닿은 곳에 웅장한 베수비오 산이 푸르스름한 연기 기둥을 세우고 있는 것이 보였다. 그것은 빛나는 하늘을 향해 우아한 향을 피우고 있는 것 같았다. 나는 숨을 크게 들이쉰 다음 힘껏 외쳤다.

"안녕! 잘 있거라! 나는 로마로 돌아간다! 거기에 내 무덤이 있다!"

마차는 초록빛 늪지대를 지나 벨레트리로 향했다. 풀비아와 함께 걸었던 산들에도 나는 인사를 보냈다. 나는 다시 젠차노를 보았다. 어머니가 마차 사고로 돌아가셨던 그 큰길도 보았다. 마차는 무심하게 지나갔다. 옛날에 어머니 손을 잡고 꽃축제를 보러 왔던 가난한 아이는 이제 보르게세 집안의 후원을 받는 교양 있는 신사가 되어 이곳을 찾아왔다. 마차에서 밖을 내다보면, 거지들이 고개를 숙이며 나를 나리라고 불렀다. 그런데 나는 과연 그때보다 더 행복해진 것일까.

우리를 태운 마차는 알바노를 지나갔다. 캄파니아 광야가 눈앞에 펼쳐졌다. 길가에 덩굴식물이 무성한 아스카니우스의 무덤이 서 있고, 수많은 고분들, 수로의 흔적이 있었다. 멀리 산 피에트로 성당의 둥근 지붕이 솟아 있는 로마가 보였다.

"안토니오, 얼굴 좀 펴게. 그립고도 멋진 풍경이 아닌가?"

마차가 산 조반니 문을 들어서자 파비아니가 나를 돌아보며 말했다. 라테라노 성당, 높은 오벨리스크, 콜로세움, 트라야누스 광장…… 이 모든 것이 내 과거를 일깨워 주었다. 시끌벅적한 나폴리에 비하면 이곳은 마치 죽은 것처럼 침묵을 지키고 있었다. 코르소 대로도 크기는 하지만 톨레도 대로처럼 활기차지는 않았다. 마차에서 내다보니 잘 아는 얼굴들이 보였다. 하바스 다다가 종종걸음으로 걷고 있다가, 보르게세 집안의 문장이 있는 우리 마차를 보더니 정중하게 인사를 했다. 콘도티 거리의 길모퉁이에는 여전히 두 손에 널조각을 댄 페포 외삼촌이 앉아 있었다. 이제 조금만 더 가면 보르게세 궁전이 나올 것이다.

"드디어 돌아왔구나." 프란체스카가 말했다.

"예, 오랜만에 돌아왔군요." 나도 같은 말을 되풀이했지만, 온갖 감정이 가슴속에서 소용돌이쳤다. 이제 곧 보르게세 공작을 만날 것이다. 나에게 결별 편지를 보냈던 평생의 은인을. 과연 공작은 나를 어떻게 대할까. 심하게 꾸중할까. 하지만 이미 여기까지 온 이상, 도망칠 생각도 들지 않았다. 차라리 빨리 얼굴을 마주하고 싶었다. 마차가 너무 천천히 달리는 것만 같았다. 마치 초조하고 고통스런 기다림의 순간을 빨리 넘기고 저세상으로 가고 싶어하는 사형수의 심정이었다.

마차는 보르게세 궁전에 도착했다.

하인이 나를 맨 위층으로 안내했다. 그는 작은 방 두 개가 연결된 방에다 내 짐을 내려놓았다. 잠시 후 식사하러 오라는 연락이 왔다. 나는 공작 앞에 공손히 고개를 숙였다.

"안토니오는 나와 프란체스카 사이에 앉아라."

이것이 내 귀에 들어온 공작의 첫마디였다.

식탁에서는 허물없고 자연스러운 대화가 활기를 띠었다. 나는 금방이라도 내 잘못을 질책하는 말이 나오지나 않을까 하고, 단단히 준비를 하고 기다렸다. 그러나 질책은커녕, 내가 그들과 한때 멀어졌었다는 사실조차 화제에 오르지 않았다. 공작은 옛날보다도 더 친절하게 나를 대해 주었다.

이런 배려에 나는 감동했다. 내 허물을 관대하게 덮어 주는 그들의 깊은 애정과 호의를 고맙게 생각했다. 그런데도 나는 왠지 자존심에 상처를 입은 느낌이었다. 전혀 꾸지람을 받지 않았기 때문에.

22
달갑지 않은 교육

　나는 보르게세 궁전에서 살게 되었다. 사람들은 전보다 훨씬 다정하고 친절하게 나를 대했다. 물론 옛날 같은 훈계조 말투가 이따금 튀어나오고 내 마음을 아프게 하는 경솔한 행동이 없지는 않았지만, 그것도 결국 그들이 나를 자식처럼 아끼고 사랑하기 때문이라는 사실을 알고 있었다.

　한여름에는 보르게세 궁전의 주인들이 로마를 떠나 북쪽 도시로 피서를 가기 때문에, 이 넓은 저택에 나 혼자 살게 되었다. 그러나 선선한 가을바람이 불기 시작하여 사람들이 돌아오면 궁전은 다시금 원래 모습으로 돌아갔다. 그런 환경에 안주하여 사는 동안 나도 어느덧 어른이 되었다. 나는 이제 남의 말을 곧이곧대로 믿는 캄파니아의 순진한 어린애도 아니고, 쉴 새 없이 지식을 머릿속에 집어넣던 예수회 학교 학생도 아니었다. 독실한 신자가 교리를 받들듯이 하느님을 받들 수도 없게 되었다. 나는 더 이상 교육을 받는 학생의 처지에 안주할 수 없었다. 그런데도 사람들은 이런 사실을 잊고 있는 듯했다.

　나는 그런 상태로 6년을 보냈다. 돌이켜 보면 그 생활은 격렬한 파도가 끊임없이 일어나는 바다와 같았다. 그 파도에 휩쓸려 익사하지 않고 용케 잘도 버텼다는 생각이 든다. 지금까지 내 이야기를 꾸준히 들어 주신 여러분께 이번에는 날듯이 단숨에 읽어 주시기를 부탁드린다. 나도 되도록 간단하게 요약해서 이야기해 보겠다.

이 6년간의 역사는 그야말로 정신교육의 역사였다. 남을 가르치기를 좋아하는 사람들이 나에게 교육을 베풀었는데, 나로서는 안타깝게도 거부할 재간이 없었다. 사람들은 나를 착하고 장래가 유망한 젊은이라고 믿었다. 배운 바를 잘 흡수하고 실천할 줄 안다고 믿었다. 그래서 누구나 내 교육에 관심을 가졌다. 나는 아직 자립할 수 있는 처지가 아니었기 때문에, 신세를 지고 있는 보르게세 집안사람들에게는 고개를 들지 못했다. 다른 이들은 내 어수룩함을 좋은 구실로 삼아 자기들도 교사 흉내를 냈다. 나는 내 괴로운 입장을 절실하게 느꼈지만 꾹 참고 가르침을 받았다. 그것이 교육이라는 것이었다.

공작은 내 학문이 얕은 것을 한탄했다. 아무리 책을 읽어도 나에게는 아무 도움도 되지 않았다. 내용 중에서 내 마음에 드는 몇 가지만 겨우 기억할 뿐이었다. 꿀벌이 꽃밭을 열심히 날아다녀서 약간의 꿀을 모으는 것과 비슷한 수준이었다. 저택에 찾아오는 공작의 친구나 내 보호자들은 저마다 마음속에 그리고 있는 이상과 견주어 나를 평가했기 때문에, 나는 언제나 낙제생이었다. 수학자는 내가 상상력이 풍부한 대신 사고력이 부족하다고 말했고, 현학자는 내가 라틴어를 잘 모른다고 말했다. 정치가는 언제나 많은 사람들 앞에서 내가 잘 모르는 정치적인 문제에 관해 질문하곤 했다. 그렇게 나의 무식을 드러내고 자기 지식을 뽐내는 것이다. 말에 푹 빠져서 살고 있던 어느 귀족 청년은 말에 대한 내 지식이 너무나 빈약한 것을 한탄하고, 내가 나 자신을 사랑하듯 말을 사랑하지 않는다는 사실을 몹시 이상하게 여기는 것이었다. 공작의 친구들 중에는 날카로운 비평가라는 평판을 듣는 독설가 귀부인이 있었는데, 사실 내가 보기에는 그녀가 자랑하는 지성이라는 것이 그다지 내세울 만한 것도 아니었다. 그 부인은 자신만만하게 내 시를 한번 살펴봐 주겠다고 제의했다. 그러니까 시를 일일이 종이에 써서 제출하라는 것이었다. 하바스 다다는 내가 한때는 유망한 재능을 갖고 있었지만 그 재능도 벌써 오래전에 죽어 버렸다고 한탄했다. 로마에서 제일가는 무용가는 춤추는 내 모습이 꼴불견이라고 경멸했고, 문법학자는 자기라면 쉼표를 찍을 곳에 내가 마침표를 찍었다고 비난했다. 그런데도 프란체스카는 세상 사람들이 나를 너무 치켜세워 주는 바람에 나를 망쳐 버렸다고 말했다. 그러므로 더욱 엄격하게 교육하지 않으면 안 된다는 것이다. 이런 식으로 사람들은 저마다 내 마음에 독약을 한 방울씩 떨어뜨렸다. 이대로 가다가는 내 마음은 필경 돌처럼 굳어지거나, 상처로 피를 흘리게 될 것이었다.

　내 마음은 위대한 자연 속에 숨어 있는 완벽한 아름다움과 놀라운 조화로움에 사로잡히고 감동했다. 조용히 혼자 있을 때면 나는 자주 내 선생들을 생각하곤 했다. 그때마다 기이한 느낌이 들었다. 나를 열심히 가르치는 이 선생들은 기계적으로 일하는 직공과 다를 바 없는 사람들이라고 생각했다. 내가 보기에 이 세계는 그 나름의 성품과 모습과 옷차림으로 내 마음을 사로잡는 아름다운 아가씨 같은 존재였다. 그런데 구두장이는 "이 구두를 보라. 정말 아름답지 않은가. 구두가 가장 중요하다"고 말한다. 그러면 양복장이는 "아니다. 이 옷 좀 봐. 뭐니 뭐니 해도 옷이 가장 중요하다. 색깔과 바느질 솜씨를 살펴보고 철저히 연구해야 비로소 이 아가씨의 아름다움을 논할 수 있다"고 외친다. 미용사도 지지 않겠다는 듯, "천만에! 당신은 이 머리가 얼마나 예쁘게 묶였는지 봐야 한다"고 외친다. "아니다. 말이 훨씬 더 중요하다"고 어학 선생이 외친다. "아니, 그보다도 이 우아한 몸놀림에 주목하라"고 무용 선생이 말한다. 어이쿠 맙소사! 저절로 한숨이 나온다.

　내 마음을 참으로 사로잡는 것은 부분이 아니라 전체의 아름다움이다. 물론 어느 부분에서나 아름다움을 느낄 수는 있다. 그러나 다른 이의 마음에 들기 위해 구두장이나 양복장이가 될 수는 없다. 나는 세상을 볼 때 전체의 아름다움을 포착한다. 그것이 내 체질이고 본분이다. 하지만 이렇게 이야기하면 사람들은 "그래, 하기야 우리가 가르치는 내용은 당신 같은 시인이 보기에는 너무 수준 낮은 것이겠지" 하고 말하고는 뒤돌아서서 나를 비웃을 것이다. 이 세상에 아무리 생물이 많다지만 그중에서 가장 잔인한 동물은 바로 인간일 것이다. 만약 내가 부유하고 자립한 처지였다면 모든 게 달라졌을 것이다. 사람들이 내 앞에서 똑똑한 척, 박식한 척, 현명한 척하는 것도 다 내가 더부살이를 하고 있기 때문이리라. 나는 울고 싶을 때에도 웃고, 반론하고 싶어도 꾹 참으면서 고개를 숙이고, 바보들의 공허한 잡담에도 진지하게 귀를 기울이는 법을 배웠다. 시치미떼기, 겉치레, 인내, 자포자기, 비꼬기, 따분함…… 이런 것들이 주위 환경과 사람들이 나에게 베푼 교육의 성과였다. 사람들은 언제나 내 결점을 지적했다. 도대체 나라는 인간에게는 장점이 하나도 없는 것일까. 나는 스스로 자기 장점을 찾아내서 드러내려고 애써야만 했다. 그러면 또 사람들은 나의 그런 노력을 손가락질하면서, 여차하면 내가 자아도취에 빠져 나 자신만 생각한다고 비난하곤 했다.

정치가는 내가 정치 문제에 무관심하다는 이유로 나를 이기주의자라고 불렀다. 귀족 청년은 내가 말을 볼 줄 모르고 승마를 즐기지도 않는다는 이유로 나를 이상한 사람처럼 취급했다. 보르게세 집안의 친척인 젊은 아마추어 미학자는 나에게 사고방식과 시를 짓는 법, 비평하는 법을 가르쳐 주었다. 그리고 내가 그 형식을 조금이라도 어기면 나더러 오만하고 편협하다고 따갑게 비난을 했다. 하지만 실은 내가 아닌 그 교사들이 편협하게 자기 의견만을 고집하는 경우가 많았다. 그런데도 그들은 오히려 나를 이기주의자라고 비난했다. 이런 사람들이야말로 이기주의자가 아닐까. 하지만 어쩔 수 없었다. 그들은 은혜를 베풀어 나를 가르치는 입장이고, 나는 그들의 은혜를 입은 가난한 소년에 지나지 않았으니까. 그러나 내가 비록 귀족은 아니라 해도, 내 영혼에는 자존심이라는 것이 있었다. 사람들에게 모욕을 받을 때마다 나는 뼈저린 굴욕감과 고통을 느끼곤 했다.

《창세기》에서 롯은 야훼의 계시를 받아 아내와 딸을 데리고 소돔에서 탈출한다. 그때 야훼는 절대로 뒤돌아보면 안 된다고 말씀하셨지만, 롯의 아내는 무심코 뒤를 돌아보았다가 저주를 받아 소금 기둥으로 변하고 만다. 내 처지도 그녀와 다를 바 없었다. 나는 성심성의껏 사람들을 대했지만 그들은 나를 딱딱한 소금 기둥으로 만들어 버렸다. 상처받은 내 마음속에 신에게조차 반항하는 자존심이 움텄다. 그 자존심이 내 연약한 마음을 딱딱하게 바꾸어 놓았다. 나는 내가 남들보다 훨씬 잘났다고 멋대로 단정하고, 똑똑한 체하는 어리석은 선생들을 교만하게 내려다보게 되었다. 내 귀에는 교만함의 속삭임이 들려왔다.

"너의 이름은 영원히 살아남아 사람들 입에 오르내릴 거야. 하지만 네 선생이라고 자처하는 그들의 이름은 모두 잊혀 버릴 거야. 아니면 너를 둘러싼 감옥처럼 답답한 환경의 일부로, 또는 네 인생의 잔에 떨어진 쓰디쓴 독약 방울로, 너와 관련하여 사람들의 기억에 남을 뿐이야……"

나는 위대한 시인 타소를 생각했다. 무정한 레오노라와 페라라 궁정이 떠오른다. 이 궁정 귀족들이 사람들의 기억 속에 남을 수 있었던 것은 모두 타소 덕분이다. 그들의 성은 폐허가 되었지만, 시인 타소가 갇혔던 감옥은 사람들이 찾아가는 순례지가 되었다. 나는 내 가슴이 부끄럽게도 허영에 들뜨는 것을 느꼈다. 그러나 내가 받은 교육으로는 그렇게 될 수밖에 없었다. 그 달갑지 않은 선생들 틈바구니에서 이런 자존심이라도 생겨나지 않았더라면 나는 가슴이 피투성이가 되어 쓰러져 버렸을 것이다. 만약 누구 하나라도 나를 따뜻하게 격려해 줬더라면 내 사상은 순수함을 잃지 않았을 테고, 이런 부끄러운 고백을 할 필요도 없었을 것이다. 상냥한 미소와 다정한 한마디는 교만으로 얼어붙은 마음을 녹이는 햇살이었다. 그러나 사람들은 햇빛 대신 독약을 뿌려 내 마음을 메마르게 만들었다.

나는 더 이상 옛날처럼 순수하고 착하지는 않았지만, 그래도 훌륭하고 유망한 청년이라는 말을 들었다. 나는 쉼 없이 책을 읽고 자연과 인간과 나 자신을 탐구했지만, 그래도 사람들은 내가 아무것도 배우려 하지 않는다고 말했다. 이런 교육이 6년이나 계속되었다. 아니, 7년이라 해도 좋을 것이다. 6년째가 끝날 무렵 내 인생의 바다에 새로운 파문이 나타났다. 물론 6년이라는 긴 세월 동안 다른 사건들도 일어나기는 했다. 그러나 그런 사건들은 모두 하나로 녹아들어 한 방울의 독약이 되어 버렸다. 가문도 재산도 없이 재능만 가진 사람이 남에게 순종해야 하는 환경에서 살아간다는 것은 일종의 독기를 쐬는 거나 마찬가지다. 독기를 공기처럼 마시면서 살아가는 것과 같다.

나는 신학사였고, 즉흥시인으로도 로마에서 이름이 알려지게 되었다. 그것은 내가 티베리나 학사회 연단에 서서 즉흥시를 노래하고 시를 낭독할 때마다 우레 같은 박수갈채를 받은 것으로도 알 수 있었다. 프란체스카는 내가 자만할까 봐, 그곳에서는 누가 무엇을 낭독해도 박수를 받는다고 말했다. 물론 그녀의 말에도 일리는 있었다. 하바스 다다는 학사회의 일류 인물 가운데 한 사람이었다. 이것은 그가 누구보다도 많이 지껄이고 많이 썼다는 뜻이다. 그가 너무나 편협하고 까다로워서 무엇을 제대로 칭찬하거나 비판한 적이 없다는 것은 동료들 모두가 알고 있었다. 그러나 그들은 하바스 다다를 굳이 쫓아내려고 애쓰기보다는 그냥 장로로 예우해 주는 쪽을 택했다. 그래서 그는 여전히 글을 쓰고 지껄여 대고 있었다. 하루는 그가 내 시를 훑어보더니 형편없는 작품이라고 딱 잘라 말하면서, 보르게세 집안사람들에게 이렇게 말했다.

"안토니오에게는 재능이 있었습니다. 예전에 내 지도를 받으면서 공부하던 시절에는 재능의 싹이 분명히 보였지요. 하지만 안타깝게도 그 싹은 말라 죽어 버렸습니다. 이제 그가 지어내는 시는 도무지 시라고 할 수도 없어요. 안토니오, 위대한 시인들은 모두 젊을 때부터 시를 발표해서 세상에 이름을 알렸다지만, 설마 네가 그것을 흉내낼 셈은 아니겠지? 그만둬라. 세상 사람들이 너를 비웃을 게다. 네가 그런 무모한 짓을 하지 않도록 누가 널 말렸으면 좋겠구나."

아눈치아타의 소식은 전혀 귀에 들어오지 않았다. 나에게 그녀는 죽은 사람이나 마찬가지였다. 그러나 죽기 직전에 그 차가운 손으로 내 가슴을 힘껏 밀어냈기 때문에, 그 후 내 가슴은 툭하면 지끈지끈 쑤셔 왔다. 나폴리로 떠나 그곳에서 겪었던 모든 일들도, 보는 사람을 돌로 만들어 버리는 메두사와 마주쳐서 생명력을 잃고 딱딱한 돌덩이가 되었다. 사하라 사막에서 뜨거운 열풍이 불 때마다 파에스툼의 산들바람이 생각나고, 라라의 아름다운 모습과 그녀를 만났던 그 빛나는 동굴이 생각났다. 무서운 선생 앞에 어린 학생처럼 설 때는 산적 소굴이나 산 카를로 극장에서 받았던 박수갈채가 생각나곤 했다. 또한 쌀쌀하기만 한 남들 눈을 피해 한쪽 구석에 서 있을 때는, 두 팔을 내밀면서 "안토니오! 나를 죽여 줘요! 제발 떠나지 말아요!" 하고 울부짖던 산타의 모습이 생각났다.

그렇게 교육과 훈계로 가득 찬 6년의 세월이 흘렀다. 나도 이제 스물여섯 살이 되었다.

23
플라미니아

　파비아니와 프란체스카 사이에 태어난 플라미니아는 요람 속에 누워 있을 때부터 부모님의 뜻에 따라 장래 수녀가 되기로 결정되어, 모두에게 어린 수녀원장이라고 불렸다. 나는 옛날에 이 꼬마 아가씨를 안아 주거나 재미있는 그림을 그려 줬지만, 그 시절 이후 한 번도 만난 적이 없었다. 플라미니아는 6년 전 폰타네 광장에 있는 수녀원에 교육을 받으러 들어간 뒤로는 한 번도 밖으로 나온 적이 없었다. 파비아니도 6년 동안 딸을 만나지 못했다. 다만 프란체스카는 어머니로서, 그리고 같은 여자로서 플라미니아를 면회할 수 있었다. 나는 플라미니아가 아름답게 성장했으며, 학업 성적도 매우 우수하다는 소문만 듣고 있었다. 그런데 옛날부터 내려오는 관습에 따라, 그녀는 학업을 마치고 속세에 영원한 작별을 고하기 전에 두세 달 동안 부모 곁에 돌아와 이 세상의 모든 기쁨과 즐거움을 맛보게 되어 있었다. 그렇게 몇 달을 보낸 다음에 정식 수녀로서 살아가게 되는 것인데, 이때 그녀는 수녀원으로 돌아갈지 속세에 머무를지 자유롭게 선택할 수 있다고 한다. 그러나 그것은 형식적인 관례에 지나지 않았다. 실제로는 수녀복을 입은 인형을 갖고 놀던 어린 시절부터 수녀원에서 오랫동안 받은 교육에 이르기까지, 모든 게 그녀의 영혼과 사상을 수녀원에 묶어 두기 위해 마련된 것들이었다. 번잡하고 죄 많은 속세를 꺼리고 평화로운 수녀원에서 하느님을 섬기며 살아가게끔 환경을 조성해 놓은 것이다.

이따금 수녀원이 있는 폰타네 광장을 지날 때면 옛날에 내가 돌봐 줬던 그 사랑스러운 소녀가 생각나곤 했다. 그 후 얼마나 변했을까, 저 딩징 인에서 얼마나 조용한 나날을 보내고 있을까를 상상하기도 했다. 하루는 이 수녀원 성당에 들어가 창살 저편에서 들려오는 수녀들의 합창 소리를 들은 적이 있었다. 나는 어린 수녀원장도 그들 속에 끼어 있을지 모른다고 생각했지만, 수녀원 학교 기숙생들도 성당에서 노래를 부르느냐고 물어볼 용기는 나지 않았다. 다른 사람들의 목소리에 섞여 유난히 높고 맑고 우수를 머금은 목소리가 들렸다. 그 목소리는 아눈치아타와 아주 비슷했다. 나는 다시 한 번 그녀의 목소리를 듣는 듯한 기분이 들었다. 그러자 지난날의 온갖 추억이 가슴에 되살아났다. 나는 공상에 잠겨 어느새 보르게세 집안의 어린 수녀원장을 잊어버리고 말았다. 그런데 어느 날 공작이 말했다.

"이번 월요일에 우리 어린 수녀원장이 돌아온다네."

그 말을 들은 순간, 나는 이상하게도 플라미니아를 만나고 싶어졌다. 나에게는 그녀가 나와 마찬가지로 새장에 갇힌 새처럼 여겨졌다. 그 새가 이번에 잠시 새장 밖으로 나오는 것이다. 발목에 보이지 않는 끈이 묶인 채, 신의 자연 속에서 잠깐이나마 자유를 즐기기 위해.

점심 식탁에서 나는 플라미니아를 처음 만났다. 그녀는 듣던 대로 훌륭하게 자랐지만, 미인이라고 할 수는 없었다. 얼굴도 약간 창백해 보였다. 하지만 그 얼굴에는 마음에서 우러나오는 다정함과 선량함이 나타나 있고, 이루 말할 수 없는 고상함이 넘쳐흐르고 있었다. 이것이야말로 참된 아름다움이 아닐까.

식탁에는 아주 가까운 친척이 몇 사람 앉아 있을 뿐이었다. 아무도 내가 누구인지를 플라미니아에게 말하지 않았고, 그녀도 나를 알아보지 못하는 것 같았다. 그러나 플라미니아는 내가 말을 할 때마다 상냥한 태도로 대답해 주었다. 그녀가 나를 조금도 차별하지 않고 이야기에 끌어들이려고 하는 것이 느껴졌다. 이 저택에 살면서 이렇게 다정하고 인간적인 대접을 받아 보기는 처음인 것 같았다.

사람들은 일상 애기나 우스운 사건들을 말하면서 즐겁게 웃고 떠들었다. 플라미니아도 함께 웃었다. 나도 왠지 흥이 나서, 그 무렵 로마에서 유행하는 우스갯소리를 몇 가지 소개했다. 그런데 플라미니아는 웃었지만, 다른 사람들은 갑자기 정색을 하면서 그런 시시껄렁한 이야기는 구태여 말할 가치도 없다고 말했다. 그래서 나는 로마에서는 이것이 유행하고 있다, 어디서든 이 이야기를 하면 웃음바다가 된다고 주장했다.

　"그건 말장난에 불과해." 프란체스카가 말했다. "그런 시시한 이야기를 재미있어하다니! 요즘 사람들은 왜 그런 말도 안 되는 헛소리에 골몰하는지 모르겠어."

　나는 사실 이런 우스갯소리에는 별로 관심이 없었다. 다만 내 나름대로 이 자리의 흥을 돋우려고 노력했을 뿐이다. 그래서 세상 사람들이 좋아하고 나도 재미있다고 생각한 우스운 이야기를 했을 뿐인데. 나는 기분이 상해서 입을 다물고 말았다.

　그날 밤에는 많은 손님이 왔다. 외국인도 몇 명 있었다. 나는 또 괜히 꾸중이나 들을까 봐 얌전히 뒤쪽에 물러나 있었다. 많은 사람들이 페리니라는 풍채 좋은 사내를 둘러싸고 있었다. 나이는 나와 비슷했는데, 쾌활하고 언변이 좋은 귀족이었다. 나는 조금 떨어진 뒤쪽에 서 있었지만, 모두 웃어 대는 소리가 들렸다. 특히 공작의 웃음소리가 유난히 크게 들렸다. 나는 무슨 일인지 궁금해서 곁으로 살짝 다가갔다. 그런데 페리니가 말하고 있는 이야기는 내가 낮에 말했다가 무안을 당했던 바로 그 우스갯소리였다. 페리니는 한마디 보태지도 빼지도 않고, 나와 똑같은 이야기를 똑같은 말투와 똑같은 몸짓으로 이야기하고 있었다. 그런데 그 이야기를 들은 사람들은 모두 웃어 대고 있었다.

　"정말 재미있군! 어때, 우습지 않니? 응?" 이야기가 끝나자 공작은 손뼉까지 치면서, 곁에 서서 웃고 있는 플라미니아를 돌아보았다. 그러자 플라미니아가 대답했다.

　"예, 우스워요. 낮에 안토니오가 말했을 때도 우습다고 생각했어요."

　이 말에는 조금도 빈정대는 기색이 없었고, 그녀의 타고난 상냥함이 넘쳐흐르고 있었다. 나는 그녀의 발치에 엎드리고 싶은 기분이었다.

　"정말 훌륭해요!" 프란체스카도 그 우스갯소리에 감탄하고 있었다.

내 가슴은 격렬하게 고동쳤다. 나는 슬그머니 창가로 가서, 커튼 그늘에 숨어 신선한 공기를 가슴 가득히 들이마셨다.

나는 이 사소한 사건을 예로 들어 자세히 이야기했지만, 내가 이렇게 굴욕을 당하는 일은 그 후에도 날마다 일어났다. 그러나 어린 수녀원장만은 언제나 상냥했고, 다른 사람들의 잘못을 대신 사죄하는 듯 온정과 애정이 담긴 눈으로 내 얼굴을 바라보았다. 나도 옛날에 비하면 굴욕과 수치를 잘 견뎌 내게 되었다.

나에게는 분명 약점이 있다. 내 성과를 돌아보면서 스스로 만족하는 경향이 강하고, 고난에 맞서 싸우려는 의지가 부족했다. 즉 허영심은 있으되 극기심은 없었다. 이것은 장점도 될 수 있지만 결점이 될 가능성도 높았다. 어째서 이런 약점이 생겼을까. 가난한 집안 출신, 어릴 때 받은 교육, 오랫동안 남에게 의지하여 살아온 형편—이런 것들 때문일까. 나는 가슴에서 우러나는 말을 하고 싶을 때에도 꼭 주위 사람들의 눈치를 살폈다. 나에게 은혜를 베풀어 준 사람들이 싫어할까 봐 입을 꾹 다물었다. 그리고 나한테도 자부심과 강한 의지가 있다는 사실을 남들에게 보여 주지 못했다. 애써 변명하자면 그것은 겸손하고 착한 태도일지도 모르지만, 실은 숨길 수 없는 약점이었다.

이대로 가면 보르게세 집안과 나를 묶어 놓는 은혜의 사슬을 끊어 버리기란 영영 불가능할 것이었다. 보르게세 집안사람들 때문에 내가 커다란 고통을 겪은 것은 사실이지만, 그들이 내게 크나큰 은혜를 베풀었다는 것 또한 부정할 수 없는 사실이었다. 그들이 없었으면 나는 밑바닥에서 허덕이다가 굶어 죽었을지도 모른다. 그래서 나는 최선을 다해 그들의 은혜에 보답하려고 했다. 그런데 왜 사람들은 나의 눈물겨운 노력을 방해하고, 천부적인 재능과 정신은 속세의 일에 아무 도움도 안 된다고 단언한 것일까. 그들이 그토록 재능과 정신의 의의를 인정하지 않는다면, 그들은 재능과 정신에 대해 얼마나 그릇된 사고방식을 갖고 있는 것일까.

그 무렵 나는 〈다윗〉이라는 장시를 한 편 썼다. 나는 이 작품에 심혈을 기울였다. 아눈치아타에 대한 연정과 사랑의 파국, 나폴리로 달아난 일, 그곳에서 겪은 모험, 라라와의 만남 같은 추억들은 언제나 내 가슴에 살아 있었다. 게다가 이 저택에서 호된 교육을 받아 지친 내 영혼은 저절로 시의 세계로 도

피하게 되었다. 때로는 인생 전체가 한 편의 시가 되어 눈앞에 나타나기도 했다. 그렇게 내 인생길을 돌아보면 어떤 일도 무의미하거나 지루하게 여겨지지 않았고, 나의 고통과 나에 대한 부당한 대우조차도 시가 되었다. 내 마음은 스스로 배출구를 찾았다. 그리고 젊은 날의 다윗에게서 이런 내 기분에 어울리는 소재를 찾아냈다. 나는 내가 쓴 시가 훌륭하다는 것을 분명히 느꼈다. 내 마음은 감사와 사랑으로 가득 찼다. 내 마음속에 시구 하나가 떠오를 때마다 새삼 창조주께 감사 기도를 올렸다. 하느님께서 나에게 좋은 시구를 선사해 주신다는 느낌을 이토록 강하게 받기는 처음이었다. 나는 행복했다. 나의 시가 내 마음을 치유해 주었으니까. 나는 사람들이 언젠가 이 시를 들으면 그동안 나를 얼마나 부당하게 대했는지를 깨닫고, 결국에는 전보다 나를 상냥하게 대해 주리라고 굳게 믿었다.

내 시는 완성되었다. 그러나 아직은 나 말고는 그 시를 본 사람이 없었다. 그 것은 바티칸 궁의 아폴론처럼 신과 나만 알고 있는 깨끗하고 아름다운 모습으로 내 앞에 서 있었다. 나는 티베리나 학사원에서 이 시를 낭독할 날을 손 꼽아 기다렸다. 그때까지는 공작 집안의 누구한테도 알리지 않을 작정이었다. 그런데 어린 수녀원장이 돌아온 지 사흘쯤 지났을 때, 프란체스카와 파비아니 가 여느 때보다 훨씬 다정하고 친절하게 대해 주었기 때문에 나는 그만 속내를 털어놓고 말았다. 그리고 내 시에 대해서도 이야기했다. 두 사람은 "우리한 테 먼저 들려 달라"고 말했다.

그것은 당연한 요구였으므로 나는 두말없이 승낙했다. 하지만 왠지 불안한 느낌이 들었다. 그날 저녁, 공작도 함께하는 자리에서 시를 막 낭독하려는데 하바스 다다가 불쑥 찾아왔다. 프란체스카는 어서 오라고, 함께 시 낭독을 듣자고, 그러면 안토니오도 영광스럽게 생각할 거라고 말했다. 나에게는 무엇보다도 달갑지 않은 일이었다. 하바스 다다의 까다롭고 심술궂은 성격을 익히 잘 알고 있었기 때문이다. 물론 다른 사람들도 워낙 엄격해서 좋은 청중이라고 말하기는 힘들었다. 그래서 불안감이 밀려왔지만, 어쨌든 이 작품은 훌륭하다는 자신감이 나에게 용기를 주었다. 어린 수녀원장은 무척 기쁜 표정을 지었다. 그녀는 나의 〈다윗〉을 빨리 듣고 싶어서 조바심을 쳤다. 산 카를로 극장 무대에 처음 섰을 때도 내 심장은 지금만큼 격렬하게 고동치지는 않았다. 내 예상대로만 된다면 이 시는 나에 대한 이들의 판단과 태도를 완전히 바꾸어 놓을 것이었다. 그런 의미에서 이 시는 내 정신을 치료하는 약이었다. 하지만 혹시 기대가 어긋난다면? 아니, 그럴 리 없다. 이 시는 틀림없이 걸작이다. 나는 떨리는 마음을 다잡고 용기를 냈다.

나는 언제나 내 경험을 바탕으로 시를 썼는데, 〈다윗〉도 예외는 아니었다. 이 시의 첫머리에 나오는 다윗의 목동 시절은 캄파니아에 있는 도메니카의 오두막에서 보낸 내 어린 시절의 추억을 토대로 한 것이었다. 그런데 프란체스카가 듣다 말고 불쑥 말했다.

"아니, 그건 너 자신이잖니! 캄파니아에 살던 시절의 너야!"

"그래, 알 만해. 뻔하지." 공작이 웃으면서 말했다. "무엇을 노래하든 우선 자기 이야기를 꺼내지 않으면 안 돼. 그게 안토니오가 갖고 있는 독특한 재주야. 안토니오는 어디서나 자기 자신을 내세우는 방법을 잘 알고 있지."

"시구 하나하나가 세련된 맛이 부족해. 좀더 다듬을 필요가 있군." 하바스 다다가 쉰 목소리로 말했다. "호라티우스의 가르침은 자네도 알 테지? 내버려 두라, 그리하여 저절로 무르익게 하라. 자네도 그렇게 해야 해."

마치 여러 사람이 합세하여 내 아름다운 석상에서 팔을 비틀어 떼려는 것 같았다. 나는 두어 구절을 더 읽었지만 차갑고 무책임한 감상밖에 듣지 못했다. 그들은 내 감정이 자연스럽게 표출된 부분에 대해서는 다른 시인을 표절했다고 비판했고, 내 영혼이 영감으로 충만한 부분, 사람들이 귀 기울여 듣고 감탄하리라 기대했던 부분에 대해서는 무심하게 넘어가거나 기껏해야 차가운 의견을 늘어놓을 뿐이었다. 나는 두 번째 절이 끝났을 때 사람들에게 양해를 구하고 낭독을 그만두어 버렸다. 그 이상은 도저히 계속할 수가 없었다. 그토록 아름답고 정신적인 석상처럼 여겨지던 내 시가 지금은 유리눈과 일그러진 얼굴을 가진 기괴한 인형처럼 변했다. 청중들이 뿜어내는 독기가 내 아름다운 아폴론 신상을 그 꼴로 만든 것이다.

"그런 다윗으로는 골리앗은커녕 시정잡배도 죽일 수가 없어." 하바스 다다가 말했다. 사람들은 그래도 이 시에는 꽤 괜찮은 데가 있다, 어린애처럼 순진한 부분과 감상적인 부분은 썩 잘 표현되어 있다고 말하기도 했다. 나는 형이 선고되기를 기다리는 죄인처럼 말없이 고개를 숙인 채 서 있었다.

"호라티우스의 가르침을 기억하게!" 하바스 다다는 나에게 속삭이면서, 다정하게 내 손을 잡고 나를 '시인'이라고 불렀다. 나는 풀이 죽은 채 방구석으로 물러갔다. 그런데 잠시 후, 하바스 다다가 파비아니에게 말하는 소리가 들렸다. 자기 딴에는 속삭이려고 한 것이겠지만, 귀가 어두운 사람이라 저절로 목소리가 커진 것이다.

"이 시는 도저히 손댈 수 없는 누더기들을 한데 모아 놓은 것 같아요. 아주 엉망입니다."

그들은 결국 나라는 인간도 내 시도 이해하지 못했다. 내 마음은 이 좌절을 견딜 수 없었다. 나는 난로에 불이 지펴져 있는 옆방으로 들어갔다. 그리고 발작적으로 원고 뭉치를 손아귀에 움켜쥐었다. 나의 모든 희망, 모든 꿈은 한순간에 무너져 버렸다. 나 자신이 더없이 초라하게 느껴졌다. 인간은 신의 형상을 본떠 만들어졌다고는 하나, 나는 아무래도 불량품에 불과한 모양이었다. 내가 심혈을 기울여 끝없이 사랑하고 입맞추었던 것, 내 영혼과 생생한 사상이 담겨 있는 것, 그 시의 원고를 나는 활활 타오르는 난롯불 속에 던져 넣었다. 내 시는 당장 빨간 불꽃에 휩싸여 타올랐다.

"안토니오!" 바로 뒤에서 어린 수녀원장의 외침소리가 들렸다. 다음 순간, 그녀는 불타고 있는 원고를 집으려고 불 속에 손을 넣었다. 그런데 서두르는 바람에 발이 미끄러져, 천사는 그만 불 위에 쓰러지고 말았다. 무서운 광경이었다! 플라미니아가 짧은 비명을 질렀다. 나는 정신없이 달려들어 쓰러진 천사를 안아 일으켰다. 시는 이미 불타 버렸다. 다른 사람들이 놀라서 달려왔다.

"예수님, 성모님!" 프란체스카가 외쳤다. 내 품에 안긴 어린 수녀원장은 창백한 얼굴을 들고 생긋 웃으며 어머니에게 말했다.

"괜찮아요, 어머니. 발이 미끄러졌는데, 손을 약간 데었을 뿐이에요. 안토니오가 없었다면 크게 다칠 뻔했지만요."

나는 만감이 교차하여 한마디도 못한 채 우두커니 서 있었다. 플라미니아는 오른손에 심한 화상을 입었기 때문에 온 집안이 발칵 뒤집혔다. 그러나 내가 시를 불태웠다는 사실은 아무도 알지 못했다. 나는 굳이 말하지 않고 침묵을 지켰으며, 그 시에 대해 물어보는 사람도 없었다. 아니, 딱 한 사람 있었다. 나중에 내 시에 관해 이야기한 사람이. 바로 나 때문에 날개에 화상을 입은 천사, 어린 수녀원장 플라미니아였다. 아아, 그녀가 없었으면 나는 염세의 늪에 머리 끝까지 잠겨 버렸을 것이다. 그녀는 보르게세 저택에 나타난 수호천사였다. 그녀의 상냥함과 누이 같은 마음씨 때문에 나의 어린애 같은 신뢰감이 되살아났다. 이리하여 나는 플라미니아와 신뢰로 맺어지게 되었다.

그녀의 손이 나을 때까지는 보름이 넘게 걸렸다. 상처가 아무는 동안 그녀가 겪은 고통은 내 마음속에서도 활활 타오르고 있었다. 어느 날 나는 플라미니아와 단둘이 있을 때 말했다.

"아가씨, 모두 내 잘못입니다. 용서해 주세요. 나 때문에 그런 고통을 겪으시다니!"

"안토니오! 제발 그런 말 말아요. 누가 들으면 안 돼요. 당신은 아무 잘못도 없는데 자책하고 있는 거예요. 내 발이 미끄러져서 넘어진 것뿐이에요. 당신이 재빨리 구해 주지 않았다면 더 지독한 꼴을 당했을지 몰라요. 오히려 내가 감사하지 않으면 안 돼요. 아버지와 어머니도 당신한테 감사하고 계세요. 아버지와 어머니는 당신을 좋아해요, 안토니오. 당신이 생각하는 것 이상으로."

"저도 압니다. 제가 이렇게 부족함 없이 살고 있는 것도 모두 다 그분들의 호의 덕분입니다. 날마다 새로이 은혜를 입고 있지요."

"그런 식으로 말하지 마세요, 안토니오. 우리 부모님이 당신을 어떻게 대하고 있는지는 지난 며칠 동안 봐서 알고 있어요. 그 방식은 좀 특별할지 모르지만, 그게 당신한테 가장 좋다고 생각하시기 때문이에요. 어머니가 당신을 얼마나 칭찬하는지 당신은 모를 거예요. 꼭 누구 한 사람만이 잘못하는 것은 아니죠. 우리는 누구나 다 잘못을 저질러요. 당신도 마찬가지예요." 플라미니아는 여기서 잠깐 말을 끊더니 이렇게 덧붙였다. "한순간 화가 치민다고 해서, 그렇게 아름다운 시를 불태워 버리다니."

"그것은 세상에 남겨 둘 가치가 없는 시였기 때문입니다. 좀더 일찍 불 속에 집어던져야 했어요."

내 대답에 플라미니아는 고개를 저었다.

"정말 사악하고 불쾌한 세상이에요! 조용하고 다정한 수녀원 안에서 순결한 자매들과 함께 지내는 게 훨씬 좋았어요."

"그래요!" 나는 외쳤다. "나는 아가씨처럼 순결하고 착한 사람이 아닙니다.

내 마음은 이미 때가 묻고 황폐해져 버렸어요. 죄 많은 나는 나에게 쏟아지는 은혜의 샘물보다 독약처럼 씁쓸한 물 한 방울을 더 확실히 기억하고 있답니다."

"수녀원이 여기보다 훨씬 편안하고 좋았어요. 여기서는 모두 나를 귀여워해주지만……."

나와 단둘이 있을 때면 플라미니아는 자주 이렇게 말하곤 했다. 나는 그녀에게 강한 애착을 느꼈다. 플라미니아야말로 내 심정을 알아주고 내 마음의 순결을 지켜주는 천사라고 마음속 깊이 느꼈기 때문이다. 플라미니아가 저택에 돌아오고 나서부터는 나를 대하는 사람들의 눈빛과 말투가 왠지 전보다 훨씬 따뜻하고 상냥해진 것 같았다. 이것도 모두 어린 수녀원장이 미친 영향 덕분이라고 나는 믿었다.

플라미니아는 내가 가장 많은 관심을 품고 있는 것, 즉 시에 대해 나와 대화하기를 무척 좋아했다. 나는 위대한 거장들에 대해 이런저런 이야기를 해주었다. 신이 나서 이야기하는 동안 내 영혼은 자유로워지고 가슴속에는 영감이 떠올랐다. 내 이야기는 스스로도 놀랄 만큼 점점 더 유창해졌다. 그녀는 두 손을 맞잡고 가만히 앉아 있었다. 그 모습은 순결한 천사 같았다. 천사는 내 눈을 뚫어지게 바라보고 있었다.

"안토니오, 당신은 정말 행복한 분이에요. 그렇게 아름다운 시를 지어 사람들의 마음을 움직인다는 것은 아무나 할 수 있는 일이 아니니까요. 그런데 그토록 훌륭한 시인이 왜 영원하신 하느님의 영광과 천국의 평화를 노래하지 않고, 복잡한 인간사와 현세의 싸움을 노래하는 걸까요. 나는 이해할 수가 없어요. 당신 같은 시인은 세상 사람들에게 정말로 많은 행복을 주겠지만, 또 그만큼 슬픔과 재앙도 주는 것 같아서 걱정이에요."

"아뇨, 그렇지 않아요. 시인이 인간에 대해 노래하는 것은 곧 하느님을 노래하는 것입니다. 하느님이 인간을 만드셨으니까. 시인은 인간 속에 드러나는 하느님을 찬양하는 겁니다."

"나는 잘 모르겠어요. 당신 말씀에 찬성할 수 없는데, 그 이유를 정확히 표현할 수가 없네요. 하느님의 뜻은 사람들 마음속에나 이 세상에나 분명히 깃들어 있어요. 그러니 시인은 그 신성한 것을 세상 사람들에게 보여 주고, 모든 것을 하느님의 영광으로 돌려야 하지 않을까요. 그런데 실제로는 시끄러운 이 세상에만 초점을 맞추고 있으니…… 그건 바람직하지 않다고 생각해요. 그런데 안토니오, 당신은 어떤 식으로 즉흥시를 지으시나요?

"글쎄요. 주제가 정해지면, 일부러 애쓰지 않아도 시상이 저절로 떠오릅니다."

"그래요. 하느님께서 영감을 주시는 거죠. 그것은 누구나 다 알고 있어요. 하지만 그 아름다운 시상, 즉 마음속에 떠오른 것을 어떻게 말로 다듬어서 표현하는지, 그걸 잘 모르겠어요."

"수녀원에서 《시편》에 나오는 아름다운 성가나 운문으로 쓰인 성인들의 전기를 배우시지 않았습니까. 전혀 생각지도 않을 때 무언가를 계기로 어떤 생각이 문득 마음에 떠오르고, 시구 하나가 생각난 적은 없었나요? 아마 있었을 테지요. 다만 아가씨는 그렇게 떠오른 시구를 종이에 적으려고 하시지 않았을 뿐입니다. 시험 삼아 한번 적어 보세요. 그렇게 하면 그 시구나 운율이 아가씨를 이끌어 저절로 그 다음 구절이 생각나고, 시상은 뚜렷한 형태를 얻게 될 겁니다. 시가 저절로 세상에 태어날 거예요. 즉흥시인이나 시인의 경우, 적어도 내 경우에는 그렇습니다. 때로는 다른 세계에서 들은 자장가 같은 것이 마치 영혼에 새겨진 추억처럼 생각나는 경우도 있지요. 영혼 속에서 그런 것이 눈을 뜨면, 나는 창작을 한다기보다는 그것을 그대로 되풀이하게 된답니다."

"나도 그와 비슷한 기분은 느낀 적이 있어요. 하지만 대체 무엇을 어떻게 시로 표현해야 좋을지 모르겠어요. 수녀원에 있을 때는 문득 그리운 기분이 들었는데요. 뭐랄까, 저 멀리 있는 무언가를 동경하는 듯한 감정이 가슴속을 가득 채우곤 했어요. 그건 대체 무엇이었을까요. 무엇에 대한 동경인지는 저도 잘 모르겠어요. 하지만 꿈속에서 내가 섬겨야 할 남편이신 예수님과 성모님을 만나면, 정체 모를 동경심도 사라지고 내 마음에 평화가 찾아왔지요. 그런데 그런 감정도 시가 될 수 있을지 모르겠어요. 집에 돌아오고 나서는 예수님이나 성모님 꿈을 별로 꾸지 않게 되었어요. 그 대신 이 세상의 영화와 죄 많은 사람들에 대한 꿈만 꾸게 되었죠. 아아, 빨리 수녀원으로 돌아가고 싶어요. 이봐요, 안토니오, 당신은 내 진정한 친구니까 솔직하게 말할게요. 나는 이제 순진하지 않아요. 멋을 부리는 게 즐거워요. 남에게 아름답다는 말을 들으면 기뻐요. 수녀원에서는 그런 생각을 하는 사람은 죄악의 자식이라고 했지만……"

"아아, 내 생각도 아가씨처럼 순결하다면! 당신만큼 순결한 사람은 없어요. 먼 옛날 이곳에서 만났던 어리고 순진한 당신이 지금 이 순간에도 내 눈앞에 있는 걸요!" 나는 플라미니아 앞에 몸을 굽혀 그 손에 입을 맞추었다.

"그때 당신은 나를 안아 주고, 또 그림도 그려 주셨지요. 잘 기억하고 있어요."

"아가씨는 그림을 보고 난 뒤에는 찢어 버리곤 했지요."

"정말 못된 아이였군요. 나한테 화가 나지 않았나요?"

"아니요. 사람들은 내 가슴속에 있던 가장 소중한 그림조차 찢어 버렸지만, 나는 그 사람들을 원망하지 않습니다."

내가 이렇게 말하자, 플라미니아는 상냥하게 내 볼을 어루만지며 위로해 주었다.

나는 시간이 지날수록 점점 더 그녀를 좋아하고 소중히 여기게 되었다. 이 세상 모든 사람한테서 버림받은 나에게 오직 그녀만이 애정과 동정심을 보여 주는 것 같았다.

24
엘리자베타

　가장 무더운 두 달 동안, 공작 집안사람들은 티볼리로 피서를 떠났다. 나도 플라미니아가 거들어 준 덕에 이번에는 함께 따라갔다. 울창한 올리브숲과 바위 사이로 세차게 떨어지는 폭포가 있는 그곳의 풍요로운 자연은 테라치나에서 처음 본 바다 못지않게 내 마음을 사로잡았다. 답답한 로마와 황량한 캄파니아의 숨막히는 불볕 더위에서 해방된 나는 다시 살아난 듯한 기분이 들었다. 나를 이곳으로 데려와 준 이들에게 진심으로 감사했다. 상쾌한 공기를 마시고 올리브숲에 뒤덮인 산을 보자, 생기가 넘쳐흐르는 나폴리의 모습이 떠올랐다.

　플라미니아는 자주 시녀와 함께 나귀를 타고 티볼리의 산골짜기를 돌아다녔다. 나도 함께 가는 것이 허락되었다. 플라미니아는 그림 같은 자연의 아름다움에 대단한 감수성을 보였다. 그래서 나는 그녀의 부탁대로 풍요로운 자연을 스케치해 보기로 했다. 저 멀리 지평선 위에 산 피에트로 성당의 둥근 지붕이 우뚝 솟아 있는 끝없는 캄파니아 황야, 울창한 올리브숲과 포도밭으로 뒤덮인 산허리, 수많은 폭포가 하얀 거품을 일으키며 떨어져 내리는 벼랑 위에 우뚝 서 있는 티볼리 시가지. 내 그림과 실제 풍경을 보면서 플라미니아가 말했다.

"아래에서 보니까 왠지 무섭네요. 폭포수가 이렇게 세차게 떨어지잖아요. 이 절벽이 점점 깎여 나가면, 언젠가 도시 전체가 절벽과 함께 무너져서 깊은 물 속으로 풍덩 가라앉지나 않을까요? 아, 저런 곳에서 불안해서 어떻게 살까요?"

"그래요, 불안하죠. 아가씨 말씀이 맞아요. 하지만 걱정 마세요. 저 도시 사람들이 저곳에서 즐겁고 행복하게 살고 있는 것도 하느님의 은혜 덕분이니까요. 하느님께서는 인류를 어여삐 여기셔서, 무시무시한 발아래를 보지 못하도록 우리 눈을 가려 주고 계시는 겁니다. 이 폭포는 확실히 무섭네요. 하지만 나폴리의 땅속은 더더욱 무섭답니다. 여기는 물이 문제지만, 거기는 불이에요. 나폴리 사람들은 뚜껑이 들썩들썩하는 뜨거운 용암 가마솥 위에서 살아가고 있거든요."

나는 베수비오 화산에 올라갔던 일이며, 헤르쿨라네움과 폼페이에서 있었던 일들을 이야기했다. 플라미니아는 내 입에서 나오는 말 한마디 한마디를 집어삼킬 것처럼 열심히 듣고 있었다. 집에 돌아온 뒤에도 그녀에게 늪지대 저편에 대한 흥미로운 이야기들을 들려 주어야 했다.

플라미니아는 바다라는 것을 잘 알지 못했다. 상상하기도 어려운 모양이었다. 하기야 산 위에서 저 멀리 지평선 너머에 은빛 리본처럼 가로놓여 있는 바다를 딱 한 번 보았을 뿐이니까. 내가 바다는 또 하나의 푸른 하늘이 우리 발밑에 펼쳐져 있는 것과 같다고 설명하자, 그녀는 두 손을 모으고 말했다.

"하느님은 정말 이 세상을 끝없이 아름답게 만드셨군요!"

'그러니까 하느님이 만드신 그 모든 신비롭고 아름다운 것에 등을 돌리고 비좁은 수녀원에 갇혀 있어서는 안 됩니다.' 나는 이렇게 말하고 싶었지만, 차마 그럴 용기가 나지 않았다.

어느 날 우리는 티볼리에 있는 고대 시빌라 신전 터에 서서 두 개의 커다란 폭포를 내려다보고 있었다. 커다란 폭포 한 줄기는 흰 구름처럼 물보라를 일으키며 깊은 웅덩이로 떨어지고, 물보라 기둥은 울창한 나무들 사이를 지나 푸른 하늘을 향해 뭉게뭉게 피어오르고 있었다. 햇빛이 물기둥에 닿아 무지개가 피어났다. 그 옆에 있는 작은 폭포 위의 동굴에 비둘기 떼가 둥지를 틀고 있었다. 끊임없이 떨어지면서 요란하게 부서져 물보라를 흩날리는 커다란 물덩어리 위를 비둘기가 크게 원을 그리며 날고 있었다.

"어머나, 정말 아름다운 경치예요!" 플라미니아가 외쳤다. "안토니오, 나한테도 즉흥시를 들려주세요. 이 광경을 시로 노래해 봐요!"

나는 부서지는 폭포수를 바라보면서 생각에 잠겼다. 그 모습은 꿈을 좇으려고 애쓰던 마음이 이윽고 산산이 부서져 파멸을 맞이하는 것과 같았다. 내 입술에서 노래가 흘러나왔다.

계곡을 흐르는 젊고 씩씩한 물은
한시도 멈출 줄을 모른다.
시간도 이 물과 같이 흐르니
인생은 멈출 줄을 모른다.

물은 세곡을 힘차게 흘러 내려간다.
태양은 만물을 평등하게 비춰 주건만
나무그늘 아래 흐르는 물은 그 은혜를 모르는구나.

이윽고 너른 들판으로 나가
큰 강물에 섞여 태양빛을 받을 때
물은 비로소 기쁨의 노래를 부르고
태양은 온 지상을 뒤덮으며 하늘을 달린다.

플라미니아가 갑자기 내 노래를 가로막았다.

"싫어요, 그런 슬픈 노래는! 기쁨으로 노래할 수 없다면 저 때문에 애써 노래하시지 않아도 돼요."

내가 그녀를 깊이 신뢰했듯이 그녀도 나를 깊이 신뢰했다. 하루는 그녀가 말했다.

"안토니오, 나는 다른 남자 분들하고는 마음 편히 이야기할 수가 없는데, 어째서인지 당신만은 달라요. 당신한테는 내 생각을 뭐든지 말할 수 있어요. 마치 아버지나 어머니 같은 기분이 들어요."

나도 그녀에게는 뭐든지 숨김없이 말할 수 있었다. 나는 내 가슴속에서 어지럽게 움직이는 수많은 생각을 남에게 전하고 싶은 충동에 사로잡혔다. 어느 날 저녁, 나는 내 과거를 플라미니아에게 두세 가지 들려주었다. 지하묘지에서 길을 잃었던 이야기, 젠차노의 꽃축제 이야기, 어머니가 공작의 말에 치여 죽은 이야기 등등…… 그녀는 이 이야기를 처음 들었기 때문에 깜짝 놀랐다.

"어머나! 난 전혀 몰랐어요. 그러면 당신의 불행은 우리 탓이군요. 불쌍한 안토니오!"

플라미니아는 내 손을 잡고 슬픈 듯이 내 눈을 들여다보았다. 또 캄파니아에 사는 도메니카의 이야기에 깊은 감동을 느꼈는지, 그녀는 할머니를 자주 찾아가 뵈었느냐고 물었다. 나는 부끄럽게도 작년에는 두 번밖에 찾아가지 않았다고 고백했다. 물론 할머니가 로마에 찾아오실 때도 있었고, 그때마다 만나서 용돈도 조금 나누어 드렸지만, 그런 것은 일부러 이야기할 만한 가치가 없는 일이었다.

플라미니아는 이야기를 좀더 해 달라고 졸랐다. 나는 소싯적 일을 남김없이 이야기한 다음, 베르나르도와 아눈치아타의 이야기도 털어놓았다. 다만 사랑이나 질투에 관해서는 차마 자세히 이야기할 수 없었다. 그녀는 끝없는 동정심이 담긴 눈으로 내 영혼의 밑바닥까지 꿰뚫어 보았다. 그 순수함에 이끌려서 나는 나폴리를 이야기하고, 산타 부인과 라라에 대해서도 솔직하게 털어놓았다.

플라미니아는 아눈치아타가 별로 마음에 들지 않는 눈치였다. 그 대신 라라는 아주 좋아했다.

"아눈치아타가 아름답고 현명한 여자라는 것은 나도 알 것 같아요. 하지만 그렇게 많은 사람들 앞에 나서서 재주를 파는 여자는, 아무래도…… 게다가 그 여자는 경박한 베르나르도를 사랑했다면서요. 주제넘은 이야기지만, 그런 여자가 당신의 부인이 되지 않아서 다행이라고 생각해요. 그녀는 당신에게 어울리지 않아요. 오히려 라라가 백배 천배 나아요. 당신의 영혼이 천국에 있을 때, 당신 곁으로 찾아온 사람은 바로 그 소녀잖아요. 그렇죠?"

플라미니아는 내 낙원의 뱀 산타에 대해서는 잔뜩 겁을 먹어 몸서리를 쳤다.

"아아, 아무리 불타는 화산과 넓은 바다가 아름답다지만, 난 나폴리에는 절대로 가지 않을 거예요! 그런 사람이 사는 곳에는 가고 싶지 않아요! 당신은 착한 사람이어서 성모님이 지켜 주신 거예요."

나는 산타 부인과 이별하던 순간을 떠올렸다. 나와 그녀의 입술이 맞닿았을 때, 성모상이 머리 위로 떨어져서 나는 겨우 정신을 차릴 수 있었다. 플라미니아는 그 이야기를 듣고도 여전히 나를 착한 사람이라고 생각해 줄까? 나는 다른 죄인들처럼 여인의 유혹에 마음이 흔들렸는데? 그렇다. 나는 다른 모든 이들과 마찬가지로 허약한 인간이었다.

플라미니아는 즉흥시인으로서 활약한 이야기도 들려 달라고 졸랐다. 내 이야기를 들은 그녀는 산적의 동굴보다도 대도시 극장이 훨씬 더 무시무시한 무대라고 생각한 모양이었다. 나는 내 첫 무대에 대한 비평이 실려 있는 〈나폴리 일보〉를 트렁크에서 꺼내 그녀에게 보여 주었다.

외국 도시에서 발간된 신문에 실려 있는 기사는 플라미니아의 흥미를 끌었다. 그녀는 신문을 계속 뒤적거리다가 느닷없이 고개를 들고 외쳤다.

"당신이 나폴리에 있을 때 아눈치아타도 그곳에 있었다는 이야기는 아직 해주지 않았군요. 봐요, 여기 기사가 실려 있잖아요."

"뭐, 아눈치아타가?" 나는 깜짝 놀라 나도 모르게 더듬거리면서 신문을 들여다보았다. 지금까지 몇 번이나 보았지만, 나와 관계 있는 기사 외에는 아무것도 읽지 않았다. 그런데 자세히 보니 정말로 아눈치아타의 기사가 실려 있었다. 그녀가 내일 무대에 출연한다고. 내일이면 내가 나폴리를 떠난 날이 아닌가. 나는 충격을 받아 할 말을 잃고 말았다. 우리는 말없이 얼굴을 마주보았다.

잠시 후 나는 겨우 입을 열었다.

"그래도 그 사람과 마주치지 않아서 다행이에요. 이젠 내 사람이 아니니까요."

"하지만 지금 만나면 어떨까요? 기쁠 거라고 생각지 않으세요?"

"아뇨, 나에게는 고통일 뿐입니다! 고통! 내가 한때 반했고, 지금도 내 추억

속에 이상형으로 살아 있는 아눈치아타는 이제 두 번 다시 만날 수 없을 것입니다. 그녀는 과거와는 전혀 다른 존재가 되어 있을 테지요. 나는 죽은 사람을 그리듯이 그녀를 추억하고 있어요. 그녀의 현재 모습은 그 추억을 무참히 휘저어 놓을 것입니다. 그녀를 만나면 이제야 겨우 아물어 가던 내 상처가 다시 벌어져서, 마음이 한없이 괴로워질 거예요."

어느 무더운 날 오후, 나는 무성한 초록빛 덩굴이 창문에 그림자를 드리우고 있는 넓은 거실로 들어갔다. 플라미니아가 창가에 앉아 턱을 괸 채 꾸벅꾸벅 졸고 있었다. 그 모습은 그저 눈만 감고 있는 것처럼 보였다. 가슴이 가볍게 파도치듯 오르내리고 있었다. 꿈을 꾸고 있는 것이다. "라라!" 하고 그녀가 말했다. 그녀는 꿈속에서 그 빛나는 환상의 세계를 헤매고 있는 것이 분명했다. 입술에 미소가 떠오르더니, 그녀가 눈을 떴다.

"어머나, 안토니오! 언제 왔어요? 있죠, 나 말예요, 방금 깜빡 잠들어서 꿈을 꾸었어요. 그런데 누구 꿈이었는지 아세요?"

"글쎄요. 누구죠?"

"라라 꿈이었어요. 라라를 꿈속에서 보았어요. 우리는 둘이서 당신이 이야기해 준 그 크고 아름다운 바다 위를 날아갔어요. 그런데 바다 가운데 섬이 하나 있고, 그 꼭대기에 당신이 슬픈 얼굴로 바위에 기대어 앉아 있더군요. 그러자 라라가 허공을 가르며 섬으로 내려갔어요. 나도 같이 내려가려고 했는데, 라라를 따라가려고 날개를 퍼덕일 때마다 오히려 멀리 떨어져 버리는 거예요. 그래서 우리가 수천 킬로미터나 떨어졌다고 생각했을 때, 문득 라라가 당신을 데리고 내 곁에 와 있지 않겠어요?"

"그것은 삶과 죽음 사이의 세계인지도 모릅니다. 삶이 우리를 한없이 멀리 갈라놓아도, 죽음은 우리를 한데 모아 주지요. 죽음은 크나큰 은혜를 베풀어서 우리 소망을 이루어 준다고 합니다."

"안토니오, 나는 이제 곧 수녀원으로 돌아갈 거예요. 돌아가서 예수님의 신부가 될 거예요. 그러면 우리 삶이 교차하는 일은 더 이상 없겠지요. 당신의 삶에서 나는 죽은 사람이나 마찬가지일 거예요. 하지만 그래도 나를 잊지 말아 줄래요? 죽음의 세계에서 다시 만나자고 약속해 주겠어요?"

그 말을 듣자 가슴이 슬픔으로 가득 차서 목이 꽉 메었다. 플라미니아가 나에게 얼마나 소중한 사람인가를 새삼 절실하게 느꼈다.

어느 날 프란체스카와 플라미니아와 나는 노송나무가 높이 솟아 있는 빌라 데스테의 정원을 산책하고 있었다. 그런데 길가에 거지가 드러누워 있다가 우리를 보더니 당장 한 푼 달라고 졸라 댔다. 나는 파올로 은화 한 닢을 주었다. 그러자 플라미니아도 상냥하게 미소를 지으며 파올로 한 닢을 더 주었다.

"성모님, 젊은 나리와 아름다운 신부께 은총을 내리소서!" 거지가 우리 뒤에서 외쳤다.

프란체스카는 소리내어 웃었다. 그러나 내 피는 뜨겁게 끓어올랐다. 그 순간 나는 확실하게 깨달았다. 왠지 가슴이 뛰어서 플라미니아를 바라볼 용기가 나지 않았다. 플라미니아는 어느새 내 가슴속에 뿌리를 내려 버렸다. 이윽고 그녀와 헤어지는 순간이 오면 내 마음은 피를 토하리라. 플라미니아야말로 내 영혼의 구원자, 내 사상과 감정을 상냥하게 받아 주는 단 한 사람이었다. 이것이 사랑이라는 것일까? 나는 플라미니아를 사랑하고 있는 것일까? 하지만 이 것은 아눈치아타가 내 마음속에 불러일으킨 감정과는 달랐다. 나는 아눈치아타의 지성과 미모에 매료되어 미칠 듯한 열정을 불태웠다. 또 라라를 처음 보았을 때는 그 이상적인 아름다움 앞에서 마법처럼 신비로운 감동을 받았다. 그러나 플라미니아에 대한 나의 사랑은 결코 그런 것이 아니었다. 그것은 격렬하게 타오르는 정열이나 환상적인 동경이 아니라 우정이고, 따뜻한 형제간의 사랑이었다. 그러나 플라미니아의 가족과 내가 어떤 관계에 있는가, 그리고 그 가족이 그녀의 장래를 어떻게 결정해 놓고 있는가를 생각하자 절망감이 밀려왔다. 플라미니아와 헤어진다는 것은 도저히 생각조차 할 수 없었다. 플라미니아는 내 전부요, 이 세상에서 가장 소중한 사람이었다. 그렇다고 해서 그녀를 끌어안고 싶다거나 그 입술에 입맞추고 싶은 생각은 추호도 없었지만.

'젊은 나리와 아름다운 신부'라는 거지의 목소리가 끊임없이 내 가슴속에서 메아리치고 있었다. 나는 플라미니아를 그림자처럼 졸졸 따라다녔다. 그러나 다른 사람들이 곁에 있으면 나는 나를 억누르는 수많은 굴레를 느끼면서 입을 다문 채 멍하니 앉아 있곤 했다. 오직 그녀와 함께 있을 때에만 내 입술은 자유로워졌다. 그만큼 플라미니아는 나에게 소중한 사람이었다. 하지만 그녀는 곧 내 곁을 떠날 운명이었다. 나는 몹시 우울해졌다.

"안토니오, 어디 아픈 거 아니에요? 혹시 내가 알아서는 안 될 일이라도 생겼나요? 왜 그래요? 물어보면 안 되는 일인가요?"

플라미니아는 진심으로 나를 따랐다. 그래서 나도 그녀에게 진실한 오라비가 되고 싶었다. 그러나 내 이야기는 언제나 플라미니아의 생각을 속세로 돌리려는 뉘앙스를 띠었다. 하루는 무슨 이야기 끝에, 나도 한때는 수도사가 될 작정이었다, 하지만 그렇게 되었다면 얼마나 불행했을지 모른다, 왜냐하면 사람 마음은 늦든 빠르든 자신의 권리를 주장하기 때문이라고 말했다.

"나는 독실한 자매들 곁으로 돌아가는 게 행복해요." 그녀가 말했다. "그곳에 가야만 마음의 평화를 얻을 수 있을 테니까요. 그곳에 가면 당신이 얘기해 준 것들을 자주 생각하게 될 거예요. 그건 분명 아름다운 꿈일 거예요. 벌써부터 그런 기분이 들어요. 당신을 위해서 기도할게요. 당신의 순수한 마음이 이 나쁜 세상에 물들지 않도록, 당신이 정말로 행복해지도록, 세상 사람들이 당신의 노래에서 기쁨을 느끼도록. 그리고 하느님의 차별 없이 넓은 사랑을 당신이 느끼게 되도록 기도하겠어요."

나는 천국의 깊은 한숨을 내쉬었다.

"그럼 우리는 다시 만날 수 없겠군요!"

"아니에요. 천국의 하느님과 성모님 곁에서 만날 수 있어요." 플라미니아가 수줍게 웃으며 말했다. "거기서 라라를 보여 주세요. 거기서는 라라도 빛을 볼 수 있을 거예요. 성모님 곁이야말로 가장 좋은 곳이에요."

얼마 후 우리는 다시 로마로 돌아갔다. 보름 뒤에는 플라미니아가 수녀원으로 돌아가 베일을 쓴다는 소문을 들었다. 내 가슴은 슬픔으로 찢어질 것만 같았다. 그러나 슬픔을 억누르고 숨기지 않으면 안 되었다. 플라미니아가 떠나가면 얼마나 쓸쓸하고 따분해질까. 얼마나 외로운 신세가 될까. 크나큰 슬픔이 마음을 짓눌렀지만, 나는 애써 슬픔을 감추고 내 마음을 속이면서 되도록 쾌활해지려고 애썼다.

이제 곧 플라미니아의 수녀 서원식이 거행될 것이다. 그녀의 길고 아름다운 머리카락은 싹둑 잘리고, 살아 있는 그녀의 몸은 수의로 감싸일 것이다. 죽은 이를 애도하는 만가와 종소리에 둘러싸여 장례식이 치러진 다음, 그녀는 천국의 신부가 되어 되살아난다. 이러한 순서로 의식이 진행되어 그녀는 수녀가 되는 것이다. 플라미니아는 기뻐했지만 나는 괴로워서 도저히 가만있을 수가 없었다.

"아가씨, 왜 당신은 자진해서 무덤 속에 들어가려고 하는 거죠? 제발 다시 생각하실 수는 없나요?"

"그런 말은 아무한테도 하지 마세요, 안토니오!" 플라미니아는 얼굴이 굳어지더니 이제껏 한번도 들은 적이 없는 엄격한 어조로 말했다. "당신은 이 덧없는 세상에 너무나 강하게 사로잡혀 있어요. 좀더 하늘을 우러러보고, 사후 세계를 생각하세요." 내가 깜짝 놀라서 말없이 쳐다보고 있자 그녀는 곧 얼굴을 붉히며, 너무 심한 말을 했다는 듯 내 손을 잡고는 상냥하게 덧붙였다. "안토니오, 그렇게 나를 슬프게 하면 안 돼요. 내 마음의 평화를 깨뜨리지 마세요."

나는 아무 말도 못하고 그녀의 발치에 무릎을 꿇었다. 플라미니아는 성녀처럼 내 앞에 서 있었다. 내 영혼은 오로지 그녀에게 매달렸다. 그날 밤 나는 얼마나 눈물을 흘렸는지 모른다. 플라미니아는 이제 곧 그리스도의 신부가 될 몸인데, 내가 감히 그녀를 사모해도 되는 것인가. 나는 죄악감을 느끼면서도 날마다 플라미니아를 만났고, 그녀를 사모하는 마음은 날이 갈수록 깊어졌다.

플라미니아는 누이처럼 허물없이 나를 대했다. 그리고 나를 얼마나 좋아하는지, 자기한테 내가 얼마나 소중한 사람인지를 이야기했다. 나는 차라리 죽고 싶을 만큼 끔찍한 고뇌에 시달렸다. 그러나 내 영혼 속에 퍼져 가는 죽음의 그림자를 필사적으로 감추었다. 아무도 그것을 눈치채지 못하도록.

작별의 순간이 무서운 모습으로 내 눈앞에 버티고 서 있었다. 사악한 마음이 내 귀에 속삭였다. "너는 플라미니아를 사랑하고 있어!" 그러나 나는 아눈치아타를 사랑한 것처럼 정열에 사로잡혀 플라미니아를 사랑한 것은 아니었다. 또한 그녀를 사모하는 내 가슴도 라라의 이마에 입술이 닿았을 때처럼 힘차게 고동치지는 않았다.

플라미니아한테 말해. 너 없이는 살아갈 수 없다고 말해. 플라미니아는 너를 친오빠처럼 사랑하고 있잖아? 플라미니아를 사랑하는 마음을 속 시원하게 밝혀 버려. 공작네 가족은 모두 너를 저주하고, 너를 험한 세상으로 내쫓아 버리겠지. 하지만 플라미니아를 잃으면 모든 것을 잃는 거잖아? 그런데 뭘 망설이는 거야?

나는 몇 번이나 그런 생각을 했는지 모른다. 그러나 마음이 흔들거려, 도저히 내 사랑을 고백할 수 없었다. 그것은 내 피와 내 생각을 어지럽히는 죽음의 열병이었다.

저택에서는 제물로 바칠 희생양을 위한 호화로운 무도회가 열렸다. 나는 눈이 번쩍 뜨일 만큼 아름다운 옷을 입은 플라미니아를 보았다. 그녀는 말로는 표현할 수 없을 만큼 사랑스러웠다.

"다른 사람들처럼 쾌활해져 봐요." 플라미니아가 나에게 다가와 속삭였다. "당신이 그렇게 우울해 있으면 나까지 슬퍼져요. 우리가 슬프게 헤어지면, 수녀원에 돌아간 뒤에도 나는 당신이 마음에 걸려서 번뇌에 빠질 거예요. 하지만 그런 식으로 속세에 미련을 두는 건 죄악이에요. 내가 죄를 짓지 않도록, 좀더 기운을 내겠다고 약속해 줘요. 그리고 아버지와 어머니가 당신을 좀 심하게 대하더라도 용서하겠다고 약속해 줘요. 두 분은 당신이 잘되기를 바라고 그러는 거니까요. 그리고 이 세상 괴로운 일에 너무 얽매이지 말아요. 지금처럼 언제까지나 착하고 독실한 사람으로 있겠다고 약속해 줘요. 그러면 나는 편안한 마음으로 당신을 생각하고, 당신을 위해 기도할 수도 있어요. 성모님은 친절하고 자비로우신 분이에요."

플라미니아의 말은 죽어 가는 사람의 한숨처럼 들렸다. 드디어 이별을 앞둔 마지막 날 밤이 찾아왔다. 그녀 모습은 지금도 눈앞에 보이는 듯하다. 플라미니아는 모든 것을 달관한 듯 차분했다. 그녀는 아버지와 공작에게 키스를 하고, 사나흘 여행이라도 떠나는 것처럼 가볍게 작별인사를 나누었다. 그 모습이 오히려 나에게는 처연하게 느껴졌다.

"자, 안토니오에게도 작별인사를 하렴."

파비아니가 말했다. 그는 복잡한 감정에 휩싸여 어두운 얼굴을 하고 있었지만, 다른 사람들은 별로 그렇지 않은 듯했다. 나는 황급히 플라미니아 앞으로 나아가, 허리를 굽혀 그 희고 가녀린 손에 입을 맞추었다.

"안토니오! 부디 행복하세요!"

그녀가 말했다. 목소리가 너무나 부드러워, 내 눈에서는 눈물이 왈칵 넘쳐흘렀다. 그러나 나는 간신히 눈물을 참고, 마지막으로 다시 한 번 플라미니아의 얌전하고 온화한 얼굴을 쳐다보았다.

"잘 있어요!" 그녀가 말했다. 그녀도 목이 메었는지 그 소리는 거의 들리지도 않았다. 그녀는 몸을 굽혀 내 이마에 입을 맞추었다. 그러고는 속삭였다. "나의 소중한 오라버니, 당신의 따뜻한 마음은 잊지 않을게요. 정말 고마웠어요."

그 이상은 아무것도 기억나지 않는다. 나는 홀에서 뛰쳐나와 내 방으로 달려갔다. 아무도 보지 않는 곳에서 마음껏 울었다. 마치 하늘이 무너지는 것만 같았다.

드디어 운명의 날이 왔다. 맑은 하늘에 태양이 따뜻하게 빛나고 있었다. 나는 부모님이 지켜보는 가운데 플라미니아가 눈부시게 아름다운 옷을 입고 제단 앞으로 나아가는 모습을 보았다. 성가 소리가 들려왔다. 주위에는 의식을 보러 온 수많은 사람들이 모여 있었지만, 내 눈에 뚜렷이 보인 것은 창백하고 부드러운 플라미니아의 얼굴뿐이었다. 사제들과 함께 중앙 제단 앞에 무릎을 꿇고 있는 나의 천사. 그 모습은 내 마음속에 깊이 새겨져서 세월이 흘러도 사라지지 않았다.

베일이 그녀의 머리에서 벗겨지고, 풍성한 머리카락이 어깨로 흘러내리는 것이 보였다. 그 머리카락을 싹둑싹둑 자르는 소리가 들렸다. 플라미니아는 사제들의 도움을 받아 아름다운 옷을 벗고 관대 위에 누웠다. 그 위에 하얀 천이 덮이고, 해골 무늬가 있는 검은 이불이 펼쳐졌다. 그와 동시에 교회의 종들이 일제히 울려 퍼지고, 죽은 자를 위한 노래가 종소리와 어우러졌다.

그렇게 플라미니아는 죽었다. 그리고 이 세상에서 매장되었다.

수녀원 회랑 입구에 있는 검은 창살문이 들어 올려졌다. 하얀 아마포 옷차림으로 늘어선 수녀들이 신참 수녀를 맞이하는 노래를 소리 높여 불렀다. 주교가 손을 내밀어 죽은 자의 손을 잡아 일으켰다. 이제 죽은 자는 천국의 신부로 되살아나고, 이름도 엘리자베타로 바뀌었다. 나는 플라미니아가 사람들에게 보낸 작별의 눈빛을 멀리서 보았다. 그러고 나서 그녀는 고참 수녀의 손에 이끌려 무덤 속으로 들어갔다.

검은 창살문이 내려왔다. 아직 플라미니아의 윤곽이 보이고, 그 옷자락의 흔들림이 보였다. 그러나 모든 것이 이내 사라졌다. 그녀는 영원히 가 버렸다.

25
도메니카 할머니

보르게세 궁전에는 축하객들의 발길이 끊이지 않았다. 플라미니아는 이제 엘리자베타가 되어 천국의 신부로 다시 태어났다. 프란체스카는 손님들 앞에서 웃음을 짓고 있었지만, 마음속 고뇌는 감출 수 없었다. 평소 그녀의 얼굴에 나타나 있던 차분함은 이미 오래전에 사라져 버렸다. 파비아니가 나를 부르더니 감개무량한 얼굴로 말했다.

"자네는 가장 소중한 친구이자 은인을 잃어버렸군. 슬퍼하는 것도 무리는 아니지. 자, 어쨌든 이거 받게. 플라미니아가 도메니카한테 주라고 돈을 맡겨 놓고 갔어. 자네가 그 아이한테 그 노파 얘기를 했나 보지? 자네가 갖다주게. 플라미니아의 선물일세."

죽음이 뱀처럼 내 마음에 휘감겨 있었다. 산다는 것이 진저리가 났다. 나는 차라리 자살하는 게 낫겠다는 달콤한 유혹을 느꼈지만, 그런 착각에 사로잡히는 것이 두려웠다.

저택의 커다란 홀에는 공허와 죽음만이 가득 차 있었다. 질식해 죽을 것만 같았다. 그래, 탁 트인 캄파니아 황야로 떠나자. 내가 요람을 흔들고, 도메니카 할머니가 자장가를 불러 주던 어린 시절의 집으로. 조각배를 냇물에 띄우고 밤을 구워 먹으면서 천진난만하게 뛰놀던 내 고향으로 돌아가자.

캄파니아는 햇볕에 타서 누렇고 황량했다. 생기라고는 전혀 찾아볼 수 없었다. 누런 테베레 강물은 오로지 모습을 감추기 위해 바다로 물결을 보내고 있었다. 저 멀리 고분을 개조한 집이 보이기 시작했다. 지붕을 뒤덮은 담쟁이가 벽에까지 늘어져 있었다. 이곳이야말로 내 어린 시절의 세계였다.

문은 활짝 열려 있었다. 기쁨과 뒤엉킨 슬픔이 가슴 가득히 복받쳐 올라왔다. 나는 그리운 도메니카가 나를 보면 얼마나 기뻐해 줄까 상상했다. 내가 지난번에 찾아온 것이 1년 전이었고, 로마에서 도메니카를 마지막으로 만난 뒤로도 어언 여덟 달이 흘렀다. 그때 도메니카는 조만간 다시 집에 놀러 오라고 말했다. 나도 그동안 할머니를 자주 생각하고, 플라미니아와 함께 할머니 이야기를 나누곤 했다. 그러나 여름에는 더위를 피해 티볼리에 가 있었고, 돌아온 뒤에는 여러 가지로 심란하여 캄파니아에 찾아갈 기회가 없었다. 내 머릿속에는 벌써 나를 본 할머니의 기쁨에 넘친 외침소리가 들려왔다. 나는 발걸음도 가볍게 문간에 다가가서 살짝 발소리를 죽였다. 안을 들여다보니 마루 한가운데에 커다란 쇠냄비가 갈대 다발을 지핀 화덕 위에 놓여 있고, 한 젊은이가 열심히 불을 때고 있었다. 젊은이가 문득 고개를 들어 나를 보았다. 젖먹이였을 때 내가 돌봐 준 피에트로였다. 그는 벌써 훌륭한 젊은이가 되어 있었다.

"아니, 이게 누구세요!" 피에트로가 소리를 지르며 펄쩍 뛰어 일어났다. "나리께서 오셨군요. 무척 오랜만에 뵙네요!"

피에트로는 내 손에 정중하게 입을 맞추려고 했다.

"아니 괜찮아, 피에트로." 내가 말했다. "내가 옛 친구를 까맣게 잊어버린 줄 알겠지만, 절대로 그런 건 아니야."

"알고 있어요. 할머니도 그렇게 말씀하셨지요. 아아, 성모님! 할머니가 살아 계셨더라면, 이렇게 다시 찾아와 주신 나리를 보고 무척 기뻐했을 텐데!"

"뭐? 할머니…… 할머니가 돌아가셨어?"

"네. 벌써 반년 전에 돌아가셔서 지금은 흙 속에 누워 계시답니다. 나리께서 티볼리에 계실 때 돌아가셨지요. 병으로 쓰러져서 이삼일을 앓다가 숨을 거두셨는데, 그동안에도 줄곧 안토니오, 안토니오 하고 나리를 불렀답니다. 아니, 나리의 이름을 함부로 부른다고 기분 나쁘게 생각지는 마세요. 그만큼 할머니는 나리를 생각하고 있었지요. '눈을 감기 전에 다시 한 번 만나 볼 수 있다면 좋으련만!' 하면서 당신을 얼마나 보고 싶어했는지 몰라요. 그래서 할머니가 밤을 넘기기 어렵다고 생각된 날 오후에 저는 로마로 갔답니다. 나리한테 같이 할머니를 뵈러 가자고 하려고요. 제 부탁을 들으면 나리가 꼭 와 주시리라는 것은 알고 있었습니다. 그런데 가서 보니, 나리도 저택 분들도 모두 티볼리에 가시고 안 계시더군요. 저는 실망하여 돌아왔지만, 집에 도착했을 때 할머니는 이미 영원히 잠들어 있었답니다."

피에트로는 이야기를 마치자 참았던 울음이 터졌는지 두 손에 얼굴을 묻고 흐느껴 울었다. 그 한마디 한마디가 내 마음을 송곳처럼 아프게 찔렀다. 내 어머니나 다를 바 없는 도메니카 할머니는 죽기 직전까지 나를 생각했는데, 그때 나는 시원한 피서지에서 놀면서 편안하게 지내고 있었던 것이다. 도메니카가 이렇게 갑자기 내 곁을 떠나 버릴 줄이야! 하다못해 티볼리에 가기 전에라도 이곳을 찾아와 할머니에게 작별을 고해 두었다면 좋았을걸! 나는 얼마나 몹쓸 인간인가! 나는 플라미니아가 준 돈과 내가 가지고 있던 돈을 피에트로에게 몽땅 털어서 내주었다. 피에트로는 내 앞에 무릎을 꿇고, 나를 수호천사라고 불렀다. 그는 진심으로 한 말이었겠지만, 나에게는 그 말이 빈정거림처럼 들렸다. 무거운 마음의 짐을 안고 고향으로 돌아왔던 나는 이제 영혼 깊이 파고드는 이중의 슬픔을 안고 캄파니아를 도망치듯 떠났다.

26
안녕, 로마여

캄파니아에서 보르게세 저택까지 어떻게 돌아왔는지는 기억이 나지 않는다. 그로부터 사흘 동안 나는 의식을 잃고 심한 고열에 시달렸다. 마음이 괴로워서 병이 난 것이다. 그동안 무슨 말을 지껄였는지는 하느님만이 아실 것이다. 다행히 귀머거리인 페넬라가 나를 간병해 주었으므로 아마 내 헛소리를 제대로 들은 사람은 없겠지만, 그래도 걱정이 되기는 했다. 내가 앓아누워 있을 때 파비아니가 자주 문병하러 왔다는 것이다. 혹시 내 헛소리를 그가 듣지는 않았을까 생각하면 마음이 무거워졌다.

나는 겨우 정신을 차렸다. 기력은 아주 천천히 회복되었다. 저택 사람들이 병문안을 하러 올 때마다 애써 밝은 표정을 지으려고 노력했지만, 내 마음은 여전히 끔찍한 고뇌에 짓눌려 있었다. 그동안 사람들은 한 번도 플라미니아라는 이름을 입에 올리지 않았다.

플라미니아가 수녀원에 들어간 지 6주 정도가 지났을 무렵, 드디어 나는 의사에게 외출해도 좋다는 허락을 받아 거리로 나왔다. 나는 자신도 모르게 어느새 로마 동북쪽의 피아 성문 근처까지 와 있었다. 거기서 수녀원이 있는 폰타네 광장 쪽을 내려다보았지만, 수도원 앞을 지나갈 용기는 나지 않았다. 그러나 그로부터 불과 이삼일 뒤, 어스름이 내릴 무렵에 나는 애가 타서 가만히 있을 수 없어 다시 그곳으로 가 보았다. 그리고 수녀원 앞까지 가서 회색 벽과 창살 쳐진 창문을 쳐다보았다. 이곳은 플라미니아가 산 채로 갇혀 있는 무덤이다. 무덤을 찾아가는 데 거리낄 게 무어냐! 나는 속으로 중얼거리며, 그것을 좋은 구실로 삼았다. 그 후로는 거의 밤마다 그곳을 지나갔다. 어쩌다 아는 사람을 만나면 빌라 알바니로 산책하러 가는 길이라고 말했다. 나는 수녀원을 찾아가는 습관이 몸에 배어 버렸다. 가슴속에 쌓인 감정은 점점 커져만 갔다. 이러다 어떤 파국을 맞게 될지는 신만이 아시겠지. 나는 속으로 한숨을 내쉬었다. 언제까지 내 감정을 가슴속에 묻어둘 수 있을까. 그런 생각을 하다 보면 어느새 목적지에 와 있곤 했다.

캄캄한 밤이었다. 한 줄기 불빛이 수녀원 창문에서 벽을 따라 비치고 있었다. 나는 그 밝은 창문을 쳐다보면서 플라미니아를 생각했다. 그때 "안토니오!" 하고 나를 부르는 소리가 바로 뒤에서 들렸다.

"안토니오, 이런 데서 뭘 하고 있나?"

파비아니였다. 그는 함께 집으로 돌아가자고 했다. 나는 조용히 그의 뒤를 따라갔다. 도중에 우리는 한마디 말도 나누지 않았다. 파비아니는 내 마음을 훤히 꿰뚫어 보고 있는 것 같았다. 아, 나는 배은망덕한 놈이었다. 부끄러워서 도저히 그의 얼굴을 쳐다볼 용기가 나지 않았다. 얼마 후 우리는 저택에 도착하여 방에 단둘이 있게 되었다.

"안토니오. 병이 아직도 낫지 않은 모양이군." 파비아니가 말했다. 그 목소리는 여느 때보다 훨씬 엄격했다. "좁은 세계에 틀어박히지 말고 세상 사람들과 어울리면서 기분을 전환할 필요가 있겠어. 좀더 세상을 보며 돌아다니는 게 건강에 좋겠지. 자네도 한번은 자유의 날개를 펼쳐 보았으니까, 그 새를 다시 붙잡아서 새장에 오랫동안 가둔 건 내 잘못이었는지도 몰라. 인간이란 모름지기 자기 의지에 따라야 하는 거야. 자기 뜻대로 가고 싶은 곳에 가고, 머물고 싶은 곳에 머물러야 해. 그렇게 하면, 설사 불행에 빠지더라도 자기한테만 책임을 돌리면 되니까. 자네도 이젠 어린아이가 아니야. 스스로 진로를 결정해야 할 나이가 됐어. 짧은 여행이 건강에도 좋겠지. 의사도 그렇게 말했다네. 나폴리에는 이미 가 봤으니, 이번에는 북부로 가 보게. 1년쯤 자유롭게 여행해 봐.

경비는 내가 다 마련해 주지. 그게 자네한테 가장 좋은 일이고, 또 필요한 일이기도 해."

그리고 그는 이제껏 한 번도 들은 적이 없는 엄격하고 진지한 어조로 말을 이었다.

"자네는 은혜를 잊을 사람이 아니라고 나는 굳게 믿고 있네. 무분별하고 맹목적인 정열에 사로잡혀 우리에게 불쾌감과 부끄러움과 슬픔을 안겨 주지는 말아 주게. 부디 좋은 뜻만 가슴에 품고 자네 뜻대로 하기를 바라네."

그 말은 벼락처럼 나를 후려쳤다. 나는 무릎을 꿇고 그의 손에 입술을 댔다.

"나는 알고 있네. 우리가 언제나 나빴다는 걸." 그가 농담처럼 말했다. "이치에 어긋나는 말을 한 적도 있었고, 지나치게 엄격했던 적도 있겠지. 자네도 지쳐 나자빠질 지경이었을지도 몰라. 하지만 세상에 나가 보게. 우리보다 더 진지하고 친절하게 자네를 대해 주는 사람은 없을 거야. 훨씬 달콤한 겉치레 말이나 상냥한 말을 들을 때도 있겠지. 하지만 그런 말에는 우리가 보여 준 참된 성의가 담겨 있지 않아. 어쨌든 1년쯤 여기저기 돌아다녀보게. 그 다음에 자네가 어떻게 달라졌는지, 그리고 우리가 자네에게 한 일이 잘못이었는지 어떤지를 검토해 보기로 하세."

파비아니는 내 대답을 기다리지도 않고 방을 나갔다. 그는 나하고 의논할 생각은 없었다. 다만 나에게 떠나라고 명령한 것이다.

나는 생각에 잠겼다. 이 세상에는 아직도 수없이 많은 고통이 나를 기다리고 있을 것이다. 하지만 그 쓰디쓴 독약이 과연 지금의 내 처지보다 더 지독할까? 파비아니는 이제 나를 새장에서 풀어 주었다. 나는 세상으로 날아갈 자유를 얻었다. 이 자유는 신의 영약처럼 나를 치유해 줄지도 모르지만, 오히려 내 마음의 상처를 헤집어 새로운 고통을 낳을지도 모른다. 하지만 그러면 어떠랴? 자, 로마를 떠나자! 온갖 추억이 만발한, 이 향기로운 남쪽 나라를 떠나자! 아펜니노 산맥을 넘어, 높은 봉우리마다 눈이 쌓여 있는 북쪽 나라로 가자! 알프스에서 불어오는 찬바람은 이 뜨거운 피를 식혀 줄 것이다. 북쪽으로, 물의 도시 베네치아, 바다의 신부에게로! 아아, 신이여! 로마에는 두 번 다시 돌아오지 않게 하소서. 추억의 무덤 로마를 떠나서 나는 미래로 나아가리라. 안녕, 로마여! 잘 있거라, 내 고향 로마여!

27
풀비아 할멈

마차는 쓸쓸한 캄파니아 평야를 달려갔다. 산 피에트로 성당의 둥근 지붕도 이윽고 언덕 너머로 숨어 버렸다. 내가 탄 마차는 어느새 로마 북쪽에 있는 소라크테 산기슭을 지나고 고개를 넘어 네피 시내로 들어서고 있었다. 밝은 달빛이 좁은 골목을 비추고 있었다. 한 수도사가 여관 입구에 서서 설교를 하고 있었는데, 모인 사람들은 수도사를 따라 "산타 마리아 만세!"를 되풀이하고 성가를 부르면서 거리를 지나갔다. 나는 그들을 피해 옆길로 갔다. 담쟁이덩굴이 빽빽이 휘감겨 있는 고대 수로와 어두운 올리브숲은 내 기분에 어울리는 음울한 분위기를 자아내고 있었다.

나는 마차를 타고 들어섰던 성문을 다시 지나 도시 밖으로 나왔다. 문밖에는 성이나 성당이었던 듯한 폐허가 펼쳐져 있었다. 무너져 내린 몇 개의 홀 사이로 넓은 국도가 뻗어 있었다. 그 국도에서 갈라진 한 줄기 샛길을 따라 내려가 보았다. 길가에는 벌집처럼 오밀조밀한 작은 방들이 모여 있고, 그 벽에는 담쟁이와 양치류가 늘어져 있었다. 걸음을 옮겨 넓은 홀로 들어가 보았다. 흙모래에 반쯤 파묻힌 기둥머리와 벽돌 위에 풀이 무성하게 자라 있었다. 커다란 고딕식 창문에는 불과 두세 장의 채색 유리가 남아 있을 뿐, 그 사이에는 덩굴이 비집고 들어와 넓적한 잎사귀를 흔들고 있었다. 수십 미터나 되는 벽 위쪽에는 가시나무가 무리지어 나 있었다. 달빛이 오래된 프레스코 벽화 위에 비쳐, 화살을 맞고 피투성이가 되어 있는 로마의 순교자 성 세바스티아누스가 환히 떠올라 있었다.

아까부터 계속 낮은 소리가 폐허에 울리고 있었다. 멀리서 천둥이 치는 듯한 소리였다. 사방 벽에 메아리치는 그 소리를 따라 좁은 문을 빠져나가자 무성한 도금양나무숲이 나왔다. 그리고 바로 옆에 깎아지른 절벽이 입을 벌리고 있고, 한 줄기 폭포가 밝은 달빛 속에서 은색 물보라를 일으키며 떨어지고 있었다. 그 인상적인 풍경은 누구에게나 감동을 불러일으켰을 것이다. 그러나 우수에 젖어 있는 내 마음은 좀처럼 감동할 줄을 몰랐다. 하지만 이곳에서 나는 우연히 또 하나의 광경을 목격했다. 그것은 내 마음을 피 흘리게 한 절대로 지워지지 않을 인상으로 남았다.

나는 절벽을 따라 풀에 뒤덮여 있는 샛길을 더듬어 갔다. 이대로 가면 빙 돌아서 국도로 다시 나갈 수 있을 터였다. 그런데 달빛을 받아 하얗게 빛나고 있는 높은 절벽을 문득 쳐다보니, 쇠창살 안에서 세 개의 창백한 목이 이쪽을 내려다보고 있었다. 그것은 붙잡혀서 참수형을 당한 산적의 목이었다. 로마인들이 안젤로 성문에 죄인의 목을 걸어 놓듯, 여기서도 이를 본보기로 삼아 사람들에게 두려움을 불러일으키기 위해 길거리에 목을 전시해 놓은 것이었다. 그것을 보고도 나는 무섭지 않았다. 전 같으면 무서워서 달아났겠지만, 고난이 철학을 낳았는지 내 마음은 고요하게 가라앉아 있었다. 죽고 죽이는 것 외에는 아무 생각도 없는 대담하고 오만불손한 머리, 바위산의 그 사나운 독수리들도 이제는 사로잡힌 새가 되어 새장 속의 길들여진 새처럼 조용히 우리에 갇혀 있었다.

나는 그쪽으로 가까이 다가가 보았다. 최근에 처형당한 것이 분명했다. 눈썹도 수염도 생생하여, 얼굴 모습을 아직도 분명히 알아볼 수 있었다. 그런데 한 가운데에 있는 여자의 목을 보았을 때 내 맥박이 갑자기 빨라졌다. 그것은 노파의 얼굴이었다. 누르스름한 갈색 피부에 눈은 반쯤 뜬 채였고, 기다란 은빛 머리카락은 쇠창살 밖으로 늘어져 바람에 흔들리고 있었다. 심장이 쿵쾅쿵쾅

뛰었다. 내 눈길은 벽에 걸린 석판으로 옮아갔다. 거기에는 옛날부터 내려오는 관습에 따라 처형당한 사람의 이름과 죄목이 새겨져 있었다. 그 한가운데에 '풀비아, 프라스카티 출신'이라는 문구가 보였다. 나는 엄청난 충격을 받아 나도 모르게 두세 걸음 뒷걸음질쳤다.

풀비아! 언젠가 내 목숨을 구해 주었고, 나폴리에 갈 수 있도록 주선해 준 그 이상한 노파, 정체를 알 수 없는 마녀 풀비아를 지금 이렇게 다시 만나다니! 저 창백한 입술은 언젠가 내 미래를 예언하고, 내 이마에 닿은 적이 있었다. 그러나 그 입술은 이제는 굳게 닫힌 채 침묵으로 공포를 토해 내고 있을 뿐이었다. 아아, 용맹한 독수리 같던 풀비아! 이제 그대는 날개가 부러져, 결국 태양에 도달하지 못하였구나. 불행한 운명과 싸우다가 마침내 네미 호수 밑바닥으로 가라앉아 버렸구나.

나는 눈물에 젖어 풀비아의 이름을 불렀다. 그리고 무거운 발걸음으로 성문 밖의 국도로 돌아갔다. 네피에서 보낸 이 하룻밤을 나는 언제까지나 잊지 못할 것이다.

이튿날 아침, 네피를 떠나 테르니에 도착했다. 이곳에는 이탈리아에서 가장 크고 아름다운 폭포가 있었다. 나는 안내자를 따라 말을 타고 시내를 빠져나와 울창한 올리브숲으로 들어갔다. 우중충한 구름이 산마루에 걸려 있었다. 로마 북쪽의 풍경은 놀라울 정도로 어둡고 우울하기만 했다. 저 남부의 늪지대나 초록빛 종려나무가 자라는 테라치나의 올리브숲에서와 같은 싱싱한 아름다움은 어디에도 보이지 않았다. 하기야 모든 것이 이처럼 어두운 색조를 띠게 된 것은 내 자신의 기분 탓이었는지도 모르지만.

우리는 어느 공원을 빠져나갔다. 울창한 올리브나무 가로수길이 물살이 빠른 강과 절벽 사이로 이어져 있었다. 바위와 바위 사이에서 물보라가 구름처럼 피어오르는 것이 보이기 시작했다. 그 위에는 무지개까지 걸려 있었다. 야생 로즈메리 사이를 헤치며 길을 따라 올라가자, 높은 산꼭대기에서 엄청난 양의 물이 가파른 암벽을 따라 쏟아져 내리고 있었다. 폭포수는 바위에 부딪쳐 갈라지면서 무서운 기세로 쏟아졌다. 가느다란 지류는 은빛 리본처럼 흔들리고 있었다. 이 물줄기들은 바위 밑에서 합류하여 다시 하나의 커다란 폭포를 이룬 다음, 젖빛 소용돌이를 일으키면서 검은 심연으로 떨어지고 있었다. 나는 티볼리의 폭포를 보면서 플라미니아에게 즉흥시를 읊어 주었던 일을 생각했다. 하늘 높은 곳에서 쏟아지는 폭포 소리는 내 가슴을 뒤흔들어, 나의 실망과 괴로움을 새삼 일깨워 주었다. 그래, 비단 이 폭포만이 아니라 모든 것이 그렇다. 부서지고, 죽고, 사라지는 것이 자연의 운명이다.

"작년에 여기서 영국인 하나가 산석한테 총을 맞아 죽었는데……." 안내인이 말했다. "놈들은 사비니 산지에 소굴을 둔 일당이랍니다. 그런데 로마에서 테라치나에 이르기까지 이곳저곳에 출몰해서 좀처럼 잡을 수 없었어요. 정부도 요즘 계속 신경을 썼는데, 저번에 재수 나쁜 놈 둘이 붙잡혔지요. 수레 위에 쇠사슬로 묶여서 시내로 끌려가는 것을 보았는데, 그때 성문 근처에 풀비아 할멈이라는 점쟁이 노파가 있었어요. 비록 나이는 먹었지만 언제나 나이보다 젊고, 천하의 온갖 일들을 다 알고 있어서 추기경 못지않게 현명하다고 하더군요. 그 할멈이 수레에 묶인 놈들의 운명을 의미심장한 말로 예언했지요. 무슨 소리인지 알 수는 없었어요. 하지만 사람들은 그건 비밀 신호이고, 할멈도 산적과 한패라고 단정했습니다. 그래서 결국 그 할멈도 산적들과 함께 붙잡혔어요. 할멈의 목은 지금 네피 성문 위에 걸려 있답니다."

28
베네치아로

자연도 인간도 모두 내 영혼을 위로하기는커녕 괴롭히기만 하려는 것 같았다. 어두운 올리브숲은 내 영혼에 더욱 짙은 그늘을 던지고, 사방에 솟아 있는 산들은 나를 옥죄었다. 나는 질식할 것만 같은 두려움에 사로잡혔다. 바람처럼 이 고장을 빠져나가고 싶었다.

바다로 가자! 바람이 불어오는 바다로! 하늘이 비치는 드넓은 바다 위에 배를 띄우면, 온 세상은 탁 트인 하늘과 바다로 가득 차리라. 그 바다로 가자!

내 피는 사랑으로 불타고, 내 가슴은 그리움으로 타올랐다. 나는 아눈치아타를 숭배했다. 하늘의 별과 같은 그녀에게 다가가려고 사랑의 힘을 쥐어짜 그녀에게 매달렸다. 그러나 그녀는 나를 버리고 다른 사람에게 사랑을 바쳤다. 그럼 플라미니아는? 그녀는 내 마음속에 서서히 뿌리를 내렸다. 나는 거기에 눈이 어두워지거나 제정신을 잃지 않고, 날이 갈수록 진가를 드러내는 이 보석을 소중히 여기는 법을 배웠다. 그녀가 친오빠를 따르는 누이처럼 손을 내밀고 내가 거기에 입맞추는 것을 허락할 때마다, 그리고 그녀가 나를 다정하게 위로하면서 내가 세상의 더러움에 물들지 않게 해 달라고 기도할 때마다, 내 가슴에는 그녀라는 화살이 더욱 깊이 꽂히곤 했다. 나는 플라미니아를 연인처럼 사랑하지는 않았다. 그녀를 신부로 맞이하고 싶은 마음은 전혀 없었다. 그러나 그녀가 다른 남자의 품에 안기는 것은 도저히 참고 볼 수가 없었다. 이제 플라미니아는 죽은 사람이다. 현세를 버리고 수녀가 되어, 이 세상에 없는 사람이 되었다. 어떤 남자도 그녀를 품에 안고 그 입술에 입맞출 수는 없다. 나는 적어도 그런 지옥의 고통만은 면할 수 있었다. 나는 이 고통을 상상하면서 나 자신을 달래려고 했다. 만약 내가 젊은 귀족의 아내가 된 그녀를 보고, 서로 사랑하는 두 사람의 행복을 날마다 지켜봐야 했다면 얼마나 괴로웠을까!

캄파니아의 보잘것없는 양치기 소년이었던 나는 호화로운 저택에서 동정 어린 빵을 먹고 있었다. 만약 플라미니아가 결혼한 뒤에도 계속 누이처럼 상냥하게 나를 대하면서도 사랑해 주지 않는다면, 나는 아마 미쳐 버렸을 것이다. 그러나 이제 그녀는 수녀원에 들어갔다. 아무도 플라미니아를 바라보는 것이 허락되지 않는다. 그래, 그나마 다행이었다. 내 삶이 그래도 아직은 행복한 편이리면, 이 세상의 슬픔이란 도대체 얼마나 큰 것일까.

바다로 가자! 저 위대한 바다에 몸을 맡기고 모든 시름을 털어 버리자. 바다야말로 나의 새로운 세계다. 베네치아로 가자! 물 위에 떠 있는 이상한 도시, 아드리아 해의 여왕 베네치아로 가자! 어두운 숲을 지나 드높은 산들을 넘어서 가지 말고, 파도 위를 나는 듯이 가볍게 미끄러져 가자. 어서 베네치아로 가서 괴로운 과거를 잊어버리자. 내 마음은 이런 꿈을 꾸고 있었다.

처음에는 우선 피렌체로 가서 볼로냐와 페라라를 통과해 베네치아까지 갈 계획이었다. 그런데 나는 이 계획을 바꾸어, 스폴레토에서 마차꾼을 돌려보낸 다음 역마차로 갈아타고 어두운 밤에 아펜니노 산맥을 넘었다. 로레토에서는 그 유명한 성당도 방문하지 않고 그냥 지나쳤다. 성모 마리아여, 내 죄를 용서하소서!

산길을 올라 꼭대기에 이르자 벌써부터 아드리아 해가 지평선 너머에 은빛 띠처럼 보이기 시작했다. 발밑에는 산들이 거대한 파도처럼 오르락내리락하며 늘어서 있었다. 지금 눈앞에 펼쳐진 푸른 바다에는 다양한 여러 나라 깃발을 단 배들이 떠 있었다. 그 모습을 보자 저절로 나폴리가 떠올랐다. 그러나 이곳에는 검은 연기 기둥을 뿜어 올리는 베수비오 화산도, 난바다에 떠 있는 카프리 섬도 없었다.

나는 여기서 하룻밤을 묵었다. 그리고 풀비아와 플라미니아가 등장하는 이상한 꿈을 꾸었다. 두 사람은 미소를 지으며 말했다. "당신의 행운의 종려나무에 초록빛 새싹이 돋아나고 있어요." 나는 꿈에서 깨어나 눈을 떴다. 햇살이 창문을 지나 방 안에 비쳐 들고 있었다. 그때 여관 종업원이 찾아와서 말했다.

"손님! 베네치아행 배가 떠나려고 하는데 타시겠어요? 아니면 떠나기 전에 이곳 시내를 먼저 구경하시겠습니까?"

"베네치아!" 내가 외쳤다. "빨리, 빨리 타야지! 그거야말로 내가 원하던 거니까!"

무어라 설명할 수 없는 감정에 사로잡힌 채 나는 배에 뛰어 올라탔다. 그리고 얼마 안 되는 짐은 나중에 보내 달라고 부탁하고, 갑판에 서서 끝없는 바다를 바라보았다.

"잘 있거라. 내 조국이여!"

내 발이 육지를 떠난 순간, 비로소 나는 새로운 세상이 눈앞에 펼쳐지는 것을 느꼈다. 북부 이탈리아가 지금까지와는 다른 자연을 보여 주리라는 것은 충분히 알고 있었다. 특히 베네치아는 이탈리아의 어느 도시와도 달랐다. 베네치아는 화려하게 치장한 바다의 여왕이다. 베네치아의 상징인 날개 달린 사자 깃발이 내 머리 위에서 나부끼고 있었다. 나를 태운 배는 베네치아 선박이었기 때문이다. 돛이 바람을 안고 부풀어 오른다. 배는 해안을 떠나 먼바다로 나아간다. 나는 뱃전에 걸터앉아 푸른 파도가 일렁이는 바다를 바라보았다. 근처에 앉아 있던 한 젊은이가 베네치아 민요를 부르기 시작했다. 사랑의 행복과 인생의 덧없음을 읊은 노래였다.

> 붉은 입술이여,
> 내일을 모르는 자여,
> 사랑하라. 그대의 뜨거운 피와 젊은 마음으로!
>
> 흰머리는 소리 없이 다가오는 가을을 알리고
> 이내 낙엽이 진다. 마음의 불꽃이 꺼진다.
> 피도 얼어붙는 겨울이 다가온다.
>
> 자, 여기 열쇠가 있다!
> 곤돌라는 마법의 지팡이.
> 지붕 밑에 몸을 숨기고 문을 꼭꼭 닫고
> 단둘이 오붓한 밤을 보내라.
>
> 젊은이여, 베네치아의 바다로 저어 가라.

곤돌라에 몸을 싣고 흔들흔들.
자, 사랑 노래를 연주하자!
사랑하라, 젊은이여!
젊은 마음속에 뜨거운 피가 흐르는 동안.
시간은 살처럼 흐른다.
영원한 사랑을 바라는 우리를 저버리고.

　젊은이는 노래하면서 계속 주위 사람들에게 미소를 짓고 고개를 끄덕였다. 사람들도 그 노래에 맞춰 합창했다. 재미있고 흥겨운 노래였다. 그러나 내 마음에는 마치 죽음을 애도하는 만가처럼 들렸다.

　그렇다. 시간은 자꾸 흘러 이윽고 청춘의 불꽃은 꺼져 버린다! 나는 사랑의 성유를 땅에 부었으나 그 기름에는 불이 붙지 않았다. 성유를 남용해서 남에게 해를 입히지는 않았지만, 성유를 낭비해서 아무런 의미 없이 죽이고 말았다. 내 사랑은 빛나지도 타오르지도 않은 채 무덤 속으로 들어가 버렸다. 애초에 나를 구속하는 어떠한 맹세도, 어떠한 의무도 없었다. 그런데 왜 나는 눈앞에서 샘솟는 사랑의 샘물을 길어올리지 못했을까! 말로 표현하기 어려운 감정이 솟구쳐 오른다. 그것은 나 자신에 대한 불만이었다. 내 몸을 활활 태우는 욕망의 불꽃이 내 분별을 불태워버린 걸까? 산타 부인에게서 달아난 일이 이제 와서 새삼 괴롭게 여겨졌다. 나는 왜 달아났을까? 성모상이 떨어졌기 때문이라고? 그건 못이 녹슬어서 부러졌을 뿐이야. 실은 예수회 학교의 케케묵은 규율, 내 핏속에 흐르는 산양 젖이 채찍을 휘둘러 나를 그곳에서 쫓아낸 거야. 아아, 아름다운 산타! 나는 그녀를 생각했다. 불타는 듯한 그녀의 눈이 보이고, 타는 목마름을 호소하는 그녀의 목소리가 들리는 것만 같았다. 나는 나 자신에게 화가 나서 견딜 수가 없었다.

　왜 나는 베르나르도처럼, 다른 젊은이들처럼 살 수 없을까? 세상천지에 나 같은 멍청이는 없을 거야. 내 마음은 사랑을 원해. 그 마음은 신께서 나에게 주신 것이고 그렇다면 사랑도 신이 요구하신 게 아닐까? 물론 이 질문에 딱 잘라 대답할 수는 없겠지. 하지만 어쨌든 나는 아직 젊어. 베네치아는 유쾌하고 번화한 도시이고, 그곳에는 아름다운 여자도 많이 있어. 세상은 내 순결에,

내 동심에 무엇으로 보답해 주었지? 비웃음뿐이야! 세월은 헛되이 흘러가고, 청년은 늙고 불만만 쌓일 뿐이야! 나는 배에 탄 사람들과 어울려 사랑의 민요를 유쾌하게 노래했다.

　이런 생각은 슬픔으로 인한 발광, 일종의 열병에서 비롯된 것이었다. 나에게 빛과 생명을 주시고, 내 모든 운명을 정하신 신이시여. 내 죄를 물으시는 당신의 심판은 너무 비정합니다. 나는 진심으로 그렇게 생각했다. 사람들 마음속에는 감히 입에 올릴 수 없는 충동이 있고, 갈등과 생각이 있다. 아무리 청렴하고 착한 사람이라도 악마 앞에서 무릎을 꿇는 순간이 있다. 마음속의 욕구가 충족된 사람은 내가 쉽게 욕망에 굴복한다고 비난할지도 모른다. 그렇게 말하고 싶다면 마음대로 하라지. 하지만 사람은 누구나 언젠가는 심판을 받게 마련이다. 그대들이여, 남을 비판하지 말라. 그러면 자신도 비판을 받지 아니할 것이다. 나는 이런저런 생각을 하다가 기도도 못 올리고 어느새 잠들어 버렸다. 나의 편안한 꿈을 싣고서 배는 북쪽으로, 베네치아로 날듯이 달린다.

29
물의 도시 베네치아

　새벽녘에 눈을 떴다. 저 멀리 베네치아의 건물과 탑들이 수많은 돛단배처럼 늘어서 있는 것이 보였다. 왼쪽에는 롬바르디아의 평탄한 해안선이 길게 뻗어 있고, 지평선 위에는 알프스 산맥이 푸르스름한 안개처럼 떠 있었다. 동서남북 사방이 탁 트인 수평선으로 둘러싸인 그 풍경은 참으로 절경이었다. 아아, 가 없이 넓은 하늘! 하늘의 절반이 단숨에 내 마음에 비쳐든다.

　서늘한 아침 바람에 내 마음은 상쾌해졌다. 나는 비로소 차분함을 되찾았다. 나는 베네치아의 역사를 생각하고, 이 도시의 부와 화려함, 독립과 강대함 을 생각했다. 그리고 나폴레옹에게 패배하기 전까지는 바다를 재패하고 있었던 베네치아 총독을 떠올렸다. 배는 점점 해안으로 다가갔다. 벌써 낮은 모래 톱 저편에 서 있는 건물들을 분간할 수 있게 되었다. 그러나 그 건물들의 누리 끼리한 회색 벽은 낡았는지 새것인지도 알 수 없었다. 내 눈에는 그저 모든 것 이 낯설게만 보였다.

　배는 구불구불한 제방처럼 바다로 불쑥 튀어나와 있는 간척지와 본토 사이 를 빠져나갔다. 어디를 보아도 평평했고, 물과 수면의 높이 차이는 한 뼘이 될 까 말까 할 정도였다. 한곳에 초라한 집 몇 채가 모여 있었는데, 물어보니 브렌타 강 하구의 푸지나 읍이라고 했다. 여기저기 덤불이 있을 뿐, 그 외에는 온통 평탄한 땅밖에 없었다. 베네치아는 엎어지면 코 닿을 곳에 있는 듯이 보였지만, 옆 사람 말에 따르면 아직도 4킬로미터나 떨어져 있었다. 여기서 베네치아까지는 커다란 진흙 섬이 군데군데 떠 있는 흙탕물이 펼쳐져 있었다. 이 거대한 웅덩이에서는 새도 발 디딜 곳을 찾지 못하고, 풀 한 포기도 뿌리를 내리지 못했다. 이 진흙 바다 속에 깊은 운하가 몇 줄기 뚫려 있고, 항로를 나타내기 위한 커다란 말뚝들이 박혀 있었다. 그때 나는 태어나서 처음으로 곤돌라를 보았다. 길고 가늘며 화살처럼 빠른 곤돌라가 파도를 가르면서 달려왔다. 모두 새까맣게 칠해져 있고, 한가운데의 작은 칸막이방도 검은 헝겊으로 덮여 있었다. 이 수상 영구차는 순식간에 우리 곁을 미끄러져 지나갔다. 물은 이제 더 이상 난바다처럼 푸르지 않았다. 나폴리에서는 바닷가의 물도 아름다운 쪽빛으로 빛나건만, 베네치아의 물은 더러운 초록빛을 띠고 있었다.

배는 어느 섬 옆을 지나갔다. 섬의 집들은 물속에서 솟아 나온 것처럼, 또는 난파선에 매달려 있는 것처럼 보였다. 가장 높은 돌담에는 아기 예수를 안은 성모가 서서 황량한 풍경을 바라보고 있었다. 물은 짙은 초록빛을 띠면서 검은 진흙 섬을 둘러싸고 있었다. 태양이 베네치아 하늘 위에서 밝게 빛나고, 온 시내의 종들이 모두 울려 퍼졌다. 그래도 베네치아는 죽은 듯이 쓸쓸했다. 부두에는 배가 한 척 들어와 있을 뿐, 사람은 그림자 하나 보이지 않았다.

나는 수상 영구차 같은 검은 곤돌라를 타고 물의 도시로 들어갔다. 어디나 물일 뿐 발 디딜 땅 한조각 보이지 않았다. 줄지어 있는 석조 건물들은 물 위에 똑바로 서 있었다. 건물에 뚫린 아치형 입구는 꼭 수로에 설치된 다리를 연상시켰다. 물은 운하처럼 커다란 그 문 안으로 흘러든다. 안뜰까지도 큼직한 우물 같았다. 그곳은 곤돌라를 타고 들어갈 수는 있어도, 배를 돌리기는 어려울 것이다. 물 때문에 건물 벽 위쪽까지 끈적끈적한 초록빛 물이끼가 끼어 있어서, 훌륭한 대리석 궁전도 모두 허물어져 가는 것처럼 보였다. 커다란 창문의 나무 창틀은 금박이 떨어져 몹시 지저분해 보였다. 당당한 거인의 몸이 썩어서 조각조각 무너져 내리는 듯했다. 건물 전체에 어딘지 모르게 불안한 기운이 감돌고 있었다. 이미 종소리는 그쳤다. 노가 물결을 휘젓는 소리만 들릴 뿐이었다. 사람 그림자는 아직 보이지 않는다. 화려한 베네치아는 죽은 백조처럼 물 위에 힘없이 둥둥 떠 있었다.

우리는 다른 거리로 노를 저어 갔다. 좁은 돌다리가 운하에 잔뜩 걸려 있었다. 거기까지 가서야 비로소 머리 위를 지나는 사람들의 모습이 보였다. 그들은 돌다리를 건너 집과 집 사이로, 또는 벽 속으로 들어갔다. 곤돌라가 미끄러져 가는 물길 외에는 어디에도 길다운 길이 없었기 때문이다. 나는 도내체 사람들이 모두 어디로 걸어다니는지 알 수 없었다. 그래서 곤돌라가 멈췄을 때 사공에게 물었더니, 사공은 다리 옆의 높은 집 사이로 뚫려 있는 좁은 통로를 가리켰다. 그 통로를 사이에 두고 양쪽 건물 6층에 사는 주민들끼리 창문 너머로 악수할 수도 있을 것 같았다. 한 줄기 햇살도 비쳐 들지 않는 골목은 세 사람이 어깨를 비비대며 간신히 빠져나갈 만한 폭이었다. 내가 타고 온 곤돌라는 물길을 따라 떠나가 버렸다. 주위는 다시 죽은 듯이 조용해졌다.

이게 베네치아인가. 바다의 신부, 세계의 부유한 여주인이라고까지 일컫는 베네치아란 말인가.

나는 그 유명한 산 마르코 광장에 가 보았다. 그곳은 베네치아라는 나라의 생명이 살아 숨쉬는 장소로 알려져 있었다. 그러나 나폴리의 활기찬 거리와는 전혀 달랐다. 그리고 로마의 그 번화한 코르소 대로와도 달랐다. 그렇기는 해도, 산 마르코 광장은 과연 베네치아의 심장이었다. 이곳에는 생활이 있었다. 책이나 보석이나 그림 따위를 파는 가게가 길게 늘어선 원기둥 사이를 채우고 있었다. 그러나 아직 사람들이 나오지 않아서인지 활기는 없었다. 다만 화려한 민족의상을 입은 그리스인과 터키인 몇 사람이 긴 담뱃대를 물고 카페 앞에 멍하니 앉아 있을 뿐이었다. 태양은 산 마르코 성당의 둥근 지붕 꼭대기와 현관 위에 서 있는 커다란 청동 말을 비추었다. 키프로스, 칸디아, 모레아 등지에서 온 배들의 붉은 돛대에는 각양각색의 깃발이 걸린 채 축 늘어져 있었다. 광장을 가득 메운 수천 마리의 비둘기 떼가 먹이를 찾아 광장에 깔린 마름돌 위를 날거나 걸어다니고 있었다.

나는 미로처럼 얽힌 골목을 지나 리알토 다리를 찾아갔다. 이곳의 생활이 한눈에 들여다 보이는 베네치아의 동맥과 같은 곳이었다. 비로소 나는 내 영혼의 복사판인 베네치아를, 이 커다란 슬픔의 도시를 제대로 관찰하고 이해할 수 있었다. 나는 아직도 바다 위에 떠 있는 듯한 기분이었다. 다만 작은 배에서 큰 배로 옮겨 탔을 뿐이다. 이 수상 도시는 그야말로 노아의 방주였다.

날이 저물고, 빈약한 달이 온 도시를 비추어 더욱 넓은 그림자를 드리웠다. 나는 비로소 베네치아의 참모습을 깨닫고 이 죽은 바다의 신부와 마음을 터 놓을 수 있었다. 이 고요한 도시에는 밝은 햇살보다 어두운 그늘이 어울렸다. 나는 호텔 창문을 열고 창가에 섰다. 검은 곤돌라가 달빛 받은 어두운 물 위를 재빨리 미끄러져 갔다. 나는 뱃사람이 부르던 사랑의 노래를 생각해 내고, 나 대신 베르나르도를 선택한 아눈치아타를 원망했다. 왜 그랬을까? 왜 성실한 남자를 버리고 경박한 남자를 택했을까? 어쩌면 그 변덕에서 오는 매력 탓이었는지도 모른다. 여자란 그런 법이니까! 나는 독실하고 순결한 플라미니아까지도 원망했다. 왜 그녀는 나를 홀로 남겨 놓고 수녀원에 들어가 버렸을까. 플라미니아는 사랑을 버리고 신의 세계를 택했다! 이제 나는 그들 가운데 누구도 사랑하지 않았다. 나에게 그동안 크나큰 기쁨과 위안을 주었던 소중한 존재들은 내 가슴속에서 모두 사라졌다. 이따금 떠오르는 죄악의 딸 산타 부인의 모습도 나는 깨끗이 지워 버리기로 했다. 그러나 아름다운 라라는……. 라라도 잊어야 하는가? 한 가닥 망설임이 생겨나는 순간, 이루 말할 수 없는 허무감이 나를 덮쳤다.

나는 비틀거리면서 계단을 내려와 곤돌라에 몸을 맡긴 채 밤거리를 헤매고 다녔다. 사공들은 번갈아 가며 노래를 불렀다. 그러나 그 노래는 사공들이 불렀다던 〈해방된 예루살렘〉은 아니었다. 베네치아 사람들은 그 옛 가락을 잊어버렸다. 조국에 대한 긍지도 잊어버린 것일까. 실제로 그들의 총독은 죽었고, 사자는 날개가 묶여, 외세의 개선마차를 끄는 신세였다.

"좋아, 세상에 뛰어들어 삶의 즐거움을 단단히 움켜잡자. 그 마지막 한 방울까지 맛보리라." 나는 속으로 외쳤다. 그때 곤돌라가 멈춰 섰다. 내가 묵는 호텔 앞이었다. 나는 비틀거리면서 계단을 올라 방에 들어가 잠이 들었다. 불안에 사로잡힌 나그네는 그렇게 새로운 세계에서 꿈을 꾸었다.

30
폭풍의 바다

　내가 가져간 소개장 덕분에 친구가 생겼다. 나는 신학사님이라는 호칭으로 불렸다. 새로운 친구들은 내 말이 아주 훌륭하고 재치도 있다고 입을 모아 칭찬해 주었다. 로마의 은인들은 언제나 비위에 거슬리는 이야기만 나에게 전해 주었다. 마치 나에게 불리한 이야기만 모아서, 세상에는 나를 좋게 여기지 않는 사람이 이렇게 많다고 말하려는 듯했다. 그런데 여기서는 그런 일이 전혀 없었다. 전에는 나에게 충실한 친구가 하나도 없었다. 모두 나에게 불쾌한 이야기를 들려주는 사람들뿐이었기 때문이다. 내 주변 사람들은 모두 나보다 신분이 높아서인지 나를 친구로서 대해 주지 않았다. 심지어 플라미니아가 보여 준 호의도 신분이 낮은 나에게는 부담이 되었다. 그러나 여기서는 더 이상 그런 열등감을 느끼지 않아도 되었다.

　나는 웅장하고 호화로운 총독의 궁전을 찾아가 과거의 영광이 어린 아름다운 방들을 돌아보고, 지옥의 고통을 그린 벽화가 있는 이단자 심문실까지 구경했다. 그리고 좁은 복도를 지나, 운하 위에 높이 걸려 있는 다리를 건넜다. 다리는 좌우와 천장이 모두 막혀 있었다. 이것은 감옥으로 통하는 길이었다. 그래서 사람들은 이 다리를 '탄식의 다리'라고 불렀다. 다리를 건너면 바로 감옥이 나왔다. 이 다리에서 비쳐 드는 불빛만이 촘촘한 쇠창살을 통해 맨 위의 지하감옥을 어렴풋이 비추고 있다. 이 어두컴컴한 감방조차도 아래쪽에 있는 감방에 비하면 그나마 밝고 쾌적한 편이라고 할 수 있었다. 계단 아래쪽에 있는 감옥 바닥은 바깥의 운하보다 더 깊어서, 습기 때문에 곰팡이가 피어 있었다. 이곳에 갇혔던 불행한 죄수들의 탄식과 울부짖음을 생각하니 온몸에 전율이 흘렀다. 공포에 질린 나는 당장 곤돌라에 올라타고 이 분홍빛 궁전에서, 그리고 날개 달린 사자 상이 있는 원기둥에서 도망쳐, 간석지를 향해 초록빛 물결 위를 화살처럼 달렸다. 목적지는 리도 섬이었다. 신선한 바닷바람을 맞으면서 가는데 문득 물 위에 뜬 묘지가 눈에 들어왔다. 이곳에는 고국을 떠나온 외국인 신교도들이 묻혀 있었다. 그들이 묻혀 있는 한 줌 땅은 파도에 둘러싸여 있는데, 그 얼마 남지 않은 땅을 파도가 나날이 파먹고 있었다. 하얀 해골이 모래 사이로 드러나 있었다. 그것을 슬퍼하며 우는 것은 부서지는 파도소리뿐이었다.

이곳은 어부의 아내나 약혼녀들이 거친 바다로 고기를 잡으러 나간 남편이나 애인을 기다리며 앉아 있던 곳이다. 폭풍이 사납게 울부짖다가 조금이라도 잠잠해지면 여자들은 〈해방된 예루살렘〉을 노래하며, 남자의 화답이 오지나 않을까 하고 귀를 기울인다. 그렇게 몇 번이나 노래를 불렀을까. 그러나 사랑하는 사람의 노랫소리는 들려오지 않는다. 여자는 말없는 바다를 향해 노래하다가 지치고 만다. 이윽고 여자의 입술도 조용해지고, 그 눈길은 모래톱을 멍하니 바라볼 뿐이다. 밤의 장막이 죽음의 정적에 빠진 베네치아 위로 내려오는 동안, 파도가 부서지는 공허한 소리만이 들려온다.

내 마음은 이 슬픈 광경으로 가득 차고, 내 기분이 거기에 강렬한 색조를 곁들였다. 눈앞에 펼쳐져 있는 자연은 마치 덧없는 이 세상의 진리를 가르쳐주는 성스러운 교회 같았다. 내 귀에는 불현듯 플라미니아의 말이 들려왔다. 신의 예언자인 시인은 주님의 영광만을 노래하려고 애쓰지 않으면 안 된다고 그녀는 말했다. 이제야 나는 그 말이 얼마나 참된 진리인지 느끼고 이해했다. 시인의 불멸의 영혼은 불멸의 신을 노래하지 않으면 안 된다. 이 세상의 영화는 물방울이 빚어낸 일곱 빛깔 무지개와 다를 바 없다. 그것은 태어나는 순간 사라져 버린다. 나는 타오르는 영감을 느꼈지만, 그것은 금방 맥없이 사그라지고 말았다. 나는 말없이 곤돌라를 타고 리도 섬으로 건너갔다. 눈앞에 넓은 바다가 펼쳐지고, 꽤 커다란 파도가 밀려오고 있었다. 나도 모르게 아말피의 물굽이가 생각났다.

주위를 둘러보니 해초와 바위 사이에 한 젊은이가 앉아서 스케치를 하고 있었다. 왠지 아는 사람 같아서 가까이 다가가자 그쪽에서도 몸을 일으켰다. 역시 아는 사람이었다. 그 청년은 내가 베네치아에서 사귄 친구로, 이름은 포조였다.

"아, 신학사님!" 청년이 외쳤다. "리도에 오셨군요. 이런 곳에서 만날 줄은 몰랐습니다. 이 거칠고 변덕스러운 아드리아 해가 나도 모르는 매력으로 당신을 여기까지 끌어당기던가요? 아니면 혹시…… 이 섬에 사는 누군가가 당신을 유혹하기라도 했나요?"

우리는 손을 잡았다. 그가 비록 재산은 없지만 그 대신 화가로서 뛰어난 재능을 가지고 있다는 것을 나는 알고 있었다. 청년은 늘 행복하고 소탈한 사람처럼 보였지만, 실은 극단적인 염세주의자라고 나에게 귀띔해 준 사람이 있었다. 겉만 보면 돈 후안처럼 인생을 즐기는 바람둥이로 생각하기 쉽지만, 사실은 모든 유혹을 단호하게 물리치는 수도사 같은 남자였다. 그 밑바닥에는 깊은 정신적 고통이 뿌리박혀 있다고 속삭이는 사람도 있었다. 그 고통이란 무엇일까. 재산이 없다는 것일까. 불행한 사랑일까. 아니, 진실은 아무도 몰랐다. 이 사람은 갓난아이처럼 순수하고 뭐든지 숨김없이 지껄이는 것처럼 보였다. 그러나 그의 진실을 아는 사람은 아무도 없었다.   여기서 그를 만난 것이 무척 기뻤다.

"이렇게 파도치는 푸른 광야는……." 포조가 바다를 가리키며 말했다. "로마에서는 볼 수 없지요. 바다는 지구상에서 가장 아름다운 존재입니다. 비너스의 어머니이니까요. 게다가 베네치아의 미망인이기도 하고요. 역대 총독들이 지배하던 위대한 베네치아 공화국이 멸망하자, 이 바다도 남편을 잃고 만 겁니다."

"베네치아 사람들은 특히 바다를 사랑하겠지요." 내가 말했다. "그들은 바다야말로 아름다운 딸 베네치아의 어머니로서, 자기들을 업어 주고 돌봐 주는 외할머니라고 생각할 겁니다."

"그 딸도 이제는 더 이상 아름답지 않습니다. 고개를 푹 숙이고……."

"하지만 프란츠 황제 치하에서 어쨌든 행복하지 않습니까?"

"베네치아는 지상의 여신 기둥이 되기보다는 바다의 여왕이기를 바라고, 그것을 자랑으로 삼고 있습니다. 베네치아 사람들은 아무것도 불평할 게 없고, 나도 정치에 대해서는 잘 모릅니다. 그 대신 아름다움에 대해서는 잘 알고 있지요. 아마 당신도 나처럼 아름다움을 사랑하는 분이실 텐데……. 아, 저기 주막집의 아름다운 아가씨가 이쪽으로 오고 있군요. 어때요, 같이 가서 한잔하실래요?"

우리는 아가씨의 안내를 받아 바닷가에 있는 작은 집으로 들어갔다. 포도주는 고급이었고, 포조는 유쾌하게 떠들어 댔다. 이렇게 즐거워하는 모습을 보고 누가 그를 염세주의자라고 믿겠는가.

우리는 그곳에 두 시간쯤 머물렀다. 그때 나를 태우고 온 곤돌라 사공이 와서, 그만 돌아가는 게 어떠냐고 물었다. 폭풍이 다가와 바다가 거칠어지기 시작했고 리도와 베네치아 사이의 파도도 높아져서, 조만간 곤돌라를 띄울 수 없게 되리라는 것이었다.

"폭풍이라고! 내가 얼마나 기다렸는데, 이제야 보는군!" 포조가 외쳤다. 그러고는 나에게 말했다. "당신도 보고 가세요. 이걸 놓쳐서는 안 됩니다. 저녁이 되면 가라앉을 겁니다. 아니, 잠잠해지지 않으면 또 어떻습니까! 폭풍이 심하거든 오늘밤은 그냥 여기 머물면서, 파도가 불러 주는 자장가를 들으며 잠드는 것도 좋지 않습니까?"

"곤돌라가 필요해지면 알아서 구해 보겠습니다. 그러니 먼저 베네치아로 돌아가셔도 돼요." 나도 이렇게 말하면서 사공을 돌려보냈다.

이윽고 파도소리가 심해지고 폭풍이 격렬하게 창문을 때리기 시작했다. 우리는 밖으로 나가 보았다. 지는 해가 거칠게 날뛰는 군청색 바다를 비추고, 커다란 너울이 눈보라처럼 하얀 물거품을 일으키며 넘실대고 있었다. 바다 저 멀리 지평선 부근에는 두꺼운 구름이 겹겹이 쌓여 있었다. 그 갈라진 틈새로 번개가 번쩍거렸다. 마치 불타는 화산 분화구가 입을 쩍 벌리는 것 같았다. 바다 위에는 종이에 흘린 잉크 방울처럼 작고 거무스름한 배가 두세 척 떠 있었으나, 그 모습도 곧 시야에서 사라져 버렸다. 미친 듯이 날뛰는 파도가 끊임없이 해안으로 밀려와, 바위에 부딪쳐 산산이 부서지면서 소금기 어린 물보라를 우리에게 뒤집어씌웠다. 파도가 높이 치솟을수록 포조는 큰 소리로 웃으면서 손뼉을 치고, 바다를 향해 잘한다, 잘한다, 더 해라 하고 신나게 외쳐 댔다. 나도 거칠게 날뛰는 이 자연의 강력한 힘에 압도되어 답답한 가슴이 뻥 뚫리는 기분을 느끼면서, 포조처럼 소리를 질러 댔다.

이윽고 밤이 왔다. 나는 주막으로 돌아가 가장 좋은 포도주를 주문하여, 포조와 둘이서 이 자연의 활극을 위해 건배했다. 포조는 내가 베네치아로 오는 배에서 들은 사랑 노래를 불렀다. "베네치아 미인들의 건강을 위하여!" 내가 말하자 포조는 로마 미인들을 위해 건배했다. 모르는 사람이 보면 아마 우리는 아무거나 핑계로 삼아서 술판을 벌이는 철부지 젊은이들처럼 보였을 것이다.

"로마 여자들이 세상에서 가장 아름답다고들 하는데……." 포조가 말했다. "정말로 그런가요? 당신의 솔직한 의견을 한번 들려주시지요."

"나도 그렇게 생각합니다."

"좋습니다. 하지만 이탈리아에서 제일가는 아름다움의 여왕은 베네치아에 있습니다. 우리 시장님 조카딸을 보셨어요? 그 여자보다 청초하고 아름다운 사람을 나는 알지 못합니다. 정신적인 아름다움의 화신이라고나 할까요. 만약 조각가 카노바가 그녀를 알았다면, 미의 세 여신 가운데 가장 젊은 여신은 그 여자를 모델로 삼았을 겁니다. 나는 그 미인을 미사 때 보고, 또 산 모세 극장에서 우연히 보았지만, 하여튼 절벽 위의 꽃이다 보니 멀리서 보기만 하는 것도 쉬운 일이 아니에요. 베네치아의 모든 젊은이들이 그녀를 한번 보고 싶어서 끙끙 앓을 정도랍니다. 그런데 내가 남들과 다른 점이 있다면, 그들은 죽도록 사랑에 빠져 있지만 나는 그저 그녀를 숭배하고 있을 뿐이라는 것이지요. 나처럼 속된 인간에게는 너무나 정신적인 여자예요. 천사나 다를 바 없죠. 그처럼 숭고한 존재는 그저 숭배해야 합니다. 안 그렇습니까, 신학사님?"

나는 플라미니아가 생각나서, 들떴던 기분도 순식간에 가라앉아 버렸다.

"아니, 숙연해져 버렸군요. 왜 그러시죠?" 포조가 말했다. "포도주는 특등품이고, 파도까지도 우리의 축제를 위해 노래를 부르고 춤추어 주는데……."

"아니, 천사는 사랑하면 안 된다는 식으로 단정하는 것도 좀 그렇다 싶어서……. 그나저나 그 천사를 한번 보기가 그렇게 힘든가요?"

"가끔 모임에 참석하기는 해요. 하지만 모임도 모임 나름이지요. 게다가 그 미인은 아기 사슴처럼 내성적이라서 쉽게 다가갈 수가 없어요. 내가 아는 어떤 여자보다도 수줍음을 잘 탄답니다." 포조는 장난기 어린 웃음을 띠며 말을 이었다. "물론 정말로 수줍음을 타는 건지는 알 수 없지만요. 그것도 남의 흥미를 끄는 수단일지도 몰라요. 왜, 많은 여자들이 그러잖아요? 진실은 아무도 모릅니다. 애초에 그 미인의 과거는 베일에 싸여 있기도 하고요. 시장에게는 누이가 둘 있는데, 둘 다 시장과는 오랫동안 멀리 떨어져 살았지요. 막내 누이는 그리스로 시집을 갔는데, 그 부부 사이에서 우리 청초한 미인이 태어났다고 해요. 다른 누이는 아직 남편 없이 혼자 살고 있는데, 4년쯤 전에 그녀가 그 미인을 이곳으로 데려왔지요."

갑자기 온 세상이 캄캄해지는 바람에 이야기가 끊어졌다. 그와 동시에 눈부신 번갯불이 주위를 환히 비추더니, 이어서 무시무시한 천둥이 울렸다. 나는 베수비오 산의 분화를 생각했다. 저절로 고개가 숙여졌다. 우리는 무의식중에 성호를 그었다.

그때 주막 안주인이 하얗게 질린 얼굴로 "예수님! 성모님!" 하고 외치면서 황급히 들어왔다.

"큰일났어요! 정말 걱정이에요. 이 동네 어부들이 여섯 명이나 바다에 나간 채 돌아오지 않아요. 아아, 성모님이 지켜 주시기를! 불쌍하게도 아그네스는 자식을 다섯이나 두고 있답니다. 지금 애들을 데리고 해변에서 남편을 기다리고 있어요. 만약 무슨 일이 생기면 차마 눈뜨고는 볼 수 없을 거예요."

바깥에서 성가를 합창하는 소리가 들려왔다. 나가 보니 큰 파도가 격렬하게 밀려와 부서지는 높은 바위 위에 십자가를 높이 쳐든 여자와 아이들이 서 있었다. 젊은 여자 하나가 바닥에 주저앉은 채 말없이 난바다 쪽을 뚫어지게 바라보고 있었다. 품에는 아기가 안겨 있고, 그보다 조금 큰 아이 하나는 엄마 무릎에 머리를 얹고 있었다. 또다시 번개가 번쩍 치더니 폭풍이 모든 것을 쓸어 가려는 듯이 거세게 몰아쳤다. 번갯불이 번쩍이더니 수평선 언저리가 밝아졌고 소용돌이치는 검푸른 바다의 하얀 물거품이 선명하게 빛났다.

"저기 있다!" 어부의 아내가 외치더니 벌떡 일어나 저 멀리 검은 점을 가리켰다. 우리가 지켜보는 가운데 그 점은 조금씩 뚜렷해졌다. 두꺼운 갈색 두건을 뒤집어쓴 늙은 어부도 아까부터 두 손을 모으고 그 검은 점을 바라보고 있었는데, 갑자기 "앗!" 하고 비명을 질렀다. 그 순간 검은 점은 커다란 파도 속으로 사라졌다.

노인의 눈은 틀리지 않았다. 바다가 조용해지고 하늘이 밝아져 사태가 분명해짐에 따라 사람들은 말을 잃고 질밍과 슬픔에 삐졌다. 어자들과 아이들의 울음소리는 점점 높아졌다. 아들은 십자가를 모래톱에 내동댕이친 채 어머니에게 매달려 울부짖었다. 그러나 늙은 어부는 십자가를 집어 들어 구세주의 발에 입을 맞추고는 다시 높이 쳐들고 성모의 이름을 외쳤다.

한밤중에 하늘은 완전히 개고, 바다도 평온해졌다. 밝은 달은 리도 섬과 베네치아 사이의 조용한 만을 묵묵히 비추었다. 포조와 나는 곤돌라를 타고, 우리가 위로할 수도 도울 수도 없는 불쌍한 사람들 곁을 떠났다.

31
로사와 마리아

이튿날 밤, 우리는 베네치아에서도 손꼽히는 부자인 한 은행가의 집에서 열린 파티에서 다시 만났다. 그 자리에는 무척 많은 사람이 모였지만, 부인들 중에는 아는 얼굴이 하나도 없었다.

사람들은 전날 밤의 폭풍에 대해 이야기하기 시작했다. 포조는 당장 대화에 끼어들어 어부들의 죽음과 유가족의 불행 등을 이야기하고 나서 슬쩍 운을 뗐다. 여기 모인 분들이 자비를 베풀어 조금씩이라도 성금을 내 주신다면 그 불행한 유족에게는 큰 보탬이 될 텐데요. 그러나 사람들은 그저 불쌍하다고 어깨만 으쓱할 뿐, 곧장 다른 이야기로 넘어가 버렸다.

그러는 동안 사교에 익숙한 사람들이 여흥을 시작했다. 포조는 쾌활한 뱃노래를 불렀다. 그의 은근한 미소 속에는, 부자들의 인색함을 비웃는 냉소가 담겨 있는 것 같았다.

포조가 노래를 끝냈을 때, 이 집 안주인이 나에게 말했다.

"당신도 노래하지 않을래요?"

"그럼 여러분 앞에서 즉흥시를 노래하는 영광을 누려 보겠습니다."

나는 흔쾌히 대답했다.

"즉흥시인이에요." 이런 속삭임이 주위에서 들렸다. 부인들은 눈을 반짝였고, 신사들도 기대하는 얼굴로 고개를 끄덕였다. 나는 기타를 집어 들면서 제목을 청했다.

"베네치아!" 한 아가씨가 나를 똑바로 쳐다보면서 말했다. 그러자 젊은 신사들도 "베네치아!" 하고 되풀이했다.

나는 두세 번 줄을 튕긴 다음, 지난날 베네치아가 누렸던 영광과 영화를 책에서 읽고 상상 속에서 꿈꾼 대로 묘사하기 시작했다. 사람들은 옛날의 영광을 현재에 겹쳐 보면서 눈을 반짝였다. 나는 라라와 산타 부인을 마음속에 그리면서, 달빛 밝은 발코니에 서서 운하를 내려다보는 아름다운 여인을 노래했다. 부인들은 모두 자기를 노래하는 것으로 생각하고 섬섬옥수를 들어 요란하게 박수를 쳐 주었다. 그때 포조가 다가와서 속삭였다.

"시장의 조카딸이 여기 와 있어요."

그러나 더 이상 말을 나눌 수가 없었다. 한 노신사와 부인들 몇 명이 다가와 즉흥시를 또 한 곡 부탁했기 때문이다. 나는 기꺼이 승낙했다. 어제 내가 직접 목격한 폭풍과 불행한 사건을 노래하고 싶었기 때문이다. 포조의 웅변이 이루지 못했던 일을 노래의 힘으로 해내고 싶었다.

'티치아노 예찬'이라는 주제가 나왔다. 만약 티치아노가 뱃사람이었다면 얼마나 좋을까. 그를 예찬하면서 내 생각을 사람들에게 전할 수 있을 텐데. 그러나 주제 자체는 내용이 풍부했다. 내 즉흥시는 예상했던 것보다 훨씬 큰 성공을 거두었다. 나는 나 자신을 예찬하기라도 한 것처럼 뜨거운 찬사를 받았다.

"당신만큼 행복한 분은 없을 거예요." 이 집 안주인이 말했다. "주위 사람 모두를 감동시킬 수 있는 재능을 갖고 계시니까요."

"예, 정말로 행복합니다."

"그 기분을 아름다운 시로 노래해 주세요." 부인이 말했다. "이렇게 자꾸 부탁하면 안 된다는 것은 알지만, 너무나 쉽게 부르셔서 이것이 실례라는 것도 잊어버릴 지경이네요."

"아, 괜찮습니다. 그런데 여러분, 저는 하나의 감동을 알고 있습니다." 어떤 생각이 나를 대담하게 해 주었다. "그것은 다른 무엇보다도 커다란 감동입니다. 그것은 모든 사람을 시인으로 만들고, 똑같은 행복을 느끼게 합니다. 그리고 저는 여러분이 그 감동을 느끼시도록 만들 수 있는 힘을 가진 마술사입니다. 하지만 이 마술은 참으로 신기한 것이어서 공짜로 보여 드릴 수는 없습니다. 돈을 내셔야 합니다."

"보여 주세요!" 사람들이 입을 모아 외쳤다.

"그러면 이 탁자 위에 돈을 모으세요. 가장 많이 내신 분께 가장 심오한 비법이 전수됩니다."

"좋아요, 나는 이 금목걸이를 내겠어요." 한 부인이 웃으면서 장난처럼 금목걸이를 탁자 위에 놓았다.

"나는 카드에 걸려고 했던 돈을 모조리 내겠어요." 다른 부인도 미소를 지으면서 말했다.

"여러분, 이것은 장난이 아닙니다." 내가 말했다. "내신 물건이나 돈은 절대로 돌려드리지 않습니다."

"네, 알아요. 그럼요." 이미 돈이나 귀중품 따위를 내놓은 많은 사람들은 이렇게 말했지만, 속으로는 내 마술을 의심하고 있었다.

"만약 신비로운 감동이 일어나지 않으면? 그래도 내가 건 돈은 돌려받을 수 없나?" 연로한 장교가 말했다.

"어쩔 수 없습니다. 걸든 말든, 그건 자유니까요." 포조가 말했다. 나도 허리를 굽혀 그 말에 동의한다는 뜻을 표했다.

사람들이 모두 웃었다. 그리고 과연 어떤 결과가 나올지 눈을 빛내면서 기다렸다. 나는 즉흥시를 읊기 시작했다. 그 순간 성스러운 광명이 내 영혼을 비추었다. 나는 베네치아의 배필인 긍지 높은 바다를, 바다의 아들인 선원과 어부들을 노래했다. 배 한 척에 목숨을 내맡기는 그들의 용기를 찬양했다. 그리고 지난밤에 본 뇌우와 폭풍의 바다를 묘사하고, 파도치는 해안에서 어부가 무사히 돌아오기를 기원하는 처자식들의 그리움과 불안을 노래했다. 이어서 성스러운 십자가를 내동댕이치고 어머니에게 매달리는 아이들과 그 십자가를 집어 들어 하늘 높이 쳐드는 늙은 어부를 노래했다. 마치 하느님이 내 입을 빌려 말씀하시는 것 같았다. 나는 그저 목소리를 내어 신의 말을 전하는 도구에 불과했다.

청중들은 말을 잃은 채 숙연하게 귀를 기울였다. 손수건으로 눈물을 훔치는 사람도 있었다.

이어서 나는 그들을 가난한 이들의 오두막으로 안내했다. 폭풍우 속에 가장을 잃어버린 유가족들이 조그만 오두막에 모여 있다. 나는 너무나도 가련한 그들의 삶을 노래했다. 그리고 슬픔은 나누면 반으로 줄어든다면서, 이웃을 돕는 손길이 얼마나 소중한지, 받는 것보다 주는 것이 얼마나 행복하고 기쁜 일인지 이야기했다. 베푸는 기쁨은 곧 위대하신 신의 기쁨이고 더없이 커다란 감동이며, 이 감동을 느끼는 사람은 모두 진정한 시인이라고 이야기했다.

아마 나는 아버지를 잃어버린 아이들에게서 무의식중에 나 자신을 발견했는지도 모른다. 나는 아버지 얼굴도 모르고, 어릴 때 어머니도 여의어 고아가 되었다. 그래서 불행한 아이들에게 깊이 공감할 수 있었다. 사람들은 저마다 주어진 인생이 있으니 어떤 어려움이 닥쳐와도 지지 말고 열심히 살아가야 한다. 나는 어느새 그 진리를 나 자신에게 들려주고 있었다. 내 입술에서 흘러나오는 시는 더 이상 단순한 시가 아니었다. 남들 눈에 보이지 않는 내 가슴속에서 뜨거운 무언가가 솟구쳤다. 노래하는 동안 내 목소리는 생기와 감동을 더해 갔다.

나의 즉흥시는 모든 이들의 마음을 사로잡았다. 감동과 공감의 물결이 사방에서 흘러넘쳤다.

그때 한 아가씨가 다가와 내 발치에 무릎을 꿇었다. 나의 재능이 이보다 더 아름다운 승리를 나에게 가져다준 적은 결코 없었다. 그녀는 진주목걸이를 풀어 나에게 내밀면서, 리도 섬의 아이들에게 전해 달라고 했다. 그 아름답고 검은 눈은 눈물을 담아 감사의 눈빛을 나에게 보냈다. 그 눈빛은 나를 이상한 힘으로 사로잡아 버렸다. 언젠가 꿈속에서 보았던 미의 화신이 그녀의 얼굴에 겹쳐졌다.

"성모님의 은총이 있기를!" 그녀가 중얼거렸다. 그와 동시에 볼이 발갛게 물들었다. 그녀는 자기가 충동적으로 한 일에 스스로 놀란 듯 내 곁을 황급히 떠났다. 뒤이어 사람들이 모두 내 주위에 모여들고, 나를 칭찬하는 말은 그칠 줄 몰랐다. 사람들은 기꺼이 따뜻한 선물을 내놓았고, 나와 포조는 여러분의 고마우신 뜻을 꼭 리도 섬의 어머니와 아이들에게 전하겠다고 다짐했다. 그러자 건물이 뒤흔들릴 만큼 커다란 박수갈채가 일었다.

포조가 나를 와락 껴안으면서 말했다.

"정말 훌륭하십니다! 당신은 정말 행복한 사람입니다. 미의 화신이 당신께 경의를 표했어요. 남들은 감히 우러러볼 수조차 없는 검은 눈동자의 미인이 당신 앞에 무릎을 꿇고 고개를 숙였다고요."

"그 여자가 누굽니까?" 나는 소리를 죽여 물었다.

"베네치아 제일의 미녀, 시장의 조카딸이에요."

그 신비로운 눈빛, 그 아름다운 모습은 내 마음에 또렷이 새겨져 있었다. 문득 형용할 수 없는 그리움이 밀려왔다.

그때 한 노부인이 내 곁으로 다가왔다.

"신학사님, 저를 모르시겠어요? 하기야 몇 년 전에 딱 한 번 만났을 뿐이니 기억이 안 나시겠지요."

그녀는 미소를 지으며 손을 내밀고, 즉흥시를 들려주어서 고맙다고 말했다. 나는 정중히 고개를 숙였다. 어디선가 본 적이 있는 사람 같았지만, 언제 어디서 만났는지는 확실하게 생각나지 않았다. 나는 할 수 없이 솔직하게 말했다. 그러자 노부인이 기억을 일깨워 주었다.

"우리는 나폴리에서 만났어요. 내 동생이 의사인데, 당신은 보르게세 집안의 신사분과 함께 찾아오셨지요."

"아, 생각납니다!" 나도 모르게 큰 소리로 외쳤다. "예, 알고 있습니다. 그런데 이런 곳에서 다시 뵙게 될 줄은 꿈에도 몰랐습니다."

"나는 나폴리에서 혼자 사는 동생네 집안일을 돌봐 주고 있었는데, 그 동생이 4년 전에 죽었답니다. 그래서 지금은 베네치아로 와서 오빠 집에 있어요. 그런데 아쉽지만 오늘은 여기서 헤어져야겠네요. 나중에 하인을 시켜서 초대장을 보내 드리지요. 우리 조카딸이 빨리 집에 돌아가자고 성화를 부리네요. 그럼 다음에 다시 뵙죠."

노부인은 다시 한 번 나에게 손을 내밀고는 서둘러 방에서 나갔다.

"당신은 정말 행운아예요." 포조가 말했다. "방금 그분이 누군 줄 아세요? 바로 시장의 누이동생이에요. 당신은 그분을 알고 있고, 초대까지 받았어요. 베네치아의 모든 청년들이 당신을 부러워할 겁니다. 그 집에 가려거든 코트 단추를 단단히 채우고 가세요. 다른 사람들은 그렇게 멀리 떨어져 있는데도 가슴에 상처를 입고 있으니 말입니다. 적진에 깊숙이 뛰어들려는 당신은 더더욱 만반의 준비를 해야지요."

아름다운 시장의 조카딸은 노부인과 함께 떠났다. 순간적인 감동에 이끌려 그 여자는 내 발치에 무릎을 꿇었다. 그와 동시에 심한 부끄러움을 느꼈고, 주목의 대상이 되었다는 불안과 놀라움 때문에 서둘러 떠나 버렸다. 실제로는 그녀의 고운 마음씨를 칭찬하고 찬미하는 소리만 들렸을 뿐인데…… 그중에는 나에 대한 찬사도 섞여 있었지만, 미의 화신은 아름다운 모습과 성품으로 모든 사람을 매혹시켰다.

좋은 일을 했다는 의식은 내 마음에 한 줄기 빛을 던졌다. 나는 고상한 자부심을 느꼈다. 내가 시인이라는 사실에 크나큰 행복을 느꼈다. 주위 사람들이 보내온 찬사와 호의는 내 마음을 좀먹던 모든 고통을 씻어 주었다. 내 정신도 그 비참한 일을 겪으면서 보다 맑고 높게 되살아난 듯했다. 나는 플라미니아를 생각했다. 이제는 편안한 마음으로 그녀를 생각할 수가 있었다. 그녀는 오라비를 아끼는 누이로서 내 손을 잡아 주었다. 시인은 신성한 것을 노래하고 모든 것을 하느님의 영광으로 돌려야 한다는 그녀의 말은 내 마음에 밝은 빛을 던져 주었다. 다시금 힘과 용기가 솟아나고, 평화가 온몸을 가득 채웠다. 오랜 시간을 거쳐, 이제야 비로소 나는 슬픔을 딛고 다시 기쁨을 얻었다. 참으로 행복한 하룻밤이었다.

포조와 나는 사람들의 후의에 감사하면서 건배했다. 우리는 친구의 인연을 맺고 우정을 맹세했다.

밤늦게 집으로 돌아왔지만 흥분해서 잠이 오지 않았다. 달은 고요한 운하를 밝게 비추고, 하늘은 높고 푸르렀다. 나는 창가에 앉아 어린애처럼 순진한 마음으로 두 손을 맞잡고 기도했다.

"하느님 아버지, 지난날 저의 죄를 용서해 주십시오. 선량하고 고결한 사람이 되기 위한 힘을 주십시오. 저는 수녀원에 들어간 플라미니아를 잊지 못하고 그리워했습니다. 그 부끄러운 행동을 참회합니다. 영원한 신이시여, 부디 은총을 내리소서."

나는 마음이 가벼워지는 것을 느꼈다. 텅 빈 베네치아의 운하와 오래된 궁전이 마치 물에 떠 있는 아름다운 신의 나라처럼 보였다.

이튿날 아침, 나는 상쾌한 마음으로 일어났다. 그리고 시장의 집을 찾아가기 위해 곤돌라에 올라탔다. 그것은 물론 시장의 누이를 다시 만나서 제대로 인사하고 싶었기 때문이지만, 솔직히 말하면 나에게 경의를 표해 준 아름다운 미의 여왕을 만나고 싶은 생각도 있었다.

"오텔로 궁으로 가실 거지요?"

그러면서 곤돌라 사공은 대운하를 거슬러 올라가 어느 오래된 건물로 나를 데려갔다. 사공이 노를 저으면서 말하기를, 아름다운 아내 데스데모나를 목졸라 죽인 무어인이 그 저택에 살았기 때문에 영국인들은 누구나 산 마르코 성당보다는 그 저택을 구경하러 간다는 것이었다.

시장의 가족들은 나를 가까운 친척처럼 반갑게 맞아 주었다. 시장의 누이동생 로사는 죽은 동생에 대해, 그리고 벌써 4년이나 보지 못한 활기차고 번화한 도시 나폴리에 대해 이야기했다.

"그래요. 마리아도 나폴리를 그리워하고 있답니다. 우리는 그곳에 다시 갈 거예요. 죽기 전에 다시 한 번 위대한 베수비오 산과 아름다운 카프리 섬을 봐야 하거든요."

시장의 조카딸 마리아는 몹시 수줍어하면서 나에게 손을 내밀었다. 그녀는 정말로 청초하고 아름다웠다. 포조의 말은 사실이었다. 미의 세 여신 가운데 가장 젊은 여신은 분명 이러했을 것이다. 어떤 여자도 이만큼 아름답지는 못할 것이다.

라라라면 혹시? 그렇다. 라라! 나는 그 순간 깨달았다. 마리아와 라라는 놀랄 만큼 닮았다. 하지만 몸에 누더기를 걸치고 머리에 제비꽃을 꽂은 그 파에스툼의 눈먼 소녀와, 아름답게 차려입은 베네치아 제일의 미녀 마리아는 아무래도 너무 동떨어진 존재처럼 여겨졌다. 물론 둘 다 미의 여신처럼 아름답기는 하다. 다만 라라의 표정은 비애와 우수에 젖어 있었지만, 마리아의 열려 있는 검은 눈 속에는 라라가 결코 알지 못하는 평화와 기쁨이 있었다. 하지만 마리아에게는 그 눈먼 소녀를 생각나게 하는 점이 몇 가지나 있었고, 그중에는 숭고한 존재를 대할 때의 이상한 경외심도 있었다.

내 의식은 더욱 자유로워졌고, 내 말은 더욱 풍부해졌다. 나도 즐거웠고 다른 모든 사람들도 즐거워했다. 나는 마리아의 미모에 찬탄했지만, 마리아도 나에게 찬탄하고 있는 듯이 보였다. 내가 마리아를 바라보는 눈은 사랑하는 사람의 모습을 완벽하게 나타낸 아름다운 여인상을 바라보는 눈빛과 같았다. 마리아에게서 나는 라라의 눈부신 아름다움을 발견했다. 그리고 플라미니아의 따뜻한 마음씨도 찾아냈다. 이런 마리아에게 어떻게 애정과 신뢰를 품지 않을 수 있겠는가. 나는 그녀를 오래전부터 알고 있었던 듯한 기분을 느꼈다.

나는 시장 집을 자주 찾아갔다. 그 집 사람들은 나를 반가운 손님으로 대접했다. 로사는 나에게 그리운 나폴리를 이야기하고, 나는 또 그녀와 조카딸에게 단테의 《신곡》이나 다른 이탈리아 시인들의 작품을 읽어 주었다. 마리아의 이해력과 감수성은 시인들의 작품 못지않게 내 마음을 사로잡았다.

그 집 사람들 말고는 포조와 가장 친하게 지냈다. 시장은 그것을 알고 포조도 함께 초대해 주었다. 포조는 나에게 깊이 감사하면서 말했다.

"이것은 오로지 자네 덕분이고, 우리의 우정 덕분이야. 시장님 댁에 이렇게 초대받아서 베네치아의 모든 청년들의 부러움을 사게 되다니, 꿈만 같은걸!"

나는 즉흥시인으로서 온 베네치아에 이름을 알리게 되었다. 어떤 모임에 나가도 시 한 편을 지어 주기 전에는 그곳을 떠날 수 없었다. 일류 예술가들이 나를 형제처럼 대하면서 공개 석상에 나오라고 격려해 주었다. 그러던 어느 날 나는 아카데미아 예술회에 초대를 받아, 그 자리에서 십자군의 콘스탄티노플 원정과 산 마르코 성당에 있는 청동 말에 대해 즉흥시를 읊었다. 그 결과 나는 예술원 회원으로 추천을 받아 회원증을 손에 넣었다.

그러나 그보다 더욱 기쁜 선물이 시장 집에서 나를 기다리고 있었다. 어느 날 나는 마리아한테서 작은 상자 하나를 받았다. 상자 속에는 자잘하고 아름다운 조개껍데기를 명주실에 꿴 예쁜 목걸이가 들어 있었다. 그것은 리도 섬의 그 불쌍한 이들이 나에게 보낸 선물이었다.

"어머나, 예뻐라!" 마리아가 말했다.

"정말 예쁘네요. 미래의 신부에게 줄 선물로 보관해 둬요." 로사도 거들었다. "그 사람들도 신부한테 선물하기를 바라면서 만들어 보냈을 거예요."

"신부한테요?" 생각도 못한 이야기에 나는 깜짝 놀라서 진지한 어조로 되물었다. "저한테는 결혼할 사람이 없습니다. 있을 리가 없지요."

"하지만 이제 곧 생길 거예요." 로사가 말했다. "그래요. 누구보다 아름다운 부인이 생길 거예요."

"글쎄요. 그러면 좋겠지만……."

나는 그동안 잃어버린 것들을 생각하면서 조금 침울하게 말했다. 마리아도 내 심정을 눈치챈 모양이었다. 포조가 리도 섬의 유족들에게서 받아온 선물을 나한테 전해 주라고 마리아에게 맡겼을 때, 그녀는 분명 기쁘게 받아들였을 것이다. 나는 그녀의 얼굴을 보았다. 그리고 손에 든 조개껍데기 목걸이를 마리아에게 내밀었다.

"당신이 받아 주시겠습니까?"

그 순간 마리아의 뺨이 붉어진 듯이 보인 것은 착각이었을까.

내가 전에 즉흥시를 노래했을 때 마리아는 목에 건 진주목걸이를 풀어서 아이들에게 선물로 주었다. 이제 그 목걸이는 조그만 조개껍데기를 엮은 목걸이가 되어 그녀에게 돌아왔다. 마리아는 이 변화를 보고 무슨 생각을 했을까. 어쩌면 그녀 자신의 처지가 그 불쌍한 아이들보다도 더 엄청나게 변했다는 것을 떠올리면서 특별한 감회에 젖었을지도 모른다. 그러나 그때 나는 마리아의 속마음을 전혀 알지 못했다.

32
시든 장미와 백조

하루는 은행에 찾아가자, 돈 많은 은행가의 부인이 말했다.

"요즘 시장 댁에는 자주 가시면서 우리집에는 통 오시지 않는군요. 하기야 그쪽이 훨씬 즐겁겠지요. 우리집에는 마리아가 없으니까요. 마리아는 베네치 아에서 제일가는 미인이고, 당신은 일류 즉흥시인이니까 아주 잘 어울리는 한 쌍이에요. 게다가 마리아는 칼라브리아 지방에 넓은 땅을 갖고 있다더군요. 상 속을 받았거나, 아니면 상속하기 위해 샀겠지요. 그녀와 결혼하면 아무 걱정 없이 안락하게 살 수 있을 거예요. 용기를 내서 청혼해 보세요. 성공할 거예요. 이제 곧 베네치아의 모든 사람이 당신을 부러워하겠지요."

"왜 그런 생각을······. 어째서 그런 생각을 하십니까? 내가 마리아를 사랑한 다는 건 터무니없는 억측입니다. 마리아의 아름다움은 모든 아름다움과 마찬 가지로 내 마음을 끌어당깁니다. 하지만 그건 사랑이 아닙니다. 아름다움을 숭배하는 이 마음이 사랑이라면, 마리아를 사랑하지 않는 사람이 세상 어디 에 있겠습니까. 게다가 마리아가 재산을 갖고 있다는 건 사랑과는 아무 상관 이 없습니다."

"재산도 중요한 거예요. 당신은 아무것도 모르시는군요. 부엌과 옷장이 풍족

해야 비로소 사람이 사람답게 살 수 있다지 않습니까. 부부의 행복도 마찬가지예요. 살아가는 것도 의식주에서 시작하는 법이죠."

그녀는 웃으면서 손을 내밀었다. 하지만 나는 불쾌한 기분이 들었다. 사람들이 나를 이런 식으로 생각하고 있다니. 왠지 속이 상했다. 시장네 가족은 모두 나를 좋아했지만, 앞으로는 그렇게 자주 찾아가지 않기로 결심했다. 이런 소문이 돈다는 것을 뻔히 알면서도 그 집에 자주 들락거릴 수는 없었다. 그날 밤에도 사실은 시장 댁에 방문할 작정이었지만, 예정을 바꾸었다. 내 피는 끓어올랐다. 까짓것! 불쾌한 소리 좀 들었다고 끙끙 앓을 필요는 없잖아? 유쾌하게 지내자. 인생이란 마음먹기에 따라서 아름다워지는 법이야. 나는 자유로워. 아무도 나를 구속할 수는 없어. 나에게는 힘과 의지가 있잖아? 나는 목적지도 없이 베네치아의 거리를 헤매고 다녔다. 집들이 어깨를 맞대고 있는 좁은 골목길을 걸었다. 집집마다 불이 켜져 있어 거리 구석구석까지 환했다. 대운하 수면에는 등불이 긴 그림자를 떨구고 있었다. 다리를 떠받치고 있는 아치 밑을 곤돌라가 나는 듯이 달려갔다. 노랫소리가 들려왔다. 사랑과 입맞춤의 노래였다.

나는 좁은 통로로 들어갔다. 깊숙한 곳에 다른 집들보다 좀더 크고 훨씬 밝은 건물이 있었는데, 많은 사람들이 그 안으로 들어가고 있었다. 그것은 베네치아의 수많은 소극장 가운데 하나인 산 루카스 극장이었다. 이런 소극장들은 나폴리의 페니체 극장처럼 하루에 두 번씩 소규모 오페라를 공연했다. 제1회가 오후 4시에 시작되어 6시 무렵에 끝나고, 제2회는 8시에 막이 올랐다. 공연은 그다지 대단할 것도 없었지만 입장료는 쌌다. 그래서 음악을 듣고 싶어하는 하층계급 사람들의 열망과 한가한 외국인들의 호기심을 충족시켜 주기에는 더없이 좋은 곳이었으므로, 극장은 언제나 대개 만원이었다.

포스터에는 '스페인 여왕 돈나 카리테아, 1826년 메르카단테 작곡'이라고 적혀 있었다.

나는 한번 들어가 보기로 결심했다. 그래, 기회가 왔으면 즐겨야지! 미지근한 염소젖이 아닌 뜨거운 젊음의 피가 내 몸속에 흐르고 있다는 사실을 증명해 보자! 나도 이제는 캄파니아의 양치기 꼬마가 아니다. 베르나르도나 페데리고 만큼이나 세상을 즐길 줄 안다. 이 순간을 즐기자. 안에 들어가서 아름다운 여가수의 얼굴이나 보자. 재미가 없으면 공연 도중에라도 그냥 나오면 된다. 인생을 즐기자!

나는 극장으로 들어가 표를 샀다. 내 자리는 무대와 몹시 가까웠다. 관람석은 상하 이층으로 되어 있고, 입석은 그보다 훨씬 낮았다. 무대 자체는 과장을 보탠다면 마치 엎소용 쟁반 같아서, 많은 사람이 거기에 늘어설 수는 없을 것 같았다. 그런데 오늘 공연하는 작품은 중세 기사들이 시합하는 장면도 있고 행진하는 장면도 있는 오페라였다. 관람석은 더럽고 천도 찢어져서 너덜거렸다. 천장은 관람석 전체를 짓누르듯 낮았다. 잠시 후 겉옷을 벗고 셔츠 소매를 걷어붙인 사내가 나와서 무대 앞 조명에 불을 붙였다. 관객들은 와자지껄 떠들어 댔다.

이윽고 악사들이 오케스트라 자리에 앉았다. 고작 사중주나 연주할 수 있을 정도의 인원이었다. 이것도 저것도 다 형편없어서, 이제부터 구경할 공연이 어떤 것인지를 충분히 예상할 수 있었다. 그래도 제1막만은 꼭 참고 보기로 마음먹었다. 혹시나 하고 주위를 둘러보아도 마음에 드는 여자는 하나도 없었다. 그때 젊은 신사 하나가 옆자리로 들어왔다. 이름은 기억이 안 나지만 전에 만난 적이 있는 사내였다. 그는 싱글거리며 손을 내밀어 악수를 청하더니 들뜬 목소리로 속삭였다.

"이런 데서 당신을 만날 줄은 몰랐네요. 아시는지 모르겠지만, 여기서는 종종 재미있는 여성과 나란히 앉게 되지요. 이 어두운 불빛 아래에서는 여성과 쉽게 가까워질 수 있습니다."

그가 이런 식으로 지껄이고 있는데, 갑자기 쉿! 하는 소리가 났다. 서곡이 시작된 것이다. 안타까울 정도로 작고 힘없는 음악이었다. 이어서 막이 올랐다. 여자 둘과 남자 셋이 나와서 합창을 하는데, 모두 밭일을 하다가 끌려나와 기사 옷을 입은 것 같았다. 옆자리 청년이 내 얼굴을 보더니 말했다.

"너무 실망하지 마세요. 독창 가수 중에는 얕볼 수 없는 가수도 있으니까. 실제로 여기에는 어느 커다란 극장에 내놓아도 부끄럽지 않은 희극배우가 하나 있답니다. 그런데…… 어, 이런!" 그가 갑자기 말을 끊었다. 극중 여왕이 두 시녀를 거느리고 등장한 것이다. 청년은 눈살을 찌푸리며 중얼거렸다. "오늘밤에는 저 여잔가? 망했군. 저 여자는 절반 값만 내라고 해도 보기 싫어. 자네트가 훨씬 좋은데."

무대에 나타난 여왕은 움푹 들어간 검은 눈에 날카로운 얼굴을 가진 작고 볼품없는 여자였다. 의상도 초라하게 축 늘어져 있어서, 마치 빈곤의 화신 같았다. 그러나 이상하게도 어딘지 모르게 우아한 데가 있어서 야릇한 생각이 들었다. 그 우아함은 두 시녀와는 격이 달랐다. 젊고 아름다운 아가씨가 이만한 기품을 갖추고 있다면 정말 대단할 텐데. 그런 생각에 잠겨 있는데, 여왕이 무대 앞에 설치된 조명 쪽으로 다가왔다. 그 순간 나는 내 눈을 의심했다. 내 가슴은 격렬하게 뛰기 시작했다. 너무 놀라서 목소리조차 나오지 않았다. 나는 그저 정신없이 그녀를 바라보다가, 간신히 목소리를 쥐어짜서 옆자리 청년에게 물었다.

"저 가수 이름이 뭡니까?"

"아눈치아타예요." 청년이 대답했다. "노래도 제대로 못하는데 용모까지 볼품없어요. 저 비쩍 마른 몸매를 좀 보십시오. 매력이라고는 손톱만큼도 없어요."

한마디 한마디가 독이 되어 내 가슴에 뚝뚝 떨어졌다. 나는 머릿속이 하얘진 채로 꼼짝도 않고 앉아서 그녀를 뚫어지게 바라보았다.

여왕이 노래를 부르기 시작했다. 아니, 그것은 아눈치아타의 목소리가 아니었다. 힘도 없고 탁하고 메마른 목소리였다.

"노래 공부는 제법 한 모양이지만, 성량이 따라가질 못해요."

청년이 안타깝다는 투로 말했다. 나는 미칠 듯이 쿵쾅거리는 가슴을 애써 진정시키며 입을 열었다.

"전에 아눈치아타라는 스페인 출신의 젊은 여가수가 있었지요. 로마와 나폴리에서 대단한 평판을 얻었는데⋯⋯ 지금 이 가수는 용모도 목소리도 그녀와 딴판인 걸 보면, 아마 동명이인인가 보지요?"

"아닙니다." 청년이 대답했다. "저 여자가 바로 그 사람이에요. 한 육칠 년 전만 해도 인기가 대단했지요. 그 무렵에는 나이도 젊고, 목소리는 프랑스의 마리 블랑 못지않게 아름다웠다더군요. 하지만 지금은 완전히 몰락해 버렸어요. 그런 재능으로 명성을 떨치는 사람들의 숙명이라고나 할까요. 한동안은 태양처럼 솟아올라 대낮의 정점에 서 있지요. 그런데 세상 사람들의 칭찬에 눈이 어두워, 내리막길에 접어든 것을 알아차리지 못합니다. 영광에 둘러싸여 있는 동안 현명하게 은퇴를 준비할 생각을 하지 않아요. 세상 사람들이 먼저 변화를 눈치챕니다. 그 사람의 실력이 예전 같지 않다는 것을. 그렇게 되면 이제 내리막길을 굴러 내려갈 뿐이에요. 재주를 팔아서 먹고사는 여자들은 돈은 많이 벌어도 대개 그만큼 사치스러운 생활을 하고 있으니까, 수입도 점점 사라집니다. 그렇게 되면 몰락하는 속도도 더 빨라시시요. 당신은 저 배우를 로마에서 보셨나 보군요."

"그렇습니다. 두세 번 보았지요."

"그렇다면 몰라보게 변했을 겁니다. 중병을 오래 앓았기 때문에 목소리가 망가졌다고 하더군요. 벌써 사오 년 전의 이야깁니다. 사정이 안타깝기는 하지만, 그런 건 세상 사람들이 알 바 아니지요. 뭐, 하여튼 옛정을 생각해서 박수를 쳐 주지 않겠습니까? 나도 응원하지요."

이렇게 말하면서 청년은 요란하게 손뼉을 쳤다. 입석에 있던 두세 사람이 별 생각 없이 따라서 손뼉을 쳤지만 곧이어 쉿! 하는 소리가 났다. 이런 무대에 왜 박수를 치냐고 비난하는 듯했다. 그러는 동안 여왕은 아무 일도 없었다는 듯이 위엄을 간신히 유지한 채 퇴장했다. 분명 아눈치아타였다.

여왕이 퇴장하자 청년이 속삭였다. 드디어 여주인공이 등장했다. 아직 16세 정도밖에 안 된 젊고 아름다운 아가씨인데, 남자를 사로잡는 육감적인 몸매에 불타는 듯한 눈빛을 갖고 있었다. 뜨거운 박수갈채가 그녀를 맞이했다. 그 순간 내 가슴에는 옛 추억이 폭풍처럼 밀려왔다. 아눈치아타를 맞이하던 로마 사람들의 열광과 환호, 임금님의 행렬 못지않게 화려했던 그녀의 개선 행렬, 나의 열렬한 사랑! 그런데 그 위대한 아눈치아타가 이제는 평범한 여가수에게도 밀릴 정도로 몰락하다니. 아아, 그녀는 미모를 잃는 바람에 베르나르도한테 버림받은 것일까. 아니면 그녀는 애당초 그를 사랑하지 않은 것일까. 하지만 나는 분명 그녀가 쓰러진 베르나르도에게 몸을 굽히고 그 이마에 입맞추는 것을 보았어. 그 광경을 어찌 잊을 수 있을까. 역시 그녀는 베르나르도를 사랑했고, 그는 그녀를 버린 게 분명해. 그녀가 병들어 아름다움이 시들었기 때문에 무정하게도 버린 거야. 베르나르도가 사랑한 건 그녀의 영혼이 아닌 아름다움뿐이었어.

아눈치아타가 다시 등장했다. 얼마나 쇠약하고 늙어 보였는지 모른다. 마치 시체에 화장을 한 것 같았다. 나도 모르게 오싹 소름이 돋았다. 그 옛날 아눈치아타는 정말 완벽한 여인이었다. 나는 그녀의 미모에도 반했지만, 그녀의 뛰어난 재능과 고운 마음씨에도 반해 있었다. 우리가 비극적으로 이별하던 순간에도 나는 그 상냥한 영혼의 위대함을 느낄 수 있었다. 비록 미모는 시들었을망정 그녀의 재능과 감정은 옛날 그대로일 것이 틀림없었다. 그런데 베르나르도는 아눈치아타의 감성과 마음을 이해하지 못하고, 미모를 잃은 그녀를 버렸다! 나는 무정한 친구를 원망했다. 가슴이 부글부글 끓었다. 얼굴은 죽은 사람처럼 창백해졌다. 옆자리에 앉아 있던 청년이 내 얼굴을 보고 놀라서 물었다.

"왜 그러세요? 몸이 안 좋아 보이는데. 공기가 너무 후텁지근한가요?"

나는 대충 둘러대고 극장 밖으로 뛰쳐나왔다. 미칠 듯한 괴로움으로 가슴이 가득 차서 아무 생각도 할 수 없었다. 그저 베네치아의 좁은 골목을 이리저리 헤매면서 걸었다. 문득 정신을 차리고 보니 다시 극장 앞에 와 있었다. 때마침 한 노인이 이튿날의 공연 포스터를 붙이기 위해 오늘의 포스터를 떼고 있는 참이었다.

"아눈치아타가 살고 있는 곳이 어딥니까?"

나는 그에게 다가가 작은 목소리로 물었다. 그러자 노인은 돌아서서 내 얼굴을 가만히 쳐다보며 되물었다.

"아눈치아타요? 아우렐리아를 말씀하시는 거겠죠? 오늘도 아우렐리아를 찾는 남자분들이 참 많구먼요. 집까지 안내해 드릴 수야 있지만, 아직 바쁠 텐데요."

"아닙니다. 아눈치아타, 여왕 역을 맡은 여가수 말입니다."

그는 미심쩍은 눈으로 나를 쳐다보더니 되물었다.

"그 말라빠진 여자 말인가요?"

내가 고개를 끄덕이자 그가 말을 이었다.

"그 여자를 찾아오다니, 뭔가 사정이 있으신가 보군요. 안내는 해 드리겠지만, 그 여자를 만나려면 한 시간쯤 기다려야 할 겁니다. 게다가 그 여자는 원래 손님을 받지 않아요. 찾아오는 사람도 없고. 그러니까 찾아가 봐야 헛수고일지도 몰라요."

"괜찮습니다. 그럼 한 시간 뒤에 다시 오겠습니다."

나는 곤돌라에 올라타고, 사공에게 어디든 마음대로 돌아다니라고 말했다. 내 마음은 깊은 슬픔으로 가득 차 자꾸만 술렁거렸다. 내 머릿속에는 단 한 가지 생각밖에 없었다. 다시 한 번 아눈치아타를 만나 그녀와 이야기를 해 봐야 한다. 그 사람은 너무나 불행해 보였다. 하지만 그녀를 위해 내가 해 줄 수 있는 게 과연 무엇일까. 지위도 재산도 없는 내가 무엇을 할 수 있으랴? 정처 없이 운하 위를 떠도는 가운데, 슬픔과 고통이 나를 자꾸만 앞으로 몰아댔다. 초조함을 누를 길이 없었다.

한 시간쯤 지나서 곤돌라는 다시 극장 앞에 닿았다. 아까 만난 노인이 나를 기다리고 있었다. 그는 비좁고 너저분한 골목을 지나 어느 낡은 집으로 나를 데려갔다. 맨 위층의 다락방 창문에 불이 켜져 있었다. 노인이 그 불빛을 가리켰다.

"저런 곳에 살고 있다니!" 나도 모르게 외쳤다.

"자, 따라오세요." 노인은 어두컴컴한 계단을 앞장서 올라가더니 문 앞에서 초인종 줄을 잡아당겼다.

"누구세요?" 위에서 여자 목소리가 물었다.

"마르코 루가노예요." 노인이 대답한 다음 문을 열었다.

집 안은 캄캄했다. 작은 성모상 앞에 놓인 등잔은 이미 다 타서, 붉은 심지만 핏방울처럼 빛나고 있었다. 나는 노인 곁에 바싹 붙어 있었다. 이윽고 저 위쪽에서 문이 열리는 소리가 났다. 거기서 한 줄기 빛이 새어 나왔다. 불빛을 받아 바로 근처에 있는 작은 계단이 희미하게 모습을 드러냈다.

"저기 나오는군요." 노인이 말했다.

은화 몇 닢을 쥐여 주자 그는 몇 번이나 고맙다고 인사하고 서둘러 내려가 버렸다. 나는 마지막 계단을 올라갔다. 그때 누군가가 문 앞에 나타났다.

"내일 공연에서 바뀐 거라도 있나요?" 좀전에 들은 목소리가 물었다. 틀림없는 아눈치아타였다. 그녀는 문간에 서 있었다. 작은 스카프로 머리를 감싸고, 커다란 검정 가운을 걸치고 있었다.

"넘어지지 않도록 조심하세요, 마르코."

그녀는 이렇게 말하면서 앞장서서 방으로 들어갔다. 나는 그 뒤를 따라갔다. 드디어 나는 아눈치아타와 밝은 곳에서 마주 섰다. 그 순간 그녀가 깜짝 놀라 외쳤다.

"아니, 누구세요? 여긴 무슨 일로 오셨어요?"

"아눈치아타!"

나는 비통한 소리를 질렀다. 그녀는 잠시 내 얼굴을 뚫어지게 쳐다보았다. 그러다 "앗!" 하고 외마디소리를 지르며 두 손으로 얼굴을 덮어 버렸다.

"친구가 찾아왔습니다." 나는 떨리는 목소리로 더듬거리면서 말했다. "전에 당신한테서 이루 말할 수 없이 커다란 기쁨과 행복을 받은 옛 친구가 이렇게 당신을 찾아왔습니다. 무슨 일로 왔냐고요. 네, 나는 그저 당신을 만나 이야기하고 싶어서 여기까지 달려왔습니다. 오직 당신을 만나고 싶어서!"

그녀는 얼굴에서 천천히 손을 떼었다. 얼굴이 홀쭉하고 창백했다. 그녀는 마치 시체처럼 서 있었다. 아눈치아타는 늙고 초췌해져 있었다. 그러나 아직도 아름다움의 흔적이 남아 있었다. 애수와 영혼을 담고 있는 검은 눈동자는 옛날과 다름이 없었다. 바다처럼 깊은 그 눈동자가 빨려 들어갈 듯이 내 얼굴을 바라보았다.

"안토니오!" 나를 부르는 그녀의 눈에 눈물이 고여 있었다. 눈물이 흘러넘쳐 두 뺨을 적시며 흘렀다. "이런 꼴로 만나게 되다니! 다시 만날 줄은 꿈에도 몰랐어요. 하지만 우리의 길은 이미 멀리 갈라져 버렸어요. 당신의 길은 위쪽으로, 내 길은 아래쪽으로. 이렇게 다시 만난들 무슨 할 말이 있겠어요. 돌아가 주세요, 제발. 절 그냥 내버려 두세요."

그녀는 고통스럽게 한숨을 내쉬었다.

"제발 나를 내치지 말아 주세요!" 내가 외쳤다. "나는 당신의 친구로서 여기 왔습니다. 그러지 않고는 견딜 수가 없었어요. 당신이 이렇게 불행해진 줄 이제야 알았어요. 아아, 대사 한마디, 눈짓 하나로도 수만 명을 행복하게 해 준 당신이!"

"운명의 수레바퀴는 빙글빙글 돌아가고 있어요. 행복은 젊음과 아름다움에만 주어지는 법이죠. 세상 사람들은 그 개선 마차를 끌고 가요. 이성과 동정은 자연이 주신 선물 가운데 가장 불쾌한 거예요. 그것은 젊음과 아름다움 앞에서는 맥을 못 추죠. 그리고 세상 사람들은 언제나 옳아요."

"병에 걸렸다면서요." 내 입술이 와들와들 떨렸다.

"그래요. 1년 가까이 심하게 앓았답니다. 하지만 죽지도 않았어요." 그녀는 애처로운 미소를 띠면서 말을 이었다. "젊음은 죽었어요. 목소리도 죽었고요. 나는 이 두 개의 시체를 한 몸에 지니게 되었어요. 그러자 세상 사람들은 나를 버렸지요. 그리고 의사는 그 두 시체에 대해 명백한 사망진단을 내렸지요. 슬프게도 나는 그것을 인정할 수밖에 없었죠. 하지만 내 몸은 병을 앓기 전과 마찬가지로 옷과 음식을 요구했어요. 그래서 그동안 모아 놓았던 것을 모조리 꺼내어 쓰고, 그 다음에는 할 수 없이 화장을 두껍게 하고 다시 무대에 설 수밖에 없었답니다. 마치 죽은 사람이 아직 살아 있기라도 한 것처럼 말이에요. 그래도 사람들을 놀라게 하지 않으려고 유령이 되어 등장했어요. 일부러 불빛이 적고 어두컴컴한 소극장에 다시 모습을 나타냈죠. 하지만 사람들은 내가 반쯤 죽은 시체라는 것을 금방 눈치채고 말았어요. 젊음과 목소리가 죽었으니까. 당신이 기억하는 아눈치아타는 이미 죽어 버렸어요. 살아 있을 때의 모습은 저기에 걸려 있어요."

이렇게 말하면서 그녀는 벽을 가리켰다. 돌아보니 초라한 방 안에 반신 초상화가 걸려 있었다. 훌륭한 금빛 액자는 주위의 가난한 모양새와 야릇한 대조를 이루고 있었다. 그것은 디도로 분장한 아눈치아타의 초상이었다. 내 영혼 속에 지금도 뚜렷이 남아 있는 얼굴, 위엄에 가득 찬 아름답고 부드러운 얼굴이었다. 내 눈은 나도 모르게 현실의 아눈치아타로 옮아갔다. 그녀는 두 손으로 얼굴을 덮은 채 흐느끼고 있었다.

"돌아가 주세요. 세상에서 잊혀진 나를 부디 잊어 주세요." 그녀는 애원하면서 손을 저었다.

"그럴 수는 없습니다. 이대로 돌아갈 수는 없어요. 성모님의 은혜를 잊으셨나요? 성모님은 다정하고 자비로운 분입니다. 그분이 당신을 도와주실 겁니다. 우리 모두를 도와주실 겁니다."

"안토니오!" 아눈치아타가 진지한 표정으로 말했다. "나는 이대로 몰락할 수밖에 없는 운명이에요. 저의 불행을 조롱할 작정인가요? 아니, 당신은 세상 사람들과 달라요. 옛날부터 나는 그렇게 믿고 있었어요. 당신은 남에게 상처를 입힐 줄 모르는 순수한 분이에요. 하지만 당신이라는 분을 알다가도 모르겠어요. 세상 사람들이 모두 나에게 박수와 환호를 보내고 아첨과 칭찬을 아낌없이 퍼붓고 있을 때 당신은 나를 버렸어요. 뒤도 돌아보지 않고 가 버렸죠. 그런데 이제 나는 색도 향기도 잃어버리고 시들어 버렸어요. 세상 사람들은 더 이상 나를 거들떠보지도 않아요. 그런데 지금에 와서, 일부러 나를 찾아오시다니……."

"그게 무슨 말씀이세요. 내가 당신을 버렸다니! 당신이야말로 나를 버리지 않았던가요?" 나도 모르게 큰 소리로 외쳤다. "가시밭처럼 험한 세상 속으로 나를 내쳐 버리지 않았던가요? 아니, 아닙니다. 돌이켜 보면 내 잘못이지요. 그래요. 내 운명과 내 처지가……." 나는 부드러운 말투로 덧붙였다. "나를 세상 속으로 내쫓았습니다."

나는 가슴속에 오랫동안 담아 두었던 생각을 다 털어놓았다. 그녀는 입을 다물고 있었다. 그 새까만 눈은 깜짝 놀란 듯 나를 응시하고 있었다. 무슨 말을 하고 싶은 듯 창백한 입술이 달싹거렸지만 말은 끝내 나오지 않았다. 다만 깊은 한숨이 가슴속 깊은 곳에서 새어 나왔을 뿐이다. 그녀는 묵묵히 눈을 내리깔고 있었다. 이윽고 신과 그녀만이 알고 있는 어떤 비밀스런 생각이 마음에 떠오른 듯, 그녀는 오른손을 들어 가만히 이마에 갖다댔다. 그러고는 마침내 입을 열었다.

"이렇게 또 뵙게 되었군요. 이 세상에서 다시 한 번 만날 수 있었군요. 당신이 친절하고 훌륭한 분이라는 건 잘 알고 있어요. 당신의 따뜻한 마음에 감사드립니다. 하지만 이미 장미꽃은 시들었고, 백조는 마지막 노래를 마쳤어요. 나는 이 세상에서 외톨이랍니다. 행복한 아눈치아타가 남긴 자취는 벽에 걸린 그림뿐이에요. 하지만 당신은 나와는 달리 행복하게 살아갈 운명일 거예요. 성모님이 당신을 축복하실 테니까요. 안토니오, 딱 한 가지, 부탁드릴 게 있어요. 싫다고는 하지 마세요. 한때 당신에게 기쁨을 주었던 아눈치아타의 마지막 소원이니까요. 들어주실 거죠?"

"뭐든지, 뭐든지 들어드리겠습니다." 나는 외치면서 아눈치아타의 손에 입을 맞추었다.

"오늘밤 여기 오신 일은 모두 꿈이라고 생각해 주세요. 앞으로 이 세상에서 다시 만나게 된다 해도, 그때는 서로 모르는 사이로 만나고 싶어요. 그게 내 소원이에요. 자, 그럼 이제 가 보세요." 이렇게 말하면서 그녀는 손을 내밀어 내 손을 잡았다. "좀더 좋은 세상에서 다시 만나기로 해요. 이 세상에서 우리는 갈 길이 달랐어요. 그럼 안녕, 안토니오. 안녕히 가세요."

나는 슬픔에 짓눌려 그녀의 발치에 맥없이 쓰러졌다. 나는 더 이상 아무것도 알 수가 없었다. 일어날 기력도 없었다. 그녀는 부드럽게 나를 일으켜 상냥하게 달래면서 문밖으로 이끌었다. 나는 어린애처럼 엉엉 울었다.

"또 오겠습니다. 틀림없이 또 올 겁니다. 허락해 주세요." 나는 우는 소리로 이렇게 말하면서 그녀의 방을 나왔다.

"안녕"이라는 목소리가 들리고, 곧바로 문이 닫혔다. 그녀의 모습은 사라져 버렸다.

나는 어두컴컴한 계단을 터벅터벅 내려가 거리로 나왔다. 거리도 계단만큼이나 캄캄했다.

"신이여, 당신은 왜 이다지도 불행한 존재를 만드셨습니까?" 나는 슬픔에 신음하며 소리내어 울었다. 그날 밤에는 한숨도 자지 못했다. 정말로 슬픈 하룻밤이었다.

이튿날은 아눈치아타를 어떻게든 도와주려고 이것저것 계획을 세우고 허물고 하는 동안 하루가 눈 깜짝할 사이에 지나가 버렸다. 그렇게 애썼는데 소득은 하나도 없었다. 단지 내 가난함과 무력함을 뼈저리게 느꼈을 뿐이다. 나는 결국 캄파니아 들판에서 주워 온 가난한 아이에 불과했다. 로마의 은인들은 나를 길러 주는 은혜로운 빗방울이기도 했지만, 실은 나를 구속하는 쇠사슬이기도 했다. 그 사슬에서 어설프게 풀려난 이상, 그들에게 의지할 수는 없었다. 기댈 곳이라고는 내 재능밖에 없었다. 내가 즉흥시인이 되기로 결심하고 무대에 선다면 아마 성공할 수는 있을 것이다. 하지만 내 재주로 아무리 큰 명성과 영광을 얻는다 해도, 과연 아눈치아타보다 빛나는 정점에 오를 수 있을까? 폭포가 되고 무지개로 빛나면서 도도히 흘러가던 강물도 결국에는 폰티네 늪지의 초라한 웅덩이로 끝나버리지 않았던가.

나는 그렇게 출구 없는 미로를 헤매면서 슬픈 하룻밤을 보냈다. 아눈치아타를 다시 만나지 않고는 내 답답한 마음을 풀 수 없었다. 그래서 이튿날 아침, 나는 다시 그 골목길로 가서 대낮인데도 여전히 어두운 계단을 올라갔다. 문은 닫혀 있었다. 문을 두드리자 옆방 문이 열리더니, 한 노파가 얼굴을 내밀고는 물었다.

"방을 보러 오셨슈? 나리 같은 분이 살기에 어울리는 곳은 아닐 텐데."

"여기 사는 여가수는요? 어디 갔죠?"

"이사갔다오. 어젯밤에. 아마 멀리 떠났을 거요. 왠지 몹시 서두르는 것 같습니다."

"어디로 갔는지 모르십니까?"

"몰라요. 아무 말도 하지 않았으니까. 하지만 파도바나 트리에스테나 페라라나, 그런 곳일 거요. 그런 여자들이 가는 도시는 많으니까."

이렇게 말하면서 노파는 문을 닫고 들어가 버렸다.

나는 그 길로 극장에 가 보았다. 그러나 극장은 닫혀 있었다. 근처에 사는 사람에게 물어보니 어제가 그 극단의 마지막 공연이었다고 했다.

그녀는 가 버렸다! 불행한 아눈치아타! 그 불행의 원인은 결국 베르나르도였다. 내 인생이 이렇게 된 것도 다 베르나르도 때문이었다. 베르나르도만 없었다면 아눈치아타는 나를 사랑했을 것이고, 그녀의 사랑은 내 정신을 보다 크고 아름답게 꽃피워 주었을 것이다. 그때 아눈치아타와 함께 즉흥시인으로 무대에 섰다면, 내 성공은 그녀의 성공과 결합하여, 우리의 위상도 지금과는 사뭇 달라져 있었을 것이다. 지금처럼 그녀가 늙고 초라해지지도 않았을 것이다. 그런데 모든 게 생각도 못한 결과로 끝나버리고 말았다.

33
아눈치아타의 편지

포조가 찾아와 우울해하는 나를 보고 이유를 물었다. 하지만 나는 속마음을 털어놓을 수가 없었다. 아무한테도 그 이야기를 할 수는 없었다.

"자네 괜찮은가? 표정이 굉장히 어둡군. 열이라도 있는 건가? 자네 가슴속의 작은 새가 시름시름 앓다가 죽으면 어쩌려고? 가끔은 새를 자유롭게 풀어주게. 그래서 마음 가는 대로 들판의 빨간 딸기나 발코니의 아름다운 장미꽃을 딸 수 있도록 말이야. 나의 작은 새는 그렇게 하고 있지. 덕분에 내 작은 새는 언제나 건강하고 즐겁게 내 가슴속에서 쾌활한 노래를 불러 주고 있다네. 그래서 나도 이렇게 건강한 거야. 자네도 그렇게 해 봐. 시인이라면 더더욱 그래야지. 장미꽃도 딸기도, 신맛도 단맛도 다 알고, 천상의 맑은 공기도 지상의 탁한 안개도 경험한 작은 새를 가슴속에 키워야지, 응?"

"꽤 그럴듯한 시인론이군."

"그리스도는 지옥까지 내려가셔서 저주받은 자들을 만나셨어. 신성한 존재가 지상의 존재와 섞여야지만 비로소 위대한 기적이 일어나는 거야……. 아니, 어느새 설교가 되어 버렸군. 이런 설교를 하러 온 게 아닌데. 여보게, 나는 오늘 시장 댁의 심부름꾼으로서 온 거야. 로사 부인이 그러더군, 자네가 사흘이

나 시장 댁에 들르지 않았다고. 어떻게 그럴 수 있나! 너무 실례되는 것이 아닌가. 당장 그 집에 가서 무릎을 꿇고 용서를 빌게. 그런데 혹시 시장 댁에 못 갈 이유라도 있었나? 대체 어찌 된 일인가?"

"몸이 별로 안 좋아서 줄곧 집 안에 틀어박혀 있었어."

"그거 참 형편없는 변명이군. 나는 다 알고 있어. 요전 날 밤에 자네는 오페라를 보러 갔잖아? 그것도 요즘 소문이 자자한 인기 가수 아우렐리아가 등장하는 오페라였다면서? 설마 자네도 그녀한테 마음을 빼앗겨서 시름시름 앓고 있는 건 아니겠지? 하여튼 됐으니까, 점심때 나하고 함께 시장 댁에나 가세. 식사 초대를 받았어. 자네를 데려가기로 약속했으니까 꼭 가야 돼."

"포조! 그럼 내가 한동안 그 집에 가지 않은 이유, 그리고 앞으로도 자주 가지 않기로 작정한 이유를 말해 주겠네. 실은 한가한 사람들이 퍼뜨리고 다니는 헛소문 때문이야. 은행가의 부인이 나에게 말해 줬네. 칼라브리아에 넓은 땅을 갖고 있는 아름다운 마리아를 내가 탐내고 있다는 어처구니없는 소문이 베네치아에 퍼져 있는 모양이야."

"난 또 뭐라고." 포조가 말했다. "그런 소문이라면 내가 듣고 싶을 정도야. 그래서 자넨 그 집에 가기 싫다는 건가? 뭐, 칼라보리아에 땅을 가지고 있다는 것은 나도 몰랐지만, 하여튼 마리아가 아름답다는 것은 누구나 다 아는 사실이야. 그리고 많은 사람들이 그 미모를 숭배하지. 자네가 그중 하나라 한들 뭐가 문제인가? 자연스러운 일이잖아? 하지만 그게 그 집에 무례하게 굴 이유는 되지 않아. 마리아는 아름다워. 이해력도 있고 감수성도 있어. 내가 보기에 자넨 분명 그 여자를 사랑하고 있어."

"천만에! 내 감정은 사랑과 거리가 멀어. 마리아는 옛날 내가 만났던 장님 소녀와 아주 비슷해. 나는 그때 그 소녀에게 이상하게 끌렸거든. 그래서 그리운 마음에 나도 모르게 마리아의 얼굴을 뚫어져라 쳐다보게 되는 거지, 특별한 뜻은 없어."

"그러고 보니 마리아도 한때 눈이 멀었다더군." 포조가 말했다. "하지만 나폴리에서 살던 외삼촌 의사가 수술해서 다행히 눈을 뜨게 되었다는 거야. 그러니까 자네가 마리아를 보고 그 장님 소녀를 떠올리는 것도 이해는 가지만……. 아니, 아니야. 애초에 사랑을 하면 상대에게 눈이 먼다고 하지 않나? 바로 그

거야. 자네가 옛날 만났던 소녀는 눈먼 아모르, 즉 사랑의 신이야. 그 신이 자네로 하여금 마리아를 자꾸 쳐다보게 한 거라고. 조만간 소문이 현실이 되지 않을까? 응, 안 그래?"

"아니, 아니야, 포조! 나는 평생 결혼 같은 건 하지 않아. 내 사랑의 꿈은 끝났어. 이제 두 번 다시 슬픈 사랑의 꿈은 꾸지 않겠어. 나는 평생 독신으로 실거야."

"그거 참, 신빙성이 거의 없는 예언이군. 알았네, 알았어. 자네 말을 믿겠네. 하지만 결혼하지 않겠다고 맹세하지는 마. 어쩌면 올해 안으로 결혼하게 될 수도 있으니까."

"아마 자네가 결혼하겠지. 절대로 나는 아니야."

"아니, 자네는 내가 결혼할 거라고 생각하나? 안 돼. 나한테는 아내를 부양할 방법이 없어. 행복한 가정을 꾸리려면 돈이 너무 많이 들거든."

"자네가 나보다는 빨리 결혼할 거야. 어쩌면 아름다운 마리아가 자네 아내가 될 수도 있겠지. 내가 마리아에게 청혼할 거라고 베네치아 사람들이 수군거리는 동안 자네가 그녀와 맺어질 수도 있어."

"터무니없는 소리." 포조는 낄낄 웃었다. "절대로 그럴 리 없어. 마리아는 나보다 훨씬 나은 남편을 얻어야 하거든. 우리 한번 내기해 볼까?" 포조가 다시 말을 이었다. "자네는 결혼하게 될 거야. 상대가 누구든 간에. 그리고 나는 여전히 노총각으로 남게 될 거야. 샴페인 두 병을 걸고 내기하세. 그걸 자네 결혼식 날 마시기로 하지."

"좋아. 하지만 아마 자네가 결혼식 날 나한테 술을 대접해야 할걸?" 나는 빙그레 웃었다.

나는 포조를 따라 시장 댁에 갔다. 로사와 시장은 장난기 어린 말투로 나를 나무랐지만, 얌전한 마리아만은 말없이 나를 쳐다만 보고 있었다. 내 눈은 저절로 그녀에게 쏠렸다. 베네치아 사람들의 말에 따르면 이 여자가 내 신부가 된다는 것이다. 로사가 나와 술잔을 마주치면서, "안토니오의 건강을 위하여!"라고 말했다. 그런데 포조가 잽싸게 끼어들었다.

"숙녀분들은 아무도 이 즉흥시인과 건배해서는 안 됩니다. 이 친구는 여성에 대해 영원한 증오를 맹세했으니까요. 평생 결혼하지 않을 거라더군요."

"영원한 증오라고?" 내가 당황해서 말했다. "내가 결혼하지 않는다고 해서, 여성의 아름다움마저 존중할 수 없다는 건가?"

"아니, 결혼하지 않겠다고?" 시장이 큰 소리로 외쳤다. "신학사님, 그건 당신의 천재가 낳은 가장 좋지 않은 생각이오. 그런데 포조 씨……." 시장은 포조를 바라보며 농담조로 말했다. "그런 비밀을 폭로하는 것은 친구를 배반하는 일이 아니오? 신학사님도 많이 당황하신 모양인데."

"그러라고 일부러 폭로한 겁니다." 포조가 말했다. "그런 좋지 않은 생각은 죄인의 목처럼 장대에다 높이 달아 놔야 해요. 그 생각이 마음속에 완전히 뿌리 내리기 전에, 공중에 매달아서 만인의 질타를 받아 사라지게 만들어야죠."

사람들이 모두 나에게 농담을 던지고 놀려 댔기 때문에 나는 싫어도 쾌활해질 수밖에 없었다. 맛있는 요리와 고급 포도주가 나왔다. 그러자 가난한 아눈치아타가 생각나고, 지금 굶어 죽어 가고 있는 게 아닐까 몹시 신경이 쓰였다.

"언젠가 우리한테 실비오 펠리코의 작품을 읽어 주기로 약속했지요?" 그날 밤 헤어질 때 로사가 말했다. "잊지 말아요. 날마다 찾아와서 읽어 주세요. 우리가 매일 얼마나 당신을 기다리는지 모르시죠? 베네치아 전체에서 우리만큼 당신을 반갑게 맞아 주는 사람은 없을 거예요."

나는 그들이 나를 얼마나 사랑하고 있는지를 절실히 느꼈다. 그래서 또다시 문턱이 닳도록 시장 댁을 찾아가게 되었다. 그렇게 한 달이 지났지만, 아눈치아타의 소식은 전혀 들을 수가 없었다.

어느 날 밤 시장 댁에 갔더니 마리아가 깊은 생각에 잠겨 있는 듯이 보였다. 그 표정에는 슬픔이 뚜렷이 드러나 있었다. 나는 그녀와 로사에게 시를 읽어 주었지만, 마리아는 건성으로 듣고 있는 듯했다. 시 낭독이 끝나자 로사가 방에서 나갔다. 방에는 나와 마리아만 남았다. 지금까지 나는 마리아와 단둘이 있었던 적이 없었다. 무언가 불길한 일이 다가오고 있는 듯한, 뭐라고 설명할 수 없는 이상한 예감이 내 가슴을 가득 채웠다. 그래도 나는 애써 분위기를 살려 보려고 했다. 실비오 펠리코를 화제로 삼아, 그의 정치 활동에 대해 이야기하려고 했다.

"신학사님!" 마리아가 불쑥 내 말을 가로막았다. 지금까지 내 이야기는 한마디도 귀담아듣지 않고 오직 한 가지 생각에만 몰두해 있는 듯했다. 그녀는 떨리는 목소리로 말을 이었다. "신학사님, 꼭 말씀드려야 할 게 있어요. 어느 분이 돌아가실 때, 저는 그분의 손을 잡고 그러겠다고 약속했어요."

마리아는 잠시 뜸을 들였다. 그 얼굴이 유난히 창백해 보였다. 나는 왠지 가슴이 두근거리는 것을 느꼈다. 그녀는 떨리는 입술로 말했다.

"우리는 서로 그렇게 서먹서먹한 사이는 아니지만, 그래도 이런 중대한 이야기를 하는 것이 저로서는 너무나 부담스럽고 두려워요."

"오오, 하느님!" 나는 무심코 외쳤다. "무슨 일이 있었나요?"

"주님의 뜻은 헤아릴 수 없지요. 저는 그분의 인도를 받아, 당신의 인생에 끌려 들어갔어요. 그리고 남들이 알아서는 안 될 비밀에, 사적인 관계에 끼어들게 되었어요. 하지만 걱정 마세요, 제 입술은 침묵을 지키고 있어요. 돌아가신 분께 그렇게 하겠다고 약속했으니까요. 그 비밀은 아무한테도, 로사 이모님께도 말씀드리지 않겠어요."

이렇게 말하면서 마리아는 작은 꾸러미를 꺼냈다.

"당신한테 전하겠다고 약속한 물건이에요. 열어 보시면 모든 것을 이해하실 수 있을 거예요. 저는 이것을 당신한테 직접 전하겠다고 약속했어요. 이틀 동안 이것을 가지고 있으면서 당신에게 드릴 기회만 찾고 있었는데, 이제 무거운 짐을 내려놓은 것 같아요. 부디 아무한테도 말하지 마세요. 저도 입을 다물고 있을 테니까요."

"돌아가신 분이라니……. 그게 누구입니까? 누가 맡긴 겁니까?"

"그 비밀은 내 입으로는 말할 수 없어요." 이렇게 말하고 그녀는 방에서 나갔다.

나는 급히 집으로 돌아와 그 작은 꾸러미를 펼쳤다. 너덜너덜한 종이 몇 장이 팔랑팔랑 떨어졌다. 하나 집어 들어 보니 내 글씨가 눈에 들어왔다. 짧은 시가 연필로 적혀 있었다. 시 밑에는 묘비에서 흔히 볼 수 있듯이 세 개의 검은 십자가가 그려져 있었다. 이것은 내가 아눈치아타를 무대에서 처음 보았을 때 그녀의 발치에 던진 시였다.

"아눈치아타!" 나는 깊은 한숨을 내쉬었다. 그녀가 마리아에게 이 꾸러미를 맡겼구나. 그렇다는 것은, 그녀는 이미…….

종이들 사이에 한 통의 봉함편지가 들어 있었다. 겉에는 '안토니오에게'라고 적혀 있었다. 나는 얼른 봉투를 뜯었다. 역시 그녀의 편지였다. 앞부분은 잉크 색도 진하고 글씨도 또렷했지만, 나중에 덧붙여 쓴 듯한 마지막 몇 행은 글씨가 흐트러져 있었다.

안토니오, 오늘밤 뜻밖에도 당신을 만났습니다. 하고 싶은 말은 수없이 많았지만, 그때는 너무 당황해서 결국 아무 말도 할 수 없었습니다. 그래서 이렇게 늦게나마 편지를 써 봅니다. 너무나 그리운, 사랑하는 안토니오. 살아 생전에 당신을 다시 한 번 만나는 것이 저의 단 하나뿐인 소망이었습니다. 하지만 저는 이 순간을 그토록 바라면서도 몹시 두려워하고 있었습니다. 죽음이 결국에는 행복을 가져다준다는 것을 알면서도 죽는 순간을 극도로 두려워하는 사람처럼 말이에요. 당신을 만난 것은 불과 두세 시간 전이지만, 당신이 이 글을 읽는 것은 몇 달 뒤일 것입니다. 어쩌면 한 달 뒤일지도 모르고요. 어쨌거나 그리 오랜 뒤는 아닐 것입니다.

자기 자신과 마주친 사람은 곧 죽는다는 속담이 있습니다. 저는 바로 그것을 바라고 있었습니다. 당신은 제 영혼이요, 제 마음입니다. 그런 당신을 만난다는 것은 일종의 계시였습니다. 드디어 제가 편안한 죽음을 맞이할 순간이 왔음을 알리는 계시였지요. 제 마음은 도저히 당신을 잊을 수 없었고, 당신은 마침내 제 마음 자체가 되어 버렸습니다. 기쁠 때나 슬플 때나 당신은 제 마음속에 언제나 함께 계셨습니다. 당신은 세상 사람들에게 버려진 아눈치아타를 버리지 않고 거두어 주신 단 하나뿐인 은인이십니다. 그런데 감히 말씀드리자면, 지금도 저를 아껴 주시는 당신의 마음은 아마도 동정심이 아니라 특별한 감정일 것이라고 저는 믿고 있습니다. 제가 이렇게 염치없는 말씀을 드릴 수 있는 것은, 당신이 이 글을 읽으실 때쯤에는 제가 이미 이 세상 사람이 아닐 것이기 때문입니다.

저는 당신을 사랑했습니다. 먼 옛날 모두의 사랑을 받아 행복했던 날부터 이렇게 모두에게 버림받은 마지막 순간까지, 저는 당신만을 사랑하고 있었습니다. 성모님은 우리가 이 세상에서 맺어지는 것을 바라지 않고, 우리 두 사람을 갈라놓으셨습니다. 사실 저에 대한 당신의 사랑은, 베르나르도가 총에 맞은 그 불행한 날 밤 당신이 털어놓기 전부터 알고 있었습니다. 그러나 우리를 갈라놓은 그 크나큰 불행을 본 순간, 제 가슴을 갈기갈기 찢어놓은 탄식과 슬픔은 제 혀를 마비시켜 버렸습니다. 저는 그분이 죽은 줄만 알고 그분 위에 얼굴을 숙였습니다. 그러는 사이에 당신은 어딘가로 가 버리고 두 번 다시 만날 수 없었습니다.

베르나르도의 상처는 다행히 치명상이 아니었습니다. 나는 그분이 완전히 낫는 것을 확인할 때까지는 그 곁을 떠날 수 없었습니다. 그분이 무사해야 당신의 앞날도 밝아질 테니까요. 그런데 이것이 제 사랑을 의심하신 이유가 되었을까요? 당신은 행방을 감추었고, 저는 당신이 어디에 있는지 알 수 없었습니다. 소식조차 들을 수 없었지요. 그런데 그로부터 사나흘 뒤에 이상한 노파가 저를 찾아와서 종이 한 장을 내밀었습니다. 그 쪽지에는 당신의 필적으로 '나는 나폴리로 갑니다'라고 적혀 있었습니다. 그 밑에는 당신의 서명도 있었고요. 그 노파는 당신한테 여권과 돈이 필요하다고 했습니다. 저는 베르나르도를 찾아가서 사정을 설명하고, 숙부인 원로원 의원에게 부탁해 여권을 만들어 달라고 말했습니다. 어려운 부탁이었을 텐데도 베르나르도는 최선을 다해서 숙부를 설득했습니다. 덕분에 저는 여권과 돈을 노파에게 건네줄 수 있었습니다. 그래요, 베르나르도도 당신을 걱정하고 있었습니다. 그러니 그분을 미워하지 마세요.

그 후 베르나르도는 빠르게 회복되었습니다. 그분은 저를 사랑하고 있었습니다. 그 마음에는 거짓이 없었다고 지금도 믿고 있습니다. 하지만 제 마음을 채우고 있었던 것은 오직 당신뿐이었습니다. 저는 그분의 마음을 받아들일 수 없었습니다. 그러자 그분은 로마를 떠났습니다. 저는 시둘리 나폴리로 출발했지요. 그런데 저를 늘 따라다니며 돌봐 주던 노부인이 병에 걸리는 바람에 어쩔 수 없이 한 달이나 몰라 디 가에타에 발이 묶여 버렸답니다. 겨우 나폴리에 도착했을 때, 마침 전날 밤 첫 무대를 가진 첸치라는 젊은 즉흥시인의 소문을 들었습니다. 저는 그 사람이 당신일 거라고 확신했습니다. 사람들에게 물어보니 정말로 그 사람은 당신이었어요. 그래서 노부인이 당장 편지를 보냈습니다. 제 이름은 밝히지 않고 숙소만 적었지요. 당신이 나를 사랑하신다면 누가 보낸 편지인지 금방 알아차릴 거라고 생각했으니까요. 그런데 당신은 오시지 않았습니다. 노부인은 다시 한 번 편지를 보냈습니다. 하지만 그래도 당신은 오지 않았습니다. 편지를 읽었다는 것은 알 수 있었지만, 당신은 그 길로 여행을 떠났습니다. 마치 도망이라도 치듯이 황급히 로마로 돌아가셨지요. 그런 상황에서 저는 무엇을 믿어야 했을까요. 진실해 보였던 당신의 사랑은 이제 끝나 버린 것일까요? 저는 몹시 슬펐습니다.

하지만 안토니오, 저한테도 자존심이 있었습니다. 세상 사람들의 칭찬이 저를 우쭐거리게 만들었지요. 저는 잊을 수 없는 당신을 억지로 잊기로 했습니다. 그 때문에 얼마나 괴로웠는지 모릅니다. 그러는 동안 노부인이 돌아가시고, 양아버지도 뒤를 따랐습니다. 저는 이 넓은 세상에서 완전히 외톨이가 되어 버렸습니다. 하지만 저는 여전히 인기를 누리고 있었어요. 젊고 아름다웠고, 노래도 빛나고 있었답니다. 저는 사람들의 박수갈채에 취해 시름을 잊을 수 있었습니다. 아아, 그러나 이것이 생애의 마지막 해였습니다. 저는 볼로냐로 가는 길에 갑자기 병에 걸렸습니다. 처음에는 금방 나을 줄 알았지만, 뜻밖에 중병이어서 오랫동안 누워 있어야 했습니다. 당신에게 버림받아서 상처를 받은 내 영혼은 병에 맞서 싸울 기력조차 없었던 모양입니다. 그래서 꼬박 1년을 병석에 누워서 지냈습니다.

아니, 당신에게 버림받았다니 당치도 않은 소리지요. 하지만 안토니오, 당신이 저를 가엾게 여겨 주리라고는, 제가 이 세상 모든 것으로부터 버림받았을 때에도 여전히 제 손에 입맞춰 주리라고는 오늘까지 꿈에도 생각지 못했습니다.

저는 오랫동안 병석에 누워 있었습니다. 제가 무대에 선 2년 동안 모아 둔 재산도 모두 사라져 버렸습니다. 저는 가난해졌습니다. 병석에서 일어날 수 있게 되었어도 목이 망가지는 바람에 돈을 벌 수가 없었습니다. 저는 심한 가난에 허덕였습니다. 그리하여 오랜 세월이, 거의 7년이라는 무상한 세월이 흘렀습니다. 그리고 우리는 다시 만났습니다. 당신은 제 가난을 보았습니다. 그 옛날 개선 마차를 타고 로마 거리를 누비던 아눈치아타가 어떻게 야유를 당하고 무대에서 쫓겨났는지, 당신은 그날 밤 직접 보았을 것입니다. 저는 제 운명의 내리막길이 슬슬 바닥에 이르렀음을 깨닫고 심한 고독과 괴로움을 느꼈습니다.

그런데 당신은 이 누추한 곳으로 저를 찾아오셨습니다. 당신을 본 순간, 제 눈을 가리고 있던 베일이 벗겨져 버렸습니다. 처음부터 끝까지 한결같았던 당신의 진정한 사랑을 느낄 수 있었습니다. 당신은 저 때문에 세상 속으로 내동댕이쳐졌다고 말씀하셨지만, 제가 얼마나 당신을 사랑했는지, 얼마나 당신에게 두 팔을 내밀고 있었는지는 모르시고 하시는 말씀입니다. 정말 안타깝고 슬픈 일입니다. 하지만 어쨌든 저는 당신을 다시 뵈었습니다. 당신의 입술은 그 옛날 좋은 시절과 조금도 다름없이 제 손등에서 따뜻하게 타올랐습니다. 그리고 우리는 헤어졌습니다. 저는 지금 또다시 이렇게 작은 다락방에 혼자 앉아 있습니다. 내일 당장 이 방을, 아니 어쩌면 베네치아를 떠날 것입니다.

안토니오, 부디 저 때문에 슬퍼하지 말아 주세요. 성모님은 다정하고 자비로운 분입니다. 그분이 우리에게 은혜를 베풀어 주실 거예요. 다만 이따금 저를 다정한 마음으로 생각해 주세요. 아까 제가 그랬지요, 나를 그냥 내버려 두라고. 그것은 미련 때문에 한 말입니다. 제가 떠나거든, 그리운 친구를 추억하듯이 저를 추억해 주시겠어요? 이것이 죽어 가는 저의 마지막 소원입니다. 당신을 사랑했고, 이제는 천국에서 당신을 위해 기도하는 아눈치아타의 단 하나 소원입니다.

내 눈물은 끝없이 흐르고, 마음까지 눈물 속에 녹아 버리는 것 같았다.
편지의 나머지 부분은 불과 며칠 전에 쓰인 것이었다. 그것은 마지막 작별인사였다.

제 고통도 이제 끝날 때가 다가왔습니다. 지금까지 제가 느낀 하나하나의 기쁨과 마찬가지로 하나하나의 슬픔도 모두 자비로우신 성모님의 은혜일 것입니다. 죽음은 벌써 제 가슴에 깃들어 있습니다. 피가 가슴에서 솟구쳐 나옵니다. 한 번만 더 피가 나오면, 제 생명의 물시계에서 마지막 한 방울이 떨어지겠지요. 그것으로 모든 것이 끝입니다.
들자니까 베네치아에서 가장 아름답고 고귀한 아가씨가 당신의 약혼녀가 되신다더군요. 두 분이 오래오래 행복하게 지내시길 빕니다. 이것이 죽어 가는 저의 마지막 기도입니다. 제 마지막 인사를 당신께 전해 줄 사람이 이 세상에 그분 말고 또 누가 있겠습니까. 그분은 틀림없이 와 주실 것입니다. 제 마음은 그렇게 말하고 있습니다. 삶과 죽음의 경계에 서 있는 가련한 여 자에게 마지막으로 시원한 물 한 잔을 주는 것을 고귀한 그분은 거절하지 않으실 것입니다. 분명 와 주실 것이라고 믿습니다.

안녕, 안토니오! 제가 이 세상에서 드리는 마지막 기도, 천국에서 드리게 될 첫 번째 기도는 당신을 위해, 그리고 제가 되지 못한 당신의 아내가 되실 그분을 위해 바쳐질 것입니다. 두 분이 맺어지시기를 진심으로 기도합니다. 저는 당신을 사랑했지만, 제 마음은 우쭐해 있었습니다. 세상 사람들의 칭 찬이 저를 그렇게 만들었습니다. 그때 저와 맺어지셨다면 당신은 아마 행복 해질 수 없었을 것입니다. 그렇지 않다면 성모님이 우리를 갈라놓으셨을 리 가 없습니다.

안녕! 안녕! 이제는 마음에 평화를 느낍니다. 제 고통은 끝났습니다. 평온 한 죽음이 가까이 왔습니다.

안토니오, 마리아, 부디 저를 위해 기도해 주세요.

아눈치아타

슬픔이 깊으면 말도 나오지 않는 법이다. 나는 내 눈물에 젖은 그녀의 유서 를 그저 멍하니 바라볼 뿐이었다. 모든 것이 너무나 뜻밖이었다. 아눈치아타는 나를 사랑하고 있었다. 나를 나폴리로 갈 수 있게 도와준 사람은 아눈치아타 였던 것이다. 내 숙소에 와 있던 편지, 나를 보고 싶다던 그 편지는 산타가 보 낸 것이 아니라 아눈치아타가 보낸 것이었다. 그 착하고 상냥한 아눈치아타가 줄곧 질병과 가난에 시달린 끝에 이제 세상을 떠나고 말았다.

나는 꾸러미에서 나온 종이들을 하나하나 집어 들었다. 내가 '나는 나폴리 로 갑니다'라고 써서 풀비아에게 건네주고, 풀비아가 다시 아눈치아타에게 갖 다 준 쪽지가 나왔다. 그리고 베르나르도가 아눈치아타에게 보낸 편지도 나왔 다. 그 편지에는 자기가 병석에 누워 있는 동안 정성을 다해 간호해 준 그녀에 게 감사한다는 이야기와, 그녀에 대한 작별인사가 적혀 있었다. 그는 로마를 떠나 어느 외국 군대에 들어가겠다고 했다. 아눈치아타는 이 소중한 편지 꾸러미를 나에게 전해 달라고 마리아에게 맡겼던 것이다. 편지에서 아눈치아타가 마리아를 내 약혼녀라고 부르는 것으로 보아, 그 터무니없는 소문은 벌써 아눈치아타의 귀에도 들어간 것이 분명했다. 그녀는 그 소문을 믿고 마리아를 자신의 병상으로 불렀던 것이다. 그런데 아눈치아타는 그때 마리아에게 무슨 말을 했을까.

나는 아까 보았던 마리아의 불안한 태도를 생각했다. 이제는 마리아도 베네치아 사람들이 우리 두 사람에 대해 어떻게 말하고 있는지를 알고 있을 터였다. 나는 그녀와 얼굴을 마주할 용기가 없었지만, 용기가 있고 없고를 따지고 있을 때가 아니었다. 마리아야말로 나와 아눈치아타의 수호천사가 아닌가. 당장 달려가서 엎드려 절을 해도 모자랄 정도였다.

나는 곤돌라에 올라탔다. 시장 댁에 가 보니 마리아는 로사와 함께 수예를 하고 있었다. 마리아는 당황한 태도였고, 나는 나대로 꼭 해야 할 말을 좀처럼 꺼내지 못했다. 그래서 대충 대화에 어울리면서, 무슨 말을 물어도 건성으로 대답하고 있었다. 슬픔이 가슴을 옥죄고 있었다. 그때 로사가 내 손을 잡으며 말했다.

"뭔가 큰 걱정거리가 있는 모양이군요. 우리한테 털어놓으세요. 우리는 당신의 진정한 친구 아닌가요? 슬픔을 함께 나누게 해 줘요."

"아니, 이미 다 알고 계시지 않습니까?" 나는 슬픔을 견디다 못해 큰 소리로 외쳤다.

"마리아라면 아마 알고 있겠지요." 로사가 대답했다. "하지만 나는 아무것도 몰라요."

"로사 이모!" 마리아가 호소하듯 외치면서 로사의 손을 잡았다.

"아니, 두 분께는 아무것도 감출 게 없습니다. 다 말씀드리지요. 그래야 제 마음도 홀가분해질 테니까요. 부디 들어 주십시오."

나는 가난한 고아였던 어린 시절, 로마에서 아눈치아타를 만나고, 친구였던 베르나르도를 총으로 쏘고 나폴리로 피신한 일 등을 울면서 이야기했다. 마리아는 일찍이 플라미니아가 그랬듯이, 손을 맞잡고 나를 쳐다보면서 가만히 앉아 있었다. 파에스툼에서 만난 눈먼 소녀 라라와 신비로운 동굴 속에서 보았던 꿈 이야기는 도저히 털어놓을 용기가 나지 않았다. 게다가 그것은 아눈치아타와 관계없는 일이었다. 그래서 그 부분은 생략하고, 베네치아에서 아눈치아타를 다시 만난 일과 그녀의 말로를 설명함으로써 나는 기나긴 이야기를 마쳤다. 마리아는 두 손에 얼굴을 묻고 흐느꼈다. 로사는 말없이 듣고 있더니, 이윽고 입을 열었다.

"그런 사연이 있는 줄은 조금도 몰랐어요. 꿈에도 생각지 않았어요. 사실은 요전에 수녀원 자선병원에서 마리아에게 편지가 왔는데, 임종을 앞둔 여자분이 꼭 와 달라고 간절히 부탁하는 편지였어요. 누군지는 몰랐지만 그 부탁을 거절할 수는 없었죠. 나는 마리아와 함께 곤돌라를 타고 찾아갔어요. 하지만 마리아만 와 달라는 거예요. 그래서 마리아 혼자 죽어 가는 분의 침상 곁에 있는 동안, 나는 수녀들과 함께 다른 방에 있었답니다."

"그리고 제가 아눈치아타를 만났어요." 마리아가 말했다. "당신께 드린 그 꾸러미는 그때 받은 거예요."

"뭐라고 하던가요?" 나는 무심코 외쳤다.

"즉흥시인 안토니오한테 전해 달라고, 아무도 모르게 해 달라고 하더군요. 그리고 누이가 오라비를 그리듯이 애정이 담긴 태도로 당신에 대해 이야기했지만, 그때 피가…… 입술 위에 피가…… 죽음이 닥쳐와서, 마지막으로 나를 바라보면서……."

마리아가 와락 울음을 터뜨렸다. 나는 말없이 그녀의 손을 잡아 입술에 대고, 아눈치아타를 찾아가 준 그 따뜻하고 자비로운 마음에 고마움을 표했다.

이런 일이 있은 뒤, 시장네 가족은 전보다 더욱 진실하고 두터운 우정으로 나를 대해 주었다. 로사와 마리아는 마치 내 혈육 같았다. 두 사람은 내 이야기에 항상 귀를 기울였다. 아무리 사소한 일에서도 두 사람의 따뜻한 배려가 느껴졌다.

그날 밤 나는 교회에 가서 아눈치아타를 위해 기도했다. 그리고 그녀의 무덤을 찾아갔다. 묘지는 높은 벽으로 둘러싸여, 물에 떠 있는 죽은 자들의 섬처럼 보였다. 검은 십자가가 수없이 늘어서 있는 푸른 땅이 보였다. 그녀의 무덤은 금방 찾을 수 있었다. 묘비에는 '아눈치아타'라고만 적혀 있었다. 십자가에는 초록빛도 선명한 월계수 화환이 걸려 있었다. 로사와 마리아가 보낸 선물인 게 분명했다. 나는 무덤 앞에 꿇어앉아 떠나간 사람을 추억하면서, 로사와 마리아의 따뜻한 배려에 감사했다.

이런 착한 심성으로 충만한 마리아는 얼마나 아름다운 사람인가. 내 가슴에 숨어 있는 아름다움의 이상형인 라라와 그녀가 이상할 만큼 비슷한 것은 어찌 된 일인가. 라라와 마리아는 꼭 같은 사람처럼 여겨졌다. 하지만 어떻게 그런 일이 있을 수 있겠는가.

34
베네치아에서 밀라노로

그 무렵, 파비아니한테서 편지 한 통이 날아왔다. 내가 베네치아에 온 지도 벌써 넉 달이 되었으니, 이제 슬슬 베네치아를 떠나 밀라노나 제노바로 가면 어떻겠냐고 권하는 내용이었다. 물론 선택은 나한테 달려 있고, 내 뜻대로 해도 좋다고 말했다.

나는 생각에 잠겼다. 내가 베네치아에 이처럼 오래 머문 이유는 무엇일까. 이곳에 도착했을 때 베네치아는 슬픔으로 나를 맞아 주었다. 내 생애의 가장 아름다운 꿈이 이 도시에서 눈물에 녹아 버렸다. 이곳에서 만난 마리아와 로사는 나에게 다정한 자매가 되고, 포조는 충실한 친구가 되었다. 이런 사람들은 어디에서도 찾을 수 없다. 그러나 우리가 언제까지나 함께 있을 수는 없다. 이곳에 있으면 내 슬픔은 깊어질 뿐이었다. 그래, 가자! 이곳을 떠나자! 슬픔을 안고 왔다가 또 다른 슬픔을 짊어지고 떠나가자. 나는 결심했다.

곧 떠난다는 사실을 알리기 위해 나는 시장 댁을 찾아갔다. 환한 달빛이 고요한 운하를 비추고 있었다. 나는 로사와 마리아와 함께 운하 위로 발코니가 튀어나와 있는 커다란 객실에 앉았다. 마리아가 하인에게 등잔을 가져오라고 말했지만, 로사는 밝은 달빛이 더 아름답다고 말했다. 그래서 우리는 그대로 달빛 속에 앉아 있었다.

"마리아, 노래를 불러다오." 로사가 말했다. "〈심해의 노래〉를 기억하지? 그걸 안토니오에게 들려드려."

마리아는 더없이 맑고 부드러운 목소리로, 한 번도 들어 본 적이 없는 노래를 불렀다. 그 노래는 가사와 가락이 완전히 어우러져, 바다 밑 깊은 곳에 있는 아름다운 동굴을 생생히 떠올려 주었다.

"이 노래는 가락도 물론 좋지만, 어딘지 모르게 영적이고 투명한 느낌이 들지 않아요?" 로사가 말했다.

"네, 맞아요. 영혼이 형태를 얻는다면 이런 식으로 나타날 게 틀림없습니다." 내가 대답했다.

"이 세상의 아름다움은 눈먼 사람 앞에서는 이런 식으로 떠도는 거예요." 마리아가 한숨을 내쉬었다.

"눈이 보이게 되니까 이 세상이 생각했던 것만큼 아름답지는 않다는 거냐?" 로사가 물었다.

"네, 상상했던 만큼 아름답진 않아요. 하지만 상상보다 훨씬 더 아름다운 것도 있어요."

여기서 로사는 내가 전에 포조한테 들은 이야기, 즉 마리아가 장님이었는데 로사의 동생인 의사가 고쳐 주었다는 이야기를 들려주었다. 로사는 동생의 뛰어난 솜씨를 칭찬했고, 마리아도 친밀감과 고마운 마음을 담아 그 의사에 대해 말했다. 그리고 장님이었을 때의 이야기를 들려주었다.

"눈이 안 보이면 마음속에 얼마나 신기한 영상이 떠오르는지 아마 모르실 거예요. 온몸에 느껴지는 따뜻한 햇살, 손에 닿는 신전의 커다란 원기둥, 넓적한 선인장 잎, 귀에 들어오는 사람들 목소리……. 그런 것들이 내 세상을 이루었어요. 저는 눈이 보이지 않는 대신 다른 감각으로 세상을 보았답니다. 사람들은 하늘은 푸르고, 바다도 푸르고, 제비꽃도 푸르다고 했지요. 그래서 저는 제비꽃 향기를 맡으면서 하늘과 바다가 얼마나 아름다운지 상상할 수 있었어요. 눈이 어두우면 그만큼 마음이 밝아지는 법이죠."

나는 그 이야기를 들으면서 라라를 생각했다. 라라가 머리카락에 꽂고 있던 제비꽃과, 파에스툼 신전의 원기둥이 눈앞에 떠올랐다.

이어서 화제가 바뀌었다. 우리는 자연의 위대한 아름다움, 바다와 산에 대하여 이야기를 나누었다. 로사는 아름다운 나폴리를 그리워했다. 그것을 기회로 삼아, 나는 이제 곧 베네치아를 떠날 거라고 말했다.

"우리를 두고 떠나다니요?" 로사가 슬픈 듯이 말했다. "전혀 생각지도 못한 일이에요."

"그럼 베네치아에는 다시 오지 않나요?" 마리아가 조심스럽게 물었다. "친구들이 있는 이곳에 다시 돌아오시지 않나요?"

"돌아오고말고요. 반드시 돌아올 겁니다! 일단 밀라노로 갔다가, 돌아올 때는 다시 베네치아를 거쳐 로마로 돌아갈 겁니다."

나는 그렇게 힘주어 대답했지만, 사실 정말로 그럴 생각은 없었다.

나는 아눈치아타의 무덤을 찾아갔다. 그리고 거기에 걸린 화환에서 꽃잎 한 장을 따서, 이제 두 번 다시 이곳에는 돌아오지 않겠다는 듯이 그것을 주머니 속에 소중히 간직했다. 묘비 밑에 누워 있는 것은 한 줌의 재에 불과했다. 지난날의 아름다운 모습은 내 마음에 깊이 새겨져 있고, 영혼은 지금 성모님 곁에서 편안히 쉬고 있을 것이다. 그러니까 내가 이 무덤에 연연할 이유는 없다고 속으로 굳게 다짐했다. 하지만 그래도 미련이 남아 좀처럼 묘지를 떠나지 못하고 몇 번이나 다시 무덤 앞으로 돌아갔다. 아눈치아타의 무덤, 그리고 로사와 마리아하고 헤어졌던 작은 방, 나는 이 두 장소에서만 슬픔의 눈물을 흘렸다. 시장 댁에서 환송회가 열리던 날 밤, 로사가 나에게 말했다.

"당신 마음의 빈자리를 메워 줄 수 있는 훌륭한 부인을 찾으세요. 찾으면 꼭 이곳으로 데려오셔야 해요. 아셨죠? 나는 그분을 틀림없이 좋아하게 될 거예요. 당신 이야기를 듣고 좋아하게 된 아눈치아타처럼."

마리아는 밝고 명랑하게 작별인사를 했다.

"부디 건강하게 돌아오세요!"

나는 그 손에 입을 맞추었다. 그녀는 눈동자에 슬픔을 담은 채 나를 바라보았다.

시장은 샴페인 잔을 들어 올렸고, 포조는 즐거운 여행이 되기를 바란다면서 여행을 주제로 한 〈달리는 마차〉와 자유를 노래하는 〈새의 노래〉를 불러 주었다. 그는 곤돌라로 나를 푸시나까지 바래다주었다. 로사와 마리아는 발코니에서 하얀 손수건을 흔들며 작별을 아쉬워했다.

아아, 우리가 과연 언제쯤 다시 만날 수 있을까. 포조는 지나치게 까불며 떠들어 대고 있었지만, 그것이 슬픔을 숨기기 위한 것임을 나는 잘 알고 있었다. 나는 그의 진실한 우정을 느낄 수 있었다. 그는 마지막으로 나를 힘껏 끌어안고, 편지를 자주 주고받자고 말했다.

"신부를 얻게 되면 잊지 말고 알려 줘야 돼. 우리가 한 내기를 잊지 마."

"이럴 때 용케도 그런 농담이 나오는군. 하지만 내 결심은 바뀌지 않을걸."

이리하여 우리는 웃으며 헤어졌다.

마차는 이별의 슬픔을 뒤로 한 채 초록빛 브렌타 강을 따라 빠르게 달려갔다. 죽 늘어선 수양버들과 호화로운 별장, 그리고 아득히 멀리 있는 산들이 보였다.

저녁 무렵 파도바에 도착했다. 산 안토니오 성당을 지탱하는 일곱 개의 당당한 아치가 달빛 속에서 나를 맞이했다. 아케이드 아래는 쾌활하고 북적거렸지만, 그렇기 때문에 방금 이별을 겪은 나는 더욱 고독한 기분을 느껴야 했다. 그 쓸쓸하고 우울한 기분은 이튿날 해가 뜬 뒤에도 도무지 풀리지 않았다.

가자, 계속 가자! 나는 얼른 그곳을 떠났다. 마차는 계속 앞으로 달렸다. 주위는 끝없이 넓은 평야였다. 들판은 폰티네 늪지대처럼 싱그러운 초록빛으로 뒤덮여 있었다. 높이 자란 수양버들이 커다란 폭포수처럼 오래된 묘지 위에 드리워 있고, 여기저기 성모상을 모신 제단이 있었다. 그 가운데 몇 개는 오래되어 빛이 바래고, 채색한 벽조차 허물어져 거의 흙 부스러기가 되어 있었다. 그러나 최근에 그린 듯한 성모자상도 여기저기 찾아볼 수 있었다. 나는 마부가 새로 세운 성상 앞에서만 모자를 벗고 낡거나 바랜 성상은 무시하는 것을 보고 이상한 기분이 들었다. 그가 무슨 생각으로 그러는지 알 수 없었지만, 성스러운 성모 마리아의 성상조차 이 지상에서 색이 바래면 무시당하고 잊혀 버린다는 사실이 안타까웠다.

비첸차에서는 르네상스 시대의 건축가 팔라디오의 예술을 만났지만, 그것도 내 슬픈 마음에 빛을 던져 주지 못했다. 그러나 마차는 이윽고 베로나에 도착했다. 이 도시는 수많은 도시들 가운데 처음으로 나를 매혹했다. 도시의 원형 극장은 마치 로마의 콜로세움을 보는 듯한 기분을 안겨주었다. 베로나의 아름다운 소형 콜로세움은 운 좋게도 야만인에게 짓밟히지 않아 비교적 온전한 형태로 남아 있었다. 커다란 주랑은 검문소로 쓰이고 있고, 투기장 한복판에는 널빤지와 천막으로 지은 작은 무대가 있었다. 순회극단이 연극을 공연하고 있다는 것이었다.

나는 저녁에 그곳으로 가 보았다. 베로나 사람들은 먼 옛날 조상들이 앉았던 원형극장의 돌의자에 앉아 있었다. 무대에서는 로시니의 오페라 〈신데렐라〉가 공연되고 있었다. 이 극단은 아눈치아타가 속해 있던 극단인데, 오늘도 아우렐리아가 오페라의 주역을 맡고 있었다. 그러나 모든 것이 너무 초라했다. 우뚝 솟은 원형극장에 둘러싸인 작은 무대는 보잘것없어 보였고, 몇 개의 악기는 겨우 콘트라베이스 하나에 압도되어 있었다. 그래도 관객들은 박수를 치며 아우렐리아를 연호했다. 나는 황급히 그곳을 떠났다. 극장 밖에서는 오래된 거대한 돌벽이 밝은 달빛 아래 묵직한 그림자를 던지고 있었다.

나는 캐퓰렛 궁전으로 갔다. 캐퓰렛 집안과 몬터규 집안 사이의 싸움과 사랑을 주제로 한 셰익스피어의 희곡 〈로미오와 줄리엣〉의 무대가 바로 이곳이었다. 나는 로미오가 줄리엣을 처음 만나 함께 춤을 추었다는 홀을 구경했다. 이 저택은 이제 호텔이 되어 있었다. 나는 로미오가 사랑을 찾아 숨어 들어간 계단을 올라갔다. 그러자 과거에 베로나의 명문가 사람들이 화려한 음악에 맞춰 춤을 추었던 커다란 무대회장이 나타났다. 바닥에 닿을 정도로 길게 뚫린 큼직한 창문과, 알록달록한 색깔로 보는 이들의 눈길을 사로잡았을 벽화가 여전히 남아 있어서 옛날의 호화로운 모습을 상상케 했다. 벽 아래쪽에는 석회를 넣은 통이 늘어서 있고, 석판으로 덮은 흔적이 있었다. 그 위에는 건초와 짚이 여기저기 흩어져 있었으며 구석에는 먼지를 뒤집어쓴 마구(馬具)며 농기구들이 나뒹굴고 있었다. 나는 이 세상에서 빛나는 모든 것이 얼마나 덧없는가를 새삼 절실히 느꼈다. 세월 앞에서는 지상의 모든 것이 환상이요, 한낱 꿈일 뿐이다. 이 허상의 세계를 플라미니아는 일찌감치 멀리했고 아눈치아타는 아예 등지고 떠났다는 것을 생각하면, 나는 세상을 떠난 그들을 행복하다고 여기지 않을 수 없었다. 그러자 조금은 마음이 편해졌다.

그 달 말에 밀라노에 도착했다. 그런데 밀라노에서는 왠지 편안하게 지낼 수가 없었다. 나는 아무하고도 사귀려 하지 않고, 가져온 소개장도 한 통 보내지 않았다.

어느 날 밤, 혼자 스칼라 극장에 가 보았다. 이 거대한 극장은 커튼으로 덮인 관람석이 위아래로 여섯 단이나 있고 일반석도 있는 데 비하여 관객은 거의 없어서, 왠지 썰렁하고 위압적인 느낌을 주었다. 나는 거기서 도니체티의 〈타소〉를 들었다. 여주인공은 요즘 인기 절정에 있는 아름다운 여가수였다. 곡이 끝날 때마다 거듭 앙코르를 받고 우쭐대며 미소짓는 여가수를 보자, 나는 불길한 점성술사처럼 그 미소 아래 숨겨진 비참한 미래를 예언할 수 있을 것 같은 기분이 들었다. 불쌍한 여인이여, 차라리 아름답고 행복한 지금 이 순간에 죽는 것이 나으리라. 그러면 세상 사람들이 그대를 위해 울망정, 그대가 세상 사람들 때문에 우는 일은 없을 것이다. 이어서 귀여운 아이들이 발레를 추었다. 그 아름다운 발레를 보고도 나는 우울하기 짝이 없었다. 그날 이후로 나는 두 번 다시 스칼라 극장에 가지 않았다.

나는 혼자서 이 대도시의 그늘진 거리를 돌아다녔다. 그리고 호텔 방에 틀어박힌 채 희곡 〈레오나르도 다빈치〉를 쓰기 시작했다. 다빈치는 한때 이 도시에 살았다. 그의 불후의 걸작인 〈최후의 만찬〉은 여기서 태어났다. 연인이 수도원에 들어가는 바람에 그녀와 영영 헤어질 수밖에 없었던 그의 불행한 사랑 이야기는 세월을 뛰어넘어 내 삶에서도 모습을 드러냈다. 나는 플라미니아를 생각하면서, 마음 가는 대로 펜을 놀렸다. 그러나 내 곁에 포조가 없는 것이, 그리고 마리아와 로사가 없는 것이 쓸쓸해서 견딜 수가 없었다. 외로운 나그네의 마음은 그들의 우정과 보살핌을 그리워했다. 나는 그들에게 편지를 보냈지만 아무 답장도 오지 않았다. 자주 편지를 주고받자던 포조는 그 아름다운 약속을 지켜 주지 않았다.

나는 매일같이 밀라노 성당에 갔다. 그 성당은 마치 카라라 대리석 광산에서 그대로 잘라 온 듯했다. 밝은 달빛 아래에서 이 성당을 올려다보니 건물 상부는 끝없이 푸른 하늘 위로 눈부실 만큼 하얗게 솟아 있었다. 어디를 둘러보아도 처마 구석구석마다, 그리고 수없이 솟아 있는 작은 탑마다 성자들의 대리석상이 우뚝 서 있었다. 그 놀라운 광경은 이미 이 세상의 것이 아닌 듯했다. 낮에 들어가 본 성당 내부는 성 베드로 성당과 비슷했다. 채색 유리창을 통해 들어오는 희미한 햇빛, 거기에 나타나는 경이롭고 신비로운 세계—그야말로 신이 계시는 곳이었다.

밀라노에 온 지 한 달이 지났을 때 나는 이 성당 지붕에 처음 올라가 보았다. 태양은 찬란하게 반짝이며 하얀 대리석 표면을 비추었다. 이쪽저쪽에 우뚝 솟아 있는 수많은 탑들을 보니, 마치 대리석 깔린 광장에 서 있는 기분이었다. 아래에서는 볼 수 없었던 새로운 성인들의 석상이 눈앞에 나타났다. 나는 이 건물 꼭대기를 장식하고 있는 거대한 그리스도상 밑에 섰다. 밀라노 시민들이 살고 있는 복잡한 시가지가 발아래에 넓게 펼쳐져 있었다. 북쪽에는 어두운 알프스 산맥이 솟아 있고, 남쪽에는 그보다 낮고 푸르스름한 아펜니노 산맥이 가로누워 있었다. 그 사이에는 넓은 초록빛 평야가 펼쳐져 있는데, 로마의 황량한 캄파니아 광야를 아름다운 화원으로 바꾸어 이곳에 옮겨 놓은 것 같았다. 나는 베네치아가 있는 쪽으로 눈을 돌렸다. 한 떼의 철새가 바람에 나부끼는 리본처럼 길게 줄을 지어 날아가고 있었다. 나는 그곳에 있는 사랑하는 사람들, 포조와 로사와 마리아를 생각했다.

어릴 적에 들은 이야기가 생각났다. 그것은 어머니와 마리우차와 함께 네미 호수에 갔다가 돌아오는 길에 안젤리나한테서 들은 이야기였다. 테레사는 멀리 여행을 떠난 멋쟁이 청년 주세페를 그리워하다가 상심한 나머지 하루가 다르게 여위어 갔다. 그녀를 가엾게 여긴 풀비아 할멈은 머리카락과 약초를 냄비에 넣고 졸였다. 그러자 마법에 걸린 주세페는 연모의 정에 이끌려 밤낮을 쉬지 않고 달려 고향에 돌아왔다고 한다. 나는 이야기 속의 주세페가 된 기분이었다. 누가 베네치아에서 내 머리카락과 약초를 냄비에 넣고 졸이기라도 하는 걸까. 산악지방 사람들은 향수병을 심하게 앓는다던데, 내가 산악지방 출신이라면 이 그리움을 심한 향수병이라고 부를 수 있을지도 모른다. 하지만 베네치아는 내 고향이 아니니까 그것도 이상한 이야기다. 어쨌든 내 마음은 사뭇 심란해졌다. 나는 지독한 그리움에 사로잡힌 채 성당 지붕에서 내려왔다.

호텔 방으로 돌아가 보니 편지가 와 있었다. 포조가 보낸 편지였다. 드디어 답장이 온 것이다. 편지에는 '헤어지고 나서 두 번째로 보내는 편지'라고 적혀 있었다. 포조가 전에 보낸 편지 한 통이 도중에 분실되어 버린 모양이었다. 나는 편지를 읽었다. 베네치아에서는 모두 잘 지내고 있지만 마리아가 병에 걸렸고, 한때는 병세가 상당히 위중해서 모두 걱정하여 마음을 졸였지만 이제는 괜찮아졌으며, 외출은 아직 삼가고 있지만 병석에서는 일어났다는 것이다. 그리고 포조는 나를 놀려 대면서, 아직도 밀라노의 예쁜 아가씨를 붙잡지 못했느냐, 우리가 한 샴페인 내기를 잊지 말라고 다짐하고 있었다. 편지는 내 우울한 기분과는 정반대로 처음부터 끝까지 쾌활한 농담조였다. 나는 왠지 웃음이 나왔다. 행복한 듯이 까불고 있는 포조가 눈앞에 보이는 듯했다.

세상의 소문이란 도대체 어떤 근거에서 나오는 것일까. 세상 사람들은 포조가 웃음 띤 가면을 쓴 채 남모르는 슬픔을 가슴에 숨기고 있다고 말하지만, 내가 보기에는 유머가 넘치는 쾌활한 성격이야말로 그의 본성이다. 그리고 세상 사람들은 마리아가 내 약혼녀라고 말하지만, 그것도 시시한 오해에 불과하다. 마리아를 생각하는 내 마음은 그런 사랑과는 거리가 멀다. 나는 마리아도 보고 싶고 로사도 만나고 싶다. 그러나 늙은 로사를 내가 사랑하고 있다고는 아무도 말하지 않을 것이다. 아아, 그리운 베네치아! 베네치아에 있다면 얼마나 좋을까.

나는 답답한 기분을 털어 버리기 위해 성문을 나와 연병장을 가로질러, 나폴레옹 개선탑 아래까지 가 보았다. 수많은 인부들이 열심히 일을 하고 있었다. 나는 한창 공사 중인 그 화려하고 웅장한 탑을 빙 둘러싸고 있는 낮은 담벼락의 격자문을 지나 안으로 들어갔다. 새로 만든 커다란 대리석 말이 땅바닥에 놓여 있고, 말이 올라앉을 대좌 위에는 풀이 무성하게 자라 있었다. 주위에는 대리석 덩어리와 완성된 기둥머리가 뒹굴고 있었다.

가까운 곳에 한 나그네가 있었다. 그는 안내인의 설명을 들으며 일일이 수첩에 받아 적고 있었다. 나이는 서른 살쯤, 가슴에 나폴리 훈장을 두 개 달고 있는 것이 눈에 띄었다. 그는 문득 고개를 들어 아치를 쳐다보았다. 나는 그 순간 그가 누구인지 깨달았다. 그는 베르나르도였다. 그도 금세 나를 알아보았다. 그는 한달음에 달려와 나를 끌어안고는 큰 소리로 웃으며 말했다.

"이게 누구야, 안토니오! 그때는 고마웠네. 정말 시끌벅적한 이별이었지. 권총은 울리고, 소동은 벌어지고. 하지만 지금도 우리는 친구야. 나는 그렇게 생각하는데?"

나는 온몸에 소름이 돋는 기분이었다. 너무 기뻐서 순간 말조차 나오지 않았다. 이런 곳에서 그를 다시 만날 줄은 상상도 못했다! 나는 떨리는 목소리를 쥐어짜서 외쳤다.

"베르나르도! 북쪽 끝, 알프스 기슭에서 자네를 만나다니!"

오랫동안 가슴속에 쌓였던 분노와 서운함은 그를 본 순간 눈 녹듯이 사라져 버렸다. 그리움과 우정과 후회 비슷한 감정이 마치 눈사태처럼 밀려와 내 가슴을 짓눌러서 그 이상은 아무 말도 할 수 없었다. 넘쳐흐르는 감동에 못 이겨 두 눈에서 눈물이 주르륵 흘렀다.

우리는 함께 원형극장 옆을 지나 시내로 들어갔다. 베르나르도는 그간 있었던 일들을 이야기해 주었다.

"나는 알프스 꼭대기까지 올라갔다 왔어. 그 빙하의 나라에서 세계의 끝을 보고 왔지. 실은 이번 여름 내내 스위스에 있었어. 나폴리에 있을 때 독일 장교한테서 스위스의 웅장한 경치에 대한 이야기를 자주 들어서, 꼭 한번 가 봐야겠다고 생각했거든. 게다가 제노바에서 기선을 타면 쉽게 갈 수 있다는 말도 들었지. 그래서 마음먹고 이렇게 먼 곳까지 온 거야. 샤모니 계곡을 방문하고, 몽블랑과 융프라우에도 올라갔다 왔어. 융프라우는 참 아름다운 여자였지. 다만 내가 알고 있는 여자들 가운데 가장 차가운 여자였어. 하하하. 뭐, 어쨌든 간에 난 지금 제노바로 가는 길이야. 약혼녀 집을 찾아가는 길이거든. 나는 이제 곧 충실한 남편이 될 거야. 그런데……."

그는 웃으면서 내 귀에 속삭였다.

"내 과거의 행적들 말인데, 자네가 내가 길들인 작은 새들의 이야기도, 우리의 사랑스러운 여가수 이야기도 전혀 꺼내지 않는다면, 난 자네를 제노바에 데려가고 싶어. 어떤가? 비밀을 지켜 줄 텐가?"

나는 도저히 아눈치아타의 이름을 꺼낼 수가 없었다. 그가 나와 같은 마음으로 아눈치아타를 사랑했다고는 여겨지지 않았기 때문이다.

"자, 함께 가지 않겠나? 제노바에는 예쁜 아가씨들이 많아. 자네도 이젠 경험을 쌓고 어른이 되었을 테지. 이쪽 분야도 어느 정도는 이해하고 있을 거야. 어때? 사흘만 있으면 나는 떠나. 함께 가세, 안토니오!"

"아니, 난 내일 떠나." 나는 무심코 말해 버렸다. 떠날 계획 따위는 있지도 않았는데 불쑥 입 밖으로 나와 버린 것이다.

"어디로?"

"베네치아."

"계획을 바꿔 봐. 응? 꼭 내일 당장 떠나야 해?"

베르나르도는 열심히 동행할 것을 권했다. 나는 생각나는 대로 이유를 늘어놓으면서 베네치아에 꼭 가야 한다는 것을 그에게 납득시키려고 애썼다. 그러는 동안 왠지 정말로 그렇게 하지 않으면 안 될 것 같은 기분이 들었다.

나는 호텔로 돌아와 서둘러 여행 준비를 시작했다. 짐을 꾸리고, 호텔 사람에게 내일 떠나겠다고 알렸다. 내가 밀라노를 떠나게 된 것은 결국 눈에 보이지 않는 섭리의 인도였다. 그날 밤은 거의 잠을 이루지 못했다. 침대에 눕기는 했지만, 마음이 어수선해서 푹 잠들지 못하고 깜빡깜빡 졸면서 두세 시간을 보냈을 뿐이다.

이튿날 나는 마지막으로 베르나르도를 만나, 약혼녀에게 안부를 전해 달라고 말했다. 그리고 다시 만나자고 굳게 약속한 다음 그와 헤어졌다. 그런데 돌아서니까 어쩐지 아쉬움이 남았다. 좀더 흉금을 터놓고서 내 잘못을 이야기하고, 그에게 고맙다는 인사를 했어야 하는데. 후회가 들면서 베르나르도의 얼굴이 자꾸만 눈앞에 어른거렸다.

나는 아쉬움을 느끼며 서둘러 마차에 올라탔다. 겨우 두 달 전에 떠났던 베네치아를 향해 마차는 빠르게 달려갔다.

35
라라와 마리아

푸시나가 가까워졌다. 베네치아가 그 회색 성벽과 진흙탕 같은 바다와 산 마르코 사원의 탑들을 거느리고 다시금 내 눈앞에 나타났다. 그 순간 베네치아로 돌아가야 한다는 간절한 마음의 소리가 뚝 끊겼다. 가슴의 이상한 두근거림이 눈 녹듯이 사라지고, 그것과는 다른 감정이 솟아났다. 그것은 부끄럽고 불쾌하고 불만스러운 기분이었다. 여기 돌아와서 무엇을 어쩌겠다는 것인지 나 자신도 알지 못했다. 모든 사람이 바보 같은 짓을 했다고 손가락질하면서, "왜 돌아왔나"고 물을 게 틀림없다는 생각이 들었다.

나는 전에 묵던 숙소로 가서 서둘러 옷을 갈아입었다. 여기까지 오느라 몹시 지쳐 있었지만, 그래도 당장 로사와 마리아를 만나러 시장 댁으로 갔다. 그런데 그들은 내가 돌아온 것을 어떻게 받아들일까.

곤돌라가 저택으로 다가갔다. 그런데 별 이유도 없이 야릇한 생각이 떠올랐다. 만약 시장 댁에서 기쁨에 넘치는 잔치가 벌어지고 있다면? 마리아가 남의 신부가 되었다면? 그래서 지금 결혼 잔치가 한창이라면? 아니, 아니다. 어차피 나는 그 여자를 사랑하지 않았다. 나는 천 번이나 나 자신에게 그렇게 말했고, 천 번이나 포조한테 단언했을 뿐 아니라, 그런 말을 하는 모든 사람에게도 단언하지 않았는가.

익숙한 저택이 보이기 시작했다. 내 가슴은 반가움에 고동쳤다. 나는 저택 문을 두드렸다. 하인이 말없이 문을 열어 주었지만, 내가 온 것을 이상하게 여기는 기색은 조금도 없었다.

"시장님은 나리라면 언제라도 환영이십니다. 어서 들어오세요."

홀은 조용했다. 창문에는 커튼이 드리워져 있었다. 나는 문득 오텔로와 데스데모나를 떠올렸다. 이곳에 데스데모나가 살고 있었구나. 여기서 그녀는 괴로워했겠지만, 오텔로는 훨씬 더 끔찍한 고통을 맛보았을 것이다. 하지만 이런 옛날 이야기가 왜 생각났을까. 나는 로사의 방으로 들어갔다. 이곳도 커튼이 내려져 있어서 어두컴컴했다. 나는 여행하는 동안 줄곧 나를 따라다녔고 마침내 베네치아로 다시 돌아오게 만든 그 이상한 불안을 느꼈다. 그와 동시에 온몸이 부들부들 떨려서 똑바로 서 있을 수조차 없었다.

그때 시장이 들어왔다. 시장은 나를 끌어안고 다시 만나서 기쁘다며 따뜻하게 환영해 주었다. 나는 다급하게 로사와 마리아의 안부를 물었다.

"지금은 두 사람 다 집에 없습니다." 시장이 정색을 하면서 말했다. "다른 식구들과 함께 파도바로 잠시 여행을 떠났어요. 이삼일 뒤에는 돌아올 거요."

나는 왠지 모르게 시장의 말을 믿을 수가 없었다. 뭔가 숨기고 있는 게 아닐까? 그러나 시장은 훌륭한 분이셨다. 나를 일부러 속이실 분은 아니니까, 괜히 의심해서는 안 된다고 스스로를 타일렀다.

그는 나에게 저녁을 먹고 가라고 했다. 저녁 식사 자리에 로사와 마리아가 없는 것도 쓸쓸했지만, 시장도 여느 때 같지 않았다. 왠지 기분이 안 좋아 보여서 나는 조심스럽게 그 이유를 물어봤다.

"아니, 어떤 송사 때문에 그래요. 그냥 좀 불안해서 그럽니다. 음, 그나저나 요즘에는 포조도 어디 갔는지, 통 얼굴을 보이지 않네요. 불행은 언제나 한꺼번에 닥쳐오는 법이지요. 당신은 몸이 불편해 보이고! 자, 하여튼 한잔 마시고 기운을 냅시다."

시장은 쾌활하게 말하면서 내 잔에 포도주를 따라 주려고 하다가, 갑자기 손을 멈추며 말했다.

"아니, 정말로 몸이 안 좋아 보이는데. 괜찮소?"

실제로 몸이 안 좋기는 했다. 여행 때문에 피곤해서 그런 걸까.

나는 풀비아 할멈이 마법을 부려서 주세페를 테레사 품으로 돌아가게 만들었다는 이야기는 믿지 않았다. 하지만 밀라노에서 문득 떠올린 그 이야기가 내 마음을 뒤흔들어, 마침내 이렇게 베네치아로 돌아오게 만들지 않았는가? 어쩌면 그 불가사의한 마력이 나를 조종했는지도 모른다.

아, 온몸에 열이 난다. 아마 안색이 몹시 안 좋아 보일 것이다. 그렇게 생각한 순간, 주위의 온갖 사물이 회오리치듯 빙글빙글 돌아갔다. 나는 정신을 잃고 털썩 쓰러져 버렸다.

나는 즉시 침대로 옮겨졌다. 의식이 오락가락하는 몽롱한 상태로 며칠 동안 그렇게 쓰러져 있었다. 신경성 열병이었다. 시장은 종종 내 머리맡에 찾아와 빨리 회복하기를 빈다면서, 푹 자면서 쉬라고 했다. 그리고 로사를 급히 오게 해서 간병을 시키겠다고 말했지만, 마리아의 이름은 한 번도 입 밖에 내지 않았다.

나는 열에 들떠 꿈과 현실 사이를 헤매고 있었다. 얼마 후, 식구들이 돌아왔다는 소리를 들었다. 그렇다면 이제 곧 만날 수 있을 터였다. 그리고 실제로 로사를 만났다. 하지만 로사는 슬픈 얼굴을 하고 있었다. 울고 있는 것 같기도 했다. 나는 이제 많이 회복되었는데, 무엇 때문에 슬퍼하는 것일까.

해가 저물었다. 주위에는 불안한 침묵이 가득 차 있었다. 그런데도 무언가 움직이는 기척은 끊이지 않았다. 아무도 내 물음에 확실한 대답은 해 주지 않았다. 아래층 홀을 많은 사람들이 드나드는 소리와 수많은 곤돌라의 노 젓는 소리가 들려왔다. 사람들은 내가 계속 자고 있는 줄 알았을 테지만, 나는 이렇게 꿈과 현실 사이를 헤매는 동안 드디어 어떤 사실을 알게 되었다.

마리아가 죽은 것이다. 전에 포조한테서 마리아가 병에 걸렸다는 소식을 들었다. 그는 마리아가 이제 건강해졌다고 말했지만 그게 아니었다. 병이 도져서 그녀는 결국 죽은 것이다. 오늘밤 장례를 치를 예정이었지만, 모두 그것을 나에게 숨기고 있었다. 마리아가 죽었다. 보이지 않는 섭리에 따라 내 인생 속에 들어온 마리아가! 나를 베네치아로 돌아오게 만든 불안한 느낌의 정체가 이것이었는가. 그러나 나는 너무 늦게 왔기 때문에 그녀를 만나지 못했다. 이제 그녀는 영혼의 세계로 떠났다. 로사는 그녀의 관을 분명 제비꽃으로 장식했을 것이다. 그 향기로운 파란 꽃은 마리아가 가장 좋아하던 꽃이었다. 그 꽃과 함께 그녀는 잠들어 있었다.

나는 죽음의 잠 속에 빠져든 사람처럼 꼼짝도 않고 누워 있었다. 내가 조용히 잠든 것을 신에게 감사하는 로사의 기도 소리가 들렸다. 이윽고 로사도 내 곁을 떠났다. 캄캄한 밤이었다. 나는 이상하게도 기운이 되살아나는 것을 느꼈다. 나는 시장네 가족묘지가 어느 성당에 있는지 알고 있었다. 고인은 오늘 하룻밤 그 제단 앞에 안치될 예정이었다. 마리아를 만나야 해. 나는 침대에서 일어났다. 열은 씻은 듯이 가라앉았다. 나는 외투를 걸치고 밖으로 나왔다. 아무한테도 들키지 않고 곤돌라에 올라탔다. 내 머리는 온통 마리아 생각으로 가득 차 있었다. 드디어 성당에 도착했지만, 아베마리아 종이 울린 지 한참이 지난 뒤라 성당 문은 닫혀 있었다. 나는 묘지기의 방문을 두드렸다. 그는 나를 알고 있었다. 전에 시장네 가족과 함께 이 성당에 왔을 때 카노바와 티치아노의 무덤으로 안내해 준 사람이었다.

"고인을 만나시려고요?" 그가 내 마음을 알아차리고 물었다. 내가 말없이 고개를 끄덕이자 그가 말을 이었다. "제단 앞에 놓인 관 속에 누워 계십니다. 내일 예배당으로 옮길 겁니다."

그는 촛불을 켜고 열쇠 다발을 꺼내어 작은 쪽문을 열었다. 우리는 안으로 들어갔다. 발소리가 조용한 성당의 높은 천장에 울렸다. 그는 뒤에 남고, 나는 홀로 천천히 길고 텅 빈 복도를 걸어갔다. 성모상 앞 제단에 등불이 하나 희미하게 타오르고 있었다. 카노바의 무덤 주위에 하얀 석상들이 수의를 걸친 시신처럼 말없이 서 있는 모습이 어렴풋이 드러났다. 중앙 제단 앞에는 커다란 등불이 세 개나 타오르고 있었다. 나는 자신이 이미 죽었고, 이제 내 집으로 들어가고 있는 듯한 기분이 들었다. 나는 아무런 불안도 슬픔도 없이 조용히 제단으로 다가갔다. 제비꽃 향기가 주위에 감돌고, 등불이 뚜껑 열린 관 속을 비추고 있었다. 그곳에 마리아가 누워 있었다. 그녀는 마치 잠들어 있는 듯했다. 대리석으로 빚은 미의 여신처럼 제비꽃에 뒤덮여 누워 있었다. 까만 머리에는 푸른 제비꽃 다발이 꽂혀 있었다. 감은 눈은 평화와 아름다움의 상징이었다. 아, 이 사람은 신전 폐허에 앉아 있던 라라, 내가 충동적으로 그 이마에 입을 맞추었던 라라가 아닌가. 하지만 이제 그녀는 생명도 온기도 없는 석상에 불과했다.

"라라!" 나는 한숨을 내쉬며 관 앞에 털썩 무릎을 꿇었다. "죽은 뒤에야 당신의 감은 눈이, 당신의 닫힌 입술이 내게 말하는군요. 그래요, 바로 당신이에요. 마리아 속에서 당신을 보았지요. 살고 싶다는 내 마지막 소망은 이제 당신과 함께 죽어 버렸소."

나는 서러움이 북받쳐 울었다. 눈물이 고인의 얼굴에 뚝뚝 떨어졌다.

"모두 나를 두고 저세상으로 가 버렸소." 나는 한숨을 쉬었다. "이젠 당신도 가 버렸군요. 내가 사랑한, 내 마음의 마지막 꿈이었던 당신까지도. 당신은 아눈치아타와도 다르고 플라미니아와도 달라요. 당신 때문에 내 영혼은 불타고 있었지요. 미의 여신을 사랑하는 경건한 기분으로 나는 당신 앞에 고개를 숙이고 있었소. 당신을 사모하는 내 마음속에는 천사가 느낄 법한 순수하고 진실한 사랑이 있었소. 하지만 그것이 사랑이라고는 믿을 수가 없었어요. 육체적인 사랑을 뛰어넘는 정신적인 사랑이었으니까요. 나는 그 감정을 도저히 이해할 수가 없었고, 당신한테 감히 털어놓을 수도 없었소. 안녕, 나의 마지막 사람아! 내 마음의 신부여! 당신이 축복을 받아 평화롭게 잠들기를!"

나는 그녀의 이마에 입을 맞추었다.

"내 영혼의 신부여! 나는 다른 어떤 여자에게도 마음을 주지 않겠소. 잘 가요. 안녕!"

나는 반지를 빼내어 그녀의 손가락에 끼우고, 우리를 굽어보시는 보이지 않는 신을 우러러보았다. 그 순간 오싹한 전율이 흘렀다. 고인의 손이 내 손을 잡은 듯한 기분이 들었다. 기분 탓일까? 나는 믿을 수 없는 기분으로 그녀를 가만히 바라보았다. 입술이 움직이고, 주위의 모든 것이 움직이기 시작했다. 나는 머리카락이 곤두서는 것을 느꼈다. 그 자리에서 꼼짝도 할 수 없었다. 죽음의 공포가 내 팔다리를 마비시켜 버렸다.

"추워요!" 문득 속삭이는 소리가 났다.

"라라! 라라!" 나는 외쳤다. 눈앞이 캄캄해졌다. 그 순간, 어디선가 부드러운 소리가 들려오는 것 같았다. 따뜻한 손이 살며시 내 머리를 어루만졌다. 갑자기 눈앞이 밝아지고 주위가 환해지면서 모든 것이 또렷이 보였다.

"안토니오!" 속삭이는 듯한 목소리가 들렸다. 나는 비로소 정신을 차렸다. 등불이 탁자 위에서 타오르고 있었다. 그 불빛은 침대 머리맡에 앉아서 내 이마에 손을 얹은 사람을 뚜렷이 비춰 주었다. 그 사람은 로사였다. 그리고 침대 아래쪽에 무릎을 꿇고 양손으로 얼굴을 가린 채 울고 있는 사람이 있었다. 로사가 나한테 물을 건네주면서 "겨우 열이 내렸네요" 하고 말한 순간, 울고 있던 사람이 벌떡 일어났다.

아아, 나는 그제야 현실을 똑바로 보았다. 나는 지금까지 불길한 꿈을 꾸고 있었던 것이다. 꿈이란 결국 자기 머릿속에서 생겨나는 것이니, 그것을 두고 길하다느니 불길하다느니 하면서 현실과 관련짓는 것은 현명하지 않은 일이리라. 사실 나는 여기서는 '불길한 꿈' 정도로만 언급할 생각이었다. 그러나 이제 와서 그 꿈을 덮어놓는 것도 옳지 않은 듯해서 이렇게 자세히 묘사한 것이다. 그것은 내가 가장 두려워하던 일을 현실로 만든 꿈이었다.

나는 이제 꿈에서 깨어나 그녀를 바라본다. 열에 들떠서 무슨 말을 했던 것일까? 그 환상은 내 기억에 또렷이 남아 있었다. 나는 마리아의 눈을 보았다. 그리고 그녀가 내 마음의 고백을 듣고 말았다는 것을 알아차렸다. 마리아는 방을 나가려고 했다.

"라라, 가지 마세요!"

나는 두 손을 내밀며 부탁했다. 그녀는 얼굴을 붉히며 말없이 내 앞에 서 있었다.

"당신이 죽은 꿈을 꾸었어요."

"고열 때문에 악몽을 꿨나 봐요." 로사가 말하면서 나에게 약을 내밀었다.

"라라! 마리아! 제발 내 말을 들어주세요." 나는 외쳤다. "그래요, 나는 열에 들떠서 꿈을 꾸었는지도 몰라요. 하지만 그 환상 속에서 나는 드디어 진실을 깨달았습니다. 마리아, 당신은…… 당신은 역시 라라였어요! 우리는 전에 만난 적이 있습니다. 당신도 내 목소리를 들은 적이 있지요? 저 파에스툼에서. 그리고 카프리 섬의 동굴에서. 당신도 알고 있었을 겁니다. 라라! 우리는 이 짧은 인생에서 세 번이나 우연히 마주쳤습니다. 그런데 어찌 진실한 마음을 계속 숨길 수 있겠습니까!"

나는 손을 내밀면서 그녀에게 고백했다.

"당신을 사랑합니다. 줄곧 사랑하고 있었어요."

그러자 그녀는 말없이 다가와 무릎을 꿇고 내 손에 입을 맞추었다.

신화에 따르면 사랑은 혼돈에 질서를 부여하고 세계를 창조했다고 한다. 사랑하는 사람에게도 그런 힘이 있는 게 분명하다. 나는 마리아에게서 생기와 건강을 빨아들였다. 마리아는 나를 사랑하고 있었다. 그로부터 며칠 뒤, 우리는 단둘이 오렌지 향기가 풍겨 오는 발코니에 있었다. 일찍이 마리아는 이곳에서 나를 위해 노래를 불러 주었다. 그리고 이제는 더없이 숭고한 그녀의 고백이 보다 부드럽고 길게, 정신적으로 울려 퍼졌다.

나는 실수한 게 아니었다. 라라와 마리아는 동일 인물이었다.

"나는 옛날부터 줄곧 당신을 사랑하고 있었어요." 마리아가 말했다. "내가 장님이었을 때는 오직 제비꽃 향기와 따뜻한 태양밖에 몰랐어요. 그런데 그때 낯선 노파가 찾아와서 언젠가 내 눈이 반드시 뜨일 거라고 예언했습니다. 하지만 그게 언제인지는 알 수 없었죠. 그런데 어느 날, 당신이 내 앞에 나타났습니다. 당신은 내 가슴에 동경과 고통을 일깨워 주었죠. 파에스툼의 신전에서 당신이 해 준 키스는 내 이마 위에서 햇살처럼 불타고, 내 마음에 불을 지폈어요. 장님에게는 영혼의 세계밖에 없답니다. 그 세계에서 나는 당신을 만났어요. 그리고 그날 밤, 나는 이상한 꿈을 꾸었어요. 꿈속에서 그 노파가 다시 나타나더니, 나의 늙은 양아버지 안젤로와 함께 바다를 건너 카프리 섬으로 가라고 말했어요. 그곳에 있는 마녀의 동굴에서 내 눈에 빛이 주어지고, 안젤로에게 부가 주어질 거라고 말했답니다. 그래서 안젤로에게 그 이야기를 했더니, 안젤로는 고개만 저을 뿐이었어요. 그런데 다음 날 새벽에 안젤로도 같은 꿈을 꾸었어요. 결국 그도 그 계시를 받아들이기로 했죠.

안젤로는 일어나자마자 돛단배를 준비했고, 우리는 서둘러 바다를 건넜어요. 날이 저물어 어두운 밤이 왔어요. 나는 이상한 세계에 도착해서 드디어 천사를 만났어요. 그런데 그 천사가 내 이름을 부르지 않겠어요? 그 목소리는 당신의 목소리 같았어요. 천사는 우리에게 약초와 보물을 주었어요. 우리는 돌아가서 그 약초를 달였지요. 하지만 내 눈에는 아무 빛도 비쳐 들지 않았어요. 그런데 어느 날 로사 이모의 동생이 파에스툼에 오셔서 우리 오두막에 들르셨어요. 그리고 하느님의 아름다운 세계를 보고 싶다는 내 소원에 감동하여, 눈이 보이게 해 주마 약속하고 나를 나폴리로 데려갔답니다. 수술은 성공했고, 나는 마침내 이 세상의 아름다움을 볼 수 있게 되었습니다. 로사 이모와 의사 선생님은 나를 귀여워해 주고, 나를 위해 무척 아름다운 또 하나의 세계를 열어 주셨어요. 그것은 영혼의 세계였답니다. 나는 두 분의 집에 계속 있게 되었고, 그리스에서 돌아가신 두 분의 소중한 여동생 이름을 따서 마리아라고 불리게 되었어요.

하루는 안젤로가 나폴리로 찾아왔습니다. 그는 많은 보물을 가져와서 전부 저에게 주셨습니다. 자기는 목숨이 얼마 남지 않았으며, 자기 재산을 물려받을 사람은 나밖에 없다는 거예요. 그로부터 며칠 뒤, 내 힘들었던 시절의 단 하나뿐인 은인은 조용히 눈을 감으셨습니다. 나중에 의사 선생님이 안젤로의 재산에 대해 나한테 물었어요. 나는 안젤로한테 들은 것밖에 알지 못했죠. 푸르게 빛나는 동굴 속에서 천사가 우리에게 보물을 주었다는 것밖에는 몰랐어요. 우리한테는 본디 재산이 없었어요. 안젤로도 착하고 신앙심이 깊은 분이라서 도적질 같은 것을 할 리도 없었고요.”

이번에는 내가 마리아가 겪은 사건과 내 경험이 묘하게 얽혀 있다는 것, 그리고 그 이상한 동굴에서 마리아와 노인을 만났을 때의 상황을 고백했다. 노인이 금은보화가 든 구리 항아리를 직접 꺼내 갔다는 이야기는 굳이 하지 않았다. 다만, 약초를 건네준 것은 나였다고 말했을 뿐이다. 그러자 마리아는 깜짝 놀라며 반박했다.

“하지만 천사는 나에게 약초를 건네주고 땅속으로 사라졌어요. 안젤로가 그렇게 말했는걸요.”

“노인에게는 그렇게 보였을 겁니다. 나는 온몸의 힘이 빠져서 서 있을 수가 없었지요. 그래서 그만 정신을 잃고, 무성한 풀숲 속으로 쓰러져 버렸어요.”

우리가 만난 그 신비롭게 빛나는 세계야말로 초자연과 현실 사이의 불가사의한 고리였다.

“우리의 사랑은 분명 영적인 사랑입니다.” 나는 외쳤다. “우리가 사랑하는 이들은 모두 영혼의 세계로 가 버렸어요. 지금 이 세상에 살고 있는 우리도 결국 그 세계로 가는 게 아닐까요. 그렇다면 영혼의 세계가 존재한다는 것을 어떻게 믿지 않을 수 있겠습니까. 그 세계야말로 위대한 현실이 아닐까요.”

나는 감격에 겨워 라라를 끌어안았다. 라라는 처음 보았을 때와 다름없이 아름다웠다. 그녀의 고백은 이어졌다.

"베네치아에서 우리가 만난 날을 기억하세요? 당신은 어부의 죽음과 유족들의 불행에 대해 노래하셨지요. 그 노래를 듣는 순간, 목소리만 듣고도 당신이라는 걸 금방 알았어요. 그래서 나도 모르게 당신 발치에 꿇어 엎드려 버렸어요. 여기서 뵙게 된 뒤로는 더한층 당신을 사모하게 되었답니다. 아눈치아타가 세상을 떠나기 직전에 나를 불러서 당신의 신부로 축복해 주었을 때, 나는 한 줄기 빛을 얻은 기분이었어요. 하지만 당신은 나를 뿌리치면서, 이제는 아무도 사랑하지 않겠다고 말씀하셨죠. 당신은 과거의 사랑 이야기를 나에게 들려 주실 때에도 라라나 파에스툼이나 카프리에 대해서는 한마디도 하지 않으셨어요. 그래서 난 생각했지요. 당신은 나를 사랑하지 않는다고, 깨끗이 잊어버린 거라고 생각했던 거예요. 그렇게 당신이 떠나 버리신 뒤로 나는 병에 걸리고 말았지요. 내가 얼마나 괴로웠는지 아시겠어요?"

나는 그녀의 손에 입을 맞추었다. 그리고 당신의 눈빛이 이상하게도 내 입술을 닫아 버렸던 것이라고, 내 육신이 이 세계에 묶여 있고 영혼만이 영혼의 세계로 흘러들어 갔을 때, 그때야 비로소 나는 우리의 영적 사랑을 받아들이고 모든 것을 고백할 수 있었던 것이라고 말했다.

우리의 사랑과 행복은 로사와 시장밖에 몰랐다. 나는 포조한테 얼마나 말하고 싶었는지 모른다. 내가 침대에 누워 지내는 동안에도 그는 자주 문병을 와 주었다. 내가 드디어 자리에서 일어나 밝은 햇살 속에서 그를 끌어안았을 때, 왠지 그의 얼굴이 몹시 창백해 보였다.

"포조! 오늘밤 우리집에 와 주지 않겠나?" 시장이 말했다. "꼭 와 주게. 우리 집안사람들하고, 안토니오와 친구 몇 명만 모여서 잔치를 벌일 거야."

온 저택이 잔치를 위해 아름답게 장식되어 있었다.

"이게 무슨 축제인가요?" 포조가 말했다.

시장은 포조와 다른 친구들을 작은 예배당으로 안내했다. 나와 라라는 재단 앞에 섰고, 라라가 나에게 손을 내밀었다. 파란 제비꽃 다발이 까만 머리에 꽂혀 있었다. 파에스툼의 눈먼 소녀가 지금은 눈을 뜨게 되어, 훨씬 아름답게 피어나 내 앞에 섰다. 나는 그녀의 손을 잡았다. 신비로운 운명에 이끌려서 그녀는 이제 내 사람이 되었다.

우리 두 사람은 모든 사람의 축복을 받았다. 특히 포조가 가장 기뻐하면서 즐겁게 노래를 불렀다. 건배에 건배가 이어졌다.

"내가 졌어. 하지만 기꺼이 받아들이겠네. 내기에는 졌지만 행복을 얻었으니까." 나는 포조에게 말하고, 라라의 입술에 입을 맞추었다.

다른 사람들은 왁자지껄 떠들면서 기뻐했지만, 나와 라라는 모두 몰리긴 뒤 조용한 기쁨을 맛보았다.

인생은 꿈이 아니야. 사랑의 행복은 현실이야. 나는 속으로 외쳤다. 이리하여 하나가 된 우리는 하느님만이 주실 수 있는 행복에 푹 빠져 모든 것을 잊어 버렸다.

그로부터 이틀 뒤에 우리 부부는 로사와 함께 베네치아를 떠났다. 안젤로의 유산으로 사 놓은 새집으로 이사하게 된 것이다. 우리가 떠나려 할 때 편지 한 통이 왔다. 포조가 보낸 것이었다.

'내기에는 이겼지만, 역시 내가 졌어.'

그는 베네치아를 떠나 버렸다. 나는 그의 속마음을 깨달았다. 포조 역시 라라를 사랑하고 있었던 것이다. 불쌍한 내 친구 포조! 자네의 입술은 기쁨을 노래했지만, 자네의 가슴은 죽음으로 가득 차 있었구나!

프란체스카는 라라가 무척 마음에 든 모양이었다. 프란체스카도, 공작도, 파비아니도 모두 내 선택을 칭찬하고 결혼을 축하해 주었다. 하바스 다다까지도 주름살 가득한 얼굴에 미소를 띠면서 축하한다는 말을 늘어놓았다.

내 친척 가운데 아직도 살아 있는 사람은 페포 외삼촌뿐이었다. 그는 여전히 스페인 돌계단에 앉아 있었다. 앞으로도 오랫동안 그곳에서 "안녕하세요!"를 되풀이할 것이다.

36
푸른 동굴

1834년 3월 6일. 카프리 섬의 파가니 호텔에 많은 여행객들이 모여 있었다. 사람들의 눈길은 칼라브리아에서 온 한 젊은 부인에게 쏠려 있었다. 모두 그녀의 아름다운 자태에 넋을 잃고 있었다. 그녀의 검고 아름다운 눈은 팔짱을 끼고 있는 남편을 계속 바라보고 있었다. 그 부부는 바로 나와 라라였다. 벌써 3년 동안 행복한 결혼생활을 보내고, 이제 베네치아로 여행하는 도중에 카프리 섬을 다시 찾은 것이다. 이곳이야말로 우리 생애에서 가장 불가사의한 사건이 일어났던 무대이다.

방 한구석에는 한 노부인이 어린 여자아이를 안고 서 있었다. 창백한 얼굴에 파란 프록코트를 입은 키 큰 외국 신사가 노부인에게 다가가서, 정말 귀여운 아이라고 칭찬하면서 아이를 얼렀다. 그리고 어설픈 이탈리아어로 아이의 이름을 물었다. 그러자 노부인—사랑하는 로사—이 대답했다.

"아눈치아타에요."

외국 신사는 사랑스러운 이름이라면서, 나와 라라 사이에 태어난 아이에게 입을 맞추었다.

나는 신사 곁으로 다가가 이야기를 나누었다. 그는 덴마크 사람이었다. 아아, 그리운 화가 페데리고, 저 위대한 조각가 토르발센과 같은 나라에서 온 사람이구나. 나는 반갑게 인사했다. 들자니까 페데리고는 지금 덴마크에 가 있고, 토르발센은 아직 로마에 머물고 있다는 것이다. 그렇구나. 하기야 이탈리아는 그의 예술을 낳은 어머니라고 할 수 있으니, 그도 이곳을 쉽게 떠나지는 못할 것이다.

우리는 다른 관광객들과 함께 해변으로 내려가서 배에 탔다. 나는 맑은 물을 내려다보았다. 물은 대기처럼 맑아서 내 추억을 자극했다. 우리가 타고 있는 배는 쏜살처럼 나아갔다. 섬의 초록빛 포도밭과 계단식 올리브숲은 금세 시야에서 사라지고, 이제는 하늘을 찌를 듯한 암벽이 눈앞에 나타났다. 파란 물결은 물 밑에서 흔들리는 피처럼 붉은 바다나리를 넘어 절벽에 부딪혀 부서지고 있었다.

어느새 우리는 섬의 반대쪽에 와 있었다. 눈에 보이는 것이라고는 깎아지른 절벽뿐이었다. 절벽이 수면과 맞닿은 곳에, 웬만큼 작은 배로는 지나갈 수 없을 듯한 작은 동굴이 뚫려 있었다.

"마녀의 동굴이다!" 나는 무심코 외쳤다. 그 순간 온갖 추억이 선명하게 되살아났다.

"맞습니다. 마녀의 동굴이에요!" 사공이 말했다. "전에는 그렇게 불렀지요. 하지만 지금은 그 정체를 모르는 사람이 없답니다. 3년 전에 프리스와 코피슈라는 두 독일 화가가 용감하게 이 동굴 속으로 헤엄쳐 들어가 그 비상한 아름다움을 발견했거든요. 그래서 이제는 다들 이곳은 '푸른 동굴'이라고 부른답니다. 카프리 섬에서 가장 인기 있는 관광지예요."

우리는 작은 배로 갈아탔다. 손님을 둘밖에 못 태우는 조각배였다. 나와 라라는 사공을 사이에 두고 양쪽 끝에 앉았다. 우리가 탄 배는 다른 배들을 앞질러 가장 먼저 동굴 입구로 다가갔다. 입구의 높이는 수면에서 기껏해야 60센티미터 정도였다. 사공은 노를 끌어올리고, 우리는 배 바닥에 납작 엎드려야 했다. 사공은 손으로 물을 저었다. 이리하여 배는 거대한 절벽 밑 깊고 어두운 바다 동굴 속으로 미끄러져 들어갔다. 주위에는 이상한 분위기가 감돌고 있었다. 라라가 숨을 죽인 채 내 손을 꼭 붙잡았다. 그러나 긴장된 순간은 곧 끝났다. 사공은 노를 내려놓고 통로 천장에 연결된 쇠사슬을 붙잡더니, 파도에 맞춰 배를 잘 조종하면서 좁은 바위굴을 미끄러지듯 지나갔다. 드디어 배는 넓은 동굴 안으로 들어갔다.

우리가 지나온 통로는 높이가 무척 낮았지만, 그 깊이는 까마득하게 깊고 해저의 폭도 무척 넓은 모양이었다. 그래서 강렬한 햇살이 바다 밑바닥까지 비쳤다가 반사되어 동굴 전체를 비추고 있었다. 동굴 안은 본디 컴컴해야 할 텐데도 해저에서 반사된 빛 때문에 모두 푸르스름하게 빛나고 있었다. 노가 물살을 가를 때마다 선명한 물보라가 푸른 장미꽃잎처럼 흩어진다.

그것은 요정의 세계, 신비로운 영혼의 나라였다. 라라는 두 손을 맞잡았다. 그녀도 아마 나와 똑같은 생각을 하고 있으리라. 우리는 옛날 여기서 만났던 것이다. 모두 무서워서 마녀의 동굴에 가까이 오려고도 하지 않았을 무렵, 해적들이 이곳에 보물을 감추어 둔 것이다. 이제는 모든 초자연적 현상들이 현실 세계에 녹아들었다. 아니면 현실이 영혼의 세계로 들어가는 것일까. 이 세상에서는 하찮은 꽃씨에서부터 불멸의 영혼에 이르기까지 기적이 아닌 것이 없다. 다만 인간이 믿지 않을 뿐이다.

작은 동굴 입구는 별처럼 빛나고 있었다. 그것이 갑자기 어두워지더니, 두 번째 배가 바다 밑바닥에서 솟아오른 것처럼 우리 앞에 나타났다. 이윽고 세 번째, 네 번째 배가 안으로 들어왔다. 우리는 모두 기도하는 심정으로 깊은 생각에 잠겨 그 눈부신 장관을 바라보았다. 여기서는 종파에 관계없이 누구나 기적의 존재를 느낄 수 있었다.

"물이 들어온다!" 사공 하나가 외쳤다. "이젠 밖으로 나가야 합니다. 조금만 있으면 입구가 막혀서, 물이 빠질 때까지 이곳에 갇혀 버리니까요."

우리는 서둘러 배를 타고 신비로운 동굴을 나왔다. 끝없이 넓은 바다가 우리 앞에 펼쳐져 있었다. 돌아보니 바다에 잠겨 드는 푸른 동굴의 어두운 입구가 보였다.

한스 크리스티안 안데르센

한스 크리스티안 안데르센

한스 크리스티안 안데르센의 생애

안데르센은 동화를 비롯해 150편이 넘는 작품을 남겼다. 스스로 지어낸 작품과 민화를 바탕으로 한 빛나는 작품들이다. 그 대부분이 온 세계에서 아동문학의 고전으로 널리 읽히고 있다. 1805년 4월 2일 안데르센은 덴마크 제2의 도시 오덴세에서 구두장이의 외동아들로 태어났다. 안데르센의 아버지는 정식 교육을 받지 못했지만 문학에 관심이 많았던 자유사상가였다. 그 무렵에는 몰락했으나 사실 그는 꽤 유복한 가정에서 태어났는데, 그 때문인지 가끔씩 자신이 과거에는 귀족이었다는 상상을 하곤 했다. 안데르센의 어머니는 거의 글을 읽지 못했으며, 미신을 극도로 신봉했다(아내가 남편보다 열다섯 살이 많았는데, 부부의 나이 차이에 대해서는 여러 설이 있다). 안데르센에게는 배다른 누나가 있었지만 한집에서 살지는 않았다. 가난한 집안 형편에도 안데르센은 자신의 어린 시절을 행복하게 여겼고 평생 가난보다는 정신병을 두려워하며 살았다. 증조할아버지가 정신병 병력이 있었기 때문에 자신도 그렇게 되는 것이 아닌지 걱정했던 것이다.

안데르센을 몹시 아꼈던 아버지는 그에게 《아라비안나이트》나 라퐁텐의 우화, 덴마크 희곡 등을 읽어주었고, 조그만 극장을 만들어 주기도 했으며, 오덴세에 있는 소극장에 자주 데리고 가기도 했다.

안데르센은 집 근처 학교에 다니며, 할머니가 정원사로 일하던 정신병원과 감화원 방직공장을 자주 들렀다. 그곳에서 그는 방직공들에게 학교에서 배운 지식을 들려주고 그 대신 그들에게서 옛날이야기를 들었다.

1812년에 안데르센의 아버지는 자신이 숭배하는 나폴레옹 편에서 싸우려고 입대했으나, 실전에 투입되기도 전에 전쟁이 끝나 고향으로 돌아왔다. 1816년, 아버지는 정신착란증에 빠져 나폴레옹에 대한 헛소리를 했다. 어머니는 아들

러시아어판 〈미운 오리 새끼〉에 들어간 G.A.V. 트라우고트의 삽화   레닌그라드, 1969.

을 의사가 아니라 인근에 사는 여자 점술사에게 보냈다. 그 여자 점술사에게
서 "네가 집에 도착하기 전에 아버지가 죽으면, 가는 길에 그 영혼을 만날 것
이다"라는 말을 들었을 때의 공포를 안데르센은 평생 잊지 못했다. 아버지가
죽었을 때 겨우 열한 살이던 소년 안데르센은 곧 학교를 그만두고 한동안 인
근 공장에서 일했다. 목소리가 고왔던 그는 곧 근처 극장에서 단역을 맡았고,
오덴세 상류층 사람들 사이에서 감동적인 노래와 낭독으로 이름을 알렸다. 그
빼어난 자질을 눈여겨본 어느 자선가의 주선으로 덴마크 황태자를 만나는 기
회를 얻기도 했다. 열네 살이 되던 해 안데르센은 저금을 털어 수도 코펜하겐
으로 떠났다.

코펜하겐에서 안데르센은 자선사업가의 소개로 만난 왕립극장 성악학교 교
장에게서 재능을 인정받아 음악 교육을 마칠 때까지 생활비를 후원받았다.
그 뒤 3년 동안 극장에서 단역을 맡으면서 익명으로 희곡을 몇 편 써서 극장
에 보냈지만 성공하지는 못했다. 그러던 중 변성기를 거치면서 목소리가 탁해
져 더는 배우로 일할 수 없게 되었을 때 도움의 손길을 내민 사람이 고급관리
이자 왕립극장 지배인인 요나스 콜린이었다. 요나스는 든든한 후원자가 되어주

었고, 그의 가족은 모두 안데르센의 평생 친구가 되었다. 요나스의 아들 에드바르는 안데르센 작품의 출판 사업을 대부분 관리하게 되는데, 작가의 엉망진창인 철자법을 바로잡는 일도 그의 몫이었다.

요나스 콜린은 공립 라틴어학교에서 공부할 수 있도록 그에게 왕실장학금을 마련해 주었다. 이 뒤늦은 공부는 안데르센에게 불행한 경험이었다. 열일곱 살에 열두 살짜리 학급에 들어간 것이다. 교장은 그를 조롱하고 괴롭혔다. 결국 안데르센은 개인교습을 받으러 다녀야 했고, 대학입학 자격시험에 스물세 살이 되어서야 겨우 합격할 수 있었다.

THE

IMPROVISATORE:

OR,

LIFE IN ITALY.

FROM THE DANISH
OF
HANS CHRISTIAN ANDERSEN.

TRANSLATED BY
MARY HOWITT.

IN TWO VOLUMES.
VOL. I.

LONDON:
RICHARD BENTLEY, NEW BURLINGTON STREET.
1845.

《즉흥시인》(1845) 속표지
최초로 영역된 안데르센 작품.

안데르센은 평생 이루어질 수 없는 사랑 때문에 끊임없이 애를 태웠다. 첫사랑은 학교 친구의 여동생인 리보르그 보이트였다. 그녀는 안데르센에게 마음이 있는 듯했지만, 이미 비공식으로 약혼한 상태였다. 안데르센은 사랑을 고백하지도 못한 채 그녀 곁을 떠나야 했다. 몇 년이 흘러 그녀와 우연히 재회한 것을 계기로 그는 〈친구〉를 집필한다. 또한 안데르센이 죽었을 때, 그가 목에 걸고 있던 작은 지갑 안에서 그녀가 보낸 편지가 발견되었다고 한다.

안데르센은 글을 써서 생계를 꾸려 나가야 했다. 시, 연극대본, 번역서를 비롯 여행기까지 출판했고, 덴마크 지식인 사회에서 얼마간 호기심 어린 주목을 받았다. 하지만 그는 여전히 사람을 사귀는 일에 서투른, 코가 크고 눈이 작은 못생긴 키다리였다. 기쁨이든 절망이든 안데르센은 자신의 풍부한 감정을 잘 억제하지 못했다. 틈만 나면 자신의 작품을 소리 높여 낭독하는 버릇은 비평가들에 대한 민감한 반응과 결합하여, 자만심 강한 허영꾼이라는 비판을 듣는 원인이 되었다. 그러나 동시에 재치 넘치는 유쾌한 친구라는 평판도 얻었다.

안데르센 작품의 첫 삽화가인 빌헬름 페테르센이 덴마크어판 〈돼지치기 소년〉에 덧붙인 삽화 코펜하겐, 1847.

두 번째 사랑의 상대는 요나스 콜린의 둘째딸 루이사였다. 어렸을 적 그녀는 온 가족이 안데르센을 놀려도 언제나 그의 편이 되어주었다. 그녀는 안데르센을 좋아했지만, 그가 희망을 품을 만한 태도는 취하지 않도록 조심했다. 결국 그녀는 다른 남자와 약혼했다. 안데르센은 그녀를 모델로 〈돼지치기 소년〉의 거만한 공주와 〈인어 공주〉의 왕자를 그리는 것으로 복수했다. 그는 실의에서 헤어나기 위해 독일, 프랑스, 이탈리아를 두루 여행하면서 단편과 일기를 쓰고, 소설 《즉흥시인》의 소재를 모았다. 이 작품은 1835년에 출판되어 곧바로 독일어로 옮겨졌다. 이 책 덕분에 안데르센은 유럽 전역에 이름을 떨치게 되었다. 연애이야기와 기행문을 버무린 이 소설은 이탈리아 사람인 주인공의 눈을 통해 관광객과 다른 시점에서 남국의 아름다운 풍물을 그려냈다. 또한 주인공이 걷게 되는 운명적인 편력의 길을 이탈리아 사람인 그 자신의 여정과 동일하게 설정했다. 이 소설에는 유연하고 경쾌한 문체, 개인적 체험, 자아와 사회와의 갈등에 대한 문제의식 등과 같은 안데르센 특유의 색채가 잘 나타나 있다. 특히 자전적 요소가 짙고, 그와 관련된 소재가 종횡무진 펼쳐진다는 의미에서 무대를 이탈리아로 옮긴 자서전이라 할 만하다.

이 책이 발간되고 석 달 뒤에 출판된 동화집은 아주 대조적인 것이었다. 동화 4편을 수록한 《어린이를 위한 동화집》은 값싼 소책자였다. 독자들은 《즉흥

시인》같은 글을 쓸 수 있
는 사람이 왜 어린이를 위
한 이런 동화를 쓰느냐고
불평했다. 그 무렵 동화는
문학으로서 별로 중요하게
인식되지 않았기 때문이
다. 그런데 이 작품의 본디
제목인《어린이를 위한 모
험 이야기(*Eventyr, fortalte for
Børn*)》에서 보듯이 'Eventyr'
라는 덴마크어는 흔히 번
역되는 '동화(fairy tales)'가
아니라 '드물고 즐거운 사

아서 래컴이 그린 〈꿋꿋한 주석 병정〉 삽화   런던, 1932.

건', 곧 모험(adventure)을 소재로 한 이야기를 뜻한다. 또한 모든 연령층의 독자
를 대상으로 하는 신비롭고 짤막한 이야기라는 어감을 지닌다. 안데르센은 한
친구에게 이런 편지를 썼다. '어렸을 때 좋아했던 이야기를 두세 편 엮었네. 흔
히들 모르는 이야기라고 생각해. 아이들에게 들려주는 듯한 말투로 썼다네.'
실제로 〈부싯돌〉, 〈장다리 클라우스와 꺼꾸리 클라우스〉, 〈완두콩 공주〉 등
세 편은 민화를 바탕으로 한 이야기이고, 네 번째 이야기인 〈어린 이다의 꽃
밭〉은 안데르센이 창작한 것이다.

　비평가들은 안데르센이 일부러 사용한 거친 구어체 말투와 〈장다리 클라
우스와 꺼꾸리 클라우스〉의 비도덕성(이 이야기는 성직자가 간통을 저지른다는
내용을 암시하고 있다), 그리고 독자층을 어린이로 했음에도 교훈적인 내용이
부족하다는 점 등을 비난했다. 그러나 안데르센은 꾸준히 이야기를 만들어 냈
고, 대부분 해마다 크리스마스에 소책자로 발간되었다.

　안데르센은 '몇 년에 걸쳐 내 능력과 한계를 배우는 사이에, 동화를 통해 얼
마나 많은 것을 이룰 수 있는지를 더욱 확실히 알게 되었다'고 썼다. 시간이 흐
름에 따라 안데르센의 창작 작품이 차지하는 비중도 늘어났다. 줄거리 착상에
대해 그는 '식물의 씨앗처럼 내 마음속에 있으며, 해님이나 입맞춤이나 한 방

〈벌거벗은 임금님〉영어판에 들어간 렉스 휘슬러의 삽화　런던, 1935.

울의 악의와 같은 아주 사소한 계기로 꽃이 핀다'고 했다. 안데르센은 자신을 비방한 사람들이나 적들에게 복수하는 수단으로 작품을 자주 이용했다. 예를 들어 〈나이팅게일〉에서는 그의 꾸밈없고 비학문적인 문체를 모독했던 비평가들을 야유했다. 한편, 창작 작품뿐만 아니라 민화를 재구성할 때도 개인적인 요소를 집어넣었다.

'내가 쓴 작품의 대부분은 나 자신을 반영하고 있다. 모든 등장인물은 내 인생에서 태어났다.'

마지막 짝사랑의 영향으로, 안데르센의 작품에는 앞서 언급했던 것과는 다른 깊은 의미가 추가되었다. '스웨덴의 나이팅게일'이라는 별명을 가진 예니 린드(요한나 마리아 린드)는 1843년에 처음으로 덴마크에서 공연을 했다. 안데르센은 그녀가 목소리가 아름답다는 사실과 자신처럼 천한 신분이었으나 예술적 재능을 발휘하여 출세했다는 사실을 알고 있었다. 이 무렵 안데르센은 자신의 일기에 '그녀를 사랑한다'고 썼다. 그러나 예니 린드는 안데르센을 친구로서는 좋아했을 뿐, 사랑하지는 않았다. 공식적인 자리에서 둘의 우정은 계속되었지만, 이때부터 안데르센은 평생 독신으로 지내기로 마음먹었던 것 같다. 〈나이팅게일〉은 그즈음 유행하던 과장스런 이탈리아 오페라식 창법을 능가하는 예니 린드의 목소리와 소박한 노래에 보내는 찬사였다. 그녀의 노래에는 그 어떤 책이나 인간보다 정신을 북돋우는 힘이 있었다고 안데르센은 썼다.

그는 집필과 여행을 계속했다. 그러나 그가 그토록 좋아했던 해외여행은 기차 시간에 늦지는 않을까, 여권을 잃어버리지나 않을까, 호텔에서 불에 타 죽는 것은 아닐까(그는 여행 가방에 늘 로프를 가지고 다녔다) 하는 끊임없는 불안과의 싸움이기도 했다. 베를린에서는 그림 형제와 속마음을 터놓는 친구가 되었다. 1847년 잉글랜드와 스코틀랜드 여행에서는 자기 작품을 영어로 번역해 주던 메리 호윗과 찰스 디킨스를 만났다. 영국인의 열렬한 환영에 크게 만족한 안데르센은 영국에서 출판되도록 1848년에 다섯 작품을 보냈다. 그는 작품에 《영국 친구들에게 보내는 크리스마스 인사》라는 제목을 붙여 디킨스에게 헌정했다. 두 사람의 우정은 1857년에 안데르센이 디킨스의 집에 장기 체류를 할 때까지 이어졌다. 안데르센은 2주간 머물도록 초대를

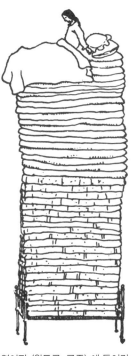

영어판 〈완두콩 공주〉에 들어간 길버트 제임스의 삽화 런던, 시기 불명.

받았지만 5주 동안 있었다. 아마도 그는 자신이 디킨스 일가에 민폐를 끼치고 있다는 사실을 깨닫지 못했던 것 같다. 안데르센은 다시 방문해 달라는 초대를 받지 못했으며, 디킨스는 손님용 침실 세면대 거울에 한 장의 카드를 붙였다. '한스 안데르센이 이 방에서 5주 동안 머물렀다. 우리 가족에게는 몇 세기와도 같은 시간이었다!' 그러나 유럽의 문화인이나 귀족들은 대부분 안데르센을 환영했다. 그의 자서전 《내 인생의 이야기》(1855)에는 자신이 힘들게 이루어 낸 것들에 대한 자부심이 짙게 배어 있다. 그는 말년에 코펜하겐의 은행가 집안인 멜키오르가(家)에 초대받아 간 여름 별장에서 간암으로 일흔 살에 숨을 거두었다. 그의 마지막 동화집은 1872년에 출판되었고, 156편의 동화와 그보다 조금 긴 이야기 몇 편을 담은 두 번째 전집이 그가 죽기 전 해인 1874년에 간행되었다.

◀ 안데르센이 어린 시절을 보낸 집(가운데) J.H.T. 행크 작(1839).

◀ 아마추어가 그린 그 시대 오덴세 중심가
'나는 문법학교에 다니는 애들하고 늘 친해지고 싶었다. 그들이 교회 묘지에서 놀 때마다 나는 나무 울타리 밖에 서서 안을 훔쳐보면서 생각했다. 저 행복한 친구들하고 함께 놀 수 있다면 얼마나 좋을까.'(《내 인생의 이야기》)

1846년에 안데르센의 작품집이 최
초로 영국에서 출판되었다. 10편의
작품이 수록된 메리 호윗의 《아이들
을 위한 놀라운 이야기》이다. 같은 해
에 다른 번역가가 엮은 선집이 두 권
더 나왔다. 찰스 버너가 엮은 《덴마크
옛날이야기책》은 호윗의 책이 출판된
직후인 2월에, 캐롤라인 피치가 번역
한 《덴마크 요정 전설과 옛날이야기》
는 5월에 출판되었다. 안데르센의 작
품은 순식간에 영국 아동문학에 녹
아들어서 요정 이야기와 환상 이야
기의 인기가 부활하는데, 그림 형제
의 동화만큼이나 중요한 역할을 했
다. 1847년에 출판된 또 다른 작품집
은 '아이들이 읽기에 가장 적합한 이

1834년 1월, 로마에서 만난 안데르센
앨버트 퀴흘러 작품.

야기가 수록된 것이 특징'이라고 소개되었다. 번역자들은 안데르센의 본디 표
현을 쉽게 풀거나 품위 없는 표현을 삭제했다. 한 번역자는 어떤 배려에서인지
〈완두콩 공주〉를 〈공주와 강낭콩〉이라고 제목까지 바꾸었다. 안데르센의 해
학, 의도적인 구어체 말투와 소박한 문체는 번역 작품에서 상당 부분 사라졌
다. 감상적이라는 비판도 그 일부는 번역자들의 책임이다. 꾸며낸 감상성은 많
은 이야기에서 엿보이는데, 네이오미 루이스가 '순종적, 미신적이라고도 부를
수 있는 경건함(1974년에 출판된 에릭 크리스찬 호가드의 완역판에 실은 서문)'이
라고 부른 특질도 마찬가지이다.

안데르센은 자신의 작품이 모든 연령층의 독자를 대상으로 한다고 강하게
주장했다. 그는 자서전에 이렇게 썼다. '나는 모든 연령층이 똑같이 내 이야기
를 즐기리라는 확신을 갖게 되었다. 아이들은 등장인물이 하는 모든 행동을
재미있어하고, 어른들은 더 깊은 의미에 관심을 두었다.' 무생물이나 자연 현
상, 주변 사물을 의인화하는 그의 재능은 확실히 아이들에게 어울린다. 그러

▲ 헨리에테와 에드바르 콜린 부부　에드바르
보다 헨리에테가 안데르센을 더 잘 이해했다.

◀ 요나스 콜린　안데르센의 보호자이자 어버
이 같은 친구였다(1839).

나 한편으로 작품에 숨어 있는 자전적 요소와 해학, 사랑, 재력과 지위의 변화, 슬픔, 죽음과 같은 주제를 완전히 이해할 수 있는 것은 어른뿐이다. 마지막 동화집에 수록된 〈앉은뱅이 한스〉는 침대에서 줄곧 누워 지내는 소년이 가혹한 노동에 고통받는 가족에게 동화를 들려준다. 소년의 아버지는 두 가지 이야기에 매료되는데, 그것들은 '우울한 영혼에 비쳐드는 두 줄기 햇살과 같은' 것이었다. 동화책은 다리가 불편한 소년 한스를 '걸어서는 갈 수 없는 오두막 벽 건너편 세계로' 데려가 준다.

안데르센의 인생과 이 작품은 대니 케이가 주연을 맡은 할리우드 영화 〈한스 크리스티안 안데르센〉(1952)의 소재가 되었다. 사실과 감상적인 요소가 적절한 조화를 이루고, 크랭크 레서가 만든 노래가 여러 곡 실린 이 우스꽝스런 영화는 아이들에게 큰 인기를 끌었다.

안데르센의 작품세계

그의 삶은 엇갈린 마음의 연속이었다. 후원자 요나스 콜린 가족은 안데르센을 '교육'시켰다. 안데르센은 그 '교육'을 자신이 어떻게 받아들였는지 《즉흥

시인》의 주인공 안토니오를 통해 상
세히 밝히고 있다. 이 책에서 안데르
센은 《내 인생의 이야기》에서 다루지
않은 마음의 외침을 숨겨두었다. 그
는 인간성의 깊은 성찰로 가득한 아
름다운 동화를 써서 전 세계인들에
게 사랑받았다. 그런 그가 '한 편의
아름다운 이야기'로 자신을 써 내려
갔을 때, 그곳에 드러난 것은 모순투
성이의 복잡한 인간성이었다.

'안데르센은 완벽한 마법사였다.'
스트린드베리는 어린 시절 자신의
마음을 사로잡았던 그에 대한 헌사
에서 말했다. 찰스 디킨스, 헨리 제임
스, 헤르만 헤세, 위스턴 오든, 토마
스 만을 비롯하여 숱한 작가들이 안
데르센의 동화를 읽으며 자라나 그
이야기의 일부가 됐고, 그의 상상력
을 부러워하며 꿈꾸었다.

안데르센의 처녀작 《젊은 시도(試圖)》 속표지
1822년에 William Christian Walter라는 필명으로
간행. 그는 《내 인생의 이야기》에서 그 사연을
밝혔다. '나는 William Shakespeare와 Walter Scott
과 나 자신을 사랑했다. 그래서 Christian이라는
내 이름을 넣어 William Christian Walter를 필명
으로 삼았다.'

오늘날 우리는 안데르센의 동화에서 스트린드베리 같은 이들이 발견했던
눈부신 반짝임을 알아보는 능력을 잃어가고 있다. 우리는 안데르센을 동정심
가득하며(《성냥팔이 소녀》), 위선에 반대하고(《벌거벗은 임금님》), 희망을 전하
는(《미운 오리 새끼》) 작가라고 생각한다. 이러한 평가에 도전할 까닭은 없으나,
안데르센이 권선징악 말고도 많은 이야기를 하고 있음을 잊어서는 안 된다. 그
의 동화가 메시지를 전하고 도덕만을 설교하는 것뿐이라면 오늘날까지 사랑
받지 못했을 것이다.

우리는 지금도 그의 작품을 읽고 있다. 유네스코는 세계에서 가장 널리 번
역된 작가로 셰익스피어, 카를 마르크스와 나란히 안데르센을 꼽는다. 안데
르센의 동화는 지금도 세계 곳곳에서 잠들기 전에 아이들에게 읽어주는 이야

안데르센의 첫사랑 리보르그 보이트
은판사진.

기로, 또 교과서로도 활용되고 있다. 〈눈의 여왕〉, 〈미운 오리 새끼〉, 〈완두콩 공주〉는 단순한 동화가 아니라 전 세계적으로 읽히는 보편적인 이야기이다. 우리 가운데 얼마나 많은 사람들이 〈벌거벗은 임금님〉에 나오는 아이를 우러러보며, 자신을 〈미운 오리 새끼〉의 어린 백조와 동일시하며, 〈성냥팔이 소녀〉를 읽으며 자랐을까?

안데르센을 마법사라고 부른 스트린드베리의 표현은 대단히 정확한 것으로, 그의 동화에는 선악의 문제를 초월하는 그 어떤 것, 즉 마법이라고 표현할 수밖에 없는 것이 존재하기 때문이다. 그 마법은 윤리 문제와는 무관하며, 행운이나 우연과 관련이 깊다. 애덤 고프닉이 말했듯이 모든 동화가 가르치는 교훈은 '권선징악'이 아니다. 동화는 '만약 이런 일이 일어난다면 어떨까?'라는 가정 속에서 전개되며 위험한 사건을 내놓지만 여러 가지 가능성도 열어주므로, 우리에게 '이러해야 한다'는 당위성보다는 '이럴 수도 있다'는 희망에 대해 이야기해 준다.

헤르만 헤세는 안데르센의 동화가 지닌 '완전하고 다채로우며 화려한 세계', '아름답고 마술 같은 반짝임'이 그의 작품에서 마법을 창조해 내는 주된 요소임을 발견했다. 슬픔은 (때로는 수정으로 이뤄진) 눈물로 표현되고, 감사는 (황금 바퀴나 은피리, 다이아몬드 드레스와 같은) 물질적인 형태로 나타난다. 동화의 천편일률적인 구성이 멜로드라마의 분위기와 뒤섞일 때도, 표면적인 아름다움은 눈부시다. 그로부터 점화력이 생겨난다. 우리의 상상력에 불을 붙여 종이에 적힌 글로 묘사한 것들을 바로 눈앞에 떠올리도록 하는 힘이 바로 그것이다.

색채와 질감, 명암, 빛과 명징성에 주력하는 안데르센의 동화는 언어를 매개

체로 하여 붙잡기 힘든, 손에 잡힐 듯 생생한 아름다움을 창조해 내고자 한다. 〈인어 공주〉에서 태양은 '꽃받침에서 빛이 흘러나오는 자주색 꽃'처럼 보이고, 〈백조들〉에서 열한 명의 형제들은 '황금 서판에 다이아몬드 연필로' 글을 쓰며, 〈부싯돌〉의 군인은 등잔 수백 개가 타고 있는 넓은 방으로 들어간다. 이야기가 진행되면서 빠르게 스쳐 지나가는 눈부시고 생생한 광경들 덕분에 래컴이나 뒬락, 닐센과 같은 수많은 화가들이 안데르센 동화의 삽화를 그렸고, 그 삽화와 함께 이야기를 읽다 보면 숨이 멎을 것 같은 환상적인 경험을 하게 된다.

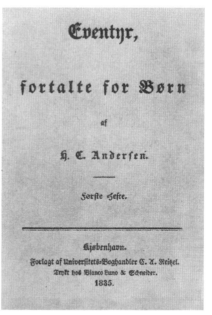

《어린이를 위한 동화집》(1835) 속표지

　안데르센 동화의 놀랍도록 섬세한 묘사는 〈식료품점의 난쟁이〉의 다음 대목을 통해서도 확인해 볼 수 있다. '그 방 안은 어찌나 밝은지! 책에서 솟아나는 한 가닥 눈부신 빛이 나무 한 그루로 변해 학생 위로 가지들을 펼치고 있었다. 나뭇가지에 매달린 이파리 하나하나는 싱그러운 녹색이었고, 꽃은 저마다 아름다운 처녀의 얼굴이었는데, 어떤 이는 검고 빛나는 눈동자를, 어떤 이는 놀랄 만큼 맑고 푸른 눈동자를 갖고 있었다. 나무에 달린 열매 하나하나가 빛나는 별이었고, 방 안은 음악과 노래로 가득 차 있었다.'

　J.R.R. 톨킨은 언어만으로 다른 세계를 만들어 내는 동화의 담론과 '요정의 솜씨'가 지닌 힘을 인정했다. 동화는 일차적이며 가장 강력한 형태의 스토리텔링으로서, 언어라는 마법을 동원해 다른 세상, 즉 환상의 세계를 창조해 낸다.

　'가볍다, 무겁다, 잿빛이다, 노랗다, 고요하다, 빠르다'와 같은 단어들을 생각해 낸 지적 능력은 사물을 가볍고 날 수 있게, 잿빛 납을 노란 금으로, 고요히 있던 바위를 빠른 물살로 바꿔 놓을 수 있는 마법을 생각해 냈다. 앞엣것이

1833년 루이사 콜린
요나스 콜린의 막내딸. 안데르센의 두 번째 짝사
랑 연인이었다.

가능하다면 뒤엣것도 가능해지며, 그 두 가지는 서로 떼어놓을 수 없는 것이다. 풀밭에서 초록을, 하늘에서 파랑을, 피에서 빨강을 취할 수 있다면 이미 우리는 어떤 측면에선 마법사의 능력을 지닌 것이며, 자연스럽게 외부 세계에서 그 힘을 발휘하고 싶은 마음을 갖게 된다.'

안데르센의 뛰어난 작품 일곱 편에 대해 대학에서 강연을 한 블라디미르 나보코프는 진귀한 아름다움을 지닌 다른 세계를 만들어 내는 안데르센의 언어능력을 인정했다. 안데르센과 마찬가지로, 나보코프는 언어를 통해 아름다움을 창조하는 힘이라는 관점에서 허구가 지닌 뛰어난 가치를 알고 있었다. 그는 예술가가 '카드로 성을 짓고, 그 성을 아름다운 황금과 유리로 이뤄진 성으로 변모시키는 과정'을 관찰하는 독자에게 지적 즐거움을 선사하는 것이 작가의 의무라고 여겼다. 안데르센 또한 아름다움과 즐거움이 만나는 지점에서 허구가 지닌 가장 큰 가치를 보았으므로, 이 은유를 이해했을 것이다. 그리고 바로 그런 이유에서 우리는 지금도 그의 작품을 읽고 있다.

우리는 안데르센의 이미지가 지닌 힘, 그가 지은 유리와 황금의 성 때문에 그를 기억한다. 그가 잘라서 만든 갖가지 모양의 종이 공예 작품들, 스케치들, 콜라주들을 보면 그는 시각적인 요소에 크나큰 관심을 지닌 시인이자 예술가라는 생각을 하게 된다. C.S. 루이스는 '모든 것은 우산을 들고 가는 파우니,* 썰매를 탄 여왕, 당당한 사자 같은 이미지와 함께 시작되었다'면서 《나니아 연대기》가 안데르센의 시각적인 신호에서 영감을 받았다고 설명했다. 짧은 분량

---

* 몸의 절반은 사람, 절반은 양으로 이루어진 신화 속의 인물로 사티로스라고도 함. 여기서는 《나니아 연대기》에 등장하는 툼누스를 말함.

과 묘사에 대한 엄격한 제한, 유연한
전통주의, 온갖 분석과 여담, 감상과
'헛소리'에 대한 가차 없는 적대심 때
문에 안데르센의 동화에 끌렸던 루
이스는 표면적인 아름다움의 중요성
을 본능적으로 인지하고, 거기에 의
지해《나니아 연대기》의 줄거리를 이
끌어 나가야 한다고 생각했다. 그래
서 안데르센의 동화처럼 그의 환상
소설도 숨 막히게 아름다운 물건과
인물, 풍경을 묘사해 내는 데 집중
한다.

　안데르센의 마법이 이야기의 아름
다움에만 있는 것은 아니다. 비평가
들은 안데르센 문학에 대해 '풍자와

처음으로 삽화가 실린 독일어판《동화집》속표지
(1839)

감상, 변덕과 비극, 정열과 숭고함을 뒤섞은 시학'이라고 평가했다. 또한 그들은
작품 속에 반영된 작가의 모습에 주목하기도 했다.《한스 크리스티안 안데르
센 : 어느 이야기꾼의 생애》를 지은 재키 울슐라거는 안데르센을 강박적인 자
서전 작가라고 선언하면서, 작가의 고달픈 영혼이 예술을 통해 서술되는 방식
을 설득력 있게 제시했다. 우리는 안데르센의 동화 속에서 풍부한 부분 묘사
를 동원해 새겨넣은 작가의 진솔한 자화상을 발견하게 된다. '그는 성공한 미
운 오리 새끼'였고, '일편단심인 인어 공주이자 꿋꿋한 주석 병정이었으며, 버
려진 성냥팔이 소녀'였다고 주장했다.

　그의 전기를 집필한 레지널드 스핑크는 안데르센의 동화가 개인적인 불안과
욕망을 드러내고, 자신의 상상력 속에 도사리고 있는 악령들을 불러내는 방식
에 대해 설명하면서 다음과 같이 요약했다. '안데르센은 자기 자신의 이야기를
계속해서 전해 왔다. 어떤 때는 이상화된 형식으로, 또 어떤 때는 스스로를 드
러내며 솔직하게 자신의 이야기를 서술한다.'

　소설뿐 아니라 옛날이야기나 동화를 비롯한 안데르센의 걸작은 대부분 본

'스웨덴의 나이팅게일' 예니 린드
안데르센의 세 번째 연인이다. 안데르센은 이 초상화를 스크랩북에 꽂아 놓았다. 예니 린드의 자필 메모가 남아 있다. '예술과 종교는 내세로 이어지는 길을 인류에게 가르쳐 줍니다.'

질적으로 그 자신의 이야기를 말하고 있다. 그는 〈부싯돌〉에 나오는 병사이자, 요 20장과 새털이불 20장 사이로 완두콩 한 알을 느낄 수 있는 예민한 공주님이자, 〈어린 이다의 꽃밭〉에 등장하는 학생이자, 인어 공주처럼 밑바닥에서 올라왔지만 새로 옮겨 사는 세계에서 진심으로 환영받지 못하는 이방인이었다. 벌거벗은 임금을 있는 그대로 볼 줄 알았던 소년이자, 아름다운 백조로 변한 미운 오리 새끼이자, 순간순간을 즐기지 못하고 늘 더 좋은 일이 벌어지기만 기다리는 전나무이자, 〈못된 아이〉에 등장하는 시인이자, 〈정원사와 주인 나리〉의 정원사였다.

〈장다리 클라우스와 꺼꾸리 클라우스〉 〈돼지치기 소년〉 등의 이야기에서 그는 가난과 곤경, 어리석음을 이겨내고 승리하는 주인공이며, 때로는 상황이 역전되어 공주와 결혼하거나(〈바보 한스〉) 공주를 경멸한다(〈돼지치기 소년〉). 다시 말해 이 이야기들은 안데르센의 인생과 일치하거나(이 경우에는 완전히 자서전적인 동화가 된다), 또는 그런 사실과 전혀 일치하지 않기도 한다(이런 경우에도 여전히 자서전적이다).

일찍이 한스 브릭스가 말했듯이, 안데르센은 렘브란트가 그린 것보다 훨씬 많은 자화상을 글로 남긴 셈이다. 비평가들이 이를 가리켜 '머릿속에 자기 생각만 가득하다'고 말한 데 대하여 그는 '주관적'이라고 표현했다. 일기에는 '시인이 주관적인 것은 잘못이 아니다. 그 자체가 그 사람 안에 얼마나 많은 시가 있느냐를 나타내 주기 때문이다'라고 썼다. 그가 젊은 시절 몇몇 덴마크 비평가, 특히 모르벡과 주고받은 논쟁의 시작은 비평가들이 그에게 자기들 방식으로 글쓰기를 강요한다는 데에 있었다. 1834년 3월 27일자 일기에는 이렇게

안데르센이 '진정한 우리집'이라고 부른 요나스 콜린의 집 뒤편   코펜하겐 브레드가데에 있었다.

쓰여 있다. '내 성격대로 하게 내버려 둬라. 어째서 유행을 좇아야 한단 말인가. 내가 몸을 앞으로 구부리고 걷는다면, 그게 나에게 가장 자연스런 자세이다. 그(모르벡)가 내 나무에 호두가 아니라 사과가 열린 것을 보았다고 해서 내 나무를 나쁜 나무라고 할 수 없는 것 아닌가.'

안데르센은 비평가들과 마찬가지로 그의 이야기가 전부 자신에 관한 내용이라는 말을 했으나 실제로는 일부만 그럴 뿐이었다. 《내 인생의 이야기》에서 그는 학창 시절, 자기 자신이 언제나 주인공인 신기한 이야기들을 친구들에게 들려줬다고 썼다. 그렇지만 (첫 출세작 동화를 출판하기 직전인) 1834년에 쓴 편지에서 그는 자신의 작품에 등장하는 인물들은 단순한 자화상이 아니라 실제 생활에서 만난 사람들이라고 했다. '모든 등장인물은 일상생활에서 따온 것이다. 전부 그렇다. 지어낸 인물은 단 한 명도 없다. 모두 내가 아는 사람들이다.' 그리고 마지막으로 동화 분야에 대해 점점 더 열의를 갖게 되었다고 기록하면서, 안데르센은 실제 경험만큼이나 스토리텔링 전통에도 의지하고 있음을 밝혔다. '나는 자신감을 얻었고, 이러한 방향으로 발전하도록, 그리고 창작의 근원이 되는 풍부한 자료에 좀더 세심한 주의를 기울이도록 노력하게 되었

기차 여행에서 쓴 편지
1840년 안데르센은 태어나서 처음으로 기차 여행을 했다. 그해 11월 10일 에드바르 콜린에게 보낸 편지에서 그는 이렇게 적었다. '난생처음 증기기관차를 타고 3시간 반 동안 20마일을 달렸습니다. 아, 정말 신나요! 당신이랑 그리운 고향 친구들도 지금 이 자리에 있다면 얼마나 좋을까요! 하늘을 난다는 게 어떤 기분인지 지금이라면 알 것 같아요. 지구 상공을 서둘러 가로지르는 구름이나 철새가 어떻게 날아가는지 알 것 같아요.' 여기 복사한 편지는 1841년 라이프치히~드레스덴 철도용지에 쓰인 것이다.

다.' 분명 자서전적인 요소가 안데르센의 전부는 아니었으며, 그 또한 그렇다고 말하고 있다.

단편과 작가 사이에 직접적인 연관성을 찾거나 동화가 작가의 정신세계를 그대로 반영한다고 여기면 흥미로울 것 같지만, 그런 관점에서 바라보면 이야기 자체에 대한 관심이 적어진다. 안데르센의 불안과 욕망, 그의 병리학적 심리 상태, 그의 선망이나 이상에 너무 집중하게 되면 숨겨진 의미를 찾는 데 정신이 팔려 그 이야기의 내용이 주는 경이로움을 잃게 될 위험이 있다는 뜻이다.

진정한 우리집 요나스 콜린은 브레드가데에서 아말리에가데로 이사했다. 안데르센은 1861년 요나스 콜린이 세상을 떠날 때까지 이 새로운 집을 꾸준히 방문했다. 이 집은 지금도 남아 있다.

상류 사회 고독한 이방인

  게오르그 브라네스는 안데르센이 죽은 뒤에 출판된 몇 통의 편지를 읽은 뒤 비에른손에게 보낸 편지에서, 안데르센을 '자기 생각만 가득하고 정신적인 관심은 한 점도 들어 있지 않은 머리를 가진 사람'이라고 평했다. 자못 지나친 비평처럼 들리지만, 아주 부당한 말이라고는 할 수 없다. 전 생애를 통틀어 한스 크리스티안 안데르센이 전혀 관심을 갖지 않은 것이 한 가지 있다. 바로 '안데르센' 자신이다. 평생 사랑과 칭찬을 갈망했던 그는 강한 허영심으로 유명한데, 그 대부분은 평판과 명성을 얻은 기쁨을 어린아이처럼 그대로 드러낸 데서 기인한다. 외국에서 지내던 시절에 쓴 일기나 편지에는 그가 덴마크인임을 알게 된 사람들이 그에게 "안데르센을 아느냐?"고 물었다는 대목이 빈번히 등장한다. 그가 자신의 정체를 밝혔을 때 상대편이 한결같이 몹시 기뻐하더라는 내용도 그때마다 나온다. 에드바르 콜린은 어느 날 코펜하겐 거리를 걷던 안데르센이 반대편에서 지인을 발견하고는 길을 가로질러 가서 "내 책이 지금 에스

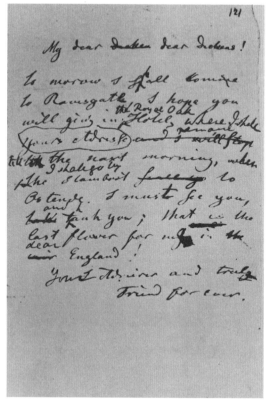

1847년 8월 29일, 안데르센이 디킨스에게 보낸 자필 편지

파냐에서 읽히고 있어요. 그럼 실례!"라고 말했다는 일화를 밝혔다.

안데르센은 평생 이방인이었다. 그러한 기질을 이해하는 열쇠 중 하나는 고독이다. 방랑자 기질이 다분한 이 늙은 독신자는 자기 집을 갖지 않고 호텔방, 남의 집 손님용 침실, 코펜하겐의 가구 딸린 스위트룸 등으로 옮겨 다니며 살았다. 1865년 크리스마스에 그는 마틴 R. 헨리카스에게 보내는 편지에 '당신처럼 자기 집이 있다는 것은 멋지고 행복한 일입니다. 나처럼 집이 없어, 따뜻하게 맞아주는 지붕에라도 감사하며 숙소를 빌려야 하는 고독한 철새가 그것을 가장 잘 알지요'라고 썼다.

여러 해 동안 요나스 콜린의 집은 안데르센에게 '집 중의 집'이었다. 그러나 그 가족들에 대한 마음은 복잡하기 그지없었다. 그의 허영심도 대부분은 '그들에게 정당하게 평가받고 싶다', '나의 명예가 콜린 집안에 던져주는 영광을 그들이 고맙게 생각한다고 느끼고 싶다'라는 결코 이루어지지 않을 소망으로 이루어져 있었다.

그곳은 많은 면에서 대단히 폐쇄된 세계였다. 콜린 집안에는 특유의 어휘와 자신들끼리 쓰는 독특한 말투가 있었다. 그런 말들은 바깥 세계에서는 결코 이해되지 못했다. 애초에 남들이 이해하기를 바라고 쓰는 말도 아니었다. 따지고 보면 그들은 언어상의 비밀 결사를 자처한 셈이다. 콜린 집안의 말투는 안데르센의 몇몇 산문에 사용되었고, 그도 콜린 집안의 은어에 얼마쯤 공헌했다. 어느 날 그는 허겁지겁 뛰어가 마젠타에서 엄청난 전투가 벌어졌다고 콜린 집안의 사람들에게 전했다. 그로부터 얼마 안 있어 다른 사람이 똑같은 소식을 전해 왔다. 그러자 안데르센은 황급히 그를 가로막고, "그걸 알고 있는 사람은 접니다!"라고 말했다. 그 뒤로 "그걸 알고 있는 사람은 접니다!"라는 말이 콜린 집안의 유행어가 되

1848년 1월, 찰스 디킨스가 안데르센에게 보낸 편지의 마지막 장

었다. 그들은 또한, ……n'est pas? (n'est-ce pas?(그렇죠?)의 잘못)라는 말도 썼다. 이것은 안데르센식 프랑스어의 전형적인 예였다.

에드바르 콜린은 안데르센과 콜린 집안에 대한 저서에서 안데르센은 처음에는 '우리 모임에 들어온 것을 기뻐했고, 자기가 우리 집안의 아들처럼 대우받는 것을 좋아했지만 진짜 아들이 아니란 사실에 비애를 느낄 수밖에 없었다' 쓰고, 안데르센이 서운해했던 것도 '우리한테서 그의 작품의 진가를 충분히 인정받지 못했기' 때문이며, '다른 사람들이 서서히 인정함에 따라 서운했던 마음은 당연히 더욱 커졌다'고 덧붙이고 있다. 에드바르 콜린에 따르면 안데르센의 가슴 밑바닥에 있는 감정은 울적함이었다고 한다. '이 말에는 사람들이 그에게서 볼 수 있었던 다른 모든 특징, 즉 허영심, 조급함, 깊은 의심, 쉽게

화내는 성질 등이 모두 포함되어 있다'고 그는 덧붙였다.

안데르센에 대한 중요한 이야기로 에드바르 콜린은 조카딸인 요나 드레센에게 의견을 덧붙이게 하는데, 그녀가 가족 가운데 특히 안데르센을 아꼈다는 것을 알고 있었기 때문이다. 그녀는 안데르센에 대한 콜린 집안사람들의 태도를 대놓고 비판하면서, '이른 시기에 안데르센을 알았던 동시대인들은 도량이 너무 좁아서 그의 진가를 제대로 이해하지 못했다'고까지 쓰고 있다. 이러한 비판은 뒷날 그녀의 딸인 리그모어 스탕페도 되풀이한다. '친절한 사람들이 그에게 아무리 잘 대해 주어도 그들에게 그는 남이었고, 결국 어떠한 혈연이나 정신적인 유대도 없는 것이나 다름없었다.'

1839년 11월에 안데르센은 루이사 콜린에게 이렇게 쓴 편지를 보낸다. '나는 상당히 오랫동안 에드바르를 남으로 여겨야만 했습니다. 그는 실제로 남이며, 그게 아닐 수는 도저히 없습니다! 나는 아버님을 절대 실수하지 않는 분으로서 늘 존경하고 있었습니다. 그런 아버님이 나를 거칠게 내치신 것입니다. 나의 무엇이 잘못된 것인지 그것만 안다면 내 태도를 바꿀 수도 있겠지요. 하지만 나는 모릅니다! 하느님처럼 엄격한 판단을 내리실 때면 아버님께서 분명 실수를 하시진 않을 겁니다. 나는 나의 무력함을 느끼고 내가 이 세상에서 얼마나 쓸모 없는 인간인지, 내 모든 노력이 얼마나 헛된 것인지를 알았습니다. 그런데도 죽을 용기는 없네요.'

1844년 9월에 그는 올덴부르크에서 요나 드레센에게 보낸 편지에 다음과 같이 쓰고 있다. '이제 곧 아말리에가데(콜린의 집)로 돌아갑니다…… 여러분 모두가 만족하기만 한다면, 여러분 모두가 그에 상응한 대우를 해주기만 한다면…… 하지만 걱정하지 않습니다. 나는 지나친 기대 같은 건 결코 하지 않으니까요. 그 사람들이 인간적인 배려를 보여주기만 한다면. 그렇지만 사정을 알고 있습니다. 나는 유럽에선 시인이고, 내 고향에선 어떤 재능을 지닌 꽤 괜찮은 사람이지만 허영심이 몹시 강한 남자입니다. 그리고 고향에선 훌륭한 분들을 부러워하는 7번째 줄에 간신히 존재할 뿐인걸요. 그렇습니다. 그것이 현실이고, 그렇다면 그에 만족하는 수밖에 없겠지요! 돌아가면 나는 그 사람들의 일원이면서도 한 계급 아래의 존재임을 뼈저리게 느껴야 하는, 그런 웃음거리가 될 것입니다.'

안데르센과 에드바르 콜린의 애증 관계, 두 사람의 복잡한 우정을 증명하는 일들이 있다. 에드바르 콜린은 저서에서 안데르센과의 교제에 대해 '이상하게도 감상적'이 되었던 적은 단 한 번도 없다고 썼다. 실제로 에드바르는 안데르센의 따뜻한 우정이 담긴 편지에 대해 대부분 차갑고 사무적인 답장으로 일관했으며, 안데르센은 특히 에드바르의 설교하는 듯한 말투에 반감을 느꼈다. 하지만 가끔 에드바르가 조금이라도 상냥한 말을 써서 보내면 안데르센의 굳었던 마음은 어느새 눈 녹듯이 사라졌던 것이다. 그가 1860년 10월 드레스덴에서 헨리에테 콜린에게 보낸 편지에는 이렇게 적혀 있다.

　'남편분에 대해 말씀드리자면 이번 여행 중에 그가 보낸 편지는 모두가 매우 훌륭하고 진심이 담겨 있는 것으로, 마치 친구에게 보낸 편지 같은 문투였습니다. 그 점에 대해 진심으로 감사하고 있습니다. 젊은 시절에 그가 보낸 편지에는, 얼마간 유약했던 나의 마음에 깊은 상처가 될 만한 에두른 표현도 몇 번 있었습니다만, 요즘의 그의 편지는 그것을 보상하고도 남습니다. 부디 나 대신 그를 안아주시기를! 젊은 시절부터 사귄 성실한 벗을 이해하고, 그의 장점을 인정하는 것은 나이가 들어서 그분이 갖게 된 좋은 점의 하나입니다.'

　다음에 인용하는 안데르센의 일기에서도 알 수 있다시피, 예상했던 대로 진자는 흔들려 다시 제자리로 돌아온다.

　'1864년 4월 7일, 에드바르는 그 좁은 도량을 생각하면 프레데리크 6세 시대의 전형적인 인물이다. 그는 관료다. 전부터 나에게 친절했고 예의 바르지만 아직은 과거에 가졌던 편견의 잔재가 느껴진다.

　1864년 12월 27일, 에드바르에게서 편지가 왔다. 무뚝뚝하기 그지없고 사무적이어서, 대부분 관료적이고 명령조였던 다른 편지들과 마찬가지로 나를 불쾌하게 만든다.

　1865년 11월 30일, 에드바르 콜린의 집에서 만찬. 나보다 자기를 윗자리에 놓던 그의 태도가 드디어 자취를 감추기 시작했다. 나를 하나의 독립된 인간으로 받아들여 주는 것처럼 여겨진다.

　1866년 1월 7일, 밑에 깐 매트가 너무 짧아서 잠을 이룰 수 없어 콜린 집안 사람들이 나를 묵게 하려는 호텔 생각을 줄곧 했다. 나에겐 콜린 집안의 말을 들어야 한다는 생각이 마치 노예처럼 깊이 뿌리박혀 있다. 정말 너무 심하다!'

1867년 8월의 일기에는 '콜린 집안사람들에게 의지하고 있다는 과거의 생각을 아직도 갖고 있으며, 그들이 뭐라고 할지 걱정했다' 쓰여 있다. 5개월 뒤에는 관계가 다시 좋아진다. 1868년 1월의 일기에 '에드바르가 말로도 또 태도로도 나에게 따뜻하게 대해 주고 있음이 느껴진다. 나에게 경의를 갖고 예전과는 전혀 딴판인 태도를 보인다'고 쓴 것으로 그것을 알 수 있다.

안데르센은 이제야 하나의 독립된 인간으로서 콜린 집안에 받아들여지기 시작한 것이다.

안데르센은 사회적으로도 이방인이었고 늘 그것을 의식하고 있었다. 왕후 귀족에 대한 그의 비굴하다고 할 만큼의 굽실거리는 태도는 그가 가난한 구두장이와 세탁부의 아들인 데다, 아직도 국왕이 신으로 간주되던 절대주의 시대에 태어났다는 사실과 무관하지 않다. 안데르센에게 국왕이란 비판의 여지가 없는 존재였지만 그는 언제나 자신이 왕관이 아닌 왕의 영혼을 찬미한다는 인상을 주었으면 하고 바랐다.

귀족 계급에 대한 안데르센의 태도는 애증이 뒤섞인 복잡한 것이었다. 그는 덴마크 귀족에게서 귀한 손님으로 대우받기를 바랐으며 귀족들도 대부분 안데르센을 자기 사람인 것처럼 과시하며 자랑스러워했다. 반면에 태생적으로 안데르센은 명문 귀족을 혐오했다. 그는 그들을 오만함과 이기주의, 아둔함의 대명사와도 같은 존재로 받아들였다. 명문 귀족에 대한 이러한 태도는 수많은 산문 작품에 뚜렷하게 드러나 있다. 1850년 6월, 글로우프의 장원에 몰트케 백작의 손님으로 머무는 동안 안데르센은 다른 몇몇 손님에 대해 평하면서, '귀족 사회란 알맹이가 텅텅 비어 있는 쭉정이와 같다. 그들이 얼마나 무식하고 어리석은 방식으로 국정을 처리해 나가는지를 알고 참을 수 없었다'고 일기에 썼다.

안데르센은 스스로 '혈통의 고귀함' 따위는 몹시 경멸하고 '정신의 고귀함'이야말로 가치가 있다고 믿으면서도, 한편으론 덴마크의 귀족들과 함께 그들의 아름다운 장원이나 성에서 보내는 시간을 매우 좋아한다는 모순에 처해 있었다. 그가 느낀 오도 가도 못하는 신세는 '식료품점 난쟁이'가 느끼는 진퇴양난과 같았다. 난쟁이는 자기가 다락방의 가난한 학생을 좋아하며, 자신이 있을 곳은 다락방임을 깨닫는다. 그러나 '크림과 버터를 얻을 수 있기 때문에 식료품점 주인과 관계를 끊을 수는 없다'는 이유로 그곳을 떠나 다락방으로 가는 것을 단념한다.

안데르센 또한 '크림과 버터 때문에' 귀족 친구들에게 갔지만 마음은 그들에게 있지 않았다. 그는 자기의 출신 계급과의 유대를 상실하고 그 사회의 따돌림을 받아 돌연 내침을 당하자 겁에 질렸다. 1850년 6월 26일의 일기에는 '지저분한 부랑자가 샘가에 서 있었다. 그 사람은 내가 누구인지 알고 있고, 내가 천민에서 높은 계급으로 오른 사람이기라도 한 것처럼 나를 향해 기분 나쁜 말을 할지도 모르겠다는 생각이 들었다'고 쓰여 있다.

안데르센의 성 관념

안데르센이 세상을 떠난 뒤 목에 걸려 있는 가죽 지갑을 요나스 콜린이 발견했는데, 그 안에는 첫사랑 리보르그 보이트의 편지가 들어 있었다. 그 지갑은 지금도 오덴세의 한스 크리스티안 안데르센 박물관에 전시되어 있다.

그러나 이를 안데르센이 평생 잊지 못한 첫사랑 아가씨에 대한 순정의 증거라고 섣불리 해석하기에는 무리가 있다. 실제로 안데르센은 죽는 순간 세상에 그렇게 알리려 했는지는 모르겠지만 이것은 그다지 진지하게 받아들이지 않는 것이 좋겠다. 그가 외국 여행을 할 때 이 가죽 지갑에 돈을 넣어 소매치기나 도둑을 막기 위해 끈을 달아 목에 매달고 있었기에, 리보르그의 편지가 그곳에 줄곧 들어 있었다는 듯한 발언은 피해야 할 것이다. 중요한 편지는 안데르센이 《내 인생의 이야기》에 깡그리 옮겨 썼으며, 낭만적인 데라곤 전혀 없는 간결하고 짤막한 소식이었음이 분명하다. '그녀가 나에게 보낸 것은 두세 마디에 불과하다'고 그가 썼기 때문이다. 노년에 편지를 정리하다가 이 편지가 눈에 띄자 잊고 있었던 과거가 되살아났고, 그 결과 심정적으로 가치가 있는 것이니까 청춘 시절의 기념물을 보관해 둘 마음이 생겼던 것이 아닐까 짐작된다.

안데르센은 가정을 동경했음에도 자신은 결혼하여 정착 생활을 하기가 어려우리란 것을 이미 잘 알고 있었다.

그는 사실 동성애자였고 리보르그 보이트, 루이사 콜린, 예니 린드 등에 대한 사랑은 단순한 내세우기, 즉 거의 모든 사람이 동성애를 혐오와 공포의 눈길로 바라보던 시대에 자기 본성에 관한 진실을 감추기 위해 착용한 하나의 가면이었다는 말이 여러 차례 나왔었다. 야르마 헤르베이 교수는 안데르센에 대한 중요한 정신의학적 연구 중에서 《성적 중간 단계를 위한 연감》(1901)에 실린 알베르트 한센이 쓴 〈H.C. 안데르센, 그의 동성애자로서의 증명〉이란 논문과, 마그누스 힐슈페르트의 저서 《동성애》에서 안데르센을 유명한 동성애자로 말하고 있다는 사실을 알려주었다. 하지만 헤르베이는 이 주장을 물리치고 안데르센에 대해 다음과 같이 말했다.

'그는 평생 이성애자였는데, 그에게 깊이 뿌리박혀 있던 열등감이 합법적이든 불법적이든 이성과의 애정 관계를 불가능하게 했던 것이다. 그는 육체적으로는 자위를 하는 습관을 버리지 못했고, 정신적으로는 때때로 선정적인 성향을 띨 수 있는 뜨거운 우정에서 탈출구를 찾았다. 만일 그가 완벽하게 준비된, 호감을 가진 동성애자 청년을 만났더라면 어떻게 되었을지 판단하기는 어렵다. 어쩌면 그때 실제로 동성애자가 되었을지도 모른다. 그러나 안데르센은 그와 같은 관계에서 편안하진 않았으리라고 보는 것이 무난하다. 그가 상냥하고 친절한 여성과 결혼했다면 안정을 얻었을지도 모르지만 확실히는 알 수 없다. 하지만 적어도 가정과 여성과의 사랑 결핍 때문에 몹시 고통스런 시간을 보낸 것은 사실이다.'

야르마 헤르베이는 설득력 있는 증거를 하나 더 내놓았다.

'마지막으로 안데르센이 서서히 동성애 성향을 띠게 되었다고 볼 수 없는 이유가 하나 있다. 머리가 좋은 에드바르 콜린은 안데르센에 대해 잘 알고 있었다. 안데르센이 동성애자란 의혹이 티끌만큼이라도 있었다면 콜린은 젊은 아들을 안데르센의 유일한 동행인으로서 유럽 일주 여행에 내보내진 않았을 것이다. 동성애가 일반 사람들에게 경멸당하여 마땅한 악덕, 오로지 경멸해야만 하는 악덕으로 간주된 시대였던지라 더더욱 그러하다. 안데르센은 콜린 집안사람들과 매우 친했기 때문에 그가 실제로 동성애자였고, 그 본능에 따라 행동했다면 그들이 그걸 모를 리 없었을 것이다.'

안데르센이 육체적으로 이성에게 끌렸다는 증거는 그의 일기에서 얼마든지 찾아볼 수 있다. 그러나 동시에 그가 남자든 여자든 다른 사람과 성적인 관계를 가진 적이 단 한 번도 없었을 가능성이 높다.

1834년에 나폴리에서 쓴 일기에서 발췌한 다음 부분이 그 예가 될 것이다.

'2월 29일, 해가 질 무렵, 미녀를 소개해 주겠다는 호객꾼들에게 둘러싸였다. 이곳의 날씨가 내 피에 영향을 끼치고 있음을 느낄 수 있다. 세찬 육체적 욕구를 느꼈지만 억눌렀다.

2월 21일, 호객꾼들 때문에 베수비오 화산 구경을 차분하게 할 수가 없었다. 열두 살쯤 된 남자아이가 줄곧 따라오면서 절세미인이 있다고 꾄다. 몹시 욕정이 일었지만 역시 유혹을 뿌리쳤다. 순결을 잃지 않고 고국으로 돌아가면 앞으로 그것을 잃는 일은 결코 없을 것이다.

2월 23일, 강한 육욕을 느끼고 갈등하다. 이렇게 세찬 욕망을 만족시키는 것이 죄라면 나에게 그것과 맞서 싸울 능력을 달라. 나는 아직 순결하지만 피가 끓고 꿈속에선 내 육체의 모든 곳이 끓어오른다. 아마도 남국이 치러야 할 대가를 치르라고 요구하는 모양이다! 나는 거의 병이 날 것 같다. 결혼한 사람, 약혼한 사람은 행복하리니! 나를 질긴 밧줄로 묶어둘 수만 있다면. 그러나 나는 싸우련다, 이 연약함과 싸우련다.

2월 26일, ('이번 달에 처음 이런 곳에 나왔다는' 열세 살의 소녀는 어떠냐는 말을 들은 뒤) 신이시여! 가장 양식 있는, 가장 선한 자에게로 저를 인도하소서. 나는 이 욕망을 만족시키는 것을 죄라고 생각하진 않지만, 그런 사람들이라면 기피해야 할 위험한 일이고, 불결함을 모르는 자에 대한 용서받지 못할 죄라고 생각한다.

2월 28일, 경험이 많은 사람들은 틀림없이 나를 순진하다며 놀려대리라. 그러나 사실은 순진해서가 아니라 몹시 싫어하는 일에 대한 죄책감 때문이다.'

안데르센은 성행위와 그 결과로 일어날 수 있는 일을 두려워했던 것 같다. 1833년 8월, 스위스의 르로클에 머물 때 안데르센은 일기에 이렇게 썼다.

'마리안 카람이 세운 고아원을 방문했다. 매우 예쁘게 생긴 아이가 몇몇 있었다. 그들의 아버지는 지금은 돈에 파묻혀서 살고 있는지도 모른다. 아니면 젊은 여행객이 산속에서 한때의 연정에 휩쓸려 그 결과로 태어난 불행한 아이들이 지금 고통을 겪어야만 하는 것인지도 모른다. 아이들은 우리를 위해 노래를 불러주었다. 감동해 눈물까지 났다. 나는 누군가를 유혹하여 이런 불행한 존재를 세상에 내놓는 일은 결코 하지 않으리라고 신께 약속했다.'

이 일기로 알 수 있다시피 허용되지 않는 성적인 관계를 맺는 것은 아예 삼감으로써 그는 콜린 집안에 대해 이른바 '몸가짐이 훌륭한 사람을 연기하고 있었던' 것이고, 뒷날 외국에서 '젊은 사람들이 다들 하는 그런 것을 하지 않는다'는 말을 함으로써 집안사람들에게 놀림을 당했을 때에는 몹시 상처를 입기도 했다. 1837년 12월 11일에 코펜하겐에서 쓴 일기에는 '외국에 있을 때, 단한 번도 욕정에 휩쓸려 행동하지 않았던 것은 오로지 그들의 마음에 상처를 주지 않기 위해서였고, 이 나라에 머물러 있는 사람들을 생각해서였다. 그렇건만 아무도 이를 알아주지 않는다. 화가 치밀어 그들 곁을 물러나왔고 나의 태도에 변화가 일어나고 있음을 감지한다. 다른 남자들처럼 되고 싶다는 생각이 든다'고 쓰여 있다. 그러나 안타깝게도 그의 두려움은 그가 '다른 남자들처럼' 되는 것을 여전히 가로막고 있었다. 그의 성욕이 남자가 아닌 여자에게 향해 있었다는 사실은 1842년 7월에 브레겐트베드의 장원에서 썼던 다음과 같은 일기로도 증명된다. '육체적 욕구가 강한 탓인지 동물적이라 해도 될 정도의 욕정, 여자에게 키스하고 껴안고 싶은 세찬 욕정을 느낀다. 남국에 있던 때와 마찬가지로.'

안데르센에게 여성적인 요소가 얼마간 있었던 것은 의심할 수 없다. 에드바르 콜린이나 바이마르의 젊은 대공, 덴마크의 젊은 발레리노 해럴드 샤프에 대한 안데르센의 감정은, 그의 '사랑'이라는 단어의 사용법을 반드시 액면 그대로 받아들여선 안 된다 해도 우정이라기보다는 연애에 더 가까운 것으로 여겨지는 구석이 있다. 아마도 그는 자신에게 그런 경향이 있음을 알고 있었을 것이다. 독일의 어느 작가가 단 한 번도 연애를 해본 적이 없느냐고 물었을 때, 그는 크게 상심하고 화가 나서 말했다. "내 책으로는 그걸 몰랐을 겁니다. 거기서는 사랑은 요정처럼 춤추며 내려왔으니까요. 그리고 나 자신도 반은 남자인데가 있습니다."

안데르센은 포르투갈에 있을 때, 친구 조지 오닐에게서 가장 직접적인 말로 '여자를 안아도' 되는 나이이고, 리스본이라면 쉽게 그것이 가능하다는 말을 듣고 펄쩍 뛴다. 오닐은 안데르센에게 욕구 불만으로 괴로워하는 것이 아니냐고 묻고, 자신의 육체에 대한 의무를 소홀히 해선 안 된다고 주장했다. 그러나 안데르센은 매춘부에게 데려가 주겠다는 제안을 거부했다.

일기의 증언에 한정하면 안데르센이 가장 '죄의 길'에 근접했던 것은 1866년,

1867년 그리고 1868년에 파리에서 젊은 덴마크인 여행객과 함께 알몸의 아가씨들을 보러 몇 차례 창녀집에 갔을 때의 일이다. '완전히 순결한 채로 그 자리를 떠났는데 가엾은 아가씨와 매우 오랫동안 이야기를 나누었다. 나는 그 아가씨를 가엾게 여겼지만 그녀는 내가 이야기만 나누려 하는 것에 깜짝 놀란' 적도 있었다. 1868년 아이너 드레센과 파리에 있을 때, 둘은 창녀집에 가서 '거기서 E는 놀았지만 나는 나이 어린 터키 아가씨 파난다와 이야기를 했을 뿐이다. 그녀는 그 집에서 가장 예쁜 아가씨이며 우리는 그녀가 태어난 도시 콘스탄티노플에 대해, 마호메트의 탄생일에 그곳에서 열리는 축제의 등불 장식에 대해 이야기꽃을 피웠다. 그녀가 줄곧 "자자"고 권유했지만 나는 그냥 이야기를 하러 왔을 뿐이라고 대답했다. 그녀가 말했다. "또 와요! 하지만 내일은 안돼요. 나는 내일 쉬니까." 애처로운 여인!'

나이 든 안데르센이 프랑스의 창녀집에서 알몸의 매춘부와 예의를 갖추어 대화를 나누는 장면에는 왠지 전혀 때 묻지 않은 느낌이 든다. 그는 두려워서 더 이상 나아갈 수가 없었던 것이다. 때문에 금욕에 완강히 반대하던 테오도어 콜린에게서 '남몰래 창녀집에 다니고 있을' 것이란 말을 들었을 때는 맹렬히 화를 냈다. 그는 일기에 썼다. '다들 나에 대해 얼마나 잘못 알고 있는 것인지!'

노년이 된 뒤에 이 독신자는 차츰 품위 있는 태도를 갖추게 되었다 해도 그다지 놀랄 일은 아니다. 그것은 게오르그 브란데스의 유명한 강의 '19세기 유럽 문학의 조류'에 대한 그의 태도에서 엿볼 수 있다. 안데르센은 이 강의를 직접 듣지는 않았지만 출판된 것을 나중에 몇 권 읽었다. 그는 1874년 8월 1일 일기에 이렇게 썼다. '브란데스의 저서를 읽고 있다. 그 자신의 문란한 생활에 대해 쓴 것은 아니지만 다른 책을 인용하여 멋대로 독을 뿌리고 있다. 그는 자유연애, 결혼 폐지에 찬성하고 있다. 이 강의는 주로 젊은 여성들을 대상으로 하는 것이라던데.'

그러나 빅토리아 왕조의 여성 번역가들은 안데르센의 동화가 지나치게 대담하게 선정적인 내용을 다루기 때문에 영국의 어린이들에게 적합하도록 삭제 개정판을 출판했다고 하니 참으로 아이러니한 이야기이다.

안데르센의 건강과 성격

결코 매력적이라 할 수 없었던 그의 외모가 그를 독신으로 살게 한 이유일지도 모른다(그렇다고 해서 그것만이 유일한 이유라는 것은 아니다). 외모 때문에 손해를 보고 있음은 안데르센 자신도 늘 의식하고 있었다. 그가 창조한 미운 오리 새끼처럼 그는 '독특한 생김새'로 눈에 띄었다. 키가 아주 컸으므로 학창 시절엔 '꺽다리 안데르센'으로 통했다. 샤미소는 1831년에 그를 '전봇대 덴마크인'이라고 불렀다. 그러나 그를 가장 괴롭힌 것은 남들이 자신을 못생겼다고 생각하는 것이었다. 그는 1834년 4월 9일에 피렌체에서 친구 크리스티안 보이그트에게 이런 편지를 보냈다.

'나는 자주 이런 생각을 하곤 한다네. 내가 미남이거나 또는 부자여서 아무거나 시시한 직업이라도 갖고 있었더라면 결혼하고, 일하고, 먹고, 그러다 마지막에는 교회 묘지에 눕는, 그 얼마나 즐거운 인생을 보냈겠는가. 그러나 나는 못생겼고 영원히 가난할 것 같아 아무도 결혼해 주지 않을걸세. 왜냐하면 여자들이 추구하는 것이란 앞서 말한 것들이니 말일세. 그렇지 않은가? 그녀들에겐 전혀 잘못이 없다네. 왜냐하면 나는 평생 가엾은 엉겅퀴로서 나 홀로 서 있어 남들이 침을 뱉는 존재니까. 우연히 가시를 지니고 태어난 운명인 듯이.'

안데르센은 사진을 자주 찍었는데 완성품에 만족하는 경우는 거의 없었다. 1854년, 드레스덴에 머물 때 쓴 일기에는 '마차로 사진관까지 가서 세 번 자세를 취했다. 머리가 벗겨진 호두까기 인형처럼 보였다'고 썼다. 1864년 10월, 덴마크의 조각가 H. V. 비센을 위해 자세를 취했을 때, 그는 비센에게서 '신은 그의 머리를 다른 많은 사람들과는 다르게 독특한 모양으로 만들기 위해 더 많은 시간을 들였다'는 말을 들었다. 외국에 있을 때면 그를 모르는 사람들에게서 웃음거리가 되는 일도 가끔 있었다. 1871년 7월 예테보리를 방문하던 중에 안데르센은 몇몇 사람들이 자신을 뚫어져라 쳐다보는 것 같다고 생각했다. '그들은 단순하기 짝이 없어 내가 자기들의 심미안에 맞지 않는다고 생각하고 웃었다. 그라나다에서도 비슷한 일을 겪은 적이 있다. 스웨덴의 이런 사람들은 찐 감자처럼 보이긴 했지만 내 심정은 엉망이 되었다.'

1872년의 여행길에 동행했던 윌리엄 블록은 기억을 바탕으로 나이 든 안데르센의 용모를 다음과 같이 묘사한다.

▲ 가장 오래된 안데르센 그림
1828년에 열살 난 프리츠 예겐센이 그렸다. 훤칠한 키와 커다란 코가 특징적이다.

▶ 1830년에 안데르센이 그린 자화상
그의 시 〈저녁〉에서 그는 자신을 이렇게 묘사했다. '코는 대포처럼 크고 눈은 바늘구멍만 해서 꼭 완두콩 같다.'

'그는 키가 크고 깡말랐으며 동작이나 행동거지가 기묘하고 독특했다. 팔과 다리는 걸맞지 않게 길고 가늘었으며, 손은 넓적하고 납작했다. 발은 엄청나게 커서 그의 신발을 훔쳐갈 엄두를 내는 자가 한 명도 없을 듯했다. 코는 이른바 로마 코였는데, 어울리지 않게 컸으므로 얼굴 전체를 지배하는 것처럼 보였다. 그와 헤어진 뒤에 또렷하게 기억되는 것은 단연 코였다. 그에 반해 눈동자는 작고 색깔이 옅으며, 움푹 파인 데다 큰 눈꺼풀에 반쯤 뒤덮여 있었으므로 전혀 인상적이지 않았다. 친절하고 붙임성이 있기는 했지만 풍부하고 생기 넘치는 표정 같은 것은 전혀 없었다. 반면에 보기 드물 정도로 가지런한 입매와 높게 솟은 이마는 기품과 아름다움을 갖추고 있었다.'

안데르센은 얼마간의 신경 장애, 정신 장애로 괴로워했다. 그것은 많은 사람들이 경험하는 매우 흔한 질병일 수도 있지만 그의 경우에는 정도가 뚜렷한 편이었다. 대부분의 사람들은 그것을 정신 장애로 여기지 않고 안데르센 특유의 기이한 행동으로 생각했다.

안데르센이 여러 가지 공포증을 갖고 있었던 것은 그의 친구들 사이에선 잘 알려진 사실이었다. 선모충을 무서워한 나머지 돼지고기를 절대 먹지 않으려 했던 것도 그 이유 가운데 하나이다. 언젠가 식사를 마친 뒤에 송아지로 알았던 요리가 돼지고기였음을 안 적이 있었다. 그때의 일기에는 선모충이 자기 몸속에 들어온 것이 아닐까 하는 불안감이 드러나 있다. 나아가 그는 덴마크식 과일 수프가 자기 몸에 좋지 않다고 단단히 믿고 있었다. 그러나 외르스테드 집안에선 그가 찾아올 때마다 하필이면 이 요리를 내는 것이 관행이어서 그것이 그에겐 견딜 수 없는 초조함의 원인이었다.

독일을 방문하던 중에 그는 아침 식사로 나온 커피 맛이 이상하다고 느꼈다. 그는 그것을 일기에 쓰고 이렇게 덧붙였다. '왜일까? 메스꺼운 맛이 나고 혈관이 탈 것 같다. 찻주전자가 본디의 것과는 달랐다. 아마도 독이 든 것 같다고 웨이터는 말한다.' 또 언젠가는, '아침 식사 때 아주 조금이지만 뭔가 쓴 것을 마셨다. 나중에 나는 무심코 병을 착각하여 타르 연고를 마신 것이 아닐까 하는 강박 관념—단지 강박 관념이라면 괜찮지만—에 사로잡혔다'고 쓰여 있다.

아무 이유 없이 불안을 느끼는 일도 자주 있었다. 예를 들어 1868년 2월 6일 일기에는 '무릎이 후들거린다. 척추소모성질환에 걸린 것 같다. 가끔 몸 안에 충격을 느끼고, 그 때문에 무릎이 꺾인다'고 적혀 있다.

1870년 5월 31일 일기에는 '발에 가시가 박힌 게 아니면 핀을 밟아서 상처가 난 것 같다'고 쓴 뒤 '나는 그런 사소한 일 때문에 죽을지도 모른다. 머잖아 그렇게 될 게 분명하다'고 덧붙였다.

1871년 일기에는 '오른손 가운뎃손가락에 가시가 박혔다. 바늘로 그 일부만 겨우 빼냈을 뿐 종일 고통을 느꼈다'고 썼다. 애니 우드가 방문하던 중에 생긴 일로, 그녀는 뒷이야기를 남겼다.

'그와 알게 되고 2주가 지난 어느 날 아침, 구스베리를 따고 있는데 그의 손가락에 나무 가시가 박혔다. 아프고 신경 쓰이는 것은 당연하지만, 그래도 참을 수 없을 만치 고통스러운 모양이었다. 가시를 빼내려 했지만, 그는 몇 시간 동안 손을 만지지도 못하게 했다. 부기를 가라앉히고 아픔을 진정시키려면 부풀어 오른 손가락을 뜨거운 물에 담가야 한다고 온 집안사람이 힘을 합쳐 그를 겨우 설득했다. 그 뒤에는 좋든 싫든 바늘로 불쾌한 가시를 빼내는 무시무시한 ─그에게는 무시무시하기 그지없는 일이었다─ 작업이 기다리고 있었다. 모두들 자기가 빼주겠다고 나섰다. 하지만 소용없었다. 그는 손도 못 대게 했다. 저녁밥도 제대로 넘기지 못하고, 열이 나서 정말로 병이 나고 말았다. 나는 이런 사소한 일로 그가 몹시 고통스러워하는 모습을 보는 것이 괴로워서, 내가 아픈 손가락을 치료하는 의사가 되어줄 테니 가시를 빼낼 수 있게 해달라고 애원했다. 그러나 신경질적이고 예민한 사람은 그런 제안에 쉽사리 동의하지 않는 법이다. 그런데 고통에 지치기도 하고, 그리 잘 알지 못하는 사람에게, 그것도 외국인에게 그렇게 예민하게 행동하는 못난 모습을 보이고 싶지 않았던지 그는 동의의 표시로 보일 듯 말 듯 고개를 끄덕였다. 그 모습을 보고 나는 즉시 작업을 시작해서, 그가 뭘 느끼기도 전에 그 작고 검은 가시를 그 은신처에서 뽑아버렸다. 자, 무시무시한 수술은 끝났습니다! 욱신거리는 아픔도 안녕입니다.'

안데르센과 윌리엄 블록이 인스브루크에서 머물던 1872년 봄 어느 밤, 안데르센은 침대에서 굴러떨어져 무릎을 다쳤다. 그 뒤로 2~3주간 그가 고국으로 보낸 편지에는 그 사건이 수도 없이 언급되어 있다. 윌리엄 블록은 5월 22일에 뮌헨에서 '지난밤 침대에서 굴러떨어진 일이 A의 상상력을 강하게 자극했음은 말할 필요도 없다. 그 뒤부터 그는 무릎수종, 암, 단독(丹毒) 등으로 발전하는 것은 아닐까 몹시 걱정하며, 나에게 "혹시 뇌진탕에 걸리지는 않을까?" 묻기조차 했다'고 일기에 적었다.

윌리엄 블록의 일기에서 1872년 빈 방문 중에 일어난 사건이 적힌 부분은 다음과 같다.

'음식이 목에 걸린 안데르센은 주인 부부에게 이끌려 식탁을 떠나야 했다. 식당은 완전히 고요해졌기 때문에, 옆방에서 안데르센이 기침을 해대고 침을 뱉는 소리가 들려왔다. 부인이 그럴 리 없다고 항의했음에도, 그는 고기 안에 핀이 들어 있었다고 우겼다. 자신이 그 고기를 삼켰고, 핀이 몸 안에 들어 있는 것이 분명히 느껴진다는 것이었다. 그다음 날 그는 무슨 일이 벌어질지 몹시 걱정했다. 얼마나 걱정스러워했던지, 한쪽 눈썹 위에 난 작은 부스럼이 커다란 종기로 발전하여 눈을 덮어버리는 게 아닌가 하는, 그전까지 갖고 있던 불안은 완전히 날아가고 없었다. 그 부스럼은 부스럼대로 내가 지팡이로 배를 좀 쳤다고 해서 탈장이 되는 게 아닌가 하는 그때까지 갖고 있던 생각을 잊게 만들었고, 이 핀 사건은 핀 사건대로 빈에 도착한 그를 몹시 신경 쓰게 만들었으므로 무릎수종에 관한 염려를 날려버렸다.'

안데르센이 자신의 '건강 염려증'을 가끔 자각했음은 1861년 10월 18일 일기를 보면 알 수 있다. '초조함과 불안으로 가슴을 압박하는 느낌에 고통받는다. 허탈 증세에 빠지든지, 미치든지, 뇌졸중 발작을 일으키든지 셋 중 하나라고 생각하는 일이 가끔 있다. 그런데도 나는 그것을 예방하기 위한 노력은 전혀 하지 않은 채, 내키는 대로 먹고 마시고 있다.'

안데르센은 광장 공포증에 시달리기도 했다. 이 때문에 그는 도시의 광장을 가로지를 때는 누군가의 팔에 딱 달라붙어 걸으며 부들부들 떨었다.

또한 자기 여권에 잘못된 내용이 기록되지는 않았을까, 서명을 잘못하지는 않았을까, 자기에게 무슨 얼토당토않은 사건이라도 생기는 건 아닐까 하는 쓸데없는 걱정으로 고민했다. 이것을 그는 스스로 '여권 공포증'이라고 불렀다. 1841년 5월 4일 콘스탄티노플에서는 '여권이 제대로 정리되지 않았을까 봐 불안하다. 아아! 나는 스스로를 괴롭히는 것이 특기인가 보다!'라고 썼는데, 이런 문장은 일기에 자주 등장한다. 1851년 프라하에서 동행자 비고 드레센이 여권에 서명하지 않은 것을 발견한 안데르센은 그 때문에 자기들이 큰일을 당하게 될 거라고 확신했다. 그는 일기에 썼다. '나는 머잖아 사살당할 거라는 자학적인 기분에 빠졌다.'

신경질적인 사람들이 으레 그러하듯, 안데르센도 의심하는 버릇이 있었다. 극장에 가서도, 자기 방의 불을 끄고 나오지 않았다거나 현관을 잠그지 않고 나왔다거나 하는 의심이 떠올라 그날 밤을 망쳐버린 일도 있었다. 우체통에 편지를 넣은 뒤, 그 편지를 실수로 다른 봉투에 넣은 것은 아닌가, 또는 받는 이의 이름을 잘못 적지 않았나 하는 걱정으로 전전긍긍하기도 했다. 예를 들어 《스페인 여행기》를 그리스의 게오르기오스 왕에게 선물로 보낸 뒤, '게오르기오스'가 아니라 '오트'라고 적은 것 아닌가 걱정이 되었다. 일기에는 '그것이 강박 관념이 되었다'고 적혀 있다.

철도마차 표나 구내 우편국에서 우표를 사며 돈을 많이 내지는 않았는지, 또는 적게 내지는 않았는지 하는 것으로 며칠 동안 고민하는 일도 있었다. 어느 날 프랑크푸르트에서 그는 웨이터한테 프로이센 지폐를 받았다. 그런데 나중에 그것이 최근 15년 동안 법정 지폐가 아니었다는 사실을 알게 되었다. 그는 그 쓸모없는 지폐를 손에 넣게 된 경위를 편지로 적어, 프랑크푸르트에 사는 지인 앞으로 보내기 위해 우체국을 찾았다. 편지를 보내고 나니, 그 편지 때문에 프랑크푸르트의 웨이터가 해고당하는 것이 아닐까 하는 생각에 곧 후회가 찾아왔다. 그는 우체국으로 돌아가 편지를 돌려달라고 부탁했다.

안데르센이 가지고 있었던 오덴세 명예시민증(1869)

1866년 1월 25일 코펜하겐에서 쓴 다음 일기는 안데르센이 '훌륭하리만치 자신을 철저하게 괴롭히는 방법을 알고 있다(그가 직접 사용한 표현)'는 것을 잘 드러낸다. '재단사는 겨울용 외투를 9시까지 보내주지 않았다. 나중에 내 외투가 완성되기 전까지 입으라며 다른 새 외투 한 벌을 보내주었다. 그 외투를 입고 거리로 나왔는데, 그것이 실은 다른 누군가의 옷이고, 그 사람이 찾아와 "당신, 내 외투를 입고 있군요!"라고 말하면 어쩌나 하는 걱정이 들기 시작했다. 모두가 나를 쳐다보고 있는 것 같았다.'

안데르센이 끊임없이 두려워하던 것 가운데 하나가 불에 타 죽는 것이었다. 그 때문에, 그는 만일 불이 나면 타고 내려올 수 있도록 늘 여행 가방에 밧줄을 넣어 가지고 다녔다.

그가 두려워하던 또 한 가지는 생매장당하는 일이었다. 다시 말해 실제로는 죽은 것처럼 보일 뿐인데 진짜 죽은 것처럼 생각될지도 모른다는 것이었다. 이 공포는 강박 관념이 되었다. 그래서 그는 가끔씩 머리맡 책상에 '나는 아직 죽지 않았다'고 쓴 쪽지를 두고 자기도 했다. 그는 매장당한 뒤 관 속에서 눈을 뜨는 일이 절대로 없도록 관 뚜껑이 닫히기 전에 동맥을 끊겠다고 약속해 달라며 친구들을 끊임없이 졸랐다.

안데르센과 콜린 집안에 대한 저서에서 에드바르 콜린은 '안데르센은 히스테리와 예민함을 동시에 갖고 있으며, 그것은 평생, 적어도 콜린 집안에 드나드는 것이 습관이 된 이래 안데르센을 충실히 따라다녔다'고 썼다. 다분히 우울증 발작과 관련이 있는 안데르센의 히스테리는 일기에서 자주 찾아볼 수 있다. 젊은 시절에 그것은 자기 주위에 있는 모든 대상에 대한 분노로 나타나곤 했다.

안데르센은 아버지와 할아버지가 그랬듯이 자신도 미칠지 모른다고 진심으로 걱정했다. 1841년에는 이미 일기에 '미치지나 않을까 걱정이다'라는 문장이 등장한다. 이 불안은 거듭되어, 노년에 접어들고 나서는 강박 관념에 가까워졌다. 이 두려움이 빈번한 우울증 발작과 관계가 있음은 분명하다. 그는 1860년 10월 26일 드레스덴에서 에드바르 콜린에게 다음과 같이 편지를 썼다.

'가끔 격렬한 염세주의에 빠집니다. 제네바에서는 그런 일이 두세 번 있었습니다. 론강으로 뛰어들어야 할 것 같은 기분에 사로잡혀 서둘러 돌아왔습니다. 내 마음에 악마적인 요소가 있음을 느끼고, 고통 속에서 하느님께 기도했습니다. 하느님은 지금껏 과분하리만치 많은 은혜와 기쁨을 주셨지만, 나는 그런 것을 받을 자격이 없는 사람입니다.'

다음 일기에서 알 수 있듯이, 미친 채로 인생을 끝내는 것이 아닌가 하는 불안은 노년이 되어 더욱 심해졌다.

'1869년 3월 14일, 기운 없음. 가끔 당장이라도 미칠 것 같은 기분이 든다.

1870년 11월 5일, 미칠지도 모른다는 기분이 든다.

1871년 3월 1일, 어젯밤 다시 그 미치광이 같은 공상에 빠졌다.

1871년 3월 2일, 하느님은 내가 시인으로서 활동할 수 있도록 상상력을 주신 것이지, 정신 병원에 들어갈 자격을 가지라고 주신 것이 아니다! 이토록 자주 내 머릿속에 떠오르는 미치광이 같은 생각은 대체 무엇일까?

1874년 9월 16일, 다시 미치기 일보 직전.'

이 '정신병을 앓는 사나이'가 현실에서 맛본 고통 가운데 하나가 치통이었다. 치통은 어린 시절에 발병하여 치아가 다 빠질 때까지 계속되었다. 그 뒤 의치를 끼고 나서도 그는 의치 때문에 몹시 고통을 받았다.

1831년 5월 18일 일기에는 이렇게 쓰여 있다. '이가 몹시 아프다. 신경은 미처 깨닫지 못할 정도로 약한 공기압

〈치통 아주머니〉 삽화

에 반응하는 실로 정교한 건반이다. 치아 속에서는 연주회가 열리고 있다. 어떤 때는 약하게, 어떤 때는 점점 세게. 날씨에 따라 고통의 강도도 천차만별이다.'

1864년 4월 1일에는 '나는 노인이 되었다. 틀니 때문에 고통스럽다. 몸 상태도 몹시 좋지 않다. 무덤으로, 마지막 여행으로 다가가고 있다'고 적혀 있다. 그가 마지막으로 쓴 동화 가운데 한 편은 '세상에서 가장 무시무시한 지옥의 마녀인 치통 부인'이 찾아온다는 재치 넘치는 이야기 〈치통 아주머니〉였다.

"오호라, 넌 시인이로구나?" 여자가 말했다. "좋아. 너를 모든 고통의 운율 안으로 집어넣어 주지. 네 몸속에 강철과 쇳덩이를 집어넣고, 네 신경에 빠짐없이 새 실을 박아 넣어 주겠어."

시뻘겋게 달구어진 송곳이 턱뼈를 파고드는 것 같았다. 나는 몸부림쳤다.

"훌륭한 치통이야!" 그녀가 말했다. "연주하는 오르간 같아. 입으로 하는 하프 연주회야. 훌륭해. 트럼펫에 팀파니, 피콜로, 사랑니는 트롬본. 위대한 시인이야, 위대한 음악이야!"

그녀는 진짜로 연주했다. 소름 끼치는 모습이었다. 거의 손밖에 보이지 않았지만. 그림자 같은, 얼음장같이 차디찬 손으로, 삐쩍 마르고 기다란 손가락이 달려 있었다. 손가락 하나하나가 고문 도구였다. 엄지와 검지는 집게와 나사를

들고 있었다. 가운뎃손가락은 끝이 뾰족한 송곳이었고, 넷째 손가락은 목공 송곳, 새끼손가락은 모기 독이 들어간 주삿바늘이었다.

"너에게 운율을 가르쳐 주마!" 그녀가 말했다. "위대한 시인은 위대한 치통을, 보잘것없는 시인은 보잘것없는 치통을 앓는 법이지."

"아아, 나를 보잘것없는 시인으로 만들어 줘." 나는 애원했다. "시인 따위는 되고 싶지 않아! 나는 시인이 아니야. 치통 발작이 찾아오듯이 시 창작 발작이 찾아오는 것뿐이야. 썩 꺼지라고!'"

두터운 신앙심, 풍부한 재능, 생기로운 감성

무신론자였던 아버지와 달리 안데르센은 신앙심이 매우 깊은 사람이었다. 그 신앙심을 요약하자면, 그는 신의 존재와 덕행의 중요성과 영혼의 불멸을 믿었다고 말할 수 있다. 신, 덕행, 영혼 불멸이라는 삼대 요소는 신학적 합리론의 기초이며, 또한 안데르센 신앙의 바탕이기도 했다.

그는 신의 섭리를 굳게 믿었으며, 신이 자신을 위해 분명한 계획을 세워 놓으셨다고 확신했으므로, 때로는 신에게 불만을 터뜨리는 일조차 있었다.

학생 시절 일기에 '라틴어에서 이렇게 지독한 성적을 받게 하다니, 하느님은 불공평하다'고 쓴 적도 있고, 기쁠 때는 '하느님을 꼭 끌어안고 싶다'고 생각한 적도 있다.

안데르센의 신앙은 원시적이고 교리에서 벗어난 것이었다. 그리스도는 인류의 본보기가 되는 위대한 교사이며, 자연은 신의 보편적인 교회라고 그는 생각했다. 교회에는 거의 나가지 않았으며, 두 명의 위대한 동시대 사람인 그룬트비와 키르케고르의 대조적인 종교철학에도 아무런 관심을 보이지 않았다. 그런 그가 즐겨 인용한 성경 구절 가운데 하나는 '너희가 돌이켜 어린아이처럼 되지 않으면 천국에 들어가지 못한다'였다. 〈눈의 여왕〉에서 가장 말하고 싶었던 주제는 물론 이것이었다.

홀스타인보어에 머물던 어느 날, 안데르센은 임종 직전의 병자에게 동화 두 편을 낭독해 주었다. 그녀 곁을 떠나며 그가 "또 만납시다" 말하자, 그녀는 "네, 천국에서"라고 대답했다. "그렇게 될지도 모르겠군요. 당신이 먼저 가시게 되면 내 친구들에게 안부 전해 주십시오. 몇 명은 거기 가 있거든요." 안데르센은 이렇게 말했다.

안데르센은 종교 교리에 확고
한 신념을 가진 사람들에게 비난
받는 일이 가끔 있었다. 예를 들
어 인게보어 드레센과는 육체의
부활 문제로 논쟁을 벌였다. 쇠렌
키르케고르의 《불안의 개념》을
읽은 뒤 요나스 콜린과 신학 논쟁
을 벌이기도 했다.

바스네스 장원에서 안데르센은
스카베니우스 부인을 비롯한 몇
사람과 종교 문제로 여러 번 논
쟁을 벌였다. 1870년 7월 4일 일기
에는 이렇게 쓰여 있다. '가르침은
신에게서 나온 것이며 신성한 것
이지만, 탄생이 어쩌느니 가족이

안데르센 초상화(1859) H. 올릭 작.

어쩌느니 하는 부분은 아무리 흥미로운 주제일지언정 내게는 본질적인 문제
가 아니라고 내 의견을 말했다. 그러자 폭풍우가 몰아쳐 모두가 이렇게 대답했
다. 그리스도의 탄생과 죽음을 깊게 생각하지 않는다면 가르침은 아무 의미도
갖지 못한다, 마지막에 덧붙여 쓰인 부분은 진실에 대한 그의 확고한 신념을
확인하는 데 필요하다 등등. 내가 성부와 성자와 성령의 삼위일체를 믿지 않는
다면, 나는 그리스도교도가 아니라는 것이었다. 나는 그것들을 개념으로서는
믿지만 인간으로서, 즉 육체를 가진 존재로서는 믿지 않는다고 반박했다. 자칫
하다간 모두의 미움을 살 판이었다.'

1871년 10월 어느 날 밤 안데르센이 우연히 하느님과 그리스도, 동정녀 마리
아에 관한 자신의 의견을 말하자, 그룬트비파의 학설을 철저하게 지지하는 어
느 부인이 소리쳤다. "어머나! 그렇다면 당신은 유대인이 분명하군요!"

안데르센은 이따금 신에게 깊은 친밀감을 느끼곤 했다. 그에게 '사랑하는 하
느님, 오늘 하루도 감사했습니다!'라는 말로 일기를 마무리 짓는 것은 아주 자

연스런 일이었다. 그렇지 않을 때는 회의감과 불안감에 가득 차 있었다. 1860년 일기에서 그 특징이 잘 나타난 부분을 몇 군데 옮겨 보겠다.

'9월 3일, 악몽에 시달리는 듯한 기분이다. 악몽은 어디에서 오는가, 어째서 내 마음에 깃드는가. 이상하리만치 비참하다. 그렇지만 신이시여, 당신께 도움을 청할 용기가 없습니다. 나는 그럴 자격이 없는 사람이니까요. 내가 늘 특권을 부여받아야 하는 것은 아닙니다. 시시각각 내 운명이 어떻게 변할지 아무도 모릅니다.

9월 4일, 갑자기 죽어버리고 싶다고 기도하는 일이 가끔 있다.

9월 5일, 마음이 개운치 않다! 신이시여! 부디 날 행복하게 해주소서!

10월 27일, 나는 강풍 속의 새처럼 바람에 날려간다. 날지도 못하고, 그렇다고 떨어질 수도 없는 새처럼. 아아, 신이시여! 나의 신이시여! 나를 불쌍히 여기소서!

10월 28일, 나는 죄인이다. 약하고 허영심 많은 인간이다. 나는 귀중한 선물을 너무 많이 받았다. 이번에는 역경도 맛보아야 한다. 그러면 어리광쟁이 아이처럼 투덜거릴 테다. 내게 귀를 기울여 줄 사람이 있을까? 아무도 없다! 아무도!

11월 14일, 기도해 봤자 헛수고다. 하느님은 일의 진로를 바꾸지 않으신다. 나는 순조로울 때는 신에게 매달리지만, 역경을 만나면 신의 변함없는 뜻에 매달려 나 스스로 지탱하는 일을 하지 않는다. 나는 벌을 받고 있다. 아이처럼 신의 용서를 구해야 함을 알고 있다. 그러니 부디 날 용서하소서. 그러나 불가능한 것을 구하고 싶지는 않다. 마침내 내가 굴복하리란 것은 알고 있다. 우리가 손에 넣을 수 없는 최상의 행복을 꿈꾸고 동경심에 애끓기보다는 버림받더라도 본연의 내 모습으로 있는 편이 낫다…… 신을 믿지 못하고, 평소대로 불쾌한 기분으로 잠자리에 들었다.

11월 20일 8시 반, 개운하게 눈이 떠졌다. 신이시여! 부디 내 마음을 맑은 햇빛으로 비추시고, 그리스도교와 신에 대한 신앙으로 채워 주소서!

12월 17일, 나는 행하려는 선을 행하지 않고, 행하고 싶지 않은 악을 행한다. 내게는 기대할 만한 미래가 없다.'

안데르센은 1864년 7월 10일 일기에 이렇게 썼다. '고뇌와 슬픔이 나를 깊은 바다로 꾀어낸다. 나는 거기서 헤어날 수 있을 것인가, 그냥 가라앉을 것인가? 종교는 나의 빛, 나의 구원, 나의 신념이다. 신자들이 바라는 것처럼 하느님과 예수가 하나라고 믿는다면, 동정녀 마리아는 선택받은 사람이 틀림없다는 결론이 나온다. 그렇다면 우리 대신 하느님께 기도해 달라고 몸을 낮추어 그녀에게 기도하는 일도 쉽게 가능해진다. 대체 무슨 얼토당토않은 생각인지! 신이시여, 나의 신이시여! 당신의 빛으로 내 마음을 비춰 주소서, 나를 불쌍히 여기소서.

1865년 프리센보르 장원에서 아이들에게 자기 작품을 들려 주는 안데르센

어린아이와 같은 믿음을 가지고 매달려야 할 당신을 나는 당장이라도 놓칠 것 같습니다.'

1866년 5월 2일 일기에는 '이 얼마나 기묘한 일인가, 고뇌와 고통 속에서는 신께 기도를 드릴 수가 없다. 나는 운명과 숙명이 존재함을 믿는다. 그러나 기쁨으로 가득 찬 행복한 나날에 신께서 바로 내 곁에 계시므로 나는 기도도 하고 감사의 마음도 갖는다. 그럴 때는 최상의 행복으로 가득 찬 겸허한 감사의 마음이 내 영혼과 내 생각에 깃든다'고 쓰여 있다.

1872년 3월 5일, 커스틴 하우크의 사망 소식을 듣고 나서 안데르센은 '그대도 지금은 먼지와 재가 되어버렸는가. 숨이 끊기고, 이제 존재하지 않는 불꽃처럼 다 타버려 사라졌는가. 오, 신이시여! 내 신이시여! 당신은 우리를 완전히 사라지게 하실 수 있습니까? 나는 그것이 두렵습니다. 나는 지나치게 영악해졌습니다, 그리고 불행해졌습니다'라고 썼다.

안데르센이 아이를 좋아했느냐 아니냐 하는 의문이 이따금 제기되어 왔다. 대답은 꽤 간단하다. 그는 개인적으로 친분이 있는 아이는 좋아했지만, 여기저기서 아이들을 불러 모아 즐겁고 재미있게 놀아주는 사람은 아니었다. 후세에 들어 그를 그런 사람으로 꾸며내는 일이 있었는데, 그것은 사실이 아니다. 대부분의 어른들처럼 안데르센도 버릇없는 아이에게는 짜증을 내고 화도 냈지만, 보통은 아이들과 금세 친해졌다. 그 자신에게 어린아이 같은 구석이 많았기 때문이다.

에드바르 콜린은 이 주제에 대해 다음과 같이 말했다.

'그가 거의 매일같이 들렀던 몇몇 집에는 어린아이들이 있었다. 그들은 친구가 되었다. 그는 아이들에게 이야기를 들려주었다. 즉흥으로 지어낸 얘기도 있었고, 잘 알려진 옛날이야기도 있었다. 지어낸 이야기든 다른 사람의 이야기를 재구성한 것이든, 그의 입을 통해서 나오는 이야기는 완전히 그의 것이었다. 매우 생동감 넘치는 이야기였으므로 아이들은 아주 좋아했다. 그 또한 자신의 익살을 충분히 발휘할 수 있어 즐거워했다. 이야기하는 내내 그 내용에 맞는 동작을 곁들여서 가장 무미건조한 문장에조차 생명을 불어넣었다. 그는 "아이들은 마차를 타고 사라졌습니다"라고 말하지 않았다. "그들은 마차를 탔습니다. 〈아빠, 안녕히 계세요! 엄마, 안녕히 계세요!〉 채찍에서 휙휙 소리가 났습니다! 그리고 그들은 사라졌습니다. 달려라! 더 빨리!" 하는 식이었다. 나중에 그가 자신이 지은 동화를 낭독하는 것을 들은 사람들은 그가 아이들에게 놀랄 만큼 생동감 있게 이야기하는 모습을 어렴풋이 상상할 수 있을 정도였다.'

인게보어 드레센의 손녀(요나스 콜린의 증손녀)인 리그모어 스탕페는 그녀의 저서에서 안데르센에 대해 개인적 체험에 근거하여 다음과 같이 증언했다.

'우리는 안데르센과 함께 있으면 아주 편안한 기분이 되었다. 그런 기억밖에 없다. 안데르센은 늘 세심하고 조심스러우며 남을 불쾌하게 하지 않았다. 그는 또한 아이들에게도 친절하고 다정했다. 우리를 극장에 데려가 주기도 했고, 외국에서 선물을 사 오기도 했다. 뿐만 아니라, 몹시 귀여워하는 한 아이에게는 오랫동안 날마다 선물을 가져다주었다. 그는 집집마다 돌아가며 아이들에게 자신이 지은 동화를 들려주었다. 나중에 작은 책이 출판되자 그것을 아이들에게 보내주었다.'

〈슬픈 마음〉이야기를 읽은 사람이라면 안데르센이 본질적으로 아이들에게 배려심을 갖고 있었음을 알 수 있을 것이다. 줄거리는 이렇다. 마을에 사는 모든 아이를 대상으로 묘지 안마당에 울타리를 치고 그 안에서 특별전시회가 열리게 되었다. 입장료는 바지 단추였다. '모든 남자아이가 가지고 있고, 여자아이들을 위해 대신 내줄 수도 있다'는 이유에서였다. 뒷골목 아이들을 비롯한 그 마을 모든 아이가 찾아와 단추를 내고 구경했다. '무두질 공장 바깥문 바로

1874년 5월, 코펜하겐 니하운의 집에서의 안데르센
안데르센은 사진 찍기를 좋아해서 늙고 쇠약해진 뒤에도 계속 카메라 앞에 섰다.

옆에 누더기를 입은 작은 여자아이가 아주 심각한 얼굴로 서 있었습니다. 아주 아름다운 고수머리에 눈이 깨끗하며 맑고 푸른 아이였습니다. 그 아이는 한마디도 하지 않았지만 울지도 않았습니다. 문이 열릴 때마다 목을 길게 빼고 안을 들여다보았습니다. 단추가 없어서 슬픈 표정으로 밖에 우두커니 서서, 모두가 무덤 구경을 마치고 돌아갈 때까지 가만히 서 있었습니다. 그러다 이윽고 주저앉더니, 햇볕에 그은 작은 손으로 얼굴을 가리고 와락 울음을 터뜨렸습니다. 자기 혼자만 무덤 구경을 못한 것입니다. 그것은 슬픈 마음이었습니다. 어른들이 가끔 느끼는 슬픈 마음이었습니다.'

안데르센은 감정적인 사람이었고 얼마간 감상적인 면도 있어 눈물이 많았다. 하지만 그의 동화를 원문으로 읽은 사람이라면 유머가 그의 가장 큰 미덕임을 알 것이다. 그러나 빅토리아 시대의 일부 번역자들은 그의 작품에서 유머러스한 면을 덜어내고 감상적인 면을 지나치게 강조했다.

안데르센이 유머를 발휘한 것은 동화나 소설에서뿐만이 아니었다. 일상생활

에서도 그랬다는 증거가 많다. 여기에 대해 에드바르 콜린은 이렇게 썼다.

'연설이나 대화에도 풍자가 섞여 있었고, 유머가 충분히 발휘될 때에는 청중을 크게 웃겼다. 유머 자체는 시시한 것이었지만, 세세한 부분에 집착하지 않고 하나하나의 특징을 잘 꼬집어 재치 있게 묘사해 낼 수 있는 사람은 안데르센밖에 없었다. 그는 자신의 이런저런 경험을 바탕으로 날마다 익살스런 이야기를 할 수 있는 남자였다. 그때의 광경을 안데르센은 재미있게 그려 보여주었다.'

에드바르 콜린의 저서에서 한 단락 더 인용하겠다.

'안데르센의 유머 감각과 장난기는 자신이 우스꽝스러워 보인다는 사실을 깨달았을 때 재미를 느낄 만큼(우리끼리 하는 이야기지만) 그의 자기중심적인 면을 억누르기도 했다. 이런 경향은 인게보어 드레센이 상대일 때 특히 두드러졌다. 예를 들어 그녀가 그의 악의 없는 농담을 알아차렸을 때가 그랬다. 곰곰이 떠올려 보면 그와 관련지을 수 있는 실제 사건을 자신의 이름을 드러내지 않고 말했을 때도 마찬가지였다. 그런 이야기를 아주 천진난만하게 한 뒤 그녀가 "당신이 어째서 그런 이야기를 내게 하는지 다 알아요. 일곱 살짜리 새끼 여우라도 당신한테는 속을 것 같지 않군요"라고 대꾸하면, 간파당한 것이 기뻐서 배를 잡고 웃는 일이 예사였다.'

안데르센의 재능 가운데 가장 큰 것이 문학 재능이었음은 두말할 필요도 없다. 그러나 그에게는 다른 재능도 있었다. 목소리가 좋고 노래를 매우 좋아해서, 외국에 있을 때 모임에서 부탁을 받으면 즉시 덴마크 노래를 불렀다. 또 그에게는 공식 석상이든 사석이든 가리지 않고 자신이 지은 동화를 낭독하는 재능이 있었다. 1863년 4월 29일, 덴마크 작가 헨릭 셔링은 디킨스가 《크리스마스 캐럴》과 《피크윅 페이퍼스》의 일부를 낭독하는 것을 런던에서 들었다. 그는 일기에 '그의 낭독은 대화 부분에서 대부분 아주 훌륭했다. 그러나 보통 서술이나 묘사는 안데르센이 몇 수 위다*'라고 썼다.

---

* 코펜하겐에서 미합중국 영사로 몇 년간 근무한 G.W. 그리핀은 안데르센에 대해 이렇게 썼다. '그는 보기 드문 낭독의 명수이며, 이 점에서 디킨스와 자주 비교되어 왔다. 확실히 디킨스의 낭독은 수준급이지만, 안데르센의 낭독이 훨씬 인상 깊고 유창하다고 생각한다. 둘 다 늘 많은 청중을 상대로 낭독한다. 디킨스의 목소리는 독서대보다 무대에 적합할지 모른다. 안데르

정식 교육을 전혀 받지 못했지만 안데르센은 미술에도 재능이 있었다. 연필과 펜으로 그린 많은 스케치가 그 재능을 여실히 말해 준다. 이러한 스케치는 주로 외국 여행 때, 나중에 떠올리고 싶은 사물이나 풍경을 이른바 눈에 보이는 기억으로 만들어 자유롭게 쓸 생각으로 그린 것이다. 사진기가 발명된 뒤였다면, 안데르센의 수수한 그림들을 보지 못했을지도 모른다. 그의 그림이 지닌 매력은 그것이 아마추어의 작품이라는 점에 있다. 여기서 아마추어란 어떤 종류의 예술을 이익 때문이 아니라 저절로 우러나는 애정 때문에 추구하는 사람이라는 본디 의미로 사용한 단어이다. 안데르센이 구도나 원근법과 같은 이론적이고 형식적인 것을 모두 배웠다면, 그의 그림은 그 꾸밈없는

안데르센이 만든 콜라주

켈드 헤르트프트가 지적한 바에 따르면 '입체파 시대보다 70년을 앞서서 제작된 작품'이다. 루이사 콜린의 딸을 위해 만들어진 것. 덴마크의 세 작가 토마스 킹고, 루드비 홀베어, B.S. 잉게만, 그리고 어느 친구에게 찬사를 바치고 있다.

소박함과 더 나아가 그것을 매력적으로 만들어 주는 역동감과 거침없는 자연스러움을 잃었을 것이다.

풍경을 그린 첫 민그림은 독일 레겐슈타인성이다. 1831년에 출판한 《하르츠,

센의 목소리보다 강하고 컸지만, 부드럽고 음악적인 구석은 조금도 없었다. 나는 디킨스가 소녀 넬이 죽는 장면을 읽는 것을 뉴욕에서 들은 적이 있다. 감동한 나머지 눈물을 흘렸지만, 작가 자신이 이야기를 읽고 있다는 사실을 의식하고 있었다. 그러나 안데르센이 성냥팔이 소녀 이야기를 낭독했을 때는 작가에 대한 생각과 내 주변의 모든 것이 의식에서 완전히 사라졌다. 나는 아이처럼 울었다'(G.W. 그리핀 《덴마크에서 보낸 나날》 필라델피아, 1875년, 208~209쪽).

작센, 슈바이츠 등에 대한 여행의 실루엣〉에서 안데르센은 레겐슈타인성에 대해 '무척 감명 깊고 큰 감흥을 느꼈다. 나도 모르는 사이에 손에 든 연필이 저절로 움직여, 눈으로 받은 강렬한 인상을 일기에 스케치했다. 나는 단 한 시간의 지도도 받지 않고 화가가 되었다'고 썼다.

대부분의 민그림은 1833년에서 1834년에 걸쳐 스위스 르로클과 이탈리아를 여행할 때 그려졌다. 그는 로마에서 친구 루드빅 메아라에게 이렇게 편지를 써 보냈다. '나는 아름다운 것을 볼 때마다 고국에 있는 사람들에게 그것을 어떻게 전해 줄 수 있을까를 생각합니다. 그러면 연필이 종이 위를 미끄러지듯 움직이고, 상상력이 "자, 뼈대는 완성되었다. 이제 그것을 장식하고 살을 붙이면 된다"고 말합니다.'

나폴리에서는 에드바르 콜린에게 이런 편지를 썼다. '몰라 디 가에타에서 키케로의 목욕탕을 보고 스케치했습니다. 이제 어엿한 화가가 되었고, 로마 화가들 모두에게서 직관력이 뛰어나다는 격려를 받았습니다. 어쨌거나 내가 그린 많은 스케치는(벌써 100장이 넘습니다) 내 보물입니다. 고국에 돌아가면 나를 무척 즐겁게 해줄 것입니다. 그림 공부를 해두었더라면 좋았을 텐데!' 그로부터 한 달도 지나지 않아 헨리에테 볼프에게 보낸 편지에는 이렇게 쓰여 있다. '벌써 200장 가까운 스케치가 쌓였습니다.'

1866년 안데르센은 헨리에테 콜린에게 보낸 편지에 다음과 같이 적었다. '내가 그림을 배운 적도 없고 혼자 공부한 적도 없다는 사실은 아시는 바대로입니다. 그런 주제임에도 말로 표현할 수 없는 생각을 종이에 스케치하고 싶은 욕구를 자주 느낍니다. 전에 H.C. 외르스테드에게 이탈리아에서 그린 그림을 몇 장 보여준 적이 있습니다. 그는 내가 작가가 되지 않았더라면 화가가 됐을 거라고 말했습니다.' 헤르트프트에 따르면, 안데르센은 연필 스케치 70장과 펜으로 그린 민그림 250장을 남겼다고 한다.

안데르센이 지닌 또 하나의 독특한 재능은 페이퍼커팅(종이 오리기)을 잘했다는 것이다. 그의 종이 공예는 매우 세련된 것이며, 아주 유쾌한 작품도 많다. 오늘날까지 1500점 넘게 남아 있다. 안데르센이 1857년에 갓스힐을 방문했을 때 여덟 살이던 헨리 디킨스 경은 회상록에서 '그에게는 훌륭한 재주가 있었다. 평범한 가위로, 그의 책에서 튀어나왔다고 해도 좋을 것 같은 요정, 정령,

지하에 사는 난쟁이, 천사, 온 갖 동물을 작고 귀엽게 오려 내는 재주였다. 완성된 모습은 그 모양으로 보나 솜씨로 보나 아주 섬세하고 세련된 것이어서 무척 즐거웠다'고 썼다.

리그모어 스탕페는 이렇게 말했다. '그 작품들은 아이들에게 무척 소중한 것이었다. 안데르센은 이야기를 하면서 종이를 겹쳐 접고 곡선을 그리듯 가위를 이리저리 움직였다. 그리고 종이를 펼치면 여러 형태가 나타났다. 그것들은, 말하자면 작은 옛날이야기였다. 그가 쓴 이야기의 삽화가 아니라, 이야기를 만들어낸 것과 똑같은 상상력의 산물이었다. 안데르셴은 그 재능으로 크게 인정받았다. 그가 오려낸 종이는 비슷한 듯하면서도 다른 사람의 것과는 달랐다. 그는 작품에서도 그러하듯 여기에도 본질적으로 한정된 일련의 소재에 관심을 가지고 그것을 되풀이하여 만들어 냈다. 성, 백조, 도깨비, 천사, 큐피드, 그 밖에 가공의 인물, 수많은 하트, 교수대에

영국을 묘사한 병풍
안데르셴이 나이가 들고 나서 칸막이 위에 만든 것. 템스 강, 의회의사당, 빅토리아 여왕 등이 셰익스피어, 바이런, 스콧, 디킨스, 테니슨의 배경을 이루고 있다. 안데르셴이 디킨스의 소설을 통해 알았으며, 1847년에는 눈으로 직접 목격한 가난한 영국의 모습도 이 이상적인 봉타주의 일부를 이루고 있다.

매달린 시체, 등에 열쇠를 매단 시녀, 사람 모양을 한 풍차 등등.'

1926년 홀스타인 백작의 맏딸은 홀스타인보어에서 안데르센이 종이 오리기를 했을 때의 기억을 이렇게 썼다. '나는 어렸을 때 그가 하얀 종이에서 서로 붙어 있는 작은 인형들을 잘라내 줄 때마다 행복했다. 나는 그것을 책상 위에 두고 입김을 불어 앞으로 움직이게 했다. 그는 많은 인형을 오려주었다. 나중에 엄마가 그중 몇 개를 램프 덮씌우개에 풀로 붙여주었다. 그는 늘 엄청나게 큰 가위로 종이를 오려냈다. 커다란 손과 엄청나게 큰 가위로 어떻게 그렇게 깜찍하고 정교한 것을 오려낼 수 있을까 나는 이해가 가지 않았다.'

안데르센은 왕립극장 노래 교사의 여섯 살 난 아들을 위해 60쪽이나 되는 책을 다양한 삽화와 설명으로 가득 채워 주었다. 그 밖에 안데르센이 친구의 아이들을 위해 만들어 준 연습장은 13권이나 있다. 모두 실례로 들 만한 그림이 가득한데, 오늘날로 치면 '몽타주' 또는 '콜라주'라고 부르는 것에 해당한다. 이것들은 그가 노년에 커다란 여덟 쪽 병풍을 장식하기 위해 사용한 기법이기도 했다. 한 면마다 특정 주제를 배정했는데, 덴마크에 두 쪽, 스웨덴과 노르웨이에 한 쪽, 독일과 오스트리아에 한 쪽, 영국에 한 쪽, 프랑스에 한 쪽, 극동에 한 쪽, 어린이 시절에 한 쪽이었다. 이 병풍이 독창적인 이유는 면마다 구도가 다르기 때문이다.

재료는 모두 안데르센이 직접 그린 것이 아니다. 사진, 삽화, 다양한 출전에서 복제한 진짜 콜라주이다. 전체적으로 보면 안데르센이 현재 및 과거 세계에 대해 어떻게 생각하는지를 확실하게 알 수 있다. 어느 면이건 그 지방의 건축물과 풍경을 배경으로 그가 숭배하는 사람들과, 그와 조화를 이루도록 사회상을 생생하게 보여주는 장면 내지는 사회를 풍자한 장면이 배치되어 있다. 예를 들어 한 면에는 그의 초상화 옆에 어릿광대 그림이 배치되어 있으며, 덴마크의 여러 작가와 시인 밑에는 고양이, 개, 암탉, 앵무새, 부엉이, 돼지, 여우, 두꺼비, 쇠사슬에 묶여 요정에게 끌려가고 있는 죄인 등이 어수선하게 뒤엉켜 있다. 안데르센이 숭배하는 영국인 가운데는 셰익스피어, 바이런, 스콧, 디킨스, 테니슨이 눈에 띈다. 또 같은 면에는 그가 디킨스의 소설을 읽고 처음 알게 되었으며, 1847년에는 직접 방문하여 목격한 영국의 빈곤과 궁핍한 실상이 생생하게 그려져 있다. 괴테, 베토벤, 모차르트, 하이네, 실러는 모두 독일과 오스트

코펜하겐 왕립공원에 있는 안데르센 동상

리아 면에 얼굴을 보이고, 병에 걸린 아이에게 동화를 읽어주는 독일인 노파 그림 밑에는 암탉을 잡으려고 숨어 기다리는 여우 그림이 있는 식이다.

안데르센은 두세 가지 형용사로 요약하기에는 너무나도 복잡한 성격을 지닌 사람이었다. 그는 명확하게 모순되고 현저하게 대조적인 면을 지닌 사람이었다.

그러한 대조는 그의 작품 안에서도 발견된다. 그의 동화에 나타난 인생관을 분석하려고 시도해 본 사람은 거기에서 이중성을 찾게 될 것이다. 예를 들어 〈종〉과 〈그림자〉는 본질적으로 아주 비슷한 주제를 갖지만, 그럼에도 두 가지 대조적인 인생관을 표현하고 있다. 〈종〉은 선량함의 승리, 천재의 승리를 그린 낙천적인 이야기이다. '고귀한 정신'을 대표하는 두 명의 소년—한 사람은 가난한 집에서 태어나고 자란 소년(안데르센 자신)이고, 다른 한 사람은 젊은 왕자(외르스테드 또는 토르발센 또는 바이마르 대공)—은 마침내 숲 저편에 있는 신기한 종 앞에 이르는데, 다른 평범한 사람들은 모두 싸구려 모조품 종이 있는 데서 멈춰 버린다. 종은 외르스테드가 '자연의 정신'이라고 부른 것을 상징한다. 〈그림자〉는 알맹이가 없는 가짜가 승리하고 천재가 패배한다는 비관적인 이야기이다. 진실과 아름다움을 위해 싸우는 박식한 학자는 목이 잘리지만, 기생충 그림자는 그의 명성을 빼앗고 더 나아가 상으로 공주를 아내로 맞이한다.

이러한 이중성은 안데르센 자신에게서도 발견된다. 그는 내부에서 심각한 갈등을 겪고 있었으며, 그것이 가끔씩 그의 인생을 고통스럽게 했다. 그 복잡한 내면에 존재한 대조적인 특징들을 열거하자면 끝이 없다. 그는 그리스도교의 주요 교리를 받아들이지 않는 그리스도교였다. 그는 너그러운 수전노였다. 그는 신사 행세를 하는 속물이면서, 반드시 패배자 편을 들었다. 그는 동시대 어느 작가보다도 격렬하게 조국을 증오하면서도 사랑했다. 그는 여행에 뒤따르는 모든 위험을 몹시 두려워했다. 그럼에도 동시대 유럽 작가 가운데 그만큼 여행을 많이 한 사람은 없다. 그의 자서전에는(또 많은 편지에는) 자신의 인생이 훌륭한 발전을 이룬 데 대한 깊은 감사의 마음이 끊임없이 밑바닥을 흐르고 있지만, 죽기 1년 전에 쓴 일기에는 '따뜻한 마음, 감사의 마음, 인내심을 나는 전혀 느끼지 않는다'고 쓰여 있다.

1948년, 안데르센의 번역가이자 안데르센에 관한 문헌 수집가인 미국인 장 하쇼르트를 위해 마련된 만찬회 자리에서 토프셔어 옌센 박사는 안데르센의 복잡한 성격을 다음과 같이 표현했다.

'한스 크리스티안 안데르센은 그 유례를 찾기 힘든 인물이다. 이미 이 세상에 없는 사람들 가운데 우리가 그만큼 잘 아는 사람, 그만큼 풍부한 재능을 타고난 사람, 그만큼 엄청난 모순을 지닌 사람은 그다지 없을 것이다. 그는 천부적인 영감의 소유자인 동시에, 안주하지 않는 예술가였으며, 자신의 재능을 구석구석까지 자각했고, 영감으로 어렵잖게 지어낸 것처럼 보일 때까지 작품을 여러 번 고쳤으며, 자못 갑작스레 영감을 얻어 만들어 낸 것처럼 착상이나 공상을 적절한 대목에 집어넣도록 몇 년 동안이나 손볼 수 있는 사람이었다. 그는 어린아이이자 철학자였다. 기쁠 때나 슬플 때나 모든 것을 보여주었고, 난처한 상황에 놓이게 될 때에는 외교관 못지않는 믿음직한 임기응변술을 발휘하는 사람이었다. 그는 허영심이 강하면서도 겸허했다. 이상하리만치 자신에게 집착하면서도 기꺼이 남을 돕는 사나이였다. 또한 감정적이고 정서적인 인간이면서도 놀랍도록 유머 감각이 넘치는 사람이었다.

타고난 비관주의자에 우울한 사람이었지만, 문화적인 일에서는 확고한 낙천가였다. 뼛속까지 덴마크인이면서도 전 세계에서 사랑받는 인물이다.'

이기주의, 쉽게 흥분하는 성격, 괴상한 여러 버릇을 지녔음에도 안데르센은 명백히 카리스마 넘치는 성격, 즉 사람들을 매료시키고 자기에게로 이끄는 재능을 지녔다. 오덴세에서 보낸 어린 시절부터 그는 다른 아이들과 달랐다. 남들의 마음을 사로잡는 힘은 그의 독특한 능력이었다. 코펜하겐에서도 같은 일이 반복되었다. 가수로서, 댄서로서, 배우로서, 극작가로서 실패하고 전혀 가능성이 없어 보이는 젊은이가 우여곡절 끝에 후원자들의 관심을 잡아끈 것이다. 그들의 도움이 없었다면 그는 살아남을 수 없었을 것이다. 어엿한 성인이 되고 유명한 작가가 된 뒤에도 같은 일이 되풀이해서 일어났다. 유럽 일류 문화인들과 개인적인 친분을 맺는 일에서도 그와 견줄 사람은 없었다. 그의 생애는 그가 일부러 그렇게 보이고자 했던 것 같은 장밋빛 이야기가 아니다. 그렇다고 그가 가끔 스스로 그렇게 생각하려 했던 것처럼 비극도 아니다. 이것이 바로 비범하고 괴팍한 아웃사이더 한스 크리스티안 안데르센의 특이하고 매력적인 이야기이다.

안데르센 연보

1805   4월 2일 덴마크 오덴세에서 태어남. 아버지는 가난한 구두 수선공. 어머니는 아들을 무척 사랑함. 안데르센은 어렸을 때부터 아버지가 읽어주는 동화를 듣거나 할머니한테 옛날이야기를 들으며 자람.

1807(2세) 덴마크가 나폴레옹과 동맹을 맺음.

1811(6세) 이 무렵부터 몇몇 학교를 다니지만 모두 오래가지 못함. 친구들과 놀기보다 혼자 책을 읽거나 인형극 줄거리를 생각하기를 좋아함.

1812(7세) 아버지가 지원병으로 출정해 1년 정도 훈련을 받았으나 나폴레옹군의 퇴각으로 이듬해에 돌아옴.

1816(11세) 아버지, 세상을 떠남. 어머니는 돈을 벌기 위해 세탁부로 일함.

1818(13세) 직물 공장, 담배 공장에 들어가 일을 하지만 곧 그만둠. 오덴세를 찾아온 왕립극장 극단에 목동 역할로 잠깐 출연하여 무대에 강한 동경을 갖게 됨. 어머니, 20세 연하의 구두 수선공과 재혼.

1819(14세) 성 크누드 대성당에서 견진 성사를 받음. 9월, 어머니의 반대를 무릅쓰고 코펜하겐으로 감. 왕립극장에 배우로 지원하지만 떨어짐. 극장부속 음악학교 교장 시보니의 개인지도를 받게 됨(이듬해 봄, 변성기 때문에 중단). 작곡가 바이제와 시인 바겐센으로부터 후원금을 받지만, 하숙방에서의 가난한 생활이 이어짐. 이즈음부터 신분이 높은 사람들과 친해지고 도움을 받음. 시인 욀렌슐레게르, 물리학자 외르스테드, 해군대장 볼프, 덴마크 문학계를 이끈 라베크 교수 등.

1820(15세) 굴베르그 교수로부터 후원금과 함께 독일어와 덴마크어 지도를 받고, 라틴어 수업을 들을 수 있도록 도움을 얻음(뒤에 라틴어 수업을 열심히 받지 않아 교수의 원조 끊어짐). 무용가 다렌, 극장부속 발레 학교에 입학을 허가해 줌.

1821(16세) 극장부속 성악학교에 입학. 합창단 일원으로 가끔 무대에 섬. 첫 희곡 〈비센베르의 도둑들〉 씀.

1822(17세) 할머니가 세상을 떠남. 5월, 전망이 없다며 극장에서 해고되어 작가가 되기로 마음먹음. 왕립극장에 제출한 희곡이 '기초적 교양의 결여'를 이유로 채택되지 않음. 두 번째 희곡 〈알프솔〉을 계기로 추밀원 고문관 요나스 콜린과 라베크 교수의 추천을 받아 국비장학생으로서 슬라겔세의 라틴어학교에 입학. 어린 학생들과 섞여 치열하게 공부함. 마이슬링 교장에게 시 쓰는 일과 다른 집 방문을 금지당함. 시인 잉에만의 격려를 받음.

1826(21세) 교장의 전근으로 헬싱괴르 라틴어학교로 옮김. 교장 집에서 기숙함.

1827(22세) 교장 부부의 학대를 견디다 못해 학교 중퇴. 코펜하겐으로 돌아와 다락방에서 하숙하면서 대학입학시험을 준비함. 시 〈임종의 아들〉이 신문에 실림.

1828(23세) 10월, 코펜하겐대학 제1차 입학시험에 합격.

1829(24세) 제2차 입학시험 합격. 정식으로 대학생이 되지만, 학업을 버리고 작가가 되기로 결심. 《1828, 1829년 홀멘 운하에서 아마게르섬 동쪽 끝까지의 도보 여행기》를 자비로 펴냄, 호평을 얻음. 희곡 〈니콜라이 탑 위의 사랑〉이 왕립극장에서 상연됨.

1830(25세) 시집 《시》를 펴냄(여기에 첫 번째 동화 〈유령〉이 실려 있음). 유틀란트 반도를 여행. 친구의 누이, 리보르그 보이트를 사랑하지만 이루어지지 않음. 7월, 프랑스에서 7월혁명이 일어남.

1831(26세) 시집 《환상과 스케치》 펴냄, 혹평을 받음. 실연의 아픔을 달래고자 첫 번째 해외여행(두 달간 독일). 여행지에서 샤미소와 만나, 1838년에 그가 죽을 때까지 깊은 친교를 나눔. 《하르츠, 작센, 슈바이츠 등에 대한 여행의 실루엣》 발표.

1832(27세) 은인 요나스 콜린의 딸 루이사를 사랑하게 됨(이듬해, 그녀는 다른 남자와 결혼. 안데르센의 실연으로 끝남). 루이제가 읽었으면 하는 마음으로 자서전 《회상기》 집필. 시집 《덴마크 시인에게 바치는 꽃장식》, 《1년의 12월》 펴냄.

1833(28세) 국왕으로부터 외유자금을 받고 독일과 파리를 거쳐 이탈리아 여행. 로마에서 여섯 달을 보냄. 여행 동안 위고, 뒤마, 하이네, 조각가 토르발센과 알게 됨. 시극(詩劇)《아그네테와 인어》완성. 10월, 어머니가 세상을 떠남.

1835(30세) 소설《즉흥시인》펴냄, 큰 호평을 받음. 독일과 스웨덴 등에서 번역되어 본국에서보다 먼저 유명해짐. 첫 번째 동화집《어린이를 위한 동화집》(〈부싯돌/장다리 클라우스와 꺼꾸리 클라우스/완두콩 공주/어린 이다의 꽃밭〉) 펴냄. 제2집(〈엄지 공주/못된 아이/길동무〉)도 펴냄. 이 동화들은 불평을 샀지만, 물리학자 외르스테드는 이 동화가 그를 불멸의 존재로 만들어 줄 것이라 평가함.

1836(31세) 소설《O.T》간행. 희곡〈이별과 만남〉집필.

1837(32세) 《어린이를 위한 동화집》제3집(〈인어 공주/벌거벗은 임금님〉) 펴냄. 소설《어느 바이올리니스트》간행. 스웨덴 여행. 외르스테드의 딸 소피에게 연정을 품지만, 고백하기 전에 그녀가 약혼함.

1838(33세) 예술가를 위한 연금을 받게 됨. 이는 국가로부터 일류 문학가로 인정받았음을 의미하며, 생활도 안정됨.《어린이를 위한 새로운 동화집》제1집(〈조그만 데이지꽃/꿋꿋한 주석 병정/백조들〉)을 펴냄.

1839(34세) 《어린이를 위한 새로운 동화집》제2집(〈천국의 정원/하늘을 나는 트렁크/황새들〉) 펴냄. 연말에《그림 없는 그림책》을 발표함.

1840(35세) 희곡〈흑백혼혈아〉가 왕립극장에서 상연되어 크게 성공함. 독일과 이탈리아 여행. 가수 예니 린드와 처음 만남.

1841(36세) 발칸으로 여행 계속.

1842(37세) 《시인이 간 중동의 장터》펴냄.《어린이를 위한 새로운 동화집》제3집(〈잠귀신/호메로스 무덤의 장미/청동 멧돼지 이야기/메밀〉) 발표.

1843(38세) 1월, 파리 여행. 예전에 사랑했던 리보르그와 재회. 예니 린드와 열애. 린드는 안데르센의 추천으로 왕립극장에 출연, 그녀의 목소리는 시민들을 열광시킴.《새로운 동화집》제1권 제1집(〈천사/나이팅게일/사랑하는 연인들/미운 오리 새끼〉) 펴냄.

1844(39세) 독일 여행. 바이마르 대공의 초대를 받음. 그 뒤 각국 왕후들의 초

대로 왕이나 왕비, 왕자들에게 동화를 읽어주고 훈장 등을 수여받음. 최초의 훈장은 프리드리히 빌헬름 4세(프로이센 국왕)가 수여한 붉은독수리 기사훈장. 덴마크 국왕으로부터 별궁, 아우구스텐보르 성, 그라스텐성으로 초대받음. 《새로운 동화집》 제1권 제2집(〈전나무/ 눈의 여왕〉)을 펴냄.

1845(40세) 독일을 여행하다 그림 형제를 만남. 린드와 연말을 함께 보냄. 《새로운 동화집》 제1권 제3집(〈요정들의 언덕/분홍 신/높이뛰기 선수들/양 치기 소녀와 굴뚝 청소부/홀거 단스케〉) 출간.

1846(41세) 바이마르 대공과 친교를 맺음. 예니 린드와의 사랑이 끝남. 안데르 센, 이탈리아와 프랑스 남부 곳곳을 방랑함. 덴마크 국왕으로부터 단네브로그 기사훈장을 수여받음. 《즉흥시인》, 《O.T》, 《어느 바이올 리니스트》 및 첫 번째 동화집이 영국과 미국에서 출판됨. 시집 《오 래된 시, 새로운 시》 펴냄. 독일어판 전집을 위해 자서전 집필.

1847(42세) 잉글랜드와 스코틀랜드를 방문. 찰스 디킨스와 만남. 《새로운 동화 집》 제2권 제1집(〈낡은 가로등/이웃들/작은 툭/그림자〉) 펴냄.

1848(43세) 《새로운 동화집》 제2권 제2집(〈낡은 집/물방울/성냥팔이 소녀/행복한 가족/어느 어머니 이야기/옷깃〉) 출간. 네 번째 소설 《두 명의 남작 부 인》 발표. 스웨덴 국왕으로부터 북극성 훈장을, 바이마르 대공으 로부터는 하얀독수리 훈장을 받음.

1849(44세) 스웨덴 여행. 빌헬름 페데르센의 삽화가 들어간 호화판 동화전집 펴냄.

1850(45세) 덴마크와 프로이센 사이에 전쟁이 일어나자 상심함. 동화극 〈잠의 요정 올레 루쾨이에〉 집필.

1851(46세) 3월, 은인 외르스테드가 세상을 떠남. 10월, 연금이 늘고 국왕으로부 터 교수 칭호를 받음. 동화극 〈딱총나무 아주머니〉 상연. 시집 《전 쟁 중인 조국에 바치는 시와 노래》, 《스웨덴 여행기》 펴냄.

1852(47세) 독일, 이탈리아 여행. 《이야기집》 제1집(〈한 해 이야기/세상에서 가장 아름다운 장미/성 둑에서 바라본 풍경화/최후의 날/참말이야!/백조의 보금자리/쾌활한 성품〉) 펴냄.

1853(48세) 《이야기집》 제2집(《슬픈 마음/여기 있는 모든 것/식료품점의 난쟁이 / 새로운 시대의 유럽 여행/버드나무 아래서》) 출간.

1855(50세) 덴마크 최초의 삽화가 든 《이야기집》 간행. 독일어판 자서전을 고치고 덧붙여 《내 인생의 이야기》 출간.

1857(52세) 6월, 디킨스를 초대로 런던 방문. 소설 《사느냐 죽느냐》 간행.

1858(53세) 덴마크 국왕으로부터 훈장을 받음. 독일, 스위스 여행. 헨리에테 볼프, 미국으로 가는 도중에 배 사고로 죽음. 《새로운 동화와 이야기집》 제1권 제1집(《소시지 꼬챙이로 만든 수프/병 주둥이/늙은 총각의 나이트캡/뜻있는 일/떡갈나무의 마지막 꿈/부적》) 출간. 제2집(《늪을 다스리는 왕의 딸/달리기 시합/종이 떨어진 깊은 곳》) 펴냄.

1859(54세) 《새로운 동화와 이야기집》 제1권 제3집(《발데마르 다에와 그의 딸들에 대한 바람의 이야기/빵을 밟은 소녀/탑지기 올레/안네 리스베트/아이들의 잡담/진주 목걸이》) 발표. 제4집(《깃털 펜과 잉크병/무덤 속의 아이/마당 닭과 기상 닭/아름다워라!/모래언덕으로부터 전해 온 이야기》) 출간. 그 밖에 〈두 형제〉와 〈낡은 교회종〉을 기고.

1860(55세) 독일과 스위스 여행. 귀국길 오덴세에 들름. 덴마크 크리스티안 왕자의 초대로 왕궁에서 시와 동화를 낭독함.

1861(56세) 요나스 콜린 아들을 데리고 이탈리아 여행. 로마 다시 방문. 시인 로버트 브라우닝 부부와 만남. 여행 중에 은인 요나스 콜린이 죽었다는 소식을 듣고 급히 귀국. 《새로운 동화와 이야기집》 제2권 제1집(《역마차에서 내린 열두 사람/영감이 하는 일은 언제나 옳다/지혜의 돌/오리 마당/새로운 세기의 시의 여신》) 펴냄. 제2권 제2집(《얼음 공주/나비/프시케/달팽이와 장미나무》) 출간.

1862(57세) 요나스 콜린 아들과 스페인, 프랑스 여행.

1863(58세) 《스페인 여행기》 발표.

1864(59세) 덴마크와 프로이센 전쟁으로 상심하여 글쓰기 중단. 덴마크는 프로이센·오스트리아군에 패전. 영토 홀스타인을 잃음.

1865(60세) 스웨덴 여행. 《새로운 동화와 이야기집》 제2권 제3집(《도깨비불이 시내에 있다고 늪의 마녀는 말했습니다/풍차/은 실링/뵈르크룸 주교와

그의 친척들/아이들의 방에서/보물단지/폭풍은 간판을 달고 이사한
다〉 출간. 그 밖에 〈찻주전자〉, 〈민요의 새〉, 〈녹색 옷을 입은 작은 병
사들〉, 〈파이터와 피터와 피르〉 등을 발표.

1866(61세) 프랑스, 스페인, 포르투갈 여행.《새로운 동화와 이야기집》제2권 제
4집(〈간직한 것은 잊히지 않는 법/문지기의 아들/이삿날/눈물꽃/숙모/
두꺼비〉) 출간.

1867(62세) 봄, 파리에서 세계대박람회 구경. 왕실고문관 칭호를 받음. 12월 6일,
오덴세의 명예시민으로 뽑힌 것을 축하하는 큰 잔치가 열림. 동화
《나무 요정》펴냄.

1869(64세) 오스트리아, 이탈리아, 프랑스 여행.《동화 세 편과 이야기》를 펴냄
(〈헨그레테의 가족/엉겅퀴의 모험/쓸 수 있는 것〉).

1870(65세) 마지막 소설《행복한 귀족》펴냄.

1871(66세) 노르웨이 방문.《새로운 동화와 이야기집》제3권 제1집(〈행운은 작
은 나무토막에 숨어 있기도 하는 거야/혜성/요일들/햇빛 이야기들/증
조할아버지/가장 행복한 여인은 누구였을까요?/촛불들/가장 믿을 수
없는 것/온 가족이 말한 것/춤추어라, 춤추어라, 내 꼬마 인형아!/채소
아주머니에게 물어보세요/거대한 물뱀/정원사와 주인 나리〉) 발표.

1872(67세) 독일, 이탈리아 방문. 드레스덴에서 입센을 만남.《새로운 동화와 이
야기집》제3권 제2집을 멜키오 가문에 증정. 〈늙은 요한네 할머니의
이야기/현관문 열쇠/앉은뱅이 한스/치통 아주머니〉 발표. 이즈음부
터 건강이 나빠짐.

1874(69세) 생일에 국왕으로부터 추밀고문관 호칭을 받음.

1875(70세) 4월 2일, 생일잔치가 열림. 〈어느 어머니 이야기〉의 15개 국어 번역
본을 실은 기념출판물 간행. 8월 4일, 코펜하겐 교외에 있는 멜키오
가(家) 별장에서 숨을 거둠. 국장(國葬).

옮긴이 박지은

충남 공주에서 태어남.
세종대학교 영문학과 졸업. 중앙대학교 대학원 문학예술학과 졸업.
지은책 「사랑의 선물」 「엄마를 부탁해요」
옮긴책 칼릴 지브란 「예언자」 「사람의 아들 예수」 「눈물과 미소」

World Book 181
Hans Christian Andersen
IMPROVISATOREN
즉흥시인
한스 안데르센/박지은 옮김
1판 1쇄 발행/2015. 12. 12
2판 1쇄 발행/2018. 7. 1
발행인 고정일
발행처 동서문화사
창업 1956. 12. 12. 등록 16-3799
서울 중구 다산로 12길 6(신당동 4층)
☎ 546-0331~6 Fax. 545-0331
www.dongsuhbook.com

사업자등록번호 211-87-75330
ISBN 978-89-497-1649-7 04080
ISBN 978-89-497-0382-4 (세트)